개정판

학교수학의 교육적 기초

— 상 —

개정판

학교수학의 교육적 기초 (상)

초판 1쇄 발행 1998년 5월 20일
증보판 1쇄 발행 2001년 1월 20일
제2증보판 1쇄 발행 2007년 9월 20일
개정판 1쇄 발행 2017년 12월 5일
개정판 2쇄 발행 2024년 10월 25일

지은이 우정호

펴낸곳 서울대학교출판문화원
주소 08826 서울 관악구 관악로 1
도서주문 02-889-4424, 02-880-7995
홈페이지 www.snupress.com
페이스북 @snupress1947
인스타그램 @snupress
이메일 snubook@snu.ac.kr
출판등록 제15-3호

ISBN 978-89-521-1880-6 94410
978-89-521-1879-0 (세트)

개정판

학교수학의 교육적 기초

상

우정호 지음

서울대학교출판문화원

머리말

초·중·고등학교를 거치면서 수학을 좋아하고 수학 성적이 뛰어나 스스로 장래 수학교사가 되기를 희망하여 소위 일류 대학을 지망한 학생들이 "함수란 무엇인가, 함수의 예를 들어 보아라. 함수는 왜 중요한가?", "수학적 귀납법이란 어떤 증명법인가?", "부정적분과 정적분의 의미를 구분하여 설명해 보아라." 등과 같은 초보적인 개념을 묻는 질문에 거의 대답을 하지 못한다면 믿어지지 않을 것이다. 그러나 이는 사실이며 필자에게 놀라움과 의아심을 갖게 한 이해되지 않는 '이상한 현상' 가운데 하나이다.

학교수학을 개선하기 위한 적지 않은 노력에도 불구하고, 그리고 비록 입시 준비를 위해서라고 하지만, 그토록 열심히 수학을 가르치고 수학 공부에 매달려도 학생들의 수학에 대한 이해 정도와 수학적 사고 능력은 매우 우려할 만한 상황이다. 더욱 문제가 되는 것은 수학을 가르칠수록 그리고 배울수록 대다수 학생들에게는 수학을 혐오하는 심성만이 더욱 증대된다는 사실이다. 우리는 학교수학에서 무엇인가 중요한 것을 보지 못하고 있으며 그 결과 수학교육에서 중요한 것을 놓치고 있음이 틀림없다.

이러한 문제의 근본을 찾는 일은 수학교육학자의 연구 영역에 속하므로 그 일차적인 책임 또한 면하기 어렵다. 수학교육자로서 수학교육의 이러한 심각한 문제를 반성함에 있어서 필자는 두 가지를 거론하지 않을 수 없다. 하나는 수학교육 철학의 문제요, 다른 하나는 가르치는 수학적 지식의 구조, 지식의 표층 이면에 내재된 관점에 대한 진정한 이해의 결여 문제이다. 그동안 수학교육에 관한 문헌을 접하면서 스스로 깨우친 것이 있다면 그것은 소크라테스가 말한 '무지의 자각'의 의미였다는 점이다. 필자는 수학교육의 문제를 연구하는 자로서 수학과 수학교육을 생각하는 자세의 안이함과 학교수학에 대한 무지에 스스로 소스라치게 놀란 일이 많았다. 그러한 경험은 주로 필자가 존경하는 Polya, Freudenthal 등의 혜안을 통해서 얻었으며 필자가 아끼는 학생들을 통해서 얻고 감탄한 경우도 적지 않다. 이 책에 나오는 학교수학의 교육적 분석은 이러한 경험을 통해 필자가 접한 수학교육학자들의 통찰과 반성 결과의 조합이요 그 재구성에 불과하다.

필자는 원래 우둔하고 무능한지라 그토록 난해한 수학교육의 문제에 어떤 해답을 줄 수 있다고 생각하지 못한다. 다만 문헌을 통해서 많은 학자가 생각을 접하고 그에 대하여 명철한 두뇌를 가진 학생들과 논의하면서 스스로 무지를 자각하는 즐거움을 누릴 수 있는 분에 넘치는 자리를 부여받은 자일 뿐이다. 이러한 필자가 할 수 있는 일이 있다면 그것은 깨우친 내용을 충실히 소개하여 수학교육의 문제를 생각하는 이들과 즐거움을 함께 나누는 일이라고 생각한다. 이 책은 학교수학 전반에 걸친 체계적인 분석은 아니며 필자에게 반성의 경험을 준 부분에 한정된 학교수학에 대한 교육학적인 논의의 기록이다. 따라서 내용이 정련되어 있지 못하고 적지 않은 내용이 중복되어 논의되고 있는 데다가 방만한 서술로 독자들에게 많은 부담을 줄 것으로 생각된다. 더구나 이 책에서는 구체적인 수학 학습-지도 방법에 대한 논의는 찾아보기 어려울 것이다. 그렇지만 학교수학에 대한 교육학적인 안목을 넓혀 줄 수 있다는 점에서 수학교육학의 핵심적인 분야인 수학 교육과정론의 개론서의 역할을 어느 정도 할 수 있을 것으로 기대된다.

독자들이 이 책을 통해서 학교수학에 대해서 무지를 자각한 필자와 같은 놀라운 경험을 하고 학교수학의 본질에 접하는 기회를 가짐으로써 수학교육의 바른길을 찾아가는 출발점이 될 수 있기를 기대한다. 끝으로 이 책의 출판을 맡아 짧은 기간에 이와 같이 훌륭한 모습으로 출간되도록 애써 주신 서울대학교출판부 여러분께 감사를 드린다.

1998년 입춘
관악산 연구실에서

이 증보판에서는 필요하다고 생각되는 몇 가지 내용을 수정 보완하였으며, 최근에 이루어진 학교수학에 대한 교수학적 분석 결과 가운데 중요하다고 판단되는 몇 가지를 추가로 수록하였다.

2007년 처서
관악산 연구실에서

개정판 머리말

초판을 낸 지 20년 가까이 지난 지금에서야 개정판을 내게 된 것은 필자가 정년을 맞이하고 많은 시간을 할애하여 작업했음에도 불구하고 워낙 아둔하여 마무리가 늦어진 탓이다. 그러나 이 개정판에서는 초판과 증보판에서 다루지 못한 많은 부분을 추가하여, 학교수학의 교육적 기초를 더욱 잘 이해할 수 있도록 전면적인 개정을 시도하였음을 기쁘게 생각한다.

G. Polya가 걱정한 바와 같이 수학은 교육과정 가운데 가장 인기가 없는 의아스러운 명예를 안고 있으며, 미래의 수학교사들은 대학을 졸업하고 학교로 되돌아와 새로운 세대에게 다시 수학을 혐오하도록 가르치게 되는 악순환이 반복되고 있다. 일찍이 F. Klein이 제기한 '이중단절'의 문제는 이러한 수학교육의 근본 문제를 야기하는 주요한 이유라고 생각된다. 수학교사가 대학에서 배운 현대수학과 학교수학이 단절되어 학교수학의 본질을 보다 '높은 관점에서' 보지 못하기 때문에 그의 교육에 하등의 영향도 미치지 못하고 전통적인 지도방식으로 회귀할 수밖에 없다는 것이 Klein의 통찰이다.

이 책은 수학교육에서 Klein이 제기한 문제의 핵심에 공감하면서, Liping Ma가 주장하는 '기초 수학에 대한 깊은 이해'가 수학교육의 질을 좌우한다고 믿고, 학교수학의 교육적 기초에 대한 이해에 일조하기 위해 추구해 온 필자의 노력 결실이라고 할 수 있다. 수학교육의 질은 수학교사의 학교수학에 대한 교육적 기초의 이해에 좌우된다. 학교수학의 본질, 기본 개념과 구조에 대한 깊은 이해는 더 나은 교육을 할 수 있는 바탕이며,

가르치는 방법을 근본적으로 좌우한다. 이 개정판은 이러한 이념에 충실하여 수학교사 교육에 매진했어야 할 필자의 필생의 과업인 수학교사 교육과 연구 생활에 대한 뼈아픈 반성에서 비롯된 것이다.

수학이란 형식과학이지만 그 본질과 구조를 이해하려면 그 역사-발생적 근원을 살펴보아야 한다. 그럼으로써 학교수학의 바탕, 가장 인간적이고 자연스러운 기원으로부터 출발하여 단계적으로 수학화된 가장 차원 높고 오묘한 인간의 정신 활동으로서의 수학에 대한 진정한 안목을 가질 수 있을 것으로 생각한다. 이 책을 이해하는 데 매우 필요한 것이 학교수학의 역사-발생적 배경인바, 이 개정판을 읽으면서 필히 『학교수학의 역사-발생적 접근』을 참고해 주기 바란다.

학교수학을 보다 깊고 바르게 이해해야 제대로 가르칠 수 있다. 이 책은 이를 위해 절실히 요구되는 학교수학의 바탕을 분석하여 보여 주고자 한 많은 수학교육 학자들과 명철한 학생들의 통찰과 반성, 그리고 그에 대한 종합과 재구성을 위한 필자의 노력에 대한 작은 결실이다. 이는 끝없이 난해한 작업이며, 아직도 보완해야 할 많은 부분을 내포한 미완성인 작품이다. 독자들의 아낌없는 지적과 질책을 간곡히 부탁한다. 끝으로 이 책의 출판을 위해 번잡하고 힘든 교정 작업과 편집 등에 많은 노력을 기울인 정성숙, 신선규 선생님을 위시한 서울대학교출판문화원 여러분께 다시 한번 감사의 말씀을 드린다.

2017년 6월 10일

관악산 명예교수 연구실에서

차례

중권 차례

하권 차례

제1장

집합과 논리

1. 집합

1960년대의 수학교육 현대화 운동의 소산인 '새 수학'의 대표적인 유산의 하나가 집합 교재이다. 학교수학의 현대수학화를 추구한 '새 수학'에서 현대 구조주의 추상수학의 기초인 집합은 새로운 학교수학의 기초가 되지 않을 수 없었다. 여기에서 현대수학의 기초 분야인 집합론의 내용 일부분을 초등화하여 학교수학에 제시하는 문제와, 현대수학은 집합 언어로 전개되는 구조주의 추상수학인바, 대학수준의 현대수학 교재의 첫머리에 나오는 집합 언어에 관한 내용을 초등화하여 학교수학의 첫 단원으로 제시하고 이를 바탕으로 학교수학을 집합 언어로 전개하는 관점을 생각할 수 있다.

집합론은 무한집합의 기수와 순서수, 곧 초한수 산술에 관한 이론이다. G. Cantor(1845~1918)의 집합론이 나온 이후 자연수는 집합의 기수와 순서수라는 좀 더 일반적인 개념의 특수한 경우, 곧 유한집합의 기수와 유한 순서집합의 순서수로 인식되게 되었다. 특히 원소의 구체적 특성을 완전히 배제한 비개성적인 집합은 유한집합이든 무한집합이든 1대1 대응 아래에서 불변인 기수라는 특성을 가지며 자연수의 주요한 측면은 그러한 유한집합의 기수라는 점이다. 이런 관점에서 자연수 산술을 다루는 초등학교 수학의 초기에 자연수 개념의 한 측면인 유한집합의 기수 개념과 그 연산을 초등화하여 도입한 것이 '새 수학'의 대표적인 교재 가운데 하나이다. 그러나 '새 수학'에서는 자연수, 정수, 유리수, 실수, 복소수의 집합, 무한

수열 등을 다루면서도 집합론의 중심적인 내용인 무한집합과 그 초한기수 및 초한순서수 산술의 초등화는 시도하지 않았다.

현대 추상수학은 집합과 관계 체계인 여러 가지 수학적 구조를 규명하는 학문이며, 현대수학에서 집합은 모든 분야의 수학적 사고를 전개하는 강력한 통합적인 개념적 도구이므로 대학 순수수학 교재의 첫 장을 장식할 정도로 집합 언어는 현대수학의 전 분야를 지배하고 있다고 할 수 있다. 따라서 집합은 현대수학에 입문하는 데 필수불가결한 도구가 되어 있으므로 학교수학의 현대수학화를 지향한 '새 수학'에서 조기에 집합 언어를 지도하지 않을 수 없게 하였다. 결국 '새 수학' 교육과정에서 집합은 학교수학의 현대수학화를 상징하는 대표적인 교재였으며 수와 연산, 도형, 함수 등 학교수학의 모든 분야에서 수학적 개념과 원리를 정의하고 표현하는 통합개념이자 수학적 사고의 강력한 언어적 도구로서의 역할을 수행하기를 기대하였다.

이러한 '새 수학'이 적극적으로 반영된 것은 제3차 수학교육과정이었으며 초등학교 초기에 자연수를 유한집합의 기수 개념을 초등화한 형태로 도입하고 수, 도형, 대수, 함수 등 학교수학의 여러 가지 내용이 집합 언어로 전개되었다. 그러나 '새 수학'의 퇴조와 함께 제3차 교육과정 이후 집합적 시각은 거듭 약화되어 왔고 집합의 도입이 고등학교 수학으로까지 후퇴하였다. 그러나 그와 관련된 여러 가지 교재구성의 문제점이 있을 것으로 생각된다.

자연수 개념의 한 측면인 유한집합의 기수 개념과 그 연산을 초등화한 '새 수학'의 교재에 대해서는 다음 장에서 논의하기로 한다. 여기에서는 학교수학이 집합 언어로 전개되는 현대수학의 구조적 특징을 배제할 수 없다는 점에서 '새 수학'의 정신을 반성적으로 고찰하고 집합 교재의 이면을 살펴보기 위해서, 그리고 학교수학의 바탕이 되는 무한집합인 자연수와 유리수, 실수 연속체의 특성을 알아보기 위해서 무한(無限, infinite)과 무

한집합에 대해 살펴본 다음 학교수학과 집합 언어에 대해서 논의해 보기로 한다.[1]

1) 무한과 무한집합

무한집합을 다루는 집합론이 현대수학 발전의 기틀이 되었고 해석학이 '무한의 교향곡'(Boyer, p. 41)이라고 불릴 정도로 무한은 현대수학의 바탕을 이룬다. Pascal은 수 분야에서 무한대와 무한소는 상보적인 것으로 무한히 큰 수의 존재는 무한히 작은 수의 존재를 함의하며 수는 두 가지 무한에 종속된다고 주장하였으며, 무한대와 무한소를 신비로운 것, 자연이 인간에게 이해하도록 하기 위함이 아니라 감탄하도록 제안한 것으로 간주하였다.(*ibid.*, pp. 151-152) 무한이라는 단어가 들어간 수학적 개념으로 무한대(無限大, infinity), 무한소(無限小, infinitesimal), 무한원점(無限遠点), 무한집합, 무한소수, 무한수열, 무한급수 등을 생각할 수 있는데 이들에 공통인 무한의 특징은 무엇인가? 무한은 한없이 크거나 많거나 한없이 작거나 멀거나 한계가 없이 계속 증대·증가·감소하거나 유사한 조작이 한없이 계속 반복되는 무한정인 성격 혹은 그 궁극의 상태를 지칭하는, 유한(有限, finite)과 대비되는 표현이라고 생각된다. 극한(極限, limit)으로 수렴하는 과정(limitting process)의 성격도 무한으로 생각된다.

인류는 고대로부터 신앙과 관련해 무한의 세계에 대하여 많은 논의를 해왔으며 무한개념에 대한 철학적 논의 역시 고대 그리스의 소피스트들이 제기한 여러 가지 패러독스가 말해 주듯이 매우 오래되었다. 잘

1 이와 관련하여 집합론의 역사적 발달과정에 대한 고찰이 요구되는바 이에 대해서는 『학교수학의 역사-발생적 접근』을 참고해 주기를 바란다.

알려져 있는 것이 Aristoteles(384~322 B.C.)의 무한에 대한 관점이다. 무한은 우리의 직관을 초월하는 것이므로, 시간과 공간과 같이 무한한 것과 자연수 전체나 분수 전체와 같이 무한히 많은 것을 대하면 그 전체가 있는지 어떤지 확신이 결여되고, 다만 그러한 것 전체가 있을 수는 있을 것 같다는 가능성만을 인정하게 된다. 이러한 '가능적 존재'로서의 무한을 Aristoteles는 가상 무한, 가능적 무한, 잠재적 무한(潛在的 無限, potential infinite)이라고 불렀다. 그는 무한은 현실적으로 존재하는 것이 아니라 가능적 존재에 지나지 않는다고 보았으며, 가장 큰 자연수는 존재하지 않으므로 자연수 전체는 하나의 완결된 확정적인 형태, 곧 현실적 무한, 실무한(實無限, actual infinity)으로 존재하지는 않는다고 본 것이다. Aristoteles는 양(quantity)을 연속인 것과 이산적인 것으로 나누고 그 크기(magnitude)와 수를 구분하였다. 크기는 무한가분성(無限可分性, infinite divisibility)을 갖고 불가분자(不可分子, indivisible)로 구성될 수 없으며 수는 불가분인 단위로 잇달아 무한히 구성된다고 보았는데, 어느 경우든 완결된 실무한을 생각지 않았고 무한을 가상적인 것으로 보았다.(Katz, pp. 52-53)

이러한 무한에 대한 Aristoteles의 관점은 그리스 기하에 큰 영향을 미쳤으며 그 후 실무한의 수용 문제는 미적분법, 수론, 집합론, 해석학 등 근대수학과 현대수학의 발달에서 많은 논란과 함께 핵심적인 역할을 하였다. 이들 여러 분야에서 논란의 핵심은 무엇이었고 그러한 논란을 극복한 발전과정은 어떠하였는지 대략적으로 살펴보기로 한다.

일찍이 그리스 수학자들은 무한과 연속체 및 측정에 내재된 커다란 어려움을 의식하였으며 그들이 남긴 유산은 수학 발전에 지대한 영향을 미쳐 왔다. 통약불가능한 선분의 비에 대한 Eudoxus의 이론은 현대적인 Dedekind의 무리수론과 유사할 정도이다. 그런데 그리스 수학에서는 잠재적 무한만이 수용되었으며 그에 따라 곡선도형의 구적법에서 Eudoxus

의 실진법(悉盡法, method of exhaustion)이 사용되었다. 실진법은 곡선 도형에 점차 작은 삼각형을 같은 방식으로 거듭 내접시켜 곡선에 접근해 가는 조작을 계속하여 구하려는 곡선도형의 면적을 소진시키는 방법인데, 거듭 접근시켜 가면 곡선도형의 면적은 나머지가 원하는 만큼 작아져 소진될 것이라는 가능적 무한의 관점이 내재된 것이다.

우리는 흔히 물체는 무한히 나누어갈 수 있다고 생각한다. 곧 물체의 무한가분성은 자연스럽게 받아들인다. 그러나, 더 이상 나눌 수 없는 것, 곧 불가분자, 이를 무한소라고도 하는데 그러한 무한소가 실제로 존재한다는 생각을 받아들이기는 쉽지 않다. 그런데 이미 기원전 4~3세기의 그리스 시대부터 현실적 무한을 수용하는 경향이 나타나기 시작하였는바, 구를 부피가 무한소인 원판의 무한합으로 생각하여 구의 부피를 구한 Archimedes의 착상이 그것이다. 발견술적 수준에 그친 Archimedes의 무한소 '방법'은 17세기의 Cavalieri를 거쳐 Newton과 Leibniz의 무한소 계산법(the calculus of infinitesimals)으로서의 미적분법으로 발전되어 수학과 과학 발전에 지대한 영향을 미쳤다. 무한소에 대한 개념적 해명은 미룬 채 무한소 계산법을 확립하여 널리 보급한 Leibniz는 무한소를 실제적인 수처럼 생각하고 계산하였음은 물론이고, '연속성의 법칙(law of continuity)'에 의해서 크기를 할당할 수 있는 양에서 크기를 할당할 수 없는 것으로 옮겨갈 수 있으며 중요한 것은 무한소를 허근 $\sqrt{-2}$ 와 같이 '이상적인 개념'으로 신뢰를 갖고 사용할 수 있다고 설명하였다.(Leibniz, pp. 543-546) '연속함수의 수렴하는 급수의 극한 자신도 연속'이라는 것은 Leibniz의 '연속성의 법칙'에 따라 18세기 말까지 증명이 필요하지 않다고 여겨져 왔는데 이를 처음 증명한 사람은 Cauchy(1789~1857)였다. 그런데 Fourier급수가 Cauchy가 증명한 이러한 추측에 대한 반례를 제공함으로써 '연속성의 법칙'에 예외가 있음이 드러났고, 19세기 중반에 이르러서 Weierstrass학파의 Seidel에 의해서 Cauchy의 증명에 대한 분석을 통해 오류가 발견되고 평등수렴 조건이 첨가되어 원초적인 추측이 개선됨으로써 문제가 해결되었다.(Lakatos, pp. 229-238) 오늘날 우리가 사용하는 $\frac{dy}{dx}$, $\int f dx$와 같은 미적분 기호는 그 의미는 변하였지만 그러한 Leibniz의 무한소 계산법의 유산이다.

무한소 계산법은 그 바탕이 되는 유율(fluxion) 개념과 미분에 대해 '궁극의 비(ultimate ratio)', '사라지는 증분(evanescent increment)'과 같은 Newton의 설명의 애매모호함과 무한소를 0이 아닌 것으로 보고 계산한 다음 0으로 놓는 논리적 모순에 부딪친다는 그 기초에 대한 G. Berkeley(1685~1753)의 신랄한 비판과 같은 많은 논란을 야기하였으며(Burton, p. 477), 19세기에 좀 더 엄밀한 Cauchy의 극한 계산법으로 전환되었고, 19세기 말에 Cantor, Dedekind, Weierstrass 등의 실수론에 의해 그 엄밀한 논리적 기초가 확립되었다. 이러한 현대 미적분법을 뒷받침하는 표준해석학은 실수체계를 완비순서체(complete ordered field)로 공리적으로 규정하고 그것을 유리수의 집합으로부터 구성해 보이는 실수론을 바탕으로 한다. 거기에서는 실수체계의 완비성(연속성)을 근거로 미적분법의 바탕인 수열이나 함수의 극한의 존재성을 수용하고 소위 $\epsilon - N$방법이나 $\epsilon - \delta$방법으로 그 극한을 정의한다. 도함수와 정적분을 실무한으로서의 무한소를 배제하고 그 대신에 0으로 수렴하는 Δx와 같은 변수를 사용하여 평균변화율과 Riemann합의 극한으로 정의한다. 오늘날 학교수학에서 실수 개념과 수열 및 함수의 극한, 미적분법과 관련해 중요한 의미를 갖는 이러한 현대 해석학에서의 극한과 관련된 무한에 대한 관점은 어떠한 것인가? 이에 대해서는 무한과 관련된 자연수론과 집합론에 대해 논의한 다음 살펴보기로 한다.

한편 17세기에 Pascal 등은 무한수열인 자연수의 수열 $\langle 1, 2, 3, \cdots \rangle$은 1로부터, 임의의 자연수에 1을 더하면 그다음 자연수가 얻어지는 특성, 곧 후자(後者, successor)함수 $f : n \to n+1$에 의하여 완전하게 귀납적으로 생성됨에 주목하여 무한인 자연수 수열 전체와 관련된 명제의 증명법인 수학적 귀납법(완전귀납법)을 수학에 도입하였다.(Freudenthal, 1953, p. 32)

그러나 수학계에서는 무한을 분석하는 것을 기피해 오다가 19세기 말에 Cantor가 집합론을 창시하여 무한히 많은 수 전체를 집합으로 생각하게 되면서 무한은 수학의 연구 대상이 되고 수학은 큰 발전을 이룩하게 되었다. 이를테면, 자연수가 무한히 많다고만 생각하면 자연수는 얼마든지 있다는 식으로밖에 달리 생각할 수 없지만, 자연수 전체를 집합으로 생각하면 자연수 전체가 완결된 하나의 존재로서 그 구조를 규명하기 위한 수학의 연구 대상이 되는 것이다. Cantor의 집합론이 출현한 것도, 완비순서체로서의 실수체계를 확립하고 이를 바탕으로 극한방법에 의한 미적분법의 엄밀한 논리적 기초를 확립한 것도, Peano의 공리체계에 기초한 자연수론이 출현한 것도 거의 같은 시대임은 주목할 점이다.

그러면 자연수 전체의 집합과 같은 무한집합이란 어떤 집합인가? 우리는 경험적으로 유한집합에 당면하여 수세기로 그 크기를 규정하고 크기가 유한이 아닌 집합을 모두 무한집합으로 간주한다. 이를테면 자연수의 집합, 정수의 집합, 유리수의 집합, 실수의 집합, 복소수의 집합은 무한집합인데, 이들 무한집합의 크기를 비교하여 어느 것이 더 큰지 같은지 작은지를 알 수는 없는가? 자연수로부터 새로운 수를 첨가하여 차례로 정수, 유리수, 실수, 복소수가 얻어지므로 이들 무한집합의 크기도 차례로 더 클 것으로 생각되는데 실제로 그러한가? 원시인류는 수세기에 앞서 원소 사이의 짝짓기, 곧 1대1 대응으로 집합의 크기를 판별하였다. 그런데 흥미롭게도 이러한 원시적인 '기본적' 방식으로 유한집합뿐만 아니라 무한집합의 크기를 판별할 수 있다는 데 주목한 학자는 근세에 이르러서야 나타났으며 Cantor가 처음은 아니었다. 그리스 이래 근세에 이르기까지 자명한 진리로 여겨져 온 Euclid원론의 제1원리인 공리 가운데에는 '전체는 부분보다 크다.'는 공리가 설정되어 있다. 17세기에 Galileo Galilei(1564~1642)는 무한, 무한소, 연속체의 본질에 대해 논의하면서 다음과 같이 자연수 전체가 그 일부분인 제곱수 전체와 1대1로 대응되므로 그 개수가 같다는 것을 인정하지 않을 수 없다는 '기이한' 점에 주목하여, 무한히 많은 제곱수 전체가 무한히 많은 자연수 전체보다 적다고도, 후자가 전자보다 많다고도 말하기 어려우며, '같다', '많다', '적다'는 성질은 유한량에만 있고 무한량에는 없다고밖에 말할 수 없다고 하였다. 그러나 그는 이러한 '무한의 패러독스'를 이성적으로 분석할 수 없다고 보아 다루기를 포기하였다. 또한 Bolzano(1781~1848)의 유고(遺稿) 가운데에는 집합이라는 용어와 함께 집합론에 관한 많은 흥미로운 내용이 포함되어 있는데, Bolzano는 Galilei의 패러독스와 유사한 무한집합과 그 진부분 집합의 원소 사이의 1대1 대응에 관한 여러 가지 예를 제시하여 무한집합의 그러한 특성에 주목하였다.(Burton, pp. 588-589)

1	2	3	4	5 …
↕	↕	↕	↕	↕
1	4	9	16	25 …

무한의 세계에서 발생하는 그러한 겉보기의 패러독스에 대하여 그것이 패러독스가 아니라 무한의 본질임을 인식하고 그것을 무한의 정의로 받아들인 학자는 Cantor의 집합론의 열렬한 옹호자 가운데 한 사람이던 동시대의 유명한 수학자 Dedekind(1831~1916)였다. Dedekind는 체계 사이에 1대1 대응인 닮은 변환(similar transformation)이 존재하는 체계를 닮은 체계라고 정의하고 "체계 S는 그 진정한 부분과 닮으면 무한이라고 한다. 그 반대인 경우에 S는 유한인 체계라고 한다."(Dedekind, p. 63)라고 무한을 정의하였다. 임의의 선분과 그 진부분집합 사이에는 왼쪽 그림과 같은 1대1 대응이 존재한다. 무한집합이란 선분과 같이 그 진부분집합과 1대1

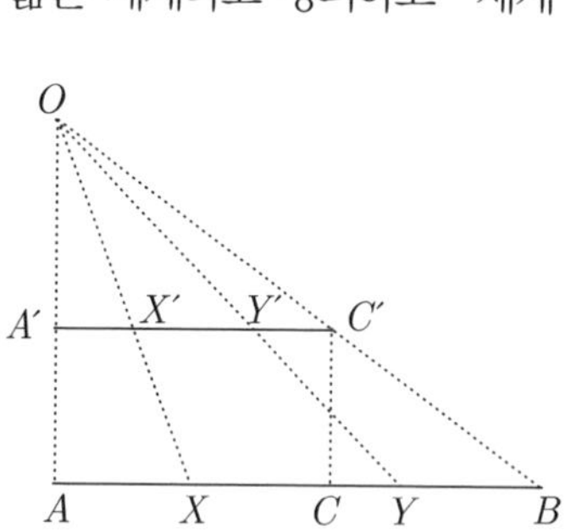

대응이 되는 집합이라는 Dedekind의 정의는 Cantor에 의해 채택되었다.(Burton, p. 589) 그리고 Dedekind는 자연수의 무한수열, 곧 셈수를 자연수 체계의 본질로 보고 자연수에 대한 이론을 전개하였는데, 이러한 Dedekind의 자연수에 대한 이론은 Peano의 공리체계의 모태가 된 것으로 생각된다. 그 핵심인 수학적 귀납법의 원리는 무한집합인 자연수 전체를 구성하는 원리를 수용하는 것이다.

Cantor는 집합 사이의 1대1 대응, 순서가 보존되는 1대1 대응을 기초로 유한집합의 기수, 순서수를 무한집합의 기수, 순서수로 확장하는 지적인 용기를 발휘하여 초한수에 관한 이론인 집합론을 창시하였다. Cantor는 함수의 삼각급수 전개의 수렴(收斂) 조건을 연구하다가 수직선 위의 점의 집합과 같은 무한집합에 관심을 갖게 되었다. 자연수 전체의 집합, 유리수 전체의 집합, 실수 전체의 집합과 같은 무한집합의 특성을 연구하게 되면서 1대1 대응을 기초로 그러한 무한집합의 기수, 곧 초한수를 정의하고 이를 수학적으로 '실제적인 의미를 갖는 무한 자연수'라고 보았으며 그러한 초한수를 비교하고 계산하는 당시로서는 매우 충격적인 초한수 산술을 제시하였다. 이러한 Cantor의 집합론에서 무한집합은 완결된 전체 형태로 그 기수가 실제적으로 존재하는 무한, 곧 실무한으로 받아들인 것이다. 전통적인 수학관을 거스르는 생소한 Cantor의 이론은 격렬한 논쟁의 대상이 되었으며 직관주의 수학자들로부터 심한 비판을 받았으나, 무한집합의 실제적인 존재를 전제로 한 집합 언어가 현대 구조주의 추상수학 발전에 지대한 영향을 미치면서 실무한을 수용하는 입장이 의연하게 주류를 이루고 있다.(Dauben, 2000)

17세기에 Desargues에 의해 제기되어 19세기 초에 확립된 사영기하학에서는 무한원점과 무한원직선을 보통의 점이나 직선과 마찬가지로 취급하며, 더욱이 20세기 중반에 이르러 A. Robinson(1918~1974)에 의해 비표준해석학(non-standard analysis)이 제시되었는데 거기에서는 무한소와 무한대를 실제적인 수, 곧 실무한으로 인정하고 이를 포함한 초실수 (hyper numbers) 체계에 기초하여 고전적인 무한소 방법을 엄밀한 이론으로 재구성함으로써 Leibniz의 무한소 계산법을 새롭게 평가하지 않을 수 없게 하였다. 이러한 비표준해석학에 기초한 무한소 방법으로 구성된 미적분 교재가 제시되었으며 무한소 접근이 미분가능성, 미적분학의 제1 기본정리, 곡선 사이의 넓이나 입체의 부피를 구하는 공식 등의 직관적인 의미를 드러내어 미적분의 개념적 이해에 도움을 줄 수 있음은 주목할 점이다.

학교수학에는 무한집합과 관련된 적지 않은 내용이 포함되어 있다. 이를테면 자연수 전체의 집합이나 실수 전체의 집합과 같은 무한집합을 각각 N, R과 같이 나타내어 다루며, 수학적 귀납법의 원리를 수용하고 수학적 귀납법을 적용하여 자연수와 관련된 명제가 모든 자연수에 대해 성립함을 증명할 때, 그리고 무한수열 $\langle a_n \rangle$을 함수 $f: N \rightarrow R$로 정의할 때 무한집합을 완결된 무한인 수학적 대상으로 보고 하나의 기호로 나타내어 다루고 있다. 이에 대해서는 수학적 귀납법에 대한 교수학적 분석에서 다시 논의하기로 한다. 인간은 유한의 세계에서 생활하는 유한인 존재이기 때문에 실무한에 대한 직관이 불가능하며, 학생들도 무한을 완결된 형태로 파악하기보다는 끝없이 확장, 감소 또는 접근해가는 역동적 무한으로 파악하는 것이 자연스럽다. 현재 학교수학에서는 근세 이후 수학의 발전에 핵심적인 역할을 해왔으며 그와 함께 많은 어려움과 논란의 대상이었던 무한소나 초한수와 같은 실무한을 다루지는 않지만, 무한집합의 실제적 존재를 반성적 사고의 대상으로서가 아니라 암묵적으로 수용하도록 하고 있다.

여기에서 무한 개념에 대하여 특히 주목을 끄는 것이 실수 개념 및 극한과 관련된 표준해석학의 접근법이다. 실수를 완비순서체로 공리적으로 규정한 다음 '실제적인' 수인 유리수를 이용하여 실수를 구성해 보이는 것이 현대적인 실수론이다. Cantor는 유리수의 기본수열[2]은 수렴한다는 공리를 설정하고 그 극한으로 실수를 정의하였다. 여기에서 그러한 유리수 수열의 극한을 어떻게 표현할 것인가가 문제이다. 극한을 무한소수로 표현하면 정의하고자 하는 실수, 곧 무한소수를 정의에 이용하는 순환논법에 빠지게 된다. Cantor는 n이 무한히 증가할 때 $a_n - b_n$이 매우 작아지면 유리수의 기본수열 $\langle a_n \rangle$과 $\langle b_n \rangle$에 의해 정의된 두 실수는 같다고 정의하였다.(Burton, p. 587) 이를테면 유리수 수열 $\langle 0.9,\ 0.99,\ 0.999,\ \cdots \rangle$, $\langle 1.0,\ 1.00,\ 1.000,\ \cdots \rangle$, $\langle 1.1,\ 1.01,\ 1.001,\ \cdots \rangle$은 극한이 같은, 곧 동치인 기본수열이다. Cantor의 정의는 실수는 이러한 유리수의 기본수열의 동치류라는 것과 같으며 이는 집합을 이용한 개념의 외연적 정의로 동치류인 무한집합을 수용하지 않을 수 없는 것이다.

이러한 유리수에 의한 실수의 정의는 양의 측정에서 발생되는 무한소수와 같은 극한과정에 대해 닫혀 있게 하기 위한 해석적 확장이며 실수는 무한소수라는 정의로 표현된 것에 대한 일반적인 형식화이다. 그리고 이를테면, $1.4 < 1.41 < 1.414 < \cdots \sqrt{2} \cdots < 1.415 < 1.42 < 1.5$와 같이, 임의의 무한소수에 대해 그 무한소수를 포함하는 근삿값인 유리수의 축소구간열을 얻을 수 있으므로, Weierstrass는 끝점이 유리수인 축소폐구간열에 공통인 한 점이 존재한다는 공준을 설정하고 그러한 점을 실수라고 정의하였다.[3]

유리수의 기본수열의 극한이나 유리수의 축소폐구간열의 공통인 한 점의 존재성을 공준으로 설정하고 그 극한이나 그 공통점으로 실수를 정의

---

2 수열 $\{x_i\}$가 수렴하기 위한 필요충분조건은 '임의의 $\epsilon > 0$에 대하여 자연수 m이 존재하여 임의의 자연수 $j, k \geq m$에 대하여, $|x_j - x_k| \leq \epsilon$'이며, 이러한 성질을 갖는 수열, 곧 기본수열 혹은 Cauchy수열인 것이다.

3 여기에서 $\sqrt{2} = l.u.b.(1.4, 1.41, 1.414, 1.4142, \cdots) = g.l.b(\cdots, 1.4143, 1.415, 1.42, 1.5)$와 같이 실수 $\sqrt{2}$를 유리수의 집합의 최소상계나 최대하계, 곧 상한(上限, supremum)이나 하한(下限, infimum)으로 기술할 수 있다.

한 것, 위로 유계인 집합의 상한이나 아래로 유계인 집합의 하한이 존재한다는 것은 어떤 의미를 갖는가? 17세기에 분출된 발견적 혁명의 시기에 Galileo의 물리적 직관과 Cavalieri, Fermat 등의 연구를 기초로 Newton과 Leibniz에 의해 발명된 미적분법은 Archimedes의 무한소 '방법'을 재생시켜 무한소 자체를 본질적인 실체로 고려한 무한소 계산법이었다. 그러나 그러한 실체에 대한 개념적 해명을 시도한 Newton의 노력은 성공적이지 못하였고 Leibniz는 그러한 해명을 보류한 채 그 계산법을 성공적으로 확립하여 보급함으로써 수학과 과학 발전에 지대한 공헌을 하였다. 그러한 무한소 방법의 개념적 모호성과 모순을 극복하기 위해 도입된 Cauchy의 극한방법에 대하여 고전적인 그리스적 엄밀성의 이상을 갖고 모순 없는 해명을 시도한 19세기 후반 이후의 표준해석학은 위에서 논의한 바와 같은 실수론을 바탕으로 한다.

Cantor의 실수론에서는 유리수의 기본수열의 극한이 존재한다는 직관적 개연성과 모순 없는 수학적 사고 체계를 구성하는 데 있어서의 그 유용성 때문에 그 극한의 존재성을 기본적인 공리로 수용한다. 그런데 그러한 수열이 극한을 갖는다고 하고 그 극한을 실수로 정의하지만, 극한의 본질적인 실체에 대해서는 언급하지 않는다. 따라서 실제로 이는 그러한 수열과 한 실수가 관련된다는 것을 의미할 뿐이다. 이 공리로부터 유리수의 기본수열이나 유리수의 축소폐구간열로서의 실수의 '내재적인(intrinsic)' 정의에 이르며 그 연산이나 순서 등은 마찬가지로 수렴하는 유리수의 기본수열이나 축소폐구간열로 정의되어 완비순서체를 이루는 실수의 모든 성질이 증명된다. 여기에서는 극한이라는 수학적인 대상에 대해 우리가 전혀 아무 개념도 갖지 못하는 초월적 객관인 '사물 그 자체(thing in itself, Ding an sich)'로 간주하고 소박한 '현실주의적' 접근을 하는 것이 아니다. '사물 그 자체'의 의미를 이해하려는, 세계의 심오한 내면의 본질을 드러내려는 철학적 성격의 요소를 버리고, 실제로 입증 가능한 가설적 관계

체계를 수학적 관념 구성의 원천으로 고려하는 것이다. 극한의 존재성만을 논리적으로 모순 없는 가설적 관계체계로 수용하고 극한이 '실제로' 무엇인가는 수학에서 논의될 수도 없고 논의될 필요도 없다는 입장이다. 가설적인 관계체계에 대한 논리적 분석은 그러나 수학적 개념의 본질을 더 심오하고 분명하게 이해할 수 있게 한다. Ivan Stewart는 추상적인 정신적 개념세계와 물리적인 실세계를 맺어 주는 이러한 수학의 의미를 '비실제적인 실제성(unreal reality)'이라고 불렀다.(Courant & Robbins, preface, pp. 68-72) 이러한 관점은 현대수학에서의 다른 무한 개념, 비표준해석학에서의 무한소나 무한대 개념에 대해서도 마찬가지라고 생각된다.

그러나 학교수학에서는 극한의 존재성에 대해 이러한 가설적인 공리적 접근이 아니라 19세기 초의 수학자들처럼 직관의 뒷받침을 받는 소박한 현실주의적 접근을 한다. 비순환무한소수인 무리수, 이를테면 $x^2=2$인 x, 곧 무한소수 1.4142⋯을 $\sqrt{2}$, 원의 둘레와 지름의 길이의 비인 원주율 3.141592⋯을 π, $\lim_{x\to 0}(1+x)^{\frac{1}{x}}=2.718\cdots$을 e와 같이 완결된 것으로 나타낼 때, 그리고 무한수열의 극한, 무한급수의 합, 함수의 극한, 순간변화율, 정적분을 정의할 때, 그 바탕인 실수의 완비성을 언급하지 않고 직관적으로 다루지만, 무한과정의 완결된 궁극의 상태인 극한의 실제적인 존재성을 소박하게 수용하는 것이다.

한편 '새 수학'이 물러간 지 반세기가 지났지만 형식주의가 지배하는 현대수학의 흐름을 벗어나기 어려운 오늘날의 학교수학에서 무한에 대한 Aristoteles 이래의 직관주의적 입장이 또한 부정되기 어려우며 나아가 긍정적으로 수용되고 있음은 주목할 만하다. 집합론은 무한집합의 기수와 순서수 및 그 연산에 관한 이론으로 실무한을 수학에 도입한 이론이며, '새 수학'의 대표적인 교재의 하나가 대등한 집합의 공통성질이라는 자연수의 기수적 측면을 초등학교 입학 초기에 도입한 것이다. 그러나

Freudenthal(1973, pp. 179-197)은 이를 신랄하게 비판한다. 그가 보기에 기수는 자연수의 기초로서 "수학적으로 불충분하고", 셈수보다 "수학적으로 중요하지 않으며", "교수학적으로 불충분하다". 그는 Brouwer의 직관주의 입장에서 인간이 타고난 직관능력에 의해 자연스럽게 파악되는 수열 1, 2, 3, ⋯, k, $k+1$, ⋯이 수학의 기본이 된다고 보고, "수열은 역사적으로, 발생적으로, 그리고 체계적으로 수학의 초석이다. 수열 없이는 수학이 없다."라고 하면서, 셈수에 대한 아동의 직관적 인식 "'그렇게 계속된다(so it goes on)'는 외침은 수학이다. 그것은 인류가 산출한 그리고 개인이 산출하고 있는 첫 번째 수학이다. 그것은 위대하고 중요한 수학이다. 그것은 첫 번째이자 최후의 수학이다. 그것은 가장 고상하고 가장 심원한 수학이다. ⋯ 아동은 수학의 알파요 오메가인 무한을 발견한 것이다. ⋯ '그렇게 계속된다'는 인식은 산술교육 전체 가운데, 학습하는 모든 규칙 가운데, 무한소수 가운데에서 작용한다. 그것이 시간의 무한이건 공간의 무한이건 수열의 '그렇게 계속된다'는 원리에 따라 파악된다. ⋯ 이 단계에서의 수열의 생성으로부터 무한함수급수의 수렴까지 모든 무한과정은 시간적으로 풀어지는 것으로 상상된다는 것을 잊지 말라."(*ibid.*, pp. 171-174)라고 주장한다.

2) 집합 언어

집합론을 창시한 Cantor는 '집합이란 우리의 지각이나 사고 가운데 명확하고 구분되는 대상의 전체로서의 어떤 모임'이라고 정의하였다.(Burton, p. 588; Bell, p. 274) 집합은 이와 같이 '명확히 구분되는 대상의 모임'이라는 상식적인 뜻을 갖는 용어로, Cantor 이후 수학에서 사용되는 용어이다. 이를테면 '키가 큰 학생들의 모임'은 그 대상이 명확히 구분되지 않으므로 집합이 아니다. 우리말에는 원래 '집합하다'라는 동사는 있어도 '집합'이란 명사는 없었다. 이는 독일어의 명사 Menge(영어의 set)를 번역한 수학 용어이다. 일상적으로 '커피세트'나 '응접세트'와 같은 용어가 사용되지만 이는 영어 set에서 유래된 외래어이다. 이러한 소박하고 직관적인 집합의 정의는 모든 집합의 집합을 생각하게 함으로써 유명한 Russell의 패러독스를 야기하여 집합론의 엄밀한 공리적 전개를 하게 되었고 '집합'과 '속한다'($\in$)를 무정의 용어로 택하게 되었으나, 집합에 주목하여 수학적 사고를 할 때, 특히 학교수학에서는 이러한 정의로 충분하다고 생각된다.

Cantor의 집합의 정의는 언뜻 보기에 사전식 정의에 불과하며 새로운 개념의 창안으로 보기 어려운 듯하지만, 사실 이는 무한집합을 하나의 완결된 실체로 본다는 의미로 해석되므로 수학적으로 매우 혁명적인 발상이라고 보아야 할 것이다. 수학적인 사고를 할 때 집합에 주목하고 무한집합을 하나의 완결된 총체로 다루며, 관련된 내용을 전체집합, 부분집합, 공집합, 합집합, 교집합, 여집합, 차집합, 멱집합, 곱집합, 집합 사이의 대응 등과 같은 집합 언어를 기호화하여 구사하면서 전개하는 집합적 접근 방법은 현대수학의 발전에 지대한 영향을 미쳤다. 그리하여 집합은 현대수학의 주요한 사고방식이며 서술방식이요 조직수단인 수학의 언어가 되었다.

우리가 생각을 할 때 우리말을 사용하듯이, 집합은 현대수학을 생각하는 데 사용되는 언어의 일종이다. 집합 언어 없이도 수학을 생각할 수 있지만 집합 언어로 생각하면 개념이 명확해지고, 여러 가지 수학적인 생각을 관련지어 통합적으로 생각하는 데 매우 유용하며, 특히 수학에 대한 '구조(構造, structure)'적 접근이 가능해진다는 장점이 있다. 집합은 구조적 관점에서 현대수학을 보고 연구할 수 있게 해줌으로써 군, 환, 체, 선형공간, 위상공간, 카테고리 등과 같은 수학적 구조의 토대이자 이러한 현대 추상수학을 전개하는 데 없어서는 안 되는 필수적인 언어적 도구가 되었다. 현대 추상수학은 연산($+, \cdot$)과 관계(R)가 정의되고 그 기본적인 성질이 공리로 제시된 집합(S) 체계인 수학적 구조 (S, +, · , R)를 규명하는 학문으로 규정될 수 있다. 이를테면, 단순히 계산하는 것만을 생각할 때와는 달리, 집합이라는 관점에서 보면 실수 전체의 집합은 덧셈, 곱셈에 대해서 닫혀 있고, 결합법칙, 교환법칙, 분배법칙 등과 같은 기본성질을 만족하는 수학 체계를 이룬다는 것, 계산하는 것은 실수의 집합에서 그러한 법칙을 만족하도록 수를 다루는 것이라고 생각할 수 있게 된다. 실수 전체의 집합은 이러한 대수적인 성질과 더불어 순서관계 및 완비성(完備性, completeness)(또는 연속성)이라는 위상적 성질을 갖는 완비순서체(complete ordered field)라는 구조를 이루고 있다.

집합 언어를 구사하는 집합적인 사고는 여러 가지 개념을 명확화, 단순화, 통합화할 수 있도록 해주고 관계를 발견하여 전체적인 구조적 특성의 파악을 용이하게 해줌으로써 오늘날 수학의 모든 분야의 기초가 되어 있다. 다음은 현대수학에서 집합 언어가 사용되는 예이다.

- Euclid기하에서 취급되어온 자취는 어떤 조건을 만족하는 점의 집합이다.
- 자연수, 정수, 유리수, 실수, 복소수 전체의 집합을 각각 N, Z, Q, R, C라고 할 때, $N \subset Z \subset Q \subset R \subset C$이다.
- 정수 전체의 집합 $(Z, +)$는 가환군(可換群, commutative group)을 이루며, 유리수 전체의 집합 $(Q, +, \times)$과 실수 전체의 집합 $(R, +, \times)$은 각각 체(體, field)를 이룬다.
- 방정식이나 부등식을 푸는 것은 그 해집합(solution set)을 구하는 것이다.
- 함수 $f : A \to B$는 집합 A의 모든 각 원소 $a \in A$에 대하여 $(a, b) \in f$인 집합 B의 원소 $b \in B$가 단 하나 존재하는 곱집합 $A \times B$의 부분집합 $f \subset A \times B$이다.

- 확률이란 다음과 같은 성질을 갖는 실수치 집합함수인 측도(測度, measure)이다.

  i) 임의의 사건 E에 대하여, $P(E) \geq 0$

  ii) 표본공간 S에 대하여, $P(S)=1$

  iii) $E_1, E_2, \cdots$이 서로 배반사건일 때, $P(\cup_i E_i) = \sum_i P(E_i)$

- 실수는 유리수의 Cauchy수열의 동치류이며, 실수 체계는 다음과 같은 완비성을 갖는다.

  '실수의 폐구간열 $\{I_n\}$이 모든 $n \in N$에 대하여 $I_n \supset I_{n+1}$이고 $|I_n| \to 0$일 때, $\cap I_n$은 한 원소만을 갖는 집합이다.'[4]

집합 사이의 1대1 대응은 기수를 정의하는 주요한 수단이지만, 집합 사이의 1대1 대응을 생각하여 문제를 해결하는 유용한 수학적 사고패턴인 다음과 같은 '비둘기 집의 원리(또는 서랍원리)'의 바탕이 된다.

'집합 A가 그보다 원소의 개수가 적은 집합에 사상(寫像)되면 A의 적어도 두 원소는 같은 상(像)을 갖는다.'

이를테면, '이 세상에 머리카락의 수가 같은 사람이 존재하는가?'라는 매우 흥미 있는 문제는, 사람의 집합과 실제로 가능한 머리카락의 수의 집합 사이에서 이 원리를 적용하면 쉽게 그 해답을 찾을 수 있다. 그 수가 수십억인 지구상에 생존하는 사람 전체의 집합을 사람의 머리카락 수의 집합과 대응시켜 보면 많은 사람이 같은 머리카락 수에 대응됨을 알 수 있

---

4 실수체계의 완비성은 이와 동치인 다음 공리 가운데 하나로 제시될 수도 있다. '실수의 공집합이 아닌 부분집합에 대하여 그 상계가 있으면 최소상계가 존재한다.' '(A, B)가 실수의 한 절단이라고 하면 A의 최대원소가 있고 B의 최소원소가 없거나 A의 최대원소가 없고 B의 최소원소가 있다.' '실수의 유계인 단조수열은 수렴한다.' '실수의 Cauchy수열은 수렴한다.'

을 것이다. 왜냐하면 아무리 머리카락 수가 많아도 수십억 개는 되지 않을 것이기 때문이다.

또한, '변의 길이가 1인 정사각형 S의 내부에서 임의로 다섯 개의 점을 택하면 그 가운데에는 거리가 $\frac{\sqrt{2}}{2}$ 보다 작은 적어도 한 쌍의 점이 있다.'는 성질은 비둘기 집의 원리를 이용하면 다음과 같이 쉽게 증명할 수 있다. S를 네 개의 합동인 정사각형으로 나누면 비둘기 집의 원리에 의하여 적어도 두 점은 그중 한 정사각형에 포함된다(경계에 있는 점은 양쪽에 속한다고 본다). 그리고 그 두 점 사이의 거리는 $\frac{\sqrt{2}}{2}$ 보다 작다.

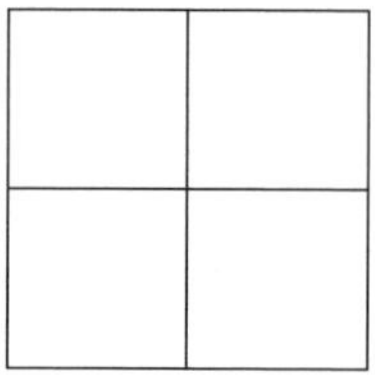

학교수학에서도 다음과 같이 집합 언어를 사용하여 수학을 생각하면 사고가 매우 명확해지고, 관련성이 분명해진다.

- 8과 12의 공약수는 8의 약수의 집합과 12의 약수의 집합의 공통집합이다.
- 원은 평면 위에서 한 정점으로부터 일정한 거리에 있는 점의 집합이다.
- 일차함수 $y=2x+1$은 x로 나타내어지는 실수의 집합과 y로 나타내어지는 실수의 집합 사이의 대응이며, 그 그래프는 좌표평면에서 이 식을 만족하는 점 (x, y)의 집합이다.
- 방정식을 푼다는 것은 해집합을 구하는 것이며, 연립부등식의 해는 각각의 부등식의 해집합의 교집합이다.
- 직사각형은 평행사변형의 부분집합이다.
- 수열이란 자연수의 집합에서 실수의 집합으로의 함수이다.
- 실수체계는 덧셈과 곱셈에 대해 닫혀 있고, 결합법칙, 교환법칙, 분배법칙을 만족하며, 항등원과 단위원을 갖고, 모든 원소의 덧셈에 대한 역원과 0이 아닌 모든 원소의 곱셈에 대한 역원을 가지며, 대소관계가 정의된 집합이다.[5]

집합 및 그 연산이 수학적 언어가 되기 위해서는 먼저 그 내용을 이해하지 않으면 안 된다. 그러나 집합은 단지 가르치고 배우는 내용으로 그쳐서는 안 되며, 수학적인 언어로서 의미 있는 수학적 사고수단이 되도록 해야 한다. 학교수학에서도 집합은 생각을 단순화, 명확화, 통합화하는 수학적 사고 수단으로서 의미를 가지므로, 집합으로 나타내었다고 하여 수학적으로 사고하는 데 별다른 의미가 부여되지 않거나 오히려 번잡스럽게 됨에도 불구하고, 할 수 있는 한 모든 내용을 집합 언어로 표현하려는 의도에서, 집합을 이용하여 나타내는 것은 바람직하지 않다. 이를테면, 3보다 크고 5보다 작은 수를 $\{x|x>3\}\cap\{x|x<5\}$와 같이 나타내거나, 방정식의 풀이과정을 그 의미에 충실하게

$$\{x|x^2-3x+2=0\}=\{x|(x-\frac{3}{2})^2=\frac{1}{4}\}$$
$$=\{x|x-\frac{3}{2}=\frac{1}{2}\text{이거나 } x-\frac{3}{2}=-\frac{1}{2}\}$$
$$=\{x|x=2\text{이거나 } x=1\}=\{1,2\}$$

와 같이 해집합으로 나타내는 것은 오히려 방정식 풀이를 번잡하게 할 뿐 큰 의미가 없을 것이다.

(1) 집합의 표현 방법

조건제시법[6]에 의한 집합의 표현 방법을 생각해 보자. 이는 Cantor의 집합의 정의에 따른 것이지만 학교수학에서는 자연수의 집합에서 주어진 두

5 중고등학교 수학에서는 실수의 연산에 관한 대수적 성질과 순서에 관한 성질만을 다루고 미적분의 바탕이 되는 실수의 완비성(연속성)은 다루지 않는다.

6 조건제시법이나 원소나열법과 같은 용어는 그 의미를 설명하기 위해 학교수학에서만 사용되는 용어이다.

수의 공약수를 구하거나, 실수의 집합 혹은 복소수의 집합에서 방정식을 만족하는 수의 집합, 곧 해를 구하거나 부등식을 만족하는 해를 구하는 등 기존의 집합에서 조건을 만족하는 원소(의 집합)를 생각하는 것이 보통이다. 학교수학에서 사용되는 조건제시법에 의한 집합의 표현방법 $\{x|p(x)\}$은 이러한 전제를 바탕으로 한 것으로 생각되어야 한다.

집합을 구성하기 위해서는 그 원소를 명확히 규정하는 조건 $p(x)$만이 요구된다는 Cantor의 정의는 매우 소박한 것으로 이러한 정의는 Russell의 패러독스를 야기한다. 곧, 자신을 원소로 갖지 않는 모든 정상적인 집합의 집합 $u=\{x|x \notin x\}$을 수용하면 $u \in u$이면 $u \notin u$이고, $u \notin u$이면 $u \in u$가 되어 패러독스에 이른다. 이러한 패러독스는 Cantor의 집합의 정의에서 비롯된 것으로 그 개념적 전개가 직관적이고 그 논리적 기초가 만족스럽지 않았으므로 집합론의 엄밀한 공리적 전개가 요구되었다. 수학에서 실제로 필요한 집합은 실수의 집합과 같은 처음부터 알려진 어떤 집합으로부터 주어진 조작에 의해 구성된다는 점을 고려하여, 집합론의 기본원리는 기존의 집합에서 주어진 성질을 만족하는 새로운 집합을 구성할 수 있다는 적출공리(axiom of specification)를 포함해야 하며, 그에 따라 집합기호도 기존의 집합 A에서 조건 $p(x)$를 만족하는 원소로 이루어진 부분집합을 구성하는 $\{x \in A \mid p(x)\}$와 같은 꼴로 대체되어야 한다.

Russell의 패러독스는 $\{x|p(x)\}$을 $\{x \in A \mid p(x)\}$와 같은 꼴로 대체하면, 곧 주어진 집합 내에서 성질 $p(x)$를 갖는 원소를 택하여 집합을 만들면 피할 수 있게 된다. 곧, 집합 A가 어떤 집합이더라도 $B=\{x \in A \mid x \notin x\}$라고 하자. 그러면 $B \in B$이면 $B \in A$라고 하면 $B \notin B$. 이는 모순이다. $B \notin B$이면 $B \in A$라고 하면 $B \in B$. 이는 모순이다. 따라서 $B \in A$는 불가능하므로 $B \notin A$이어야 한다는 결론을 얻게 된다. 여기에서 흥미로운 것은 패러독스는 생기지 않으며, A에 속하지 않는 것, 곧 B가 존재한다는 것인데, 집합 A는 임의로 택했으므로 모든 것을 포함

하는 집합은 없다는 것, 논의에서 보편적인 것, 논의에 들어가는 모든 대상을 포함하는 집합은 없다는 것이다.(Halmos, pp. 6-7)

(2) 외연적 정의 방법

Pythagoras 이래의 직관주의적 전통에 따르면 자연수 1, 2, 3, …은 문자 그대로 자연이 인간에게 부여한 수학의 출발점이었다. 자연수는 1개, 2개, 3개 등과 같이 개수를 의미하기도 하고, 첫째, 둘째, 셋째 등과 같이 차례를 나타내기도 하며, 1배, 2배, 3배 등과 같이 배수를 나타내기도 한다.

Cantor의 집합론과 더불어 자연수의 개수 및 차례를 나타내는 측면은 유한집합의 기수와 유한 순서집합의 순서수로 규정되게 되었다. 그리고, 오늘날 자연수의 배수 측면은 함수의 일종인 작용소(作用素, operator)로 해석되게 되었다. Cantor는 기수를 원소가 1대1로 대응되는, 곧 '대등한' 집합의 공통성질로 정의하고, 순서수를 순서가 보존되면서 1대1로 대응되는 '닮은' 순서집합의 공통성질이라고 정의하였다. 그런데 오늘날에는 Frege와 Russell의 정의에 따라 기수와 순서수는 각각 대등한 집합의 집합과 닮은 순서집합의 집합으로 정의되기도 한다. 이를테면 원소가 2개인 모든 집합은 원소가 1대1로 대응되므로 대등하며, 기수 2는 그러한 집합의 공통성질 또는 그러한 모든 집합의 집합이라고 정의될 수 있다. 그리고 이를테면, 순서집합 {ㄱ, ㄴ}이나 $\{a, b\}$는 닮았으며 순서수 2는 그러한 순서집합의 공통성질 또는 그러한 모든 순서집합의 집합이라고 정의할 수 있다.

전자는 내포적 정의 방법, 곧 존재의 속성, 곧 그 내포(內包, intension, Inhalt)로 개념을 규정하는 전통적인 방법에 따른 정의이다. 그리고 후자는 외연적 정의 방법, 곧 개념이 지시하는 대상 전체의 집합, 곧 그 외연(外延, extension, Umfang)으로 개념을 규정하는 방법에 따른 정의이다. 집합론이 나온 이후 이러한 외연에 의한 개념 기술 경향, 곧 외연주의는 현대수학의 개념 정의 패턴을 지배하고 있다. 예를 들어, 사상(寫像, mapping)을 집합 사이의 일대다(一對多)가 아닌 대응으로 정의하는 대신에 '집합 A로부터 B로의 사상이란 모든 $a \in A$에 대하여 $(a, b) \in f$인 단 하나의 $b \in B$가 존재하는 적집합 $A \times B$의 부분집합이다.'라고 외연적 정의를 한다. 또한 유리수체로부터 실수체로 수 체계를 확장할 때 유리수의 Cauchy수열의 집합에서 동치관계를 정의하고 그 동치류를 실수로 정의한다.

이러한 정의 양식은 어떤 이점이 있는가? 흔히 유리수란 분수로 나타낼 수 있는 수라고 정의한다. 그리고 등분할 모델이나 비율 등을 고려하여 동치인 분수, 이를테면 $\frac{2}{3} = \frac{4}{6} = \cdots = \frac{2n}{3n} = \cdots$임을 이해시킨다. 그러나 이러한 정의로는 유리수의 본질이 명확히 드러나지 않는다. 여기에서 분수 전체의 집합을 생각하고

$$\frac{a}{b} = \frac{c}{d} \Leftrightarrow ad = bc$$

와 같이 분수 사이의 동치관계를 정의하면 분수 전체가 동치류로 분할된다. 이때 각각의 동치류를 유리수라고 정의하는 것이 현대수학의 정의 양식이다. 이를테면 동치류

$$[\frac{2}{3}] = \left\{\frac{2}{3}, \frac{4}{6}, \frac{6}{9}, \ldots, \frac{-2}{-3}, \frac{-4}{-6}, \frac{-6}{-9}, \ldots\right\}$$

가 우리가 흔히 기약분수 $\frac{2}{3}$로 나타내는 유리수이며, 여기에서 $\frac{2}{3}$나 $\frac{4}{6}$ 등은 같은 수를 나타내는 서로 다른 기호이다. 전형적인 '새 수학'인 SMSG(1965)의 초등학교 수학 교과서에서는 이러한 입장에서 수직선 위의 유리점 밑에 동치인 분수를 기록하여 유리수 개념을 초등화하여 직관

적으로 이해시키고자 하였다. 그리고 유리수 개념과 그 기호, 다시 말하면 수와 숫자를 명확히 구분하고, '$\frac{1}{2}$과 $\frac{2}{4}$는 같은 수를 나타내는 서로 다른 이름인 분수이다.', '유리수의 이름으로서의 소수', '소수라는 형태로 나타낸 유리수', '분수를 사용한 유리수의 곱셈'과 같은 표현을 사용하였으며, 약분이라는 용어 대신에 '가장 간단한 꼴을 구한다.'는 표현을 사용하였다.

이러한 입장에서 보면 삼각형이나 정육면체 등과 같은 도형은 평면이나 공간의 부분집합의 동치류이며, 짝수와 홀수는 2로 나누었을 때 나머지가 각각 0, 1이 되는, 곧 2를 법으로 하여 합동인(congruent modulo 2) 정수의 집합인 2를 법으로 한 0, 1의 잉여류(剩餘類, residue class)이다.[7] 곧

$$[0]=\{\cdots, -4, -2, 0, 2, 4, \cdots\}$$
$$[1]=\{\cdots, -3, -1, 1, 3, 5, \cdots\}$$

이와 같은 외연적 개념구성 패턴은 일반적으로 다음과 같이 기술할 수 있다. 집합 A에서 관계 $\sim$이 다음 성질을 만족할 때 이를 동치관계(同値關係, equivalence relation)라고 한다.

(i) 모든 $a \in A$에 대하여, $a \sim a$

(ii) $a \sim b$이면, $b \sim a$

(iii) $a \sim b$, $b \sim c$이면, $a \sim c$

수의 상등관계(=)나 도형의 합동관계(≡)나 닮음관계(∽)는 동치관계이지만, 수의 대소관계(<)나 집합의 포함관계(⊂)는 동치관계가 아니다.

7 $a \equiv b \pmod{m} \Leftrightarrow m \mid (a-b) \Leftrightarrow a$와 b는 $|m|$으로 나누었을 때 나머지가 같다.

집합 A에서 동치관계 $\sim$를 생각하면 집합 A는 동치인 원소의 집합, 곧 동치류(同値類, equivalence class) $[a]=\{x|a\sim x\}$로 분할되며 동치류의 집합 $A/\sim=\{[a]|a\in A\}$을 얻는다. 이를 '동치관계의 기본정리'라고 한다. 이때 각 동치류 $[a]=\{x|a\sim x\}$는 A에 속하는 대등한 원소의 공통성질인 개념의 외연적 정의가 된다.

이러한 사고패턴은 실은 일상적으로 사용되는 중요한 개념 인식 패턴이다. 이를테면, 일상적으로 무게, 길이, 색을 생각할 때 '무게가 같다', '길이가 같다', '색이 같다' 등과 같은 동치관계를 생각하며, 무게가 같은 것들, 길이가 같은 것들, 색이 같은 것들을 묶어 특정한 무게류, 길이류, 색깔류를 3kg, 5cm, 연분홍 등과 같이 나타낸다.

그러나 초등학교 수학에서 자연수를 유한집합의 기수로 보고, 이를 초등화하여 SMSG(1965, Book 1, p. 17, p. 58)의 교과서에서처럼 아래 그림과 같이 '짝이 맞는' 집합은 같은 수를 갖는다고 자연수의 의미를 이해시키려고 하는 것은 초등학교 입학기 아동들의 발달단계로 보아 무리한 시도일 것이다. 이는 대등한 집합은 같은 기수를 갖는다든가, 집합에서 그 원소의 특성과 배열 순서로부터 추상하여 생기는 개념이라는 Cantor가 규정한 기수 개념을 초등화하여 자연수를 이해시키고자 한 것으로 볼 수 있다.

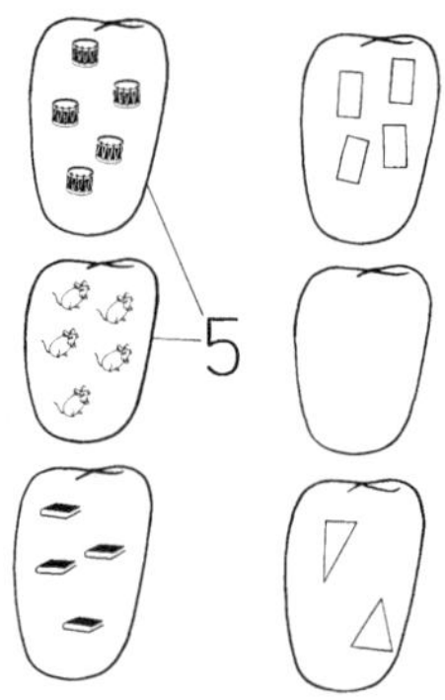

외연적 정의 양식은 현대수학에서 주로 사용되는 매우 강력한 정의 양식이지만 학교수학에서 사용되기에는 너무 형식적인 정의이다. 교육적으로 바람직한 정의는 학생들이 좀 더 이해하기 쉬운 정의이다. 수학자들에게는 매우 명쾌한 의미를 줄 수 있다고 하더라도 형식적인 외연적 정의를 처음부터 도입하면 학생들에게는 의미 없는 무가치한 것이 되기 쉽다. 학교수학에서는 학생들에게는 좀 더 구체적이고 직관적인 의미를 수반하는 정의가 바람직하다. 수학을 학습해 나감에 따라 점진적으로 좀 더 형식적이고 엄밀한 정의를 하도록 해야 한다.

(3) 공집합

집합이란 명확하게 구분되는 사물의 모임이라고 정의하였다. 그러한 집합의 의미에 비추어 보면 공집합이나 원소가 하나뿐인 집합은 집합일 수 없는데, 이를 집합으로 보는 것은 어떤 이유에서인가? 특히, 공집합(空集合, empty set)은 의미상 상반되는 두 낱말, 곧 '비어 있다'는 공(空, empty)과 '무엇인가가 모여 있다'는 집합(集合, set)이라는 두 낱말을 합성하여 만든 용어이므로 모순된 의미를 내포하기까지 한다.(이경화 외, 2002)

Cantor의 정의에 따르면 '우리의 생각 가운데에서 명확히 규정되는 사물의 모임'이 집합이므로, 기묘한 성질 $x \notin x$을 갖지 않는, 곧 자신을 원소로 갖지 않는 모든 정상적인 집합의 집합 $u = \{x | x \notin x\}$을 생각할 수 있는데, 이는 앞에서 살펴보았듯이 패러독스에 이르게 되어 진퇴양난에 빠진다. 이러한 패러독스가 제기되면서 Cantor의 집합론의 기초에 대한 세밀한 분석이 이루어졌으며, 집합의 정의에서부터 그 개념적 전개가 너무 소박하고 직관적이며 그 논리적 기초가 만족스럽게 구성되어 있지 않으므로 집합론은 엄밀한 공리적 전개가 요구되는 것으로 여겨졌다. 앞에서 살펴본 바와 같이 최초의 성공적인 집합론의 공리적 전개는 1908년 독일 수학자 E. Zermelo(1871~1953)에 의해서 이루어졌으며, 그는 '집합'과 '속

한다($\in$)'를 무정의 용어로 택하고 그 기본성질로, 같은 원소를 갖는 두 집합은 같다는 외연공리, 주어진 집합에서 주어진 조건을 만족하는 부분집합을 구성할 수 있다는 적출공리, 무한집합에서 그 원소를 무한 번 선택하여 무한집합을 구성할 수 있다는 선택공리 등 7가지 공리를 택하여 집합론을 공리적으로 전개하여 집합의 본질에 대하여 좀 더 분명하게 이해할 수 있게 함으로써 집합이 모든 수학의 기초가 될 수 있기를 바랐다.

여기에서 먼저 위와 같은 학교수학에서의 집합의 정의는 소박하게 집합의 의미를 설명한 사전식 정의라는 점을 생각해야 한다. 위에서 언급한 바와 같이 이러한 소박한 정의에서 Russell의 패러독스가 생기며 엄밀하게 전개된 공리적 집합론에서는 집합은 무정의 용어이다. 공집합과 원소가 1개인 집합을 생각하는 것은 그럴 수밖에 없는 수학의 구조적 요청이다. 우선 생각할 수 있는 것이, 집합론에서 기수가 0, 1인 집합, 곧 원소가 없는 집합이나 원소가 한 개인 집합을 생각하지 않을 수 없다. 다음으로 생각할 수 있는 것이 집합의 연산이다. 여러 가지 수학적인 대상을 집합으로 보고 다루게 될 때 교집합, 여집합 등 집합의 연산(의 폐쇄성)을 생각하게 된다. 그러한 과정에서 자연히 공집합이나 원소가 하나인 집합이 생기게 된다. 이는 집합의 대수의 구조적 요청이다. 이를테면, 서로소인 두 집합의 교집합은 공집합이 되며 전체집합의 여집합 역시 공집합이 된다. 곧 $U^c = \phi$. 직선을 점의 집합이라고 할 때 서로 만나지 않는 두 직선의 교집합은 공집합이며 만나는 두 직선의 교집합은 원소가 하나뿐인 집합이다. 또한 연립부등식을 풀 때 이를테면, $\{x|x \leq -2\} \cap \{x|x > 3\} = \phi$와 같은 해가 얻어질 수 있는 것이다. 따라서 원소가 없는 경우나 원소가 1개인 경우를 집합으로 보지 않을 수 없는 것이다.

공집합은 여러 가지인가? 공집합은 하나뿐이다. 따라서 Freudenthal (1973)이 지적한 바와 같이 '공집합의 여러 가지 예를 들어라.'라는 문제는 수학적으로 의미 없는 적절하지 못한 문제이다. 물론 공집합은 기호 ϕ,

평행인 두 평면의 교집합, 2보다 크고 3보다 작은 자연수의 집합, 키가 10m인 사람의 집합 등과 같이 여러 가지로 표현될 수 있다.

공집합과 자기 자신이 모든 집합의 부분집합인 이유는 무엇인가? 일상적으로 부분이라고 할 때 아무것도 없는 것과 자기 자신은 포함되지 않는 것이 보통이며, 그런 것도 부분이라고 한다면 아마도 현학적이라는 말을 들을 것이다. 그러나 집합의 모든 연산과 관계는 '속한다'($\in$)는 관계와 논리적 연결사 $\rightarrow$, $\vee$, $\wedge$, $\sim$로 환원되며, 부분집합의 의미는 $A \subset B \Leftrightarrow$ '$x \in A \rightarrow x \in B$[8]가 참이다.', 곧 집합 A의 모든 원소가 집합 B에 속할 때 집합 A는 집합 B의 부분집합이라고 한다는 정의에 따른 것이다. 이러한 정의에 의하면 집합 A가 집합 A의 부분집합임은 분명하다. 그런데 공집합이 모든 집합의 부분집합이라는 것은 어떤 이유에서인가? 이 역시 그러한 정의에 따라 논리적으로 생각할 때 그럴 수밖에 없는 것이다. 집합 사이의 포함관계 $\subset$는 '속한다'($\in$)와 논리적 연결사 $\rightarrow$에 의하여 정의된다. 그런데 조건명제 '$p \rightarrow q$'(p이면 q이다.)는 p가 참일 경우 q가 참이면 참이고 q가 거짓이면 거짓이나, p가 거짓일 때에는 q가 참이든 거짓이든 참이다. 따라서 $p \rightarrow q$는 전제 p가 거짓일 때에는 어떤 결론도 내릴 수 있다는 형식논리이다. 이러한 논리에 따라서 생각해 보면 $x \in \phi$는 항상 거짓이다. 왜냐하면 ϕ에는 아무 원소도 없기 때문이다. 따라서 '임의의 집합 A에 대하여 $x \in \phi \rightarrow x \in A$'는 항상 참이다. 곧, 임의의 집합 A에 대하여 $\phi \subset A$이다. 따라서 ϕ은 모든 집합의 부분집합이다. 이러한 논리는 일상적인 논리를 벗어나는 것인가? 이러한 논리에 따르면 '모든 나는 황소는 알을 낳는다.'라는 주장은 타당

p	q	$p \rightarrow q$
T	T	T
T	F	F
F	T	T
F	F	T

8 이는 $\forall x \in A\,(x \in A \rightarrow x \in B)$에서 전칭한정사가 생략된 조건명제이다. 이에 대해서는 논리 부분에서 논의할 것이다.

하다. 왜냐하면 나는 황소는 없기 때문이다. 수학은 일반적으로 전제가 참일 때 참이 되는 결론을 연역하는 과학이며 전제가 거짓일 때에는 관심을 두지 않지만 위와 같은 형식논리가 바탕에 놓여 있다.

여기에서 주목을 끄는 것은 일찍이 그리스 시대에 스토아학파의 철학자들이 참이거나 거짓임이 분명히 구분되는 명제를 기초로 형식논리를 엄격히 해석하여 우주의 이법(理法), 이성(理性)으로 간주된 Logos로서의 Aristoteles의 형식논리학을 체계적으로 재구성하였는데 거기에서 조건명제의 형식을 위와 같이 규정하고 그러한 형식을 기초로 형식논리가 더욱 예리한 모습을 획득하게 되었다는 점이다.(Scholz, pp. 34-38)

(4) 사각형의 포함관계

우리는 흔히 아래 왼쪽 그림과 같이 사각형의 포함관계를 집합을 이용하여 나타낸다. 이를테면, '사다리꼴이란 한 쌍의 대변이 평행한 사각형이다.' 따라서 사다리꼴 전체의 집합은 사각형 전체의 집합의 부분집합이다. 마찬가지로 생각하면 정사각형의 집합은 마름모의 집합과 직사각형의 집합의 교집합이다.

그러나 사다리꼴은 사각형 가운데 '한 쌍의 대변이 평행한' 사각형이므로, 사각형과 사다리꼴의 성질을 비교해 보면 사다리꼴의 성질이 더 많다.

〈사각형의 외연의 포함관계〉

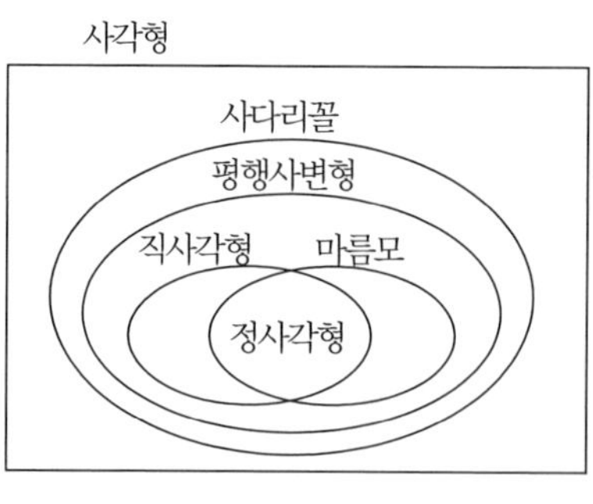

〈사각형의 내포의 포함관계〉

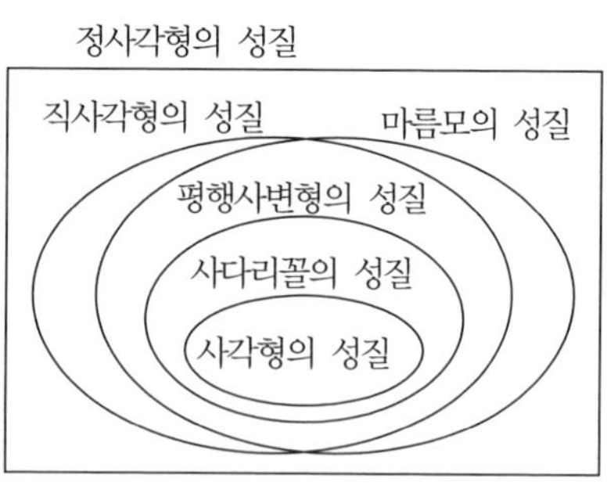

따라서 성질의 포함관계는 거꾸로 위 오른쪽 그림과 같이 된다. 개념을 규정하는 대상의 공통성질, 곧 내포(內包)의 포함관계와, 그러한 공통성질을 갖는 대상 전체, 곧 외연(外延)의 포함관계를 구별해야 한다.

(5) Venn다이어그램

원래 Venn다이어그램(diagram)은 집합과 그 포함관계 및 집합의 연산을 단일폐곡선 영역으로 나타내는 추상적인 모델이다. 따라서 원칙적으로 유한집합과 무한집합의 구분이나 집합의 원소 및 그 수 등은 Venn다이어그램에 의해서 나타낼 수 없는 것임을 지적하면서 Freudenthal(1973, pp. 331-374)은 '새 수학'에서 집합과 그 연산이 지도내용이 되면서 다루어진 Venn다이어그램은 극복하기 어려운 다음과 같은 여러 가지 문제점을 갖고 있다고 신랄히 비판한다. 초등학교 저학년 교재에 등장하는 단일폐곡선 안에 사과와 같은 구체적인 그림을 그려 넣은 그림은 적절한 집합의 표현이 못 된다. 그러한 그림이 가리키는 사과가 실제로 어느 것인지 불명확할 뿐만 아니라, 사과의 그림은 흔히 임의의 사과를 가리키는데 그러한 경우에는 집합으로 볼 수 없다. 따라서 그림으로 나타낸 집합의 원소는 개개의 그림 자체라고 보아야 한다. 그리고 학교수학에서 집합의 표현 방법 가운데 범하기 쉬운 표기론적 오류의 하나가 그림인 Venn다이어그램과 기호인 $\cup$, $\cap$, $=$, $\subset$, $\in$ 등을 혼용하는 것이다. 이러한 내용은 잘못된 초등화요 '꾸며낸 수학'의 대표적인 예들이다. 구체물의 집합은 쌓아놓은 벽돌 무더기, 접시에 담은 사과 무더기, 아이들이 앉아 있는 의자, 책이 꽂혀 있는 선반 등의 그림으로 자연스럽게 표현될 수 있으며 그 부분집합과 교집합, 합집합 등을 다룰 수 있다. 그리고 Venn다이어그램에 집합의 원소를 굳이 나타내려고 하면, 집합 $\{1, 3, 5, 7, 9\}$를 나타내는 Venn다이어그램을 다음 쪽 위와 같이 그려서는 안 되고 아래와 같이 그려야 한다.(*ibid.*, p. 347) 두 도해의 차이는 점을 찍었는가 안 찍었는가 하는 것

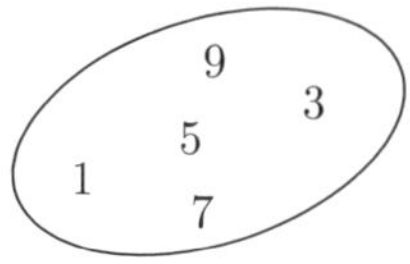

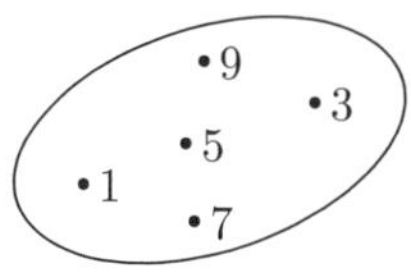

이지만 그것은 표기의 본질적인 문제와 관련되는 중요한 문제를 내포하고 있다. 위쪽의 도해는 그림에 그려져 있는 그대로인 숫자의 집합을 나타내고 있으며, 추상적인 개념인 수의 집합인 $\{1, 3, 5, 7, 9\}$를 도해하려면 수를 지시하는 점을 찍어 나타내고, '1'이나 '3' 등은 설명을 위한 표기로 사용되어야 한다. Venn다이어그램은 그림이므로 그 안에도 그림이 들어가야 하며, 거기에서 언어적 표현은 설명으로써만 용인될 수 있는 것이다. 반면에 집합을 나타내는 기호인 괄호 $\{\ \ \}$는 언어적 표현이므로 그 안에도 언어적인 표현이 들어가야 하며 그림이 들어간다면 이는 표의문자로 간주되어야 하고 그 지시하는 대상이 명확하지 않으면 안 된다. 이는 언어적인 수식표기와 그림표기와의 혼용에서 오는 관념상의 혼란을 피하기 위해 요구되는 것으로 흔히 간과되기 쉬운 점이다.

오늘날 집합이나 집합 사이의 관계를 나타내는 데 이용되는 Venn다이어그램은 원래 명제의 논리적 형식을 직관적으로 나타내기 위하여 사용된 도해에서 비롯된 것이다. 원과 같은 단일폐곡선을 사용한 명제의 형식이나 삼단논법의 도해를 외연도해(外延圖解)라고 하는데, 이를 논리적인 명제의 고찰에 본격적으로 이용한 학자는 17세기의 G. W. Leibniz(1646~1716)라고 한다. Leibniz는 정언삼단논법[9]에 사용되는 기본적인 명제, 곧 전칭긍정명제(A명제; '모든 S는 P이다.'), 전칭부정명제(E명제; '모든 S는 P가 아니다.'), 특칭긍정명제(I명제; '어떤 S는 P이다.'), 특칭부정명제(O명제; '어떤 S는 P가 아니다.')의 구조를 원이나 평행한 선분을 사용하

9 이에 대해서는 다음 절 논리 부분을 참조하기를 바란다.

여 도해하였는데(Baron, p. 117), 이때 원의 내부는 관련된 개념의 외연 전체를 의미하였다. 이러한 도해는 기본적인 형태의 정언명제로 구성된 삼단논법의 타당성을 검사하는 데 사용할 수 있는 좋은 방법이다. 예를 들어, AAA형이나 AII형의 정언삼단논법(定言三段論法, categorical syllogism)은 다음과 같은 도해를 사용하여 직관적으로 그 타당성의 여부를 보일 수 있다.

모든 M은 P이다.	모든 M은 P이다.
모든 S는 M이다.	어떤 S는 P이다.
∴ 모든 S는 P이다.	∴ 어떤 S는 M이다.

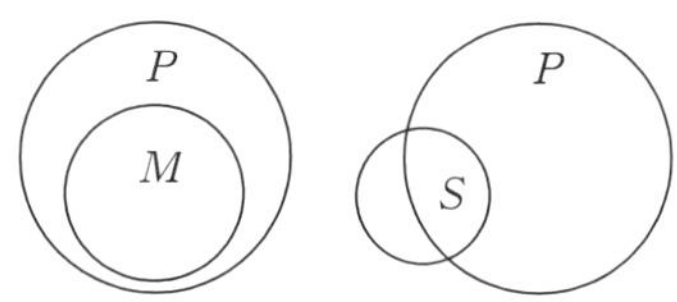

정언판단의 주개념과 그것을 규정하는 개념의 외연 관계를 대소의 원으로 표현한 이러한 외연도해를 적극적으로 활용하고 보급한 학자는 스위스 수학자 L. Euler(1707~1783)이다. 따라서 이러한 형태의 도해를 Euler다이어그램이라고도 한다. 그 후 이러한 도해를 크게 발전시킨 사람이 영국의 수학자 J. Venn(1834~1923)이다. 특히 Venn은 집합의 수에 따라 아래 그림과 같이 기본적인 틀을 정하고 평면이 서로 배타적인 부분으로 분할되도록 하여 도해에 논리성을 부여하였다. 앞에서는 경우에 따라 도해의 형태가 달라졌으나 Venn다이어그램에서는 집합의 수가 정해지면 어느 경우이건 동일한 형태의 도해가 사용된다. Venn다이어그램은 기호논리학의 발달과 관련되며 수년 앞서 개발된 Boole대수(Boolean algebra)에 기초

한 것이다.(Baron, 1969) 전체집합을 직사각형으로 나타내게 된 것은 그 후의 일이다.

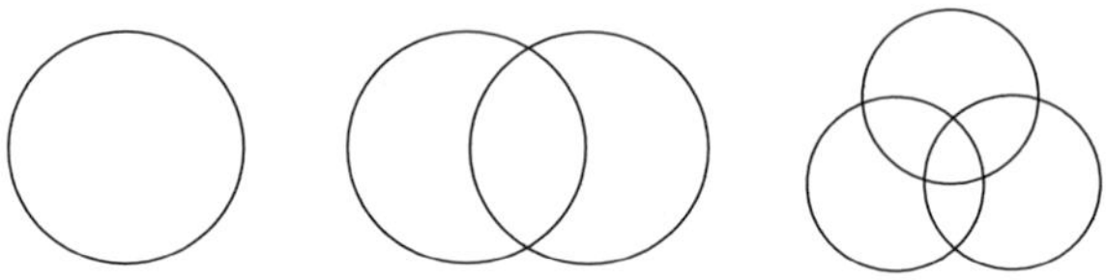

$n=1$　　　　$n=2$　　　　$n=3$

이를테면, Venn다이어그램으로 $A\cup B$나 $A\cap B$를 나타내고자 할 때 아래 그림과 같이 한 가지 표준 형태를 사용하고 Leibniz식으로 가능한 모든 경우를 생각하여 여러 가지 모양의 도해를 하지 않고 있음에 유의해야 할 것이다. 경우에 따라 도해의 형태를 달리하여 제시하면 직관적으로 이해하기 쉬운 면도 없지 않지만, 구체적인 예에 따라 도해가 달라지므로 오히려 번거롭게 되고, 집합의 연산법칙을 도해로 보이고자 할 경우 혼란이 가중될 것이다.

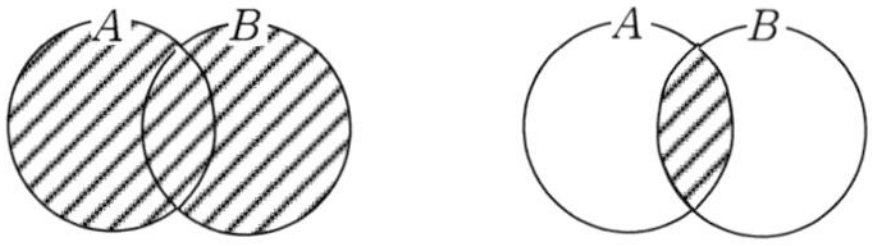

$A\cup B$　　　　$A\cap B$

이러한 문제는 명제함수(命題函數, propositional function)의 진리집합을 도해할 때에도 제기된다. 명제함수란 어떤 집합 A의 원소를 취하는 변수 x를 포함하는 문장 $p(x)$로서 A의 모든 각 원소 x에 대해서 $p(x)$가 참이든가 거짓인 명제일 때 $p(x)$를 A 위에서의 명제함수라고 한다. 이를테면 방정식 $2x-1=3$이나 부등식 $3x-2>-1$은 실수의 집합 위에서의 명제함수이다. 명제함수 p_x, q_x의 진리집합을 각각 P, Q라고 할 때 명제함수 $p_x \to q_x$의 진리집합은 어떻게 되는가? 흔히 아래 왼쪽 그림과 같이 나타내기 쉬운데 이는 전칭명제 $\forall x, (p_x \to q_x)$가 참일 때의 P, Q의 포함관계 $P \subset Q$를 나타내는 Euler다이어그램이다. 그러나 $p_x \to q_x \equiv \sim (p_x \wedge \sim q_x) \equiv \sim p_x \vee q_x$이므로 명제함수 $p_x \to q_x$의 진리집합은 $P^c \cup Q$이고 이를 Venn다이어그램으로 나타내면, 아래 오른쪽 그림과 같게 된다.

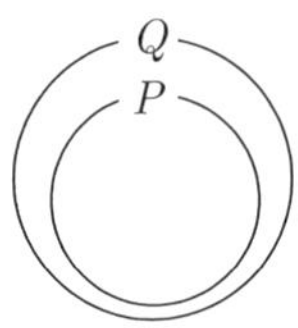

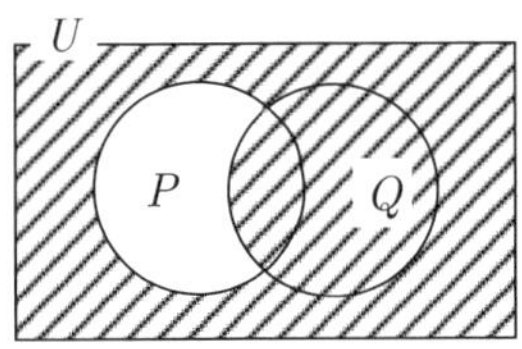

명제함수의 진리집합을 나타내고 추론규칙의 타당성 여부를 검증하는데 진리집합을 사용하고자 하면 Venn다이어그램을 이용하지 않을 수 없을 것이다. 이를테면, 긍정논법(modus ponens)

$$(p_x \to q_x) \wedge p_x \Rightarrow q_x$$

가 타당한 추론규칙임을 보이려면 진리표[10]를 이용하여 $(p_x \to q_x) \wedge p_x \to q_x$가 항진명제임을 보이든가, Venn다이어그램을 이용하여 다음 그림과 같이 $(p_x \to q_x) \wedge p_x \to q_x$의 진리집합이 전체집합임을 보임으로써 $(p_x \to q_x) \wedge p_x \to q_x$가 항진명제임을 보이면 된다.

---

10 진리표(truth table)에 대해서는 논리 부분에서 논의하기로 한다.

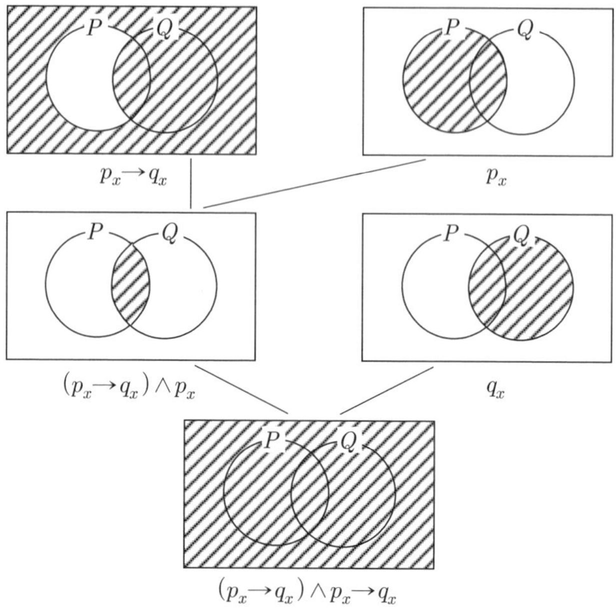

표기는 대체로 규약성과 상징성을 갖고 있다. 수학적 표기는 그것이 나타내는 실체와의 관계가 규약에 의한 것이 많아 규약성이 강하며, 따라서 정확한 논리적 처리가 용이한 반면 상징성이 적어 직관적인 면이 약한 경우가 많다. Euler다이어그램은 상징성이 강하여 집합 사이의 관계를 직관적으로 나타내는 데 적합하며, Venn다이어그램은 직관적인 특성보다 규약적인 특성이 강하여 집합 연산의 기본법칙을 입증할 때와 진리집합을 이용한 추론의 타당성을 검사할 때 이용되고 있다. 그러면 Venn다이어그램을 이용하여 집합의 연산 법칙이 성립함을 보이는 것은 증명으로 볼 수 있는가, 아니면 단지 성립한다는 것을 직관적으로 보여주는 데 불과한 것인가? Venn다이어그램은 Boole대수를 이루는 집합의 대수 체계에 대한 의미론적 체계(意味論的 體系)로 볼 수 있다. 이 언어체계는 기호[11]와 집합의 형성규칙(形成規則, rule of formation)[12]이 명확하고, 집합의 개수에 따라 도해의 기본적인 틀이 정해져 있으며 집합, 전체집합, 공집합, 합집합, 교집합, 여집합을 각각 사선을 그어 나타내기로 약속하고, 그림이 같을 경우 집합이 같은 것으로 보는 기본적인 해석규칙(解釋規則, rule of interpretation)이 있다. Venn다이어그램을 통해 집합의 연산법칙의 타당성을 알아보는 것은 해석규칙이 그림에 의존하므로 엄밀하지는 않지만 이와 같은 규칙에 따라 집합 사이의 관계가 참임을 보이는 '의미론적 표기(언어) 체계에서의 그림에 의한 증명'으로 볼 수 있는 것이다.(石田忠男, 1970) 이에 비해 집합의 대수체계에서의 증명은 제1원리인 기본성질과 정의로부터 추론규칙을 이용하여 정리를 연역하는 과정이다.

(6) 집합의 대수

집합은 다음과 같은 기본성질을 만족하는 Boole대수를 이룬다.

$A \subset A$

$A \subset B,\ B \subset A \rightarrow A = B$

$A \subset B,\ B \subset C \rightarrow A \subset C$

$A \cup A = A,\ A \cap A = A$

$(A \cup B) \cup C = A \cup (B \cup C),\ (A \cap B) \cap C = A \cap (B \cap C)$ (결합법칙)

$A \cup B = B \cup A,\ A \cap B = B \cap A$ (교환법칙)

$A \cup (B \cap C) = (A \cup B) \cap (A \cup C),\ A \cap (B \cup C) = (A \cap B) \cup (A \cap C)$ (분배법칙)

$A \cup \phi = A,\ A \cap U = A,\ A \cup U = U,\ A \cap \phi = \phi$

$A \cup A^c = U,\ A \cap A^c = \phi,\ (A^c)^c = A,\ U^c = \phi,\ \phi^c = U$

---

11 집합기호는 $U,\ \phi,\ A,\ B,\ \cdots$, 연산기호는 $\cup, \cap,\ A^c$, 보조기호는 (,) 등이다.

12 P가 집합이면 P^c도 집합이다. $P,\ Q$가 집합이면 $P \cup Q,\ P \cap Q$도 집합이다.

$$(A \cup B)^c = A^c \cap B^c, \ (A \cap B)^c = A^c \cup B^c \quad \text{(드모르간의 법칙)}$$

학교수학에서는 집합의 대수체계를 다루기보다 집합의 연산에 대한 간단한 성질을 알아보려는 것이므로 집합의 대수법칙의 증명은 간단한 것만을 다루도록 해야 하며, 모든 집합의 대수법칙을 엄밀하게 증명하기를 요구하고 복잡한 집합의 대수법칙을 다루지 않도록 해야 한다. 그러한 것은 수학적으로 큰 의미가 없는 것이다.

집합 사이의 모든 관계는 논리적으로 $\in$관계와 논리적 연결사로 환원된다. $\in$과 논리적 연결사 $\rightarrow$, $\vee$, $\wedge$, $\sim$에 의하여 $\subset$, $\cup$, $\cap$, A^c가 정의되므로,[13] 결과적으로 명제의 대수 체계와 집합의 대수 체계는 같은 구조, 곧 Boole대수를 이루게 된다.

이를테면, 집합의 포함관계 $\subset$의 추이성(推移性, transitive property) '$A \subset B$이고 $B \subset C$이면, $A \subset C$'는 논리적 연결사 $\rightarrow$의 추이성 $p \rightarrow q$이고 $q \rightarrow r$이면, $p \rightarrow r$의 $\in$관계에 의한 집합 언어로의 번역에 불과하다. 그리고 앞에서 살펴보았듯이 공집합은 모든 집합의 부분집합임은 $\rightarrow$의 의미로부터 곧바로 유도된다.

합집합의 정의에서 '또는'은 일상적인 의미나 방정식 풀이에서의 '또는'과 그 의미가 같은가? '또는' 혹은 '이거나'는 두 가지 의미로 사용된다.

$$A \cup B = \{x \mid x \in A \text{ 또는 } x \in B\}$$

에서의 '또는'의 의미는 일상적인 언어에서

13 $A \subset B \Leftrightarrow x \in A$이면 $x \in B$, $A \cup B = \{x \mid x \in A \text{ 또는 } x \in B\}$, $A \cap B = \{x \mid x \in A \text{ 그리고 } x \in B\}$, $A^c = \{x \mid x \in U \text{ 그리고 } x \notin A\}$

'그 사람은 남자이거나(또는) 여자이다.'

에서의 '이거나(또는)'의 의미와 같지 않다.[14] 전자의 경우는 양쪽에 공통으로 속하는 원소가 합집합에 포함되지만 후자의 경우는 그러한 경우는 배제된다. 전자를 논리학에서는 '포괄적 선언(inclusive or; and/or; $\veebar$)', 후자를 '배타적 선언(exclusive or; $\vee$)'이라고 하여 구분하고 있다. 합집합 $A \cup B$에는 A와 B에 동시에 속하는 원소, 곧 $A \cap B$의 원소가 포함되므로, '$x \in A$ 또는 $x \in B$'에서 '또는'은 포괄적 선언에 해당된다.

3) 집합 교재의 부침

우리나라 수학교육과정은 해방 후 1954년의 생활경험중심 교육과정의 제정 공포로 시작하여 세계적 조류를 뒤쫓아 개편을 거듭하여 현행 교육과정에 이르렀다. 그런데 오늘날까지도 그 영향을 미치고 있는 것이 세계적으로 일어난 1960년대의 수학교육 현대화 운동의 산물인 학문중심 교육과정이라는 시대적 사조에 따라 1973년에 개편된 제3차 수학교육과정이다.

제2차 세계대전 후 미소 냉전의 와중에서 1957년 소련의 스푸트니크(Sputnik) 인공위성의 발사로 촉발되어 미국을 중심으로 일어난 과학교육 진흥이라는 당시의 시대적 요청에 따라서 행해진 것이 소위 '학교수학의 현대수학화'를 시도한 수학교육 현대화 운동이다. 그 산물을 흔히 '새 수학(the New Math.)'이라고 불렀다. '수학교육의 혁명'이라고 불리던 그 개혁운동의 구상은 매우 건전한 것이었다고 생각된다. 수학은 현대 인간사

---

14 방정식 풀이에서의 '또는'에 대해서는 논리 부분에서 다루기로 한다.

회의 본질적인 기반이 되어 있으며, 인간의 사상과 과학기술에 깊이 침투되어 있다. 따라서 현대적인 수학의 기본적 요소는 아동에게 일찍부터 몸에 붙여 주는 것이 바람직하다. 그러기 위해서는 현대수학의 구조와 학습자의 활동을 중시하고 사고방법을 도야하는 교수방법, 생산적 방법으로서의 발견적 방법을 채택하지 않으면 안 된다고 하는 것이 수학교육 현대화 운동의 주요한 구상이었다.

여기에서 우리는 수학의 황금시대라고 일컬어지는 20세기의 현대수학의 발달로 말미암아 수학교육의 본질적 개선을 시도할 수 있는 가능성이 열렸었다는 점에 주목해야 한다. 집합 언어로 전개되는 Bourbaki의 구조주의 추상수학이 크게 발달하고, 일반성과 단순성이라는 면에서 전통적인 수학을 크게 확대시킨 여러 가지 새로운 개념이 출현하였으며 이해하기 어렵던 여러 가지 정리의 좀 더 명확한 새로운 증명법이 발견되고, 논리적 엄밀성이 수학의 모든 분야로 확산되었다. 이러한 현대수학의 여러 가지 특성이 교과서 저자들을 통해 소위 학교수학으로 여과되어 내려가게 된 것이다. 그리하여 강력한 통합개념인 집합·관계·구조를 중심으로 전개되는 '현대수학의 학교수학화'가 수많은 '새 수학' 프로젝트를 통해 이루어졌다.

그러나 그 결과는 유감스럽게도 수학자들 자신의 입장에서 본 수학을 강조하게 되어 학생들이 이해하기 어려우며 학생들의 사고 가운데에서의 수학적 의미의 개발 문제가 절실하다는 우려가 나타나게 되었다. 이러한 수학교육 현대화 운동에 대한 비판과 반성의 요지는 집합, 관계, 구조, 엄밀한 논리적 전개를 강조한 소위 현대화 교재가 교육적으로 부적절하며, 따라서 의미 있는 학습이 이루어지지 못했을 뿐만 아니라, 기초적인 계산능력마저 저하되었다는 것으로, 아동의 발달단계를 고려하여 기본적·기초적인 것을 찾아 교재를 재구성하자는 것이다. 다시 말해, 소위 '기초적·기본적인 것으로 되돌아가자(back to basics)'는 운동이 일어나 현대화 교재의 삭감과 교재의 정선 및 중점화가 표방된 것이다. 이러한 사조에 따른 것이 1981년에 개편된 제4차 수학교육과정이다.

문제의 심각성에 비추어 현대화 운동을 주도해 온 미국에서는 1975년 '수학교육에 관한 국가자문위원회'(National Advisory Committee on Mathematical Education; NACOME)가 결성되어 학교수학의 실태를 분석하였다. 그런데 흥미 있는 것은 NACOME가 그때까지 20년간의 수학교육의 개혁은 건전하였음을 인정하고 있는 것이다. 현대화 교재가 문제시되는 것은 방법론적 불비에 있는 것이지 결코 그 이념의 결함에 있지 않다면, 당시까지의 경험을 바탕으로 현대화를 신중하게 계속해 나가야 될 것이라는 생각이었던 것이다. 세계적으로 1960년대의 소위 '새 수학'의 부적절한 부분은 많이 개선되었으며 입문적 현대화의 단계를 넘어 실천적 현대화를 지향해 왔으므로 이를 더욱 견실하게 추진하기 위해 노력해야 할 것으로 생각된다.

이러한 이유에서 현대화 교재의 대명사로 볼 수 있는 집합교재가 어떻게 하여 대두되어 어떠한 이유로 후퇴하지 않으면 안 되었는가를 근본적으로 반성하여 보는 것은 매우 필요하고 유익하리라고 생각된다. '수학교육의 현대화'는 과학기술의 진흥과 직접적인 관련을 갖고 있었기 때문에 대학에서 고등학교, 중학교로, 다시 초등학교로 진행되어 내려왔으며, 수학자들의 현대적 교재로의 혁신적인 전환에 대한 요청과 주도로 이루어졌다. 당시 현대수학의 상징적인 분야 가운데 하나였던 집합론은 무한집합의 기수와 순서수에 관한 이론, 다시 말하면 초한수 산술론이다. 학교수학의 현대수학화라는 모토에 따라 유한집합의 기수 개념과 기수의 연산을 초등화하여 초등학교 초기의 자연수 산술 교육에 도입한 것이 대표적인 '새 수학' 가운데 하나이다. 그러나 Freudenthal(1973, pp. 181-194)이 설득력 있게 주장하였듯이, 기수 개념은 무한집합에 적용시킬 때 의미심장해지는 것이며, 유한집합의 기수는 자연수의 기초로서 수학적으로 불충분하고 셈수보다 수학적으로 중요하지 않으며 매우 자연스러운 생각을 집합 언어로 포장함으로써 어린 아동들에게 어려움을 야기할 뿐이라는 데 대체로 동의하는 것이 오늘날의 평가이다. 이에 대해서는 다음 장에서 자세히 고찰하기로 한다.

집합교재에는 두 번째 관점, 곧 학교수학의 현대수학화를 위한 통합개념이자 언어로서의 집합을 지도하는 문제가 있다. 집합은 모든 분야의 수학적 사고를 전개하는 통합적인 개념적 도구이므로 집합 언어는 현대수학의 전 분야에 침투되어 있으며, 따라서 집합은 대부분의 현대수학 교재의 첫머리에 등장한다. 학교수학에서의 집합의 교육적 의의는 기본적으로 이러한 집합의 현대수학에서의 도구적 의의와 궤도를 같이한다. 그런데 집합 및 그 연산이 수학적 언어, 수학적 사고 수단이 되기 위해서는 먼저 내용으로서 지도되지 않을 수 없으므로 집합과 그 연산은 무엇보다도 학교수학의 주요한 지도내용으로 제시되는 것이 그동안의 통례였다.

그런데 여기에서 집합이 초등화되어 조기에 도입되면서 여러 가지 문제점이 야기되었는바, Freudenthal(*ibid.*, pp. 332-374)은 앞에서도 언급한 바와 같이 그러한 집합 교재의 문제점을 면밀하게 분석 비판하였다. 먼저 집합과 그 연산이 지도 내용이 되면서 구체적인 여러 가지 대상의 그림이나 도형, 문자 등을 원소로 갖는 다양한 유한집합과 그 Venn다이어그램을 부적절하게 인위적으로 만들어 내는 등 '꾸민 내용'이 점차 증식되었음을 지적한다. 특히 초등학교 수준에서 집합을 지도하면서 초등화를 이유로 적절하지 않은 여러 가지 집합 교재가 사용되고 있는 점을 우려한다. {☆, ☆, ☆}와 같은 인지적 갈등을 야기하는 예를 다루는 것은 적절하지 않다. {☆, ☆, ☆}에서 별은 서로 같은 것인가, 다른 것인가? 같은 것이라면 이는 원소가 하나인 집합이며, 다른 것이라면 어느 별을 가리키는 것인가? 아니면 별 모양의 그림의 집합인가? {△, □, ○}과 같은 집합이나 이러한 원소나 구체물의 그림을 단일폐곡선으로 둘러싼 소위 Venn다이어그램, 나아가 이들을 $\cup$, $\cap$ 기호로 연결한 내용은 커다란 문제점을 내포하고 있다. 이 집합이 어떤 임의의 삼각형, 원, 사각형의 집합을 의미하는지, 아니면 어떤 특정한 삼각형, 원, 사각형의 집합을 나타내는지, 개념으로서의 세 도형의 집합인지, 단일폐곡선 가운데나 중괄호 사이에 그려 놓은 바로 그 삼각형, 원, 사각형의 집합인지가 불분명하다는 사실을 생각해야 할 것이다. 여기에서 원소는 구체물의 그림 자체라고 보아야 한다. 집합기호인 괄호는 언어적 표현이므로 그 안에는 언어적인 표현이 들어가야 하며 그림이 들어간다면 이는 표의문자(表意文字)로 간주되어야 하고 그 지시하는 대상이 명확하지 않으면 안 된다. 문자의 집합도 문제가 있다. 수학에서 문자는 보통 수나 점 등과 같이 그 자신이 아닌 다른 어떤 것을 나타내는 변수로 사용된다. 따라서 $\{a, b, c\}$에서 a, b, c는 문자 a, b, c가 아닐 수도 있는 것이다. 그러한 문자의 집합을 자주 사용하면 $a=b$, $x\in\{a, b, c\}$, $\{a, b, c\}\cap\{1, 2, 3\}\neq\phi$와 같은 것을 이해하는 데 장애 요인이 될 수 있는 것이다.

그리고 또한 Freudenthal은 합집합, 교집합, 여집합, 곱집합, 멱집합[15]은 어떤 지도 내용이 이러한 조직화 장치를 요구할 때 사용되는 도구로서 구사되기보다도, 이러한 연산 자체를 지도하고 연습하는 지도 내용으로 그치고 있음을 지적하였다. 이를테면, 'A가 10보다 작은 홀수의 집합이고 B가 10보다 작은 소수의 집합일 때 $A\cap B$를 구하라.'라는 형태의 문제를 다루는 데 그치고 있는데, 이는 '철수는 5개의 구슬을 가지고 있다. 3개를

---

15 집합 A의 모든 부분집합의 집합을 A의 멱집합(冪集合, power set)이라 하고 2^A와 같이 나타낸다. 이를테면, $A=(1, 2, 3\}$의 멱집합은 $2^A=\{\phi, \{1\}, \{2\}, \{3\}, \{1, 2\}, \{1, 3\}, \{2, 3\}, \{1, 2, 3\}\}$이다.
두 집합 A와 B의 곱집합(product set)이란 A의 임의의 원소 a와 B의 임의의 원소 b의 모든 순서쌍 (a, b) 전체의 집합이며, $A\times B$와 같이 나타낸다. 이를테면, 수직선의 모든 점(실수)의 집합을 R이라고 하면 곱집합 $R\times R(=R^2)$은 좌표평면[의 모든 점의 좌표 (x, y)의 집합]이다.

더 얻었다. 5와 3의 합을 구하여라.'와 같은 형태의 문제이다. 연산의 적용 가능성을 보증하려면 주어진 조건 아래에서 필요한 연산을 선택하는 능력이 요구된다. 따라서 이 문제는 '철수는 이제 구슬을 몇 개 가지고 있는가?'와 같은 형태가 되어야 하는 것이며, 위와 같은 집합 문제는 매우 부적절한 것이다.

그런데 미국의 현대화 운동 초기의 지도자였던 A. E. Meder(1959)는 집합 교재의 도입에 대해 다음과 같은 입장을 명확히 하고 있었음은 주목할 만하다. 학습에 대하여, 수학교육과정에 대하여, 수학지도에 대하여 대체적인 비판은 우리가 죄인이라고 하는 것에 완전히 일치하고 있다. 우리들 죄인은 구원을 얻기 위해서 집합을 이용하지 않으면 안 되는가? 만일 집합이라고 하는 말을 상징적으로 해석하여 그것이 교육과정의 현대적인 방향을 의미하는 것으로 보면 답은 '예'이다. 그러나 이 말을 자의대로 받아들여 집합을 포함하지 않는 어떤 내용도 현대적인 것이 될 수 없다고 생각한다면 답은 '아니오'이다. 설령 집합을 자의대로 교육에 이용한다고 하여도 집합 언어나 개념을 사용하는 편이 지도목표를 더 잘 달성할 수 있기 때문이 아니어서는 안 된다. 다시 말하면 집합은 수단이지 목적은 아니다. 그럼에도 불구하고 집합 교재는 새로운 지도내용으로서 말하자면 집합과 그 연산의 지도 자체가 목적이 되고 '가르치는' 데 그쳤던 것은 아닌가?

수학교육의 관점에서 중요한 것은 집합이 수학교육의 목표 달성에 어떤 기여를 할 수 있을까 하는 점이다. 집합이 현대수학의 주된 언어로서 수학적 사고의 명확화, 단순화, 통합화에 기여한다고 하면, 그것이야말로 집합을 도입하는 가장 큰 이유이므로, 학교수학의 범위에서 그러한 것을 구체적으로 추구해 가야 한다. 그러나 수학교육에 관심을 갖던 수학자들은 집합개념이나 어휘의 해설은 하였으나 교육적 입장에서 그것이 수학적 사고, 나아가 일반적인 인간 사고에 어떤 관련을 갖고 있는가에 대한 반성은 소홀히 했던 것이 사실이다.

초등 수학교육의 이념을 중등 수학교육의 경우와 비교하여 집합과 논리 교재의 성격을 생각해 보자.(平林一榮·岩崎秀樹, 1977) 일반적으로 초등 수학에는 실제적·실용적인 측면이 강하고 중등수학에서는 이론적·도야적인 측면이 강하다. '실제수학' 대 '이론수학'이라는 말로 표현될 수 있는 이러한 두 측면은 그 근원이 이미 헬레니즘시대 그리스의 Heron과 Euclid에 있다는 것이 20세기 초에 독일에서 F. Klein과 함께 수학교육 개혁에 힘썼던 W. Lietzmann(1912, S. 16)의 지적이다. 수학교육 근대화 운동 이래 오늘날까지 수학교육자들은 수학의 이러한 두 측면을 어떻게 조화시킬 것인가에 대하여 부단히 고심해 오고 있다.

그런데 집합은 원래 논리와 표리일체인 것으로, '이론수학'을 주로 하는 중등교육에서 다루어질 때에는 무난하지만, '실제수학'의 색채가 진한 초등교육에까지 도입될 때에는 융화되기가 쉽지 않은 것이다. 가장 뚜렷한 예가 도형의 포함관계의 지도에서 나타난다. '실제수학'에서의 도형의 명명법은 2분법으로, 예를 들어 직사각형과 정사각형은 일반 직사각형을 2분하는 서로 다른 2군의 사각형을 가리키는 명칭이다. 그러나 Euclid기하에서는 정사각형은 직사각형의 일부로 그에 포함되는 특수한 도형군, 즉 부분집합의 호칭이다. 그러한 포함관계에 의하여 비로소 '정사각형은 직사각형이다.'라고 하는 명제가 논리적으로 성립하게 되며, Euclid기하는 그러한 논리성 위에 구축되어 있다. 만일 초등학교 수학이 '실제수학'에 그친다면 2분법이 오히려 자연스럽고 편리할 것이다. 집합의 도입은 초등수학에 이러한 Euclid적인 논리성을 집어넣으려고 한 것이며, 그것이 순조롭지 못했던 것은 잘 알려진 사실이다. 물론 학교수학의 어디에선가 2분법은 Euclid적인 포함관계로 바뀌지 않으면 안 되겠지만, 그러한 것에 대한 상세한 검토가 수학교육의 기초연구로서 이루어져 있지 못한 상태에서 초등학교 수학에서부터 도형의 포함관계가 다루어졌던 것이다. 이와 같이 초등수학에의 집합의 도입은 도형의 Euclid적인 '이론수학화', 나아가 초등학교 수학의 중등교육화로 이어지는 결과가 되는 것이다.

집합 언어는 현대수학의 필수적인 언어가 되어 있으며, 현대문명의 수학적 본성에 비추어, 모든 지식인의 지적 능력에 해당되므로 중고등학교 이상의 수학교육에서는 논의의 여지가 없으나, 집합의 기호, 연산은 초등학교 수학의 학습에서는 그 진정한 가치를 발휘할 수 없음은 분명한 듯하다. 그런데 집합 및 그 연산이 수학적 언어가 되기 위해서는 먼저 내용으로서 지도되지 않을 수 없다. Venn다이어그램 역시 집합과 그 연산에 대한 이해를 돕기 위한 직관적 수단 이상이며 함수의 그래프와 같이 수단이기에 앞서 지도 내용이 되지 않을 수 없다. 그러나 집합은 수학적 사고 수단이 되어야 하며 가르치는 내용으로 그쳐서는 안 된다. 어느 수준에서든 수학의 각 영역에서 집합을 생각하고 분류하여 부분집합을 고려하고, 집합 사이에 대응을 생각해 보고, 관계를 발견하며, 정리를 하여 전체적 특성을 파악하고, 개념을 명확화·단순화·종합화할 수 있는, 사고기능으로서의 집합적 사고의 교육을 생각하지 않을 수 없게 된다. 이러한 기능은 수학적 사고의 기본으로 그 중요성은 재론할 여지가 없다.

집합이 현대수학을 상징하는 지도 내용으로 그쳐서는 안 되며 수학적인 사고 수단이 되도록 지도되어야 한다면, 학교수학에서 구체적으로 어떻게 다루어져야 할 것인가? 분류활동 이를테면, Dienes의 특성 블록을 이용한 색, 모양, 크기, 두께에 따른 분류 활동을 집합 사이의 포함관계나 연산을 고려하여 구조화하도록 안내하기, 공약수와 공배수를 약수의 집합과 배수의 집합의 공통집합으로 지도하기, 자취를 점의 집합으로 보고 이를테면, 평면 위에서 두 점 A, B로부터 같은 거리에 있는 점의 집합을 $\overline{AB}$의 수직이등분선이라고 생각하게 하기, 평면에서 한 점을 지나는 원의 집합·두 점을 지나는 원의 집합·세 점을 지나는 원의 집합을 생각하여 세 점은 한 원을 결정함을 보이기, 수직선 위에서 동치인 분수의 집합을 고려하여 유리수 개념을 암시하기, 여러 가지 사각형 사이의 포함관계나 자연수·정수·유리수·실수·복소수 사이의 포함관계를 Euler-Venn다이어그램으로 나타내기, 경우의 수를 다룰 때 집합을 고려하기, 정수의 가법군이나 유리수체·실수체·복소수체·다항식환을 암시적으로 다루기 등은 학교 수학에서 집합이 수학적 사고 수단으로 의미 있게 작용할 수 있을 것으로 기대한 예가 된다.

'새 수학'의 교육학적 배경이 된 Bruner의 구조중심 교육과정 이론에 따르면 지식의 구조란 학문의 바탕을 이루는 기본 개념과 사고 방법을 의미하는바, '새 수학' 운동의 초기부터 그러한 지식의 구조를 드러내어 교육하려는 구조중심 교육과정의 이념을 구현하려는 적지 않은 시도가 있었다. 그러나, 집합은 수학 내적·외적인 현상을 조직하는 언어적 도구로서보다도 집합과 그 연산의 지도 자체가 목적이 되어 왔다는 것 또한 부인하기 어렵다.

1973년부터 적용된 우리나라 제3차 수학교육과정은 '학교수학의 현대수학화'를 추구한 학문중심 구조중심 교육과정 이념에 따라 혁신적으로 작성된 '새 수학' 교육과정이다. 집합을 독립된 영역으로 설정하였고 초등학교 수학에서 집합과 기수 개념이 조기에 도입되었다. 초등학교 1학년에서 용어는 도입되지 않았지만 집합 사이의 1대1 대응을 초등화한 짝짓기를 통해 대등한 집합의 공통성질로 기수 개념이 지도되었다. 그리고 초등학교 2학년에서 집합과 원소, 3학년에서 부분집합, 집합 기호 { }, ∈, ⊂, ⊃, 4학년에서 합집합 ∪, 교집합 ∩, 곱집합 ×, 5학년에서 전체집합, 여집합, 공집합이 다루어졌다. 그리고 중학교 1학년에서 집합의 뜻과 표현, 원소의 개수, 유한집합, 무한집합, 부분집합, 진부분집합, 상등, 합집합, 교집합, 전체집합, 여집합, 공집합, 차집합이 다루어졌다. 그리고 고등학교 1학년에서 집합의 연산법칙, 드모르간의 법칙, 진리집합 등을 다루었다. 특히 집합의 활용을 강조하여 도형을 점의 집합으로 정의하고, 사각형의 포함관계, 수의 집합 사이의 포함관계를 다루고, 함수를 두 집합 사이의 대응관계로 정의하고, 방정식과 부등식의 풀이를 '해집합'으로 다루었다.

제4차 교육과정에서부터 집합은 그 도입시기가 늦추어지고 내용이 약화되기 시작하였으며, 제5차 교육과정에서는 해집합이라는 용어가 삭제되었다. 제7차 교육과정에서는 초등학교 수학에서 집합이 완전히 사라지고 중학교 1학년에서 집합이 처음으로 도입되게 되었다. 그리고 함수개념이 집합 사이의 대응관계로서가 아니라 두 변량 사이의 종속관계로 도입되었다. 그리고 제8차 교육과정에서도 중학교 1학년에서 집합, 원소, 원소나열법, 조건제시법, 유한집합, 무한집합, 공집합, 부분집합, 서로 같다, Venn다이어그램, 합집합, 교집합, 전체집합, 여집합, 차집합, $n(A)$ 등이 다루어졌으며, 고등학교 1학년에서 서로소, 교환법칙, 결합법칙, 분배법칙, 드모르간의 법칙, 진리집합 등 적잖은 집합 교재가 다루어졌다. 그리고 2011년에 개편된 수학교육과정에서는 중학교 수학에서 다루던 집합 관련 내용이 삭제되고 이를 고등학교 1학년에서 처음 도입하고 있다.

이와 같이 수학교육과정에서는 집합의 뜻을 알고 집합을 표현할 수 있으며, 집합의 포함관계 및 연산과 그 법칙을 이해하는 것을 주요 내용으로 지도해 왔으나, 그에 그쳐서는 안 되며 그 교육적 의의를 수 체계, 명제와 논리, 대수, 함수, 도형, 확률 등 학교수학의 여러 분야에서 집합 언어를 통한 좀 더 명확한 수학적 사고 교육에서 찾도록 노력해야 할 것이다. 이것이 집합 단원이 중학교 혹은 고등학교 수학의 첫 단원을 점하고 있는 이유이다. 집합 언어와 그를 바탕으로 한 함수 언어는 학문으로서의 현대수학의 기초를 이루고 있으므로 그러한 현대수학에 내재된 지식의 구조를 충실히 반영한 학교수학의 기초가 되어야 할 것이다.

기수 개념은 제4차 교육과정에서도 집합 사이의 짝짓기 활동을 통한 대등한 집합의 공통성질로서 지도되었으나, 그러한 측면이 점차 약화되다가 최근 교육과정에서는 구체적인 사물의 개수를 세어 보고 '개수가 같은 사물들의 공통성질'로서 수 개념을 직관적으로 이해하도록 하고 있다. 집합론의 기수 개념을 초등화한 '새 수학'의 흔적은 현재까지도 남아 있지만 오늘날에는 전통적인 셈수 측면으로 자연수 개념 지도가 상당히 회귀한 것으로 생각된다. 유한집합의 크기를 1대1 대응이라는 원시적인 형식에 의해 판별하는 것은 자연스러운 생각이며 그것을 무리하게 집합 언어로 포장하여 가르친 것은 교육적 어리석음이었는지 모른다. 그런데 Freudenthal (1973)이 지적한 바와 같이 수학적으로 의미심장한 것은 그러한 기본적인 형식을 무한집합에 적용하여 얻은 초한기수이므로, 여기에 덧붙여 생각할 수 있는 것이 집합론에서 다루어지는 핵심적인 내용인 무한집합과 초한수에 대한 이론을 학교수학에 도입하는 문제이다. 이는 '새 수학'에서는 물론이고 지금까지 논의된 바는 없지만 고등학교 수학에서 초보적인 수준에서 그에 대한 지도를 하는 것을 고려할 수도 있을 것이다. 학교수학에서 자연수, 정수, 유리수, 무리수, 실수를 다루는데 이들이 각각 무한히 많다는 것, 유리수는 조밀하지만 빈틈이 있고 실수는 연속성을 갖는다는 것을 직관적으로 다루지만 무한집합의 정의나 이들 무한집합의 크기를 비교하는 수단은 다루고 있지 않다. 무한집합을 정의하고 자연수 전체의 집합의 기수를 $\aleph_0$로 규정하고 정수, 유리수, 실수의 집합과 같은 무한집합의 크기를 자연수 수열과의 1대1 대응에 의해 판별하여 기수를 초한수로 확장하고 비교하는 경험은 신비한 무한의 세계를 수학적으로 다루는 경험을 하고 수 개념을 더욱 깊이 이해하게 할 것으로 생각된다.

그러나 무한집합인 유리수나 실수의 성질 지도에 대한 시도에는 한계가 있다. 수직선 위에서 0 바로 다음에 오는 첫 번째 분수는 도대체 어떤 것인가? 이 문제는 현재 수학교육에서 다루어지지 않는데 교사들은 그러한 문제를 다루는 것은 학생들을 오히려 불확실하게 할 것을 우려한다. (Vollrath, S. 258-261) 아마도 학생들은 모호한 '수' $\frac{1}{\infty}$을 들 것이다.

0 바로 다음의 가장 작은 분수가 존재한다면, 유리수의 조밀성에 의해 임의의 두 유리수 a_1과 a_2 사이에 $a_1 < \frac{a_1+a_2}{2} < a_2$인 제삼의 유리수가 존재하므로 모순이 일어나며 따라서 그러한 분수는 존재하지 않는다. 한편 Cantor의 대각선 방법에 따라 모든 양인 분수를 수열로 나열할 수 있다. 이 방법은 큰 어려움 없이 학생들과 함께 다룰 수 있다. 분수를 모두 나열할 수 있으면 이를 크기에 따라 차례로 나열한 수열 $a_1, a_2, a_3, \cdots$ $(a_1 < a_2 < a_3 < \ \cdots)$을 얻을 수 있을 것인가? $a_1 < \frac{a_1+a_2}{2} < a_2$인 유리수 $\frac{a_1+a_2}{2}$가 존재하므로 그러한 수열은 존재할 수 없다. 그러나 직관적으로 모든 양의 유리수는 수직선 위에 크기의 순서로 나열되어 있지 않은가? 여기에서 학생들은 일찍이 Galileo와 Bolzano를 당황시킨 무한의 패러독스(Paradoxien des Unendlichen)[16]에 빠지게 될 것이며(Burton, p. 589), 학생들은 무한집합과 관련된 수학 문화의 흥미로운 수수께끼 하나를 만나게 된다.

---

16 Galileo와 Bolzano를 당황시킨 '무한집합은 그 진부분집합과 대등하다'는 신비한 특성은 Dedekind에 의해 무한집합의 정의로 택해졌듯이, 유리수의 조밀성과 실수의 연속성은 무한집합의 신비이나 수학에서는 무한과 관련된 철학적 논의와 무관하게 모순 없는 관계적 특성에 의해 그 개념을 규정한다.

2. 논리

사유(思惟)를 통해 사물의 원리, 근원, 원질(原質, Arche)을 밝히려는 것이 학문이며, 그러한 사유의 형식과 법칙, 규범, 나아가 존재 자체의 구조를 드러내려는 학문이 논리학이다. Aristoteles에 의해 집대성된 형식논리학은 사유의 객관적인 일반적 형식을 다루며 협의로 타당한 추론, 곧 전제가 결론을 함의하는 추론의 원리와 방법을 연구하는 학문이라고 할 수 있다.[17] 논리(logic)의 어원은 그리스어 Episteme Logike(Logos적 인식)의 줄임말인 Logike이다. Logos는 철학적으로 말, 이성, 사유, 진리, 법칙 등의 의미를 갖는다. 사고하는 것은 자기 자신과 자문자답하며 대화하는 것이다. Aristoteles에 따르면 말은 겉으로 표현된 Logos이고 사유는 마음속의 Logos이다. Logos를 다루는 논리학은 고대 그리스에서 사회적 대화, 논쟁과 관련되어 전개된 Platon의 Dialektike(辨證論)로부터 시작되었다. 그러나 논리학은 언어의 주관적 속박으로부터 벗어난 사유의 객관적인 일반적 형식을 다룬다.(박종홍, 4-13쪽) 기호논리학은 형식논리학에서 관련된 개념과 사고의 형식적인 규칙을 기호화하여 언어에 필연적으로 수반되

17 사유(思惟)의 형식을 다루는 논리학은 사유의 사실을 다루는 학문인 심리학과 구별된다. 구체적인 추론의 과정을 이루는 전제와 결론을 포함한 명제의 집합을 논증(argument)이라고 하는데 이는 논리학의 관심사가 아니다.

는 애매성을 제거하여, 형식논리학을 언어적 제약으로부터 해방시켜 계산 수학화함으로써 그 본래의 의도를 달성하려는 엄밀한 수학적 논리학이다. Piaget(1949, pp. 3-31)에 의하면 논리학은 참인 인식에 관한 연구로서 명제체계의 내적 타당성만을 다루는 순수형식에 관한 학문이며 연역적 조작의 형식적 이론이다. 여기에서 주목해야 할 점은 Kant가 "논리학의 유일한 관심은 모든 사고의 형식적인 규칙에 대한 철저한 설명과 엄격한 증명을 제시하는 것"(Kant, 1956, Bviii-ix)이라고 하면서 Aristoteles 이래 형식논리학은 확실한 길을 걸어온 비판의 여지가 없는 완결된 학문이라고까지 극찬하였다는 점이다.

수학은 논리적으로 전개되는 대표적인 학문이며 따라서 논리적 사고 능력의 개발은 수학교육의 주요한 목표가 되어 있다. 기본적인 성질을 바탕으로 필연적인 결론을 이끌어 내는 연역추론은 초등학교 수학의 미성숙한 단계로부터 중등학교 수학의 형식적인 단계에 이르기까지 필수적으로 요구되는 것이다. 수학적 사고력의 육성은 연역적 추론 능력의 개발을 바탕으로 하지 않을 수 없다고 볼 때 아동의 추론능력을 적극적으로 육성해 나가기 위한 더욱 철저한 연구가 요망된다. 이를 위해 무엇보다도 학교수학이 어떤 사고 형식에 따라 전개되고 있으며 특히 그에 내재된 연역적 추론의 형식은 무엇인가를 명확히 분석하는 것은 매우 중요한 문제이다.

여기에서는 먼저 연역적 추론에서 다루는 기본적인 사유 형식인 논리학의 개요를 간단히 살펴본 다음, 연역적 추론의 주요 형식인 함의관계, 개념과 정의에 대해 살펴보기로 한다.[18] 그리고 논리적 사고의 심리적 발달에 대한 연구결과와 학교수학에서 다루는 그리고 그에 내포된 논리적 형식의 구조를 분석해 보고 연역적 추론의 지도 문제에 대해 살펴보기로 한

18 이와 관련하여 논리학과 그 역사적 발달과정에 대한 고찰이 요구되는바 이에 대해서는 『학교수학의 역사-발생적 접근』을 참고해 주기를 바란다.

다. 수학적 지식은 논증에 의해 확보되지만 증명을 요하는 명제의 발견, 증명의 발견, 합리적이고 풍요한 공리의 진술 등 수학 연구에서 귀납추론의 역할은 지대하며 이는 수학의 학습에서도 마찬가지이다. 더욱이 Polya(1957, p. v)의 주장과 같이 발견의 논리인 귀납추론을 학습하는 데 수학만큼 적절한 기회를 제공하는 교과목도 없다. 귀납추론은 생산적인 사고와 연결되며 구체적인 특수한 것에서 일반적인 추상적인 것으로 사고를 진행시켜 나가는 면이 두드러진 학교수학에서 매우 중요한 사고방식이다. 여기에서는 학교수학과 관련된 개연적 추론의 문제에 대해 귀납과 유추를 중심으로 논의하고 끝으로 가설 추론의 논리에 대한 Peirce의 견해를 간단히 살펴보기로 한다.

1) 논리학의 개요

(1) 삼단논법

학교수학의 바탕이 되는 기본적인 추론방법으로 형식논리학의 중심 주제인 삼단논법(三段論法, syllogism)에 대해 간단히 살펴보기로 한다. 영어 syllogism이라는 용어는 Aristoteles가 연역추론을 Syllogismos라고 명명한 데서 비롯되었다고 한다. Syllogismos는 '함께'의 의미를 가진 sun과 '사유'의 의미를 가진 Logos의 합성어로서 '모아서 사유한다.'라는 의미를 갖고 있다. 영어 syllogism을 번역한 삼단논법이라는 우리말 용어는 두 개의 전제(前提)와 한 개의 결론(結論)이 3단식으로 구성되기 때문에 붙여진 이름이다. 삼단논법은 가장 기본적인 추론방법으로 보편적 원리로부터 부분에 관한 판단을 이끌어 내는 방법, 즉 일반으로부터 특수를 추론하는 방법이다.(박종홍, 92-94쪽)

판단에는 '모든 정사각형은 마름모이다.'와 같이 관계를 단정하는 정언판단(定言判斷, Kategorisches Urteil)과 '삼각형이 이등변삼각형이면 두 밑각이 같다.'와 같이 가정적인 제약이 따르는 가언판단(假言判斷, Hypothetisches Urteil), 그리고 '실수는 유리수이든가 무리수이다.'와 같이 둘 가운데 하나를 선택하는 선언판단(選言判斷, Disjunctives Urteil)이 있다. 삼단논법에는 이러한 세 가지 유형의 판단으로 구성된 타당한 다양한 형식이 있다. 삼단논법은 정언판단, 가언판단, 선언판단을 각각 전제로 한 정언삼단논법, 가언삼단논법, 선언삼단논법과 대전제가 두 개의 가언판단으로 구성되고 소전제가 선언판단으로 된 삼단논법인 양도논법(兩刀論法, Dilemma)[19]으로 구분된다.

정언삼단논법은 '모든 M은 P이다. 모든 S는 M이다. 그러므로 모든 S는 P이다.'와 같이 대전제($M-P$)와 소전제($S-M$)로부터 결론($S-P$)을 이끌어 내는 기본형식을 갖는, 곧 매개념(媒槪念) M을 매개로 하여 대개념(大槪念) P와 소개념(小槪念) S와의 포섭관계를 추정하는 표준적인 삼단논법으로 다른 삼단논법의 기본이 된다. 긍정논법(肯定論法, modus ponendo ponens) $(p \rightarrow q) \wedge p \Rightarrow q$는 가언삼단논법이다.[20] 부정논법(否定論法, modus tollendo tollens) $(p \rightarrow q) \wedge \sim q \Rightarrow \sim p$ 역시 가언삼단논법이다. 이는 어떤 조건명제 $p \rightarrow q$가 참이면 그 대우 $\sim q \rightarrow \sim p$도 참이므로 타당한 추론형식이다.

---

19 Dilemma는 둘을 의미하는 di와 가정을 의미하는 lemma가 결합된 이중의 가정이라는 뜻의 그리스어로부터 유래된 용어로, 대전제가 두 개의 선언판단으로 구성되고 소전제는 대전제의 두 전건을 선언적으로 긍정하든가 두 후건을 선언적으로 부정하든가 하여 결론을 이끌어 내는 삼단논법이다. Dilemma는 형식상으로는 확실하지만 오류를 범하는 경우가 적지 않기 때문에 고래로부터 제기된 많은 궤변이 Dilemma로 형성되어 있다.(박종홍, 131-134쪽)

20 modus ponendo ponens는 '당나귀의 다리'라는 뜻의 라틴어로 당나귀와 같이 둔한 사람이라도 추론을 할 때 이러한 다리를 건널 수 있을 만큼 이러한 추론형식은 누구에게나 자명하다는 것을 의미한다.

삼단논법을 실제로 사용할 때 두 가지 이상의 삼단논법을 결합하여 사용하는 경우가 있다. 여기에서 선행하는 삼단논법의 결론이 다음 삼단논법의 전제가 되도록 연결하는 연결추리와, 전 단계의 삼단논법의 결론이 후 단계의 삼단논법의 소전제가 되어 최초의 전제의 주개념이 결론의 주개념이 되도록 하는 연결추리인 'Aristoteles의 연쇄식' 등을 생각할 수 있다.[21]

(2) 기호논리학

다음에는 기호논리학의 내용을 간단히 살펴보기로 한다.(박종홍, 1983; Copi, 1988)

① 명제계산(calculus of propositions)

판단을 나타내는 참, 거짓이 명확히 결정된 문장을 명제라고 하는데, 형식논리학인 기호논리학에서는 명제를 내용과는 상관없이 그 형식을 문제로 하지만 전통적인 논리학에서처럼 명제를 주어와 술어로 분석하지 않는다. 명제를 가장 단순한 명제인 기본명제(elementary proposition)로 분석하여 기본명제뿐만 아니라 그 결합관계를 기호로 나타내어 엄밀한 계산체계로서 명제의 형식을 분석한다. 명제의 참, 거짓을 그 명제의 진릿값(truth-value)이라 하고 각각 기호 T(truth), F(false)로 나타낸다. 기본명제를 나타내는 변수 p, q, r 등을 명제변수(propositional variable)라고 한다. 명제는 다음과 같은 5가지 기본적인 논리적 연결사(logical connectives)에 의한 기본명제의 결합 형식으로 표현된다.

21
$$\begin{array}{l} A-B \\ B-C \\ C-D \\ \hline \therefore A-D \end{array} \quad \Leftrightarrow \quad \begin{array}{l} B-C \\ A-B \\ \hline \therefore A-C \end{array} \quad \begin{array}{l} C-D \\ A-C \\ \hline \therefore A-D \end{array}$$

- 부정(negation) $\sim p$(p가 아니다): p가 참일 때 거짓이고 p가 거짓일 때 참이다.
- 선언(選言, disjunction, 논리합) $p \vee q$ (p 또는 q): p와 q 중 적어도 하나가 참일 때 참이다. p와 q가 모두 거짓일 때에만 거짓이다.
- 연언(連言, conjunction, 논리곱) $p \wedge q$ (p와 q): p와 q 모두 참일 때 참이다.
- 조건명제(conditional statement, 가언명제 hypothetical statement) $p \rightarrow q$ (p이면 q이다): p가 참이고 q가 거짓일 때 한하여 거짓이다.
- 동치(equivalence) $p \equiv q$(p는 q와 동치이다): p와 q의 진릿값이 같을 때에만 참이다.[22]

이상을 진리표(truth table)를 사용하여 나타내면 다음과 같다.

p	q	$\sim p$	$\sim q$	$p \vee q$	$p \wedge q$	$p \rightarrow q$	$p \equiv q$
T	T	F	F	T	T	T	T
T	F	F	T	T	F	F	F
F	T	T	F	T	F	T	F
F	F	T	T	F	F	T	T

그리고 진리표를 사용하여 다음과 같은 기본적인 법칙[23]이 성립함을 증

22 $p \wedge q$를 $p \cdot q$, $p \vee q$를 $p+q$, $p \rightarrow q$를 $p \supset q$, $p \equiv q$를 $p \rightleftarrows q$(p if and only if q), $\sim p$를 $\bar{p}$, $\neg p$와 같이 나타내기도 한다.

23 이러한 명제논리의 기본법칙은 학교수학의 도처에서 암묵적으로 사용되는 논리법칙이다. 이를테면 집합의 연산 $\cup$, $\cap$, $\subseteq$, A^c은 $\vee$, $\wedge$, $\rightarrow$, $\sim$에 의해 정의되며, 드모르간의 법칙은 이를테면, 다음과 같이 합성명제인 부등식을 부정할 때 사용된다.

명할 수 있다.

- 드모르간의 법칙(De Morgan's laws): $\sim(p \wedge q) \equiv \sim p \vee \sim q$, $\sim(p \vee q) \equiv \sim p \wedge \sim q$
- 결합법칙(associative laws): $p \vee (q \vee r) \equiv (p \vee q) \vee r$, $p \wedge (q \wedge r) \equiv (p \wedge q) \wedge r$
- 교환법칙(commutative laws): $p \vee q \equiv q \vee p$, $p \wedge q \equiv q \wedge p$
- 분배법칙(distributive laws): $p \wedge (q \vee r) \equiv (p \wedge q) \vee (p \wedge r)$, $p \vee (q \wedge r) \equiv (p \vee q) \wedge (p \vee r)$
- 대우법칙(transpositive law): $p \rightarrow q \equiv \sim q \rightarrow \sim p$
- 이중부정(double negation): $p \equiv \sim \sim p$
- 질료함의(material implication): $p \rightarrow q \equiv \sim p \vee q$
- 질료동치(material equivalence): $(p \equiv q) \equiv (p \rightarrow q) \wedge (q \rightarrow p)$, $(p \equiv q) \equiv (p \wedge q) \vee (\sim p \wedge \sim q)$
- 추출법칙(exportation): $(p \wedge q) \rightarrow r \equiv p \rightarrow (q \rightarrow r)$
- 항진법칙(tautology): $p \equiv p \vee q$, $p \equiv p \wedge p$

이를테면 $p \rightarrow q \equiv \sim(p \wedge \sim q)$임을 진리표를 이용하여 다음과 같이 증명할 수 있다.[24]

$\sim(1 \le x \le 3) \equiv \sim[(1 \le x) \wedge (x \le 3)] \equiv \sim(1 \le x) \vee \sim(x \le 3) \equiv (1 > x) \vee (x > 3)$
어떤 함수가 한 점에서 연속일 조건은 세 가지 조건의 합성명제인데, 그러면 불연속일 조건은 어떻게 되는가? 세 가지 조건의 합성명제 $p_a \wedge q_a \wedge r_a$의 부정은 결합법칙과 드모르간의 법칙에 의해 $\sim p_a \vee \sim q_a \vee \sim r_a$가 된다. 따라서, 세 조건 가운데 어느 한 조건이라도 만족하지 않으면 불연속인 점이 된다.

24 5종의 논리적 연결사 $\vee, \wedge, \rightarrow, \sim, \equiv$에 의해 결합된 합성명제는 $\sim, \vee$; $\sim, \wedge$;

p	q	$p \to q$	$\sim q$	$p \wedge \sim q$	$\sim(p \wedge \sim q)$	$p \to q \equiv \sim(p \wedge \sim q)$
T	T	T	F	F	T	T
T	F	F	T	T	F	T
F	T	T	F	F	T	T
F	F	T	T	F	T	T

합성명제 가운데 그것을 구성하고 있는 기본명제의 참 거짓에 관계없이 항상 참인 명제를 항진명제라고 한다. 이를테면 $p \vee \sim p$, $p \to (p \vee q)$ 등과 위의 기본법칙은 항진명제이다. 그리고 합성명제 가운데 $p \wedge \sim p$와 같이 항상 거짓인 명제를 모순명제(contradiction)라고 한다. 그리고 항진명제인 $p \to p$ 또는 $p \equiv p$를 동일률(principle of identity), $p \vee \sim p$를 배중률(principle of excluded middle), $\sim(p \wedge \sim p)$를 무모순률(principle of non-contradiction)이라고 한다. 이러한 기본적인 항진명제를 공리로 설정하고, 그로부터 다른 항진명제를 이끌어 내는 변형규칙인 대입규칙(rule of substitution)과 추론규칙(rule of inference) 등을 적용하여 항진명제로 구성된 명제계산 체계가 확립되는 것이다. 대입규칙에 따라 드모르간의 법칙, 교환법칙, 결합법칙, 분배법칙, 대우법칙 등 논리적으로 동치인 명제를 대치할 수 있다.

추론에서 전제를 P, 결론을 Q라고 할 때 $P \to Q$가 참일 때 P는 Q를 함의한다(含意, imply)고 하고 $P \Rightarrow Q$와 같이 나타낸다. 이 경우가 타당한 추론이다. 기본적인 추론규칙은 다음과 같다. 이러한 추론규칙은 전제가 결론을 함의하는 논리적으로 타당한 기본적인 함의규칙이다.

~, →와 같은 2가지 논리적 연결사로 나타낼 수 있다.

- 긍정논법(modus ponens): $(p \to q) \wedge p \Rightarrow q$
- 부정논법(modus tollens): $(p \to q) \wedge \sim q \Rightarrow \sim p$
- 조건삼단논법: $(p \to q) \wedge (q \to r) \Rightarrow (p \to r)$
- 선언삼단논법: $(p \vee q) \wedge \sim p \Rightarrow q$
- 양도논법(constructive dilemma)[25]: $[(p \to q) \wedge (r \to s)] \wedge (p \vee r) \Rightarrow (q \vee s)$
- 흡수논법(absorption): $(p \to q) \Rightarrow [p \to (p \wedge q)]$
- 분리논법(simplification): $p \wedge q \Rightarrow p$
- 연접논법(conjunction): $p \wedge q \Rightarrow p \wedge q$
- 선접논법(addition): $p \Rightarrow p \vee q$

위의 아홉 가지 추론 규칙 중에서 수학에서 가장 많이 사용되는 것은 긍정논법, 부정논법, 조건삼단논법이다. 임의의 명제 p, q에 대하여 $(p \wedge \sim p) \Rightarrow q$이다. 곧, 모순명제는 임의의 명제를 함의한다. 따라서 전제가 모순이면 어떤 결론을 내리든 그 추론은 타당하다.

위의 추론규칙을 사용하여 가정으로부터 결론을 직접 유도하는 증명 방식이 직접증명법이다. 간접증명법은 도출하려는 결론을 부정하여 모순을 유도함으로써 원래의 결론이 참임을 증명하는 방식으로 '귀류법(reductio ad absurdum)'[26]이라고 불린다. 추론의 타당성을 검토하기 위해서는 진

---

25 양도논법은 결론이 정언명제인가 선언명제인가에 따라 단순(simple)과 복잡(complex)으로, 소전제가 선언적 긍정명제인가 선언적 부정명제인가에 따라 구성적인(constructive) 것과 파괴적인(destructive) 것으로 구분하여 단순구성적, 단순파괴적, 복잡구성적, 복잡파괴적 양도논법으로 구분될 수 있는데, 이는 복잡구성적 양도논법(complex constructive dilemma)이다.(박종홍, 131-133쪽)

26 귀류법에 대해서는 증명 부분에서 자세히 논의하기로 한다.

리표를 사용하는 방법으로 충분하지만, 기본적인 추론규칙을 이용하여 그 타당성을 증명할 수 있다. 이를테면, 전제 $p \to \sim q$, $r \to s$, $\sim\sim q \wedge p$로부터 결론 $\sim q \vee$ s를 다음과 같이 유도할 수 있다.

$$(\sim\sim q \wedge p) \Rightarrow p \qquad \text{(분리논법)}$$
$$(p \to \sim q \text{ and } p) \Rightarrow \sim q \qquad \text{(긍정논법)}$$
$$\therefore \sim q \vee s \qquad \text{(선접논법)}$$

이상과 같이 명제변수와 논리적 연결사로 이루어진 논리식의 기본법칙과 논증의 타당성을 결정하는 방법을 다루는 기호논리학 분야가 명제논리학(propositional logic)이다.

② 명제함수 계산(calculus of propositional functions)
그러나 명제의 진릿값만을 다루는 명제논리학에서는 명제가 단위로 취급되어 명제의 내적인 관계의 분석은 이루어질 수 없으므로 타당한 추론법칙을 분석하는 데 부적당한 경우가 있다. 예를 들면, '모든 유리수는 실수이다. 3은 유리수이다. 따라서 3은 실수이다.'와 같은 삼단논법은 명제에 관한 논리식으로 나타낼 수 없으며 명제논리로 그 타당성을 분석할 수 없다. 이러한 문제를 해결하기 위해 술어논리학(predicate logic)이 필요한 것이다. '…은 1보다 크다.', '…은 …의 약수이다.'와 같이 대상의 성질이나 대상 간의 관계를 나타내는 것이 술어이며 변수를 포함하는 명제함수(propositional function)이다. 방정식과 부등식은, 미지수에 실수를 대입하면 참 또는 거짓인 명제가 되므로, 실수가 참, 거짓인 명제로 대응되는 명제함수(命題函數)이다.[27] 명제함수는 함숫값이 명제인 함수로 변수의 개

27 학교수학에서는 이러한 내용을 드러내어 다루고 있지 않으며 암묵적으로 받아들이도

수에 따라 $p(x), p(x,y), \cdots$ 또는 $p_x, p_{x,y}, \cdots$과 같이 기호화된다. 명제함수에서 변수에 개체를 대입하든가 변수를 한정하면 명제가 된다. 술어논리학은 형식논리학에서 다루어 온 '모든', '어떤' 등의 한정사를 포함한 명제로 구성된 논증 형식의 타당성을 결정하는 방법을 연구하는 분야를 말하며 Russell에 의해서 기호화되었다.

술어논리학에서는 명제함수의 변수를 한정하는 한정사, 변수, 상수, 논리적 연결사 등으로 구성된 논리식을 다룬다. 명제함수 $p(x)$에서 전칭한정사(全稱限定詞, universal quantifier) $\forall$, 존재(특칭)한정사(存在(特稱)限定詞, existential quantifier) $\exists$에 의해 전칭명제 $\forall x \in U, p(x)$와 존재명제 $\exists x \in U, p(x)$를 얻게 되고,[28] 다음과 같은 드모르간의 법칙이 성립한다.

$$\sim \forall x, p(x) \equiv \exists x, \sim p(x)$$
$$\sim \exists x, p(x) \equiv \forall x, \sim p(x)$$

이를테면, 전칭명제 $\forall x, p(x) \rightarrow q(x)$의 부정은 $\exists x, p(x) \wedge \sim q(x)$이다. 따라서 전칭명제 $\forall x\, p(x)$가 참이 아니라는 것은 반례(counter example), 즉 $p(x)$가 거짓인 x의 값, 곧 $p(x_0)$가 거짓인 x_0가 있다는 것을 뜻하는 것이다. 또한 다음과 같은 법칙이 성립한다.

$$\forall x p(x) \wedge \forall x q(x) \equiv \forall x (p(x) \wedge q(x))$$
$$\exists x p(x) \vee \exists x q(x) \equiv \exists x (p(x) \vee q(x))$$

록 되어 있다.

28 여기에서 $\forall$는 '모든 …에 대하여(for all …)'의 약호이고, $\exists$는 '…이 존재한다(there exist …)' 또는, '어떤 …에 대하여(for some …)'의 약호이다.

$$\forall x p(x) \Rightarrow \exists x p(x)$$
$$\forall x (p(x) \rightarrow q(x)) \Rightarrow (\exists x p(x) \rightarrow \exists x q(x))$$

술어논리학에서 추론의 타당성을 검증하는 계산절차는 명제논리학에서 사용하는 기본규칙에 몇 가지 규칙이 더해지고 제약 조건이 추가되어 상당히 복잡해진다. 2변수 명제함수 $p(x,y)$의 계산이나 이를 기초로 한 다변수 명제함수의 계산, 곧 관계 계산(calculus of relations)도 기본적으로 1변수 명제함수의 계산과 마찬가지 방법으로 이루어질 수 있다.

③ 집합의 계산(calculus of classes)

집합 사이의 모든 관계는 원소관계와 논리적 연결사로 환원된다. $\in$와 논리적 연결사 $\rightarrow$, $\sim$, $\vee$, $\wedge$에 의하여 $\subset$, ^{c}, $\cup$, $\cap$가 정의되므로 결과적으로 명제의 대수체계와 집합의 대수체계는 같은 구조, 곧 Boole대수체계를 이루게 된다. 결국, 집합의 계산은 명제의 계산으로 환원된다. 명제함수 $p(x)$를 참인 명제가 되게 하는 변수 x의 값 전체를 $p(x)$의 진리집합이라고 한다. $p(x)$의 진리집합을 P라고 하면 $p(x) \equiv x \in P$가 된다. 진리집합의 계산을 바탕으로 명제함수의 계산 결과를 이끌어 낼 수 있다.

명제계산에서의 추론규칙과 동치규칙도 집합의 계산 또는 Venn다이어그램을 이용하여 그 타당성에 대한 입증이 가능하다. 이를테면, 집합 부분에서 보인 바와 같이 긍정논법 $(p_x \rightarrow q_x) \wedge p_x \Rightarrow q_x$에 대하여 $(p_x \rightarrow q_x) \wedge p_x \rightarrow q_x$의 진리집합은 전체집합 U가 되므로, 긍정논법은 타당한 추론규칙이다. 역으로 집합의 대수에서 공집합이 모든 집합의 부분집합인 이유 또한 명제계산의 관점에서 입증됨을 보였다. 임의의 집합 A에 대하여 $(x \in \phi) \rightarrow (x \in A)$는 전제가 거짓이므로 항상 참이기 때문에 $(x \in \phi) \Rightarrow (x \in A)$, 곧 임의의 집합 A에 대하여 $\phi \subset A$이다. 그리고 동치규칙에서 명제변수를 진리집합으로, $\wedge$는 $\cap$, $\vee$는 $\cup$, $\sim$는 ^{c}, $\rightarrow$는 $\subset$로 바꾸면 집합의 대수법칙이 된다. 이를테면, 동치규칙 중 드모르간의 법칙에서 명제변수와 논리적 연결사를 그와 대응하는 진리집합과 집합기호로 바꾸어 보면 집합의 연산법칙인 드모르간의 법칙 $(A \cap B)^c = A^c \cup B^c$, $(A \cup B)^c = A^c \cap B^c$이 된다.

2) 조건명제와 함의

일상생활이나 가설 연역적 사고가 중심을 이루는 수학을 비롯한 모든 학문연구에서 널리 사용되는 논리적 사고 양식이 가정 p로부터 결론 q가 필연적으로 이끌어내어진다는 'p이면 q이다.' 꼴의 조건명제이다. 특히 모든 정리가 그렇지는 않지만 거의 모든 정리가 조건명제이거나 조건명제로 나타낼 수 있다고 할 만큼[29] 수학에서 중요한 논리적 사고 양식이 조건명제이다. 조건명제 $p \rightarrow q$가 참일 때 p가 q를 함의하며 $p \Rightarrow q$와 같이 나타낸다. 학교수학에도 함의 진술은 도처에 포함되어 있으므로 그 논리적 구조는 명확하게 분석되어 적절한 수준에서 교육과정에 반영되어야 할 것이다.

오늘날 일반적으로 논리학과 수학에서는 고대 그리스의 스토아학파 이래의 전통적인 형식논리학의 관점에 따라 $p \rightarrow q$의 진릿값은 p와 q 사이의 어떠한 논리적 인과적 관련이 없더라도 전적으로 p와 q의 진릿값에 의해 결정되며, p가 참이고 q가 거짓인 경우를 제외한 나머지 경우에 $p \rightarrow q$가 참이며 이때 p는 q를 함의한다고 보는 '질료함의(material implication)'의 관점을 수용하고 있다.(Scholz, pp. 34-58; Byham, pp. 10-13) 여기에서

29 이를테면 '$\sqrt{2}$는 유리수가 아니다.'라는 명제는 부정명제로 조건명제가 아니다.

조건명제 $p \to q$는 진리표(truth table)에 따라 $\sim p \vee q$와 동치이다. 곧, $p \to q \equiv \sim p \vee q$이다.

이러한 질료함의의 정의에 따르면 거짓인 명제가 임의의 명제를 함의하며 참인 명제가 임의의 명제에 의해 함의되므로, 가정과 결론이 논리적 연결성을 갖지 않는 경우라도 조건명제의 진리치가 결정된다. 이를테면 '황소가 난다면 황소는 알을 낳는다.'라는 명제는 참이다. 그러나 거짓인 명제는 임의의 명제를 함의하고 참인 명제는 임의의 명제에 의해서 함의된다는 것, 관련 없는 명제를 함의관계로 연결 짓는다는 것은 직관적으로 수용하기 어려우며 학생들이 받아들이기 어려운 내용이다.

수학에서 명제 p가 q를 함의할 때, p는 q이기 위한 충분조건이고 q는 p이기 위한 필요조건이며, q는 p로부터 연역가능하고 p에서 필연적으로 이끌어내어지는 결과이므로, p와 q 사이에 필연적으로 논리적 관계가 있다. 따라서 p와 q 사이에 논리적 관계가 없을 때 p가 q를 함의한다는 것은 기묘한 생각이 들기까지 할 것이다. 그러나 형식논리학에서는 질료함의의 관점에서 참인 조건명제의 가정과 결론 사이에 논리적인 연결을 요구하지 않는다. 단지 가정이 거짓이거나 결론이 참이라면 그 조건명제는 참이 되는 것이다. 질료함의의 옹호자들은 가정이 거짓이거나 결론이 참인 경우는 특수한 경우를 제외하고는 수학적 추론을 하는 데 필요하지 않기 때문에 논리적으로 어려움을 주지 않는다고 본다.[30] 수학적 추론에서는 가정이 참이기를 요구하며 결론이 참임을 아는 경우에는 추론할 필요가 없다고 보기 때문이다.(Byham, pp. 15-19) 그리고 질료함의를 수용하지 않는다면 기호논리학의 명제계산 체계를 전개시키는 데 어려움이 존재하기 때문에 이를 받아들여야 한다고 주장한다.[31]

---

30 공집합은 모든 집합의 부분집합임을 증명할 때 가정이 거짓인 경우의 함의관계를 이용한다.

그런데 중등학교 수학교육과정에서 다루어지는 'x가 짝수이면 x^2도 짝수이다.'와 같은 진술은 존재명제 '어떤 정수 x에 대하여, x가 짝수이면 x^2도 짝수이다.'에서 존재(특칭)한정사 '어떤 정수 x에 대하여'가 생략된 것으로 보아야 하는데, 이 존재명제에서 가정과 결론은 같은 변수 x를 포함하므로 논리적인 연결성을 갖는다. 대부분의 수학적인 명제는 이와 같이 가정과 결론 사이에 논리적인 연결성을 갖고 있다. 증명에 사용되는 연역적 추론에서 가정과 그로부터 유도된 결론은 논리적 연결성을 지닐 수밖에 없다.

일반적으로 수학에서 실제적으로 사용되는 조건명제는 가정과 결론이 논리적인 연결성을 가지므로 질료함의의 관점은 수학에서 연역적 추론에 사용되는 함의관념과 같지 않으며 수학에서의 연역적 추론 과정에 대한 의미를 왜곡시킬 수 있다고 볼 수도 있다. 따라서 수학적 추론과정을 적절히 설명하기 위해 이에 대한 대안으로 제시된 것이 의미론적 관점에서 본 C. I. Lewis의 '엄밀함의(strict implication)'와 E. J. Nelson의 '수반함의(entailment)'의 관점이다.(하승수, 2008)

엄밀함의의 관점에서는 p가 q를 함의한다는 것은 p로부터 q가 연역가능하다(deducible)는 것과 동의어이며 여기에서 q는 p의 필연적인 결과이므로 p가 참이고 q가 거짓인 것이 불가능하다는 것, p가 q의 부정과

31 조건명제의 진릿값을 가정이 거짓일 때 거짓이라고 하면 조건명제는 연언과 같아지고, 가정이 거짓이고 결론이 참인 경우 거짓, 가정과 결론이 모두 거짓인 경우 참이라고 하면 조건명제는 동치와 같아진다. 거짓인 가정을 갖는 조건명제가 참이 될 수밖에 없는 이유를 긍정논법의 추론규칙으로 설명할 수도 있다. 긍정논법은 명제 $(p \to q \wedge p) \to q$가 항진명제임을 이용하는 추론규칙으로 일상생활이나 학문연구에서 많이 사용되는 의심의 여지가 없다고 생각되는 규칙이다. 가정 p가 거짓인 경우에 $p \to q$의 진릿값을 다양하게 부여하여 보면 $(p \to q \wedge p) \to q$가 항진명제, 곧 타당한 추론규칙이 되기 위해서는 가정이 거짓인 조건명제 $p \to q$의 진릿값은 참이어야 함이 드러난다.(하승수, 11-12쪽)

모순인(inconsistent) 것을 의미하는 것으로 정의된다. 엄밀함의의 관점에서 참인 조건명제는 가정이 참이면 결론이 거짓인 진릿값을 갖는 것이 불가능하므로 질료함의의 관점에서도 참인 조건명제가 된다. 그러나 가정과 결론이 논리적인 연결성을 갖지 않는 경우 질료함의에서 참인 조건명제가 엄밀함의의 관점에서 참이 되는 것은 아니다. 그런데 엄밀함의의 관점에서 보면 $p \wedge \sim p$와 같은 모순명제는 임의의 다른 명제의 부정과 모순이므로 임의의 다른 명제를 엄밀하게 함의하며, $p \vee \sim p$와 같은 항진명제는 그 부정이 모순명제이므로 임의의 다른 명제와 모순이 되어 임의의 다른 명제에 의해 엄밀하게 함의된다. 그러나 Nelson에 의하면 두 명제가 어떤 의미 관련성이 있는 경우에 모순 여부를 말할 수 있으며 모순명제가 임의의 명제와 모순이라는 것은 잘못된 것이다.[32] 이러한 이유로 수반함의가 제시되게 된다. 수반함의의 관점에서는 p가 q를 함의하는 것은 q가 p로부터 연역 가능할 뿐만 아니라 그것들의 의미를 연결시켜 주는 내재적인 관계가 있을 때뿐이라고 보고, p가 q를 함의한다는 것은 p가 q의 부정과 모순인 것으로 정의하지만 p와 q 사이에 의미상의 관련성이 있고 p가 q를 필연적으로 수반할 때 p가 q를 함의한다고 본다.(Byham, pp. 23-37)

이를테면, '$2+2 \neq 4$이면 $0 \not\in \phi$이다.'라는 조건명제에서 가정은 결론을 질료적으로 함의하지만 이 명제의 결론은 가정에서 연역되지도, 가정과 결론 사이에 어떤 의미 관련성도 존재하지 않으므로 이 조건명제에서

---

32 간접증명법에서는 결론의 부정이 모순을 함의함을 보여 결론이 필연적으로 참임을 보인다. 간접증명법의 논리형식은 $p \rightarrow q \equiv \sim (p \wedge \sim q)$이므로 $p \wedge \sim q$이면 모순이 유도됨을 보여 $\sim (p \wedge \sim q)$, 곧 $p \rightarrow q$가 참임을 보이는 것이다. 엄밀함의에 따르면 모순명제는 임의의 명제를 함의하지만 간접증명법에서는 의미 관련성을 고려하여 모순명제로부터 함의되는 명제를 구분할 수 있어야 한다. 따라서 의미 관련성을 고려하지 않는 엄밀함의도 수학적 추론에서의 함의의 의미를 완전히 설명할 수 없다.

가정은 결론을 엄밀하게 함의하지도 수반함의하지도 않는다. $2+2=4$와 $2+2=5$는 모순이므로 '$2+2=4$이면 $2+2\neq 5$이다.'에서 가정은 결론을 질료적으로 그리고 엄밀하게 함의하며, 두 명제 사이에 의미상의 관련성이 존재하므로 가정은 결론을 수반함의한다.

질료함의는 오늘날에도 논리학과 수학에서 함의의 정의로 받아들여지는 전통적인 형식논리학적인 관점이다. 이 관점은 일상적으로나 수학의 연역적 추론에서 일반적으로 사용되는 함의의 관점에서 볼 때 가정과 결론 사이에 논리적 연결성과 의미 관련성이 결여된 경우에 논의의 여지가 있다. 위에서 논의한 의미론적인 관점에서 보면 명제 p와 q 사이에 의미 관련성이 있고 q가 p로부터 연역 가능할 때, 곧 p이고 $\sim q$일 수 없을 때, 다시 말하면 p가 $\sim q$와 모순일 때 p가 q를 함의한다. 수학에서 실제적으로 사용되는 함의관계는 대체로 이러한 수반함의라고 할 수 있으나, 조건명제의 형식을 기초로 형식논리학이 성립하며 이에 기초한 집합과 관계 체계로서의 현대 추상수학에서는 이를테면 공집합은 임의의 집합의 부분집합임을 보일 때처럼 질료함의가 사용되고 있는 것이다.

여기에서 명확히 해야 할 것이 가정과 결론이 모두 명제로 이루어진 $p\rightarrow q$ 꼴의 진술이 조건명제이며, 앞에서도 언급하였지만 학교수학에서 조건명제로 다루어지는 가정과 결론이 모두 조건[33]인 $p_x\rightarrow q_x$ 꼴의 진술은 전칭명제 $\forall x, p_x\rightarrow q_x$이거나 존재명제 $\exists x, p_x\rightarrow q_x$에서 한정사가 생략된 것으로 보아야 한다. 학교수학의 대부분의 정리는 전칭명제이거나 존재명제이므로[34] 한정이론(quantification theory)에 대한 지도가 필요

33 최근 고등학교 교육과정에서 사용되는 용어인 '조건'은 변수가 포함된 문장 또는 식으로 그 변수의 값에 따라 진릿값이 결정되어 명제가 된다. x의 값에 따라 p_x의 진릿값이 결정되므로, '조건' p_x는 x의 변역으로부터 명제로의 함수, 곧 명제함수(또는 열린 문장, open sentence)이다.

하다고 생각되며, 명제함수 $p_x \to q_x$의 진리집합에 대한 명확한 이해가 요구된다. 앞에서 살펴본 바와 같이 명제함수 p_x, q_x의 진리집합을 각각 P, Q라고 하면, 명제함수 $p_x \to q_x$의 진리집합은 $p_x \to q_x \equiv \sim (p_x \wedge \sim q_x) \equiv \sim p_x \vee q_x$이므로 $P^c \cup Q$이다. 그리고 전칭명제 $\forall x (p_x \to q_x)$가 참이면 $P \subset Q$인데 이때 $Q^c \subset P^c$이므로 $\forall x (\sim q_x \to \sim p_x)$가 참이 되며 그 역도 성립한다. 따라서 $\forall x (p_x \to q_x)$와 그 대우 $\forall x (\sim q_x \to \sim p_x)$는 동치이다.

3) 개념과 정의

(1) 개념

개념(concept)은 기본적인 인지양식으로서 사고의 본질적인 요소가 된다. 개념은 현실에 대한 판단의 복잡성을 줄이고 사고의 대상을 정돈하는 데 필요하며 현실에 대한 일반적인 명제의 형식화를 가능하게 하여 현실의 지배를 더욱 용이하게 해 준다. 국어사전에 나오는 개념의 정의는 '어떤 관념 속에서 공통된 요소를 뽑아내어 종합해서 얻은 하나의 보편적인 관념'이다. 인간의 사고는 개념에 의해서 행해지며, 개념은 사고의 단위이다. 개념은 언어로 표현되며 판단에 의해서 얻어지는 것이나, 판단을 성립시키는 것도 개념이다.(신기철·신용철, 101쪽)

개념이란 판단을 구성하는 기본 관념으로 어떤 일정한 존재를 지시하는 의미체이다. 전통적인 형식논리학에서는 대상의 공통적인 속성을 추상 종

---

34 학교수학에서 대부분의 정리는 전칭명제이며 상급학년에서 다루어지는 몇 가지 중요한 존재명제가 증명 없이 다루어진다.

합하여 얻어진 일반적인 관념을 개념이라고 보았으나, E. Husserl(1859~1938)은 단일 대상으로부터 본질직관(本質直觀, Wesenserschauung)에 의해 개념이 파악된다고 보았다. 이러한 입장은 수학교육학자인 Freudenthal에 의해서도 주장되고 있다. Freudenthal(1973; 1978)은 수학적 개념이나 원리나 법칙은 여러 가지 보기의 관찰로부터 귀납적으로 획득되는 것이 아니라, 전형적인 보기로부터 곧바로 그 구조를 파악하여 획득된다고 주장한다.

개념이 지시하는 존재의 속성을 그 개념의 내포(內包, intension, Inhalt)라고 하고, 개념이 지시하는 대상 전체를 그 개념의 외연(外延, extension, Umfang)이라고 한다. 따라서 개념은 내포적 정의와 외연적 정의로 기술될 수 있으며, 흔히 개념은 다양한 측면을 갖고 있어 상호보완성이 중요하다. 개념의 내포가 증가하면 외연은 축소되고 외연이 증가하면 내포는 축소된다. 개념의 내포가 증가하여 외연이 축소되는 것을 개념의 특수화, 외연이 증가하여 내포가 축소되는 것을 개념의 일반화라고 한다. 두 개념 가운데 한 개념을 포섭하는 개념을 유(類, genus) 개념, 포섭되는 개념을 종(種, species) 개념이라고 하고, 종 개념을 유 개념에 포섭되는 다른 모든 종 개념과 구별해 주는 종 개념 특유의 징표를 종차(種差, differentia specifica), 바로 상위의 유 개념을 최근류(最近類, genus proximum)라고 한다. 그리고 모든 유 개념을 포섭하는 최고의 유 개념을 범주(範疇, category)라고 한다. Aristoteles는 대상에 대한 진술 형식, 존재 형식의 최고류인 범주를 실체, 양, 성질, 관계, 장소, 시간, 상태, 소유, 능동, 수동의 10가지로 구별하였으며 스토아학파에서 이는 실체, 성질, 관계, 상태의 4가지로 정리되었다. Kant는 판단의 종류를 기초로, 양(量)의 범주로 하나, 여럿, 모두, 질(質)의 범주로 실재성, 부정성, 제한성, 관계의 범주로 내속성과 자존성의 관계, 원인성과 의존성의 관계, 상호성의 관계, 양상(樣相)의 범주로 가능성-불가능성, 현존-부재, 필연성-우연성의 12가

지 범주를 구별하였다.(박종홍, 24-38쪽; Kant, 2008, B106)

Kant(1956)에 따르면 수학은 선험적 종합판단이며 선험적 직관과 개념의 구성이 그 핵심이 된다. 그에게 수학은 선험적인 공간직관과 시간직관에 의한 개념의 구성에 근거한 종합판단이며 수학적 지식은 개념의 구성으로부터 이성에 의해 획득된 지식이다. Kant에게 개념을 구성한다는 것은 그 개념에 대응하는 직관을 선험적으로 그려내는 것이며, 수학적 개념의 구성은 선험적 직관, 곧 시간과 공간의 표상 작용에 의해 이루어진다.

Piaget(Beth & Piaget, 1966)에 의하면 물리적 개념은 '무게'와 같이 여러 가지 구체적인 대상으로부터 '경험적 추상화'에 의해 대상의 성질을 추상하여 형성되며, 논리-수학적 개념은 '수 개념'과 같이 분류하기, 대응시키기, 순서 짓기와 같은 주체의 행동이나 조작의 조정으로부터 '반영적 추상화'에 의해 형성된다. 그리고 개념은 이미 형성된 개념으로부터 특수화나 일반화에 의해 형성되기도 한다. 모든 개념은 기존의 인지구조에 동화되거나 그것을 조절하여 구성된 관계적 개념이라고 볼 수 있지만, '길이', '삼각형', '집합' 등과 같이 하나하나의 대상이나 행동 및 조작과 관련되거나, '부분집합', '비', '덧셈' 등과 같이 대상이나 행동 및 조작의 관계와 관련되는 것이다.

개념 형성의 심리적 과정을 살펴보면, 여러 가지 대상의 취급과 관찰, 행동의 조정과 공통성의 추측, 새로운 대상에 대한 추측과 검증, 명제의 선정, 이미 형성된 상위개념이나 유사한 개념과의 관계, 일반화, 언어적 표현 등의 과정을 생각해 볼 수 있다. 개념의 학습에서 그 언어적 표현만이 그에 선행하는 단계를 거치지 않고 단지 암기되는 경우에는 의미 있는 개념 형성을 기대하기 어렵다. 그리고 모든 개념은 일정한 범위 내에서 서로 관련되어 관계망을 이루고 있으므로 개념의 참다운 이해란 그러한 '관계적 이해'(Skemp, 1976)라고 말할 수 있다.

수학적 개념에 대한 학습-지도에서 고려해야 할 원리 가운데 Dienes (1960)의 '구성의 원리'와 '다양성의 원리'가 있다. 개념의 지도 시에는 학습자 자신의 활동을 통해서 개념을 스스로 구성해 가도록 해야 하며, 이를 위해 먼저 충분히 많은 대표적인 예를 제시할 필요가 있으며 다음 단계에서 예인 것과 아닌 것을 혼합하여 제시하는 것이 바람직하다. 그리고 과소일반화를 막고 수학적인 핵심의 파악을 돕기 위해 비본질적인 요소를 충분히 다양하게 변화시킨 예를 제시해야 한다.

개념의 형성은 상대적인 것으로 여러 가지 수준을 생각할 수 있다. 즉 개념의 예인 것과 아닌 것을 구별할 수 있는 수준, 개념의 중요한 특징과 그렇지 않은 특징을 가릴 수 있는 수준, 예가 되는 것과 그렇지 않은 것을 판단하고 그 이유를 댈 수 있는 수준, 개념의 예를 자발적으로 댈 수 있는 수준, 개념을 자기 자신의 표현으로 기술할 수 있는 수준, 개념의 일반적인 정의를 제시하고 예인 것과 아닌 것을 들어 설명할 수 있는 수준 등 다양한 이해수준을 생각할 수 있으므로 학습-지도를 하기 전에 바라는 수준을 명확히 하지 않으면 안 될 것이다. 그리고 개념의 학습은 단번에 성취되는 것이 아니라, 개념이 인지 양식으로 형성되어 점차 확고하고 깊게, 더 큰 인지구조로 통합되어 가는 긴 과정이다.

수, 연산, 방정식, 함수 등 학교수학에서 다루는 여러 가지 수학적 개념은 그 내포와 외연이 확장되며 그 개념형성이 완료되지 않는다는 인식을 전달하도록 해야 한다. 실제로 수 개념이 음수, 무리수, 복소수로 확장되고 벡터의 서로 다른 연산으로 연산의 표상이 확장되며, 일차방정식, 이차방정식, 고차방정식 등 다항방정식으로부터 분수방정식, 무리방정식, 지수방정식, 로그방정식 등으로 방정식의 외연이 확장되고, Dirichlet 이후 함수의 급수전개로 인해 단일한 식으로 표현되지 않는 함수를 고려하게 되고 함수에 대한 관점이 집합 사이의 대응으로 본질적으로 확대되었으며 이는 학교수학에도 그대로 반영되어 있다. 장기간에 걸친 학습과정에서 획득되는 이러한 기본개념 외에 단기간의 직접적인 학습과정으로 짝수, 소수, 분자, 분모, 진분수, 가분수, 단위분수, 공통분모, 통분, 약분, 일차식, 이차식, 무리식, 분수식 등 수많은 개념을 배우며, 기본개념의 여러 가지 하위개념이 중요하다. 대체로 이들 개념은 대부분 직접 문맥으로부터 설명되거나 정의를 통해 학습된다. 모르는 개념에 대한 정보를 설명을 통해 얻는 것은 일반적인 문화 기법이다. 증명이 변론으로부터 수학적 형식으로 개발된 것과 유사하게 설명으로부터 정의가 완성된다.

(2) 정의

개념을 정의하는 것은 개념을 나타내는 용어의 의미를 규정하는 것과 같다. 개념을 그 개념이 지시하는 대상의 속성, 곧 내포에 의하여 규정하여 명확하게 하는 것을 내포적 정의(內包的 定義)라고 한다. 개념의 명칭이나 직관적인 표상을 갖는 것은 충분치 않으며, 내포를 파악할 때에만 개념을 더 명확히 이해할 수 있다. 개념의 내포를 파악하기 위해서는 정의하는 성질의 형식화에 개재되는 개념과 기호를 알아야 한다. 내포적 정의는 규정하려는 개념을 주어로 하고 종차와 최근류를 술어로 하는 '종차(種差)+최근류(最近類)' 형태의 Aristoteles의 논리적 정의 패턴을 취한다. 이를테면 '사다리꼴은 한 쌍의 대변이 평행인 사각형이다.'와 같은 정의는 최근류인 사각형에 한 쌍의 대변이 평행하다는 종차를 부여한 형태이다. 이러한 정의는 Euclid기하학에서처럼 개념의 위계적 체계를 형성하게 함으로써 도형의 성질에 대한 논리적 전개를 가능하게 한다. 여기에는 다음과 같은 몇 가지 규칙이 주어져 있다. 정의는 종(種)의 본질적인 속성을 기술해야 하며, 피정의항이나 그 동의어가 포함되어 순환적이어서는 안 되며, 기술의 폭이 너무 넓어서도 너무 좁아서도 안 되고, 애매하거나 불분명하거나 비유적인 말로 표현되어서는 안 되며, 긍정적인 정의가 가능한 경우에 부정적인 정의를 해서는 안 된다.(Copi, pp. 197-202)

내포적 정의 방법에는 또한 이를테면, 비율에서 기준량을 100으로 보았을 때 비교하는 양을 나타낸 수를 백분율이라고 한다는 식으로 개념의 의미를 설명하는 사전식 정의(辭典式 定義), 평행선은 평면에서 아무리 연장해도 만나지 않는 직선으로 정의하고, 0이나 ± 1이 아닌 정수로서 ± 1과 $\pm p$로만 나누어떨어지는 정수 p를 소수라고 한다는 식으로 개념을 그 특성을 열거하여 규정하는 기술적 정의(記述的 定義), 원을 지름을 축으로 하여 회전시켰을 때 얻어지는 곡면으로 구를 정의하듯이 운동을 통한 개념의 발생 조건을 열거하는 발생적 정의(發生的 定義), 물리에서 수은을 가득 채운 유리관을 수은 그릇에 거꾸로 세웠을 때의 수은 기둥의 높이로 기압을 정의하는 경우나, 시행을 충분히 큰 횟수로 반복하여 얻어지는 상대도수가 수렴하는 값으로 정의되는 통계적 확률처럼 개념이 관찰되는 사태를 보여주는 조작을 통해 개념을 규정하는 조작적 정의(操作的 定義) 등이 사용되기도 한다. 또한 현대수학에서는 공집합이 아닌 집합 G에 연산 $\cdot$이 정의되어 있고 그것이 G의 모든 원소에 대하여 결합법칙을 만족하고 항등원이 존재하며 모든 원소의 역원이 존재하는 세 가지 공리를 만족하는 대수적 구조 $(G, \cdot)$로 군(群, group) 개념을 정의하고, Kolmogorove의 정의에 따라 확률의 기본성질[35]을 확률론의 공리로 받아들이고 그러한 공리를 만족하는 실수치 집합 함수로 확률을 정의하듯이, 구조를 드러내는 기본성질, 곧 공리를 만족하는 추상적인 대상으로 개념을 규정하는 공리적 정의(公理的 定義)를 사용한다.

그리고 수학에서는 일반적으로 개념의 기술적 정의와 함께 구성적 정의(構成的 定義)가 다루어진다. 개념은 그 성질을 열거하여 정의하는 대신에 그 실제적인 구성 방법을 지시하여 개념을 정의할 수 있다. 이를테면 평행

35 $0 \leq P(E) \leq 1,\ P(S)=1,\ P(E_1 \cup E_2 \cup \cdots) = P(E_1)+P(E_2)+\cdots\ (E_i \cap E_j = \phi)$

선은 같은 직선에 수직인 두 직선으로 정의될 수 있으며, 산술수열은 초항이 a이고 공차가 d인 $a, a+d, a+2d, a+3d, \cdots$과 같은 수열로 정의될 수 있다. 과학의 기본적인 과제는 기술적으로 정의된 개념의 구성적 정의를 찾는 것, 곧 실제로 그것을 구성하는 것, 개념의 존재 증명을 하는 것이다.(Yaglom, p. 69)

개념 아래에 오는 대상의 집합은 그 외연을 나타낸다. 이를테면 소수 개념의 외연은 무한집합 $\{2,3,5, \cdots\}$이다. 수학에서 흔히 개념의 외연을 개관하기는 어렵다. 예를 들어 학교수학에서 무리수의 중요한 예를 소수(素數)의 제곱근으로 다루고 있지만 그 밖의 중요한 형태는 숨겨진 채이다. 몇 가지 예를 배워 알고 학년이 올라가면서 그 이상의 예를 발견하도록 하는 것으로 충분할 것이다. 어떤 대상이 주어진 개념의 외연에 속한다는 것을 보이려면 그 대상이 정의하는 성질을 갖는다는 것을 입증하는 증명이 요구된다. π나 e와 같이 학교수학에서 다루어지는 수도 그것이 무리수임을 증명하는 것은 학교수학에서 다루기 어려운 난해한 문제이다. 현재까지 수학적 개념의 외연에 대한 밝혀지지 않은 주요한 문제가 존재한다. 무한집합에 대한 이론인 집합론이 나오고 현대수학에서 무한집합이 자연스럽게 다루어지고 있지만, 이를테면 무한히 많은 자연수 전체가 실제로 존재하는지 어떤지가 여전히 밝혀지지 않았다고 생각된다.

개념을 그 개념이 지시하는 대상 전체, 곧 그 외연에 의하여 규정하는 것을 '외연적 정의(外延的 定義)'라고 한다. 유리수를 분수의 동치류로 정의하듯이 집합을 이용한 개념의 외연적 정의를 하는 것이 현대수학의 경향이다. 외연적 정의에 대해서는 앞의 집합 부분에서 상세히 논의하였다. 2와 3의 공통인 배수 6, 12, 18, ⋯ 등을 2와 3의 공배수라 한다고 정의하고 유리수와 무리수를 통틀어 실수라 한다고 정의하는 것, 이를테면 2^3에서 2를 밑, 3을 지수라 한다고 정의하듯이 개념의 외연에 속하는 대상의 예를 가리켜 보여주는 실물지시적 정의(實物指示的 定義, ostensive definition)도 외연적 정의 방법이다.

그리고 원을 동그라미 모양, 집합을 모임이라고 정의하듯이 이해하기 쉬운 동의어(실제로 완전한 동의어는 존재하지 않으므로 유사한 의미를 지닌 용어)를 사용하는 동의어 정의(同義語 定義), a, b를 실수라고 할 때 $a+bi$ 꼴의 수를 복소수라고 정의하듯이 새로운 용어나 기호를 처음 도입할 때, 또는 눈금 없는 자와 컴퍼스만을 사용하여 도형을 그리는 것을 작도라고 정의하듯이 기존의 용어에 수학 특유의 의미를 부여할 때 약정적 정의(約定的 定義)가 사용되기도 한다.(조영미, 2001)

그리고 동일한 개념이 사고수준과 의도나 맥락에 따라, 그리고 수학의 발달 수준에 따라 달리 정의되기도 한다. 이를테면 함수를 종속변수로 정의하기도 하고 다대일 대응으로 정의하기도 하며 적집합의 부분집합인 관계로 정의하기도 한다. 그리고, 수열의 극한이 고등학교 수학에서는 직관적인 극한방법으로 정의되지만 현대 표준해석학에서는 더 엄밀하게 산술적인 '$\epsilon - N$방식'으로 정의된다.[36] 그리고 확률을 Laplace의 고전적 정의에 따라 '그 사건이 일어날 경우의 수와 전체 경우의 수의 비'로 정의하기도 하고, 통계적 확률로 정의하기도 하며, Kolmogorov의 확률의 공리적 정의와 같이 공리적으로 정의하기도 한다. 특히 수학에서 정의는 연역적 조직화의 수단이 되므로 분석·종합을 통한 수학화 과정을 거치면서 개념의 본질을 드러내도록 계속 개선되어 가며 더욱 적절한 정의는 그 최종 단계에서 이루어질 수 있는 것이다.

Poincaré(1908, pp. 38-57)는 수학적인 정의의 지도에 대하여 다음과 같은 견해를 밝히고 있다. 교육적으로 바람직스러운 정의란 학생들이 좀 더 이해하기 쉬운 정의이다. 수학자들에게는 너무나 확실하여 광명과 같은

---

36 $\lim_{n\to\infty} a_n = \alpha \Leftrightarrow \forall\epsilon > 0,\ \exists N,\ \forall n \geq N,\ |\alpha - a_n| < \epsilon$

느낌을 주는 정의라 하더라도 형식적인 논리적 정의를 처음부터 도입하면 학생들에게는 무가치한 것이 된다. 학생들에게는 처음에 구체적이고 직관적인 표상을 수반하는 정의가 제시되어야 한다. 그리고 수학적 사고가 발전되면서 그러한 초기의 정의의 조잡성을 스스로 깨닫게 하고 의문이 생기도록 하여 점진적으로 더 엄밀한 정의를 찾도록 지도되어야 한다. 역사적으로 수학적인 여러 가지 개념은 처음에 직관적이고 매우 불완전하게 정의되어 사용되었다. 직관적인 정의는 수학적 사고의 발전 과정에서 여러 가지 문제점을 야기하게 되어 더욱 엄밀한 정의가 요구되게 되었다. 그러나 수학은 논리적 엄밀성에서 얻은 것을 직관성과 현실성에서 잃게 되었다. 전체를 보는 눈, 이해와 통찰은 현미경을 통한 엄밀한 논리적 분석만으로 얻을 수 없으며 현실과의 관련성에 대한 직관을 통하지 않을 수 없다. 수학교육의 주요한 목적은 정신 능력을 개발하는 것이며, 이는 엄밀한 논리적 사고와 함께 전체를 조망하고 새로운 발견의 원천이 되는 직관 능력을 개발하는 것이다. 완성된 형식적인 논리적 정의를 곧바로 제시해서는 안 된다. 초기의 직관적인 모습으로 되돌아가 거두어버린 발판을 다시 만들어 보여주지 못하면 학생들은 엄밀하고 논리적으로 완전한 정의의 참뜻을 '보지' 못한다. 최종적인 목적인 엄밀한 논리적 정의를 이해할 수 있게 하기 위한 교육적 방안은 수학사의 자연스러운 자취, 곧 점진적인 형식화 과정인 인류의 대역적인 학습과정을 되밟게 하는 것이다.

학습된 새로운 개념은 학습자의 개념 망에 합체된다. 이를 위해 새로운 개념의 기존 상위개념에 대한 관계를 산출하는 것이 필요하다. 학습자는 개념을 정의에 따라 학습하는 데 익숙해져야 한다. 정의하고자 하는 개념의 상위개념과 정의하는 성질을 설명하고 Aristoteles의 고전적 정의양식에 따라 정의해 보도록 한다. 예를 찾고 반례를 제시할 수 있도록 하며, 나아가 개념을 정의에 따라 학습시키는 데 한정하지 않고 학생 자신이 개념을 구성해 보도록 한다. Freudenthal이 언급한 바와 같이 수학을 재구성하는 것은 중요한 수학하는 활동이다. 그리고 실수의 완비성에 대한 여러 가지 정의가 보여주듯이 개념의 서로 다른 정의를 비교하고 그 동치성을 입증할 필요성도 제기된다.(조영미, 2001)

4) 논리의 심리적 발달

(1) 추론직관

추론능력의 개발은 타당한 추론형식의 이해만으로 가능한가? 이에 대해 Fischbein(1987)은 진정한 추론능력은 경험과 실천을 통해 추론형식에 대한 직관적인 신념 곧 추론직관(推論直觀)이 형성되어야 발달한다고 다음과 같은 주장을 하였다. 어떤 논리형식을 안다는 사실은 그것이 직관적으로 동화되었다는 것을 뜻하지는 않는다. 직관적으로 동화된다는 것은 관련된 형식이 내재적으로 분명하게 인식되고 행동적으로 의미 있게 작용한다는 뜻이다. 논리적인 추론형식이 사고과정에서 효과적으로 작용하도록 하려면 직관적인 사고 도구로, 곧 개인의 정신적 행위에 유기적으로 합체된 메커니즘으로 전환되어야 한다. 논리적 조작의 타당성에 대한 확신감을 주는 추론직관은 경험을 통해 자발적으로 구성된 기초직관일 수도 있고, 학습을 통해 획득된 이차직관일 수도 있지만, 수학적 사고에서 결여될 수 없는 매우 기본적인 역할을 한다. 연역추론의 바탕이 되는 삼단논법의 타당성은 Euler다이어그램에 의해 검증될 수 있지만 이는 직관에 의해 수용되는 것이다. 수학적 귀납법은 자연수 체계의 기본성질인 수학적 귀납법의 원리를 근거로 한 외삽이 합법적이라는 직관적으로 수용된 확신을 근거로 한 증명법이다.

유명한 4장의 카드 문제를 예로 들어 보자. '카드의 한 면에 모음이 적혀 있으면 다른 면에는 짝수가 적혀 있다고 한다. 제시된 카드에 E, 4, k,

7이라고 적혀 있다. 이 카드 가운데 위의 규칙이 참인지 어떤지를 알아보기 위해 카드의 다른 면에 쓰여 있는 것을 알아볼 필요가 있는 카드는 어느 것인가?' 이 문제에서는 카드 한 면에 모음이 적혀 있다는 조건을 p, 다른 면에 짝수가 적혀 있다는 조건을 q라고 할 때 조건명제 $p \rightarrow q$를 다루고 있으며, 그 외의 어떤 논리적 관계도 내포되어 있지 않다. $p \rightarrow q$는 p가 참일 때 q가 참이면 참이고 $\sim q \rightarrow \sim p$와 동치이다. 여기에서 전제가 p 또는 $\sim q$일 때에는 각각 q 또는 $\sim p$라는 결론을 내릴 수 있으나, 전제가 $\sim p$나 q일 경우에는 확실한 결론에 이를 수 없다. 따라서, 카드 E와 7을 검사해 보아야 한다. 조건명제의 대우를 알고 있는 학생들도 이 문제에 대하여 바른 해답을 하지 못하는 경우가 많다. 이는 논리적 함의관계의 구조를 직관적으로 동화하지 못했기 때문인 것으로 볼 수 있다.

학생들은 '사각형 $ABCD$가 정사각형이면 그 대각선의 길이는 같다. 사각형 $ABCD$는 정사각형이 아니다.'라는 전제로부터 '사각형 $ABCD$의 대각선의 길이는 같지 않다.'라고 결론짓는 경향이 있으며, '사각형 $ABCD$의 대각선의 길이가 같음이 증명되었다.'라는 명제로부터 '사각형 $ABCD$는 정사각형이다.'라는 결론을 내리는 경향이 있다. 12-13세 학생들은 위에서 살펴본 바와 같이 함의관계 $p \Rightarrow q$를 내포한 사고를 할 때, p를 부정하거나 q를 긍정함으로써 이끌어낼 수 있는 결론은 불확실하지만, q를 부정함으로써 p를 확실히 부정할 수 있다는 점을 구별하지 못한다. 조건명제 $p \rightarrow q$의 역이나 이(裏)는 항상 참은 아니며, 대우는 항상 참임을 직관적으로 수용해야 하는데 그렇지 못한 것이다.

따라서 부정논법(否定論法) $(p \rightarrow q) \wedge \sim q \Rightarrow \sim p$을 배워서 알고 있어도 쉽게 정신적인 행위의 통합적 부분이 되지 않으며, 암묵적인 생산적 도구로서, '실제적인 추론' 양식으로서 작용하지 않고 실제적인 사고에 영향을 미치지 못하는 것이다. 또한 반례를 들어 전칭명제를 반박하는 것은 수학적으로 매우 중요한 사고방법이므로 그 교육적 중요성은 크다. 그런데,

중학교 학생들은 대체로 전칭명제를 부정하기 위해서 반례를 찾아보는 논리적 추론을 하지 못한다. '모든 사람은 죽는다.'의 부정은 '모든 사람은 죽지 않는다.'라고 생각하며, '죽지 않는 사람이 존재한다.'라고 생각하지 못하는 것이다.

그런데, 초등학교 수학의 추론과정에서부터 직관적이고 암묵적으로 사용되고 있는 추론형식이 있다. 구체적 조작기인 초등학교 단계에서부터 아동들은 그 타당성에 대한 내재적 명료성과 확신감을 갖고 AAA형의 정언 삼단논법, 긍정논법, $p \rightarrow q$의 추이성(推移性), 등식의 추이성 등을 자연스럽게 구사한다. 이는 기초직관이며, 귀납추론으로 일반화가 가능한 것 또한 기초직관이다. 이러한 기초직관은 아무리 초보적인 것이라도 수학을 하는 데 절대적으로 필요한 추론형식이므로 이러한 형태의 추론능력이 안정되어 있지 않으면 수학을 학습하기 어려울 것이다. 조건명제의 추이성 $[(p \rightarrow r) \wedge (r \rightarrow q)] \Rightarrow (p \rightarrow q)]$과 그에 의한 추론 $[r \wedge (r \rightarrow q) \wedge (q \rightarrow p)] \Rightarrow p$ 또한 그러하며 이 또한 어느 연령이 되면 자명한 성질로 파악된다. 일반적으로 논리적 사고는 그러한 기본적인 추론직관에 근거하는바, 수학교육은 형식적인 논리적 사고 법칙에 따른 지적 기능을 훈련하는 데 만족해서는 안 된다. 그러한 기능은 교과서적인 연습문제를 푸는 데에는 작용할 수 있을 것이나, 그와 대응되는 직관이 개발되지 않으면 사고 과정에서 자연스럽게 작동하지 못할 것이다.

교육적인 문제는 논리적 사고 형식과 함께 그에 대한 신념, 곧 직관이 구성되도록 하는 것이다. 논리적 추론 능력의 발달은 건전한 능동적인 추론직관이 구성될 때에만 가능하다. 수학은 물론 어떤 지식을 배우려면 아무리 소박하더라도 귀납추론과 연역추론을 할 수 있어야 한다. Piaget는 조작적 직관에 대하여 언급하고 있지만 논리적 추론과 관련된 직관적인 측면을 체계적으로 밝히지는 않았다. 그에 따르면 초등학교에 입학하기 전인 전조작기 아동들은 연역추론도 귀납추론도 할 수 없으며, 상황에 따라 일관되지 않은 판단을 하는 소위 전도(轉導, transduction)가 일어난다. '…이면 …이다.'와 같은 추론형식은 초등학교에 입학해서도 완전히 동화되지 않으며, 따라서 아동은 일관되게 옳은 결론을 이끌어내지 못한다는 연구 결과가 제시되어 있다. 아동들은 옳은 대답을 할 수도 있으며 겉보기에 긍정논법과 부정논법의 추론형식을 따르는 듯하지만, 이는 전도에 의해 대답하는 것이라고 한다. 이를테면 '이 물체가 달다면 그것은 설탕이다.'라고 할 때 '이 물체는 설탕이다. 그래서 그것은 달다.', '이 물체는 달지 않다. 그래서 그것은 설탕이 아니다.'와 같은 판단을 할 때 이는 전도라는 해석이다. 아동들이 함의관계 $p \Rightarrow q$를 이해한다면 그 역이나 이(裏)는 항상 참은 아니며, 대우는 항상 참임을 직관적으로 수용해야 하는데 그렇지 못하다는 것이다. 일반적으로, AAA형식의 정언삼단논법과 긍정논법형의 조건적 삼단논법과 같은 몇 가지 안정된 기본적인 논리적 구조가 구체적 조작기의 아동들에게 발달하지만, $p \Rightarrow q$형의 추론형식은 고등학교 단계에서도 완전히 동화되지 않는다.

추론은 명제계산이 아니며, 진정한 추론 능력은 경험과 실천을 통해 추론형식에 대한 직관적인 신념이 형성되어야 발달한다. 어떤 논리형식에 대한 진리표를 안다는 사실 자체는 그것을 바르게 사용함을 의미하지는 않으며, 어떤 논리규칙을 형식적으로 안다는 사실은 그것이 직관적으로 동화되었다는 것을 뜻하지는 않는다. 학생이 드모르간의 법칙을 안다는 사실은 그가 이 법칙을 자명하다고 생각한다는 것을 뜻하지는 않는다. 이에 비해 '…이면 …이다.'의 추이성은 어느 연령이 되면 자명한 성질로 파악된다.

이는 논리적 조작에 대한 직관 혹은 그 결여가 추론 과정에 직접적인 그러나 조종되지 않은 영향을 미칠 수 있음을 의미한다. 그러나, 아직까지 여러 가지 논리적 규칙의 직관적 인식에 관한 체계적인 실험 자료가 없다. 어떤 논리적 추론 형식에 대한 직관의 정도는 절대적인 것이 아니며 내용에 좌우되는 듯하다. 아직까지 체계적인 실험적 증거를 가지고 있지 않지만, 여러 가지 논리적 추론 형식에 대한 직관의 문제는 수학적 사고 능력의 개발에 기본적으로 중요한 것으로 생각된다. 거듭 강조하지만, 어떤 논리적 형식의 진리표를 안다는 사실은 실제적인 문제해결 상황에서 그러한 논리 형식이 자동적으로 사용된다는 것을 보증하지는 않는다.

Fischbein(1987)에 의하면, 12~15세 아동들은 대체로 전칭명제를 부정하기 위해서 반례를 찾아보는 논리적 추론을 할 수 없다는 조사 결과가 제시되어 있다. 아동들은 경험적으로 알아보려고 하였으며 반례를 찾고도 주장이 부정된다는 사실을 받아들이지 않았다. 그리고, 고등학교 1학년 학생의 10%만이 함의관계 검사에서 바르게 대답하였다는 연구 결과는 많은 학생들이 수학적 증명을 하거나 그 타당성을 검사할 수 없음을 보여주는 것이다. Piaget이론에 따르면 형식적 조작기의 주요한 특징은 기본적인 조합 조작의 가능성으로, 가능한 실험조건을 조합에 의해 구성할 수 있다는 것이다. 그러나 경험적인 정보가 직접 개재되지 않으면 많은 아동들은 자신의 논리적 사고 양식에만 의존하여 자발적으로 바른 결론을 이끌어 낼 수 없는 것 같다. 위에서 언급한 바와 같이 관련된 논리적 형식이 효과적으로 작용하지 못하는 것은 그들을 간과해서가 아니라 직관적으로 동화하지 못했기 때문일 것이다. 논리적 사고 능력의 개발은 수학교육이 성공하기 위한 기본 조건이다. 나아가 논리적 추론은 모든 지적인 창의적 행위에서 암묵적으로 기본적인 역할을 한다. 논리적인 추론형식이 사고 과정에서 효과적으로 작용하도록 하려면 직관적인 사고 도구로, 곧 개인의 정신적 행위에 유기적으로 합체된 메커니즘으로 전환되도록 지도해야 한다.

(2) 아동의 추론능력의 발달

귀납추론은 전제와 결론의 관계가 개연적(蓋然的)이며 연역추론은 그 관계가 필연적(必然的)이다. 이러한 추론하는 능력은 수학을 이해하기 위한 필요조건이며, 발견적 사고 능력을 개발하고 논리적으로 사고하는 태도와 능력을 기른다는 것은 수학교육과정의 주요한 목표의 하나이다.

추론능력은 취학 전의 미성숙한 단계로부터 귀납적, 가정-연역적 사고라는 성숙된 단계에 이르기까지 끊임없이 확장되는 능력이다. Piaget(1969)는 언어 분석을 통한 아동의 추론능력에 관한 연구에서 "형식적인 논리를 익숙하게 사용하는 것이 전체적으로 곤란한 점, 전체와 부분의 관계·논리적 가법과 승법 조작·조작의 가역성·무모순·함의관계(…이므로 또는 따라서 …)·불일치(…라고 하더라도) 등을 이해하는 것이 전체적으로 곤란한 점, 여러 관점의 조화를 방해하는 일종의 자기중심성 때문에 관념이 상대성을 갖고 있지 않은 점, 그 결과 좌우 등과 같은 관념을 사용할 수 없는 점, 토론할 때 다른 사람의 관점을 이해하는 것, 간단히 말하면 엄밀한 의미에서의 사고 차원에서 다른 사람과 협력하는 것이 곤란한 점"(*ibid.*, p. 2) 등이 11, 12세경까지 존재하는 아동의 사고 특성임을 지적하고 있다. Piaget에 따르면, 초등학교 전단계의 직관적 사고기의 아동들은 자기중심적이며 상황에 따라서 생각이 바뀌는 조리가 서지 않은 사고를 하며, '때문에', '따라서', '그러므로' 등의 논리적인 용어를 거의 사용하지 못한다. 곧 귀납적 추론도 연역적 추론도 할 수 없는 것이다.

더욱이 최근의 여러 연구 결과에 의하면 상당수의 중학교 학생들은 구체적 조작기에 속하며, 이 단계의 학생들은 가역적 사고 및 실제적 경험과 관련된 추론을 할 수 있으나, 분석적 사고가 발달되지 못하여 자신이 한 사고과정을 설명하지 못한다. 사고 과정을 평가하고 사고에 대한 사고를 하는 반성적 사고를 하고, 가설 연역적 사고나 명제적 사고를 하는 것은 형식적 조작기인 중학교 수준이라고 하지만, 최근의 연구 결과에 의하면 상당수의 학생들에게는 그 이후에야 가능하다.

아동의 추론 능력의 발달에 대한 Piaget의 연구를 좀 더 자세히 살펴보자. Piaget는 "아동의 사회생활 및 지적인 생활에서 두 번의 중요한 시기에 유의하지 않으면 안 될 것이다. 자기중심성의 감퇴, 최초의 근거 있는 토론 및 입증 내지 논리적 정당화 욕구의 출현을 보이는 7~8세와 … 형식적 사고가 출현하는 연령인 11~12세이다."(*ibid.*, p. 89)라고 하면서 아동의 추론능력은 초등학교 시기에 점진적으로 발달한다고 주장한다. 그리고, 그는 아동의 사고에는 특기할 만한 제한이 있다고 기술하는데, 그 하나는 사고의 자기중심성으로 다른 사람에게 자기의 아이디어를 확신시키고자 하는 필요성을 느끼지 않는 점이며, 또 다른 하나는 의식적인 사고의 곤란이다. Piaget는 7~8세 아동에 대한 연구에서 수학 문제에 답을 구한 아동이 어떻게 하여 답을 얻었는지 설명할 수 없다는 사실을 발견하였는데, 그가 예시하는 사례를 들어보면 다음과 같다.

Weng(7세), '이 책상의 길이는 4미터입니다. 이것은 그보다 3배 깁니다. 이것은 길이가 몇 미터입니까?'—12미터요.—'어떻게 구했습니까?'—2와 2와 2와 2와 2와 2를 더했어요.—'왜 2를 더했습니까?'—12를 만들기 위해서요.—'왜 2를 택했습니까?'—다른 수를 택하기 싫어서요.—'이 창문의 높이는 4미터입니다. 높이가 반인 다른 창문의 높이는 몇 미터일까요?'—2미터요.—'어떻게 해서 구했습니까?'—다른 2를 버렸어요.

Bis(9세 반),'배 한 척이 3프랑입니다. 18프랑으로 몇 척 살 수 있습니까?'—6척이요.—'어떻게 하여 6을 구했습니까?'—3배 했어요. 3을 6배 했어요.

이에 대해 Piaget는 아동은 자신이 무엇을 찾고 있었는지 또는 답을 구하기 위하여 어떻게 했었는지를 설명할 수 없으며, 아동은 올바로 회상하는 대신 마치 결과를 미리 알고 있었던 것처럼 결과로부터 출발하여 그것을 구하기 위한 다소 자의적인 방법을 제시한다고 하면서, 7~8세까지는 완전히 내관이 결여되어 있지만 7~8세부터 11~12세까지 자기 자신의 사고를 의식화하려는 노력이 점차 뚜렷해진다고 보고 있다.

초등학교에 입학하기 이전 단계인 6, 7세까지는 사고가 가역적(可逆的)이지 못하고, 여러 관점의 조정를 방해하는 일종의 자기중심성(egocentrism) 때문에 관념이 상대성을 갖고 있지 않은 점, 그 결과 좌우 등과 같은 관념을 사용할 수 없는 점, 토론할 때 다른 사람의 관점을 이해하고 다른 사람과 협력하는 것이 곤란한 점 등의 특성을 갖는다. 그리고, 귀납도 연역도 아닌 전도(轉導), 곧 다음과 같이 상황에 따라서 생각이 바뀌는 조리가 서지 않은 사고를 하며, 귀납적 추론도 연역적 추론도 할 수 없다. '돌은 물속으로 가라앉는다. 왜냐하면 무겁기 때문이다.' '나무토막은 물속으로 가라앉지 않는다. 왜냐하면 크기 때문이다.' '물체가 달다면 그것은 설탕이다.' '이 물체는 설탕이다. 그래서 그것은 달다.' '이 물체는 달지 않다. 그래서 그것은 설탕이 아니다.' 7~8세 이전의 아동의 추론은 일반적인 것에서 특정한 것으로 나아가지 못하고, 특정한 것에서 일반적인 것으로 나아가지도 못하며, 논리적 엄밀성도 없이 특별한 것에서 특별한 것으로 나아가는 추론인 전도의 성격을 갖는다는 것이다. 아동의 사고에는 특정한 여러 사례가 혼동된 융합만이 존재하고 이 융합은 비가역적인 성격을 가지며, 따라서 일반화가 불가능하다는 주장이다.

7~8세부터 여러 가지 심적인 실험을 통해 자신이 밟은 경로를 역방향으로 더듬어 귀결과 함께 원인을, 또 증거와 함께 설명 방법을 찾아낼 필요성을 느끼며 논리적 필연성이 출현하게 되고 일반화가 가능하게 되나, 연역은 직접적인 관찰에서 얻은 전제를 기본으로 하여서만 가능하며, 사고가 형식적이 되는 것은 11~12세 이후이다. 그리고 에너지가 보존된다는 것을 알지 못하면 에너지 개념을 갖고 있다고 하기 어려운 것처럼 모든 개념은 과학적인 것이든 상식적인 것이든 보존 원칙을 전제로 하며 수학적 개념도 예외일 수 없다. 그런데, 초등학교 저학년 단계에서는 수와 양(길이, 넓이, 부피, 무게)의 비보존(非保存, non-conservation) 현상이 관찰된다.

Piaget는 정의란 심리적 관점에서 보면 추리 과정에서 이용한 말이나 개념을 의식화하는 것이라고 규정하면서 자기 자신의 추리 경로를 내관에 의해 파악하는 데 곤란을 느끼면 당연히 포괄적인 정의를 내리는 데 곤란을 느끼게 되어 7~8세까지는 정의를 내릴 수 없다고 말한다. 7~8세 이후 아동은 사고와 사물 자체를, 논리적 정당화와 인과적 설명을 구별하기 시작한다. 따라서 아동은 자신의 추리 경로를 의식하기 시작하고 논리적 정의 곧 유(類)와 종차(種差)에 의한 정의가 나타난다. 그런데 Piaget는 정의가 완전하든가 포괄적일 때에는 일반 명제에 대한 의식과 두 일반 명제의 간섭이나 승법에 대한 의식을 전제로 한다고 하면서 아동은 논리적 가법과 승법을 조작적으로 할 수 없기 때문에 11~12세까지는 포괄적인 정의를 내릴 수 없으며 특정한 성질에 의해 정의한다고 보고 있다.

Piaget는 3~9세 아동에 대하여 인과적·논리적 관련을 나타내는 접속사의 사용을 조사·분석하였다. '이므로'라는 접속사는 원인과 결과 사이의 관계를 나타낼 수도 있고 심리적인 동기유발의 표현일 수도 있으며 논리적인 함의관계를 나타낼 수도 있다. 그는 6세 아동이 사용한 '이므로'라는 표현 134번을 분석해 보았는데 그중 112번은 동기유발의 표현 즉 심리적인 것이었고, 10번이 원인을 나타내는 것이었고, 12번이 논리적인 관계를 나타내는 것이었다고 하면서 심리적인 표현이 우세함을 볼 수 있었다고 기술하고 있다. 몇 세경부터 논리적인 정당화를 포함한 문장을 완성시킬 수 있는가를 알아보기 위하여 7~9세 아동 180명에게 '…이므로 9의 반은 4가 아니다.'라는 미완성 문장을 완성시켜 보게 하였는데 그 결과 7세 아동의 7%, 8~9세 아동의 22%가 바른 대답을 하였으며, 불완전하지만 논리적 정당화의 증거를 나타내고 있는 대답의 백분율은 7세 아동의 43%, 8~9세 아동의 54%였다.

논리적 추론 문제와 관계가 있는 또 하나의 중요한 접속사는 '따라서'이다. Piaget는 개별적으로 조사해 본 6세부터 9세까지의 아동 30명 가운데 아무도 '따라서'란 용어를 확실하게 다룰 수 없었으며 어른이 이 용어를 사용하여 지적하는 특정한 관계를 나타낼 수 없었다고 하면서, '따라서'라는 말이 아동의 용어에 나타나기 시작하는 연령은 정확한 통계에 의한 것은 아니지만 11~12세 이후, 곧 형식적 사고가 나타나는 연령이라고 말한다. '따라서'라는 말이 아동의 언어에 존재하지 않는 이유는 증거에 대한 욕구가 출현하고 나서 필연적 추론이 가능하게 되기 전까지 긴 과도적 학습기간이 존재하며 그 사이의 논리적 정당화의 취급은 극히 불완전하기 때문이라고 설명하고 있다.

한편, '그러면'이라는 접속사는 심리적인 동기의 표현에도 사용되지만 논리적 함의관계를 나타내는 기본적인 접속사이기도 하다. Piaget는 '그러면'을 포함하는 문장의 사용 비율을 관찰해 본 결과, 논리적 귀결을 나타내는 '그러면'을 포함한 문장의 사용 비율이 7세의 경우 0.24%인 것으로 나타나 아동은 어떤 유형의 추론 능력을 갖고 있다고도 생각되었으나 분석 결과 특정한 것에서 특정한 것으로 나아가는 전도라는 특징을 가지며 귀납과 연역의 성격을 갖지 못하였다고 말하고 있다.

다음에는 모순에 대한 연구 결과를 살펴보자. Piaget는 최소한 7~8세까지는 모순에 무감각한 것이 분명하다고 하면서, 아동은 한 가지 의미로 사용되는 관념조차도 정의하지 못하며, 자신이 어떻게 사용하고 있는가를 의식하지 못하고 암묵적으로 사용하는 개념과 자신이 내린 부분적인 정의 사이에서 동요하며, 복잡한 개념의 여러 요인을 동시에 의식할 수 없으므로 모순된 언동을 보일 수밖에 없다고 보고 있다. 그는 아동의 모순을 망각에 의한 모순과 압축에 의한 모순으로 분류하고, 다시 그 각각을 분류에 대한 판단 및 개념에 기인한 모순과 인과성의 판단 및 설명에 기인한 모순으로 분류하고 있으며, 특히 어른보다 아동에게 망각에 의한 모순이 빈번한 것은 신념의 현저한 불안정성과 망각의 용이성에 기인한다고 주장한다.

Piaget는 형식적 사고의 발달에 관한 연구에서 9세부터 12세까지의 아동들을 대상으로 불합리한 문장에 대한 반응을 검사하였다. Piaget가 요구한 것은 전제를 인정하고 그에 따라 추론하여 모순을 제거하라는 것이었는데, 11~12세 이전의 아동은 자기 자신의 관점에서만 생각하여 전제를 주어진 것으로 인정하는 데 곤란을 겪으며, '이므로'를 사용하는 연역적 추론은 직접 관찰된 사실이나 자신이 동의하고 있는 판단에 근거하는 수준에 머물렀다. Piaget는 형식적인 추론을 하기 위해서는 자기 자신의 관점이나 직접 관찰되는 사실로부터 벗어나 가정하고 있는 전제에 근거하여 추론할 수 있는 가정적인 사고가 가능해야 하는데 이는 형식적 조작으로 11~12세경부터 가능하게 된다고 보고 있다. 그 이전에도 아동은 '만약에'라는 말을 구사하지만 이는 현실적인 사고 습관에서 벗어난 것은 아니며 자신이 믿고 있는 세계를 예상하는 데 그친다는 것이다.

한편, Piaget는 어른이 인식하는 개념이 균형 상태에 있는 것은 그것이 논리적인 가법이나 승법의 소산이기 때문인데, 아동은 논리적 가법도 승법도 조작적으로 구사할 수 없어 불안정한 상태라고 주장한다. 아동에게는 개념을 형성하는 데 요구되는 여러 요인의 논리적 가법과 승법이 존재하지 않고 각 요인이 혼란된 상태로 따로따로 작용한다는 것이다. 초보적인 논리적 조작을 구사하는 데 곤란을 겪는 아동의 이러한 정신구조는 추론의 전반적인 성격을 지배하게 된다. 논리적인 추론은 개념적 사고를 바탕으로 하며 개념은 좀 더 기본적인 여러 가지 개념의 논리적 가법이나 승법의 산물인바, 논리적 가법과 승법이 전제되지 않는 추론은 특수한 것에서 특수한 것으로 나아가는 전도일 수밖에 없는 것이다.

Piaget에 따르면 아동의 추론 발달은 다음과 같은 3단계로 구분될 수 있다. 제1단계는 7, 8세까지로 현실을 모방하는 정도에 그치며 일반화하는 능력이 없는 전도 단계이다. 제2단계는 7~8세부터 11~12세까지로 현실에 대하여 조작하는 구체적인 조작 단계이다. 이 시기에는 언행에 모순이 적어지고 일반화할 수 있는 능력이 발달하지만 아직 지각에 주로 의존하며, 어떤 주장과 결과 사이의 함의관계에 대한 의식에 도달한다. 제3단계인 형식적 조작 단계는 11, 12세 이후로 조작 사이의 필연적인 함의관계를 인식하고 가정적 사고가 가능하게 된다.

이러한 연구 결과에 따르면 수학적인 내용의 논리적인 취급은 아동의 발달단계를 고려하여 다루어져야 할 것이다. Piaget의 연구는 아동이 형식적으로 추론할 수 있기 전에 통과하는 사고의 단계와 그 특성 및 시기를 인식하는 데 도움이 될 것이다. 유치원이나 초등학교 입학 초인 7, 8세 이전에는 자기중심성과 의식적인 사고의 곤란 및 논리적인 가법과 승법의 조작적인 사용의 어려움으로 인하여 논리적인 사고가 불가능하고 일반화와 특수화도 불가능하며 추론은 전도의 성격을 갖는다. 따라서, 이 수준에서는 논리적 분석을 요하는 문제를 다루어서는 안 되며, 사물을 여러 가지 다른 관점에서 상대적으로 보는 경험을 많이 시키고 '왜', '어떻게' 등의 질문을 통하여 논리적 조작을 불러일으키도록 노력해야 한다. 7, 8세부터 자기중심성이 감퇴하고 사고가 의식적이 되며 모순을 의식하고 논리적 정당성에 대한 욕구가 출현한다. 일반화·특수화가 가능해지지만 연역은 직접적인 관찰에서 얻은 전제를 기본으로 하여서만 가능하며, 실제적인 사실과 어긋날 때 논리적 사고의 기초로서 전제를 받아들이려고 하지 않는다. 형식적이며 가정적인 사고는 11, 12세 이후에야 가능해지며, 따라서 초등학교 아동들은 추상적 수준에서 증명을 통해 수학을 학습할 준비가 되어 있지 못하므로, 수학의 학습은 구체적인 자료를 통하여 직관적인 방법으로 기본적인 성질을 귀납하고 이를 활용해 나가는 형식을 취해야 할 것이다.

Piaget는 만약 아동에게 '예를 들어, 개에 머리가 6개 달렸다고 하자. 마당에 개가 15마리 있으면 머리가 몇 개 있을까요?'라고 물어보면 아동은 가정적인 사고를 하려고 하지 않고 결론을 이끌어내길 거부할 것이라고 하면서 11, 12세 이전의 아동은 현실적이며 경험적인 필연성과 형식적이며 논리적인 필연성을 구별하지 못하고 실제적인 것과 어긋나는 전제를 받아들이려고 하지 않는다고 주장한다. 그러나 우리나라 아동을 대상으로 한 본인의 조사 연구에서는 9, 10세 아동의 거의 전부가 '앞뜰에 머리가 둘씩 달린 강아지가 3마리 있다면 앞뜰에는 강아지 머리가 몇 개 있습니까?'라는 문제에서 6개라고 대답하였다. 그리고, 극히 가정적인 사고를 요하는 문제라고 생각되는 '「우는 것은 모두 까마귀이다.」라고 약속하자. 이렇게 약속하였을 때 다음과 같이 생각하는 것은 옳을까요? 「순이 동생이 울고 있다. 따라서 순이 동생은 까마귀이다.」'와 같은 문제에 대해서도 가정을 받아들여 대답하는 9, 10세 아동의 비율이 11, 12세 아동에 비해 뒤지지 않는 것으로 나타나 Piaget의 주장과 어긋나고 있다. 이러한 결과는 아동들이 배우고 있는 수학문제가 구체적인 내용이면서도 주어진 전제에 따라서 추론하도록 강제하고 있기 때문인 것으로 생각된다.

특히 Piaget의 연구 결과에 의하면 7, 8세경부터 구체적인 내용과 관련된 논리적인 정의가 가능해지지만 11, 12세경이 되어야 포괄적인 정의를 내릴 수 있으므로, 초등학교 수학에서는 상위 개념에 특성을 부가하여 개념을 정의하는 논리적 정의의 취급에는 신중을 기하여야 한다. '새 수학' 이후 학교수학에서 여러 가지 사각형에 대하여 전통적인 이분법식의 정의 대신에 논리적인 정의를 하고, 그 포함관계를 나타내는 Venn다이어그램을 다루고 있으나 적지 않은 아동들이 이를 이해하는 데 곤란을 겪는다는 사실에 유의해야 할 것이다.

전반적으로 보면 초등학교 단계(6, 7~11, 12세)에서는 직접적인 관찰 결과나 구체적인 자료를 바탕으로 한 일반화, 불완전한 논리적 정당화, 불완전한 논리적 정의, 논리적 연결사 '이므로'의 불완전한 사용이 관찰되며, 중학교 단계(11, 12세~)가 되어야 전제를 바탕으로 한 가설-연역적 사고, 조합적 사고, '따라서', '그러면', '만약에' 등의 논리적 연결사의 바른 사용, 논리적 정의 등과 같은 형식적 사고와 자신의 사고 과정을 평가하고 사고에 대한 사고를 하는 반성적 사고가 가능해진다는 것이다. 그러나 Piaget가 청년기에 발달하는 것으로 가정한 형식적인 추론능력은 '실제적인' 추론능력이라는 관점에서 보면 잠재력일 뿐이다. 추론형식 가운데 어떤 것은 배우고 나서 비로소 알게 되며 중학교 단계에 도달하여도 자발적으로 발달하지 않는다. 그리고 그 가운데 어떤 것은 배워서 형식적으로 알고 있어도 정신적인 행위의 통합적 부분이 되지 않으며, 개념적으로 알고 있어도 암묵적으로 생산적인 정신적 도구로서 작용하지 않으며 실제적인 사고에 영향을 미치지 않는다.

5) 논리지도

일반적으로 수학적 사고는 단지 주어진 전제에 따라서, 다시 말하면 추론과 일치하지 않을 수 있는 기억이나 현실적인 상황을 고려하지 않고, 추론하는 것을 요구한다. 학교수학에서는 정의와 사전에 용인된 명제를 전제로 하는 엄밀한 형식적인 추론을 요구하지는 않지만, 아동들의 논리적 사고능력에 비추어 그 지도에 상당한 한계가 있음을 부정할 수 없다. 그러나 증명을 다루는 중학교 수학에서는 기본적인 성질을 전제로 타당한 추론 양식을 직관적으로 분명하게 인식함이 없이는 수학 학습은 의미를 갖기 어려울 것이다.

(1) 중고등학교 수학에 내포된 논리적 패턴과 추론 형식

우리의 관심사는 논리적 사고 능력은 어떻게 개발될 수 있는가 하는 것이고, 이상화되고 형식화된 논리형식, 논리적 패턴에 대한 지식이 실제적인 논리적 사고 과정을 자극하고 개선하는 도구가 될 수 있는가 하는 점이다. 제7차 교육과정에서는 중학교 2학년에서 가정과 결론, 추론과 그 타당성, 증명의 의미 등을 다루었다. 특히 어떤 명제에서 가정, 기본성질, 이미 증명된 명제를 이용하여, 전제가 참이면 결론이 참임을 보이는 과정을 증명이라고 규정하고, 증명의 본질을 이해하기를 기대하였다. 그러나, 최근 교육과정에서는 이러한 형식적인 증명은 고등학교 수학으로 옮기고 중학교 수학에서는 명제를 정당화하고 설명하는 비형식적인 증명으로 그치고 있다. 그리고 고등학교 수학에서 조건명제 $p \rightarrow q$와 그 역, 이, 대우 및 필요조건, 충분조건에 대해서 다루고 있다. 그러나, 증명의 바탕을 이루는 논리적 패턴이나 추론형식은 드러내어 다루고 있지 않다. 다음은 중고등학교 수학에 포함된 논리적 패턴을 정리해 본 것이다.

① 논리적 연결사: 그리고(and, $\wedge$), 또는(이거나, or, $\vee$), …이 아니다 (not, $\sim$), …이면 …이다(if …, then …, $\rightarrow$)

'p 그리고 q' ($p \wedge q$)는 p와 q가 모두 참일 때에만 참이다. 'p 또는 q'에는 두 가지 경우가 있다. 합집합 $A \cup B = \{x \mid x \in A$ 또는 $x \in B\}$에서의 '또는'의 의미는 일상적인 언어에서 '그 사람은 남자 또는 여자이다.' 혹은 방정식 풀이

$$(x-1)(x+2)=0, \text{ 따라서 } x-1=0 \text{ 또는 } x+2=0$$

에서의 '또는(이거나)'의 의미와 같지 않다. 전자의 경우는 $x \in A$이고 $x \in B$인 x는 합집합에 포함되지만, 후자의 경우는 남자이고 여자인 경우, $x-1=0$이고 $x+2=0$인 경우는 배제된다. 그러한 경우는 $x=1$, $x=-2$ 따라서 $1=-2$가 되어 모순이 일어난다. 이에 대해서는 뒤에서 다시 논의할 것이다. 논리학에서는 전자를 '포괄적 선언(inclusive or - and/or, $\vee$)', 후자를 '배타적 선언(exclusive or, $\veebar$)'이라고 하여 구분하고 있다. 조건명제 'p이면 q이다.'($p \rightarrow q$)는 p가 참이고 q가 참이면 참이고, p가 참이고 q가 거짓이면 거짓이며, p가 거짓일 때에는 q가 참이든 거짓이든 참이다.

p q	$p \vee q$	$p \veebar q$
T T	T	F
T F	T	T
F T	T	T
F F	F	F

② 필요·충분조건

$p \to q$가 참일 때 p는 q를 함의한다(含意, imply)고 하고, $p \Rightarrow q$와 같이 나타낸다. 이때, p를 q이기 위한 '충분조건(sufficient condition)', q를 p이기 위한 '필요조건(necessary condition)'이라고 한다. $p \Rightarrow q$이고 $q \Rightarrow p$일 때 $p(q)$는 $q(p)$이기 위한 필요충분조건이라 하고, $p \Leftrightarrow q$와 같이 나타낸다. p가 거짓일 때에는 q가 참이든 거짓이든 $p \to q$는 참이므로 $p \Rightarrow q$는 타당하다. 일반적으로 수학에서는 전통적인 형식논리학의 관점에 따라 조건명제 $p \to q$의 진릿값은 명제 p와 q 사이에 논리적 관련성이나 의미 관련성이 존재하지 않더라도 p와 q의 진릿값에 의해 결정된다고 보는 전통적인 형식논리학의 관점을 수용하고 있다. 이는 공집합이 임의의 집합의 부분집합임을 증명할 때 명확히 드러난다.

③ 조건명제의 역(逆), 이(裏), 대우(對偶), 부정(否定) 명제

조건명제 $p \to q$와 그 대우 $\sim q \to \sim p$는 동치이다. 곧, $(p \to q) \equiv (\sim q \to \sim p)$이다. 이를 이용한 증명으로는, 명제 '모든 자연수 n에 대하여, n^2이 홀수이면 n은 홀수이다.'를 그와 동치인 명제인 대우 '모든 자연수 n에 대하여, n이 짝수이면 n^2은 짝수이다.'를 증명함으로써 증명하는 것을 예로 들 수 있다. 일반적으로 정리의 역과 이는 항상 참은 아니며, 특히 역이 성립함을 보이려면 증명을 해야 한다. 이를테면, Pythagoras정리의 역이 성립함을 증명을 통해 보이고 있다. 그러나 학생들은 조건명제 $p \to$

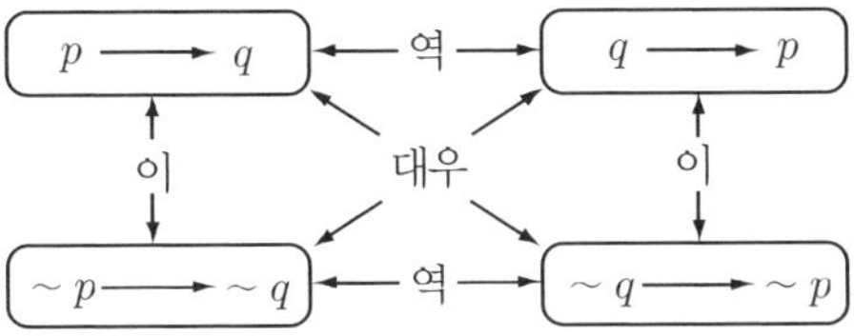

q를 내포한 사고를 할 때, p를 부정하거나 q를 긍정함으로써 이끌어낼 수 있는 결론(이, 역)은 불확실하지만, q를 부정함으로써 p를 확실히 부정할 수 있다는 점(대우)을 명확히 구별하지 못하는 경향이 있다. $p \rightarrow q \equiv \sim(p \wedge \sim q)$이므로 조건명제 $p \rightarrow q$의 부정은 $p \wedge \sim q$인바, 이 역시 이해하기 쉽지 않다.

④ 삼단논법

삼단논법은 가장 기본적인 추론방법이므로 학교수학의 도처에 내포되어 있다. 다음에 든 예는 여러 가지 형식의 삼단논법 가운데 각각 한 가지 예에 불과한 것이다.

- 정언삼단논법의 예

모든 M은 P이다.	모든 직사각형은 평행사변형이다.
모든 S는 M이다.	모든 정사각형은 직사각형이다.
∴ 모든 S는 P이다.	∴ 모든 정사각형은 평행사변형이다.

- 가언삼단논법의 예

B이면 A이다.	$3x=2$이면 $x=\dfrac{2}{3}$이다.[37]

37 이러한 진술은 '어떤 실수 x에 대하여'가 생략된 존재명제이다.

C이면 B이다.	$3x-2=0$이면 $3x=2$이다.
∴ C이면 A이다.	∴ $3x-2=0$이면 $x=\frac{2}{3}$이다.

- 선언삼단논법의 예

A는 B이든가 C이든가이다.	자연수는 짝수이든가 홀수이든가이다.
A는 B이다.	2는 짝수이다.
∴ A는 C가 아니다.	∴ 2는 홀수가 아니다.

다음 예에서 알 수 있듯이 삼단논법과 함께 학교수학에서 가장 많이 사용되는 추론형식이 긍정논법과 부정논법이다.

- 긍정논법의 예

$p \rightarrow q$	x가 음수이면 $\|x\|=-x$.
p	-2는 음수이다.
$\therefore q$	$\therefore \|-2\|=-(-2)$.

- 부정논법의 예

$p \rightarrow q$	x가 6의 약수이면 x는 12의 약수이다.
$\sim q$	x는 12의 약수가 아니다.
$\therefore \sim p$	∴ x는 6의 약수가 아니다.

⑤ 수학적 귀납법의 원리

논리적 형식만이 주어지고 그 기원이 된 직관이 결여된다면 수학적 추론에 담긴 본질을 느끼게 할 수 없다. 자연수의 무한수열 1, 2, 3, …은 1로부터 시작하여 차례로 1을 더하는 절차, 곧 k로부터 $k+1$로 이행하는 재귀적 절차에 의해 생성된다. 이러한 원시적인 직관을 형식화한 것이 자연수 산술체계의 핵심적인 제1원리인 '수학적 귀납법의 원리'이다. 곧 '자연수 전체의 집합 N의 부분집합 S에 대해 $1 \in S$이고, $k \in S$이면 $k+1 \in S$일 때, $S=N$이다'.

자연수와 관련된 명제 $P(n)$이 '무한집합인 모든 자연수에 대해 성립함을 증명하는 방법'인 수학적 귀납법(mathematical induction) 혹은 완전귀납법(complete induction)은 이러한 자연수의 기본성질을 바탕으로 한 증명법으로, 초기조건 $P(1)$의 증명과 '다음 자연수로의 이동'을 보증하는 'k로부터 $k+1$로의 증명'이 핵심을 이룬다. 곧, $P(1)$이 참임이 증명되고 모든 자연수 k에 대하여 $P(k)$가 참이라고 하면 $P(k+1)$도 참임이 증명되면, 모든 자연수 n에 대하여 $P(n)$은 참이라고 결론을 내리는 증명법이 수학적 귀납법이다.

⑥ 방정식의 풀이과정에 내포된 논리 형식

고대로부터 수학의 전형적인 사고 패턴은 기하를 통해 교육되었으나, '새수학'에서처럼 학습자의 눈에 그 필요성이 보이지 않는 형식적인 추론패턴을 '가르치는' 것은 유용하지 않다. 논리형식의 지도는 내용과 분리되어서는 안 되며 기하뿐만 아니라 대수에서도 사고과정에 대한 분석을 통해서 논리적 사고 양식을 알아보아야 한다. 전통적으로 대수는 규칙에 따른 계산 체계로 간주되어 왔으며, 현대수학은 개념적이고 논리적인 사고 패턴에 크게 의존하는 기하보다 형식화된 간명한 언어적 수단에 의존하는 대수적 경향이 강하며 Descartes 이래 기하를 대수화하려는 시도를 해왔다. 따라서 대수 문제의 풀이에서도 논리적 사고 패턴을 분석해 보는 것은 필요하고 매우 유익한 일이다.

일반적으로 방정식의 풀이 과정은 분석-종합법이다. 방정식을 이용한 문제풀이는 구하고자 하는 미지인 것을 이미 구했다고 보고 미지인 것과 자료 사이에 조건을 만족하는 등식 곧 방정식을 세운 다음 이를 변형하여 문제를 해결하는 방법으로, 목표로부터 거꾸로 사고하는 '분석법'이다. 곧, 미지인 것을 구했다고 보고 그것을 x, y라고 놓고 조건에 따라 방정식을 세워 그 필요조건을 계속해서 찾아가는 과정이다. 따라서 해가 존재한다면 그것은 어떤 범위에 있다는 것만을 보이는 과정이므로 그 결과 가운데 실제로 제시된 문제나 세운 방정식을 만족하는 것을 반드시 찾아야 한다. 이것이 충분조건을 구하는 종합이다. 물론 일차방정식이나 이차방정식의 경우는 그 풀이 과정이 필요충분조건인 동치인 방정식으로의 변형 과정이므로 방정식 풀이에서 그러한 절차가 필요하지 않다.

방정식 풀이에서의 분석과 종합

종합 ←

$$C \Rightarrow P_1 \Rightarrow P_2 \Rightarrow P_3 \Rightarrow \cdots \Rightarrow P_n$$

(C이기 위한 필요조건)

→ 분석

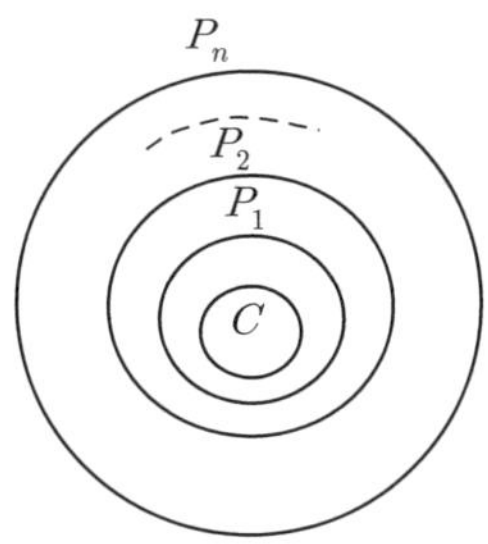

방정식은 미지수의 값에 따라 참인 명제도 되고 거짓인 명제도 되는 명제함수이다. 그런데 방정식을 풀 때에는 그 방정식이 이미 풀린 것으로 가정하고 등식의 성질을 이용하여 방정식을 변형하여 해이기 위한 필요조건을 찾아 푸는 것이다. C이기 위한 필요조건을 계속 찾아가는 것은 C이기 위한 범위가 확대되는 과정으로 무연근이 포함되게 된다. 다음과 같은 분수방정식의 풀이를 살펴보자.

$$\frac{2}{x^2-1}-\frac{1}{x-1}-1=0$$

먼저 이 방정식이 풀렸다고 본다. 곧, 이 방정식이 등식이라고 생각한다. 등식의 성질에 따라 양변에 분모의 최소공배수 x^2-1을 곱하면

$$2-(x+1)-(x^2-1)=0$$

이 방정식을 정리하면

$$x^2+x-2=0$$

이 정방정식을 풀면

$$(x-1)(x+2)=0$$
$$\therefore\ x=1 \text{ 또는 } x=-2$$

이는 주어진 방정식이 참이 되기 위한 필요조건이다. 여기까지의 과정이 방정식의 해를 발견하기 위한 분석 과정이다. 그런데 $x=1$은 주어진 분수방정식의 분모를 0이 되게 하므로 해가 될 수 없으며, 무연근이다. $x=-2$는 주어진 방정식을 만족한다. 곧, $x=-2$는 주어진 방정식이 참이 되기 위한 필요충분조건이다. 따라서, 주어진 분수방정식의 해는 $x=-2$이다. 이 과정이 방정식 풀이의 종합 과정이다.

다음과 같은 일차방정식의 풀이 과정이나 이차방정식의 풀이 과정은 모든 유도 과정이 가역적일 때, 곧 필요충분조건에 의한 추론이 이루어지는 경우에는 위의 두 과정이 일치한다.

$$3x-8=-x$$

이 방정식이 풀렸다고 보고

양변에 8을 더한다. $\downarrow\uparrow$ 양변에서 8을 뺀다.

$$3x=-x+8$$

양변에 x를 더한다. $\downarrow\uparrow$ 양변에서 x를 뺀다.

$$4x=8$$

양변을 4로 나눈다. $\downarrow\uparrow$ 양변에 4를 곱한다.

$$x=2$$

(2) 형식논리와 학교수학

중학교 2학년 단계에서 인수분해를 이용한 이차방정식 풀이에서 실수의 성질

$$AB=0\text{이면 } A=0 \text{ 또는 } B=0$$

에 따라,[38] 이를테면

$$x^2+x-6=0$$
$$(x+3)(x-2)=0$$

에서

38 $a\neq0$, $b\neq0$이고 $ab=0$인 원소 a, b를 각각 영인자(零因子, zero divisor)라고 한다. 실수에는 영인자가 없다. 이 단계에서의 방정식 풀이는 실수 범위에서의 조작이므로 실수의 성질을 따른다. 그러나 행렬에는 영인자가 있다. 곧, 영행렬 O가 아닌 두 행렬 A, B에 대하여 $AB=O$인 경우가 있다. 영인자가 없다는 것과 소약률(消約律, cancellation law; $ab=ac$, $a\neq0$이면 $b=c$)이 성립한다는 것은 동치이다. 따라서 실수에서는 소약률이 성립하지만 행렬에서는 일반적으로 소약률이 성립하지 않는다.

$$x+3=0 \text{ 또는 } x-2=0$$

$$\therefore\ x=-3 \text{ 또는 } x=2$$

곧, 해집합은 $\{-3,\ 2\}$이다.

와 같이 푼다고 기술되고 있다. 여기에서 미묘한 문제가 제기된다. 실수의 성질 '$AB=0$이면 $A=0$ 또는 $B=0$'에서의 '또는'은 '$A=0$이고 $B=0$'인 경우를 포함하므로 포괄적 선언이고, 위의 방정식의 풀이 과정에서 '또는'은 '$x+3=0$이고 $x-2=0$'인 경우, 곧 '$x=-3=2$'인 경우는 배제되므로 배타적 선언이며 그 의미가 같지 않은데, 어디에 문제가 있는 것인가?

이차방정식 풀이에서 이용되는 실수의 성질 '$AB=0$이면 $A=0$ 또는 $B=0$'에서 '또는'은 '$A=0$이고 $B=0$'인 경우를 포함하므로 포괄적 선언이다. 일반적으로 인수분해를 이용한 이차방정식의 풀이과정에서 등장하는 $(x-a)(x-b)=0$은 포괄적 선언 '$x-a=0$ 또는 $x-b=0$'과 동치이며, 여기에서 '$x-a=0$이고 $x-b=0$'인 경우는 중근인 경우 곧 $a=b$인 경우이다. 이를 이차방정식의 풀이과정에 대한 해설에서 명시해야 할 것이다. 그러지 않고 실수의 성질에 따른 구체적인 이차방정식의 풀이 과정과 해집합을 위와 같이 기술하는 경우에 전자는 포괄적 선언이고 후자에 등장하는 '또는'이나 쉼표는 배타적 선언으로 서로 상치됨에 유의해야 한다. 위와 같은 문맥에 따르면 후자도 포괄적 선언이 되어야 하고 그러면 '$x+3=0$이고 $x-2=0$'인 경우를 포함하게 되고 $x=-3=2$가 되어 모순이 일어난다.

앞에서 논의한 바와 같이 수학에서 연역적 추론의 근간인 함의관계에 대해서도 유의해야 할 점을 찾아볼 수 있다. 흔히 연역적 추론에는 논리적 관련성과 의미 관련성이 자연스럽게 수반된다. 그런데 앞에서 살펴보았듯이, '$x \in \phi \rightarrow x \in A$는 전제가 거짓이므로 모든 집합 A에 대해서 항상 참이 되며 따라서 임의의 집합 A에 대해서 $\phi \subset A$이다.'라고 증명한다. 형식논리학에서 $p \rightarrow q$는 p가 거짓이면 q가 참이든 거짓이든 참이므로 함의 관계 $p \Rightarrow q$는 전제가 거짓이면 어떤 결론도 내릴 수 있다는 형식논리인데 여기에서 이러한 형식적 추론규칙을 사용한 것이다. 수학은 전제가 참일 때 참이 되는 결론을 연역하는 과학이므로 전제가 참이기를 요구하며 전제가 거짓일 때에는 추론할 필요가 없다고 보는데 여기에서 전제가 거짓인 경우가 문제되고 있는 것이다. 여기에서 주목할 필요가 있는 것이 수학에서는 p와 q 사이에 어떤 논리적 관련성이나 의미 관련성이 없더라도, p, q의 진릿값에 따라 p가 참이고 q가 거짓인 경우를 제외한 나머지 경우에는 $p \rightarrow q$가 참이라고 보는 그리스 이래의 전통적인 형식논리학의 관점을 수용하고 있다는 점이다.

그리고 $p \rightarrow q \equiv \sim(p \wedge \sim q) \equiv \sim p \vee q$이므로 $p \rightarrow q$와 $\sim p \vee q$는 논리적으로 동치이지만 심리적으로는 대등하지 않다. $A \subset B$를 명제함수 $(x \in A) \rightarrow (x \in B)$가 참인 경우로 정의하고 그와 동치인 명제함수 $(x \not\in A) \vee (x \in B)$의 진리집합 $A^c \cup B$가 전체집합 U와 같다는 의미라고 Venn 다이어그램으로 설명하는 것은 자연스럽지 못하다. 그러나 Venn다이어그램의 논리성에 따라 추론규칙의 타당성, 이를테면 긍정논법 $(p_x \rightarrow q_x) \wedge p_x \Rightarrow q_x$이 타당한 추론규칙임은 명제함수 $p_x \rightarrow q_x$의 진리집합이 $P^c \cup Q$임을 이용하여 Venn다이어그램으로 $(p_x \rightarrow q_x) \wedge p_x \rightarrow q_x$의 진리집합이 전체집합 U임을 보임으로써 입증할 수 있다.

이러한 예들은 수학은 엄밀한 형식논리로 전개되는 이론이 아니며 문맥으로부터 분리된 논리 형식은 수학적 사고에 부조화 현상을 야기할 수 있음을 보여주는 것이다. 직관주의 수학자인 Ponicaré는 논리적 기초는 주의 깊게 구성되더라도 수학의 무게를 지탱하기에는 불충분하며, 수학은 어머니가 많으므로 여러 가지 모순을 일으키지만 결코 불모가 아니라고 하였다.(Burton, p. 610) 학교수학에서 기본적인 논리적 형식을 가르치지만 형식논리에 지나치게 집착하면 문맥과 결부된 자연스러운 논리로 전개되는 수학적 사고 활동에서 심리적 갈등을 일으키기 쉽다. 교사는 교재 내용뿐만 아니라 그 논리적 형식도 알고 있어야 하며, 이를 위해 교재의 논리적 바탕을 탐색하여야 한다. 교사는 논리형식을 가르치기보다 지도 내용과 결부시켜 타당한 논리를 사용하면서 학생들이 이를 모방하도록 유도하고 학생들에게 그들이 구사하고 있는 논리를 반성하고 의식하도록 해야 한다.

(3) 논리적 사고 능력의 개발

우리의 주요한 교육적 관심사의 하나는 조건명제와 그 역, 이, 대우, 부정, 논리적 연결사, 삼단논법, 긍정논법, 부정논법 등과 같은 논리형식에 대한 지식이 실제적인 논리적 사고 과정을 자극하고 개선하는 도구가 될 수 있는가 하는 것이다. '새 수학'에서는 타당한 논리형식을 진리표를 이용하여 가르쳤다. 이를테면, 다음 예에서와 같이 전제가 모두 참일 때 결론이 참인가를 진리표를 이용하여 보임으로써 추론형식의 타당성을 증명한다.

(1) $p \rightarrow q$

p

$\therefore q$

(2) $p \rightarrow q$

$\sim q$

$\therefore \sim p$

(3) $p \rightarrow q$

$q \rightarrow r$

$\therefore p \rightarrow r$

p	q	$p \rightarrow q$	p	q	$p \rightarrow q$	$\sim q$	$\sim p$
T	T	T	T	T	T	F	F
T	F	F	T	F	F	T	F
F	T	T	F	T	T	F	T
F	F	T	F	F	F	T	T

p	q	r	$p \to q$	$q \to r$	$p \to r$
T	T	T	T	T	T
T	T	F	T	F	F
T	F	T	F	T	T
T	F	F	F	T	F
F	T	T	T	T	T
F	T	F	T	F	T
F	F	T	T	T	T
F	F	F	T	T	T

그러나 내용과 분리된 논리형식을 진리표를 이용하여 가르치는 것은 사고의 도구로서의 의미가 적은 불모의 수학을 가르치는 것이다. 논리형식은 수학적 사고 과정의 타당성을 그 형식에 맞는가를 알아보아 검사하는 기계적인 처리는 할 수 있지만, 수학적인 문제를 발견하여 해결하고 개념을 정의하고 명제를 증명하여 이론을 전체적으로 조직하는 데에는 확실히 불충분하다.

실제로 수학에서 사용되는 주요한 조작적인 사고 패턴은 형식논리학에서 다루는 원자론적인 것이 아니라 사고 경험과 결부된 복합적인 사고 전략이며, 그러한 수학적 활동에 내재된 논리는 형식화하기 어려우며 거의 형식화되어 있지 않다. 형식화되어 있지 않은 수학적인 사고 양식의 예로는 개념에 따른 사고 방법, 구성적 방법, 패턴 찾아보기, 그림 그려보기, 거꾸로 사고하기, 단순화해보기, 극단적인 경우를 고려하기, 대칭성을 고려하기, 형식불역의 원리, 국소적 조직화 등을 생각해 볼 수 있다. 수학적으로 사고할 때 어떤 사고 전략을 사용하고 있는가를 의식적으로 반성하여 그것을 교육에 반영해야 할 것이다. 그러한 사고 방법은 방법적 지식(方法的 知識, know-how)이므로 학생 스스로 탐구하는 경험, 곧 실행 및 반성적 사고를 통해, 그리고 교사의 사고하는 방식에 주목하고 이를 모방하면서 사고하는 경험을 함으로써, 또한 발견을 안내하는 미묘한 대화법의 구사를 통해서 학습되도록 지도해야 할 것이다.[39]

여기에서 제기되는 의문 중 하나는 수학에 '논리적 사고'가 들어있으므로 엄밀한 수학을 배우기만 하면 논리적인 사고력이 도야되는가 하는 점이다. 그러나 수학적 관점에서 엄밀하게 논리적인 것은 수학자의 정신에 적합하며 학생들에게는 사고가 성숙되기 전에 그러한 사고를 요구하는 것은 바람직하지 않다. 그러한 능력에 도달하는 유일한 길은 학생 자신의 현재 수준에서 지적으로 주의 깊게 사고하는 것이다. Dewey(1895)는 이러한 입장에서 '반성적 사고'를 논리적 사고로 보고 그 교육적 중요성을 강조하였다.

자신이나 다른 사람의 수학적 활동을 반성하는 것은 무엇보다도 중요한 수학적 사고태도이다. Piaget(Beth & Piaget, 1966)에 의하면 수학은 자신이나 다른 사람의 사고활동에 대한 반성과 그 조정으로부터 비롯되는 반영적 추상화(反映的 抽象化, reflective abstraction)의 산물이다. Freudenthal(1973)에 따르면, 수학을 창조하고 적용할 때 수학하는 사고활동은 국소적 조직화(local organization) 활동이며 수학 학습 역시 그러한 활동 경험이 되어야 한다. 수학적 사고는 수학적 활동에 대한 분석과 반성을 통해 학습되도록 해야 할 것이며, 논리 역시 논리적 탐구 활동과 그에 대한 분석을 통해 학습되도록 해야 할 것이다. 그러한 방법 이상으로 교수학적으로 건전한 논리적 사고교육 방법은 없을 것이다. 추론이나 정리의 증명을 하는 가운데에서 논리적인 패턴을 발견하고 그것을 적절히 사용하는 것을 배워야 한다. 다음은 이러한 입장에서 Freudenthal(1973,

39 이에 대해서는 Polya의 '*How To Solve It*'(우정호 역, 『어떻게 문제를 풀 것인가』, 교우사)에 자세히 기술되어 있다.

pp. 458-462)이 제시한 '삼각형의 세 변의 수직이등분선은 한 점을 지난다.'라는 정리의 증명에 대한 반성적 분석이다.

아래 그림과 같이 삼각형 ABC에서 변 $\overline{AB}$, $\overline{BC}$의 수직이등분선의 교점을 M이라고 하면, 점 M은 $\overline{AB}$의 수직이등분선 위에 있으므로,

$$\overline{MA} = \overline{MB}$$

점 M은 $\overline{BC}$의 수직이등분선 위에 있으므로,

$$\overline{MB} = \overline{MC}$$

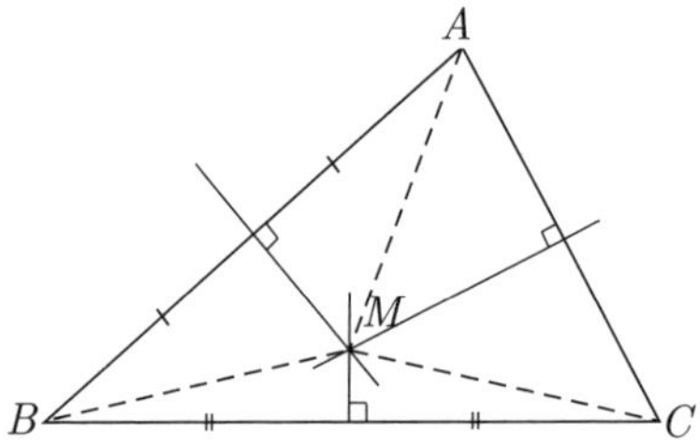

따라서

$$\overline{MA} = \overline{MC}$$

이므로, 점 M은 변 $\overline{AC}$의 수직이등분선 위에 있다.[40] 이러한 증명 과정에 대한 분석을 통해 다음과 같은 논리 형식과 수학적 사고 양식을 인식할 수 있다. 조건명제와 그 역 – 선분 $\overline{AB}$의 수직이등분선 위의 한 점을 M이라고 하면 $\overline{MA} = \overline{MB}$. $\overline{MA} = \overline{MB}$이면 점 M은 선분 $\overline{AB}$의 수직이등분선 위에 있다. 필요충분조건 – 위의 조건명제와 그 역은 모두 참이므로 각각 다른 것이 성립하기 위한 필요충분조건이다. 등식의 추이

---

40 최근 중학교 교과서에서는 이를 다음과 같이 증명한다. M에서 밑변 AC에 내린 수선의 발을 D라고 하면, 삼각형의 합동조건에 의하여 $\triangle AMD \equiv \triangle CMD$. 따라서 $AD = CD$, 곧 MD는 변 AC의 수직이등분선이다.

성 – $\overline{MA}=\overline{MB}$, $\overline{MB}=\overline{MC}$. 따라서 $\overline{MA}=\overline{MC}$. 이는 등식의 추이성이 생산적 사고에 필요함을 보여준다. '세 직선은 한 점을 지난다.'가 '한 직선은 두 직선의 교점을 지난다.'를 의미한다는 것, 곧 대칭적 명제를 증명하기 위해서 비대칭적 방법으로 접근한다는 유용한 방법론적인 패턴을 보여주고 있다. 직선과 점의 결합에 관한 정리가 측도에 관한 논의를 통해 증명된다. 이러한 증명은 삼각형의 외접원(외심)의 존재성과 유일성에 대한 증명이다.

(4) 연역적 추론의 지도

수학에서도 경험과학에서처럼 귀납과 유추에 의하여 새로운 법칙을 발견하지만, 수학에는 이를 인가하는 더 높은 권위를 갖는 연역적 추론, 곧 엄밀한 증명이 존재한다. 연역적 추론이란 전제로 주어진 명제로부터 논리적 규칙을 이용하여 엄밀하게 필연적인 귀결을 이끌어내는 방법으로, 일반적인 명제로부터 특수한 명제를 이끌어내는 추론이다.

연역적 추론에는 조건명제를 증명하기, 삼단논법에 의해 순차적으로 전제에서 결론을 이끌어내기, 반례 사용하기, 동치인 명제를 증명하기, 간접증명법(모순법), 수학적 귀납법 등이 있다. 연역적 추론에서는 전제가 모두 참이라면 결론은 반드시 참이며, 결론에 포함된 내용은 모두 전제에 암묵적으로 내재되어 있는 것이다. 연역적 추론은 이를 명백히 드러내기 위한 것이다.

수학적 귀납법은 '모든 자연수 n에 대하여 $P(n)$이다.' 형태의 자연수와 관련된 전칭명제를 증명하는 데 사용되는 증명 방법이다. 수학적 귀납법은 겉보기의 형식이 귀납추론과 같아 보이지만, 자연수열 1, 2, 3, $\cdots$의 기본적인 성질에 대한 원시적인 직관을 형식화한 '수학적 귀납법의 원리'를 받아들일 때 이로부터 연역되는 것으로서 '완전한 귀납법'인 연역적 추론 형식이다.

연역적 추론은 전제로부터 참인 결론을 이끌어내므로 진리를 확립하는 수단이 된다. 이를테면, 실수체의 공리인 덧셈과 곱셈 아래에서의 폐쇄성, 결합법칙, 분배법칙, 덧셈에 대한 역원과 항등원 및 $0 \cdot a=0$이라는 명제로부터 연역하여 부호규칙 $(-a)(-b)=ab$임을 이끌어낼 수 있다. 따라서 $(-1)(-1)=1$과 같은 성질을 받아들이지 않으면 우리가 인정하는 실수의 성질을 받아들일 수 없게 되는 것이다. 이를테면, $(-1)(-1)=-1$이라고 하면, 분배법칙 $a(b+c)=ab+ac$를 받아들일 수 없게 된다. 왜냐하면, 이를 받아들이면 $a=-1,\ b=1,\ c=-1$이라고 놓을 때 $-1(1-1)=-1-1=-2,\ -1(1-1)=-1 \cdot 0=0$이 되어 모순이 생기게 되기 때문이다. 말하자면, 실수의 곱셈의 부호규칙은 실수의 기본성질에 내포되어 있으며 거기에서 연역되는 성질인 것이다. 이러한 점은 공리체계를 이룩한 수학적 지혜의 위대함을 새삼 느끼게 해주지만, 학생들을 처음부터 이러한 수학적으로 손질된 우아한 공리체계로 사고하도록 이끌 수는 없는 것이다.

가장 전형적인 연역추론은 역사적으로 기하의 공리체계에서 비롯되었다. 수학의 '원형'인 Euclid원론은 가장 기본적인 절대적으로 참인 것으로 간주된 제1원리, 곧 정의, 5개의 공리, 5개의 공준으로 이루어진 '원론'으로부터 모든 정리를 연역하는 연역체계를 이루고 있음은 잘 알려진 사실이다. 다음과 같은 Euclid기하의 공준과 공리는 오늘날에도 여전히 학교수학의 바탕이 되고 있다. '공준 – 임의의 점으로부터 임의의 점까지 한 직선을 그을 수 있다. 선분은 직선으로 연속적으로 연장할 수 있다. 임의의 중심과 거리를 갖는 원을 그릴 수 있다. 모든 직각은 서로 같다. (평행선 공준) 한 직선이 두 직선과 만나 한쪽의 두 내각의 합이 2직각보다 작으면 그 두 직선을 한없이 연장하면 내각의 합이 2직각보다 작은 쪽에서 만난다. 공리 – 같은 것과 같은 것은 서로 같다. 같은 것에 같은 것을 더하면 전체는 같다. 같은 것에서 같은 것을 빼면 나머지는 같다. 서로 일치하는 것은 서로 같다. 전체는 부분보다 크다.' 전체는 부분보다 크다는 공리는 무한집합에는 적용되지 않지만 학교수학에서는 실무한의 크기 비교를 명시적으로 다루고 있지 않으므로 문제가 되지는 않는다.

잘 알려져 있듯이 Euclid원론은 수학은 물론 학문의 전형으로 2000여 년 동안 연구되고 가르쳐져 왔다. Euclid원론에서 공준, 공리는 자명한 진리로 간주되었으며 이러한 원론으로부터 필연적으로 연역되는 모든 명제로 이루어진 기하학 체계야말로 진리의 모습인 학문의 전형으로 간주되었던 것이다. 그러나, 제5공준(평행선 공준)에 대한 의구심은 급기야 19세기에 이르러 비(非)유클리드 기하학을 탄생시켜 공준에 대한 자명성과 기하학의 진리성에 대한 믿음이 무너지고 기하학은 진리체계라기보다 하나의 가설체계에 불과하다는 것이 드러나게 되었다. 20세기 초에 Hilbert는 점, 직선, 평면, 위에 있다, 사이에 있다, 합동이다, 평행이다, 연속이다 등을 무정의 용어로 받아들이고, 순서의 공리와 연속의 공리를 첨가한 엄밀하고 새로운 공리체계를 제시함으로써 Euclid기하학은 엄밀한 가설체계로서 재구성되었으며, 현대적인 추상수학의 모체가 되었다. 현대 추상수학에서는 공리란 수학 체계의 전제가 되는 가설적 명제로 독립성, 무모순성, 완전성을 갖춘 명제의 집합이다. 구조적인 사고방식이나 공리적인 사고방식은 연역적인 추론과 불가분의 것이다.

연역적 추론에서는 무엇보다도 전제가 무엇인가를 명확히 의식해야 한다. 그러나, 학교수학에서는 전제가 되는 명제, 곧 공리를 명확히 정하고 나서 출발하는 것은 불가능하므로, 전반적인 연역적 추론은 다루어지지 않는다. 그때그때 명확하다고 인정해도 좋은 것을 바탕으로 그로부터 조리 있게 필연적인 결과를 이끌어내는 '국소적인 연역'에 의해 수학의 학습이 이루어지고 있다. 국소적인 연역에서도 전제가 무엇이며 결론이 무엇인가를 확실히 파악하게 하고 어떤 전제로부터 결론이 이끌어내지는가를 명확히 이해시켜야 한다. 중학교 수학에서 2학년 이후의 기하영역에서는 삼각형의 합동조건을 바탕으로 한 연역적 추론이 중심이 되어 있으나, 진정한 공리적 방법이나 수학적 구조가 다루어지고 있지 않으므로 국소적인 연역으로 그러한 사고 방법을 경험시키고 있을 뿐이다.

연역적 추론과 관련된 주요한 수학적 사고 방법이 분석과 종합이다. 예를 들어, 기하의 작도 문제에서 거꾸로 구하는 도형이 얻어졌다고 가정하고 그 성질을 따져보아 작도법을 탐색하거나, 명제의 증명 방법을 찾기 위해 결론이 성립한다고 보고 그 선행 조건을 거듭 찾아감으로써 주어진 전제에 이르는 과정을 밟는 것이 분석이다. 그리고 분석 과정을 거쳐 주어진 조건으로부터 결론을 연역해 나가는 과정이 종합이다. 대수적인 해법에서 구하는 것이 얻어졌다고 가정하고 그것을 x라고 나타내어 주어진 조건에 따라 식을 세워 해답을 찾는 것도 분석법이다.

추론의 지도에서는 무엇보다도 귀납과 유추를 통해 학습자 스스로 발견하는 과정을 거쳐 자신의 생각의 확실성과 일반성을 입증할 필요성과 의욕을 느끼게 함으로써 연역적 추론의 중요성을 인식하도록 하는 것이 바람직하다. 또한 연역적 추론 능력을 함양하기 위해서는 먼저 조리에 닿도록 사고하는 태도를 길러 주어야 한다. 전제가 무엇이며 결론은 무엇인가를 확실히 파악하게 하고, 어떤 전제로부터 결론이 끌어내지는가를 명확히 이해시켜야 한다. 결론이 성립하기 위해서는 무엇이 성립하면 좋은가를 설명해 보도록 요구하는 것도 좋은 방법일 것이며, '이므로'나 '왜냐하면'과 같은 용어를 바르게 사용할 수 있도록 지도해야 하고, 설명을 할 때 무엇을 근거로 하고 있는가에 주의를 돌려 반성해 보도록 하는 것이 좋을 것이다.

(5) 수학교육과정과 논리

기호논리학의 내용은 1950년대 초부터 시작된 수학교육 현대화 운동의 영향을 받은 제3차 교육과정 때 처음으로 우리나라 학교수학에 도입되었다. 이 시기의 수학교육과정에서는 수학적 구조와 논리적 엄밀성을 매우 강조하여 집합과 기호논리를 다루어 학교수학의 모든 영역에서 적절히 활용할 수 있도록 하였다. 중학교 2학년에서 명제의 뜻과 명제의 역, 연역적 추론의 뜻과 그 방법 곧, 정의, 가정, 결론, 증명의 뜻, 귀류법을 다루었으며, 고등학교 1학년에서 명제, 명제의 합성, 논리곱 $p \wedge q$, 논리합 $p \vee q$, 부정 $\sim p$, 조건문 $p \rightarrow q$, 쌍조건문 $p \leftrightarrows q$, 진릿값 T(true) F(false)와 진리표, 필요조건, 충분조건, 필요충분조건, 역, 이, 대우, 동치명제 $p \equiv q$, 항진명제, 모순명제, 진리집합 등을 다루었다. 그 후 무리한 수학적 구조나 논리적 엄밀성의 강조를 지양하고 교육내용을 적정화하자는 흐름이 전개되면서 제4차 교육과정 시기에 집합과 명제의 내용이 축소되고 수학교육에서 차지하는 비중이 감소하였다. 중학교에서 집합 단원으로 독립적으로 묶여 있던 집합이 수와 연산 영역에 자리 잡게 되었고 명제가 도형 영역에서 다루어지게 되었다. 중학교 2학년에서 명제의 뜻을 이해하고 연역적 추론의 뜻과 증명 방법을 이해하게 한다는 목표를 설정하고, 고등학교 1학년에서 중학교 2학년에서 다루던 기호논리 부분을 다루고 명제, 가정, 결론, 역, 정의, 귀류법 등을 다루었다. 제5차 교육과정에서는 명제 부분이 삼각형과 사각형의 성질 단원에 포함되게 되었고 명제 $p \rightarrow q$, 가정, 결론, 역, 정의, 정리, 증명의 의미를 다루었다. 논리합, 논리곱, 조건문, 쌍조건문, 진리표, 진릿값 등 명제논리 내용이 완전히 삭제되었으며, 고등학교 1학년에서 명제, 부정 $\sim p$, 역, 이, 대우, $p \Rightarrow q$, 필요조건, 충분조건, 필요충분조건 $p \Leftrightarrow q$, 동치 등을 다루었다. 제6차 교육과정에서는 중학교 2학년의 명제 부분은 변함이 없었고 고등학교 1학년 명제 부분은 진리집합이 추가되었을 뿐이다.

제7차 교육과정에서는 8-나 단계에서 명제의 뜻, 주어진 명제를 $p \rightarrow q$ 꼴로 나타내기, 가정과 결론, 명제 $p \rightarrow q$의 역, 정의, 정리, 증명의 의미를 다루었다. 그런데 조건명제 $p \rightarrow q$와 진술 $p_x \rightarrow q_x$를 구분하지 않고 'p이면 q이다.' 꼴의 명제로 간주하고, 주어진 명제를 그러한 꼴로 나타내어 가정과 결론을 구분하고 역을 구하고 참 거짓을 구분하는 것을 다루었다. 명제와 관련된 내용은 '삼각형과 사각형의 성질'을 증명하는 단원에서 취급되었으며, 도형의 정의와 성질을 구별하고 명제에서 가정과 결론을 구분하여 삼각형과 사각형의 성질을 증명하도록 함으로써 증명의 의미를 이해하고 논리적으로 추론하는 능력을 기르도록 한 것이다. 여러 가지 사각형의 외연의 포함관계를 Venn다이어그램으로 나타내고 내포의 관계를 다루었다. 그리고 다루어지는 모든 증명은 직접증명법을 사용하지만 그 형식에 대한 논의는 전혀 이루어지지 않았다.[41]

10-가 단계의 수와 연산 영역에서 명제, 조건, 진리집합, 부정 $\sim p$, 명제 $p \rightarrow q$의 역, 이, 대우와 그 진리집합, $p \Rightarrow q$, 필요조건, 충분조건, 필요충분조건 $p \Leftrightarrow q$, (한정사인) '모든', '어떤'이 들어 있는 명제와 그 부정을 다루었다. 명제는 참, 거짓을 판별할 수 있는 문장이라고 정의되며, 변수 x를 포함하는 문장이나 식이 x의 값에 따라 참, 거짓이 결정될 때, 그 문장이나 식을 '조건'이라고 정의하였다. 그리고 이를테면, 중학교 학생들도 '모든 소수(素數)는 홀수이다.', '모든 유리수 $a>0$에 대해 $m>n$이면

---

41 $\sqrt{2}$가 무리수임을 보이는 것도 $\sqrt{2}$가 유리수라고 가정하면, 곧 기약분수로 나타낼 수 있다면 모순이 됨을 보이는 방식으로 귀류법, 곧 간접증명법으로 증명하는 대신에, $\sqrt{2}$가 제곱하여 2가 되는 수임을 이용하여 추정에 의해 그 근삿값을 소수로 나타내어 가는 방법을 계속하면 순환하지 않는 무한소수가 된다는 방식으로, 또는 기약분수를 제곱하면 기약분수가 된다는 성질을 이용하여 $\sqrt{2}$는 정수도 기약분수도 아님을 보여 비형식적으로 직접적인 증명을 하고 있다. 간접증명법은 어떤 것을 그렇거나 그렇지 않거나 둘 중 하나이어야 한다는 배중률(the law of excluded middle)과 동시에 그렇고 그렇지 않을 수 없다는 모순율을 바탕으로 한다. 그리고 모든 가능한 경우를 열거하고 하나를 제외한 다른 모든 경우에 대하여 그것을 받아들일 경우 모순이 일어남을 차례로 보임으로써 결론에 도달하는 $(p \vee q \vee r \vee \cdots \vee s \vee t) \wedge (\sim p \wedge \sim q \wedge \sim r \wedge \cdots \wedge \sim s) \Rightarrow t$ 형태의 추론, 곧 제거법(the method of elimination)도 간접증명법의 특수한 경우이다(Upton, 1966). 간접증명법은 수학의 중요한 증명법의 하나이며 중등학교 수학에서도 구사하지 않을 수 없는 증명법이지만 증명의 바탕을 이해하기 쉽지 않으며 심리적인 어려움이 있으므로 직접적인 증명법으로 바꾸어 제시하는 방식으로 그 도입을 미루고 있다고 생각된다.

$a^m > a^n$이다.'와 같은 전칭명제가 반드시 참이라고 할 수 없음을 입증하려면 반례를 들면 된다는 것을 직관적으로 인식하고 있으나, 드모르간의 법칙·전칭명제·존재명제라는 용어는 사용하지 않지만 전칭명제와 존재명제의 부정에 따라 이를 증명 방법으로 의식적으로 지도하는 것은 고등학교 10-가 단계 수학에서였다.

조건명제 $p \to q$를 두 명제의 연결로 정의하고 있지만 대부분의 교과서에서 실제로 다루는 것은 두 조건의 연결인 $p_x \to q_x$인 경우가 대부분으로 내용 전개상 자연스럽지 않은 것으로 생각된다. 이를테면 'x가 4의 약수이면 x는 8의 약수이다.'와 같이 $p_x \to q_x$ 꼴인 두 조건을 연결한 진술을 조건명제 $p \to q$로 간주하고 있는데, 이러한 $p_x \to q_x$ 꼴의 진술은 전칭명제 $\forall x(p_x \to q_x)$나 존재명제 $\exists x(p_x \to q_x)$에서 한정사 $\forall x$, $\exists x$가 생략된 것으로 보아야 한다. 이를테면 '$ac = bc(c \neq 0)$이면 $a = b$이다.'는 전칭명제 '모든 실수 $a, b, c(\neq 0)$에 대하여 $ac = bc$이면 $a = b$이다.'에서 한정사를 생략한 것으로 보아야 하며, 실수의 연산법칙은 '모든 실수 a, b, c에 대하여, $a+b=b+a$, $ab=ba$, $a+(b+c)=(a+b)+\mathrm{c}$, $a(bc)=(ab)\mathrm{c}$, $a(b+c)=ab+ac$'와 같은 전칭명제이다. 그러나 학교수학에서는 전칭한정사 부분을 당연한 것으로 간주하여 생략하거나 강조하지 않고 있다. 그리고 'n이 자연수일 때, n이 짝수이면 n^2도 짝수이다.', 'x가 4의 약수이면 x는 8의 약수이다.'는 각각 '어떤 자연수 n에 대하여, n이 짝수이면 n^2도 짝수이다.', '어떤 정수 x에 대하여 x가 4의 약수이면 x는 8의 약수이다.'와 같은 존재명제이다. 이러한 점은 제시된 $p_x \to q_x$ 꼴의 진술을 전칭명제 $\forall x(p_x \to q_x)$나 존재명제 $\exists x(p_x \to q_x)$로 명확히 다루고, 조건명제 $p \to q$와 그러한 명제에 대하여 필요조건, 충분조건, 필요충분조건을 다룸으로써 정의가 명확해지고 내용의 일관성이 유지될 것이다. 그리고 삼각형의 내심, 외심, 수심, 중심에 대한 정리와 최대·최소정리, Rolle의 정리, 평균값의 정리는 존재명제이다. 이러한 몇 가지 정리를 제외하고 학교

수학에서 다루는 대부분의 정리나 법칙, 공식은 전칭명제이다. 존재명제는 주로 고등수학에서 많이 다루고 학교수학에는 드물며 증명하기 어려운 명제이다. 학교수학에서 존재명제는 이를테면, '폐구간 $[a,b]$에서 연속인 함수 $f(x)$는 그 구간에서 최댓값과 최솟값을 가진다.'라는 최대·최소 정리와 같이 직관적으로 받아들이거나, '극한값 $\lim_{x \to 0}(1+x)^{\frac{1}{x}}$이 존재하며 그 극한값은 무리수임이 알려져 있다.'와 같이 증명하지 않고 사용하는 경우가 대부분이다. 물론 이러한 명제가 존재명제라는 사실 역시 강조하지 않고 있다.

그리고 10-가 단계에서, 드모르간의 법칙이라는 용어나 논리기호는 사용하고 있지 않지만 '모든'과 '어떤'이 들어있는 명제의 부정, 곧 $\sim(\forall x, p_x) \equiv \exists x, (\sim p_x)$, $\sim(\exists x, p_x) \equiv \forall x, \sim p_x$와 같은 성질을 다룬다. 실제로 중등학교 수학에서 다루는 정리는 대체로 전칭명제이므로 전칭명제를 부정하기 위해서는 반례를 찾으면 충분하다는 것을 다루어야 할 것이다. 이를테면 함수의 합성에서는 교환법칙이 성립하지 않으며, 행렬에서 영인자가 있음을 반례를 들어 입증하고 있기 때문이다. 그리고, 수학적인 문장을 이해하는 수준에서 가정과 결론을 구분하고 조건명제의 역, 이, 대우인 명제의 참 거짓을 판단하고 조건명제와 그 대우가 동치임을 다루고 필요조건, 충분조건, 필요충분조건을 구분하는 내용을 주로 다룰 뿐, 실제적으로 필요한 타당한 추론형식이나 타당하지 않은 추론형식에 대한 지도는 명확히 이루어지고 있지 않다.

2011년에 개정된 수학교육과정에서는 학교수학의 내용을 대폭 축소한다는 개정 교육과정의 기본 방침에 따라 제7차 교육과정의 8-나 단계에서 다루던 명제의 뜻, 주어진 명제를 $p \to q$ 꼴로 나타내기, 가정과 결론, 명제 $p \to q$의 역, 정의, 정리, 증명의 의미와 같은 내용을 삭제하고 중학교에서는 형식적인 증명 대신에 명제를 정당화하는 설명 수준의 비형식적인 증명만을 다루고 형식적인 증명은 고등학교 수학에서 다루도록 하고 있다.

6) 학교수학과 개연적 추론

추론이란 이미 알고 있는 판단으로부터 새로운 판단을 이끌어내는 사유작용이다. 인간은 즉각적인 직관적 인식을 초월하여 명제로부터 명제를 이끌어 내는 간접적인 인식 수단인 추론을 통해 더욱 풍부한 인식을 한다. 귀납적 논리에 의하면 인간은 개별적이고 구체적인 사실들의 관찰과 실험으로부터 귀납추론에 의해 법칙을 발견하고 지식을 확장한다. 그리고 일반적 원리로부터 연역추론으로 특수한 주장을 정당화하는데, 이러한 입장에서 보면 연역추론에서 사용하는 일반적 원리는 경험으로부터 얻은 귀납적 추론의 결과이다. 이를테면, '지금까지 살았던 사람치고 안 죽은 사람은 없다. 따라서, 모든 사람은 죽는다.'라고 귀납추론을 하고, 이를 바탕으로 '모든 사람은 죽는다. 따라서, (아무리 바둥거려도) 너는 죽는다.'라고 연역추론을 하는 것은 너무도 자연스러운 우리의 일상적인 사고양식인 듯하다.

이러한 입장에 따르면 수학도 귀납적 추론에 의해 발견되고 연역적 추론에 의해 확립되어 간다. 이를테면,

$$1+2=2+1,\ 2+3=3+2,\ 3+4=4+3,\ \cdots$$
$$1+(2+3)=(1+2)+3,\ 3+(4+5)=(3+4)+5,\ \cdots$$

이므로, 자연수의 덧셈은 교환법칙, 결합법칙을 만족하며, 이를 일반적인 기본법칙

$$a+b=b+a,\ a+(b+c)=(a+b)+c$$

로 수용한다. 그리고 자연수의 덧셈은 교환법칙, 결합법칙을 만족하므로

$$8+7=8+(5+2)=8+(2+5)=(8+2)+5=10+5=15$$

와 같이 연역적으로 사고하게 되는 것이다. 이와 같이, 귀납하여 새로운 지식을 창안·발견하고 이를 연역에 의해 확실히 해나가면서 수학은 발전해 왔다고 볼 수 있다. 수학이 귀납적 사고에 의해 발견되고 연역적 사고에 의해 확립되어 가는 것은 인간의 정신적 메커니즘에 기인하는 것인지도 모른다. 인간의 우뇌는 직관적·공간적·창의적 능력을 제어하고, 좌뇌는 논리적·언어적 사고를 제어하며, 이 둘이 보완적으로 작용함으로써 정신활동은 발전되어 간다고 한다.

일반적으로 수학적 지식은 논증에 의해 확보되지만 증명을 요하는 명제의 발견, 증명의 발견, 합리적이고 풍요한 공리의 진술 등 수학 연구에서 귀납추론의 역할은 지대하다. 따라서 수학적 사고 개발, 생산적 사고 개발을 지향하는 학교수학에서도 귀납추론은 연역추론과 마찬가지로 중요하다. 발견적 사고 능력을 개발하고, 논리적으로 사고하는 능력과 태도를 기르는 것은 수학을 배우는 주요한 목표이다. Polya(1957, p. vii)는 Euclid식으로 제시된 수학은 체계적인 연역적 과학, 엄밀과학이지만 발견과 발명 과정에 있는 수학, 구성 도중에 있는 수학, '발생상태 그대로의(in statu nascendi)' 수학은 실험적인 귀납적 과학이라고 하면서, 발견·발명되는 방식대로 수학을 지도할 것을 강조한다. 그리고, 그는 "누구나 수학이 연역적 추론을 배우는 뛰어나고 훌륭한 기회를 제공한다는 것을 알지만, 나는 또한 개연적 추론을 배우는 데 통상적인 학교 교육과정에 포함된 교과로서 그와 필적하는 기회를 제공하는 교과는 없다고 주장한다."라고 하면서, "증명하는 것을 가르치자. 그러나 추측하는 것도 가르치자."라고 주장한다.(Polya, 1973, pp. v-vi) 그는 수학은 그 독특한 단순성과 명확성 때문에 다른 어떤 교과보다도 귀납적 추론을 경험시키기가 용이하다고 보고 있으며, 귀납적 추론의 효과적인 사용은 실제적인 기능이므로 모방과 실행을 통해서 학습되어야 한다고 보고, 귀납과 유추에 의한 수학의 발견 과정의 풍부한 예와 함께 그것을 모방하도록 하기 위한 많은 예와 실행을 위한 기회를 제공하고 있다.

특히 유사성에 미루어 추측하는 유추적 사고는 일상적인 사고는 물론이고 수학과 과학, 문학, 예술 등 모든 분야의 창의적 사고와 문제해결 과정에 충만해 있으며 이는 학습-지도상에서도 마찬가지이다. 더욱이 수학은 패턴의 과학이요 구조를 연구하는 과학이므로 유추는 수학적 사고의 바탕을 이룬다고 볼 수 있을 것이다. 수학에서의 귀납과 유추의 역할과 그 교육적 중요성에 대한 바른 이해는 수학 학습-지도 개선에 기여하는 바가 클 것이다.

(1) 귀납

연역적 추론은 참인 전제로부터 필연적으로 참인 결론을 이끌어내므로 지식을 확립하지만 전제에 들어있지 않은 내용을 이끌어낼 수는 없으며, 근본적으로 새로운 지식으로 내용을 확장할 수 없다. 대표적인 연역추론인 삼단논법은 대전제에 포함되어 있는 것을 결론에서 이끌어 내는 것에 불과한 일종의 순환논법이라는 지적이 오래전에 있었으며, Mill은

모든 사람은 죽는다.
소크라테스도 사람이다.
그러므로 소크라테스도 죽는다.

와 같은 삼단논법에서 대전제는 이미 결론을 가정하고 있다고 비판하였다. 삼단논법은 이미 알려진 인식 내용을 분석하여 결론을 전개하는 데 불과하다는 이러한 비판에 대해 반박하는 쪽에서는

진자의 길이가 늘어나면 진자의 주기가 늘어난다.
열은 진자의 길이를 늘어나게 한다.
그러므로 열은 진자의 주기가 늘어나게 한다.

와 같이 삼단논법은 전제에 포함되지 않은 열과 진자의 주기와의 새로운 관계를 종합하는 것이라고 주장한다.(박종홍, 165-167쪽)

수학에서도 연역추론은 전제와 결론 사이의 필연성을 확보함으로써 전제 가운데 함의된 내용을 명백하게 드러내어 관계를 종합하고 지식을 체계화할 수 있게 하지만, 발견을 통해 지식의 범위를 확장하는 것은 귀납추론(inductive syllogism)이다. 귀납추론이란 관찰된 특수한 사례의 공통성에 주목하여 그러한 사례 전체에 대해서 성립될 수 있는 숨겨져 있는 일반적인 법칙을 이끌어내는 추론을 말한다. 연역추론은 전제와 결론의 관계가 필연적이지만 귀납추론은 그 관계가 개연적이며 전제가 결론의 상당한 근거가 될 뿐이다. Euler는 수학 연구에서의 귀납추론의 중요성에 대하여 다음과 같이 언급하고 있다.

"통상 순수수학이라고 불리는 수리과학의 그 부분에서조차도 관찰에 커다란 중요성을 부여하는 것은 매우 역설적인 것으로 생각될 것이다. 왜냐하면 관찰은 감각에 인상을 지우는 물리적 대상에 한정된다는 것이 현재의 견해이기 때문이다. 우리는 수를 순수지성에만 의지해야 하므로 관찰과 의사(擬似)실험이 수의 성질을 탐구하는 데 어떻게 유용할 수 있는지 거의 이해할 수 없다. 그러나 실제로 내가 여기에서 아주 충분한 이유가 있어서 보여주려고 하듯이 오늘날 알려져 있는 수의 성질은 대부분 관찰에 의해 발견되었으며 그 진실성이 엄밀한 논증에 의해 확증되기 오래전에 발견되었다. … 관찰은 우리를 계속해서 새로운 성질로 안내할 것이며 그 후에 우리는 그것을 증명하려고 노력할 것이다. 관찰에 의해서만 뒷받침되고 아직 증명되지 않은 유형의 지식은 참인 것과 주의 깊게 구별되어야 한다. 우리가 통상 말하고 있듯이 그것은 귀납에 의해 얻어진다. 그러나 우리는 단순한 귀납이 오류에 이른 경우를 보아 왔다. 따라서 우리가 관찰에 의해서 발견한, 귀납에 의해서만 뒷받침되는, 그러한 수의 성질을 참인 것으로 받아들이지 않도록 주의를 기울여야 한다. 실제로 우리는 그러한 발견을 발견된 성질을 더 정밀하게 조사하고 증명하거나 반증할 기회로 사용해야 한다."(Polya, 1973, p. 3)

귀납추론은 부분적 사례로부터 일반적 결론을 이끌어내는 것이므로 경험적·확률적 판단이라고 볼 수 있으며, 항상 참이라고는 할 수 없고 최선의 가정을 제공해 줄 수 있을 뿐이다. 귀납추론의 유형으로는 열거(列擧)에 의한 귀납, 집단적인 자료에 대한 수량적인 결정을 하는 통계적 귀납, 인과관계를 추정하는 인과적 귀납, 유사성에 미루어 추정하는 유추, 어떤 현상을 설명하기 위한 가설의 설정 등이 있다. 통계적 귀납은 열거에 의한 귀납으로 간주될 수 있으며 인과적 귀납과 가설의 설정은 과학적 탐구에서 주로 사용한다.

귀납에 의한 오류에는 선입견이나 부주의 등으로 관찰하여야 할 사례를 간과하는 데에서 오는 오류, 착각이나 편견 등으로 인하여 왜곡된 관찰을 하는 데에서 오는 오류, 조급하게 일반화하는 데에서 오는 오류, 검증 없이 사실의 단순한 열거만으로 일반화하려는 오류, 외형상의 유사점만으로 유추하는 데에서 생기는 오류, 원인 오인이나 인과의 상호작용 간과나 인과 전도나 원인과 조건의 혼동 등 인과관계 추정의 오류 등을 생각할 수 있다.

귀납추론은 이와 같은 오류를 범할 가능성이 항상 있음에도 인간은 본능적으로 귀납적으로 추론하므로 귀납은 탐구와 발견을 위한 유용한 방법이면서 자연스러운 수학 학습-지도 방법이다. 학교수학에서 사용되는 귀납적 추론에는 당면한 문제를 해결하기 위해 자료를 수집·정리하여 어떤 법칙성을 찾고자 하는 경우와, 구체적인 사례가 관찰될 때 그 가운데에서 어떤 법칙성을 발견하는 경우가 있다. 이를테면, (음수)×(음수)=(양수), $(-1)\times(-1)=(+1)$와 같은 '신비스러운' 성질은 200쪽에 제시된 것과 같은 곱셈표를 이용하여 귀납적으로 지도될 수 있다.

그리고, Polya(1957, pp. 114-121)가 제시하고 있는 추측과 검사 및 일반화 단계를 거치는 귀납을 통한 법칙의 발견과정과 증명을 통한 수학적 명제의 확립에 대한 다음과 같은 예시는 주목할 만하다. 우연히 다음과 같은 사실에 접하였다고 하자.

$$1+8+27+64=100$$
$$1^3+2^3+3^3+4^3=10^2$$

여기에서, '잇달은 수의 세제곱의 합은 어떤 수의 제곱의 합이 될 것인가?'

$$1^3+2^3+3^3+\cdots+n^3=?^2$$

과 같은 의문이 제기된다. 이 질문에 답하기 위해 다른 특수한 경우를 조사해 본다.

$$
\begin{aligned}
&1 &&=1=1^2\\
&1+8 &&=9=3^2\\
&1+8+27 &&=36=6^2\\
&1+8+27+64 &&=100=10^2\\
&1+8+27+64+125 &&=225=15^2
\end{aligned}
$$

그 결과 '처음 n개의 수의 세제곱의 합은 어떤 수의 제곱이 된다.'라는 법칙을 강력하게 암시받는다. 제곱수에 대해서 무엇을 생각할 수 있을까?

$$1=1$$
$$3=1+2$$
$$6=1+2+3$$
$$10=1+2+3+4$$
$$15=1+2+3+4+5$$

따라서, 다음과 같은 법칙을 귀납적으로 얻게 될 것이다.

$$\begin{aligned}1^3+2^3+3^3+\cdots+n^3&=(1+2+3+\cdots+n)^2\\&=\left(\frac{n(n+1)}{2}\right)^2\end{aligned}$$

물론, 이 단계에서 이 법칙은 잠정적인 것이다. 이와 같은 자연수와 관련된 일반적인 명제는 '수학적 귀납법(mathematical induction)'에 의해 증명된다. 자연수의 부분집합 가운데 1이 포함되어 있고, n이 포함될 때 $n+1$이 포함된다면 그 부분집합은 자연수 전체의 집합이 된다. 이러한 자연수의 기본성질을 '수학적 귀납법의 원리'라고 한다. 이를 이용하여, 자연수와 관련된 명제가 1일 때 성립함이 증명되고, n일 때 성립한다고 가정하면 $n+1$일 때 성립함이 증명되면 모든 자연수에 대하여 그 성질이 성립한다는 결론을 내릴 수 있다. 이와 같은 증명법이 수학적 귀납법이다. 수학적 귀납법은 귀납이 아니라 자연수의 기본성질을 이용한 연역이다. 귀납적 추론에 의해 이끌어낸 법칙은 추측에 지나지 않으며 그것이 참임을 보증하려면 연역적 추론 곧, 증명과정이 뒤따라야 한다. 그러나 학교수학에서는 추측된 일반적 성질이 참임을 더 확실히 하기 위하여 새로운 사례를 검사해 보는 것으로 그치는 경우가 많다.

귀납은 몇 가지 예에 대한 충실한 관찰로 시작되므로, 귀납을 쉽게 해 주는 적절한 예를 제공해 주는 교수학적인 문제가 제기되며, 학생들이 의도된 추측에 이르도록 하고 나아가 발견적 사고 습관이 들도록 도와주는 적절한 질문과 권고로써 안내하는 교육적 문제가 제기되는바, 이에 대한 Polya(1957)의 연구는 1980년대 이후 오늘날까지 지속되고 있는 문제해결 교육 운동의 근거가 되어 왔다.

한편 Popper(1963)와 Lakatos(1991)는 반증주의, 비판적 오류주의에 입각하여 과학적 지식의 발견은 귀납추론에 의한 것이 아니며 추측과 반박의 과정, 곧 전형적인 보기로부터의 단일한 관찰과 실험을 통한 추측, 반례에 의한 반박, 개선된 추측에 의하여 성장한다고 주장한다. Freudenthal (1973) 역시 과학적 인식의 주요 원천으로서의 귀납의 논리를 거부하고 수학적 개념이나 원리, 법칙은 전형적인 보기로부터 곧바로 그 구조를 파악하여 획득된다고 주장한다. 그러나 귀납추론은 오늘날에도 여전히 과학적 탐구와 발견 및 그 교육을 위한 유용한 방법으로 여겨지고 있다.

(2) 유추

유비추론(類比推論), 곧 유추(類推, analogy)란 유사성을 바탕으로 어떤 대상에 대하여 성립하는 성질로부터 그와 유사한 대상의 성질을 추측하는 것이다. 어떤 종류의 대상이 다른 종류의 대상과 몇 가지 점에서 서로 유사하다는 사실이 확인될 때, 첫 번째 종류의 대상이 그 밖의 다른 특성을 갖고 있으면 두 번째 종류의 대상도 그 성질을 가지고 있을 것으로 추리하는 것이 유추이다. 유추의 강도는 두 종류의 대상 사이의 관련된 점에서의 유사성에 좌우된다. 귀납추론은 관찰된 특수한 사례의 공통성에 주목하여 전체 사례에 대한 일반적인 법칙을 추측하는 것이다. 유추는 두 개별적 사례 상호간의 유사관계에 주목하여 한 사례의 이미 알려진 성질로 미루어 다른 사례의 성질을 추측하는 개연적인 추론으로서 귀납추론의 일종으로 볼 수 있다. 유추는 우리가 일상적으로 선례에 따라 사고하고 여러 가지 상황을 다른 것에 비추어 판단하듯이 우리의 일상적인 사고나 대화에서는 물론, 역사적으로 수학과 과학 및 예술에서의 창의적 사고와 문제해결에 충만해 있다. Polya(1957, pp. 37-38)는 다음과 같이 말하고 있다.

"유추는 예술적 표현과 최고 수준의 과학적 업적에는 물론이고, 우리의 모든 사고와 일상 대화, 그리고 사소한 결론에 충만해 있다. 유추는 매우 다양한 수준에서 사용된다. 사람들은 종종 애매하고 불명료하며 완전하지 못하거나 충분히 설명되지 않은 유추를 사용하지만, 유추는 수학적인 정확성의 수준에 도달할 수도 있다. 모든 종류의 유추는 해답을 찾아내는 데 일익을 담당할 수 있으므로 우리는 어떤 종류의 유추도 무시해서는 안 된다."

Fischbein(1987)이 기술하듯이 유추적 사고의 본질은 어떤 정보군의 여러 측면과 다른 정보군의 여러 측면 사이의 흔히 불완전한 일단의 대응을 발견함으로써 일어나는 한 상황으로부터 다른 상황으로의 사상에 의한 지식의 전이이다. 직사각형의 넓이가 $B \times H$임을 아는 학생은 이러한 원리를 각기둥이나 원기둥의 부피로 자연스럽게 확장할 수 있다. 이때 B는 밑면의 넓이가 된다. 유사한 유추적 전이는 삼각형으로부터 각뿔이나 원뿔로, 사다리꼴로부터 각뿔대나 원뿔대로 일어난다. 표면적인 유사성을 고려하여 공통인 구조적인 성질을 확인하려고 하지만, 모든 성질이 공통인 것은 아니며 유사성의 한계를 확인해야 한다. 유추모델은 간결하고 구조화된 상대적으로 친근하고 내적으로 일관된 심상을 제공하여 추론 과정의 생존력 있는 요소를 제공한다. 유추모델을 통해 사고를 고무하고 안내하는 구체적으로 구조화된 본질적인 요소가 되는 것을 얻게 되며, 유추모델을 연구하여 원형의 가능한 성질을 추리하고 적합한지를 알아보게 된다. 직관적인 유추는 구체적인 행동적인 의미를 갖는 영상적 표상을 얻는 데 도움을 주어 직관적인 이해가 가능해진다.

수학이 패턴을 연구하는 학문이라는 점을 생각하면 유추는 수학에서 발견 도구 이상의 본질적인 의미를 갖는다. 유추는 이론 확립을 돕는 정도가 아니라 이론의 본질적인 부분이며 그것 없이는 이론은 완전히 가치 없는 것이 될 것이고 이론이라 할 만하지 않다. Polya(1957; 1973)가 기술하고 있듯이 수학은 그 발견·발명 과정에서 유추에 의존하는 바가 매우 크다. 영어 단어 'analogy'의 어원인 그리스어 'analogia'의 한 가지 의미는 '비례식'이다. 두 수쌍 6, 9와 10, 15는 대응되는 항의 비가 같다는 점에서 유사하다. 비례식 $6:9=10:15$는 유추의 일종이다. 나아가 수학에는 평면기하와 입체기하 사이의 유추, 해석기하학에서처럼 수와 도형 사이의 유추, 대수적 대상과 기하학적 대상 및 관계 사이의 유추, 무한급수와 미적분에서의 무한과 유한 사이의 유추 등 유추적 사고로 충만해 있다. 그리고 실수의 가법군과 승법군과 같이 유추는 수학의 구조적 사고와 밀접히 관련된다. 두 집합 S, S'가 1대1로 대응되고, S의 원소 사이에 어떤 관계가 성립할 때 그와 대응되는 S'의 원소 사이에도 어떤 관계가 성립할 경우, 그러한 관계가 보존되는 1대1 대응이 동형사상(isomorphim)이고, 그 때 두 체계는 동형($S \cong S'$)이다. 동형인 두 체계는 구조가 같다. 동형사상은 구조의 전이를 나타내는 수학화된 유추이다. 그리고 관계가 보존되는 다대일 대응인 준-동형사상(homomorphism) 역시 수학화된 유추이며 구조의 체계적인 축소번역이라고 볼 수 있다. 현대대수학의 주요 이론인 군론은 치환론, 정수론, 해석학, 기하학, 결정체론 등과 같은 분야에 흐트러져 있던 유사한 아이디어를 응축하여 일반화한 추상적인 구조 이론이다. 준-동형사상은 수세기, 분배법칙이 성립하는 여러 가지 일항연산, n을 법으로 한 정수의 잉여류(residue class) Z_n, 지수함수, log함수, 확률 등과 같은 초등수학의 여러 가지 내용에 내포된 통합개념이다. 수학은 구조를 연구하는 학문이라고 할 수 있으므로 유추는 수학적 사고에서 더없이 중요한 의미를 갖는다.

Polya(1973)는 수학적 추론에서의 유추 역할을 광범하게 논의하고 있다. 수학적 추론에 암묵적으로 혹은 명시적으로 개재되는 여러 가지 형태의 유추를 구분해 보는 것은 의미가 있다. 먼저, 모델과 원형이 모두 명백한 직관적인 수단을 사용하지 않고 수치적-대수적 기호만을 사용하는 유추를 생각할 수 있다. 이를테면, 복소수의 연산은 실수의 연산과의 유추로 정의되며, 초한수의 연산은 유한기수와의 유추로 정의된다. 다음에는 한쪽은 직관적인 기하학적인 표현이고 다른 한쪽은 기호적인 표현인 유추를 생각할 수 있다. 수와 도형 사이의 기본적인 동형대응에 근거한 함수의 기하학적인 표현은 이 부류의 가장 중요한 예이다. 그리고, 수학적 개념을 수학 외적인 독특한 물질적인 것으로 표현한 유추적 모델이 있다. Dienes 자료나 Cuisenaire 막대와 같은 구조화된 자료는 이 부류에 속한다. 수나 도형의 그림 표현도 이 부류에 포함시킬 수 있다. 연속함수의 개념은 연속인 곡선의 관념과 결부되는데, 후자는 전자의 유추적 기하학적 모델이다. 함수와 대응된다고 생각하는 이상적인 곡선은 실제로 그림 모델을 통하여 상상된다. 수학사에서 대수방정식을 풀 때 '상상적인(imaginary)' 근이 수학자들에게 수수께끼로 여겨졌다는 것은 잘 알려져 있다. '상상적인'이라는 말은 이러한 근이 합리적인 판단으로 얻어진 것이 아니라는 사실을 가리킨다. 그들은 진정한 수가 아니라 가상의 수로 생각되었다. $\sqrt{-1}$ 을 제곱이 -1인 보통의 실수처럼 생각하고 가상의 수 $a+b\sqrt{-1}$ 에 대한 계산을 하면서 출발하였다. 복소수의 기하학적 표현은 물리학에서 그것을 사용하는 가능성을 제공하였으며 복소수의 실수부와 허수부가 실제적인 직관적인 해석을 얻게 되었다. 복소수는 점이 되고 점은 그림 표상을 갖는다. 함수 모델의 중개를 통하여 복소수와 실수 사이의 함수적 관계 $|z| = \sqrt{x^2+y^2}$ 을 얻는다. 유령의 세계로부터 온 듯한 복소수는 이제 직관적으로 수용 가능한 실수의 표상 영역에 일관되게 사영될 수 있으며, 실

수와의 유추에 의해 더하고 곱하고 빼고 나눌 수 있다. 복소수의 덧셈은 이를테면 힘의 덧셈과 같이 두 벡터의 덧셈이라는 표상 가능한 실제적인 대상이 된다. 복소수로의 수 개념의 확장은 수학에 거대한 결과를 가져왔으며 여러 가지 기술 분야에서 현저한 역할을 해 왔다. 이는 수학적 사고에서의 유추 모델화의 심오한 의미를 예시해 준다.

연속함수의 개념은 유추적 기하학적 모델인 연속인 곡선과 결부되며, 함수와 대응된다고 생각하는 이상적인 곡선은 실제로 유추 그림 모델을 통하여 상상된다. 우리는 추론 과정에서 연속이라는 관념을 기하학적 의미로부터, 그리고 그러한 의미를 암묵적인 그림 표현으로부터 완전히 해방시킬 수 없기 때문에, 모든 점에서 도함수(혹은 접선)를 갖지 않는 Weierstrass가 제시한 비정상적인 함수를 직관적으로 수용할 수 없다. 우리는 함수의 그래프에 부여한 암묵적인 그림 모델 때문에 연속인 함수는 각 점에서 미분계수를 가져야 한다고 직관적으로 믿으려는 경향이 있다. 궁극적인 곡선이 무한히 섬세하게 주름진, 곧 각 점에서 접선을 갖지 않는 Koch 눈송이 곡선은 물리적으로 존재하지 않으므로 직관적으로 실현할 수 없다. 미분계수가 없는 곡선은 순수한 개념적인 점으로 구성된다. 그러나 우리는 수학적인 곡선의 그림 표현을 포기할 필요는 없다. 많은 함수에 대하여, 그리고 그 성질에 대하여 유추를 계속 사용할 수 있다. 컴퓨터 그래픽의 발달은 그림 유추의 기능을 확대할 수 있게 한다. 이를테면 'zooming'기능은 그래프의 어떤 특별한 부분의 크기를 유연하고 역동적으로 확대시킬 수 있어서, 어떤 점에서는 미분가능한 함수와 미분 불가능한 함수의 그림 표상을 제공해 준다.

정사각형의 내부를 완전히 메우는 연속인 곡선, 곧 Peano곡선은 물질적인 존재가 아니므로 그림을 포기하고 논리적 추상적 형식적으로만 생각하여 추론해야 한다. 어려움의 근원은 실제적으로 두 가지 표상체계, 곧 기호적이고 순수하게 수학적인 표상과 영상적 표상을 혼합하고 있다는 사실에 있다. 순수하게 개념적으로 선분을 이루는 점의 집합과 정사각형을 이루는 점의 집합 사이의 대등성을 형식적으로 수용하고, 점 0으로부터 출발한 동점이 점 1까지 움직이면, 대응점이 전체 정사각형 영역을 생성할 수 있음을 논리적으로 수용할 수 있다. 그런데 점과 선분을 정의에 의해 순수하게 개념적 실체로 생각하는 반면에 점과 선분에 일종의 물질적인 구성 가능성을 자동적으로 부여하는 경향이 있기 때문에 심리학적인 어려움이 생긴다. 수학적인 점은 물질적인 존재가 아니며 움직일 수 없고 다른 점과 연결될 수 없다. 기하학적 실체에 실세계로부터 은유적으로 빌린 성질과 가능성을 할당함으로써 어떤 상황에서는 직관적인 모순에 이르게 된다. 심리학적으로 순수하게 개념적인 것으로 사고할 수 없다는 점은 이러한 모순을 피할 수 없게 한다. 그것을 극복하기 위해서는 그 기원을 이해하고 추론 과정에의 그 영향을 가능한 한 조종할 수 있어야 한다. 이는 인식론적인 문제인 동시에 매우 복잡한 교수학적인 문제이다.

유추는 가정을 생성하는 발견적인 수단으로서, 그리고 직관적으로 접근할 수 있는 구조를 제공함으로써 연구하고자 하는 원래의 체계와 관련된 어려운 조작이 촉진된다. 이러한 심적 조작의 산물은 원래의 체계로 해석되고 평가될 수 있다. 수학에서의 유추는 어떤 영역 내의 조작이 더 큰 영역으로 유추적으로 확장되는 형식적인 수준에서, 기호적 표현과 좀 더 직관적인 (기하학적인) 표현 사이에서, 수학적인 구조와 그와 동형인 수학 외적인 구체화 모델 사이에서 발생한다.

유추는 상황 사이의 관계적 성질에 주목하는 것인바, 패턴이나 법칙을 다루는 수학 학습에 매우 필요한 강력한 사고 도구가 된다. 구체물이나 그림을 이용하여 수학적 아이디어를 다양하게 표현하는 것은 학생들로 하여금 유추에 의하여 그 이면에 있는 추상적인 개념, 원리, 법칙을 파악하도록 하기 위한 것인바, 유추는 수학 학습-지도의 기본 바탕이 된다. 훌륭한 유추 모델은 거의 설명하지 않고도 많은 정보를 시사하며, 과학적 발견을 고무하고 친근하지 않은 영역에 대하여 새로운 정보를 제공한다. 그러나 이러한 이점에도 불구하고, 학습자에게 친근하고 단순하면서도 유용한 정보를 충분히 제공할 수 있으며 전이력이 큰 유사한 모델을 찾기가 어렵다는 근원적인 어려움이 있다. 적절하지 않은 표현은 유추와 전이를 어렵게 한다.

수학 외적인 수단이 개재되는, 교육적으로 어려움이 야기되는 유추모델의 예로서 등호의 해석을 생각해 볼 수 있다. 아동들은 등호에 등식의 형식적인 관계적 성질을 부여하는 것이 아니라 입력-출력 과정이라는 행동적 해석을 부여하는 경향이 있다. 왼쪽에서 어떤 활동을 수행하면 오른쪽에서 그 결과를 얻는다. 이러한 은유 때문에 여러 가지 결과가 생긴다. 아동은 3+7=10과 같은 명제는 쉽게 수용하지만 10=3+7과 같은 명제는 의미 없다고 생각한다. 입력-출력 과정은 가역적이 아니므로 여기에서 대칭성의 인식은 가능하지 않다. 이러한 유추적 모델에 근거하면 3+7=6+4와 같은 명제는 등식을 나타내는 것으로 직관적으로 수용되기 어렵다. 두 집합을 더하면 (행동적으로 합성하면) 곧바로 다른 두 집합이 되지 않는다. 아동들은 3+7=6+4를 3+7=10, 6+4=10과 같이 해석할 것이다. 곧, 3+7=6+4에서 등호는 입력-출력 모델이 적용되지 않으므로 아동들에게 의미를 갖지 않는다. 우리는 아동들에게 등식은 대칭성을 갖는다는 것을 가르치려고 한다. $x^2+5x+6=(x+2)(x+3)$과 $(x+2)(x+3)=x^2+5x+6$은, 관계로서의 등식은 대칭성을 포함하므로($A=B \leftrightarrow B=A$), 같은 명제를 나타내지만, 인지적으로는 대칭이 아니며 인수분해와 다항식의 전개는 같지 않다. 아동에게 등호는 직관적으로 입력-출력 은유에 충실한 채로 남아있기 때문에 등호의 암묵적인 입출력 해석을 유지하는 경향이 있어서 형식적인 관계적 해석이 그와 공존한다. 수학자는 등호의 관계적 의미에 익숙해서 직관적인 해석을 조종할 수 있지만 아동들은 그렇지 못하다. '철수는 구슬 10개를 가지고 있었는데 병수가 5개를 주었고 순이에게 7개를 주었다. 철수는 지금 구슬 몇 개를 가지고 있는가?'와 같은 문제에 대하여 10+5=15−7=8과 같은 오류를 범하는 아동이 많다. 이러한 오류의 원천도 마찬가지로 유추적인 과정-산출 모델이다.

(3) 가추(假推)

창의적 사고와 발견적 추론의 교육적 중요성에 비추어 가설 추론의 논리에 대한 Peirce의 견해를 살펴보기로 한다(김선희·이종희, 2002; Uwe Wirth, 2012). 전통적으로 논리학자들은 추론을 연역, 곧 필연적 추론과 귀납, 곧 개연적 추론으로 구분하였는데, Peirce는 개연적 추론에는 귀납 추론과 가추(abductive inference)의 두 가지 종류가 있다고 주장하였다. Peirce는 대표적인 연역 형식인 AAA(Barbara)형의 정언삼단논법 '모든 M은 P이다. 모든 S는 M이다. 따라서 모든 S는 P이다.'에서 명제를 상호 교환하면 어떻게 될 것인가를 생각하여 이러한 결론에 도달하였다. Peirce는 또한 그것을 표본추출을 기초로 결론을 이끌어내는 것과 연관시켜 고려하였다. M은 어떤 모집단의 원소, 이를테면 특정한 항아리 속에 있는 공인 모집단의 원소, P는 이 모집단의 원소가 가질 수 있는 어떤 성질, 이를테면 붉은색이라는 성질, S는 이 모집단으로부터 추출된 무작위 표본의 원소라고 간주해 보자. 그러면 삼단논법 Barbara는 다음과 같이 된다. '항아리 속의 모든 공은 붉은색이다. 이 특정한 무작위 표본의 모든 공은 이 항아리에서 추출되었다. 따라서 이 특정한 무작위 표본의 모든 공은 붉은색이다.' Peirce는 여기에서 대전제를 규칙, 소전제를 특별한 사례, 결론을 논법의 결과로 간주하였다.

AAA에서 규칙과 사례를 서로 교환하여 얻어지는 논법은 전제를 바꾼 AAA와 똑같은 논법이며 연역이다. 이제 결론(결과)을 대전제(규칙)와 교환하여 새로운 논법을 형성하면 다음과 같이 된다. '모든 S는 P이다.(결과) 모든 S는 M이다.(사례) 따라서 모든 M은 P이다.(규칙)' 그것을 표본

추출을 근거로 결론을 이끌어내는 것으로 해석해 보면, '특정한 무작위 표본의 모든 공은 붉은색이다. 이 특정한 무작위 표본의 모든 공은 이 항아리에서 나왔다. 따라서 이 항아리의 모든 공은 붉은색이다.' 이는 사물의 성질의 표본으로부터 사물의 성질의 모집단으로의 논법이다. 이러한 유(類)의 논법이 Peirce가 귀납의 핵심 의미라고 이해한 것이다. 말하자면 Peirce에게 가장 기본적인 의미로 귀납은 무작위 표본으로부터 모집단으로의 논법이다.

연역 AAA에서 결론(결과)을 소전제(사례)와 서로 교환하여 새로운 논법을 구성하면 '모든 M은 P이다.(규칙) 모든 S는 P이다.(결과) 따라서 모든 S는 M이다.(사례)' 이는 규칙과 결과로부터 사례에 대한 가설을 세우는 것이며, 그것을 표본을 근거로 결론을 이끌어내는 것으로 해석해 보면, '항아리에 들어 있는 모든 공은 붉은색이다. 이 특정한 무작위 표본의 모든 공은 붉은색이다. 따라서 이 특정한 무작위 표본의 모든 공은 이 항아리에서 택한 것이다.' 이는 연역이나 귀납과 전연 다른 개연적 추론 형식이다. 이러한 새로운 형태의 논법을 Peirce는 가추 또는 가정(hypothesis)이라고 불렀다.[42] 가추는 기존의 규칙과 관찰 결과로부터 사례에 대한 가설로의 '역추론' 형식이며, 따라서 Peirce는 가추를 역행추론(retroductive reasoning)이라고도 불렀다. 학교수학에서 어느 학생이 '일차함수의 그래프는 직선이다. $y=a$의 그래프는 직선이다. 따라서 $y=a$는 일차함수이다.'라고 추론하였다면 이는 가추이다. 여기에서 추정된 사례에 대한 가설은 타당하지만 같은 추론형식으로 '$x=a$는 일차함수이다.'라고 추론하였다면 이는 오류이다.(*ibid.*)

전제조건 p, 결론 q, 전제조건이 결론을 수반하는 규칙 $p \to q$가 주어졌

---

42 "Charles Sanders Peirce", The Stanford Encyclopedia of Philosophy, http://plato.stanford.edu/entries/peirce/

을 때 대표적인 연역 형식인 modus ponens $(p \rightarrow q) \wedge p \Rightarrow q$에서 마찬가지로 생각해 보면 연역, 귀납, 가추는 다음과 같이 설명될 수 있다. 연역은 규칙과 전제조건에서 결론을 이끌어낸다. 이를테면, '비가 오면 풀이 젖는다. 비가 온다. 따라서 풀이 젖는다.' 귀납은 전제조건을 따르는 결론의 여러 가지 예로부터 규칙을 추리하는 것이다. 이를테면 '비가 올 때마다 풀이 젖었다. 따라서 비가 오면 풀이 젖는다.' 가추는 결론과 규칙을 사용하여 전제조건을 결정하는 것이다. 이를테면 '비가 오면 풀이 젖는다. 풀이 젖었다. 비가 왔음에 틀림없다.' 진단할 때와 발견할 때는 통상 이런 유(類)의 가설적 추론을 한다.[43]

Peirce에 따르면 기호(sign)는 표현체(representamen), 대상체(object), 해석체(interpretant)로 구성되며 사고, 이해, 추론, 학습의 수단이고, 마음은 추론 법칙에 따라 전개되는 일종의 기호이다. 모든 사고는 기호에 대해 수행되며, 지식 성장의 근원으로 작용하는 기호현상(semiosis), 곧 표현체와 해석체의 교대작용을 통한 기호 해석의 무한 과정은 추론으로 구축된다. Peirce는 수학적 추론을 도식적 추론(diagrammatic reasoning)과 동일시한다. 그에게 도식적 추론이란 어떤 일관된 표현 체계에 따른 기호인 도식(圖式, diagram), 곧 대상체와 유사성을 가지며 규약적인 상징기호(象徵記號, symbols)의 도움을 받고 또한 어떤 것에 주목하게 하는 지표기호(指標記號, indices)가 얼마간 사용되는 관계(relations)에 대한 표현체인 영상기호(映像記號, icon)를 구성하는 것이다. 그리고 그에 대해 실험을 하여, 그 결과를 관찰함으로써 숨겨진 관계를 발견하고, 같은 표현 체계에 따라 구성된 모든 도식에 대해서 수행된 유사한 실험이 필연적으로 같은 결과가 될 것임을 확신하고 이를 일반적인 용어로 나타내는 것이

---

43 "Abductive reasoning", New World Encyclopedia, http://www.newworldencyclopedia.org/

다. 따라서 그는 모든 수학적 지식은 관찰로부터 나온다고 본다.(Marietti, pp. 35-36; Hoffmann, pp. 45-48)

Peirce가 보기에 추론은 가추, 연역 및 귀납에 기초하며 신념, 습관, 규칙, 규약을 확립하는 것을 목적으로 한다. 발견의 논리로 여겨져 온 귀납은 관찰된 특수한 몇 가지 사례의 공통성에 주목하여 자연의 균일성을 전제로 그러한 사례 전체에 대해서 성립될 수 있는 일반적인 법칙을 이끌어 내는 추론이므로 '새로운' 지식을 생성할 수 없다. Peirce는 새로운 지식은 기존의 규칙과 관찰된 결과를 바탕으로 가설을 세우는 가추에 의해서만 창안된다는 것을 강조하면서 세 가지 논법을 그가 '과학적 방법'이라고 부른 진리를 찾는 체계적인 절차의 세 가지 국면으로 설명한다. 과학적 방법은 가추 곧 가설 추정으로 시작된다. 놀라운 혹은 당혹스런 현상 때문에 실제로 일어나는 것에 대한 추측이나 가설이 세워진다. 그다음에 연역의 단계로 나아간다. 필연적 추론에 의해 원래 가설을 일으킨 놀라운 현상과 다른 현상을 얻는 결론이 잠정적으로 수용된 가설로부터 이끌어내어진다. 그다음에 귀납의 단계로 나아간다. 연역된 결과가 얻어지는지 어떤지를 확인함으로써 잠정적으로 수용된 가설을 검사하기 위하여 실험이 실제로 수행된다. 만일 연역된 결과가 얻어지면 가설의 그 이상의 결과를 연역하여 그들을 다시 실험적으로 검사한다. 그러나 만일 연역된 결과가 얻어지지 않으면 가추단계로 다시 맴돌아 새로운 가설을 생각해 내게 된다. 그다음에 전과 같이 연역단계로 나아간다. 가추란 가설, 참이라면 관련된 현상을 가장 잘 설명하는 가설을 선택하는, '최선의 설명을 향한 추론'으로서 새로운 지식을 생성하는 추론이다. Peirce가 보기에 가설의 선택은 부분적으로 타고나고 부분적으로 학습된 '추측본능'에 의해서 수행되며, 추론자의 '추측본능'에 의해 안내되어 개연성의 실용적인 표준에 합치되는 것을 목적으로 하는 추측, 즉 추정적 사고이다.(Uwe Wirth, 2012)

참고문헌

(외국어 문헌은 원서 표기에 따름)

교육부, 『고등학교 교육과정 해설; 수학』, 교육부 고시 1997-15호, 1997.

교육부, 『수학과 교육과정』(교육부 고시 제1997-15호), 대한교과서주식회사, 1997.

김선희·이종희, 「수학적 추론으로서의 가추법」, 『수학교육학연구』 제12권 제2호, 2002, 275-290쪽.

박종홍, 『일반논리학』, 박영사, 1983.

신기철·신용철, 『새 우리말 큰사전』, 삼성출판사, 1984.

우정호, 「아동의 추리 능력에 관한 연구」, 『과학교육연구』 제1집, 인천교육대학교, 1974, 25-43쪽.

우정호, 『학교수학의 역사-발생적 접근』, 서울대학교출판문화원, 2018년 1월 발행 예정.

이경화·박경미·임재훈, 「교육 내용으로서의 집합 개념에 대한 비판적 고찰」, 『수학교육학연구』 제12권 제1호, 2002, 125-143쪽.

임재훈·이대현, 「수학과 교육내용 적정성 분석 및 평가」, 한국교육과정평가원 연구보고 RRC 2004-1-5.

조영미, 「학교수학에 제시된 정의에 관한 연구」, 서울대학교 대학원 교육학 박사학위 논문, 2001.

하승수, 「함의 개념의 이해에 관한 연구」, 서울대학교 대학원 교육학 석사학위 논문, 2008.

황혜정·나귀수·서동엽, 「수학과 교육목표 및 내용 체계화 연구」, 한국교육과정평가원 연구보고 RRC 2000-3.

石田忠男, 「集合·論理の圖式表示についての考察: オイラー流の圖式とベン流の圖式の違いを中心に」, 日本數學教育會, 『數學教育學論究』, XIX, 1970, pp. 15-28.

日本數學會 編輯, 『岩波 數學辭典』, 第2版, 岩波書店, 1978.

平林一榮·岩崎秀樹, 「集合の台頭と挫折: 數學教育現代化運動の反省」, 『廣島大學教育學部紀要』, 第1部, 第26號, 1977, pp. 185-195.

Baron, M. E., “A Note on the Historical Development of Logic Diagrams: Leibniz, Euler and Venn,” *The Mathematical Gazette*, Vol. 53, No. 384, 1969, pp. 113-125.

Bell, E. T., *The Development of Mathematics*, McGraw-Hill Book Company, 1945.

Beth, E. W. & Piaget, J., *Mathematical Epistemology and Psychology*, D. Reidel Publishing Company, 1966.

Boyer, C. B., *The History of the Calculus and Its Conceptual Development*, Dover Publications, Inc., 1959.

Burton, D. M., *The History of Mathematics: An Introduction*, Wm. C. Brown Publishers, 1988.

Byham, F. C., "Indirect Proof in Geometry from Euclid to the Present," Doctorial Dissertation, The Ohio State University, 1969.

Conference Board of the Mathematical Sciences, National Advisory Committee on Mathematical Education, *Overview and Analysis of School Mathematics, Grades K-12*, 1975.

Copi, I. M., *Introduction to Logic*, 민찬홍 역, 『논리학 입문』, 이론과 실천, 1988.

Courant, R. & Robbins, H., *What is Mathematics?: An Elementary Approach to Ideas and Methods*, Revised by Stewart, I., Oxford University Press, 1996.

Dauben, J. W., "The Development of Cantorian Set Theory," Grattan-Guinness, I. (ed.), *From the Calculus to Set Theory, 1630-1910: An Introductory History*, Princeton University Press, 2000, pp. 181-219.

Dedekind, R., *Essays on the Theory of Numbers*, trans. by Beman, W. W., Dover Publications, Inc., 1963.

Dewey, J. & McLellan, J. A., *The Psychology of Number and its Application to Method of Teaching Arithmetic*, D. Appleton and Company, 1895.

Dienes, Z. P., *Building Up Mathematics*, Hutchinson Educational, 1960.

Fischbein, E., *Intuition in Science and Mathematics: An Educational Approach*, D. Reidel Publishing Company, 1987.

Freudenthal, H., "Zur Geschichte der vollständigen Induktion," *Archives Internationales d'Histoire des Sciences*, 22, 1953, pp. 17-37.

Freudenthal, H., *Mathematics as an Educational Task*, D. Reidel Publishing Company, 1973.

Freudenthal, H., *Weeding and Sowing: Preface to a Science of Mathematical Education*, D. Reidel Publishing Company, 1978.

Halmos, P. R., *Naive Set Theory*, D. Van Nostrand Company, Inc., 1960.

Hoffmann, M. H. G., “Signs as Means for Discoveries,” Hoffmann, M. H. G., Lenhard, J., & Seeger, F. (eds.), *Activity and Sign: Grounding Mathematics Education*, Springer, 2005, pp. 45-56.

Kant, I., *Immanuel Kant's Critique of Pure Reason*, trans. by Smith, N. K., Macmillan & Co Ltd., 1956.

Kant, I., *Kritik der reinen Vernunft*, 백종현 역, 『순수이성비판 1, 2』, 아카넷, 2008.

Katz, V. J., *A History of Mathematics: An Introduction*, Harper-Collins College Publishers, 1992.

Klein, F., *Elementarmathematik vom höheren Standpunkte aus, erster Band*, trans. by Hedrick, E. R. & Noble, C. A., *Elementary Mathematics from an Advanced Standpoint: Arithmetic, Algebra, Analysis*, Dover Publications Inc., 2004.

Lakatos, I., *Proofs and Refutations: The Logic of Mathematical Discovery*, 우정호 역, 『수학적 발견의 논리』, 민음사, 1991.

Leibniz, G. W., *Philosophical Papers and Letters*, trans. & ed. by Loemker, L. E., D. Reidel Publishing Company, 1969.

Lietzmann, W., *Stoff und Methode des Raumlehreunterrichts in Deutschland*, Druck und Verlag von B. G. Teubner, 1912.

Marietti, S., “The Semiotic Approach to Mathematical Evidence and Generalization,” Hoffmann, M. H. G., Lenhard, J., & Seeger, F. (eds.), *Activity and Sign: Grounding Mathematics Education*, Springer, 2005, pp. 35-43.

Meder, A. E., “Sets, Sinners, and Salvation,” *The Mathematics Teacher*, Vol. 52, No. 6, 1959.

New World Encyclopedia, “Abductive reasoning”(2012, August 11), http://www.newworldencyclopedia.org/

Peirce, S. C. “Charles Sanders Peirce,” The Stanford Encyclopedia of Philosophy (Winter 2012 Edition), http://plato.stanford.edu/entries/peirce/

Piaget, J., *Traité de logique*, Librairie armand colin, 1949.

Piaget, J., *Le Judgement et le Raisnnement chez l'Enfant*, 龍澤武久, 岸田 秀 譯, 『判斷と推理の發達心理學』, 國土社, 1969.

Piaget, J. et collaborateurs, *Recherches sur l'abstraction réfléchissante*, 1, 2, Presses Universitaires de France, 1977.

Poincaré, H., *Science and Method*, Dover Publications, Inc., 1908.

Polya, G., *How To Solve It: A new Aspect of Mathematical Method*, Doubleday Anchor Books, 1957, 우정호 역, 『어떻게 문제를 풀 것인가: 수학적 사고 방법』, 천재교육, 1986.

Polya, G., *Mathematics and Plausible Reasoning, Vol. I, Induction and Analogy in Mathematics*, Princeton University Press, 1973.

Popper, K. R., *Conjectures and Refutations: The Growth of Scientific Knowledge*, Routledge and Kegan Paul, 1963.

Scholz, H., *Abris der Geschichte der Logik*, trans. by Leidecker, K. F., *Concise History of Logic*, Philosophical Library, 1961.

School Mathematics Study Group, *Mathematics for the Elementary School, Book 1, 2, 3, Teachers Commentary*, The Board of Trustees of the Leland Stanford Junior University, 1965.

Simmons, G. F., *Introduction to Topology and Modern Analysis*, McGraw-Hill Book Company, Inc., 1963.

Skemp, R. R., "Relational Understanding and Instrumental Understanding", *Mathematics Teaching*, No. 77, 1976, pp. 20-26.

Upton, C. B., "The Use of Indirect Proof in Geometry and in Life," NCTM, The Fifth Yearbook, *The Teaching of Geometry*, AMS Reprint Company, 1966, pp. 102-133.

Uwe Wirth, "What is Abductive Inference?," External links, New World Encyclopedia (2012, August 11), http://www.newworldencyclopedia.org/

Vollrath, H.-J., *Algebra in der Sekundarstufe*, Wissenschaftsverlag, 1994.

Yaglom, I. M., *Geometric Transformations I*, trans. by Shields, A., The Mathematical Association of America, 1962.

제2장

산술교육론

수의 발생은 인간의 기본적인 필요성에 기인한 것으로 그 역사는 매우 오래되었으며 인류의 모든 고대 문화권에서 한결같이 수가 발견된다. 수의 발달은 본질적으로 생활과 수학 자체 내에서 점차 증대되는 수 조작에 대한 요구에 의해 이루어져 왔다. 먼저 수세기가 요구되었고 곧바로 수는 측정에 필요하였으며 기수법과 계산법의 발명을 통해 인류 문화의 발달에 필요불가결한 요소가 되었다. 특히 Stevin(1548~1620)에 의해 소수가 발명되면서 수 개념은 그 발전의 결정적인 계기를 맞이하게 되었으며, 점차 더 복잡해진 관계의 기술과 문제해결을 위한 방정식의 풀이에 필요하게 되면서 새로운 수가 구성되어 그 영역이 확장되어 왔다.

산술(算術, arithmetic[1])은 기하와 함께 수학의 가장 오래된 초보적인 분야이며 수 개념, 수의 대소 관계, 수에 대한 연산과 그 성질 및 사칙 계산법 등을 다루는 수학의 기초를 이루는 핵심적인 내용이다. 자연수와 분수 및 소수에 대한 산술은 초등학교 수학의 핵심 내용으로 전통적으로 이

1 arithmetic의 어원은 수를 의미하는 그리스어 arithmos이다. 고대 그리스 수학자들은 수론과 주로 주판을 이용하였을 것으로 생각되는 계산술을 구분하고 전자를 arithmetica, 후자를 logistica라고 불렀다. Platon은 계산을 속되고 유치한 기술이라고 단언하고 산술철학에만 관심을 가졌다.(Klein, p. 80)

러한 초등학교 수학을 산술이라고 불러 왔지만, 전문 분야인 이론적인 수론(數論)을 산술이라고 부르기도 한다. 특히 1960년대의 '새 수학(the New Math.)' 이래 초등학교에서 산술과 함께 도형, 측정,[2] 함수 등을 현대수학의 관점에서 다루게 되면서 산술이라는 명칭 대신에 초등수학(elementary mathematics)이라는 명칭을 사용하게 되었다.

산술교육에서는 일찍이 Pestalozzi와 Dewey에 의해 실용적 유용성 측면과 함께 진리 감각을 함양하고 관찰과 반성 습관을 북돋아 사고력과 추론능력을 도야하는 정신도야적 측면의 교육적 중요성이 강조되었다. 학생들에게 수학적 사고를 가르치고 주변 세계의 양적인 측면에 흥미를 불러일으키며 간단한 계산을 정확하고 능숙하게 할 수 있도록 하여 산술의 실제적인 응용에 대한 지식을 부여하며 그 이상의 수학을 공부하기 위한 기초와 마음가짐을 마련해 주기 위한 것이 산술교육의 목적이었다.(Young, pp. 203-219)

현재 초등학교에서는 자연수를 기초로 분수와 소수를 도입하여 양의 유리수 범위에서 산술을 다룬다. 자연수 개념과 그 대소관계, 위치적 십진기수법, 분수와 소수의 개념과 그 대소관계, 분수와 소수 표현 바꾸기, 자연수·분수·소수의 사칙연산과 계산 알고리즘, 그 생활문제에의 활용을 다룬다. 중학교에서는 음수를 도입하여 정수, 유리수로 수를 확장하고 그 대소관계와 사칙연산 및 활용을 다루고 무리수를 도입하여 실수로 수를 확장한다. 고등학교에서 복소수까지 수를 확장하여 그 사칙연산과 성질을 다룬다.

수 개념은 거대개념(巨大槪念, mega-concept)이다. 수는 자연수, 정수, 유리수, 실수, 복소수 등으로 구분된다. 이들 수는 각기 매우 복합적인 개

2 '새 수학'에서는 측정을 가법성을 갖는 집합 함수인 측도(測度, measure)라고 표현하였다.

념으로 여러 가지 측면에서 접근할 수 있으며 하나같이 그 의미를 설명하기가 결코 쉽지 않은 다양한 측면을 갖고 있다. 수 개념을 이해하기 위해서는 수학적 분석은 물론이고 그 역사적 발달과정을 반드시 이해해야만 한다. 역사 발달의 초기부터 근세에 이르기까지 당시의 세계관적·철학적 입장이 수 개념 발달에 얼마나 큰 영향을 미쳐 왔으며 그에 근거한 장애물이 얼마나 강력하게 작용해 왔는지는, 우리말도 그렇지만 유리수(有理數, rational numbers), 양수(陽數, positive numbers), 실수(實數, real numbers)의 명칭과 대비되는 무리수(無理數), 음수(陰數), 허수(虛數)의 영어 명칭, 곧 '무리한(irrational)', '부정적인(negative)', '상상의(imaginary)' 수라는 명칭으로부터 미루어 알 수 있다.(Vollrath, p. 38) 더구나 개념으로서의 수(number)와 숫자(figure) 또는 수사(數詞, numeral)의 구분이 미묘하다. 분수(common fraction), 소수(decimal fraction)는 수인가, 숫자인가?

또한 수는 계수가 정수인 방정식의 근인 대수적 수(algebraic numbers)와 그렇지 않은 초월수(超越數, transcendenthal numbers)로 분류된다. 유리수 $\frac{a}{b}$는 물론 일차방정식 $ax-b=0$의 근이므로 대수적 수이며, 실수 $\sqrt{2}$와 복소수 i는 각각 방정식 $x^2-2=0$, $x^2+1=0$의 한 근으로 규정되므로 대수적 수이다. 그러나 실수인 원주율 π나 자연로그의 밑 e 등은 계수가 정수인 대수 방정식 $a_0+a_1x+a_2x^2+\ \cdots\ +a_nx^n=0$의 근이 될 수 없다. 다시 말하면, π와 e는 어떤 대수적 관계도 만족하지 않으며 그 본질을 설명하는데 Euler가 말한 바와 같이 '대수적 방법의 힘을 초월하는'(Burton, p. 600) 초월수이다. 나아가 초한수(超限數, transfinite numbers)[3]뿐만

3 Cantor는 집합론에서 무한집합의 기수와 순서수 곧 초한기수와 초한순서수 및 그에 대한 산술론을 전개하였다.

아니라 벡터,[4] 텐서(tensors),[5] 사원수(四元數, quaternions)[6]를 수에 포함시키도록 수의 범위를 확장할 수도 있을 것이다.(Lucas, p. 156)

이러한 매우 복합적인 개념인 수를 인간은 어떻게 생각하게 되었는가? Wilder(pp. 33-78)는 수 개념은 한 개와 두 개의 구분, '한 개, 두 개, 많다'의 구분, 1대1 대응에 의한 사물의 집합의 비교, 눈금표시(tallying), 수사, 표의문자(상형문자), 수비주의(數秘主義, number mysticism),[7] 기수법, 숫자를 이용한 계산, 이상화와 추상화, 무리수나 복소수와 같은 새로운 수의 출현, 논리적 정의와 분석 등의 단계를 거쳐 발생되어 왔음을 논의하고 있다. 그러나 수 개념의 역사적 발생과정의 해명은 많은 고찰을 요하는 매우 복잡한 문제이다.

---

4 일반적으로 다음과 같은 공리를 만족하는 실수체 R 위의 벡터공간 V의 원소를 벡터라고 한다. 벡터란 '합과 실수배의 법칙'을 가진 것이라고 할 수 있으며, 정수나 실수는 물론 물리적 벡터, 함수, 다항식 등도 벡터이다.

i) 모든 $u, v, w \in V$에 대하여, $(u+v)+w=u+(v+w)$

ii) 모든 $u \in V$에 대하여, $o+u=u+o=u$인 $o \in V$가 존재한다.

iii) 모든 $u \in V$에 대하여, $u+(-u)=o$인 $-u$가 존재한다.

iv) 모든 $u, v \in V$에 대하여, $u+v=v+u$

v) 모든 $c \in R$에 대하여, $c(u+v)=cu+cv$

vi) 모든 $a, b \in R$에 대하여, $(a+b)v=av+bv$

vii) 모든 $a, b \in R$에 대하여, $(ab)v=a(bv)$

viii) 모든 $u \in V$에 대하여, $1 \cdot u=u$

5 텐서는 길이와 같은 양을 나타내는 실수인 스칼라, 유향선분인 벡터, 선형사상을 나타내는 행렬 관념을 일반화한 개념이다.

6 복소수는 $i^2=-1$인 기저(basis) $1, i$에 의해 생성된 $a+bi=(a, b)$ 꼴의 수이다. 19세기에 Hamilton은 이를 확장하여 $i^2=j^2=k^2=ijk=-1$인 기저 $1, i, j, k$에 의해 생성된 $a_1 1+a_2 i+a_3 j+a_4 k=(a_1, a_2, a_3, a_4)$ 꼴의 수를 생각하고 이를 사원수라고 불렀다. 사원수는 곱셈의 교환법칙을 제외한 덧셈과 곱셈의 대수법칙을 모두 만족한다.

7 수비주의는 짝수는 여성, 홀수는 남성, 1은 이성, 2는 의견, 4는 정의, 5는 결혼 등과 같이 수에 신비로운 성격을 부여하고 '만물은 수'라고 설파한 Pythagoras학파의 견해가 이에 해당된다.(Wilder, p. 75)

이 장에서는 자연수, 정수, 유리수, 실수, 복소수 산술의 순서로 학교수학의 바탕이 되는 수 개념과 수의 계산에 대한 교수학적 분석을 시도해 보기로 한다.[8]

8 이와 관련하여 여러 가지 수 개념, 기수법, 계산법의 역사적 발달과정에 대한 고찰이 요구되는바 이에 대해서는 『학교수학의 역사-발생적 접근』을 참고해 주기를 바란다.

1. 자연수 산술

학교수학이 시작되는 초기에 아동이 파악하는 수 개념은 아동의 수학적 사고 발달의 기초가 되며 그에 적지 않은 영향을 미친다. 따라서 아동들이 학령 초에 자연수 개념을 어떻게 이해하느냐 하는 것은 차후의 수학 학습과 관련하여 매우 중요하다. 그러나 전통적으로 학교교육을 이수한 대다수의 학생들은 자연수 개념을 비롯하여 수 개념의 진정한 이해를 보여주지 못하고 있다. 이러한 이유로 수 개념의 지도 문제는 서구에서 초등학교 공교육이 시작되던 19세기부터 수학교육의 핵심적인 문제 가운데 하나로 간주되어 왔으며 자연수 개념에 대한 수학적·철학적·교육학적·심리학적·수학기초론적인 다양한 관점이 반영되면서 많은 논쟁이 지속되어 왔다. 1960년대에 '새 수학'에서는 수 개념의 집합론적·구조적 접근으로 이러한 문제의 해결을 시도하였다. 그러나 우리나라 초등학교 수학교육과정에 많은 영향을 미친 '새 수학'의 대표적 프로젝트인 SMSG식 접근은 성공적이지 못하였으며(Kline, 1973), 근래에 셈수 중심의 직관적 접근으로 회귀하는 경향을 보이고 있음은 자연수 개념에 대한 더욱 철저한 교수학적 분석이 요구됨을 말해 준다.

자연수를 어떻게 생각하느냐에 따라서 자연수 개념의 발달에 대한 연구와 그 학습-지도의 내용과 방법이 달라진다. 자연수 1, 2, 3, …은 어떤 수인가? 우리말에서 자연수(自然數)란 문자 그대로 말하면 '스스로 그러한 수'라는 의미를 가지며, 이는 영어 natural numbers를 번역한 말이다. 우리는 주변에서 크고 작은 자연수를 흔히 대하기 때문에 이러한 수가 가진 신비함을 느끼기 어렵지만, 志賀浩二(1992)가 적절히 기술하고 있듯이 100억 광년 이상의 광대한 영역에 분포하고 있는 감을 잡을 수 없는 엄청난 수의 은하계의 끝에 있는 별까지도 자연수의 시작에 불과한 부분의 수로 셀 수 있을 정도로 자연수는 무한히 계속되는 수라는 놀라움을 잊어서는 안 될 것이다. 흥미로운 것은 끝이 없는 무한 장대한 자연수 전체를 1, 2, 3, …과 같이 무한히 '그렇게 계속된다.'는 것을 세 점 …으로 나타내어 인식하는 힘을 우리 인간이 갖고 있다는 점이며 초등학교 초부터 그렇게 인식하도록 교육해야 할 것이다. 아동이 무한의 신비를 처음으로 경험할 수 있는 곳이 바로 수학의 출발인 자연수의 세계이다.

그런데 이러한 자연수는 고대 그리스 이래 많은 수학자들에 의해 다양하게 규정되어 온 복합적인 개념이라는 데 어려움이 있다. 수학적으로 자연수는 관점에 따라 셈수(counting numbers), 순서수(ordinal numbers), 기수(基數, cardinal numbers), 측정수(measuring numbers), 작용소(作用素, operators), 계산수(reckoning numbers) 등 여러 가지 측면에서 그 의미를 찾아볼 수 있다(Freudenthal, 1973; Steiner, 1969). 순서수는 '첫째', '둘째', '셋째' 등과 같은 용어로 표현되거나 '하나', '둘', '셋' 등과 같은 수세기로 표현될 수 있다. 후자의 경우를 셈수라고 부르며[9] 중요한 것은 순서로서 논리적으로 순서수와 같은 것으로 간주될 수 있다.(Lucas, p. 94)

특히 근세 이후 초등학교 교육이 시작되면서 자연수와 그 계산 교육의

---

9 Lucas(pp. 121-126)는 Benacerraf의 구분에 따라 사물의 개수 세기, 집합의 원소 세기를 '타동사적 수세기(transitive counting)'라고 부르고 '자동사적인 수세기(intransitive counting)'와 구분하면서 일, 이, 삼, …을 '자동사적 셈수'라고 부른다.

문제는 철학자, 심리학자, 교육학자, 수학교육학자들에게 주된 관심의 대상이 되어 여러 가지 관점에서 다양한 접근이 시도되어 왔다. 흥미로운 것은 이들이 각기 관련된 분야의 자신들의 학문적 주의 주장을 자연수 개념으로 상세화하고 있다는 점이다. 19세기에 철학자 Kant는 수가 오성의 한 가지 개념인 양의 순수도식으로 동질인 단위의 잇달은 더하기로 이루어져 있는 표상이며, 각지(覺知)의 종합에 의한 직관의 통일이라고 보았다. 따라서 그에게 "수는 다름 아니라 일반적인 동질인 직관 다양(多樣, manifold, das Mannigfaltige)의 종합인 통일이다."[10](Kant, 1956, A143) 그런데 이는 동질인 선험적 시간직관인 지금과 지금이 잇달아 결합되어 시간을 산출해 내는 데 기인한 통일과 같다고 보고 Kant는 수가 인간이 타고난 시간직관, 시간계열과 밀접하게 관련된다는 견해를 제시하였다. 수의 표상은 시간 급수를 이루는 다수가 동시에 하나를 이루는 표상인 시간직관의 종합이라고 본 것이다. 다른 학자들은 수 관념은 그보다 공간지각과 더 관련된다고 생각하고 수 관념을 이웃한 서로 다른 대상의 동시 지각에 기초를 둔 것으로 보았다. 그리고 또 다른 학자들은 수 개념을 시간과 공간 지각과 무관하게, 그것과 동격으로 혹은 그것을 초월하여 존재하는 정신의

---

10 이 말의 의미는 다음과 같은 Kant의 기술을 통해 엿볼 수 있을 것이다. "어느 직관이든 그 가운데 하나의 다양을 내포한다. 여기에서 다양은 마음이 인상의 순차적 계기에서 시간을 구별하는 한에서만 하나의 다양으로 표상될 수 있는 것이다. 각 표상은 한순간에 표상되는 한 절대적인 통일일 수밖에 없기 때문이다. (공간 표상에서 요구되듯이) 직관의 통일이 이러한 다양으로부터 일어날 수 있기 위해서는 먼저 다양을 훑어 보고 결합해야 한다. 나는 이런 행위를 그것이 직접 직관에 작용하므로 '각지(覺知)의 종합(synthesis of apprehension)'이라고 부른다. 여기에서 직관은 하나의 다양을 물론 제공하기는 하되, 그러한 종합의 덕분이 아니고는 하나의 표상 속에 포함된 것으로서 결코 표상될 수 없는 그러한 다양을 제공한다."(Kant, 1956, A99) 여기에서 다양은 우리말의 의미인 여러 가지로 많음, 잡다(雜多), 여러 모양, 다수, 혹은 (일정한 구조를 갖춘) 집합이라는 의미로 적절히 해석해 보아도 무방할 것이다.

특별한 기능의 표현으로 보았다.(Klein, pp. 10-11)

교육학자인 Dewey와 McLellan(1895)은 수란 변별과 일반화, 분석과 종합의 결과이며 양의 측정활동으로부터 구성된 전체량과 단위의 비(比)라고 규정하였다. 형태(Gestalt) 심리학자 Wertheimer는 미개인의 수 개념에 대한 고찰을 통해 사물의 집합이 갖는 형태에 밀접히 융합된 의사 수량 개념이 수세기라는 조작이 도입됨으로써 발달된 개념이 자연수라고 보고 있어 수 개념이 모든 정상적인 인간이 타고난 것으로 해석될 수 없음을 지적하였다.(波多野完治, pp. 102-105) 발생적 인식론자이자 발달심리학자인 Piaget(1965a)는 수의 구성은 논리의 발달과 병행하며 자연수 개념은 분류와 계열화 조작의 종합이라고 보았다. 수 개념의 기원을 찾는 것은 수학적 지식으로서의 역사적 발생의 문제일 뿐만 아니라 이와 같이 인식론과 심리학의 문제를 포함하는 지극히 어려운 문제이다.

다음에는 먼저 Freudenthal의 수 개념에 대한 교수학적 분석을 살펴보기로 한다. 그리고 최근 우리나라 수학교육과정에서의 자연수 지도과정을 분석해 보기로 한다.

1) 자연수 개념과 그 지도에 대한 Freudenthal의 관점

수학을 현상을 정리하고 조직하는 수단인 본질로 보고 점진적인 '수학화(mathematization)활동' 교육을 강조한 Freudenthal(1973)은 자연수 개념을 셈수, 개수(numerosity number), 측정수, 계산수로 분류하여 분석하고 그 지도에 대해 논의하고 있는데 다음에는 이를 중심으로 살펴보기로 한다.

Freudenthal(1973, pp. 171-172)은 Brouwer의 직관주의 입장에서 자연수는 인간이 타고난 직관능력에 의해 자연스럽게 파악되는 수열이 기본이 된다고 보고, 그 중요성을 강조한다. "수열은 역사적으로, 발생적으로, 그리고 체계적으로 수학의 초석이다. 수열 없이는 수학이 없다. 어떤 현대적인 수학 교과서가 다른 견해를 제시한다면 그 이유는 그 저자들이 수학을 잘못 해석한 것이다."라고 주장한다. 셈수란 자연수열 1, 2, 3, ⋯, k, $k+1$, ⋯이며 이는 수세기와 계산 활동에 필수 불가결한 것이다. 셈수는 집합론에서 순서수로 형식화되며 초한순서수로 확장된다. 전통적으로 초등학교 수학에서는 수세기를 학습한 후, 덧셈은 이어서 세기로, 뺄셈은 거꾸로 세기로, 곱셈은 둘씩 셋씩 세기 등 뛰어 세기로 계산하였다. 이는 Freudenthal이 보기에 건전한 원리로 생각되며 최근 이러한 방법이 등한시되어 온 것은 잘못이다.

Freudenthal에 따르면 셈수에 대한 이해는 초등학교 수학에서의 소박한 수세기로부터, '그렇게 계속된다(so it goes on)'는 자연수의 무한수열에 대한 직관적 인식, 덧셈과 곱셈에 대한 귀납적 정의의 암묵적 사용, 고등학교 수학에서의 수학적 귀납법의 의식과 그 형식화, 대학 수학에서의 셈수의 공리체계화에 이르기까지 다양한 수준으로 이루어질 수 있다. Freudenthal은 1로부터 시작하여 1을 더하는 방식으로 무한히 생성되어 가는 셈수에 대한 아동의 직관적 인식의 중요성을 강조한다. "'그렇게 계속된다'는 외침은 수학이다. 그것은 인류가 산출한 그리고 개인이 산출하고 있는 첫 번째 수학이다. 그것은 위대하고 중요한 수학이다. 그것은 첫 번째이자 최후의 수학이다. 그것은 가장 고상하고 가장 심원한 수학이다. ⋯ 아동은 수학의 알파요 오메가인 무한을 발견한 것이다. ⋯ '그렇게 계속된다'는 인식은 산술교육 전체 가운데, 학습하는 모든 규칙 가운데, 무한소수 가운데에서 작용한다. 그것이 시간의 무한이건 공간의 무한이건 수열의 '그렇게 계속된다'는 원리에 따라 파악된다. $\sqrt{2}$는 어떤 소수까지 계산되는데 그때 세 점을 무한히 계속된다는 표시로 찍는다. 무한급수와 무한기호가 등장하고 원에 변의 수의 한계가 없는 다각형의 무한수열이 내접된다. 이 단계에서의 수열의 생성으로부터 무한함수급수의 수렴까지 모든 무한과정은 시간적으로 풀어지는 것으로 상상된다는 것을 잊지 말라."(Freudenthal, 1973, pp. 173-174)

자연수의 덧셈과 곱셈의 귀납적 정의

$$\begin{cases} a+0=a \\ a+(n+1)=(a+n)+1 \end{cases} \qquad \begin{cases} a\cdot 1=a \\ a\cdot(n+1)=a\cdot n+a \end{cases}$$

는 초등학교 수학에서 덧셈을 '이어서 세기'로, 곱셈을 '뛰어 세기'로 지도하는 방법에 암묵적으로 내포된, 셈수 전체로의 외삽적 일반화를 반영한, 형식적 정의이다. 이러한 점을 생각해 보면 고등학교 수학에서 수학적 귀납법에 의한 증명을 먼저 다루고 귀납적 정의를 나중에 다루는데 이는 발생적으로 볼 때, 그리고 증명 부분에서 살펴보겠지만 논리적으로 볼 때 전도된 것이다.

일반항이 선행항의 함수가 되는 귀납적 패턴(recursive pattern)의 바탕도 수학적 귀납법의 원리이다. 귀납적 패턴은 컴퓨터 프로그래밍에서의 반복계산법(맴돌이, looping)의 바탕이 된다. 이러한 관점에서 현재 고등학교 수학에서는 수열의 일반항의 귀납적 정의와 점화식(漸化式, recurrence formula)을 다루고 있다. 등차수열은 일반항 $a_n=\alpha+(n-1)d$에 의해 결정되는데 이는 $\begin{cases} a_0=\alpha \\ a_n=a_{n-1}+d \end{cases}$와 같이 초항과 점화식을 이용하여 귀납적으로 정의된다. 그리고 등비수열 역시 일반항 $a_n=ar^{n-1}$에 의해 결정되는데 이는 $\begin{cases} a_0=\alpha \\ a_n=a_{n-1}r \end{cases}$과 같이 귀납적으로 정의된다.

기수(基數, cardinal number)는 집합론에서 통상적인 개수 관념을 형식화한 개념이다. 집합론에서 집합의 원소의 개수는 집합의 기수로 형식화되며 초한기수로 확장된다. 여기에서 각각의 기수는 집합에 대해 하나하나

독립적으로 정의된다. 이를테면, 3이란 원소가 3개인 유한집합의 기수이며, 무한집합인 자연수 전체의 집합의 기수는 $\aleph_0$이고, 연속체인 실수 전체의 집합의 기수는 c이다. 집합론은 무한집합의 기수와 순서수 및 그 연산에 관한 이론으로, 실무한(real infinity)을 수학에 도입한 이론이다. 집합론을 창시한 Cantor에 따르면 집합 A의 기수란 우리의 능동적인 사고력에 의하여 A로부터 그 원소들의 특질과 그 제시 순서로부터 추상하여 창안되는 일반적인 개념이다. 두 집합은 그 원소가 1대1로 대응될 때, 곧 대등할 때 같은 기수를 갖는다. 곧 집합 A의 기수 $\#(A)$란 A와 대등한 집합의 공통성질이다. 이를테면, 3이란 원소가 3개인 집합의 공통성질이다.

기수의 덧셈은 합집합에 의해, 곱셈은 곱집합(product set), 거듭제곱은 멱집합(冪集合, power set)에 의해 다음과 같이 정의된다.

$$\#(A)+\#(B)=\#(A\cup B) \quad (\text{단, } A\cap B=\phi)$$
$$\#(A)\cdot\#(B)=\#(A\times B)$$
$$(\#A)^{\#B}=\#(A^B)$$

두 집합 A, B의 곱집합 $A\times B$는 A와 B의 각 원소의 순서쌍 전체의 집합이며, 멱집합 A^B는 집합 B에서 집합 A로의 사상 전체의 집합이다. 그리고 집합 A이 집합 B의 한 부분집합과 대등하지만 B는 A의 어떤 부분집합과도 대등하지 않을 때 $\#(A)<\#(B)$라고 정의한다.

이러한 관점은 놀라울 만큼 단순하고 설득력 있게 자연수와 그 연산을 정의하는 것으로 간주되었고 기수는 Piaget의 연구결과가 제시한 바와 같은, 초등학교 입학 당시 수의 의미를 모르면서 '말뿐인 수세기'를 하는 아동의 마음을 재구성하는 수단으로 여겨져, '새 수학' 이래 초등학교에서의 자연수와 그 연산 지도에 지대한 영향을 미쳤다. 어린 아동들은 대체로 초등학교에 입학하기 전부터 비교적 일찍 수세기를 할 수 있지만 셈수와 개수 사이의 관련성을 인식하지 못하는 경우가 흔하며, 구체물의 집합에서 원소의 배열을 변형시켜도 집합의 원소의 수가 불변이라는 것, 곧 수가 보존된다는 것을 인식하지 못한다. 그런데, 신비롭게도 초등학교에 입학할 시기가 되면 별도의 지도를 하지 않아도 집합의 원소의 수는 불변이라는 것을 자명하게 받아들인다.

그러나 Freudenthal(1973, pp. 179-197)이 보기에 기수는 자연수의 기초로서 "수학적으로 불충분하고", 셈수보다 "수학적으로 중요하지 않으며", "교수학적으로 불충분하다". 학교수학에서 유한집합의 기수와 그 연산을 정의할 때, 한두 가지 예를 든 다음 나머지 경우도 마찬가지라는 식으로 외삽적 일반화(外揷的 一般化)를 하지 않을 수 없는바, 이는 자연수 전체가 이미 알려져 있을 때에만 가능하다. 수학적으로 개개의 유한기수와 그 덧셈, 뺄셈, 거듭제곱 등의 연산은 '귀납적 정의'를 하지 않을 수 없으며 이는 셈수를 전제로 하는 것이다. Russell과 Whitehead는 유한집합의 기수와 자연수의 집합 N을 다음과 같이 정의하고 있다.

$$0=\#(\phi),\ a=\#(A) \Rightarrow a+1=\#(A\cup\{c\}),\ c\not\in A$$

0과 x 및 $x+1$을 포함하는 가장 작은 집합이 N이다.

그리고 von Neumann은 다음과 같이 정의하고 있다.

$$0=\#(\phi),\ n=\#(\{0, 1, 2, \cdots, n-1\})$$

자연수의 개수 측면은 동물도 인식할 정도로 너무나도 원시적이고 단순한 개념이어서 집합론을 창시한 Cantor 이전까지는 전연 문제되지 않았다. Cantor의 업적은 자연수와 그 연산의 자연스러운 해석을 의식화하여 무한집합에 과감히 적용한 점이다.

두 집합의 곱집합의 기수는 각각의 집합의 기수의 곱과 같다는 사실은 과거의 학교수학에서는 다루어지지 않았던 곱셈의 한 측면이다. 전통적인 곱셈의 모델은 동수누가(同數累加) 모델, 곧 대등한 집합의 합집합 모델, 수직선 모델, 배열(array) 모델 등이며 조합 모델, 곧 곱집합 모델에 관심을 갖게 된 것은 집합론 때문이다. 배열 모델이나 곱집합 모델은 모두 직사각형 모델로 볼 수 있는데, 직사각형 모델은 자연수의 곱셈, 조합의 수뿐만 아니라, 분수의 곱셈과 양의 곱셈, 특히 길이와 길이의 곱으로서의 넓이, 나아가 적분의 정의에서 중요한 역할을 하는 모델이다.

Freudenthal이 적절히 지적하였듯이 기수 개념은 무한집합에 적용될 때 의미심장해지는 것이며 초등학교 수학에서의 자연수 개념의 측면으로서는 의미 있는 것이 못 된다. 그리고 유한집합에 한정하여 기수를 다루는 것은, 그것이 아무리 초등화된 내용이라고 하더라도, 매우 자연스러운 생각을 집합 언어로 포장함으로써 어린 아동에게 어려움을 야기할 뿐이다. 이는 수단이 지도내용이 되게 하는 소위 '메타인지적 이동(meta-cognitive shift)'의 예일 뿐이다. 학생들은 1대1 대응 아래에서의 집합의 기수의 불변성과 기수 연산의 집합 모델을 이해하고 이용할 수 있어야 하며, 더 높은 수준에 이르면 이를 형식화할 수 있어야 하지만, Venn다이어그램을 지나치게 현학적으로 사용하는 기수 개념과 그 연산을 너무 강조하는 것은 지양되어야 한다.

'새 수학'에서 자연수의 기수적 측면을 부각시키게 된 것은 학교수학의 현대수학화를 지향하면서 집합론의 학교수학화를 시도한 결과일 것이다. 무한집합의 기수를 유한집합의 기수와 같이 조작할 수 있게 함으로써 실무한을 수학에 도입한 집합론에 매료되었거나, 자연수의 개수 측면을 연구한 Piaget의 연구결과를 잘못 이용한 결과로 볼 수도 있다. 무한기수는 1940년대까지 중요한 수학적 도구였으나 오늘날에는 유행이 지난 이론이며, 학교수학에서 자연수의 개수 측면이 조작적인 역할을 하는 곳은 조합에서 경우의 수를 다룰 때뿐이며, 집합과 1대1 대응(짝짓기) 전략은 서랍원리(비둘기집의 원리)라는 문제해결 전략으로서 의미를 갖는다.

셈수를 강조해 온 수세기에 걸친 교수학적인 경험이 등한시될 수는 없는 것이다. Venn다이어그램을 이용한 연산 지도 때문에 동질인 자료와 수도(數圖)와 같은 구조화된 자료를 이용한 체계적인 수세기가 경시되게 되었으며, 이질적인 원소로 된 집합의 그림이 많이 사용되었다. 초기 수학교육에서 집합과 Venn다이어그램을 지나치게 현학적으로 사용하는 기수개념과 그 연산의 지도는 지양되어야 한다. 동질인 자료와 수도와 같은 구조화된 자료를 이용하여 개수 세기, 잇달아 세기, 거꾸로 세기, 뛰어서 세기, 묶어서 세기 등 체계적인 수세기를 배워야 한다. 그리고 수 개념은 발달과 더불어 다양한 측면이 부가되어 가면서 사용되는 복합적인 개념임에 유의해야 한다.

수학적으로나 현실적으로나 무엇보다도 중요한 것은 측정수 개념이다(Freudenthal, 1973, pp. 200-201). 측정수란 측정 활동의 결과로 생기는 양과 단위와의 비(比)이다. 양을 연속량과 이산적인 양으로 구분하지 않고 수를 양의 측정에서 얻어진 측정수로 보면 기수와 측정수가 통합될 수 있다. 그렇게 되면 2×3은 이산적인 양의 배열로, 연속인 길이와 이산적인 개수의 곱인 수직선 모델로, 연속적인 양의 곱인 직사각형의 넓이로 모델화될 수 있다. 이는 양 개념의 추상적인 수 개념으로의 통합이며 이는 수직선 모델로 잘 나타내어질 수 있다.

계산수란 수의 알고리즘적인 측면, 형식적인 조작 측면으로, 여기에서 수는 산술체계의 기본적인 계산규칙에 따라 조작되는 추상적인 대상일 뿐이다. 유리수, 실수, 복소수 등은 그 산술체계가 대수적인 공리체계로 형식화되면 '완전 산술체계(full arithmetic system)'인 체(體, field)의 원소가 된다. 정수, 변환, 행렬, 다항식 등의 산술은 군(群, group)이나 환

(環, ring) 등의 '부분 산술체계(partial arithmetic system)'를 이룬다.(Dieudonné, 1972)

2) 자연수 개념과 그 계산 지도

(1) 자연수 개념 지도

"산술에서는 아마도 다른 어떤 것보다도 아동의 흥미를 일으키고 유지하는 것이 필요하며, 이는 산술에서의 작업이 아동 자신의 활동으로부터 일어나거나 그와 그리고 그의 주변세계에 대한 그의 경험 및 관찰과 밀접하게 관련되도록 함으로써 가장 효과적으로 이루어질 수 있다."(Young, p. 209) 산술 교육과정은 기본적으로 아동 자신들의 경험 및 실생활 상황과 관련시켜 구체적인 활동자료를 이용하여 비교적 활동주의에 충실하게 전개되고 있다.

먼저 자연수 개념의 지도가 어떻게 이루어지고 있는가를 셈수, 기수, 순서수, 측정수, 계산수의 순서로 살펴보기로 한다.(고정화, 2005) 초등학교 1학년 초에 수세기 활동으로 사물의 개수를 세어 그 수를 숫자, 수사로 나타내는 방식으로 자연수 개념을 도입한다. 그리고 하나 더 많은 수, 하나 더 적은 수에 주목하게 하여 두 수의 크기를 비교하고 자연수 계열의 구성과 순서를 이해시킨다. 사물의 개수를 10개, 100개, 1000개 묶음의 수와 낱개의 수로 세어 보는 활동을 통해, 1학년에서 100까지, 2학년에서 1000까지, 3학년에서 10000까지, 자리값의 원리에 따른 십진기수법의 이해를 강조하면서 수의 구성과 수 계열 및 수의 대소를 다룬다. 부분적인 수 배열표의 빈칸에 수를 순서대로 써 넣는 활동을 통해, 차례로 1씩 커지면서 자연수열이 구성된다는 것을 10000 이하의 수에 대해 지도하고 있다. 그리고 4학년에서 조 단위까지 큰 수로 확대하여 일반화시키면서 자연수 개념과 기수법의 지도를 마무리한다.[11] 그러나 이 단계에서 무한수열인 셈수 전체의 구성 원리, 곧 1로부터 시작하여 차례로 1을 더하여 무한히 생성되어 가는 자연수열의 전체적인 구성 원리를 직관하도록 하는 반성적 논의가 이루어지고 있지는 않다. 우리나라에서는 억이나 조와 같은 화폐단위가 신문이나 TV 등에 자주 등장하기 때문에 억이나 조 단위의 큰 수까지 읽고 쓰는 능력이 일상생활에서 요구되므로 학교수학에서 조 단위의 큰 수까지 다룰 필요가 있다. 어느 정도의 큰 수까지 다루게 되면 아동 스스로 동일한 방식으로 일반화하여 큰 수를 이해할 수 있으나 무한의 세계인 자연수 체계의 경이로움을 맛보기를 기대하려면 그 구성 원리에 대한 반성이 필요한 것으로 보인다.

자연수 지도가 마무리되는 초등학교 4학년 이후 무한수열인 셈수의 구성 원리에 대한 반성적 논의가 전연 이루어지지 않아 그에 대한 직관이 결

11 은행 통장의 금액 표시와 같이 일상생활에서 세 자리 이상의 큰 수를 표기할 때 콤마를 사용하는 경우가 많은데, 학교수학에서는 자연수를 표기할 때 콤마를 사용하지 않는다. 실용성 측면에서 볼 때 자연수 지도가 끝나는 초등학교 4학년 단계에서 콤마를 사용하는 기수법을 취급하는 것이 필요할 것으로 생각된다. 자연수의 명수법이 한자 문화권에서는 **일**, 십, 백, 천, **만**, 십만, 백만, 천만, **억**, 십억, 백억, 천억, **조**, ⋯과 같이 일, 만, 억, 조 단위로 네 자리마다 단위가 올라가는 데 비해, 영미권에서는 **one**, ten, hundred, **thousand**, ten thousand, hundred thousand, **million**, ten million, hundred million, **billion**, ⋯과 같이 one, thousand, million, billion 단위로 세 자리마다 단위가 올라간다. 말하자면 수를 읽는 방식이 우리말은 '만진법(萬進法)'이고 영어는 '천진법(千進法)'이다. 수를 표기할 때 세 자리마다 콤마를 찍는 방식은 영미식의 명수법을 반영한 것이다. 영어에서는 콤마를 하나 찍을 때마다 thousand, million, billion으로 단위가 달라지므로, 예를 들어 123,456,789를 123million 456thousand, 789라고 곧바로 읽을 수 있어 편리하다. 이것을 우리의 명수법에 따라 읽으려면 일의 자리에서부터 거슬러 올라가 단위를 확인한 후에야 비로소 '1억2천3백4십5만6천7백8십9'라고 읽을 수 있다. 우리의 명수법을 반영하여 1,2345,6789와같이 네 자리마다 콤마를 찍는 것이 읽기에 편리할 것이나 국제화 시대에 금전 문제를 처리하는 데 불편함이 따를 것이다.(임재훈·이대현, 159-160쪽)

여된 상태에서 고등학교 수학에서 갑자기 무한수열 $a_1, a_2, a_3, \cdots, a_n, \cdots$을 정의역이 자연수 전체의 집합 N이고 공역이 실수 전체의 집합 R인 함수 $f : N \to R, f(n) = a_n$로 정의한다. 그리고 셈수의 핵심인 수학적 귀납법의 원리와 그에 따른 수학적 귀납법의 지도가 이루어진다. 자연수와 관련된 전칭명제를 수학적 귀납법으로 증명하고 점화식을 이용하여 수열의 귀납적 정의를 다룬다.[12]

수학적 귀납법은 자연수와 관련된 전칭명제가 모든 자연수에 대하여 성립함을 수학적 귀납법의 원리를 바탕으로 하여 증명하는 방법이다. 수학적 귀납법의 원리는 셈수의 구성 원리로 무한집합인 자연수 전체는 1로부터 차례로 1을 더해 생성된다는 자연수열의 가장 기본이 되는 성질을 형식화한 것이다. 수학적 귀납법은 고등학교 수학에서 무한집합과 관련된 성질을 증명하는 최초의 증명법으로 현대수학의 매우 중요한 사고방법 중의 하나이다. 수학적 귀납법을 이해하기 위해서는 그 바탕에 있는 수학적 귀납법의 원리를 이해해야 하며, 이를 위해 무한집합인 자연수열의 구성에 관한 직관적 인식이 선행되어야 한다. 최근 교육과정에서는 무한집합인 셈수의 구성 원리에 관한 반성적 논의가 이루어지도록 지도되고 있지 않아 자연수열의 본질에 관한 직관적 인식이 결여된 상태에서 고등학교 수학에서 수학적 귀납법이 자연수에 관한 전칭명제를 증명하는 방법으로 갑작스럽

---

12 자연수의 덧셈과 곱셈의 귀납적 정의는 Freudenthal의 지적한 바와 같이 초등학교 수학에서 덧셈을 '이어서 세기'로, 곱셈을 '뛰어 세기'로 지도하는 방법에 암묵적으로 내포되어 있으며, 고등학교 수학에서 무한수열의 점화식을 이용한 형식적 정의가 다루어진다. 그런데 최근 초등학교 수학에서 두 자연수의 덧셈을 생활 장면에서 증가하는 경우와 합하는 경우에 두 집단의 원소를 하나로 모으는 활동을 통해 도입하고, 덧셈을 이어서 세기로 다루고 있지 않다. 그러나 두 자연수의 곱셈을 동수누가와 배 개념을 통하여 도입하고 곱셈구구 지도에서 묶어 세기, 뛰어 세기, 동수누가로 곱이 일정한 수씩 증가하는 구성 원리를 강조하고 있어 귀납적 정의가 암묵적으로 사용되고 있다고 볼 수 있다.

게 등장하고 컴퓨터 프로그램의 맴돌이(looping)와 관련지어 점화식을 이용한 수열의 귀납적 정의가 다루어지고 있어 학생들이 그 수학적 중요성과 의미를 이해하기 어렵게 되는 심각한 교수학적 문제가 야기된다.

전통적으로 학교수학에서는 기수 측면에서 자연수를 지도하는 관점이 지배적이었으며, 수를 사물로부터 직관적으로 인식하도록 손가락 그림이나 수도가 사용되었다. 우리나라 제1차 수학교육과정에 따른 교과서에서 제시되고 있는 오른쪽 그림은 그와 같은 관점을 보여주는 대표적인 예이다.(문교부, 1957, 16쪽) 기수 개념은 제3, 4차 교육과정에서 '새 수학'의 영향을 받아 1대1 대응, 곧 짝짓기 활동을 통한 대등한 집합의 이해를 기초로 하여 그 공통성질로서 지도되었으나, 최근 교육과정에 따른 교과서에서는 그러한 측면은 다루어지지 않는다. 1학년에서 사물의 개수를 세어 보고 '개수가 같은 사물들의 공통성질'로서 10 미만의 수의 개념을 이해하도록 요구하고 있는데(교육인적자원부, 수학 1-가, 67쪽), 다음 그림과 같이 친숙한 사물을 세어 보는 활동을 하고 개수가 같은 반구체물인 수도(數圖)로 나타내어 수를 '직관적으로 느끼도록' 하고 숫자와 수사로 나타내어 자연수 개념을 인식하도록 하고 있다.(위의 책, 74쪽)

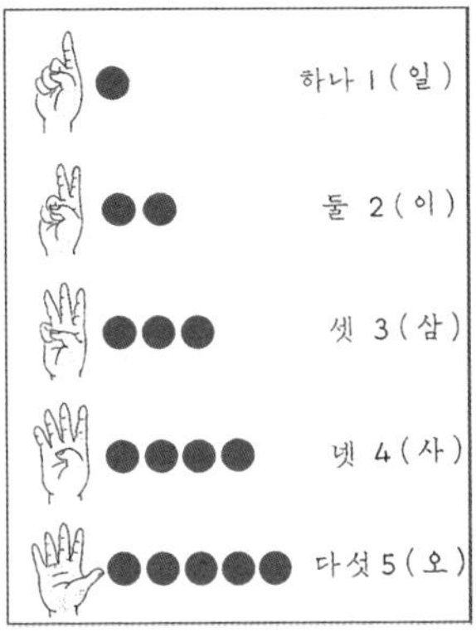

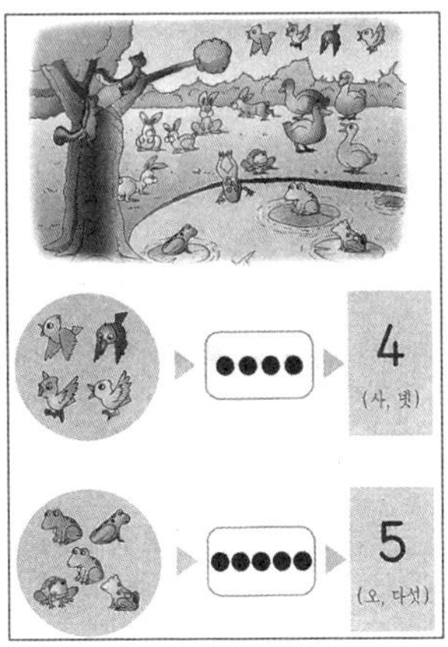

최근 교육과정에서는 1학년에서 자연수 0~9가 수세기를 통해 개수 측면에서 도입된 후, 10에서 50까지의 수의 지도에서도 수세기, 수의 순서와 계열의 지도가 수반되

지만, 곶감 한 줄과 같은 구체적인 묶음 단위를 소재로 한 10의 인식, 수 모형을 이용한 10개 묶음과 낱개의 수로서의 100 미만의 두 자릿수의 이해, 이를 통한 십진기수법의 이해를 강조하고 있어 전체적으로 기수적 측면을 중심으로 자연수가 지도된다. 이는 2학년에서의 수 모형과 화폐를 이용한 세 자릿수의 이해, 마찬가지 방법을 이용한 3학년에서의 네 자릿수의 지도에서도 그러하다. 4학년에서 만, 억, 조 단위의 자리값에 의한 천조까지의 큰 수의 구성과 대소 지도로 자연수 지도가 마무리되는데, 십진기수법의 이해를 바탕으로 큰 수를 읽고 쓰는 것이 중심이 된다.

기수적 측면은 이후 중고등학교 수학에서 집합의 원소, 교집합 및 합집합의 원소의 개수 $n(A \cup B) = n(A) + n(B) - n(A \cap B)$를 다룰 때 다시 나타난다. 그리고 〈확률과 통계〉에서 곱집합의 원소의 개수 $n(A \times B) = n(A) \times n(B)$가 사건이 일어날 수 있는 가지 수, 곧 경우의 수를 다루면서 등장한다.

한편, 초등학교 1학년에서 차례나 순서를 정하는 활동 상황을 통해 맨 앞의 것을 1로 나타내고 '첫째'라고 약속하고, 그다음 것을 수 2로 나타내고 '둘째'라고 약속하는 방식으로 10 미만의 순서수를 지도한다. 그러나 집합론에서 형식화된 순서수 개념을 초등화하여 원소가 차례로 배열된 두 순서집합 사이의 순서를 보존하는 1대1 대응(짝짓기) 활동을 통해 닮은 순서집합의 공통성질로서 순서수 개념을 구성하도록 하는 지도는 이루어지고 있지 않다.

최근 교육과정에서는 측정 영역이 수 영역과 독립적으로 설정되어 있으며, 수 개념을 학습한 후 양의 측정을 별도의 내용으로 다루고 있다. 여러 가지 표준단위와 그 사이의 관계를 이해하여 양을 측정하고 측정값을 다루지만, 전체량과 단위 사이의 비로서의 측정수 개념이 수의 개념적 측면으로 명시적으로 지도되고 있지는 않다. 초등학교 2학년에서 길이의 직접 비교와 간접비교, 임의 단위에 의한 길이 측정, 표준단위에 의한 길이 측정이 다루어진다. 측정 활동을 통한 비로서의 수 개념 지도가 아니라 양의 측정을 목적으로 하기 때문에 단위가 측정값에 부가된다. 여러 가지 단위 길이로 측정할 경우 한 가지 양에 대해 그 측정 결과를 여러 가지로 나타내게 되어 의사소통상 매우 불편하게 되므로 표준단위의 도입이 요구된다는 점에 초점이 맞추어진다. 수 개념을 학습한 후 양의 측정을 통해 단위 수와 단위로 구성된 측정값을 구하는 것이다. 측정수 지도는 측정 활동으로부터 전체량과 단위의 비로서의 수 개념을 구성하게 하는 것이므로 단위를 달리하면 전체량과의 비, 곧 측정수가 달라진다는 사실이 결정적으로 중요한데 그러한 내용은 다루어지고 있지 않다. 측정 개념과 곱셈의 기초인 배 개념 나아가 일반적인 비 개념 가운데 측정수로서의 수 개념이 내재되므로 측정수 지도가 암묵적으로 이루어지고 있다는 주장을 할 수도 있을 것이다. 그러나 그러한 내용의 지도에서 지도 관점이 수의 개념적 측면에 놓여 있지는 않다.

그리고 수직선은 측정에 기반을 둔 측정수 개념의 이해를 강화한다는 점에서 큰 의의를 가진다. 측정에서 단위의 임의성은 수직선에서 눈금의 임의성으로 나타나며, 단위의 변화에 따라 수직선 위의 동일한 점이 다른 수로 나타내어질 수 있다. 이는 좌표 개념으로 매우 중요한 측면이지만 이러한 관점 또한 현재 교육과정에서 명시적으로 다루어지고 있지 않다. 한편, 일단 수직선이 제시되면 "수직선은 먼저 자연수, 그다음에 정수, 유리수, 그리고 실수의 존재와 내적 구조를 암시한다. … 이는 학교수준에서 확실히 참이다. 마치 자연에 의해 주어진 수직선과 같은 토대로 시작하지 않을 수 없고 그것을 다소 완전히 분석하여 기술하려고 하지 않을 수 없다."(Freudenthal, 1973, pp. 212-214) 학교수학에서 무리수는 제곱근, 곧 방정식의 근인 대수적 수로서 도입되지만 그 존재성과 실수의 연속성은 길이 측정과 수직선을 통해 직관적으로 인식시키지 않을 수 없다는 점에서 볼 때 측정수 개념의 명시적 지도는 매우 중요하다고 생각된다.

제7차 교육과정에서는 고등학교 수학에서 실수의 산술체계의 대수적 구조가 정리되었으나, 최근 교육과정에서는 자연수의 계산수적 측면은 체계적으로 다루어지지 않으며, 자연수의 사칙계산 알고리즘은 십진기수법의 원리를 바탕으로 여러 가지 구체적 모델을 이용하여 직관적으로 지도되고 있으며, 덧셈과 곱셈의 결합법칙과 교환법칙 및 분배법칙 또한 직관적으로 다루어지고 있다. 따라서 최근 교육과정에서 자연수의 형식적인 계산수적인 측면은 명시적으로 다루어지고 있지 않다고 할 수 있다.

(2) 자연수 계산의 지도

전통적으로 자연수의 기본셈과 사칙계산 알고리즘의 지도는 초등학교 산술교육의 주요한 목표가 되어 왔고 계산 알고리즘의 이해와 계산 기능의 숙달, 그 생활문제에의 활용능력은 산술 성취도의 필수적인 요소로 간주되어 왔다. 그런데, 20세기 중반 이후 휴대용 전자계산기의 발달로 필산 알고리즘의 교육 문제가 수학교육의 주요한 문제로 대두되었으며, 암산과 어림셈의 중요성과 상황에 따른 적절한 계산수단의 선택의 문제가 교육적 논의의 대상이 되어 왔다. 그러나 계산기가 일상적으로 널리 사용되고 있는 오늘날에도 자연수의 기본셈과 계산 알고리즘의 이해와 그 구사 능력은 여전히 초등학교 수학교육의 주요한 목표로 간주되고 있으며, 초등학교 수학 내용 가운데 가장 큰 비중을 차지하고 있다. 그리고 암산의 중요성이 주요한 교육적 관심사인 것은 덧셈과 뺄셈 알고리즘을 다룬 다음에 혹은 다루기 전에 뛰어 세기 전략, 동일한 수를 가감하는 전략, 분해하여 부분합이나 차를 이용하는 전략, 부분지필계산 전략 등 여러 가지 방법으로 계산해 보는 연습을 시키고 있다는 점에서 명확히 드러난다.(임재훈·이대현, 176-182쪽) 암산과 함께 전통적으로 계산교육에서 중시되어 왔던 것이 어림셈이다. 어림셈은 수를 반올림, 올림, 버림에 의해 어림수로 바꾸어 암산으로 계산 결과를 어림하는 것으로, 대상의 개수의 어림이나 양의 측정값의 어림과 더불어 생활에서 자주 이용되는 것이다.

초등학교 수학에서 두 자연수의 덧셈은 이어서 세기나, 구체적인 수량의 합병과 첨가, 단위 배수의 합 등의 상황을 통해 두 수의 합을 구하는 것으로 다루어진다. 그리고 두 자연수의 뺄셈은 거꾸로 세기나, 구체적인 수량의 제거와 비교 상황을 통해 두 수의 차를 구하는 것으로 다루어진다. 곱셈은 다양한 적용 상황에 의하여 여러 가지로 다루어지는데, 묶어 세기로의 세기 단위의 변환, 동수누가, 배(倍)의 합성, 직사각형 모양의 배열(array), 수직선 위에서의 뛰어 세기, 데카르트 곱(Cartesian product) 등의 모델이 있다. 기본적으로 상황을 곱셈적인 것으로 파악하도록 하는 것은 셈수의 귀납적 정의를 암묵적으로 내포한 묶어 세기나 뛰어 세기, 곧 세기 단위의 변환이다. 자연수의 곱셈의 기초는 큰 단위로 묶어 세기로의 세기 단위의 변환과 그 관계의 반성이다. 세기 단위의 변환은 곱셈의 중심적인 아이디어이므로 곱셈의 동수누가 모델과 배(倍) 모델은 자연스러우며 기본적인 것이나 모든 곱셈 상황을 설명하지 못한다. 곱셈의 가환성은 식에서는 곧바로 알아볼 수 없으나, 점의 직사각형 배열 모형으로 직관적으로 볼 수 있게 다룰 수 있다. 세기보다 일반적인 의미의 측도를 고려함으로써 단위의 변환으로서의 곱셈 개념은 확대·축소 모델을 통해 모든 실수로 일반화된다. 데카르트 곱에서 첫 번째 집합의 각 원소는 두 번째 집합의 모든 원소와 짝지어져야 하므로 묶어 세기로 간주될 수도 있다. 그러나 데카르트 곱은 자연수의 곱셈에 대해 동수누가와 전연 다른 문맥을 제공하며 아동들이 이해하기 어렵다. 나눗셈은 구체적인 상황에서 동수누감이나 동수배분(포함제), 등분제로 다루어진다. 이를테면 12÷4=3은 '12−4−4−4=0, 12개를 4개씩 배분하면 3명에게 돌아간다.' '12개를 4등분하면 1명분은 3개이다.'와 같이 지도된다. 그리고 나눗셈 알고리즘으로 몫과 나머지를 구하는 과정이 다루어진다. 나눗셈 알고리즘은 곱셈구구, 가정 몫 추정, 몫의 자리잡기, 뺄셈 등을 기초로 몫과 나머지를 구하는 과정이다.

계산 알고리즘 지도에서 현재 덧셈, 뺄셈은 네 자릿수까지, 곱셈은 (네 자릿수)×(두 자릿수), 나눗셈은 (세 자릿수)÷(두 자릿수)까지 다루는데 일본과 중국의 경우는 세 자릿수까지 다루어 마무리하고 있다. 세 수의 덧셈과 뺄셈이 자릿수가 증가되면서 매 학년 반복되고 있는데 한 자릿수인 경우를 기본내용으로 하고 두 자릿수 이상인 경우는 세 수의 덧셈, 뺄셈을 반복하여 다루기보다 '차례로 계산한다'는 것을 명확히 하여 혼합셈에서 다루는 것이 적절할 것이다.(위의 책, 168-170쪽) 다음에는 최근 초등학교 수학교육과정에서의 사칙계산 지도에 대해 개관해 보기로 한다.

① 덧셈, 뺄셈의 지도

초등학교 1학년에서 덧셈과 뺄셈의 기초 조작으로 9 이하의 수에 대해 분해와 합성을 다룬다. 그리고 합과 차가 9 이하인 한 자릿수끼리의 덧셈과 뺄셈이 구체적인 수량의 합병이나 첨가, 감소나 제거 및 비교 상황을 통해 다루어진다. 비교 상황에서는 짝짓기를 통해 차를 알아보게 한다. 자연수 지도가 셈수 중심으로 이루어지지 않으므로 덧셈과 뺄셈을 이어서 세기와 거꾸로 세기로 지도하지는 않는다. 그리고 '두 수를 바꾸어 더해도 합이 같다'는 성질을 다루고 전체와 부분의 관계를 통해 덧셈과 뺄셈의 관계를 이해시킨다.

그다음에 받아올림과 받아내림이 있는 덧셈과 뺄셈의 기초 조작으로서 10의 분해와 합성을 다루고 구체물, 수 모형, 수직선을 이용하여 합이 10인 더하기와 10에서 빼기를 다룬다. 그리고 받아올림과 받아내림이 없는 두 자릿수까지의 덧셈과 뺄셈을 다룬다. 그다음에 받아올림이 있는 한 자릿수끼리의 덧셈과 18 이하의 수에서 한 자릿수를 빼는 뺄셈을, 덧셈의 경우는 $7+5=7+(3+2)=(7+3)+2=10+2=12$, $3+8=(1+2)+8=1+(2+8)=1+10=11$과 같은 형식으로, 뺄셈의 경우는 $15-8=15-(5+3)$

$=(15-5)-3=10-3=7$, $15-8=(10+5)-8=(10-8)+5=2+5=7$과 같은 빼고 빼는 형식과 빼고 더하는 형식으로 구체물이나 수 모형의 조작을 통하여 다룬다. 이러한 전통적인 계산 방법과 함께 머릿셈으로 6~9를 5와의 합으로 생각하여 $6+7=(5+1)+(5+2)=13$과 같이 계산하는 방법과 10의 보수를 생각하여 $7+8=7+10-2=17-2=15$, $7+8=7-2+10=5+10=15$, $12-7=12-10+3=2+3=5$, $12-7=12+3-10=15-10=5$와 같이 계산하는 방법을 다룬다. 이러한 기본 계산은 사칙계산 알고리즘의 바탕이 되므로 숙달되도록 충분한 연습이 요구된다.

2학년에서 십진기수법의 원리와 이러한 기본계산을 바탕으로 받아올림과 받아내림이 있는 두 자릿수와 한 자릿수의 덧셈과 뺄셈의 계산 원리와 필산형식을 구체물과 수 모형을 이용하여 이해시킨다. 이어서 세 수의 덧셈, 뺄셈을 다루고 전통적인 필산 알고리즘과 함께 $48+9=48+10-1=58-1=57$, $48+9=(48+2)+(9-2)=50+7=57$, $53-8=53-10+2=43+2=45$, $53-8=50-8+3=42+3=45$와 같은 여러 가지 계산방법을 생각해 보도록 하고 있다. 그리고 구체물과 수 모형을 이용하여 마찬가지 방법으로 받아올림과 받아내림이 한 번 있는 두 자릿수끼리의 덧셈, 뺄셈과 받아올림이 두 번 있는 덧셈 필산형식을 다룬다. 여기에서 $25+18=(20+10)+(5+8)=30+13=43$, $33-16=(20+13)-(10+6)=(20-10)+(13-6)=10+7=17$과 같은 덧셈과 뺄셈 알고리즘의 형식화 과정을 단계적으로 경험시키는 것이 좋을 것이며, 수 모형, 화폐, 주판을 이용하는 구체적인 활동, 그림표현, 기호표현의 과정을 거쳐 수학화를 경험시킬 수 있을 것이다. 그리고 두 자릿수의 덧셈, 뺄셈에서도 전통적인 필산 알고리즘과 함께 $47+24=(47+20)+4=67+4=71$, $47+24=(40+20)+(7+4)=60+11=71$, $54-36=(54-30)-6=24-6=18$, $54-36=(54-6)-30=48-30=18$ 등과 같은 여러 가지 방법으로 계산해 보도록 하고 있으며, 덧셈과 뺄셈의 관계, 세 수의 혼합계산을 다루고 있다. 또한 생활 장면에서 미지인 수를 □로 나타낸 덧셈식과 뺄셈식을 세우고 구체물의 조작과 수직선을 이용하여 그 값을 구하도록 하고 있다. 그리고 받아올림과 받아내림이 있는 세 자릿수까지의 덧셈과 뺄셈의 계산 원리와 형식을 다루고, 그 어림셈, 세 수의 혼합셈, 여러 가지 방법으로 합과 차를 구하기, 생활 장면에서 미지인 수를 □로 나타낸 덧셈식과 뺄셈식을 세우고 그 값을 구하기 등을 다룬다.

3, 4학년에서 수 모형을 이용하여 받아올림과 받아내림이 2, 3번 있는 세 자릿수, 네 자릿수의 덧셈과 뺄셈의 계산 원리와 형식을 다루고 여러 가지 방법으로 합과 차를 구하도록 하고 있다. 그리고 4학년에서 네 자릿수의 범위에서 세 수의 덧셈과 뺄셈 및 혼합셈 방법을 다루어 자연수의 덧셈, 뺄셈 지도를 마무리한다.

② 곱셈과 나눗셈의 지도

2학년에서 구체적인 상황에서 묶어 세기와 동수누가로 곱셈을 도입하여 식으로 나타내게 하고, 어떤 수의 몇 배, 배열을 곱셈식으로 나타내게 한다. 그리고 생활 장면의 여러 가지 소재를 이용하여 곱셈구구가 지도된다. 곱셈구구는 묶어 세기, 뛰어 세기, 동수누가로 이해시키고, 곱이 일정한 수씩 증가하는 곱셈구구의 구성 원리, 곱셈구구표 작성, 곱셈구구표 암기, 0의 곱, 곱셈의 교환법칙, 9×9 곱셈표, 12×12 곱셈표 작성 등이 다루어진다. 전통적으로 철저히 암기하도록 요구되어 온 한 자릿수끼리의 곱셈 즉 '곱셈구구'는 그 역산인 기본적인 나눗셈의 바탕이기도 하며 곱셈 알고리즘과 나눗셈 알고리즘의 기초가 되는바 철저히 숙달되도록 한다. 곱셈 알고리즘의 기초가 되는 곱셈의 덧셈에 대한 분배법칙은 곱을 구하는 방법으로 암묵적으로 다룬다. 그리고 생활 장면과 배열에서 미지인 수를 □로 나타낸 곱셈식을 세우고 그 값을 구하기를 다룬다.

3학년에서 수 모형을 이용한 동수누가로서, 낱개 모형의 수와 십 모형의 수, 백 모형의 수의 합으로 두 자릿수와 한 자릿수, 세 자릿수와 한 자릿수의 곱셈원리를 이해시키고 형식화한다. 그리고 두 자릿수와 10의 곱을 바탕으로 받아올림이 없는 두 자릿수와 몇 십의 곱셈을 다루고, 이를 바탕으로 모눈종이를 이용하여 받아올림이 있는 두 자릿수끼리의 곱셈 원리를 이해시키고 형식화한다. 곱셈 알고리즘은 곱셈구구와 기본 덧셈을 기초로 십진기수법의 원리, 분배법칙을 이용하여 곱을 구하는 과정인데 분배법칙을 다루지 않으므로 전개식과 분배법칙을 이용하여 형식화하는 방법을 택하지 않고 수 모형이나 모눈종이를 이용하여 피승수나 승수를 각 자릿수로 나누어 곱을 구하여 더하는 직관적인 방법으로 계산원리를 지도하고 있다. 4학년에서 몇 백, 몇 천의 곱셈을 다루고, 세 자릿수 및 네 자릿수와 두 자릿수의 곱셈을 다루는데 분배법칙을 명시적으로 다루지 않으므로 직관적으로 승수를 일의 자리 수와 10의 자리 수로 나누어 곱을 계산하여 더하는 방법을 택하고 있다. 그리고 세 수의 곱셈을 다룬다.

3학년에서 생활 장면에서 같은 양으로 나누는 조작(포함제)과 양을 똑같이 나누는 조작(등분제)으로 나눗셈을 도입한다. 곱셈과 나눗셈의 관계 $\square\times b=c \Leftrightarrow c\div b=\square$를 이해하고 곱셈식에서 배열과 곱셈구구로 승수와 피승수를 찾아 나눗셈의 몫을 구하게 한다.[13] 구체적인 장면과 수 모형을 이용하여 두 자릿수와 한 자릿수의 나눗셈 원리와 방법을 다루고 몫과 나머지를 구하도록 하며 나눗셈의 검산 방법을 다룬다. 이어서 4학년에서 세 자릿수와 두 자릿수의 나눗셈의 계산 원리와 형식 및 검산 방법을 다룬다. 그리고 덧셈, 뺄셈, 곱셈, 나눗셈이 섞여 있는 식과 괄호 ( ), { }가 포

---

13 교과서에서는 배열을 통해 $5\times3=15\begin{matrix}\nearrow 15\div5=3\\ \searrow 15\div3=5\end{matrix}$와 같이 하나의 곱셈식에 두 개의 나눗셈식이 관련되는 것으로 다루고 있다.

함된 사칙 혼합 계산식의 계산 순서를 알고 계산에 숙달되도록 하는 것으로 자연수의 계산 지도가 마무리된다.

"수치 조작을 정확하고 적당히 능숙하게 할 수 있는 능력을 갖추지 못하고 생계를 이어가도록 아동을 세상으로 내보내는 것보다 더 큰 그에게 가해질 수 있는 건강의 영구적인 상해라는 잘못된 결손을 상상하기는 어렵다."(Walker, Discussions on Education, p. 221, Young, p. 215에서 재인용) 학교수학에서 무엇보다도 간단한 계산을 정확하고 신속하게 수행할 수 있도록 하기 위한 충분한 연습은 필수불가결하다. 그러나 그것은 기계적인 반복연습이 되어서는 안 되며 계산 원리에 대한 이해가 수반되어야 하고 문제풀이를 통한 계산연습이 요구된다. 원시적인 주입식 교수법의 불충분함은 오늘날 일반적으로 잘 알려져 있음에도 불구하고 여전히 많은 경우에 계산교육이 주입식으로 이루어지고 있지 않다고 보기 어렵다. 계산의 확실한 통달은 학교수학의 주요한 목표에 속한다. 계산은 학생들에게 의식되고 통찰력 있게 만들어져 오래 기억되어 의미 있게 적용되어야 하는 규칙에 따라서 행하여진다. 규칙은 통찰되어 학습자의 인지구조에 정착되어야 한다. 규칙의 이해는 물론 관련된 원리와 개념이 학습자에게 정통하다는 것을 전제로 한다. 위에서 살펴본 바와 같이 근세 이후 끊임없이 제기되어 온 산술지도와 관련된 여러 가지 인식론적·심리학적·수학적·교수학적 논의는 그 교육적 어려움과 그에 대한 지속적인 연구가 요구됨을 웅변해 주고 있다.

2. 정수 산술

우리는 흔히 음수라고 하면 영하 온도나 부채 등을 떠올리게 되고 0보다 작은 수라고 생각하고 음수에 대해 개념적으로 별 어려움이 없는 듯이 여기며, 암기된 부호규칙에 따라 어렵지 않게 계산을 한다. 중학교 수학에서 음수와 그 계산 원리를 구체적 모델을 통해서 배웠으며 모델이 번잡하여 설명하기는 힘들어도 부호규칙은 당연히 성립하는 것으로 보고 있다.

역사적으로 인류가 상대적인 양(量)의 문맥에서 음수를 생각하고, 구체적인 의미를 부여하여 얻은 부호규칙에 따라 계산하여 실제적인 문제를 해결하기 시작한 것은 1세기경까지 거슬러 올라갈 수 있다고 한다. 그런데 놀랍게도 수학자들은 그 후 오랫동안 음수를 수용하기를 거부해 오다가 19세기 중반이 되어서야 음수를 정당한 수로서 용인하게 되었다고 한다. 역사적으로 음수가 출현하여 정당한 수로 인정받기까지 1800년 이상의 긴 시간이 필요하였으며 수학자들이 음수를 정당한 수로 수용한 것은 불과 150년 전쯤 된다는 것이다. 왜 이런 일이 일어났을까? 그 주요한 원인은 수를 구체적인 양과 결부시켜 생각해 왔으며 음수와 그 계산에서의 부호규칙을 설명해 주는 일관된 모델을 찾을 수 없었기 때문이며, 19세기 중반에 이르러 수학에 대한 관점이 바뀌어 수학의 형식적 본질을 수용하고 양적인 사고의 굴레에서 벗어나 음수를 형식적인 계산수로 보게 되면서 비로소 음수가 용인되게 되었다고 한다. 현재 학교수학에서 음수는 형식적인 계산수로 다루어지지 않는다. 그렇다면 음수의 본질이 학교수학을 통해 적절히 드러나고 있지 못하며 따라서 학생들에게 음수개념이 바르게 이해되고 있지 못하다는 것이 되는데 과연 그러한가?

수의 여러 가지 측면 가운데 계산수는 수를 산술체계의 기본적인 계산규칙에 따라 조작되는 형식적인 대상일 뿐이라고 보는 관점이다. 뒤에서 살펴보겠지만 음수와 그 연산에 어떤 '실제적인' 의미를 부여하여 구체적인 모델을 찾아보려고 해도 그러한 모델은 결국 기능이 불완전함이 드러난다. 근본적으로 음수는 형식적인 계산수이다.

1) 정수의 형식적 정의

정수는 상대적인 수, 점의 좌표, 벡터 등으로 해석될 수 있지만, 현대대수학에서는 기본적인 연산법칙을 만족하는 형식체계를 이루는 계산수로 공리적으로 규정된다. 그리고 정수는 대수적으로 두 자연수의 차나 일차방정식의 근으로 볼 수 있으며 이를 바탕으로 현대대수학에서 정수는 구성적 방법으로 자연수의 순서쌍의 동치류로 정의된다.

(1) 공리적 방법

현대수학에서 정수의 계산수로서의 형식적인 본질에 입각하여 정수를 공리적으로 규정하는 방안을 먼저 간단히 살펴보자. 수의 조작은 초등학교 단계부터 시작하여 직관적인 조작, 알고리즘적인 조작, 방정식의 근으로의 조작 단계를 거쳐, 대수적인 공리적 구조로의 전반적인 조직화의 단계에 이르게 된다. 고등학교 수학에서 실수 체계와 복소수 체계에 대하여 공리라는 용어는 사용하지 않지만 대수적 구조로의 조직화 단계에 이르게 된다. 학교수학에서 명시적으로 다루지는 않지만 정수는 기본적인 연산법칙,

곧 공리를 만족하는 '부분산술 체계'인 가법군(加法群, additive group), 단위원을 갖는 가환환(可換環, commutative ring), 정역(整域, integral domain)을 이루며 수학적으로 그러한 공리를 만족하는 형식적인 대상으로 그 존재성을 인정받게 된다.

정수는 덧셈에 대하여 닫혀 있고, 결합성질을 만족하며, 덧셈에 대한 항등원 0을 갖고, 모든 원소의 덧셈에 대한 역원이 존재하므로 덧셈에 대하여 군을 이룬다. 그리고 덧셈에 대한 교환법칙을 만족하므로 가환군(可換群, commutative group)을 이룬다. 여기에서 양수 a의 덧셈에 대한 역원으로 음수 $-a$가 정의된다. 뺄셈은 역원의 덧셈으로 정의되어 $a-b=a+(-b)$가 되므로 음수가 도입되면 뺄셈이 개념적으로 소멸된다. 정수체계는 곱셈에 대해서 닫혀 있고 곱셈에 대한 결합법칙과 덧셈에 대한 곱셈의 분배법칙이 성립한다. 그리고 곱셈에 대한 항등원인 단위원 1을 갖고 곱셈에 대한 교환법칙도 성립한다. 따라서 정수체계는 단위원을 갖는 가환환이라는 구조를 이루게 된다. 그리고 정수체계는 곱셈에 대한 소약률(消約律, cancellation law), 곧 $c \neq 0, ca = cb \Rightarrow a = b$가 만족되므로[14] 정역을 이룬다.

수학은 역사적 발달과 더불어 추상화되면서 현실과의 관계를 끊는 경향이 있다. 수학화 과정에서 수학적 대상에 대한 기술로부터 추상화된 정의로 관점이 바뀐다. 곧, 수학적인 대상에 대한 관찰된 성질이 차디찬 형식이 되어 거꾸로 그 대상을 정의하는 데 사용되게 되면서 수학적 대상을 그 기원으로부터 분리하게 된다. 그러나 그러한 형식, 곧 공리체계에 의해서 수학적 대상의 정당성이 부여되고 그 형식적 본질을 이해할 수 있지만 수학의 형식성 자체가 수학을 정당화하는 것은 아니다. 수학은 현실의 정리

---

14 이는 $ab=0 \Rightarrow a=0$ 또는 $b=0$, 곧 영인자(零因子, zero divisor)가 존재하지 않음과 동치이다.

수단으로 출발하여 점진적으로 그 형식성이 드러나 최종적으로 공리화에 이르게 된 것이므로 그러한 수학화 과정과 그 결과에 대한 이해를 통해 그에 내재된 특징을 진정으로 이해할 수 있는 것이다. 그러한 형식체계가 의미를 갖는 것은 현실적 문맥에 의해서 충분히 설명되고 유용하게 사용될 수 있기 때문이다. 여기에서 우리는 현대적인 추상수학이 발달되기 이전의 주장으로 세계는 수학적 총체이며 수학은 선험적 종합판단이라고 규정한 Kant의 생각을 돌이켜 보게 된다.

(2) 구성적 방법

다음에는 형식불역의 원리에 따른 자연수 체계의 확장으로 현대수학에서 정수와 그 연산을 자연수 체계로부터 구성하는 방안을 살펴보자. 일반적으로 정수는 두 자연수의 차(差), 또는 방정식 $a+x=b\,(a,b\in N)$의 해 $b-a$로 볼 수 있다. 곧, 자연수로부터 정수로의 확장은 뺄셈 연산에 대하여 닫혀 있게 하기 위한 대수적 확장이다. 이를테면

$$4-1=5-2=6-3=\cdots=+3,\quad 1-1=2-2=3-3=\ldots=0$$
$$1-4=2-5=3-6=\cdots=-3$$

이를 형식화하여 현대대수학에서는 정수를 다음과 같이 정의한다. 곧, 자연수의 순서쌍의 집합에서 대등관계

$$(a,b)\sim(c,d)\Leftrightarrow a+d=b+c$$ [15]

15 자연수의 순서쌍의 동치류와 다음에 정의할 그 연산을 자연수의 뺄셈이 아니라 덧셈만을 사용하여 정의하는 것은 자연수로부터 정수의 구성을 통한 일반화를 가능하게 하기 위해서이다.

는 동치관계[16]이며, 따라서 자연수의 순서쌍의 집합은 동치류

$$[(a,b)] = \{(x,y) | (a,b) \sim (x,y)\}$$

로 분할된다. 여기에서 자연수의 순서쌍의 동치류로, 이를테면,

$$+3 = \{(4,1),(5,2),(6,3),\ \cdots\},$$
$$0 = \{(1,1),(2,2),(3,3),\ \cdots\},$$
$$-3 = \{(1,4),(2,5),(3,6),\ \cdots\}$$

와 같이 정수를 정의한다.

다음 그림은 $N \times N = \{(a, b) \mid a, b \in N\}$에서 동치류로 정의되는 정수를 나타낸 것이다.

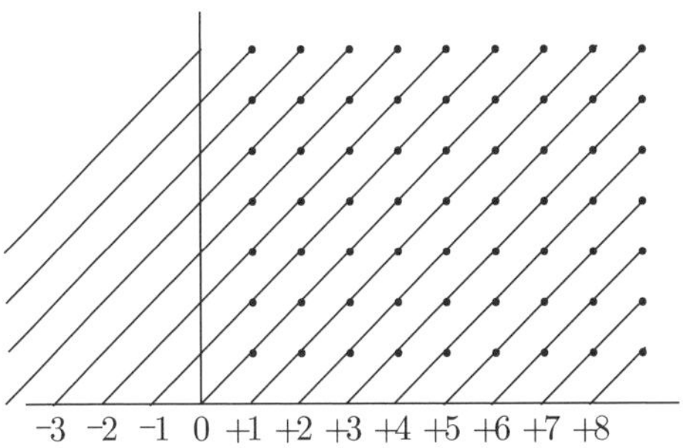

16 모든 $a, b, c \in S$에 대하여 i) $a \sim a$(반사성, reflexive property), ii) $a \sim b \Rightarrow b \sim a$ (대칭성, symmetric property), iii) $a \sim b, b \sim c \Rightarrow a \sim c$(추이성, transitive property)를 만족하는 집합 S의 원소 사이의 관계 $\sim$를 동치관계(equivalence relation)라고 한다. 집합 S는 동치관계 $\sim$에 의해서 동치류(equivalence classes)로 분할됨이 증명된다. 이를 동치관계의 기본정리라고 한다.

여기에서 정수의 순서쌍의 덧셈과 곱셈을 다음과 같이 정의하고 결합법칙, 교환법칙, 분배법칙 등이 만족됨을 보일 수 있다.

$$(a,b)+(c,d)=(a+c,\, b+d)$$
$$(a,b)\cdot(c,d)=(ac+bd,\, ad+bc)$$

이러한 정의는 완전히 자연수의 덧셈, 곱셈에만 의거하여 이루어지며 대등한 순서쌍의 합과 곱은 대등하다. 따라서 순서쌍의 동치류, 곧 정수의 덧셈과 곱셈을 다음과 같이 정의할 수 있게 된다.

$$[(a,b)]+[(c,d)]=[(a,b)+(c,d)],$$
$$[(a,b)]\cdot[(c,d)]=[(a,b)\cdot(c,d)]$$

정수는 이와 같이 자연수로부터 구성된 정역을 이루는 산술법칙을 만족하는 모순 없는 형식체계로서 이해되게 된다.[17] 이는 정수를 자연수로부터 형식적으로 구성해 보이는 방법으로, 이러한 정수(그리고 허수)의 형식적 전개는 이미 19세기에 영국 수학자 Hamilton에 의해서 제시되었다.

---

17 그래프 위에서 두 정수의 덧셈 (+1)+(−2)를 수행하려면 각 수를 나타내는 직선 위의 임의의 격자점 이를테면 (2,1), (2,4)를 선택한 다음, 원점으로부터 각 격자점까지의 화살표를 그리고 평행사변형 방법에 의해 얻어진 네 번째 꼭짓점 (4,5)가 포함된 직선이 나타내는 정수 곧 −1이 두 정수의 합이 된다. 그러나 두 정수의 곱은 그래프 위에서 보일 수 없다.

2) 학교수학의 첫 번째 형식적 수학 — 음수

음수가 도입될 때 학교에서 택하는 접근법이 학생들에게 원칙상 이해하기 어려운 측면이 있음을 인식해야 한다. 학교수학에서는 크기를 나타내는 절대적인 수와 구분하여 양수와 음수를 상대적인 수로 다루며, 그 계산법은 여러 가지 모델을 사용하여 설명되지만 모델의 기능이 완전하지 못하고 따라서 이전의 수의 계산보다 훨씬 덜 분명한 의미를 갖고 있다. 잘 알려진 채권-채무 모델이나 방향 모델, 수직선 모델 등 어떤 모델도 음수의 사칙연산에 대해 일관되게 의미 있는 설명을 제공해 주지 못하는 만족스럽지 못한 것이다. 어떻게 10,000원의 부채와 500원의 부채를 곱해서 5백만 원의 이익을 얻을 수 있는가? 10,000원의 고지서를 500번 회수해 가면 500만 원이 생긴다고 해석한다면 이는 음수에 대한 일관된 해석이 아니다. 음수를 부채로 해석하다가 고지서를 회수해 가는 횟수로 해석하는 것은 일관성이 결여된 자의적인 해석이다. 오늘날 학교수학에서 사용되는 음수의 직관적 모델은 모두 이와 같이 일관성이 결여된 기능부전인 모델이다. 학생들은 물론 교사들조차 이해하기 어려운 인위적인 모델이 계산규칙의 합리화를 위해 다루어지고 있는 것이다. 그러나 교과서 저자에게조차 이러한 문제의 본질에 대한 의식이 결여되어 있다는 데 어려움이 있다.

그렇다고 수학자들에 의해 수용된 형식적인 정수 개념이 학생들에게 같은 의미로 전달되기를 기대하기는 어렵다. 형식적으로 표현된 지식을 그대로 학생들에게 제시하면 피상적인 학습이 이루어지고 학생들의 사고는 바닥수준에 머물 위험성이 크다. 따라서 수학화를 통한 수학적 사고교육을 시도해야 하며 그러기 위해서는 형식적인 수학을 그 발생적 근원으로 되돌려 인간화하는 연구가 요구된다. 수학적 언어로 표현된 '닫힌' 개념을 열어 그 발생과정에서 부과된 풍부한 해석과 의미를 인식함으로써 수학적 개념과 원리와 법칙을 더 넓고 다양한 관점에서 해석할 수 있도록 해야 하며 그렇게 함으로써 수학의 진정한 의미를 이해하고 그 응용 가능성을 경험하게 할 수 있는 것이다. 여기에서 제기되는 교수학적 원리가 역사-발생적 원리이다.

Klein(pp. 24-28)은 음수의 형식성과 그 지도에 대해 다음과 같은 주목할 만한 논의를 하고 있다. 음수가 도입될 때 처음으로 구체적인 수학으로부터 형식적인 수학으로의 이행이 일어난다는 점에 주목해야 하며, 이러한 이행의 완전한 통달은 고도의 추상화 능력을 요구한다는 점을 인식해야 한다. 음수가 도입될 때 계산에 무슨 일이 일어나는가? 우선 주목할 것은 덧셈과 뺄셈이 사실상 합체된다는 것이다. 뺄셈은 감수의 덧셈에 대한 역원의 덧셈이다. 음수는 뺄셈 연산을 예외 없이 가능하도록 만들기 위해 창안된 반면에 그러한 창안 덕분에 독립된 연산으로서의 뺄셈이 존재하지 않게 되었다. 실수의 계산과 방정식 풀이에서 덧셈, 곱셈의 기본성질이 적용되는데 그러기 위해서는 뺄셈은 덧셈으로, 나눗셈은 곱셈으로 바꾸어서[18] 계산되어야 한다.

역사적으로 보면 오랜 발달기간을 거쳐 음수의 사용이 말하자면 그 유용성에 의해서 수학자들에게 억지로 떠맡겨진 것이다. 고대 그리스인들은 음수를 생각하지 못하였으며 고대 인도인에 의해 발명되어[19] 유럽에 전해져 르네상스 시대부터 점진적으로 사용되었으나, 수학자들은 음수개념을 용인하지 못한 상황에서 수세기 동안 음수를 조작하였으며, 19세기에 이르러서야 그 계산의 무모순성을 고려하여 형식적인 존재로서 음수를 수용하기에 이른 것이다. 음수의 부호규칙의 간단한 직관적인 증명을 생각해

18 나눗셈은 제수의 역수의 곱셈이다. 유리수가 도입되면 곱셈과 나눗셈이 합체되고 독립된 연산으로서의 나눗셈이 존재하지 않게 된다.

19 Klein은 유럽수학의 뿌리를 인도수학에서 찾고 있으나, 음수는 인도보다 먼저 중국에서 발명되었다.

보자.

a, b, c, d가 양수이고 $a>b$, $c>a$라고 하면 $a-b$는 양수이고 c보다 작다. 곧 $c-(a-b)$는 양수이다. $c-(a-b)$를 수직선 위에 나타내어 보면 괄호규칙 $c-(a-b)=c-a+b$가 성립함을 알 수 있다. 그리고 $a>b$, $c>d$라고 하면 $a-b$, $c-d$는 양의 정수이며, 넓이가 $(a-b)(c-d)$인 직사각형은, 넓이가 ac인 직사각형에서 넓이가 각각 ad, bc인 두 직사각형을 제거한 다음, 두 번 제거한 부분인 직사각형 bd를 되돌려야 하므로 공식 $(a-b)(c-d)=ac-ad-bc+bd$를 얻는다.

"이러한 문자 조작을 기초로 음수의 도입이 야기한 가장 중요한 심리적 동기로서 인간 본성의 그 일반적인 특성이 드러난다. 그에 의해 우리는 규칙이 이끌어내어진 타당성을 갖는 특정한 경우보다 더 일반적인 상황에서 규칙을 무의식적으로 사용하는 경향이 있다. 이는 Hermann Hankel에 의해서 그의 〈복소수 체계에 대한 이론〉에서 '형식불역의 원리(Prinzip von der Permanenz der formalen Gesetze)'라는 이름으로, 음수 산술의 주도적 원리로서 처음으로 주장되었다.[20] 나는 여러분들이 이 가장 흥미로운 책에 주목하도록 추천할 수 있다."(*ibid.* p. 26)

위의 규칙에서 a, b, c, d의 상대적인 크기에 대한 가정을 잊고 일반적인 경우에도 사용하기를 바라는 것이다. 위의 규칙을 $a=c=0$인 경우에 적용하면, 그러한 경우에는 공식은 증명되지 않았지만, $-(-b)=+b$, $(-b)(-d)=+bd$, 곧 음수의 괄호규칙과 음수의 곱셈의 부호규칙을 얻는다. 공식 $c-(a-b)=c-a+b$, $(a-b)(c-d)$로부터, 이들 공식의 타당성은 각각 부등식 $a>b$, $c>a$와 $a>b$, $c>d$에 의존한다는 사실을 무시하

20 '형식불역의 원리'를 처음 주장한 수학자는 19세기 중반 영국의 Peacock인 것으로 생각되며, Klein의 기술은 Hankel이 형식불역의 원리를 음수산술의 주도적 원리로서 처음 주장하였다는 것인데 이에 대한 좀 더 면밀한 문헌 분석이 요구된다.

고, 형식적 관점에서 발견적으로 $-(-b)=+b$, $(-b)(-d)=+bd$를 이끌어내는 것이다. 이와 같은 사고방식에 따라 원래의 규칙이 새로운 개념에 대해서 타당성을 갖는다고 보고 음수의 계산규칙을 이끌어낼 수 있다.[21]

과거의 수학자들은 음수의 사용에 꺼림칙한 마음을 갖고 음수를 '만들어낸 수', '거짓된 수' 등으로 불렀다. 그러나 모든 망설임에도 불구하고 음수는 특히 해석기하의 발달이 실질적으로 기여한 그 유용성 때문에 점점 더 일반적으로 용인되어 갔다. 그럼에도 의구심은 지속되었다. 이와 관련하여 사물이 때때로 인간보다 더 분별이 있는 듯하다는 생각을 억누를 수 없다. 수학의 위대한 진전 가운데 하나인 음수와 그 계산법은 어떤 개인의 의식적인 논리적 반성에 의해 창안된 것이 아니며 거듭되는 사용의 결과 드러난 유용성 때문에 수용되게 되었고, 사물을 철저하게 점유한 결과로 그 점진적인 근본적 성장이 이루어졌으며 엄격한 논리에 의한 합리적인 반성은 훨씬 후에 왔다. 순수한 논리의 기능은 조절하는 것뿐이며 결코 유일한 지도 원리로 작용하지 않는다.

Klein은 당시 독일의 학교수학에서 음수가 제시되는 방식을 살펴보고, 과거의 수학자들의 노력에 대응하는, 부호규칙의 논리적 필연성을 증명하려고 시도하는 오류를 자주 발견하게 되었다. 공식 $(a-b)(c-d)$로부터 발견적으로 $(-b)(-d)=+bd$를 이끌어내고 이 공식의 타당성이 부등관계 $a>b$, $c>d$에 의존한다는 사실을 완전히 무시하고 증명하였다고 생각하는 것이다. 형식불역의 원리에 의해서 규칙에 이르게 되는 심리적인 고

21 양수에서 성립하는 분배법칙, 등식의 성질, 단위원 1의 성질이 0과 음수에서도 성립한다고 보고 다음과 같이 생각해 볼 수도 있을 것이다.(Stillwell, 2006, p. 27)

$ab=a(b+0)=ab+a\cdot 0$

따라서 $0=a\cdot 0$

$0=(-1)\cdot 0=(-1)[1+(-1)]=(-1)\cdot 1+(-1)(-1)=-1+(-1)(-1)$

따라서 $1=(-1)(-1)$

려가 의사 논리적 고려로 실종된 것이다. Klein은 중학교 수학에서 증명이 불가능한 부호규칙을 타당하게 보이게 하려고 결코 기도하지 말 것을 권하면서, 형식불역의 원리에 의해 제시된 규약이 일관되게 편리한 알고리즘을 생산한다는 점에서 적절하다는 것을 학생들에게 간단한 예를 통해서 확신시키거나 스스로 발견하도록 해야 한다고 보았다. 조급해서는 안 되며 이러한 인식이 야기하는 사고의 혁명이 일어날 시간을 학생들에게 허용해야 하며, 일반적인 유용한 규약이 실제로 존재한다는 사실이 실제로 얼마나 놀라운가를 학생들에게 강조해야 하며, 이는 결코 자명하지 않다는 것이 학생에게 분명히 인식되어야 한다고 보았다. 학생들의 마음 가운데 이러한 의식성이 형성되려면 Klein의 주도로 제시된 Meran교육과정에서 요구한 바와 같이 학교수학의 마지막 단계에서 학교에서 학습한 수학에 대한 역사적·철학적 관점에서의 반성이 필요할 것이다.

그런데 현재 우리나라 중학교 수학에서와 같이 구체적인 모델을 통해 부호규칙을 입증해 보이려는 시도는 학생들에게 얼마나 많은 혼동을 일으키는가? 여러 가지 구체적인 모델을 통해 직관적 근거를 찾아 부호규칙을 입증해 보이려고 하는 경우, 모델이 불완전하다는 사실을 간과하거나 Klein이 염려한 바와 같이 입증되었다고 보는 경우가 흔히 있다. 이는 오류이며 그렇지 않다면 지적으로 정직하지 못한 것이다.

Klein과 같이 Freudenthal(1973; 1983a)도 음수의 계산수로서의 형식적인 본질에 입각하여 처음부터 형식적 관점에서 그 계산 규칙을 합리화할 수 있도록 대수적인 형식불역의 원리에 따라 자연수 체계의 확장으로 정수와 그 계산을 지도할 것을 주장하였다. 학생들은 음수가 타당한 개념으로 수용되는 기준은 실제성이 아니라는 것을 인식해야 하며, 형식불역의 원리에 따라 '귀납적 외삽법'을 통해 정수의 덧셈과 뺄셈, 곱셈의 부호규칙에 이르게 하는 자연스러운 방안을 요구하였다. Freudenthal은 나아가 자연수 a에 대하여 방정식 $x+a=0$의 해로 음수 $-a$를 정의하고[22] 형식불역의 원리에 따라 자연수에서 성립하는 연산법칙이 정수에서도 성립한다고 보고 정수의 덧셈과 곱셈을 형식적으로 도입할 것을 주장하였다. 음수의 형식성을 명시적으로 드러내지 않고 그 형식성을 이해하기를 기대하기는 어려울 것이다. Freudenthal은 음수의 그러한 형식적인 취급은 학생들이 형식적이고 연역적인 관점에서 수학적 개념에 대해 숙고할 수 있게 하는 첫 번째 기회가 되며 더 높은 수준에 이르러 하게 되는 엄밀한 증명의 예비단계가 된다고 보았다.

음수의 본질을 이해하려면 실제적 관점에서 형식적 관점으로의 전환이 요구된다. 음수 개념과 그 연산의 이해가 역사적으로 전문적인 수학자들에게 매우 어려운 주제였다면, 음수를 학습하는 학생들에게도 많은 어려움을 가져다줄 것이라는 예상을 할 수 있을 것이다. 전문적인 수학자들이 음수 개념을 받아들이는 데 오랜 시간과 많은 갈등을 겪었다면, 음수의 역사적인 발달 과정에서 그 이해를 방해했던 바로 그 인지적 어려움이 오늘날의 학생들의 이해를 방해할 수 있을 것이다. 이를 무시하고 음수의 피상적인 이해와 결과적으로 그 계산 알고리즘만을 획득하도록 요구한다면, 이는 수학적 사고활동을 경험하게 한다는 수학교육의 본질에 어긋나는 것이다. 수학을 학습한다는 것은 완성된 수학적 지식의 기록을 수용하게 하는 것이 아니라 수학하는 사고 과정을 배우는 것이다.

위에서 살펴본 바와 같이 역사적으로 산술에서 기본적인 연산법칙의 핵심적인 역할을 인식하지 못하고 음수의 부호규칙을 실제적인 모델을 통해 증명하려는 기도가 계속 있었으나 19세기에 이르러 형식불역의 원리를 구사함으로써 구체적인 관점에서 형식적인 '계산수' 관점으로 전환하게 되면

22 이는 현실적인 문제 상황과 관련지어 해석해 보면 정수 $\pm a$는 자산과 부채, 해발 높이와 해저 깊이, 동쪽 거리와 서쪽 거리 등 서로 대칭되는 반대 방향을 가진 양을 나타내는 상대적인 수로 보는 것이다.

서 비로소 음수 개념의 타당성을 획득하였다. 학생들이 음수와 그 연산을 받아들이기 위해서도 기본적으로 같은 관점을 택하지 않을 수 없을 것이다. 역사-발생적 측면에서 보면 음수가 양수와 상대적인 수, 방정식의 해로서 도입되어 계산에 이용되다가, 음수의 형식성이 인식되어 정당한 수로서 수용되기 이전에 음수에 대한 여러 가지 구체적인 모델을 찾았다는 점을 고려해 볼 때 음수 지도에서는 먼저 구체적인 문맥과 직관적 모델을 통한 지도가 선행되어야 할 것이다. 그리고, 그 문제점에 대한 반성이 있어야 할 것이다. 음수의 형식적인 본질을 바르게 이해시키고 곧 이어서 지도되는 등식의 성질을 이용한 일차방정식의 풀이와 자연스럽게 이어지게 하기 위해서는, 방정식 $x+a=0$의 해가 $-a$라는 형식적인 정의를 하고 형식불역의 원리에 의해 기본적인 계산법칙을 수용하여 정수의 계산법과 그 성질을 이끌어내야 할 것이며, 등식의 성질을 음수로 일반화하여 방정식 풀이의 기본 원리로 이용하여야 할 것이다. 이는 음수를 통해 수학의 형식적 사고 경험을 조기에 제공해 줄 수 있는 좋은 기회가 될 수 있을 것이다. 교사는 양수 음수의 계산 법칙의 무모순성에 대한 논리적 증명은 자연수로 환원해야만 가능하다는 것, 곧 자연수에 대한 연산법칙이 모순이 없으면 양수 음수의 연산법칙도 모순이 없다는 것을 구성적 방법으로 증명할 수 있음을 이해해야 하며, 나아가 어떤 개념의 수학적인 타당성은 그 개념을 정의하고 공리적 구조 내에서 모순 없이 그것을 조작할 수 있는 가능성에 기초한다는 것을 이해해야 한다.

다음에는 양수 음수의 기호와 덧셈 뺄셈 기호의 혼용 문제에 대해 살펴보자. 같은 기호 $+$, $-$를 사용하지만 양수 음수의 부호는 덧셈과 뺄셈 기호와 같은 것이 아니다. 이를 엄밀하게 구분하여 '새 수학'에서는 양수 음수를 이를테면 $^{+}5$, $^{-}5$와 같이 나타내고, 양수 음수의 계산을 이를테면 $^{-}6-{}^{+}4$와 같이 나타내기도 하였다. 그런데 정수와 그 가감산에서 같은 기호를 사용하면 $-6-(+4)$와 같이 괄호를 사용해야 하는 불편이 있지만 큰 무리가 없으므로 양자를 구별하지 않고 사용하는 것이 보통이다. 그리고, 양의 정수의 체계는 자연수의 체계와 동형이기 때문에 $+5=5$와 같이 나타낼 수 있고,

$$2+(-3)=2-(+3)=2-3,\quad 2-(-3)=2+(+3)=2+3,$$
$$2-(3-4)=2-3+4$$

와 같은 계산 규칙이 성립하므로 계산에 숙달하게 되면 양수 음수의 부호는 생략되어 자연스럽게 통합된다.

수학에서 기호의 중요성은 재언을 요하지 않지만, "수학자들은 의미를 찾아내는 데 종사해온 사람들에게는 당혹스러우나 같은 기호를 관련이 있지만 서로 다른 의미로 사용하는 실제적으로 매우 편리한 습관을 갖고 있다. 그들이 보기에 기호의 한 가지 본질적인 요건은 그 의미의 가능한 다양성이 어떠하건 그 형식적인 사용 법칙이 항상 같아야 한다는 점이다. 이러한 습관에 따라 연산의 덧셈이 수의 덧셈과 마찬가지로 +로 나타내어진다."[23](Whitehead, p. 56)

3) 음수와 수학적 형식의 신비[24]

나는 언젠가 어느 책에서 '$(-1)(-1)=1$이 얼마나 놀라운가!'라는 구절을

23 +3과 −3을 각각 3을 더하고 빼는 일항연산으로 보고 $(+5)+(-3)$에서 중간의 +기호를 두 연산의 덧셈 기호로 볼 수도 있다.

24 이 부분은 저자가 PME 31(2007)에서 'School Mathematics and Cultivation of Mind'라는 제목으로 읽은 전체회의 강연 내용의 일부로 사고 도야와 관련하여 음수 개념의 형식성과 그 지도문제를 논의한 것이다.

읽고 실로 깜짝 놀란 바 있다. 나는 그때까지 $(-1)(-1)=1$은 물론이고 학교에서 배운 그 어떤 수학 내용에 대해서도 신비스럽다거나 감동적이라고 느낀 적이 없었다. 여러분은 어떠한가? 그러나, 잠시라도 생각해 보면 학교수학에서 수와 그 계산 부분은 놀라움으로 가득 차 있다. 한없이 계속되는 무한 장대한 자연수 집합에는 얼마나 많은 신비로움이 감추어져 있는가? Gauss는 정수론을 수학의 여왕이라고 하였다. 천부적인 재능을 타고난 수학자들을 감동시킨 수의 신비한 비밀을 기록한 것이 정수론이다. 그러한 수론의 내용 가운데 학교수학에 등장하는 내용은 얼마나 되는가? 돌이켜 보면, $(-1)(-1)=1$은 물론이고, 소수가 무한히 많다든가, 0이 아닌 모든 정수는 단위(±1)와 양의 소수의 곱으로 소인수의 순서를 생각하지 않으면 유일하게 표현된다는 산술의 기본정리나, $a^2+b^2=c^2$인 양인 정수해, 곧 Pythagoras수가 무한히 많지만, n이 3 이상이면 $x^n+y^n=z^n$인 양인 정수해는 없다는 Fermat의 마지막 정리 등을 놀라움과 감동 없이 어떻게 다룰 수 있는가?

그럼에도 학교수학에서 양수 음수의 계산 방법에 대한 설명은 왜 그리도 부자연스러운가? 양수와 음수는 이미 1세기경의 중국 한나라 시대의 수학책인 『구장산술』 가운데 자산과 부채와 같은 상대적인 양의 관점에서 도입되고 그 덧셈과 뺄셈 규칙이 그 책의 '방정장' 가운데 연립일차방정식의 풀이법에 등장한다.(Katz, p. 17) 7세기경 인도의 수학자 Brahmagupta의 저서 가운데에는 양·음 부호의 계산규칙이 다루어지고 있다.(Boyer & Merzbach, p. 220) 그러나, 음수가 계산과 방정식 풀이에 유용하게 이용될 수 있음을 이미 인식하고 있었으면서도 19세기 중엽에 이르기까지 수학자들은 음수를 진정한 수학적 개념으로 인정하지 않았다. 수학자들에게 음수개념이 받아들여지기 어려웠던 주요한 이유는 무엇보다도 수를 물리적 세계에서 추상된 양적인 개념으로 보았기 때문이며, 음수와 그 계산에 대한 일관성 있는 적절한 모델을 실세계에서 찾을 수 없었기 때문이었다.

이러한 음수의 역사는 '수학적 인식의 원천이 대상에 있다'는 선입관이 얼마나 견고했는지를 말해 주는 것이다. 음수의 존재성을 확립하기 위한 오랜 기간에 걸친 많은 노력 끝에 완전한 성공을 거둔 것은 수에 대한 관점이 구체적인 관점에서 형식적인 관점으로 관점의 근본적인 변화가 일어난 19세기 중반에 이르러서였다. Hankel은 음수를 '실제적인 것'을 나타내는 개념이 아니라 형식적인 계산체계의 구성요소로 보았고, 계산체계에 음수를 첨가하는 것은 대수적으로 모순이 없음을 보였다.(Fischbein, pp. 97-102) Hamilton은 대수에서 음수와 허수에 대한 형식적인 정당화를 시도하였다. 수학자들은 산술의 두 가지 기본적인 요소, 곧 계산의 대상과 계산규칙 가운데 후자가 확실히 본질적이라는 사실과 수학적 사고의 형식적인 본질을 좀 더 분명히 인식하게 되었다. 이것이 공리적 대수의 출발이다.(Dieudonné, 1972) 오늘날 수학에서 정수는 공리로 수용되는 산술법칙을 만족하는 모순 없는 형식체계, 곧 정역을 이루는 계산수로 규정될 수 있는 것이다.

이는 음수의 기원이 인간의 자연스러운 심성의 표현인 '상식적인' 계산행위에서 비롯된 것임을 말해 준다. 수학적 지식이 인식의 주관적 조건인 '이념'을 근거로 형성된 형식임을 인식하지 못하고 '수학적 인식이 대상을 따른다'는 잘못된 선입관 때문에, 1,500년이라는 긴 기간 동안 갈등을 겪어온(Fischbein, pp. 97-102) 대표적인 수학적 개념이 음수라고 생각된다. 고대로부터 양수와 음수는 자산과 부채와 같은 서로 반대되는 상황을 나타내는 상대적인 수로서 사용되었다. 이는 대수적으로 이를테면 음수 -3을 방정식 $x+3=0$을 만족하는 해로 가정된 형식적인 대상으로 정의하는 것과 같은 것이다. 수의 대수적 확장은 이와 같이 방정식의 근의 형식적인 첨가로 이루어진 것이다. 기존의 수 체계가 갖고 있던 계산 법칙을 그대로 유지하면서 이를테면 -3은 $x+3=0$, $\sqrt{2}$는 $x^2=2$, i는 $x^2=-1$을 만족시키는 한 해로 첨가하여 수가 확장된 것이다. 기존의 산술체계에서 각 방정식을 만족하는 해가 존재하지 않지만 그러한 수가 존재하는 것으로 가정하고 그러한 새로운 형식적인 대상인 x로 그것을 첨가한 것이다. 실수에 $x^2=-1$인 x, 곧 i를 첨가하면 수는 $a+bi$ 꼴의 수, 곧 복소수로 확장되는데 참으로 신비스러운 것은 그렇게 되면 모든 n차 다항방정식이 n개의 근을 갖게 된다는 대수학의 기본정리가 성립한다는 점이다. 이와 같이 기존의 성질이 유지되도록 대수적인 구조를 확장하는 형식불역의 원리를 Freudenthal(1973; 1983a)은 '대수적 원리'라고까지 부르고 있다. 이는 분석법의 논리이다. 우리는 문제해결 상황에서 미지인 것을 구했다고 보고 그것을 x라고 놓고 주어진 조건에 따라 방정식을 세운 다음, x가 기존의 수 체계의 계산 법칙을 만족하는 것처럼 생각하고 계산하여 조건에 주어진 수, 곧 방정식의 계수로 x를 나타내어 미지인 것을 구한다.

'계산수'로서의 수의 조작은 초등학교 단계부터 시작하여 직관적인 조작, 알고리즘적인 조작, 방정식의 근으로서의 조작 단계를 거쳐 대수적인 구조로의 전반적인 조직화의 단계에 이르게 된다. 거기에서 $(-a)b=-ab$, $(-a)(-b)=ab$, $-(-a)=a$와 같은 부호규칙이 기본적인 조작 규칙인 공리로부터 연역되게 된다. 고등학교 수학에서는 실수체계와 복소수 체계에 대하여 공리라는 용어는 사용하지 않지만 전반적인 조직화 수준에서 공리적 방법으로 수가 다루어지고 있다.

이러한 추상대수의 단계에 이르면 음수는 '부분산술 체계'(Dieudonné, 1972)인 정수의 가법군, 가환환, 정역, 또는 '완전한 산술체계'인 유리수체, 나아가 완비된 순서체인 실수체계 내에서, 그리고 복소수체 내에서 기본적인 계산법칙인 공리를 만족하는 계산의 대상, 곧 '계산수'로서 형식적으로 규정되게 된다. 이러한 순수한 형식적인 대수적 이론에 따르면 음수는 산술체계를 이루는 형식적인 대상이다. 그러나 음수는 이러한 형식적인 수 체계 내에서 실제로 자유로운가? Gödel의 정리는 모든 산술체계가 불완전함을 보이고 있다.

오늘날 우리가 중학교 수학에서 사용하는 양수 음수의 여러 가지 직관적 모델은 모두 수학적 사고의 본질인 일관성이 훼손된 불완전한 모델이다. 결국 교사의 교수학적 노력의 초점이 수학적 지식 그 자체로부터 교수학적 수단으로 이동하는 소위 '메타인지적 이동(metacognitive shift)' (Brousseau, 1997)이 일어나는 전형적인 상황이 야기된다. 그러한 덧셈과 곱셈에 대한 불완전한 직관적 모델과 뺄셈과 나눗셈에 대한 형식적인 설명을 혼용한 지도로 중학교 수학에서의 음수 지도는 끝난다. 학생들의 음수의 계산 원리에 대한 이해도는 결과적으로 매우 낮으며 부호규칙을 암기하게 됨으로써 $(-1)(-1)=1$임을 별 감흥 없이 수용한다. 정수의 계산 지도에서 이용되는 여러 가지 모델의 한계가 노출되지만, 학생들은 물론이고 교사들, 심지어 교과서 저자들까지도 그 문제점의 근원에 대한 반성에까지 이르지 못하고 있으며, 음수의 형식적 본질에 대한 명확한 이해가 결여되어 있다.

많은 수학자들에게 음수개념을 받아들이는 데 오랜 시간과 많은 갈등을 겪게 한 음수의 형식적 본질에 대한 이해를 등한시하고, 음수개념의 피상적인 이해와 그 계산규칙의 숙달에 그친다면 이는 진정한 수학적 사고활동을 경험하고 이해하게 한다는 수학교육의 본질에 어긋나는 것이다. Klein(2004)과 마찬가지로 Freudenthal(1973; 1983a)도 음수는 학생들이 대하는 최초의 형식적인 수학이며 학생들이 직관을 넘는 합리화의 필요성, 형식적이고 연역적인 관점에서 수학적 개념에 대해 숙고할 수 있게 하는 첫 번째 기회가 된다고 보았다. 그는 일관성이 훼손된 구체적 모델 대신에 '귀납적 외삽법'을 통한 접근과 음수의 본질에 충실한 형식불역의 원리에 따른 형식적인 접근을 통해 자연수 체계의 확장으로 정수와 그 연산을 지도할 것을 요구하고 있다. 그러한 형식적 방법만이 수학자들에게 그러하였듯이 학생들에게도 음수의 형식성을 인식시킬 수 있으며 수학적 사고와 수학적 형식의 신비로움에 새로운 눈을 뜨게 할 것이라고 본 것이다. 그런데 과연 그것이 가능할 것인가?

자연수 a에 대하여 방정식 $x+a=0$을 만족하는 해를 $-a$라고 음의 정수를 정의하여 수 체계를 정수로 확장하고, 형식불역의 원리에 의해 자연수의 연산법칙이 그대로 보존된다고 보면 정수의 계산법칙을 이끌어낼 수 있다. 이러한 과정은 방정식 $x^2=-1$을 만족하는 x로서 i를 도입하여 $a+bi$ 꼴의 수로서 복소수를 형식적인 방법으로 도입하고 형식불역의 원리에 근거하여 그 계산법칙을 유도하는 것과 마찬가지이다. 그러나 음수는 그 도입 시기가 중학교 1학년이므로 형식적인 특성을 드러내어 다루기가 쉽지 않다. 형식불역의 원리에 따른 이러한 사고방식은 Freudenthal이 '대수적 원리'라고 부를 만큼 중요하기 때문에 이러한 과정을 일찍부터 경험시키는 기회를 학생들에게 제공하는 것은 의미가 큰 것으로 생각된다. Freudenthal이 말했듯이 정수와 그 계산은 중학교 수학에서 이러한 사고과정에 접하게 할 수 있는 최초의 기회가 된다. 한편 그러한 음수의 형식적인 접근은 곧바로 이어지는 일차방정식의 지도와 결부시켜 볼 때 그 불가피성과 당위성을 수용하지 않을 수 없는 것이다.

음수의 형식성은 방정식의 해를 통하여 드러나므로, 여기에서 중학교 수학 교과서에서 방정식을 어떻게 취급하는지 살펴볼 필요가 있다. 양팔저울을 이용하여 양수의 범위에서 등식의 성질을 다룬 후 곧바로 정수, 유리수 범위로 등식의 성질을 일반화하여 일차방정식의 풀이를 다루고 있다. 양팔저울은 물체의 무게를 측정하는 기구이므로 무게를 나타내는 등식의 성질은 양수에 한정되지만 이를 암묵적으로 일반화하여 정수와 유리수 나아가 실수를 나타내는 문자식으로 나타내어 방정식 풀이의 기본 원리로 이용하고 있는 것이다. 여기에는 형식불역의 원리가 내재되어 있지만 그러한 원리는 명시적으로 언급되고 있지 않다. 등식의 성질을 이용한 방정식의 풀이에는 형식불역의 원리와 함께 유리수체 또는 실수체 나아가 복소수체의 기본성질은 물론이고 기본적으로 분석법이 내재되어 있음에도 불구하고 교과서에서는 안타깝게도 거의 이에 대한 명확한 언급을 하고 있지 않으며, 따라서 학생들은 방정식의 풀이 과정에 내재된 산술체계의 형식성을 거의 의식하지 못하는 것이다.

그러나, 3년이 지난 다음 고등학교 수학에서 돌연 형식적 관점으로 전환하여 음수 개념은 실수체의 관점에서 지도된다. 여기에서 '공리'라는 용어는 실제로 사용되지 않지만, 실수는 공리적 방법으로 형식적으로 다루어지며 $-a$는 a의 덧셈에 대한 역원으로 정의된다. 실수의 연산에 대한 기본성질이 명시적으로 취급되며, 그에 근거하여 $(-a)(-b)=ab$와 같은 실수 곱셈의 부호규칙을 증명한다. 나아가 수가 복소수로 확장되면서 -1은 복소수 $-1+0i=cos\pi+isin\pi$로 간주되고 이는 가우스 평면의 점 또는 벡터로 나타내어진다는 것, 그리고 복소수 역시 덧셈 곱셈의 기본성질을 만족하는 산술체계를 이룬다는 것을 배운다. 그리고 $(-1)(-1)=cos2\pi+isin2\pi=1$이며 이는 가우스 평면에서 두 복소수의 곱으로 의미있게 나타내어진다는 것도 다룬다. 그리고 이는 대학수학에서 다루어지는 Euler공식 $e^{i\theta}=cos\theta+isin\theta$를 이용하면 $-1=e^{i\pi}$이므로 $(-1)(-1)=e^{i2\pi}=1$과 같이 아름답게 표현된다. $e^{\pi i}=-1$, 곧 $e^{\pi i}+1=0$은 Klein이 주시하였듯이 수학에서 가장 놀랄 만한 공식이다.(Burton, p. 603) 이러한 음수의 특성을 배울 때 학생들은 수학적 지식의 형식에 다시 한 번 경외감을 갖게 될 것이다.

결국 음수는 산술체계를 이루는 형식적인 대상이라고 할 수 있다. 그러면 산술체계란 무엇인가? 우리는 셈수의 원시적인 직관을 형식화한 결과인 Peano의 공리로부터 그것을 '구성'할 수 있다. 따라서 Freudenthal(1973)은 다음과 같이 말하였다. 자연수 "수열은 역사적으로, 발생적으로, 체계적으로 수학의 주춧돌이다. 수열 없이 수학은 없다."(pp. 171-172) Freudenthal의 "수학에 대한 교육적 해석은 L. E. J. Brouwer의 수학관을 드러낸다.”(p. ix) 이러한 관점에서 보면 셈수체계는 보편원리, 수학의 형식, 상식이요, 그 ‘논리적 원인’ 곧 우리의 본래 마음인 이념에 가까운 것, 우리 인간의 본래 마음속의 ‘말할 수 없는 그 무엇’을 드러내는 형식이 아닌가 생각된다. 우리가 자연수 산술을 받아들이면 형식불역의 원리에 의해 음수는 수학의 형식적 본질에 대한 첫 번째 경험을 제공하는 좋은 기회가 될 수 있다. 그것이 실현된다면 학생들은 음수가 무엇인가에 대해 심각한 생각을 하게 될 것이며 수학적 형식의 신비로움에 놀랄 것이다.

4) 정수와 그 연산의 여러 가지 모델과 그 한계점

정수로의 이행에서 결정적인 단계는 음수의 도입 부분이다. 흔히 음수를 일상생활 가운데 영하온도, 부채, 깊이 등의 척도에서 만나게 되고, 상거래의 부기에서 차변과 대변, 물리에서 힘과 저항력을 생각할 때와 같이 양수와 음수로 적절히 기술되는 상황이 존재한다.[25] 그러나 실제적인 상대적 척도 모델은 음수의 계산을 설명하기에 불완전하다는 문제점이 있으므로 이를 직관적으로 뒷받침하기 위하여 개발된 여러 가지 인위적 모델이 있다.

‘왜 마이너스 곱하기 마이너스는 플러스인가?’라는 질문은 수학적으로도 그렇지만 교수학적으로도 매우 흥미로운 문제이다. 이를 다음과 같이 직교좌표축에서 직사각형을 고려하여 설명할 수도 있다. 제1상한에 있는 흰 직사각형은 곱 $2 \cdot 3$을 나타낸다. 그 직사각형을 y축 주위로 젖힌다. 검은 직사각형이 나타난다. 검은 것은 ‘마이너스’ 신호를 보낸다. 따라서 $(-2) \cdot 3 = -6$. 곱 $2 \cdot (-3)$은 위의 흰 직사각형을 x축 주위로 젖혀서

25 기원전, 기원후와 같은 연도는 0년이 존재하지 않으므로 정수로 나타내기에 적당치 않다.

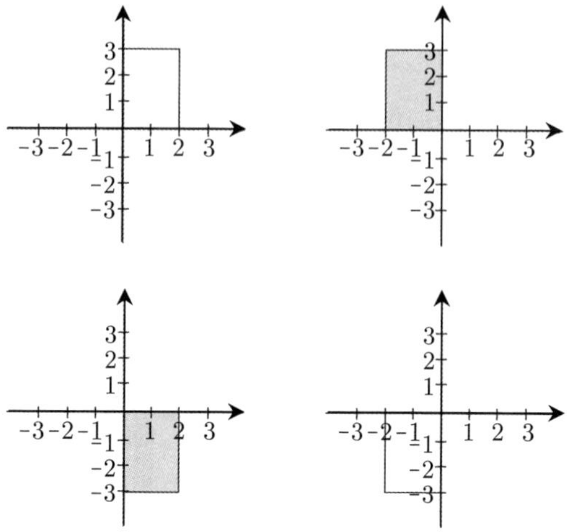

실현할 수 있다. 거기에서 검은 뒷면이 나타나 다시 '마이너스' 신호를 보낸다. 따라서 $2 \cdot (-3) = -6$. 이를 다시 한 번 y축 주위로 젖히면 흰 직사각형이 나타나 '플러스' 신호를 보낸다. 따라서 $(-2) \cdot (-3) = +6$. 이러한 방책은 매우 암시적인 듯하지만, 곱셈의 부호규칙을 뒷받침할 수 있는 직관적인 근거가 불분명하다는 결정적인 문제점을 갖고 있다.(Vollrath, pp. 52-53)

정수의 개념과 그 연산은 여러 가지 직관적인 모델을 통해 도입할 수도 있고 계산수로서의 그 본질에 입각하여 형식적으로 정의할 수도 있다. 모델은 원래 대상과 대체로 구조적으로 동형인 것으로 그 본질적인 측면을 보존하면서 더 간단하고 쉽게 접근할 수 있는 것이어야 하고, 직관적인 요소를 갖추어서 발견적인 역할을 하고 학습자에게 동기를 부여할 수 있어야 한다. 그러나, 모델에 전적으로 의지하고 원래의 대상에 대하여 숙고하지 않을 경우 적절하지 않은 결론을 이끌어낼 위험이 있으므로, 모델을 이용한 개념 학습에서는 사용된 여러 가지 모델의 한계를 명확히 인지하고 있어야 한다.

역사적 발생과정에서 수학자들은 음수 개념을 받아들이는 데 많은 어려움과 갈등을 겪었다. 음수는 상대적인 양을 나타내고 뺄셈과 방정식 풀이의 일반성을 확보하기 위해 도입되었고 해석기하학에서 도형을 방정식으로 표현하고자 하는 필요성으로 인해 그 존재가 강화되었다. 수학자들은 음수의 연산을 구체적인 실제적 모델로 해석하고자 하였으나 실패하였으며, 19세기에 이르러 독일의 수학자 Hankel이 음수를 양수와 함께 모순 없는 산술체계를 이루는 형식적 대상 곧 계산수로 간주함으로써 정당한 수로 인정받기에 이르렀다. 이러한 역사적 발생과정에 비추어 볼 때 음수는 직관적으로 받아들이기 어려운 형식적 본질을 갖고 있으므로 구체적인 상황과 결부된 직관을 초월한 형식적 설명이 필요하다고 보아, Klein과 Freudenthal의 주장과 같이 처음부터 음수를 방정식의 해로 형식적으로 도입하고 음수의 연산을 형식불역의 원리를 이용하여 형식적으로 도입할 수 있을 것이다.

음수의 존재는 형식적으로 정당화되었지만 음수를 포함한 정수는 구체적인 물리적 세계의 여러 분야에서 중요한 역할을 한다. 그러므로 학생들에게 정수 개념과 그 연산을 지도할 때 대수적 논리가 그것을 정당화한다는 이유로 형식적인 대수적 접근만을 고려하는 것은 적절하지 못하다. 정수의 개념과 그 연산의 지도에서는 형식적인 접근과 직관적·유추적 해석을 상보적으로 고려해야 한다. 문제는 정수의 모든 직관적인 모델이 기능부전(機能不全)이라는 데 있으나, 모델을 통한 직관적인 방법과 형식적인 분석적 접근 방법을 상보적으로 사용하는 것은 현대 수학교육의 사조이기도 하다. 그렇게 하기 위해서는 먼저 정수 지도에 사용된 여러 가지 모델에 대하여 그 적절성과 학습 가능성 및 유용성 등과 함께 그 한계를 살펴보는 것이 필요하다.

(1) 구체적인 모델

과거에 수학자들이 음수와 그 연산을 구체적 모델로 해석하여 음수에 개념적 적법성을 부여하려고 하였던 시도가 성공하지 못하였듯이, 오늘날에도 정수의 연산을 만족스럽게 설명하는 모델을 찾기 어렵다. 정수와 그 연산을 설명하기 위하여 사용되는 실제적인 구체적 상황 모델에는 온도계에서의 온도의 상승과 하강, 상거래에서의 이익과 손해, 계단에서 위로 올라가기와 아래로 내려가기, 수심의 증가 감소 등이 있다. 이러한 모델은 정수의 도입 부분에서 일상적으로 일어나는 실제적 문맥을 통하여 정수의 필요성과 직관적인 의미를 자연스럽게 이해하고 구성할 수 있게 해준다. 그리고 이러한 모델에서는 정수의 대소 관계와 주어진 수에서 양수를 더하거나 빼는 것은 어렵지 않게 이해될 수 있다. 그리고 음수를 더하거나 빼는 것을 이를테면 음의 이득은 양의 손실이고 $+(-)=-(+)$, 음의 손실은 양의 이득 혹은 손해의 감소는 이익의 증가 $-(-)=+(+)$라는 식으로 합리화하여, 음수를 더하는 것은 그 역수인 양수를 빼는 것과 같고 음수를 빼는 것은 그 역수인 양수를 더하는 것과 같다고 규정하기도 한다. 그리고 일정한 속력으로 동쪽과 서쪽으로 달리는 자동차의 몇 시간 전과 후의 위치로 정수의 곱셈 방법을 설명하고, 몇 초에 몇 m 하강 또는 상승하고 있는 비행기의 속도를 구하는 것으로 정수의 나눗셈 방법을 설명할 수 있다. 그러나 이러한 모델을 이용한 그 이상의 정수의 연산에 대한 설명은 만족스럽지 못하다.

(2) 수직선 모델

수직선은 수를 나타내는 가장 강력한 모델이다. 수직선은 실수와 동형인 구조를 가지고 있고 자연수로부터 정수, 유리수, 실수로의 수의 확장을 설명하기에 가장 적합한 모델이다. 따라서 오늘날 수 개념과 그 연산을 설명하는 모델로 그리고 좌표기하의 바탕으로 초등학교 수학에서부터 가장 유용하게 사용되는 것이 수직선 모델이다. 이러한 수직선 모델의 적절한 사용을 안내하기 위해서는 수학에서 사용되는 수직선 모델의 특성을 통찰해야 하며 기존의 수직선을 이용한 지도 방법의 유형과 그 문제점을 명확히 이해해야 한다.

먼저 수직선을 사용할 때 주의해야 할 점을 살펴보자. 수직선은 수평인 직선과 수직인 직선을 상황에 따라 적절히 사용해야 한다. 그리고 실수의 시각화 수단으로서 수직선 모델은 좌표 해석, 작용소 해석, 벡터 해석, 자 해석 등 여러 가지로 해석될 수 있다는 점을 이해해야 한다.(Freudenthal, 1973, pp. 254-265) 수직선은 직선 위의 점에 좌표를 할당하기 위한 것으로 해석될 수 있다. 이는 해석기하학적 입장으로 직선 위의 점에는 원점과 단위 및 방향을 잡으면 하나의 좌표가 할당된다. 수직선 모델에서 실수를 점의 좌표로 해석하는 것은 원점, 단위, 방향을 임의적인 것으로 해석하는 것이며, 점과 실수를 분리하는 것이다. 직선을 고정 불변의 토대로 보고 실수를 그 위의 작용소, 사상으로 볼 수도 있다. 직선을 고정 불변의 기초로 보고 실수를 크기와 방향을 가진 유향선분(화살표)이나 그 동치류인 벡터로 볼 수도 있다. 실수는 원점을 시점으로 하는 유향선분(고유벡터)으로, 그리고 그와 방향과 크기가 같은 이동 가능한 유향선분의 동치류인 벡터(자유벡터)로 간주되기도 한다. 수직선은 기본적으로 길이 측정을 위한 자 모델로 사용되므로 기준점인 0을 배제하고 1부터 시작하거나 구간에 수를 표시해서는 안 된다. 수직선을 자와 같이 해석하면 수직선 위의 점은 실수와 동일시되며, 실수 a는 작용소 $+a : x \rightarrow x+a$나 $\cdot a : x \rightarrow x \cdot a$와 명확히 구분된다. 좌표 해석과 작용소 해석은 수학적으로 우아한 해석이지만 학생들에게 어려움을 야기한다. 점과 실수를 동일시하는 자 해석이 이러한 해석에 비해 단순하며 다루기 쉽다는 이점이 있다. 학생들에게는 좀 더 용이한 것이 좋을 것이다.

좌표해석에서는 연산을 좌표변환으로 해석하게 되어 학생들에게 혼란을 줄 수 있다. 덧셈 $x \rightarrow x+a$, 곱셈 $x \rightarrow ax$는 각각 원점의 평행이동과 단위의 확장(축소)에 의한 좌표의 변환이 되며, 학생들에게 혼동을 일으키기 쉽다. 이를테면 $-2+(+3)=+1$은 원점을 왼쪽으로 3만큼 이동하는 것으로, $-2\times(+3)=-6$은 단위를 $\frac{1}{3}$로 축소하는 것으로 해석된다. 이는 좌표평면에서 좌표변환에 이용되는데 흔히 학생들에게 혼란을 일으킨다.

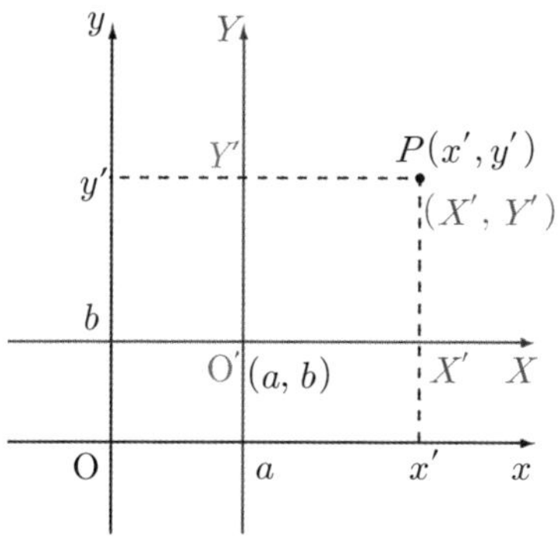

좌표평면에서 점 $O'(a,b)$를 새로운 원점으로 하는 좌표축의 평행이동에서 점 P의 구좌표를 (x',y'), 신좌표를 (X',Y')라고 하면 $X'=x'-a$, $Y'=y'-b$인 관계가 있다.

작용소 해석에서 실수의 사칙 연산은 사상의 합성이 된다. 예를 들어, +3은 수직선 위의 모든 점을 오른쪽으로 3만큼 떨어진 점에 대응시키는 사상이고, −5는 수직선 위의 모든 점을 왼쪽으로 5만큼 떨어진 점에 대응시키는 사상이다. 그리고, +3과 −5의 합은 사상 +3과 사상 −5를 합성한 사상이다. 이때 뺄셈은 $2-(-3)=\square \Leftrightarrow \square+(-3)=2$와 같이 역연산인 덧셈식으로 고쳐서 차를 구하고, 곱셈은 승수가 양수인 경우에는 동수누가로 볼 수 있으나, 승수가 음수인 경우에는 더 복잡해진다. 작용소로서의 수의 해석은 계속 유지될 수는 없으며 어느 단계에 이르러 수는 새로운 작용소의 대상으로 재해석되어야 한다. 피승수를 위치벡터로 보고 점과 동일시하면 곱셈은 방향을 고려한 확장·축소 작용소로 해석될 수 있다.

정수 연산의 수직선 모델은 실수를 점과 동일시하는 자 해석과 실수를 작용소나 벡터로 보는 해석이 뒤섞인 모델이다. 어느 경우에는 정수를 수직선 위의 점으로 간주하고 어느 경우에는 정수를 수직선 위의 사상이나 벡터로 간주하는 것이다. 이는 모두 수에 대한 은유적 해석으로 볼 수 있다. 수직선에서 정수의 대소 관계를 비교할 때 수는 수직선 위의 고정된 점으로 나타내어지며, 정수의 대소 관계는 수직선 위에서 오른쪽에 있는 정수가 왼쪽에 있는 정수보다 큰 것으로 정의된다.

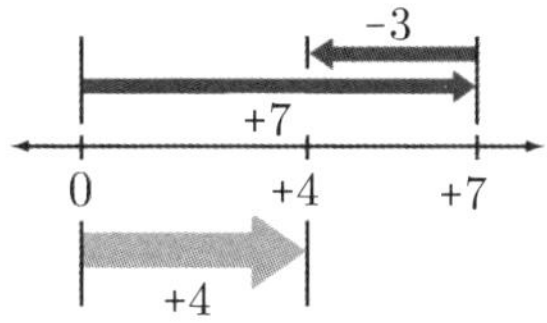

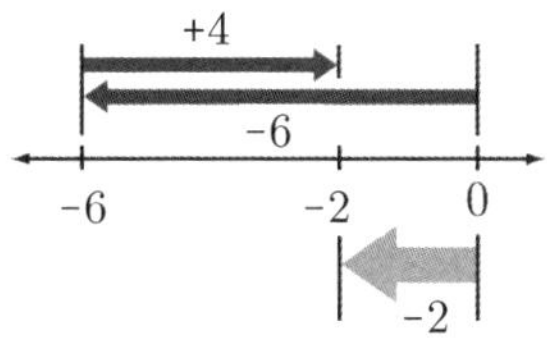

유향선분, 곧 화살표 해석에서는 수직선에서 정수의 덧셈은 피가수를 나타내는 원점을 시점으로 하는 화살표의 머리에 가수를 나타내는 화살표의 꼬리를 이어 두 유향선분을 합성하는 것이다. 그리고 원점을 시점으로 하는 두 화살표 a, b에 대하여 '$a-b=x \Leftrightarrow b+x=a$'이므로 $a-b$는 b의 머리에서 a의 머리에 이르는 화살표로 나타내어진다. $0-a$는 a의 역벡터이므로 $0-a=-a$라고 놓기로 약속한다. 그러면 $0-(-a)=-(-a)=a$와 같이 된다. 뺄셈은 덧셈의 역연산으로 덧셈에 대한 역원을 더하는 것이므로, 수직선 모델에서 뺄셈은 감수의 화살표를 반대 방향으로 놓고 더하는 것으로 생각해도 된다. 이는 학생들에게 난해하므로 뺄셈은 흔히 덧셈의 역연산으로 지도된다. 이러한 화살표 은유에서는 정수의 부호와 그 연산 기호의 의미가 구별된다는 이점이 있다. +3은 오른쪽 방향의 3단위 크기의 화살표, −3은 왼쪽 방향의 3단위 크기의 화살표, 덧셈 기호 +는 방향을 보존하는 합성, 뺄셈 기호 −는 방향을 바꾸는 합성으로 해석된다.

이 모델에서 수직선 위에서 정수의 곱셈을 가시화하는 방법은 여러 가지가 있다. 이를테면 다음과 같은 자동차 달리기 모델이 있다.

자동차는 현재 기준점을 통과하고 있다.

동쪽으로 시속 60km로 달리는 자동차의 2시간 전의 위치는?

$(+60)\times(-2)$

서쪽으로 시속 60km로 달리는 자동차의 2시간 후의 위치는?

$(-60)\times(+2)$

승수가 양수인 경우인 $(-60)\times(+2)$는 -60을 같은 방향으로 동수누가(2배)하는 것으로 해석하며, 승수가 음수인 경우인 $(+60)\times(-2)$는 $+60$을 반대 방향으로 동수누가(2배)하는 것으로 해석한다. 그러나, 화살표 해석은 곱셈에서 수직선 모델의 한계가 드러난다. 수직선 모델을 도입할 때, 양의 정수는 양의 방향, 즉 관습적으로 오른쪽을 향하는 화살표이고, 음의 정수는 왼쪽을 향하는 화살표였다. 이러한 약속이 계속 준수되지 않는 것이다. 양인 승수는 '피승수의 방향과 같은 방향으로' 승수만큼 반복(배)하는 것을 의미하고, 음인 승수는 '피승수의 방향과 반대 방향으로' 승수만큼 반복(배)하는 것을 의미한다. 이는 곱셈을 팽창으로 해석하는 것과 같다. $b\times2$는 b를 2배 팽창시키는 것이며, $b\times(-2)$는 b의 반대 방향으로 2배 팽창시키는 것이다. 이때, 팽창은 원점을 기준으로 한다. 곱셈을 팽창으로 볼 때에도 승수의 양의 부호와 음의 부호의 방향은 피승수의 부호로 결정된다. 이때 나눗셈은 역수의 곱셈이므로 축소의 의미로 해석된다.

수직선 모델에서 나눗셈은 피제수에서 제수를 거듭 빼는 누감(累減)으로 설명할 수 있다. 이때 화살표의 방향에 유의해야 한다. 나눗셈은 곱셈의 역이므로 제수의 방향을 반대 방향으로 생각해야 한다. 곱셈은 원점 0을 시점으로 하여 종점을 구하였지만 나눗셈은 피제수 화살표의 종점에서 출발하여 그 시점인 원점 0을 향해 가는 것으로 생각해야 한다. 원점 0에 도달하기 위하여 제수의 방향과 반대 방향을 앞으로 생각하여 앞으로 이동하느냐 또는 뒤로 이동하느냐에 따라 몫의 부호가 양인지 음인지가 결정된다. 앞으로 이동하면 몫의 부호는 양이고, 뒤로 이동하면 몫의 부호는 음이다. 이를테면, 수직선 위에서 $(+6)\div(+3)$을 생각해 보자. 피제수인 $+6$의 종점에서 시작하여 3단위로 나누면서 시점 0을 향해 간다. 제수 $+3$

의 방향과 반대 방향을 앞 방향으로 생각할 때, 앞을 향하므로 몫은 양의 부호이고 두 번 뺄 수 있다. 그러므로 몫은 +2이다. 한편, $(-6)\div(+3)$의 경우는 -6의 종점에서 시작하여 3단위로 나누면서 시점 0을 향하면 +3의 반대 방향을 앞 방향으로 생각할 때 뒷방향을 향하게 된다. 그러므로 몫은 -2이다. 수직선 모델에서 이와 같이 나눗셈을 가시화하는 것은 이해하기 어렵다. 이 때문에 학교수학에서는 흔히 수직선 모델에서 곱셈을 다룬 후 부호 규칙에 주목하여 곱셈의 역연산으로 나눗셈을 다룬다.

수직선 모델에서 양의 정수는 오른쪽을 향하는 화살표로, 음의 정수는 왼쪽을 향하는 화살표로 해석하였다. 그러나, 음수의 대소 관계와 연산을 생각할 때에는 그렇게 일관되게 해석하지 않았다. 두 음수의 대소 관계를 비교할 때 음수는 수직선 위의 고정된 점으로 보았고, 덧셈과 뺄셈을 할 때 음수는 수직선 위에서 화살표로 해석하였다. 그리고, 곱셈에서는 피승수는 화살표로 해석하였지만 곱의 방향은 승수의 부호에 따라 달라졌다. 나눗셈에서 몫의 부호는 제수의 역방향을 고려해서 결정되었다.

화살표 모델의 이러한 기능부전은 그 일차원적인 특성에 기인한다. 벡터와 그 연산이 조작적이 되려면 평행사변형 원리가 요구되기 때문이다. 벡터 해석은 화살표 해석과 유사하지만 정수를 자유벡터로 보고 그 덧셈, 뺄셈을 자유벡터의 연산으로 해석한다는 점에서 다르다. 일반적으로 벡터와 그 연산은 2차원과 3차원에서 유용하게 이용되지만, 1차원인 수직선 위에서는 연산을 설명하기에 부적절한 결함이 있다. 수직선과 평행한 평행선을 사용하여 정수 벡터의 덧셈과 뺄셈 연산을 나타낼 수 있으며, 두 정수의 곱셈과 나눗셈은 승수와 제수를 스칼라로 보고 스칼라배로 해석할 수 있으며, 또한 두 정수의 곱셈은 벡터의 내적으로도 해석될 수 있다. $ab = \|a\|\|b\|\cos\theta$이므로 1차원에서 a, b가 같은 방향이면 양수가 되고 다른 방향이면 음수가 된다. 그러나 이 경우에는 나눗셈을 설명하기가 어려운 제한점이 있다. 어느 경우건 간에 정수를 해석하는 데 일관성을 잃

게 된다.

또한, 연산을 일항연산으로 해석하여 $x+a$를 작용소 $+a : x \to x+a$로 해석할 수 있다. 그러면 $(-3)+2$는 $+2 : -3 \to (-3)+2$로 해석되고 이는 수직선 위에서 점 -3을 점 -1로 대응시키는 화살표 $+2$로 표현된다. 이때 뺄셈 $x-a$는 작용소 $-a : x \to x-a$로 해석되고 이는 수직선 위에서 방향을 바꾸어 더하는 화살표로 표현된다. 그리고 곱셈 $x \times a$는 작용소 $\times a : x \to x \times a$로 해석된다. 여기에서도 함수적 사고가 강조된다는 장점은 있지만 정수가 수직선 위에서 점으로 그리고 작용소로 일관되지 않게 해석되는 문제가 발생한다.

(3) 색돌 모델

정수의 색돌 모델은 영국의 수학교육학자 Gattegno가 제시한 것으로, 두 가지 색의 돌을 이용하여 정수를 나타내고 그 연산을 지도하는 모델이다.(Freudenthal, 1983a, pp. 438-441) 검은 돌은 양수를 나타내고 흰 돌은 음수를 나타낸다고 하고 검은 돌 하나와 흰 돌 하나는 서로 상쇄할 수 있으며 역으로 검은 돌 하나와 흰 돌 하나로 된 쌍을 부활시킬 수 있다고 본다. 이러한 약속에 따르면, 이를테면 6개의 검은 돌과 3개의 흰 돌, 5개의 검은 돌과 2개의 흰 돌, 4개의 검은 돌과 1개의 흰 돌은 같은 것으로 간주되며, 또한 3개의 검은 돌과 6개의 흰 돌, 2개의 검은 돌과 5개의 흰 돌, 1개의 검은 돌과 4개의 흰 돌도 같은 것으로 간주된다. 이 모델은 자연수의 순서쌍의 동치류라는 다음과 같은 정수의 대수적인 정의를 초등화한 것이다.

$$+3=\{(4,1),(5,2),(6,3),\cdots\}$$
$$0=\{(1,1),(2,2),(3,3),\cdots\}$$
$$-3=\{(1,4),(2,5),(3,6),\cdots\}$$

이 모델에서 덧셈은 간단하게 모델화되므로 쉽게 지도할 수 있다. 부호가 같은 정수의 덧셈은 셈돌을 합치면 되고, 양수와 음수의 덧셈은 검은 돌 한 개와 흰 돌 한 개를 짝지어 상쇄시키면 된다.

$$(+4)+(-1)=(+5)+(-2)=(+6)+(-3)=\cdots=(+3)$$
$$(+1)+(-4)=(+2)+(-5)=(+3)+(-6)=\cdots=(-3)$$
$$(+1)+(-1)=(+2)+(-2)=(+3)+(-3)=\cdots=0$$

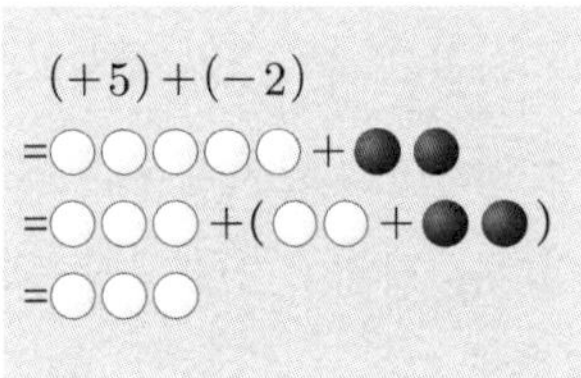

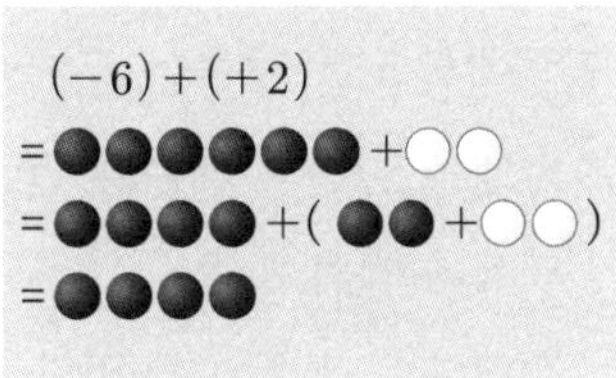

부호가 같은 정수의 뺄셈은 상쇄와 부활 조작이 요구된다. 빼는 수만큼 셈돌을 제거하거나 0의 특성을 이용하여 '없는 쌍을 만들어내기'가 필요하다. 이를테면, $(+2)-(+3)$은 검은 돌과 흰 돌 한 쌍을 만들어낸 다음 검은 돌을 3개 들어내면 흰 돌 한 개 곧, -1이 됨을 알 수 있다. $(-2)-(+3)$인 경우에는 검은 돌 3개를 제거해야 하는데 하나도 없으므로 검은 돌과 흰 돌 3쌍을 만들어낸 다음 검은 돌 3개를 제거하면 흰 돌 5개 곧, -5를 얻는다. $(+3)-(-2)$의 경우에는 흰 돌 2개를 제거해야 하는데 없으므로 검은 돌과 흰 돌 2쌍을 만들어낸 다음 흰 돌 2개를 제거하면 검은 돌 5개 곧 $+5$가 된다.

$$(+3)-(-2)=(+3)+0-(-2)$$
$$=(+3)+[(+2)+(-2)]-(-2)$$

$$(-2)-(+3)=(-2)+0-(+3)$$
$$=(-2)+[(+3)+(-3)]-(+3)$$

$=(+3)+(+2)+[(-2)-(-2)]$ $\qquad\qquad$ $=(-2)+(-3)$

$=(+3)+(+2)$

덧셈과 뺄셈은 이상과 같이 어려움 없이 설명할 수 있지만, 이 모델에서 곱셈은 승수가 양수인 경우에는 동수누가로 해석하면 설명이 되지만, 승수가 음수인 경우에는 이를테면, $(-3)\times(-2)=(-3)\times(0-2)=0-(-6)=+6$과 같이 설명할 수 있다. 나눗셈은 이 모델로는 설명하기 어려우며 따라서 나눗셈은 $a \div b = x \Leftrightarrow x \times b = a$와 같이 곱셈의 역연산으로 해석하여 곱셈에서 x를 구하는 문제로 바꾸어 설명할 수 있다. 셈돌 모델은 자연수 개념을 물건의 개수와 관련짓는 데 익숙한 학생들에게 무리 없이 정수의 덧셈과 뺄셈 방법을 이해시킬 수 있다는 장점이 있으나 곱셈과 나눗셈을 설명하는 데 무리가 있다. 셈돌 대신에 구멍과 마개로 모델화하거나 +, −기호가 그려진 칩 등과 같은 구체물, 현대 물리학적인 개념인 양전하와 음전하, 입자와 반입자를 사용해도 마찬가지이다.

(4) 우체부 모델

이는 미국의 '새 수학' 프로젝트 중 하나인 Madison Project(Davis, pp. 69-86)에서 제시한 모델로, '어음과 고지서(이익과 손실)' 차원과 '가지고 오다'와 '가지고 가다'의 두 차원으로 정수의 덧셈, 뺄셈, 곱셈을 자연스럽게 지도할 수 있다. 우편물을 배달하는 우체부와 이것을 받는 사람의 이야기로 시작한다. 이 이야기에서 우체부가 배달하는 것은 고지서와 어음이다. 배달만 하는 것이 아니라 잘못 배달된 고지서와 어음을 되가져가기도 한다. 어음은 양수를 나타내고 고지서는 음수를 나타내며, 가지고 오는 것은 덧셈을 의미하고 가지고 가는 것은 뺄셈을 의미한다. 이를테면, 우체부가 5원짜리 어음을 가지고 간 경우는 $-(+5)$로, 우체부가 5원 짜리 고지서를 가지고 온 경우는 $+(-5)$로 나타내어진다. 그리고 사용할 수 있는 돈이 많아지면 소득이 되므로 양의 부호로 나타내고, 사용할 수 있는 돈이 줄어들면 손실이 되므로 음의 부호로 나타낸다. 이때 덧셈, 뺄셈은 다음과 같이 생각할 수 있다.

우체부가 200원짜리 어음과 100원짜리 고지서를 배달하였다. 사용할 수 있는 돈이 100원이 많아졌다. 따라서,

$$(+200)+(-100)=+100$$

우체부가 100원짜리 어음을 가지고 왔다. 그리고 어제 배달되었던 300원짜리 고지서가 잘못 배달되었다고 말하면서 가지고 갔다. 사용할 수 있는 돈은 400원이 늘었다. 따라서,

$$+(+100)-(-300)=+400$$

학생들은 직접 활동해 보지 않고 상상하면서 이익과 손실을 계산하여 덧셈과 뺄셈을 할 수 있다. 두 정수를 곱할 때에는 승수를 고지서와 어음으로 해석하고 피승수는 우체부가 몇 개를 가지고 왔거나 가지고 간 것으로 풀이한다. 이를테면, 우체부가 50원짜리 고지서를 2장 가지고 왔다. 100원을 지불해야 한다. 따라서,

$$(-50)\times(+2)=-100$$

우체부가 50원짜리 고지서를 3장 가지고 갔다. 우체부의 방문 결과 사용할 수 있는 돈이 150원 늘었다. 따라서,

$$(-50)\times(-3)=+150$$

이 우체부 이야기 모델에서 나눗셈은 자연스럽지 않다. 이 모델은 소득과 손실 모델을 보완한 것이다. 소득과 손실 모델에서 정수의 연산은 자연스럽지 못한 점이 있다. 예를 들면, 50－100은 50원에서 100원을 잃는다고, 곧 소유한 것보다 더 많이 잃는다고 보는 것이다. 우체부 이야기로 해석하면 더 자연스럽게 된다. 우체부가 50원짜리 어음을 가지고 와서 어제 배달된 100원짜리 어음이 다른 사람의 것이라고 말하면서 다시 가지고 갔다. 우체부 방문으로 사용할 수 있는 돈이 50원 줄었다. 소득과 손실 모델은 한 차원이다. 이에 반해 우체부 이야기는 두 차원이다. 이익과 손실의 차원(어음과 고지서, 사용할 수 있는 돈의 액수가 늘어남과 줄어듦)과 가지고 옴과 가지고 감이라는 차원으로 된 이차원 모델이다. 한 차원을 확장해서 음수의 덧셈, 뺄셈, 곱셈을 자연스럽게 해결한 것이다.

(5) 귀납적 외삽법

귀납적인 방법인 외삽법(外插法, extrapolation)으로 자연수 연산의 패턴을 정수 연산으로 확장하여 정수의 연산을 다룰 수 있다.(Freudenthal, 1973, pp. 281-282) 덧셈의 경우 다음과 같이 일정한 수에 자연수를 1씩 작아지는 순서로 차례대로 더하고, 그 결과의 규칙성에 주목하여 그 일정한 수에 음수를 차례대로 더한 결과를 예측하도록 한다. 이러한 귀납적 외삽법은 형식불역의 원리, 곧 자연수에서 성립하는 규칙성이 정수에서도 성립한다는 것, 자연수의 덧셈의 교환법칙이 정수의 덧셈에서도 성립한다는 것을 암묵적으로 받아들이고 있는 것이다. 유한개의 정수의 덧셈으로부터 정수 전체의 덧셈을 예측하도록 하는 이러한 귀납적 외삽법으로 정수의 덧셈을 자연스럽게 지도할 수 있다. 뺄셈 지도도 마찬가지 방법으로 할 수 있다.

$3+2=5$	$3-2=1$
$3+1=4$	$3-1=2$

$$3+0=3 \qquad\qquad 3-0=3$$
$$3+(-1)=\cdots \qquad\qquad 3-(-1)=\cdots$$
$$4+(-2)=\cdots \qquad\qquad 3-(-2)=\cdots$$
$$\cdots\cdots\cdots \qquad\qquad \cdots\cdots\cdots$$

귀납적 외삽법을 이용하면 음수의 곱셈도 아주 자연스럽게 다룰 수 있으며 곱셈의 부호규칙을 쉽게 인식시킬 수 있다.

$$3\times 2=6 \qquad\qquad (-3)\times 2=-6$$
$$3\times 1=3 \qquad\qquad (-3)\times 1=-3$$
$$3\times 0=0 \qquad\qquad (-3)\times 0=0$$
$$3\times(-1)=\cdots \qquad\qquad (-3)\times(-1)=\cdots$$
$$3\times(-2)=\cdots \qquad\qquad (-3)\times(-2)=\cdots$$
$$\cdots\cdots\cdots \qquad\qquad \cdots\cdots\cdots$$

자연수에서와 마찬가지로 정수의 곱셈에서도 곱셈표를 만들어 그 규칙성을 찾아보도록 할 수 있다. 여기에서도 귀납적 외삽법으로 빈칸을 채울 수 있으며, 그 결과 양수와 양수를 곱하는 부분과 음수와 음수를 곱하는 부분의 수들은 모두 양수이고 서로 다른 부호를 갖는 두 정수의 곱은 음수임을 학생들이 인지할 수 있게 된다. 음수의 나눗셈도 곱셈과 같은 과정으로 다룰 수 있다. 시각적 모델을 사용하지 않고 이와 같이 음수의 사칙연산을 자연수의 연산과 그 성질의 귀납적 확장으로 도입하는 것은 자연스러운 접근 방법이다.

×	⋯	+3	+2	+1	0	−1	−2	−3	⋯
⋯	⋯	⋯	⋯	⋯	⋯	⋯	⋯	⋯	⋯
+3	⋯	+9	+6	+3	0				⋯
+2	⋯	+6	+4	+2	0				⋯
+1	⋯	+3	+2	+1	0				⋯
0	⋯	0	0	0	0	0	0	0	⋯
−1	⋯	−3			0				⋯
−2	⋯	−6			0				⋯
−3	⋯	−9			0				⋯
⋯	⋯	⋯	⋯	⋯	⋯	⋯	⋯	⋯	⋯

그런데 이러한 자연수의 사칙연산의 귀납적 확장은 음수의 도입으로 연산 $x \rightarrow 3+x$, $x \rightarrow 3-x$, $x \rightarrow 3x$, $x \rightarrow -3x$의 그래프가 반직선이나 선분에서 직선으로 확장되면서 자연히 얻어지는 결과임에 주목하게 할 필요가 있다. Freudenthal(1983a)이 지적한 바와 같이 수의 연산과 그 성질은 기하에서 도형과 그 관계의 대수적인 기술을 단순화시킴으로써 정당화된다는 점, 곧 대수는 기하에서 기능하기 때문에 타당하다는 사실에 주목해야 한다. 수의 연산과 그 성질의 타당성을 강력하게 확신시키는 가장 설득력 있는 방법은 기하에서의 대수의 조작성을 보여주는 것이다. 아래 그림과 같은 원점을 지나는 여러 가지 일차함수의 그래프는 제1, 2사분면에서는 각각 (양수)×(양수)=(양수), (음수)×(음수)=(음수)임을 보여주고 있으며, 제3, 4사분면에서는 (양수)×(음수)=(음수), (음수)×(양수)=(음수)임을 보여주고 있다. 여기에서 우리는 대수와 기하 및 함수 사이의 아름다운 조화의 모습을 볼 수 있다.

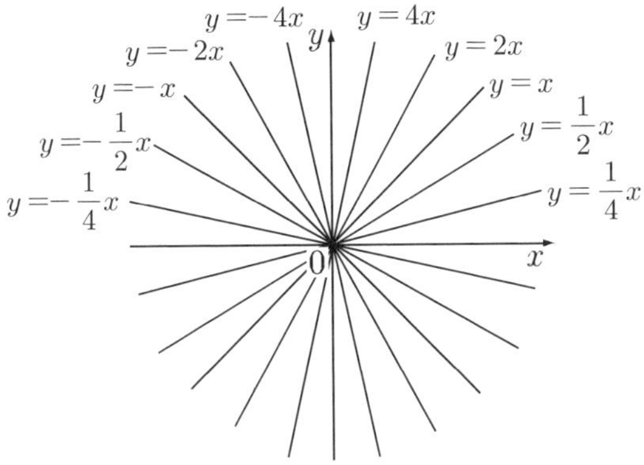

(6) 형식불역의 원리에 따른 도입

형식불역의 원리는 특히 수의 확장에서 매우 중요한 사고양식이 되어 왔다. 기존의 수 체계가 갖고 있던 연산법칙을 그대로 유지하면서 이를테면, $\frac{2}{3}$는 $3x=2$, -3은 $x+3=0$, $\sqrt{2}$는 $x^2=2$, i는 $x^2=-1$을 만족시키는 한 해로 도입되어 수가 확장된다. 곧, 이들 수는 기존의 산술체계에서 각 방정식을 만족하는 것으로 간주된 새로운 형식적인 대상인 x로 도입하는 것이다. 이와 같이 기존의 수 체계에서 인정된 성질이 유지되도록 수 체계를 확장하고 연산과 관계를 확장하듯이, 기본적인 성질이 유지되도록 대수적인 구조를 확장하는 형식불역의 원리를 Freudenthal(1973; 1983a)은 '대수적 원리(algebraic principle)'라고까지 부르고 있다. 이는 방정식에서 미지인 것을 x라고 놓고 기존의 수의 연산법칙을 만족하는 것처럼 생각하고 계산하여 해를 구하는 방정식을 푸는 분석법의 바탕이 된다. $-a$를 $x+a=0$인 x로서 도입하는 것은 형식적 첨가 방법이다. 자연수 N으로부터 출발하여 모든 자연수 a에 대하여 $-a$를 도입하면 정수체계를 얻는다. 그러나 학교수학에서는 이를 의식적으로 다루지 않으므로 그와 대등한 사고활동을 무의식적이고 소박하게 하고 있는 것이다. 이러한 과정은 실수로부터 복소수 $\{a+bi \mid a,b \in R\}$로의 이행과정에서만 의식적으로 다루어지는데, 이러한 유리수, 음수, 제곱근, 허수로의 수의 확장 방식은, 말하자면 형식적인 내삽법(內揷法, interpolation)과 외삽법이다. 이는 수를 확장하는 자연스러운 원리일 뿐만 아니라 교수학적으로 건전한 교재구성 방법이다.

자연수 a에 대하여 방정식 $x+a=0$의 해로 음수 $-a$를 정의하는 것은 양수와 상대적인 수로 음수를 도입하는 것과 맥을 같이한다. 그러나 음수의 본질은 형식적인 계산수이기 때문에 구체적인 의미에 일관되게 의존하는 것을 멈추어야 한다. 위에서 살펴본 음수의 어느 구체적인 모델도 음수의 모든 연산에 대해 일관성 있게 만족스러운 설명을 해주지는 못하고 인위적인 측면이 개재되게 된다. 이와 같이, 음수의 형식적 본질상 구체적 접근의 한계가 명백히 드러나게 되고, 음수의 모든 대수적 성질을 일관성 있게 만족시키는 직관적인 모델을 찾기 힘들다는 데 음수 지도의 어려움이 있다. 이러한 이유로 Freudenthal은 음수의 본질에 비추어 음수를 처음부터 방정식의 해로 형식적으로 도입하고 음수의 연산을 다음과 같이 형식불역의 원리에 따라 도입해야 한다고 주장한다. 이는 일관성이 결여된 직관적 모델의 취약성을 극복하고, 초등학교 수학에서부터 친근한 연산의 기본성질을 이용함으로써 학생들이 어렵지 않게 정수의 형식적인 특성과 계산방법을 파악할 수 있는 방법이다. 이는 또한 양팔저울을 이용하여 양수 범위에서 등식의 성질을 지도하고 곧바로 이를 음수 범위로 암묵적으로 확장하여 일차방정식의 해법을 다루는 현재의 지도 방법의 문제점을 해소하는 길이기도 하다.

음수 $-a$, $-b$는 각각 자연수 a, b에 대하여 방정식

$$x+a=0 \quad \cdots\cdots\cdots\cdots ①$$

$$y+b=0 \quad \cdots\cdots\cdots\cdots ②$$

를 만족시키는 x, y로 정의한다. ①식과 ②식을 변끼리 각각 더하고, 형식불역의 원리에 의해, 새로운 수 x, y의 덧셈이 자연수의 덧셈과 같은 기본성질을 만족한다고 가정한다. 그러면 교환법칙과 결합법칙에 의해

$$(x+y)+(a+b)=0$$

따라서

$$x+y=-(a+b)$$

이 방정식의 해는 유일하므로

$$(-a)+(-b)=-(a+b)$$

또한 ①식에 b를 곱하고, ②식에 x를 곱하면,

$$bx+ab=0,\ xy+bx=0$$

이므로

$$-bx=ab,\ xy=-bx$$

따라서

$$xy=ab$$

곧,

$$(-a)(-b)=ab$$

이와 같이 음수의 본질에 따라, 음수와 음수의 연산을 형식적으로 다루면 부호규칙과 대수적 성질을 명확하게 지도할 수 있다. 그러나 허수가 $x^2=-1$인 x로서 i를 도입하여 $a+bi$ 꼴의 수로서 형식적인 방법으로

도입되고 있는 것과 대조적으로 음수는 그 도입 시기상 형식적인 특성을 드러내어 지도하기가 쉽지 않다.

(7) 다양한 모델의 사용

현재 학교수학에서 음수개념의 이해에 어려움이 없는 듯이 여겨지는 이유는 아마도 온도계 모델, 동·서 방향 모델, 이익·손해 모델, 수직선 모델 등이 방향 붙은 크기를 나타내는 상대적인 수로서 정수에 실제성을 부여하고 있기 때문일 것이다. 정수의 연산 지도에 이르러 사용된 여러 가지 모델의 한계가 노출되나 그 문제점의 근원을 반성하고 보완하는 데까지 이르지 못하고 있다. 그러한 한계는 음수의 형식적 본질상 피할 수 없는 것이므로 Klein과 Freudenthal은 처음부터 형식불역의 원리에 따른 접근법을 제안하고 있는 것이다. 한편 중학교 수학에서 정수를 방정식 $x+a=b$의 근인 자연수의 차 $b-a$로서, 혹은 그러한 두 자연수의 순서쌍 (a, b)의 동치류로서 그대로 도입하기 어렵다는 점 때문에 그것을 초등화한 것이 셈돌 모델이다. 그러나, 구체적인 음수 지도 모델이 음수의 모든 대수적 성질을 일관성 있게 설명하지 못하며 결함이 있다고 하여 음수개념의 다양한 현실적 측면을 외면하고 형식적 접근만으로 지도하는 것은 바람직하지 않다. 다양한 현실적 문맥에서 음수와 그 연산을 적용할 수 있어야 한다. 따라서 정수에 대한 적절한 직관적 해석과 함께 형식적인 접근방법을 상보적으로 사용해야 한다.

위에서 살펴본 음수 모델은 특히 일관성이 약하고 인위적인 약속이 많은 등 부족한 점이 있지만 이들을 통하여 음수의 다양한 해석을 접하게 할 수 있다. 수직선 모델은 정수를 수직선 위의 점과 동일시하거나 정수를 유향선분이나 벡터로 해석할 수 있게 하며, 셈돌 모델은 정수를 자연수의 순서쌍으로 볼 수 있게 하고 절댓값이 같은 양수와 음수가 서로 덧셈에 대한 역원이라는 것을 명확하게 해 준다. 우체부 모델은 소득과 손실 모델에 한

차원을 더 추가하여 학생들에게 재미있는 이야기로 음수를 도입할 수 있게 하며 이 모델로 초등학교 학생들에게도 음수를 가르치는 것이 가능하다. 귀납적 외삽법은 자연스러운 방법이며 직관적 모델을 계산패턴으로 보완해 줄 수 있는 이점이 있다. 그러나 다른 모델을 사용하지 않고 귀납적 외삽법으로만 음수의 연산을 다룬다면 음수가 물리적 세계를 다양하게 해석하게 하는 풍요한 개념이라는 것을 학생들에게 인식시키기 어려울 것이다.

앞에서 살펴본 기하학적-대수학적 형식불역의 원리는 음수가 대수적 필요성에서 출현된 개념이지만 해석기하의 출현으로 좌표평면을 도입하고 도형을 방정식으로 나타내는 데 필수불가결하게 작용함으로써 수학에서 그 위치가 확고해졌다는 것을 인식시켜 줄 수 있다. 음수가 없이는 좌표평면과 도형은 반쪽만 나타내어지며 도형의 방정식을 나타내는 데 한계를 갖는다. 음수를 받아들이면 직선, 원, 타원, 포물선 등 여러 가지 곡선을 방정식으로 나타낼 수 있게 된다. 음수를 받아들일 때 모든 일차함수의 그래프는 직선으로 나타내어지며 일차함수 $x \to 3+x$와 $x \to 3-x$의 그래프인 직선은 정수의 덧셈 $3+x$와 뺄셈 $3-x$를 나타낸다. 그리고 원점을 지나는 여러 가지 일차함수의 그래프는 정수의 곱셈의 부호규칙을 보여주고 있어 대수와 기하 및 함수 사이의 아름다운 조화의 모습을 볼 수 있다. 이는 특히 수학을 조직하는 수단으로서의 함수적 사고의 힘을 학생들에게 보여줄 수 있는 예가 된다.

동기유발이나 설명 없이 곧바로 '부호가 같으면 +, 부호가 다르면 −가 된다'는 식으로 부호규칙을 규정할 수도 있다. 그러나, 이러한 방법은 왜 그렇게 규정하는가에 대한 납득할 만한 근거가 제시되지 않아 이해되기 어려우므로 적절한 지도 방법으로 보기 어렵다. 직관적인 모델은 일관성이 결여되고 복잡하여 연산의 의미가 충분히 이해되지 못한 상태로 계산연습에 치중하게 되는 문제점이 있지만 이들을 통하여 음수에 대한 다양한 구체적 해석에 접하게 할 수 있다. 음수의 존재는 형식적으로 정당화되었지만 음수는 생활과 관련된 실세계의 여러 분야에서 중요한 역할을 한다. 따라서, 음수 개념과 그 연산의 지도에서는 형식적인 접근과 직관적 해석을 함께 고려해야 할 것이다. 구체적 모델을 통한 직관적인 지도 방법과 형식적인 분석적 접근 방법을 상보적으로 사용하는 것이 적절할 것이나, 어떤 것을 언제 어떤 방법으로 어떤 순서로 지도하느냐가 문제이다.

음수의 계산 역시 결국 자동화되어야 한다. Freudenthal(1973)의 지적대로 계산규칙도 재발명 과정을 거친 다음 자동화되도록 하는 것이 효과적인 방법일 것이다. 그러나, 통찰에 의한 학습이 도입 시에만 국한되면 원래의 통찰은 자동화 과정에서 질식되게 된다. 자동화에 이르는 과정에서 관련된 많은 것을 학습하는 좀 더 폭넓은 학습과정이 요구된다.

5) 정수와 그 연산의 지도

중학교 1학년에서 영상 영하 온도, 이익과 손해, 몇 분 전과 후, 수면 아래 깊이와 수면 위 높이, 앞뒤나 동서 방향의 거리, 증가 감소 등의 구체적 상황과 관련된 상대적인 양의 관점에서 양수와 음수를 도입한다. 그리고 수를 수직선 위에 나타내면 오른쪽에 있는 수가 왼쪽에 있는 수보다 크다는 방식으로 수직선 모델을 이용하여 정수의 대소 관계를 도입한다. 그리고 구체적 모델, 수직선 모델, 색돌 모델, 귀납적 외삽법, 역연산 관계 등 여러 가지 모델과 방법을 이용하여 정수와 그 사칙연산을 다루고 정수의 계산 기능을 신장시키는 데 치중하고 있다. 연산법칙은 계산에 도움이 되는 정도로 다루도록 하고 있다.

온도계 눈금과 같이 수직선에서 눈금 값은 상태를 기술하며 일정한 온도의 상승이나 하강과 같이 상태의 변화를 화살표로 나타내는 수직선 활동으로 양수 음수의 덧셈, 뺄셈의 부호규칙을 설명할 수 있다. 상태-변화-상태 모델로 상태 a로부터 출발하여 b만큼 증가로 상태 $a+b$를 얻고, b만큼 제거로 상태 $a-b$를 얻는다. 예를 들어 $-2+3=1$, $-2-3=-5$는 각각 아래 그림과 같다. 이는 덧셈, 뺄셈을 수직선 위에서의 일항연산으로 본 모델로서, 수직선 위에서 정수의 좌표 해석과 작용소 해석이 혼용되고 있어 일관성이 결여되어 있음을 볼 수 있다.

변화—변화—변화 모델로 $a+b$는 임의의 눈금에서 두 변화 a, b를 차례로 실행하는 것을 기술한다. 예를 들어 $-5+3=-2$, $-5+(-3)=-8$은 각각 다음 그림과 같다.

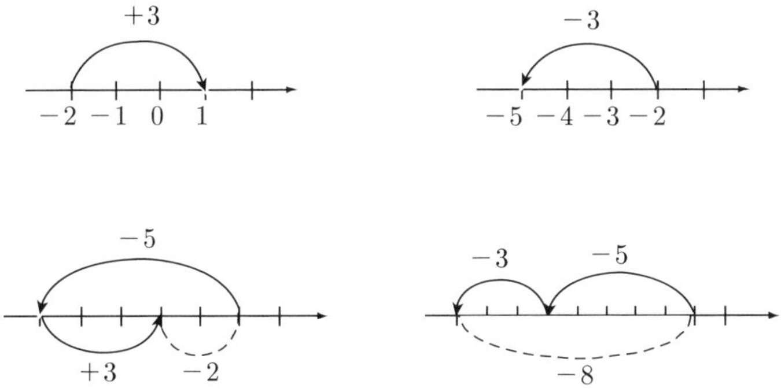

일반적으로 $a-b=x$라고 하면 $a=b+x$인 변화 x를 결정할 수 있다. 예를 들어 $(-5)-(-3)=x$는 $(-5)=(-3)+x$와 같은 의미이며 우변은 변화의 잇달은 실행을 의미하므로 오른쪽 그림으로부터 $x=-2$이다.(Vollrath, pp. 54-55) 이는 정수의 작용소 해석으로 덧셈을 그 합성으로 보고 있다.

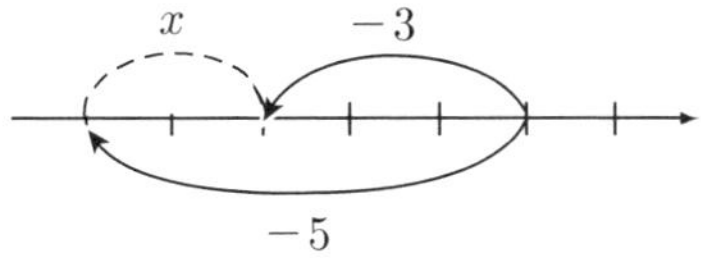

수직선 위에서 정수를 벡터로 보고 그 합으로 정수의 덧셈을 다루고,

자연수에서의 덧셈과 뺄셈의 역연산 관계를 정수의 경우로 확장하여 뺄셈을 다룬다. 이는 형식불역의 원리를 적용한 것이다. 다음 그림과 같이, 역연산 관계를 이용하여 정수의 뺄셈을 덧셈으로 바꾸고 수직선을 이용하여 차를 구한다. 그리고 정수의 뺄셈은 빼는 수의 부호를 바꾸어 더한 것과 같음을 이해시킨다.(우정호 외, p. 59) 음수의 뺄셈을 손해가 줄어든 것, 따라서 이익이 늘어난 것으로 해석하여 뺄셈을 부호를 바꾸어 더한 것과 같다고 설명하기도 한다.

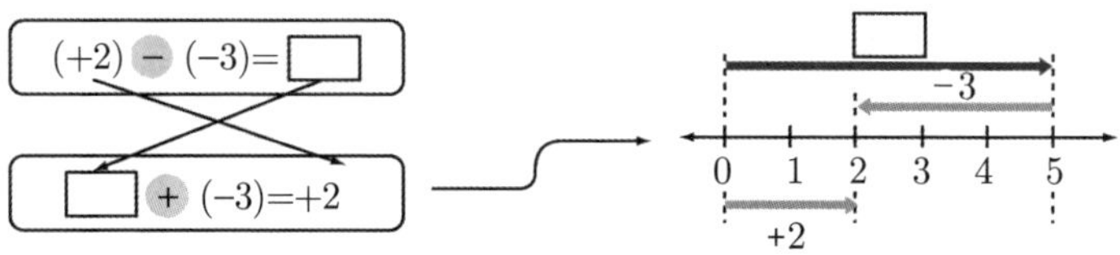

이므로 $(+2)-(-3)=+5$이다.

한편, 오른쪽 그림에서 알 수 있듯이

$$(+2)+(+3)=+5$$

이므로

$$(+2)-(-3)=(+2)+(+3)$$

이다.

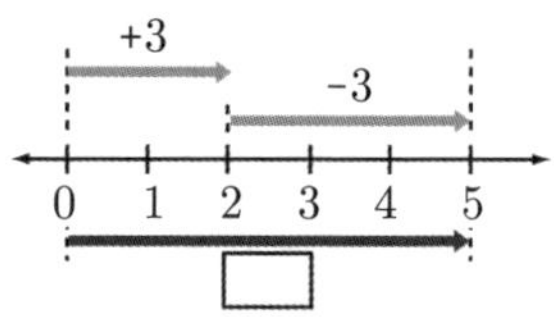

정수의 곱셈에서는 앞에서 언급한 기존의 곱셈의 패턴을 확장하는 귀납적 외삽법을 이용하여 부호규칙을 이끌어내는 방법이 사용된다.

그리고 시속 몇 km로 동쪽 또는 서쪽으로 움직이는 물체의 현재를 기준으로 몇 시간 전 또는 후의 위치를 묻는 문제 상황을 통해 정수 곱셈의 부호규칙을 이끌어내기도 한다. 그리고 두 정수의 곱은 두 정수의 절댓값의 곱에 부호규칙에 따라 부호를 붙인 것과 같다고 지도한다.

또한 자연수 곱셈과 나눗셈의 역연산 관계를 정수의 경우로 확장하여, 정수의 곱셈을 이용하여 정수의 나눗셈의 부호규칙과 나눗셈 방법을 이끌어낸다. 이는 정수의 뺄셈의 경우와 같이 형식불역의 원리를 적용한 것이다. 그리고 정수의 덧셈, 곱셈의 교환법칙과 결합법칙 및 곱셈의 덧셈에 대한 분배법칙을 예를 통해 귀납적으로 이해시킨다.

양수 음수의 부호규칙을 변수를 사용하여 공식화하려고 하면 매우 복잡하게 된다. 따라서 일반적으로 부호규칙을 언어적으로 형식화한다. 물론 대부분의 학생들에게 대응되는 계산의 실행보다 이러한 규칙의 형식화가 더 복잡하여 어렵다. 부호규칙을 각인시킬 것이 아니라 대응되는 알고리즘을 명백히 하고 숙달시켜야 한다. 중학교 수학에서는 양수 음수의 계산에서 이러한 직관적인 방법에 강력한 무게를 두게 되고 학생들은 모델을 집중적으로 다루게 된다. 이러한 정수, 나아가 유리수의 계산은 식의 변형을 통해 확실히 되고 심화된다. 특히 그 연산의 성질은 그다음에 다룰 방정식과 다항식, 함수식 등, 식의 변형의 기초가 되므로 명확히 파악되어야 한다. 덧셈, 곱셈의 폐쇄성, 결합성질, 교환성질, 분배성질 등과 같은 연산의 성질은 한두 가지 경우를 확인하는 것으로 제한하고 곧바로 일반화하지만 이를 중학교 수준에서 증명하려면 무수한 경우를 다루어야 하므로 곧 포기할 것이다.

고등학교 수학에서 양수 음수의 부호규칙은 실수체의 관점에서 연산의 성질로 증명된다. 고등학교 수학에서는 음수를 포함한 실수를 형식적인 구조적 관점에서 지도한다. 자연수로부터 정수, 그리고 유리수 및 실수로의 수의 확장과정을 뺄셈, 그리고 나눗셈에 대해 닫혀 있게 하기 위한 대수적 확장으로 설명하고, $-a$는 a의 덧셈에 대한 역원으로 정의된다. 공리라는 용어는 사용되지 않지만, 실수는 공리적 방법으로 형식적으로 다루어진다.

실수의 연산에 대한 기본적인 성질이 명시적으로 언급되며 그로부터 $(-a)b=-ab$, $(-a)(-b)=ab$와 같은 실수의 곱셈의 부호규칙을 증명한다. 나아가 수가 복소수로 확장되면서 -1은 복소수 $-1+0i=\cos\pi+$

$isin\pi$로 간주되고 이는 가우스 평면의 점 또는 벡터로 나타내어진다는 것, 그리고 복소수 역시 덧셈 곱셈의 기본성질을 만족하는 산술체계를 이룬다는 것을 다룬다. 그리고 $(-1)(-1)= \cos 2\pi + isin2\pi = 1$이며 이는 가우스 평면에서 두 복소수의 곱으로 의미 있게 나타내어진다는 것도 다룬다. 그러나 형식화, 공리화에 대한 경험이 전혀 없는 상태에서 학생들이 음수를 포함한 실수 나아가 복소수가 기본성질에 의해서 규정되는 구조를 이루는 형식적인 존재인 계산수라는 것을 이해하기는 쉽지 않을 것이다.

여기서 떠오르는 것이 학교수학이 생각하면서 배우고(denkend lernen) 배우면서 생각하는(lernend denken) 교과가 되어야 한다고 설파한 Pestalozzi의 혜안이며, Dewey가 강조한 반성적 사고교육이다. 20세기 초에 Klein의 주도하에 작성된 독일의 Meran교육과정에서처럼 고등학교 수학의 마지막 단계에서 그동안 학교수학에서 학습한 내용을 반성하고 종합하는 단계가 필요할 것으로 생각된다.

6) 정수론과 학교수학

Gauss가 '수학은 과학의 여왕이요 정수론은 수학의 여왕이다.'라고 말하였을 정도로 정수론은 매우 아름답고 풍부하며 엄밀한 이론으로 여러 가지 수학 연구의 기초가 되는 중요한 분야이나, 지극히 추상적인 이론이기 때문에 대다수의 학생들은 이에 무관심하다고 하면서, Klein(p. 39)은 다음과 같이 기술하고 있다. "수론은 그래프 요소와 적절한 숫자와 연계하여 제시되면 더 접근 가능하고 더 많은 일반적인 관심을 불러일으킬 것으로 믿는다."

학교수학에 나오는 정수론의 내용은 초등학교 수학에서 친근하게 사용되는 정수[26]의 덧셈과 곱셈에 대한 기본성질과 십진기수법, 약수·배수, 공약수·공배수, 최대공약수·최소공배수, 중학교 수학에서 다루는 정수의 대소관계, 가분성(divisibility), 곧 주어진 수가 2, 3, 4, 5, 9, 11 등과 같은 수에 의해서 나누어떨어지는가를 쉽게 결정할 수 있는 간단한 규칙, 소수는 무한히 많다는 성질, 'Eratosthenes의 체', 소인수분해 유일성, p진법 등이다.

초등학교에서 약수와 배수, 최대공약수와 최소공배수를 다루는 것은 이분모 분수의 덧셈, 뺄셈에 앞서 약분과 통분에 필요하기 때문이다. 그러나 중학교에서는 소인수분해와 같은 정수의 성질을 다루면서 정수의 가분성과 최대공약수와 최소공배수가 등장한다. 다음에는 학교수학에서 다루어지는 이러한 정수론의 내용과 관련된 정수의 기본성질, 대소관계, 가분성, 나눗셈 알고리즘(division algorithm), 소수, 산술의 기본정리, 합동과 잉여류 및 Pythagoras수에 대해 살펴보기로 한다.(Birkhoff & MacLane, pp. 1-22)

(1) 정수의 기본성질

정수는 덧셈과 곱셈에 대해 다음과 같은 기본법칙[27]을 만족한다.

- 임의의 두 정수의 합과 곱은 정수이며 유일하게 결정된다.
- 정수는 덧셈, 곱셈에 대하여 교환법칙과 결합법칙을 만족하고, 곱셈의 덧셈에 대한 분배법칙을 만족한다.[28]

---

26 엄밀하게 말하면 자연수 1, 2, 3, …과 양의 정수 +1, +2, +3, …은 개념적으로 다르다. 그러나 덧셈, 곱셈 연산 및 대소관계와 관련된 구조가 동형(isomorphic)이므로 자연수와 양의 정수는 형식적으로 구분되지 않는다.

27 이러한 기본법칙은 정수의 구조인 정역(integral domain)의 공리가 된다.

28 결합법칙에 따라 일반적으로 $a+(b+c)$와 $(a+b)+c$는 같은 수이므로 이를 흔히

- 덧셈에 대한 항등원 0과 곱셈에 대한 항등원 $1(\neq 0)$이 포함된다.
- 모든 정수의 덧셈에 대한 역원이 존재한다. 곧, 각 정수 a에 대해 $a+x=0$인 정수 x가 존재한다.
- 소약법칙(cancellation law) '$c \neq 0, ca=cb$이면 $a=b$'를 만족한다.

이 밖의 정수의 모든 성질은 이러한 기본성질과 논리법칙으로부터 연역될 수 있다.[29] 이를테면, '모든 정수 a에 대하여 $a \cdot 0 = 0 = 0 \cdot a$'임을 이끌어낼 수 있고, 기본성질과 이 성질을 이용하여

$$\text{모든 정수 } a, b\text{에 대하여 } (-a)(-b)=ab$$

임을 다음과 같이 증명할 수 있다. 특별한 경우가 $(-1)(-1)=1$인 '신비한' 법칙이다.

결합법칙에 의해

$$ab+[a(-b)+(-a)(-b)]=[ab+a(-b)]+(-a)(-b)$$

분배법칙, $-a$의 정의, $a \cdot 0 = 0 = 0 \cdot a$에 의해

$$\begin{aligned} ab+[a(-b)+(-a)(-b)] &= ab+[a+(-a)](-b) \\ &= ab+0(-b)=ab \end{aligned}$$

마찬가지로

$a+b+c$라고 나타낸다.

29 논리법칙 가운데에는 다음과 같은 등식의 기본성질이 포함된다.

모든 정수 a, b, c에 대하여

$a=a$	반사법칙(reflexive law)
$a=b \Rightarrow b=a$	대칭법칙(symmetric law)
$a=b, b=c \Rightarrow a=c$	추이법칙(transitive law)

$$[ab+a(-b)]+(-a)(-b)=a[b+(-b)]+(-a)(-b)$$
$$=a\cdot 0+(-a)(-b)=(-a)(-b)$$

따라서

$$(-a)(-b)=ab$$

소약법칙은 정수에는 '영인자(divisors of zero)'[30]가 존재하지 않는다는 것, 곧

$$ab=0\text{이면 } a=0 \text{ 또는 } b=0$$

와 동치이다.[31] 여기에서 '또는'은 '$a=0$이고 $b=0$'인 경우를 포함하므로 포괄적 선언(inclusive or, $\vee$)이다. 일반적으로 이차방정식의 인수분해를 이용한 해법의 바탕이 되는 것이 이러한 실수의 성질이다. 제1장의 논리 부분에서 언급한 바와 같이 이차방정식의 풀이 과정에서 등장하는 '$(x-a)(x-b)=0$이면 $x-a=0$이거나 $x-b=0$'에서 '$x-a=0$이거나 $x-b=0$'은 포괄적 선언이며, 여기에서 '$x-a=0$이고 $x-b=0$'인 경우는 중근인 경우 곧 $a=b$인 경우이다. 이를 이차방정식의 풀이 과정에 대한 해설에서 명시해야 할 것이다. 그렇지 않고 구체적인 이차방정식의 풀이 과정을 기술하는 경우에 거기에서 등장하는 '또는'은 배타적 선언으로 일반적인 경우와 서로 상치됨에 유의해야 한다. 구체적인 방정식의 풀이 과정, 이를테면 '$(x-1)(x+2)=0 \Leftrightarrow x-1=0$ 또는 $x+2=0$'에서 '또는'은 '$x-1=0$이고 $x+2=0$', 곧 '$x=1=-2$'인 경우는 배

---

30 영인자란 곱 $ab=0$인 0이 아닌 원소 a, b를 말한다.

31 $ab=0$이고 $a\neq 0$라고 하면, $ab=0=a\cdot 0$이고 소약법칙에 따라 $b=0$이다. 역으로 $a\neq 0, ab=ac$라고 하면 $ab-ac=a(b-c)=0$. 영인자가 존재하지 않으므로 $b-c=0$ 곧, $b=c$이다.

제되므로 배타적 선언(exclusive or, $\vee$)이다.

정수는 $\cdots, -3, -2, -1, 0, 1, 2, 3, \cdots$과 같이 나열할 수 있는데, 여기에서 정수 a가 정수 b의 왼쪽에 올 때 'a는 b보다 작다($a < b$)'고 한다. 그런데 $a < b$는 $b - a$가 양의 정수라는 것과 동치이므로, 정수의 대소 관계에 대한 모든 성질은 양의 정수의 기본성질로부터 연역될 수 있다. 양의 정수 $1, 2, 3, \cdots$은 다음과 같은 기본법칙을 만족한다.

- 두 양의 정수의 합과 곱은 양수이다.
- 임의의 정수 a는 양수이거나 0이거나 $-a$가 양수이다. (삼분법, law of trichotomy)

이러한 성질과 그로부터 연역되는 모든 성질은 양의 유리수와 양의 실수에서도 성립한다. 이러한 성질을 갖는 양인 원소를 포함하는 집합을 순서영역(ordered domain)이라고 한다. 순서영역에서 0이 아닌 모든 원소의 제곱은 양(陽)이다.[32] 그리고 순서관계는 다음과 같은 성질을 갖는다.

$a < b, b < c$이면 $a < c$ (추이법칙, transitive law)

$a < b$이면 $a + c < b + c$

$a < b, 0 < c$이면 $ac < bc$

임의의 a, b에 대하여 $a < b$, $a = b$, $a > b$ 가운데 하나만이 성립한다. (삼분법)

그리고, 순서영역에서 절댓값 $|a|$를 다음과 같이 정의한다.

---

32 a^2에서 $a \neq 0$이라고 하면, 삼분법에 의해, a 또는 $-a$는 양이다. a가 양이면 a^2은 양이다. $-a$가 양이면 $(-a)^2 = a^2$이므로 a^2은 양이다.

$$a \geq 0\text{이면 } |a| = +a, \qquad a < 0\text{이면 } |a| = -a$$

이러한 정의로부터 다음과 같은 법칙이 나온다.

$$|ab| = |a| \cdot |b|, \quad |a+b| \leq |a| + |b|$$ [33]

(2) 정수의 가분성(divisibility)

계수가 정수인 방정식 $ax = b$가 정수해를 가질 때, 곧 $b = ad$인 정수 d가 존재할 때 정수 b는 정수 a로 나누어질 수 있다(divisible)고 하고, b를 a의 배수(multiple), a를 b의 인수(factor) 또는 약수(divisor)라고 한다. 이러한 정수의 가분성에 대한 연구는 정수론의 첫 번째 문제이다.

d가 두 정수 a, b의 공약수이고 다른 모든 공약수의 배수일 때 d를 a, b의 최대공약수(greatest common divisor; g.c.d.)라고 한다. 이를테면 6과 9의 최대공약수는 ± 3이다. 최대공약수의 정의에서 '최대(greatest)'라는 것은 다른 공약수보다 크기가 크다는 뜻이 아니라 다른 공약수의 배수라는 뜻이다. 그리고 두 정수 a, b가 ± 1 이외의 공약수를 갖지 않을 때 그들은 '서로소(素, relatively prime)'라고 한다. d가 두 정수 a, b의 공배수이고 다른 모든 공배수의 약수인 최소의 양의 정수일 때 d를 최소공배수(least common multiple; l.c.m.)라고 한다.

일반적으로 한 정수를 양인 정수로 나누면 몫과 나머지가 생긴다. 곧, 두 정수 $a, b(>0)$에 대하여 $a = bq + r$, $0 \leq r < b$인 정수 q, r이 유일하게 존재한다.

---

33 정의로부터 $-|a| \leq a \leq |a|$, 따라서 $-(|a|+|b|) \leq a+b \leq |a|+|b|$. 곧, $a+b$가 양이건 음이건 그 절댓값은 $|a|+|b|$를 초과할 수 없다.

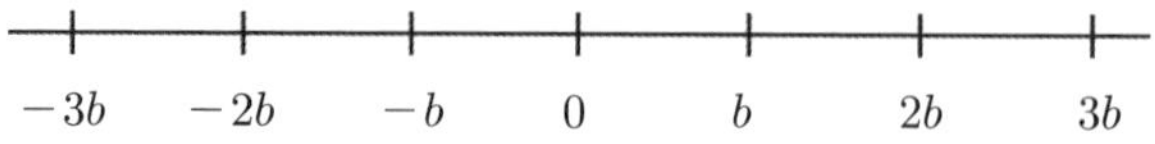

이를 '나눗셈 알고리즘(division algorithm)'이라고 한다. 위의 그림과 같이 수직선 위에 b의 정수배를 나타내면 a를 나타내는 점은 어느 구간 $[bq, b(q+1))$에 속하게 되며 이때 $a-bq=r$, $0 \le r < b$와 같이 된다.

자연수의 p진법에 의한 표현은 '나눗셈 알고리즘'을 바탕으로 한다. '나눗셈 알고리즘'에 따라 임의의 자연수 a를 p진법으로 나타내어 보자. a를 p로 나누어 나머지 r_0를 얻고 몫이 p보다 크면 그것을 다시 p로 나누어 나머지 r_1을 얻는 방식으로 몫이 p보다 작아질 때까지 계속한다.

$$a = pq_0 + r_0,\ 0 \le r_0 < p,\ q_0 > p$$
$$q_0 = pq_1 + r_1,\ 0 \le r_1 < p,\ q_1 > p$$
$$q_1 = pq_2 + r_2,\ 0 \le r_2 < p,\ q_2 > p$$
$$\cdots\cdots\cdots\cdots\cdots\cdots\cdots\cdots\cdots\cdots$$
$$q_{n-1} = pq_n + r_n,\ 0 \le r_n < p,\ q_n < p$$

라고 하면

$$\begin{aligned} a &= pq_0 + r_0 \\ &= p(pq_1 + r_1) + r_0 \\ &= p^2 q_1 + pr_1 + r_0 \\ &= p^2(pq_2 + r_2) + pr_1 + r_0 \\ &\cdots\cdots\cdots\cdots\cdots\cdots\cdots\cdots \\ &= p^n q_n + p^{n-1} r_n + \cdots + pr_1 + r_0 \end{aligned}$$

$$= (q_n r_n r_{n-1} \cdots r_1 r_0)_p$$

와 같이 나타낼 수 있는 것이다. 이는 p개씩 거듭 묶어 나타내는 p진법의 수학적 근거이다. 이러한 위치적 기수법에서 결정적인 역할을 하는 것은 빈자리를 나타내는 기호 0이다.

나눗셈은 '나눗셈 알고리즘'에 따라 몫과 나머지를 구하는 과정이다. 이를테면, 나눗셈 150÷35는 몫이 4이고 나머지가 10이다. 이때 나머지 10에 0을 덧붙여 100을 35로 나누는 것은 $10=100 \cdot \frac{1}{10}$로 생각하여 $100 \cdot \frac{1}{10}$을 35로 나누는 것이며 이때 몫은 $2 \cdot \frac{1}{10}$이고 나머지가 $30 \cdot \frac{1}{10}$이 된다. 따라서 150÷35에는 $\frac{1}{10}$이 2개(=0.2) 더 포함되므로 몫은 4.2이고 나머지는 $30 \cdot \frac{1}{10}$(=3,0)이 된다. 이것을 $300 \cdot \frac{1}{100}$로 생각하여 35로 나누면 몫이 8이고 나머지는 $20 \cdot \frac{1}{100}$이 된다. 따라서 150÷35에는 $\frac{1}{100}$이 8개(=0.08) 더 포함되므로 몫은 4.28이고 나머지는 $20 \cdot \frac{1}{100}$(=0.2)이 된다.

두 정수 a, b의 최대공약수를 구하고자 할 때 소인수분해 방법을 이용하지 않고 다음과 같은 '유클리드 알고리즘(Euclidean algorithm)'을 사용할 수 있다. 두 양의 정수 a, b에 대하여 '나눗셈 알고리즘'에 의해

$$a = bq_1 + r_1, \quad 0 \leq r_1 < b$$

인 q_1, r_1이 존재한다. 여기에서 a, b의 공약수는 b, r_1의 공약수이므로 a, b의 최대공약수는 b, r_1의 최대공약수와 같다. b, r_1에 대해 마찬가지로 생각해 보면

$$b = r_1 q_2 + r_2, \quad 0 < r_2 < r_1$$
$$r_1 = r_2 q_3 + r_3, \quad 0 < r_3 < r_2$$
$$\cdots\cdots\cdots\cdots \quad \cdots\cdots\cdots\cdots$$
$$r_{n-2} = r_{n-1} q_n + r_n, \quad 0 < r_n < r_{n-1}$$
$$r_{n-1} = r_n q_{n+1}$$

와 같이 나머지는 계속 감소하므로 결국 0인 나머지 r_{n+1}에 이른다. 여기에서

$$(a,b) = (b, r_1) = (r_1, r_2) = \cdots = (r_{n-1}, r_n) = r_n$$

이므로, a, b의 최대공약수는 r_{n-1}, r_n의 최대공약수 곧, r_n이다. 이를테면, 8814와 3926의 최대공약수를 유클리드 알고리즘으로 구해 보면

$$8814 = 3926 \cdot 2 + 962, \quad 3926 = 962 \cdot 4 + 78,$$
$$962 = 78 \cdot 12 + 26, \quad 78 = 26 \cdot 3$$

따라서 구하는 최대공약수는 26이다.

(3) 산술의 기본정리

정수의 승법적 분할가능성은 정수에 대한 지식의 확장과 심화를 의미한다. 여기에서 소수(素數, prime)가 발견된다. 0도 아니고 ± 1도 아니면서 ± 1과 $\pm p$로만 나누어질 수 있는 정수 p를 소수라고 한다. 정수는 소인수의 순서를 무시하면 유일하게 소인수분해된다. 곧, 0이 아닌 임의의 정수는 $\pm p_1^{e_1} p_2^{e_2} \cdots p_k^{e_k}$ $(0 < p_1 < p_2 < \cdots < p_k)$과 같이 소수 p_i의 곱으

로 유일하게 표현될 수 있다. 이 소인수분해 유일성의 정리를 '산술의 기본정리(fundamental theorem of arithmetic)'라고 부른다. 정수의 소인수로의 분할 가능성은 소수가 정수의 승법적인 기초 구성요소라는 중요한 사실을 말해 준다.

소수란 ±1과 그 수 자신만을 약수로 갖는 정수이다. 그런데 왜 ±1은 소수가 아닌가? 과거에 ±1도 소수라고 보던 때가 있었다. 그런데 ±1을 소수로 보면 '모든 정수는 소인수의 순서를 무시하면 유일하게 소인수분해된다.'라는 소인수분해 유일성의 정리가 성립하지 않게 된다. ±1을 소수로 보지 않으면, 이를테면, $12=2\times2\times3$과 같이, 모든 정수는 한 가지 방법으로 소수의 곱으로 나타내어진다. 그런데 ±1을 소수로 보면 $12=2\times2\times3=1\times2\times2\times3=1\times1\times2\times2\times3$과 같이 여러 가지로 나타내어진다. 따라서 ±1은 소수로 보지 않게 되었다.

소수는 무한히 많이 존재한다. 이 성질에 대한 Euclid의 증명은 다음과 같다. 소수의 수열이 유한하다고 하고 그것을 1, 2, 3, 5, ⋯, p라고 하면, $N=1\cdot2\cdot3\cdot5\cdot\cdots\cdot p+1$은 소수 2, 3, 5, ⋯, p로 나누어떨어지지 않는다. 따라서 N 자신이 소수이거나 p보다 큰 소수가 존재해야 한다. 이는 가정에 모순된다.

소수표는 정수 열에서 2, 3, 5, ⋯에 의해 나누어지는 정수를 차례로 삭제하여 소수만 남도록 하는 Eratosthenes의 체에 의해 얻을 수 있다. 두 양의 정수 a, b가 $a=p_1^{\alpha_1}p_2^{\alpha_2}\cdots p_k^{\alpha_k}$, $b=p_1^{\beta_1}p_2^{\beta_2}\cdots p_k^{\beta_k}$와 같이 소인수분해될 때, $\gamma_i=\max(\alpha_i, \beta_i)$, $\delta i=\min(\alpha_i, \beta_i)$라고 하면

(i) $g.c.d.(a,b)=p_1^{\delta_1}p_2^{\delta_2}\cdots p_k^{\delta_k}$, $l.c.m.(a,b)=p_1^{\gamma_1}p_2^{\gamma_2}\cdots p_k^{\gamma_k}$

(ii) $ab=g.c.d.(a,b)\cdot l.c.m.(a,b)$

와 같이 된다.

(4) 합동과 잉여류

두 정수 a, b는 정수 $m(>0)$의 정수배의 차이가 나면 'm을 법(法, modulus)으로 하여 합동(congruent modulo m)'이라고 하고 $a \equiv b$ $(\bmod m)$과 같이 나타낸다. 곧, $a \equiv b \pmod{m} \Leftrightarrow m \mid (a-b)$. 이를테면 7과 19는 12를 법으로 하여 합동이다. 곧, $7 \equiv 19 \pmod{12}$. 두 정수 a, b는 m으로 나누었을 때 나머지 $r\,(0 \le r < m)$이 같으면 m을 법으로 하여 합동이고 역도 성립한다.

이러한 정수의 m을 법으로 한 합동관계는 동치관계이며, 따라서 정수 전체의 집합은 동치류, 곧 m을 법으로 하여 합동인 정수의 집합인 잉여류(剩餘類, residue class)로 분할된다. 나눗셈 알고리즘에 의해 임의의 정수 a에 대해 $a = mq + r\ (0 \le r < m) \Leftrightarrow a \equiv r \pmod{m}$이므로 m을 법으로 한 잉여류는 m가지로 $0_m, 1_m, \cdots, (m-1)_m$이다. 이를테면 정수 전체의 집합은 2를 법으로 한 잉여류

$$
\begin{aligned}
0_2 &= \{ \cdots, -4, -2, 0, 2, 4, \cdots \} \\
1_2 &= \{ \cdots, -3, -1, 1, 3, 5, \cdots \}
\end{aligned}
$$

곧, 짝수와 홀수로 분할된다. 이러한 m을 법으로 한 잉여류 $0_m, 1_m, \cdots, (m-1)_m$은 그 원소에 대해 통상적인 의미로 합과 곱을 구한 다음 m을 법으로 한 '같은' 나머지의 잉여류로 환원하여 덧셈, 곱셈을 할 수 있으며, 그러한 유한인 잉여류 산술체계는 일반적으로 곱셈에 대한 소약법칙을 제외하고 덧셈, 곱셈에 대해 정수의 산술체계와 같은 성질을 갖는 '새로운 수'가 된다.[34] 법(法) m이 소수(素數)인 경우에는 소약법칙도 성립한다. 예를 들어 '짝수'와 '홀수'는 덧셈과 곱셈에 대하여 그러한

산술체계를 이룬다.

합동식으로 배수 판정을 할 수 있다. 정수 $a = a_k a_{k-1} \cdots a_1 a_0 = \sum_{i=0}^{k} a_i 10^i$의 각 자릿수의 합을 $m = \sum_{i=0}^{k} a_i$라 하면 $a \equiv m \pmod 3$이다. 왜냐하면 $10^i \equiv 1 \pmod 3$이므로 $a_i 10^i \equiv a_i \pmod 3$이며, 따라서 $\sum_{i=0}^{k} a_i 10^i \equiv \sum_{i=0}^{k} a_i \pmod 3$, 즉 $a \equiv m \pmod 3$이다.

위의 합동식은 'mod9'에 대해서도 성립한다. 따라서 각 자릿수의 합이 3(또는 9)의 배수이면 그 수는 3(또는 9)의 배수이다. 그리고 정수 $a = a_k a_{k-1} \cdots a_1 a_0$의 홀수 번째 자릿수의 합과 짝수 번째 자릿수의 합의 차, 곧 $a_k - a_{k-1} + a_{k-2} - a_{k-3} + \cdots$이 11의 배수이면 a는 11의 배수이다. 왜냐하면 어떤 양의 정수 a와 11=10+1의 곱은 a의 자리값을 왼쪽으로 한 자리씩 옮겨서 더한 값을 자리값으로 갖는 수가 되기 때문에, 11의 배수인 수는 홀수 번째의 자릿수의 합과 짝수 번째의 자릿수의 합이 같기 때문이다.

그리고 분수를 소수로 변환하는 문제에서 정수론이 중요한 역할을 한다. p가 2나 5와 다른 소수라고 할 때 $\frac{1}{p}$은 무한순환소수가 되고 순환마디의 자릿수 δ는 '10^δ를 p로 나누었을 때 나머지가 1이 되는' 가장 작은 지수가 된다는 것, 곧 δ는 '합동식 $10^\delta \equiv 1 \pmod p$를 만족하는' 최소의 지수임을 증명할 수 있다.(Klein, p. 41) 이를테면, $\frac{1}{3} = 0.333\cdots$에서 순환마디의 자릿수는 1이고 실제로 $10^1 \equiv 1 \pmod 3$이다. 그리고 $\frac{1}{11} = 0.0909\cdots$에서 순환마디의 자릿수는 2이고 $10^2 \equiv 1 \pmod{11}$이다. 또한

34 곱셈에 대한 소약법칙(cancellation law)($a \neq 0, ab = ac \Rightarrow b = c$)은 '영인자(zero divisor)가 없다', 곧 '$ab = 0 \Rightarrow a = 0 \vee b = 0$', 대우를 취하면 '$a \neq 0, b \neq 0 \Rightarrow ab \neq 0$'와 동치이다.

$\frac{1}{7} = 0.142857142857\cdots$에서 순환마디의 자릿수는 6이고 $10^6 \equiv 1$ (mod7)이다.

(5) Pythagoras수

다음에는 방정식 $a^2 + b^2 = c^2$의 정수해, 곧 Pythagoras수에 대한 논의를 살펴보기로 한다. 정수해 a, b, c를 찾는 대신에 $\frac{a}{c} = \xi$, $\frac{b}{c} = \eta$라고 놓고 방정식 $\xi^2 + \eta^2 = 1$을 만족하는 유리수 ξ, η를 구하는 문제를 고려해 보자.(Klein, pp. 44-46) $\xi - \eta$평면을 '조밀하게' 채울 모든 유리점을 생각하면 $\xi^2 + \eta^2 = 1$은 그 평면 위에서의 단위원의 방정식이므로 이 원이 조밀한 유리점 중 어느 점을 포함하는지를 알아보는 일이 우리의 과제이다. 점 $S(-1,0)$을 지나는 모든 사선은 방정식 $\eta = \lambda(\xi + 1)$로 나타내어지며, λ가 유리수 혹은 무리수인가에 따라 유리 사선 혹은 무리 사선이라고 부르기로 하자. 원의 모든 유리점은 S를 지나는 유리 사선이 통과하며, 모든 유리 사선은 유리점에서 원과 만난다. 전반부는 분명하며 후반부는 사선의 방정식을 단위원의 방정식에 대입함으로써 증명될 수 있다. 사선과 원의 교점의 가로좌표는 방정식

$$\xi^2 + \lambda^2(\xi + 1)^2 = 1$$
$$\text{즉 } (1 + \lambda^2)\xi^2 + 2\lambda^2\xi + \lambda^2 - 1 = 0$$

의 근이다. 이 방정식의 한 근은 $\xi = -1$이며 교점 S에 대응한다. 다른 근은 $\xi = \frac{1 - \lambda^2}{1 + \lambda^2}$이며 그에 대응하는 세로좌표는 $\eta = \frac{2\lambda}{1 + \lambda^2}$이다. 따라서 λ가 유리수이면 두 번째 교점은 유리점이다. 곧, 단위원의 모든 유리점은 λ가 유리수일 때 공식 $\xi = \frac{1 - \lambda^2}{1 + \lambda^2}$, $\eta = \frac{2\lambda}{1 + \lambda^2}$에 의하여 나타내어진

다. $\lambda = \dfrac{n}{m}$ 이라고 놓으면 $\xi = \dfrac{m^2 - n^2}{m^2 + n^2}$, $\eta = \dfrac{2mn}{m^2 + n^2}$ 이다. 따라서 모든 Pythagoras수는 방정식

$$a = m^2 - n^2,\ b = 2mn,\ c = m^2 + n^2$$

에 의해 주어지며, m과 n을 서로소인 정수로 택하면 공약수가 없는 해 전체를 얻게 된다. Pythagoras수에 관한 문제를 일반화한 것이 다음과 같은 Fermat의 마지막 정리이다.[35]

"일반적으로 n이 2보다 큰 임의의 자연수일 때 방정식 $x^n + y^n = z^n$의 정수해는 없다."

Fermat는 정수론에 관한 모든 그의 연구 결과를 300년경의 알렉산드리아 수학자였던 Diophantus의 저서 사본의 여백에 기록하였는데[36] 이 정리에 관하여 그는 "실로 감탄할 만한 증명을 발견하였지만, 여백이 너무 좁아 그것을 수용할 수 없었다."라고 적었다.

Fermat의 정리는 n=2인 경우와 달리 방정식 $\xi^n + \eta^n = 1$의 유리수 해는 없다는 것, 곧 이 방정식을 나타내는 곡선은 $\xi - \eta$평면의 조밀한 유

---

35 이 정리는 1637년에 Pierre de Fermat에 의해 처음 추측되었으며 1995년까지 많은 수학자들의 노력에도 불구하고 증명되지 않았던 수학사상 가장 유명한 정리 가운데 하나이다. 20세기 초에 Göttingen 과학협회가 Fermat의 정리의 증명에 대하여 10만 마르크의 상금을 내걸면서 많은 사람들이 흥미를 갖게 되었다. 이는 1906년에 타계한 수학자 Wolfskehl의 기금이었는데, 그는 아마도 일생 동안 Fermat의 정리에 관심을 갖고 있었으며 그의 많은 재산 가운데 Fermat의 정리가 참임을 증명하거나 반박하는, 곧 간단한 예에 의하여 참이 아님을 보이는 행운아에게 이 액수의 상금을 유산으로 남겼다.(Klein, p. 48)

36 Pythagoras수, Fermat의 마지막 정리는 Diophantus 방정식, 곧 정수해만을 가질 수 있는 미지수가 여러 개인 부정방정식의 특수한 경우이다.

리점을 한 점도 통과하지 않는다는 것을 단언한다. 이 정리에 대한 완전한 증명을 찾으려는 최근까지의 모든 노력이 실패하였다는 데 흥미가 있다. 위대한 수학자들도 오류를 범하였지만 Fermat 수준의 대수학자가 증명에서 오류를 범하였다고 가정할 수 없으므로, 그가 특히 행운의 간단한 아이디어 덕분에 증명에 성공하였다고 믿지 않을 수 없었다. 그러나 Fermat의 마지막 정리는 수많은 수학자들의 노력 끝에 추측된 지 358년 만인 1995년 영국의 수학자 Andrew Wiles에 의해서 증명되었다.

3. 유리수 산술

초등학교 수학에서는 자연수 범위에서 덧셈과 곱셈, 그리고 뺄셈과 나눗셈을 제한적으로 다루다가 분수와 소수의 도입으로 양수(陽數) 범위에서 나눗셈에 관해서도 닫힌 수 영역으로 확장된다. 중학교 수학에서 음수의 도입으로 0으로 나누는 것을 제외하고 제한 없이 사칙계산을 할 수 있는 유리수 영역 Q를 갖게 되는데 이는 구조적으로 $(Q, +, \cdot)$가 체(體)를 이룬다는 것으로 표현된다. 유리수체에서 뺄셈은 가법적 역원의 덧셈으로, 나눗셈은 역수의 곱셈으로 환원된다.

그러면 대체 유리수란 어떤 수인가? 유리수(rational number)는 수학적 사고의 기초가 되는 중요한 개념으로 학교수학에서는 분수(common fraction)[37]로 나타내어지는 수라고 정의된다. 이는 유리수 개념의 적절한

---

37 분수는 분자와 분모가 정수인 보통분수(common fraction)와, 이를테면 $0.1 = \frac{1}{10}$, $0.01 = \frac{1}{100}$과 같이 분모가 10의 거듭제곱인 십진분수(decimal fraction), 곧 소수로 구분된다. 십진분수를 소수라고 번역하게 된 것은 중국 수학책에서 1보다 작은 양수(陽數)를 소수(小數)라고 부른 데에서 기원한 것이며, 이를테면 304.75를 소수(小數)라고 부르는 어의적(語義的)인 문제점을 갖고 있다. 분수는 이를테면 $\frac{\sqrt{2}}{3}$, $\frac{1}{\pi}$과 같이 분자 분모가 정수가 아닌 분수 꼴의 수와 구분된다.

정의로 보기 어렵다. $\frac{2}{3}$와 같은 분수는 '등분할 분수'이건 '비율 분수'이건 실제적인 상황으로 직관적으로 뒷받침할 수 있어 양(陽)의 유리수에서는 형식적인 구성 문제를 피할 수 있다. 그러나 $\frac{-2}{+3}$와 같은 유리수의 직관적 모델은 찾을 수 없으며, 정수의 나눗셈의 몫이거나 방정식의 해인 '알고리즘적인 분수'이다. 유리수 개념은 결국 정수의 순서쌍[38]의 동치류로서 형식적으로 구성된다.

그러나 정수와 유리수 개념을 중학교 수학에서 일찍 다루지 않을 수 없다. 수학 내적으로 볼 때 양수로 한정되면 좌표체계에서, 방정식의 풀이에서, 함수의 취급에서 수학적 사고가 매우 제한되기 때문이다. 기하학적으로 자연수와 양(陽)인 분수로부터 정수, 유리수, 실수로의 이행은 수사선으로부터 수직선으로의 이행을 의미한다.

1) 유리수 개념

분수는 이와 같이 등분할된 전체량의 부분의 크기를 나타내는 '등분할 분수' 및 그러한 부분과 전체량의 관계인 비의 값, 곧 비율을 나타내는 '비율 분수', 단위의 배수인 측정수, 배(倍) 작용소, 나눗셈의 몫 혹은 방정식의 형식적인 해로서의 '알고리즘적인 분수' 등과 같이 다양한 측면과 의미를 갖는다.(Behr et al., 1983) 이러한 다양한 측면을 갖는 분수가 나타내는 복합적인 개념이 유리수이다. 유리수는 분수가 나타내는 개념인 수이며 분수는 $\frac{a}{b}$($a, b \neq 0$는 정수) 꼴의 숫자로 유리수 개념을 표현하는 대표적인

38 분자 분모가 정수인 분수에 대응되는 형식적인 대상.

기호이다. 따라서 흔히 유리수를 분수와 혼용해서 쓰기도 한다.

초등학교 수학에서는 유리수라는 용어는 사용되지 않으며 여러 가지 실제적인 상황과 관련시켜 구체적인 모델로 나타내어지는 '직관적인 분수', 동치인 분수, 소수, 그 관계(=, <) 및 사칙계산을 다룬다. 그리고 중학교 수학에서는 정수의 나눗셈의 몫인 '알고리즘적인 분수'로 나타내어지는 유리수와 그 무한소수 표현 및 계산을 다룬다. 유리수는 분자, 분모($\neq 0$)가 정수인 분수로 나타낼 수 있는 수라고 정의되며 유한소수나 순환무한소수로 나타내어진다는 것이 강조된다. 유리수는 다양한 측면을 갖는 분수가 나타내는 복합적인 개념이므로 학교수학에서 그에 대한 명확한 규정이 쉽지 않다고 하더라도 단지 분수로 나타낼 수 있는 수라고 피상적으로 정의되고 있어 학생들의 유리수 개념에 대한 이해 수준이 매우 낮은 것이 현실이다. 유리수 개념을 좀 더 명확히 하기 위해 분수가 나타내는 복합적인 의미를 다시 한번 살펴보자.

■ 분수는 등분할된 전체량의 부분의 크기나 그것의 전체량에 대한 비율을 나타낸다. 이를테면 $\frac{2}{3}$는 전체를 3등분한 부분 가운데 2개의 부분의 크기 또는 그것의 전체에 대한 비율을 의미하며, 이는 $\frac{4}{6}$와 같은 그와 동치인 분수로 나타내어지는 등분할된 전체량의 부분의 크기나 그것의 전체량에 대한 비율과 같다. 등분할된 경우가 아니라도 일반적으로 분수는 두 양의 상대적인 크기를 비교하는 비에서 비의 값, 비율을 나타낸다. Freudenthal(1983a)에 따르면 비란 수나 양의 순서쌍의 집합에서 동치관계인 비례관계로부터 얻어지는 동치류이다. 비 $a:b$의 동치류는 단위 e를 선정하면 $a:b=u:e$인 한 수 u로 표현된다. 이 수가 비의 값을 나타내는 비율분수이다.

유리수를 동치인 분수가 나타내는 공통성질이라고 볼 때 유리수는 분수 사이의 동치관계 이를테면 $\frac{2}{3}=\frac{4}{6}(=\frac{6}{9}=\cdots)$를 양적인 동치관계로 보면 불변인 양의 측도이며, 그것을 비 사이의 동치관계[39]로 보면 불변인 비율이다. 전자 역시 부분과 전체의 비를 전제로 하므로 유리수를 규정하는 본질은 비 사이의 동치관계이다.(유현주, 1995)

■ 한편, 측도 곧 측정수는 단위의 배수(倍數)이다. 더 정확한 측정을 하기 위하여 도입된 분수 $\frac{a}{b}$로 나타내어지는 유리수는 선택된 단위분수 $\frac{1}{b}$의 배수인 양(量)의 측도로 단위의 $\frac{a}{b}$배를 뜻한다. 일반적으로 분수 $\frac{a}{b}$는 $\frac{a}{b}$배를 뜻하며 이는 수학적으로 해석하면 작용소이다.(Steiner, 1969) 이를테면 $\frac{2}{3}$는 $\frac{2}{3}$배 작용소 $x \mapsto \frac{2}{3}x$이다.

양 G 위에서 정의된 유리수 r배 작용소인 자기동형 사상 f_r 전체의 집합을 Φ라고 하면, 곧 $\Phi = f_r | f_r : G \to G,\ r \in Q^+$라고 하면 $(Q^+, +, \cdot\,) \simeq (\Phi, +, \cdot\,)$이다. 유리수의 덧셈과 곱셈은 각각 유리수배 작용소의 덧셈과 합성이 된다. 곧, $g_s, f_r \in \Phi$라고 하면 임의의 $a \in G$에 대하여 $g_s + f_r(a) = g_s(a) + f_r(a)$, $g_s \cdot f_r(a) = g_s(f_r(a))$이고, 또한 $g_s < f_r \Leftrightarrow g_s(a) < f_r(a)$와 같이 대소관계가 정의된다. 이러한 유리수배 작용소는 실수배 작용소로 확장될 수 있다.

동치인 분수가 나타내는 공통성질로서의 유리수와 작용소로서의 유리수는 각각 유리수 개념의 내포적 정의[40]와 유리수 개념의 함수적 측면이다. 같은 양 사이의 비의 불변성 또는 다른 양 사이의 비의 일정성을 나타내는 비례관계는 알고리즘적으로 표현하면 비례상수에 의해서 결정되는 정비례 함수가 되며, 이는 선형사상으로 일반화·형식화되는 수학의 기본적인 개

---

39 비례식(proportion) 2:3=4:6.

40 학교수학에서는 전통적으로는 내포적 정의가 사용되었으나 현대 추상수학에서는 의미를 배제한 엄밀한 형식적 전개를 중시하여 흔히 외연적 정의를 사용하여 개념을 정의한다. 개념에 대한 함수적 해석은 현대수학적인 주요한 관점이다.

념이다.[41] 이러한 점은 수학 내적·외적인 여러 가지 현상의 정리·조직 수단으로서의 유리수 개념의 중요성을 말해 주는 것이다.

■ 또한 분수 $\frac{2}{3}$는 2를 3으로 나눈 나눗셈의 몫으로 볼 수 있다. 나눗셈은 포함제(包含除, division)와 등분제(等分除, partition)로 구분되는데, 예를 들어 $10 \div 2 = \frac{10}{2}$의 경우에, '사과 10개를 2개씩 나누면 몇 묶음이 되는가?'와 같이, 같은 양끼리의 나눗셈으로 보면 포함제가 되어 결과는 수 5가 되고, '사과 10개를 2명에게 나누어주면 각자 몇 개씩 받게 되는가?'와 같이, 서로 다른 양끼리의 나눗셈으로 보면 등분제가 되어 결과는 양(量)인 5개/명이 된다. 여기에서 그 몫은 각각 동일한 양 사이의 비, 서로 다른 양 사이의 비와 관련된다. Freudenthal(1983a, pp. 178-185)은 같은 양끼리의 비를 '내적인 비(internal ratio)', 서로 다른 양 사이의 비를 '외적인 비(external ratio)'라고 부르고 있다. '내적인 비'와 '외적인 비'는 등속운동을 '같은 시간에 같은 거리를 간다.' '운동거리의 운동시간에 대한 비, 곧 속도가 일정하다.'와 같이 나타내는 데에서, 그리고 연령별 인구비율이나 인구밀도와 같은 비율이나 몫에서 그 의미가 분명해진다.[42] 측정수

---

41 정비례 관계 $y = ax$는 학교수학의 바탕이 되며, 미적분법에서는 국소적으로 정비례인 함수 곧 무한소 정비례 함수 $dy = f'(x)dx$가 일반적으로 비선형인 함수 $y = f(x)$를 해석하는 수단이 된다. 그리고 선형대수에서는 다차원의 정비례 함수라고 할 수 있는 변환 $Y = AX$가 벡터의 주요한 해석 수단이 된다.

42 등속운동 $f(x) = rx$를 내적비로 나타내면, $f(b) : f(a) = b : a = r\,(r \in Q^+)$, $\frac{f(b)}{f(a)} = \frac{b}{a} = r$이고, 외적인 비로 나타내면 $\frac{f(b)}{b} = \frac{f(a)}{a}$, 곧 속도가 일정한 경우가 된다. 그런데 $G = R^+e$로 보면 $G \cong R^+$, 곧 양(量)의 영역은 양(陽)의 실수의 집합과 동형이므로, 비례식 $f(b) : f(a) = b : a$에서 내항과 외항을 각각 서로 교환할 수 있고 내적인 비와 외적인 비 사이에는 $\frac{f(b)}{f(a)} = \frac{b}{a} \Leftrightarrow \frac{f(b)}{b} = \frac{f(a)}{a}$와 같은 관계가 성립한다.(Steiner, pp. 386-387) 즉, 비례관계에 있는 서로 다른 두 양의 영역에서 '내적인 비'와 '외적인 비'는 의미상 차이가 있지만 양(量) 영역이 양(陽)의 실수 집합과 동일시되면서

는 포함제와 관련되며, 따라서 측정수나 나눗셈의 몫의 경우도 그것이 '내적인 비'이건 '외적인 비'이건 양 사이의 비와 관련되므로 동치인 분수는 비 사이의 동치관계를 나타내는 유리수를 규정하는 본질이다.

전체의 등분할된 부분이나 비율 등을 나타내는 $\frac{2}{3}$와 같은 '직관적인 분수'를 먼저 배운 후 $\frac{-2}{+3}$와 같은 '알고리즘적인 분수'를 배우게 되는데 그 이행 과정에 어려움이 제기된다. 나눗셈 계산과 방정식 풀이를 자유롭게 하기 위하여 도입된 나눗셈의 몫으로서의 $\frac{2}{3}$는 방정식 $3x=2$의 해이다. 계산수라는 측면에서는 $\frac{2}{3}$는 3을 곱해 2가 되는 형식적인 대상일 뿐이다. 일반적으로 '알고리즘적인 분수'는 정수에서 나눗셈과 일차방정식의 풀이를 자유롭게 하기 위한 필요성 때문에 발명된 형식적인 것이다. 이를테면, $\frac{-2}{+3}$는 직관적인 모델이 없으며 나눗셈 $(-2)\div(+3)$의 몫이거나 방정식 $3x+2=0$의 해인 '알고리즘적인 분수'이다. '알고리즘적인 분수'의 동치관계는 $\frac{a}{b}=\frac{c}{d} \Leftrightarrow ad=bc$와 같이 형식적으로 정의되며, 여기에서 얻어지는 분수의 동치류가 유리수이다.

■ 분수로 나타내어지는 유리수는 이상과 같이 등분할된 전체량의 부분의 측도나 그러한 부분의 전체에 대한 관계인 비(比), 비율(比率), 배(倍) 작용소, 나눗셈의 몫, 방정식의 근 등 다양한 상황과 관련된 복합적인 의미를 갖는 개념이며, 그러한 다양한 상황의 내적 질서를 정리하는 수단인 본질이 유리수이다. 유리수 개념의 바탕은 서로 다른 상황을 같은 크기를 나타내는 것으로, 혹은 같은 구조를 가진 것으로 보는 비례관계이며 이는 직관적으로 동치인 분수로 파악되어 나타내어진다. 이러한 수준이 직관적

세 수를 알 때 나머지 하나의 수를 구하는 삼수법(三數法, the rule of three)의 문제로 형식적으로 다룰 수 있게 된다. 닮음변환도 '내적인 비'의 보존과 '외적인 비', 곧 닮음비의 일정성으로 파악될 수 있다.

인 유리수 수준이다.(유현주, 1995) 그리고 정수의 나눗셈의 몫 혹은 방정식의 해로서의 의미만을 갖는 $\frac{-2}{+3}$와 같은 '알고리즘적 분수'가 도입되면서 유리수는 그러한 분수로 나타내어지는 수라고 규정되게 된다. $\frac{-2}{+3}$로 나타내어지는 유리수는 이를테면 $\frac{-4}{+6}$와 같은 그와 동치인 분수로 나타내어진다. 어느 경우건 유리수는 분수로 나타내어지는 수라고 할 때 분수의 동치류로 해석될 수 있다. 이를테면,

$$\begin{aligned}
&2:5=4:10=40:100=400:1000=\cdots\\
&=\frac{2}{5}=\frac{4}{10}=\frac{40}{100}=\frac{400}{1000}=\cdots=0.4=0.40=0.400=\cdots\\
&1:3=2:6=3:9=\cdots=\frac{1}{3}=\frac{2}{6}=\frac{3}{9}=\cdots\\
&=\frac{3}{10}+\frac{3}{100}+\frac{3}{1000}+\cdots=0.333\cdots
\end{aligned}$$

과 같은 표현에 내포되어 있는 것은 유리수란 동치인 분수가 나타내는 공통성질 혹은 분수의 동치류라는 것과 소수(decimal fraction)로 표현하면 유한소수나 순환무한소수가 된다는 것이며, 또한 서로 다른 상황이지만 구조가 같음을 나타내는 동치관계인 비례관계가 유리수 개념의 바탕이라는 것이다.[43] 유리수의 분수 표현과 그 계산에서 실제로 중요한 것이 십진분수, 곧 소수 표현과 그 계산이다. 구조적 성질은 표현으로부터 독립이므로 소수 표현은 구조적으로 새로운 것은 아무것도 제공하지 않는다.

---

43 비례관계의 인식이 진정한 의미의 비의 인식이라고 Freudenthal은 다음과 같이 강조한다. "비가 얼마인지 알지 못해도 비가 같음 혹은 다름에 대해 말할 수 있고, 비록 b에 대한 a가 수 혹은 양 $\frac{a}{b}$로, d에 대한 c가 $\frac{c}{d}$로 바뀔 수 있어서 $\frac{a}{b}=\frac{c}{d}$를 예상하지는 못하지만 'a가 b에 대한 것은 c가 d에 대한 것과 같다.'라고 말할 수 있는 것이 비의 의미이다."(Freudenthal, 1983a, pp. 179-180)

유리수는 이와 같이 다양한 상황과 관련된 복합적인 의미를 가지며, 그러한 다양한 현상을 정리하는 내적 질서인 본질이 유리수이다. 현재 학교수학에서는 유리수의 알고리즘적 측면, 곧 분수와 소수의 계산지도에 중심이 놓여 있다. 따라서 유리수 개념의 다양한 측면을 다루고 있으면서도 알고리즘의 정당화를 위한 기초로서 간단히 다루고 있어, 유리수 개념이 명확히 구성되도록 지도하고 있지 못하다. 유리수란 분수로 나타낼 수 있는 수 혹은 순환무한소수라고 정의하는 데 그치고 있는 것이다.[44]

유리수는 수학적 사고의 바탕이 되는 기본적인 수 개념으로, 초등수학의 기본적인 주제인 근사접근(approximation), 선형성(linearity),[45] 확률 등과 밀접히 관련되는 개념이다. 근사접근 과정은 분수와 소수에 의해서 실현되며, 선형성은 비례개념으로 시작되고, 확률은 분수와 비례개념의 숙련된 취급을 요구한다. 이러한 점에서 학교수학에서 분수와 소수의 중요성을 이해할 수 있다.

■ 유리수에서 체(體, field), 곧 사칙 기본계산을 제한 없이 실행할 수 있는 대수적 구조를 처음 대한다. 계산수로서의 유리수 체계는 덧셈, 곱셈에 대해 닫혀 있고 결합법칙과 교환법칙을 만족하며 곱셈의 덧셈에 대한 분배법칙을 만족하고 덧셈, 곱셈에 대한 항등원 0, 1이 존재하고 모든 원소의 덧셈에 대한 역원과 0이 아닌 모든 원소의 곱셈에 대한 역원이 존재하고 소약률이 성립하며 따라서 영인자가 없다. 그리고 순서를 갖고 있어 유리수의 집합은 순서체(ordered field)라는 구조를 이룬다. 그리고 유리수 전체를 수직선 위에 나타냈다고 하면 이러한 유리수의 순서 배열은 조

---

44 유한소수는 0이 순환하는 무한소수로 볼 수 있다.

45 비례관계는 수학적으로 비가 보존되는 사상이며 이는 선형사상(線型寫像, linear mapping)이다. 등속운동에서 내적인 비의 불변성과 보존($s_1 : s_2 = t_1 : t_2$), 외적인 비의 일정성($s_1 : t_1 = s_2 : t_2$, $s : t = a$)은 사상 $s = f(t) = at$로 나타내어지며 사상 f는 선형성, 곧 $f(x+y) = f(x) + f(y)$, $f(ax) = af(x)$와 같은 성질을 갖는다.

밀성(density)이 있다. 곧 임의의 두 유리수 사이에는 그 산술평균과 같은 또 다른 유리수가 놓여 있다. 따라서 수직선 위에서 임의의 두 유리수 사이에는 무한히 많은 유리수가 존재하고 어떤 유리수의 바로 다음 유리수는 존재하지 않는다. 왜냐하면 두 유리수 사이에 유한개의 유리수만이 존재하거나 어떤 유리수의 바로 다음 유리수가 존재한다면 그러한 임의의 두 인접한 유리수 사이에는 제삼의 유리수가 없어야 하므로 조밀성과 어긋나기 때문이다. 수직선의 임의의 구간에는 그 길이가 아무리 작다고 하더라도 유리수가 존재한다. 왜냐하면 Archimedes의 측정공리에 의해 충분히 큰 $n \in N$을 잡으면 그 구간보다 길이가 작은 구간 $[0, \frac{1}{n}]$을 생각할 수 있고 적당한 m에 대해 적어도 한 유리수 $\frac{m}{n}$은 그 구간에 포함되어야 하기 때문이다.

그러나 임의의 두 유리수 사이에는 유리수가 아닌 수, 곧 무리수가 무수히 많이 존재하며 따라서 유리수 체계는 연속성을 갖지 않는다. 신비로운 것은 유리수 전체의 집합은 셀 수 있는(countable) 무한집합이지만 무리수 전체의 집합은 셀 수 없는(uncountable) 무한집합이라는 점이다. 비유적으로 말하면 은하수를 이루는 수많은 별들이 유리수라고 하면 그 바탕을 이루는 검은 부분이 무리수에 해당된다고 말할 수 있을 만큼 무리수 쪽이 훨씬 더 무한히 많다.

2) 유리수의 형식적 정의

수학화 과정은 점진적인 추상화·형식화 과정이며 현대수학에서의 형식적 정의는 그 마무리로 수학적 개념이나 구조의 바탕과 본질에 대한 수학자들의 통찰을 드러내주는 것이다. $\frac{2}{3}$와 같은 직관적인 의미를 갖는 분수로 나타내어지는 유리수는 그와 동치인 분수가 나타내는 비 사이의 동치관계에 의해 규정되는 불변성인 본질이다. $\frac{+2}{-3}$와 같은 '알고리즘적인 분수' $\frac{a}{b}$로 나타내어지는 유리수는 계수가 정수 $a, b \neq 0$인 방정식 $bx = a$의 해를 나타내는 수이다. 그러한 수는 등식의 성질에 따라 $bx = a$와 동치인 방정식의 해인 이를테면 $\frac{-4}{+6}$와 같은, 곧 그와 동치인 분수로 나타내어진다.

현대 추상대수학에서는 형식적 관점에서 이러한 유리수를 추상적으로 구성하기 위해 분수에 대한 다양한 해석에 공통인 필수적인 형식을 선택한다. 분수 $\frac{a}{b}$는 그 상등관계나 사칙연산이 분수의 구체적인 의미로부터 자연스럽게 생긴 다음과 같은 규칙($b \neq 0, d \neq 0$)에 따라 정의되고 조작될 수 있는 정수의 순서쌍인 기호이다.(Klein, p. 29)

$$\frac{a}{b} = \frac{c}{d} \Leftrightarrow ad = bc$$
$$\frac{a}{b} + \frac{c}{d} = \frac{ad+bc}{bd}$$
$$\frac{a}{b} \cdot \frac{c}{d} = \frac{ac}{bd}$$

학교수학에서는 분수를 여러 가지 구체적인 상황과 관련된 의미를 갖는 개념으로 보고 여러 가지 구체적인 모델을 사용하여 이러한 상등관계와 연산법칙을 설명한다. 그런데 현대 추상대수학에서는 형식적으로, 다시 말하면 이러한 분수의 조작에서 그 구체적인 의미를 사상(捨象)하고 본질적인 형식만을 고려하여 유리수를 정의한다.

정수체계에서 0으로 나누는 것을 제외한 나눗셈이 항상 가능하도록 하기 위해, 계수가 정수인 모든 방정식 $bx = a(b \neq 0)$에 대해 그 해를 분수인 몫(quotient) $\frac{a}{b}$로 나타내고, 위와 같이 상등관계와 덧셈, 곱셈을 정의하고 순서와 대소관계를 정의하면[46] 분수 $\frac{a}{b}$의 집합은 순서체(ordered field)를 이룬다. 이러한 계수가 정수인 방정식 $bx = a(b \neq 0)$의 해인 분수 $\frac{a}{b}$가 나타내는 '유리수'를 추상적으로 구성하기 위하여 분수 $\frac{a}{b}$에 대응하는 정수의 순서쌍 (a,b)를 도입하고 동치인 분수의 집합을 형식화한 정수의 순서쌍의 동치류(equivalence class)로서 외연적(外延的)으로 유리수를 정의한다. 곧, 정수의 순서쌍의 집합에서 동치관계

$$(a,b) \sim (a',b') \Leftrightarrow ab' = a'b$$

에 의해 분할되는 동치류

$$[(a,b)] = \{(x,y) | (a,b) \sim (x,y)\}$$

로 유리수를 정의한다. 그리고 정수의 순서쌍의 집합에서 그 덧셈과 곱셈을 다음과 같이 정의한다.

$$(a,b) + (a',b') = (ab' + a'b, bb')$$
$$(a,b) \cdot (a',b') = (aa', bb')$$

이러한 정의는 완전히 정수의 덧셈, 곱셈에만 의거하여 이루어지며 대등한 순서쌍의 합과 곱은 대등하다. 따라서 순서쌍의 동치류 곧 유리수의 덧셈과 곱셈을 정의할 수 있게 된다. 이렇게 구성된 유리수 체계는 순서체

---

46 $\frac{a}{b} > 0 \Leftrightarrow ab > 0$, $\frac{a}{b} > \frac{c}{d} \Leftrightarrow \frac{a}{b} - \frac{c}{d} > 0$와 같이 정의한다.

를 이룸을 보일 수 있다. $[(0,1)]$은 덧셈에 대한 항등원이고 $[(1,1)]$은 곱셈에 대한 항등원이며 $[(a,b)]$의 덧셈에 대한 역원은 $[(-a,b)]$이다. 그리고 $[(a,1)]$ 형태의 유리수의 집합은 정수의 집합과 동형(isomorphic)[47]이며 따라서 정수체계는 유리수 체계에 매입된다(embedded). 곧, 정수 a는 유리수 $[(a,1)]$과 동일시될 수 있다.

일반적으로 정수의 순서쌍의 동치류는 좌표평면에서 원점과 (x축 위에 있지 않은) 한 정수 격자점 $(a,b)\in Z\times Z$를 지나는 직선 위에 있으므로 유리수는 그러한 직선으로 시각화될 수 있다.(金應泰·朴勝安, p. 171) 이를테면 $\dfrac{2}{3}$와 동치인 분수에 해당되는 정수의 순서쌍 (2,3)의 동치류 $[(2,3)]$은 모두 원점과 격자점 (2,3)을 지나는 직선 위에 있다. 이러한 모델은 비 사이의 동치관계에 의한 동치류로서의 유리수의 본질과 분수의 약분과 통분의 의미, 유리수의 대소관계를 시각적으로 보여줄 수 있으나 연산을 시각화하지는 못한다.

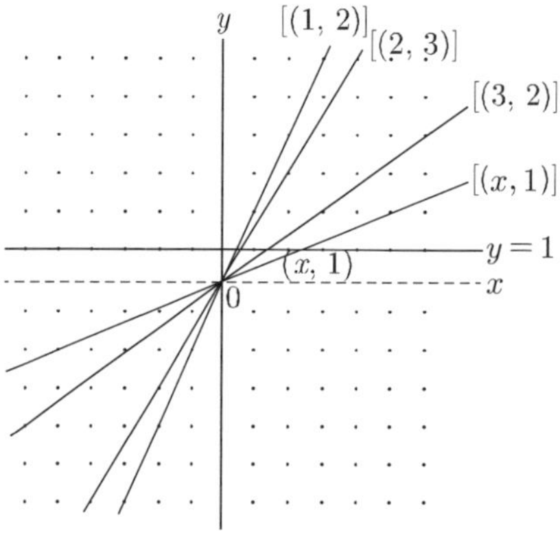

이때, 무리수는 어느 격자점도 지나지 않는 원점을 지나는 직선으로 나타낼 수 있다. 그러한 직선과 직선 $y=1$과의 교점의 좌표를 $(x,1)$이라고 하면, x는 실수를 나타내는 무한소수가 된다. 따라서 x축을 제외한 원점

47 유리수 체계 R의 부분집합 $\{[(a,1)] \mid a\in Z\}$과 정수체계 Z는 그 사이에 덧셈과 곱셈 및 순서를 보존하는 1대1 사상 $a\mapsto[(\frac{a}{1})]$이 존재하므로 동형이다. 따라서 정수체계는 유리수체계에 매입된다.

을 지나는 직선으로 실수를 시각화하고 이를 유리수로 근사시킬 수 있음을 보여줄 수 있다. 이러한 시각적 표현이 유리수 나아가 실수 개념의 직관적 이해에 큰 도움을 줄 수 있지만, 동치류에 의한 유리수체의 구성 방법은 학교수학에서는 이러한 내용 이상 조작적으로 다루어질 수 없으므로 적절한 방법이 못 된다. 분수의 동치류를 도입하기보다 전통적인 방식대로 $\frac{a}{b}=\frac{a'}{b'} \Leftrightarrow ab'=a'b$로서 동치인 분수를 다루는 것이 적절할 것이다.

3) 유리수 지도

초등학교 수학에서는 유리수라는 용어는 사용되지 않으며 분수와 소수 및 그 계산을 다루고 있는바, 여기에서는 분수를 중심으로 유리수 지도에 대해 살펴보기로 한다. 구체적 활동을 통해 등분할 분수와 비율 분수의 의미를 다루고 있으나, 동치인 분수의 공통성질 혹은 그 집합인 동치류로서의 형식적인 유리수 개념까지는 지도되고 있지 않다. 이는 너무 추상적이고 난해한 것으로 생각되며 과거 SMSG의 '새 수학'에서도 그러한 시도는 하지 않았으며, 유리수 개념을 다루지만 분수가 나타내는 수라고 정의하였다. SMSG 초등학교 수학(1965, Book 3, Part II, p. 684)에서는 "기호 $\frac{m}{n}$은 분수라고 불린다. … 이러한 분수가 나타내는, 혹은 가리키는 수를 유리수(rational)라고 부른다. -- 그것이 이성(reason)이 아니라 비(ratios)와 관련되기 때문에."라고 정의하였고, SMSG 중학교 수학(1970, 제1권, p. 207)에서는 "분수 $\frac{1}{3}, \frac{2}{6}, \frac{3}{9}, \frac{4}{12}, \frac{5}{15}, \frac{6}{18}$은 한 수를 나타낸다. … 이러한 수를 유리수라고 부른다."라고 동치인 분수의 공통성질로서의 유리수 개념을 암시하고 있으나, 수 개념을 그 이름인 수사(數詞) 및 그 기호인 숫자와 명확히 구분하는 입장을 취하여 유리수 개념을 분수 기호와 구분하는 수준에 머물고 있다.

분수의 의미를 다룬 후에 분수의 계산지도에 중점이 놓여 여러 가지 구체적인 활동을 통한 계산 원리의 이해를 바탕으로 계산절차를 형식화하고 그 숙달을 꾀하고 있다. 초등학교 3학년에서 구체물이나 원, 직사각형, 정다각형 모양의 종이의 등분할 모델과 이산량의 등분할을 통해 등분할 분수를 도입한다. 그리고 단위분수의 동수누가로서의 분수, 동분모 분수 및 이분모 단위분수의 대소 비교를 다룬다. 그러나 양의 측정 상황과 관련지어 분수를 측정량의 측도로 도입하지는 않는다. 4학년에서 등분할된 이산량의 전체와 부분의 비교를 통해 비율 분수를 도입한다. 분모, 분자, 진분수, 가분수, 대분수 및 가분수와 대분수의 상호변환을 다룬다. 분모가 같은 진분수, 대분수, 가분수의 크기 비교를 다룬다. 3학년과 4학년에서 위치적 십진기수법으로 나타내기 위한 십진분수의 다른 표기라는 측면에서 소수가 도입된다. 그리고 5학년에서 등분할 모델을 이용한 크기가 같은 분수 및 이를 통한 분수의 성질을 다루고 기약분수, 공약수와 최대공약수를 이용한 약분 방법, 공배수와 최소공배수를 이용한 통분 방법, 이분모 분수의 대소 비교를 다룬다. 6학년에서 분수를 분모가 10, 100인 분수로 고쳐서 소수로 나타내기, 소수를 분수로 나타내기, 분수와 소수의 크기 비교를 다룬다. 그리고 비의 뜻과 비율, 비의 값을 다루고 비율을 분수로 나타내기, 곧 비율 분수를 다루고 있으나 관점이 유리수 개념보다도 비율 쪽에 있고 분수는 그것을 나타내는 한 가지 기호로 보고 있다. 그리고 비례식과 그 성질에서 비례적 관점에서의 동치인 분수가 다루어지고 있다.

분수의 사칙 계산법의 이해와 숙달은 초등학교 수학의 중심적인 내용 가운데 하나이다. 초등학교 4학년에서 단위의 등분할 모델을 이용하여 자연수의 나눗셈의 몫을 분수로 나타내기, 크기가 1과 같은 분수 알아보기, 동분모 분수의 덧셈과 뺄셈, $3-\frac{3}{4}=2\frac{4}{4}-\frac{3}{4}=2\frac{1}{4}$과 같은 자연수에서 분수를 빼는 방법을 다룬다. 5학년에서 등분할 모델을 통한 이분모 분수의 덧셈과 뺄셈의 계산 원리와 통분을 이용한 계산 방법,[48] 이분모 대분수의 덧셈과 뺄셈, 세 분수의 덧셈과 뺄셈 및 혼합셈을 다룬다.

그리고 분수의 곱셈이 여러 단계로 세분되어 다루어지고 있다. 먼저 진분수와 자연수의 곱셈을 반구체물을 다루는 활동과 동수누가를 이용해 $\frac{2}{3}\times 4=\frac{2}{3}+\frac{2}{3}+\frac{2}{3}+\frac{2}{3}=\frac{8}{3}=2\frac{2}{3}$와 같이 그 의미에 따라 계산하고 $\frac{2}{3}\times 4=\frac{2\times 4}{3}=\frac{8}{3}=2\frac{2}{3}$와 같이 곱셈법을 형식화한다. 그다음에 대분수와 자연수를 곱할 때는 대분수를 자연수와 분수로 나누거나 가분수로 고쳐서 자연수와 곱하도록 한다. 자연수와 진분수의 곱셈은 동수누가로서 해석될 수 없으며 승수를 배(倍)작용소로서 해석하여야 한다. 이를테면 $\frac{3}{4}=\frac{1}{4}\times 3$이므로 선분의 길이 모델을 통해 $12\times\frac{3}{4}$이 $(12\times\frac{1}{4})\times 3$과 같음을 보이고, $12\times\frac{3}{4}=(12\times\frac{1}{4})\times 3=(12\div 4)\times 3=\frac{12}{4}\times 3=3\times 3=9$와 같이 계산하고 그 계산법을 $12\times\frac{3}{4}=\frac{12\times 3}{4}=\frac{36}{4}=9$와 같이 형식화하고 약분 순서에 따라 여러 가지 방법으로 계산하도록 한다.

분자는 분자끼리 분모는 분모끼리 곱한다는 분수의 표준적인 곱셈 알고리즘은 그 절차가 매우 단순하지만 그에 내재된 의미를 이해하도록 지도하기는 쉽지 않다. 분수의 표준적인 곱셈 알고리즘은 직사각형의 넓이 모델을 이용하여 형식화하거나, 선분의 길이 모델을 이용하여 피승수를 단위분수의 합으로 보고 분배법칙을 적용하는 전략을 통해 형식화할 수 있다. (임재훈, 2012) 직사각형의 넓이 모델을 이용하는 경우 $\frac{a}{b}\times\frac{c}{d}$를 곱셈의

---

48 일반적으로 두 수의 합이나 차가 하나의 수로 표현되기 위해서는 공통단위가 존재해야만 가능하며, 이러한 맥락에서 두 분수를 더할 때 통분하는 과정은 두 수의 공통단위를 찾는 과정이다. 예를 들어, $\frac{1}{2}+\frac{1}{3}=\frac{3}{6}+\frac{2}{6}=\frac{5}{6}$와 같은 계산 과정에서 공통단위는 $\frac{1}{6}$이다.(변희현, 2005)

배(倍)작용소 해석에 따라 전체 직사각형의 $\frac{a}{b}$인 직사각형의 넓이의 $\frac{c}{d}$에 해당하는 직사각형 영역의 넓이로, 원래의 직사각형의 $\frac{ac}{bd}$가 된다는 방식으로 해석하는 것이 전통적인 방식이다. $\frac{a}{b}\times\frac{c}{d}$에 직사각형의 넓이 공식, (가로의 길이)×(세로의 길이)를 적용하는 것은 이 단계에서 적절하지 않으며, 이를 전체 직사각형의 $\frac{a}{b}$에 해당하는 직사각형 영역과 $\frac{c}{d}$에 해당하는 직사각형 영역의 교차영역의 넓이로 해석하는 것은 $\frac{a}{b}\times\frac{c}{d}$와의 연결성이 모호하므로 적절하지 않다.

직사각형의 넓이 공식은 초등학교에서 배열 모델을 통한 자연수의 곱셈을 거쳐 이러한 직사각형의 넓이 모델을 이용한 분수의 곱셈을 다루면서 일반화되는 것으로 보아야 할 것이다. 초등학교 이후에도 직사각형의 넓이 공식은 명시적인 논의 없이 변의 길이가 실수인 경우까지 암묵적으로 일반화되고 정적분의 정의에 이용되지만 이는 학교수학에 내재된 매우 미묘한 문제로 수학적으로 도형의 넓이 측도의 공리로 보아야 한다. 이에 대해서는 기하 부분에서 논의하기로 한다.

분수의 곱셈을 양에 작용소로서의 분수를 적용한 것으로 해석하는 방법을 택할 수도 있다.(Vollrath, pp. 47-48) 예를 들어 $1kg\cdot\frac{3}{4}$을 $1kg$을 3배한 다음 그 결과를 4등분한 것으로 보는 것이다. 따라서 $(\frac{3}{4}kg)\cdot\frac{5}{7}$를 $\frac{3}{4}kg \xrightarrow{\cdot 5} \blacksquare \xrightarrow{\div 7} \blacksquare$ 와 같이 단계적으로 계산한다. $\frac{3}{4}kg\cdot 5=\frac{3}{4}kg+\frac{3}{4}kg+\frac{3}{4}kg+\frac{3}{4}kg+\frac{3}{4}kg=\frac{3+3+3+3+3}{4}kg=\frac{3\cdot 5}{4}kg.$ 따라서 5와의 곱셈은 분자를 5와 곱하는 것을 의미한다. 7로 나누기는 단위의 부분의 수를 7배하는 것, 따라서 분모의 7과의 곱셈을 의미한다. 즉 $\frac{3\cdot 5}{4}kg\div 7=\frac{3\cdot 5}{4\cdot 7}kg.$

특히 초등학교 수학의 정점에 위치하고 있으면서 흔히 초등수학에서 가장 신비한 규칙 가운데 하나로 여겨지는 것이 제수(除數)를 뒤집어 곱하는 분수의 나눗셈 방법이다. 수가 유리수로 확장되면 0이 아닌 모든 수의 곱셈에 대한 역원이 존재하며 나눗셈은 곱셈의 역연산으로

$$a \div \frac{2}{3} = b \iff b \times \frac{2}{3} = a \iff (a \div \frac{2}{3}) \times \frac{2}{3} = a \quad \therefore a \div \frac{2}{3} = a \times \frac{3}{2}$$

와 같이 되므로 제수(除數)의 역수의 곱셈으로 규정된다. 형식적 조작이 가능한 학생들에게는 이러한 방법으로 지도할 수도 있지만, 수 체계에 대한 형식적 이해 수준에 도달하지 못한 아동들은 분수의 나눗셈 방법이 성립하는 이유를 직관적으로 이해하지 못하면 기계적으로 알고리즘을 구사하는 도구적 이해 수준, 곧 방법은 알지만 그 이유를 이해하지 못하는 수준을 벗어나지 못할 것이다.

분수의 나눗셈 방법을 뒷받침하는 이유를 구체적인 모델을 사용하여 지도하기가 쉽지 않으며 아동들이 매우 이해하기 어려워하는 내용으로, 여러 가지 직관적인 모델을 이용한 구체적인 활동적 접근을 시도하더라도 대부분의 아동들은 분수의 나눗셈 절차를 관계적 이해 없이 기계적으로 습득하는 경향이 있다. 따라서 학습 부담을 줄이기 위해 세세한 단계로 분할하여 그 계산방법을 알아보게 하는 전략이 구사되고 있다. 그러나 내용이 너무 세분되어 있고 따라서 많은 분량으로 구성되어 있어 학습에 장애 요인이 될 수도 있다. 제수가 자연수인 경우와 분수인 경우로 대별하여 내용을 좀 더 단순화시킬 필요가 있을 것으로 생각된다.

분수의 나눗셈은 초등학교 수학에서 포함제에 해당되는 측정 문맥, 등분제에 해당되는 분할 문맥, 직사각형 모델(넓이와 한 변의 길이가 주어질 때 다른 한 변의 길이를 구하기) 등으로 해석될 수 있다.(Yim, 2010) 이를테면, 나눗셈 $1\frac{2}{5} \div \frac{3}{4}$은 측정문맥에서는 $1\frac{2}{5}cm \div \frac{3}{4}cm = \frac{16}{5}$으로, 분할문맥

에서는 $1\frac{2}{5}cm \div \frac{3}{4} = \frac{16}{5}cm$로, 직사각형 모델에서는 $1\frac{2}{5}cm^2 \div \frac{3}{4}cm = \frac{16}{5}cm$로 해석된다. 측정문맥에서는 $2\frac{2}{5}cm \div \frac{3}{4}cm = \frac{12}{5}cm \div \frac{3}{4}cm = \frac{48}{20}cm \div \frac{15}{20}cm = \frac{48}{15}$과 같이 되며, 통분 알고리즘 $\frac{b}{a} \div \frac{d}{c} = \frac{b \times c}{a \times c} \div \frac{a \times d}{a \times c} = \frac{b \times c}{a \times d} = \frac{b}{a} \times \frac{c}{d}$에 이르게 된다. 분할문맥에서 $2\frac{2}{5}cm \div \frac{3}{4} = \frac{16}{5}cm$는 나눗셈과 곱셈의 관계를 생각해 보면 '전체의 $\frac{3}{4}$이 $2\frac{2}{5}cm$이면 전체는 몇 cm인가?'와 같은 상황이 되므로, 전체의 $\frac{1}{4}$은 $\frac{12}{5}cm \div 3 = \frac{4}{5}cm$이고 따라서 전체는 $\frac{4}{5}cm \times 4 = \frac{16}{5}cm$이다. 결국 분수의 나눗셈은 분할문맥에서는 알고리즘 $\frac{b}{a} \div \frac{d}{c} = \frac{b}{a} \div d \times c = \frac{b}{a} \times \frac{c}{d}$에 이르게 된다. 그리고 직사각형 모델을 사용하여 알고리즘 $\frac{b}{a} \div \frac{d}{c} = \frac{b}{a} \div d \times c$ $(= \frac{b}{a} \times c \div d) = \frac{b}{a} \times \frac{c}{d}$에 이르도록 지도할 수 있으나(*ibid.*), 사고 과정이 복잡하고 직관적으로 명료하지 않기 때문에 아동들이 이해하기 어렵다는 문제점이 있다. 전반적으로 직관적인 모델을 통한 분수의 나눗셈 지도에서는 그 제수(除數)의 역수를 곱하는 것의 의미가 문맥에 따라 다르게 해석되며 관련된 사고 과정을 아동들이 이해하기 쉽지 않다는 데 지도상의 어려움이 있다.

분수의 나눗셈 방법을 역작용소를 이용하여 곱셈의 역을 통해 이끌어낼 수 있다.(Vollrath, p. 48) 예를 들어, $\frac{15}{28}kg \div \frac{3}{4}$은 $\frac{15}{28}kg$을 얻기 위해 $\cdot \frac{3}{4}$을 적용해야 하는 양을 구한다. $\blacksquare \xrightarrow{\div 4} \blacksquare \xrightarrow{\cdot 3} \frac{15}{28}kg$. 역작용소를 사용하여 다음을 얻는다. $\frac{5}{7}kg \xleftarrow{\cdot 4} \frac{5}{28}kg \xleftarrow{\div 3} \frac{15}{28}kg$. 그런데 이는 $\frac{15}{28}kg$에 작용소 $\cdot \frac{4}{3}$를 적용한다는 것을 의미하므로 $\frac{15}{28}kg \div \frac{3}{4} = \frac{15}{28}kg \cdot \frac{4}{3}$이다. 분수의 나눗셈 규칙은 분수에 의한 나눗셈이 항상 가능하다는 것을 명백히 보여주며 이로써 유리수는 좀 더 생산력 있는 확장

된 수 영역임을 보여주는 것이다.

최근 교육과정에서는 6학년에서 측정문맥에서 $\frac{5}{6}m$ 테이프를 $\frac{2}{6}m$씩 자르면 2토막 반이 되어 $5m$를 $2m$씩 자른 결과와 같게 되므로 $\frac{5}{6} \div \frac{2}{6} = 5 \div 2 = \frac{5}{2}$가 된다고 설명한다. 여기에서, $\frac{\triangle}{\diamond} \div \frac{☆}{\diamond} = \frac{\triangle}{☆}$와 같은 계산법을 발견하도록 한다. 그리고 이분모 분수의 나눗셈을 통분을 통해 마찬가지 방법으로 $\frac{3}{4} \div \frac{2}{5} = \frac{3 \times 5}{4 \times 5} \div \frac{2 \times 4}{5 \times 4} = \frac{3 \times 5}{2 \times 4} = \frac{3}{4} \times \frac{5}{2}$와 같이 계산할 수 있음을 보이고 제수를 뒤집어 곱하는 분수의 나눗셈 방법을 발견하게 한다. 그리고 이러한 계산법을 중간과정에서 약분하여 간편하게 계산하는 방법을 다룬다.

여기에서 주목할 점은 분수의 나눗셈에서 제수를 뒤집어 곱하는 알고리즘과 함께, 5학년에서 등분할 모델을 이용하여 $3 \div 5 = 3 \times \frac{1}{5}$, $\frac{2}{3} \div 5 = \frac{2}{3} \times \frac{1}{5}$, 6학년에서 $3 \div \frac{1}{2} = 3 \times 2$와 같이 나눗셈을 역수의 곱셈으로 이해시키고 있다는 점이다. 물론 곱셈에 대한 역원으로서의 역수에 대한 지도는 이루어지고 있지 않다. (자연수)÷(단위분수)에 대해 측정문맥을 통해 이를테면, $3m$ 테이프를 $\frac{1}{2}m$씩 자르면 6토막이 되므로 $3 \div \frac{1}{2} = 6$이며 따라서 $3 \div \frac{1}{2} = 3 \times 2$가 된다고 설명하고, $\triangle \div \frac{1}{☆} = \triangle \times ☆$와 같은 계산법을 발견하도록 한다.

그리고 초등학교에서는 소수와 분수의 나눗셈을 분수를 소수로, 소수를 분수로 고쳐서 계산할 수 있도록 하고 분수, 소수, 자연수의 사칙 혼합셈의 계산 방법을 알고 계산할 수 있도록 하고 있다. 중학교 1학년에서 유리수는 양수·음수의 맥락에서 정수와 함께 다루어지고 있다. 정수를 다룬 다음에 분자, 분모($\neq 0$)가 정수인 분수로 나타낼 수 있는 수를 유리수라고 정의하고, 이를테면 $\frac{-2}{+3}$, $\frac{-4}{-5}$를 정수의 몫으로 보고 정수 나눗셈의 부호규칙에 따라 각각 $-\frac{2}{3}$, $+\frac{4}{5}$와 같다고 본다. 그리고 정수, 이를테면

+3, 0, −3은 분수로 나타낼 수 있으므로 모든 정수는 유리수이며, 분수는 소수로 나타낼 수 있으므로 유리수는 소수로도 나타낼 수 있다고 지도한다. 그러나 유리수 개념에 대한 반성적인 종합적 논의는 여기에서도 이루어지고 있지 않으며 그 사칙계산에 강조점이 놓여 있다. $\pm\frac{m}{n}$ 꼴의 유리수의 계산을 양수·음수 계산의 부호규칙과 직관적인 분수의 계산법으로 환원하는바, 이러한 접근법에서는 정수의 계산에서 사용된 모델의 기능부전과 일관성 결여라는 간과하기 어려운 문제점이 제기된다.

분수로 나타내어지는 수인 유리수는 등분할된 전체량의 부분의 측도인 측정수, 그러한 부분의 전체에 대한 관계인 비(比), 비율(比率), 배(倍) 작용소, 나눗셈의 몫, 방정식의 근 등 다양한 상황과 관련된 복합적인 의미를 갖는 개념인바, 교육과정에서는 유리수의 이러한 여러 가지 의미가 다루어지고 있으나 이들을 분수 또는 소수로 나타낸다는 입장이고 유리수 개념의 여러 측면이라는 입장에서 다루고 있지는 않다. 동치인 분수는 양적인 동치관계로 보면 불변인 양과 관련되며 비 사이의 동치관계로 보면 불변인 비율과 관련된다. 전자 역시 등분할된 전체와 부분의 관계를 전제로 하므로 동치인 분수는 비 사이의 동치관계를 나타내는, 유리수를 규정하는 본질이다.(유현주, 1995) 그러나 초등학교 수학에서는 분수를 등분할된 전체량의 부분의 크기, 부분과 전체량 사이의 관계를 나타내는 기호로 도입하고, 동치인 분수를 이러한 등분할된 전체-부분 모델에서 같은 크기의 서로 다른 표현으로 도입하고 있다. 그리고 비교하는 양의 기준량에 대한 관계를 나타내는 것을 기준량에 대한 비교하는 양의 비(比), 비의 값이 같은 두 비를 등식으로 나타낸 식을 비례식이라고 정의하고, 비례식의 성질을 이용한 비례식의 풀이 방법을 알고리즘화하여 다루고 있다.

학교수학에서 유리수 개념이 현상의 정리 수단인 본질로서 종합적으로 구성되도록 하려면 어떻게 해야 할 것인가? 현대대수학에서 다루어지고 있는 동치인 분수를 바탕으로 한 유리수의 외연적인 구성적 전개는 유리수 개념의 본질을 반영한 형식적 전개로 볼 수 있다. 그러나 R. Thom(1973)의 지적과 같이 학교수학에서는 수학적인 생명의 생존, 곧 의미의 개발이 무엇보다도 중요하다면 이러한 형식적 전개 이면에 있는 의미를 구성하도록 교육하는 일이 무엇보다도 중요한 과제가 된다. 부분과 전체량의 비 사이의 동치관계나, 가격이 일정한 물건의 개수와 전체 가격 사이의 비례관계, 닮음비와 같이 비 사이의 동치관계에서 그 내적인 비의 불변성 및 그 외적인 비의 일정성, 곧 구조적 불변성이 있으며 그것이 비율인 분수로 나타내어진다는 것, 곧 비례적 사고의 본질로서 유리수 개념이 구성되도록 하려면 초등학교 수학의 마지막 단계에서 분수가 나타내는 수로서의 유리수 개념에 대한 이러한 반성적 논의가 가능한 상황이 마련될 필요가 있다. 그리고 계산수로서 유리수를 정의하는 중학교 1학년 단계 이후에는 유리수의 대수적 구조와 순서구조 및 조밀성 등 유리수 개념에 대해 종합적으로 논의하는 기회가 주어질 필요가 있을 것이다.

4) 형식불역의 원리에 따른 유리수의 계산법

$\frac{2}{3}$와 같은 직관적인 모델을 갖는 '직관적인 분수'의 경우에는 그것이 분할분수이건 비율분수이건 초등학교에서, 곱셈·나눗셈의 경우에는 적지 않은 어려움이 있지만, 그 계산방법에 대한 비교적 의미 있는 지도가 가능하다. 그런데 중학교 수학에서 다루어지는 $\frac{-2}{+3}$와 같은 '알고리즘적인 분수'의 경우에는 어떠한가?

중학교 교과서에서 유리수는 양수·음수의 맥락에서 정수와 함께 다루고 있다. 분자, 분모($\neq 0$)가 정수인 분수로 나타낼 수 있는 수를 유리수라고 정의하고 이를테면 $\frac{-2}{+3}$, $\frac{-4}{-5}$는 정수의 몫으로 보고 정수 나눗셈의 부호규칙에 따라 각각 $-\frac{2}{3}$, $+\frac{4}{5}$와 같다고 본다. 그리고 $\pm\frac{m}{n}$ 꼴의 유리수의 계산을 정수 계산의 부호규칙과 직관적인 분수의 계산법으로 환원하는바, 이러한 접근법에서는 위에서 언급한 바와 같이 정수의 계산에서 사용된 모델의 기능부전과 일관성 결여라는 간과하기 어려운 문제점이 제기된다.

따라서, 중학교에서의 유리수 지도는 Freudenthal(1973, p. 225)이 제시한 바와 같이 유리수의 대수적인 의미에 따라 다루는 과정을 고려해볼 필요가 있을 것으로 생각된다. 유리수는 정수에서 나눗셈 연산에 대하여 닫혀 있게 하기 위한 대수적 확장의 산물이다. 이를테면 $(-2)\div 3=\frac{-2}{3}$와 같이 정의된다. 이는 방정식 $3x=-2$를 만족하는 대상, 곧 근으로 $\frac{-2}{3}$를 정의하는 것과 같다. Freudenthal은 전형적인 예를 사용하여 유리수를 방정식의 근으로 도입하고 형식불역의 원리에 따라 기존의 수체계가 갖고 있던 연산법칙을 그대로 유지하면서 분수의 약분과 통분 및 사칙계산 방법에 대한 의미 있는 관계적 이해가 가능하도록 지도할 수 있을 것으로 보고 있다. 이를테면, 유리수 $\frac{-2}{3}$는 $3x=-2$, $\frac{7}{-5}$은 $-5y=7$을 만족하는 대상으로 정의된다. 따라서 유리수의 계산은 형식불역의 원리에 따라 정수에서 성립하는 성질이 유리수에서도 그대로 성립하는 것으로 보고 다음과 같이 정당화될 수 있다.

(1) $3x=-2$

$12x=-8$

$\therefore\ \frac{-2}{3}=\frac{-8}{12}$

(2) $3x=-2,\ -5y=7$

$-15x=10,\ -15y=21$

$-15(x+y)=31$

$x+y=\frac{31}{-15}$

$$\therefore \frac{-2}{3}+\frac{7}{-5}=\frac{31}{-15}$$

(3) $3x=-2,\ -5y=7$

$$-15xy=-14$$

$$xy=\frac{-14}{-15}$$

$$\therefore \frac{-2}{3}\times\frac{7}{-5}=\frac{-14}{-15}$$

(4) $3x=-2,\ -5y=7$

$$7\cdot 3x=(-2)\cdot(-5)y$$

$$x=\frac{(-2)(-5)}{7\cdot 3}y$$

$$\frac{x}{y}=\frac{(-2)(-5)}{7\cdot 3}$$

$$\therefore \frac{-2}{3}\div\frac{7}{-5}=\frac{-2}{3}\times\frac{-5}{7}=\frac{(-2)(-5)}{7\cdot 3}$$

이러한 접근 방법은 '알고리즘적 분수'의 의미에 따르는 수학적으로 타당한 방법으로 분수의 분자, 분모에 같은 수를 곱해도 좋다거나, 분수로 나눌 때에는 뒤집어 곱하는 이유 등을 간단히 설명할 수 있다.

4. 실수 산술

수직선의 모든 점이 유리수로는 채워지지 않는다는 것, 유리수가 아닌 수, 곧 무리수의 존재를 학생들은 중학교 2학년에서 $\sqrt{2}$를 다루는 문제에서 처음 알게 된다. 넓이가 단위 정사각형의 넓이의 두 배가 되는 정사각형의 변의 길이 또는 단위 정사각형의 대각선의 길이를 결정하는 문제에서 무리수 $\sqrt{2}$에 이른다. 넓이가 2인 정사각형의 한 변의 길이에 대응되는 수, 제곱하여 2가 되는 수가 존재한다고 보고 그러한 수의 이름을 $\sqrt{2}$라고 붙인다. 수직선 위에 그러한 수와 대응되는 점은 쉽게 작도로 결정할 수 있다. 그다음 간접증명법을 통해 그러한 수가 분수로 표현될 수 없음을 보여 유리수가 아님을 증명한다. 그리고 그러한 수 $\sqrt{2}$가 분수로 표현될 수 없으므로 유한소수 혹은 순환무한소수로 표현될 수 없고 따라서 비순환무한소수가 되며 $\sqrt{2}$가 포함된 구간의 축소를 통해 그 근삿값을 구해 보도록 한다. 이러한 과정을 통해 실수를 무한소수로 규정하게 된다.[49]

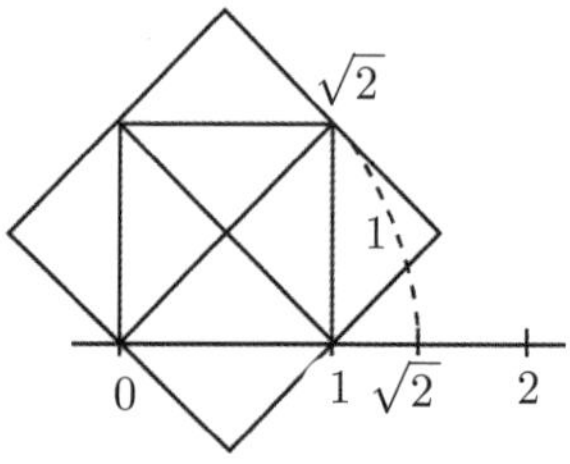

---

49 무리수에서 극한값 문제를 피할 수 없으며 그 값을 포함하는 유리수의 폐구간의 축소로 직관적으로 다룰 수 있으나 학교수학에서는 구간의 길이가 0으로 수렴한다는 매우 모호한 채로 그치게 된다.

그런데 π, e 등과 같은 실수의 대다수는 대수적 수가 아닌, 곧 대수 방정식의 근이 아닌 초월수이며, 실수가 무엇인가에 대한 논의는 대수적 조작을 넘어서는 무한집합에 대한 조작인 극한과정을 포함한다.

음이 아닌 실수 a에 대해서 $\sqrt{a}$를 그 제곱이 a인 음이 아닌 실수라고 정의하는 것은 단지 대수적으로 그 기호를 하나 선택해 붙인 것이며, 근본적으로 그 수의 정확한 크기에 대해서는 아무것도 말하지 않는다. $\sqrt[3]{7}, \log_5 3, \sin\frac{\pi}{4}$ 등과 같은 거듭제곱근,[50] 로그, 삼각함수 값도 마찬가지이다. 그러나 이러한 기호의 중요성과 그 의미를 생각해 보아야 한다. 대수의 역사에서 방정식의 근의 공식을 발견하는 것은 중요한 관심사였으며 단지 특정한 형태의 몇 가지 방정식만이 사칙연산과 거듭제곱근을 통해 풀 수 있다는 것을 알게 되었다. 그 과정에서 식의 변형에서 가능한 한 오래 대수적 기호로 조작하는 것이 의미 있다는 것이 드러난다. 실수를 무한소수로 나타내면 식의 계산과 변형은 거의 불가능해진다. 근삿값과 수렴문제는 대수에서는 이물(異物)처럼 작용한다.(Vollrath, p. 62) 그러나 그 이상의 대수적 변형이 문제의 해를 위해 아무런 실질적인 장점을 가져다 주지 않는다면 거듭제곱근의 근삿값을 사용하여 해의 크기를 알아볼 수 있다. 실제적인 문제해결을 위해서는 방정식의 근의 공식은 거의 도움이 되지 않으며 함수의 그래프를 이용하는 방정식의 실근의 근사적 수치해법이 실질적으로 이용되게 된다.

실수를 나타내는 대표적인 숫자는 무한소수이나 실수의 산술에서 가장 기본적인 실수 연산을 정의하고 연산의 성질을 증명하려고 할 때조차도 실수의 무한소수 표현은 적절하지 않다. 그러면 실수에 대한 기하학적 접

---

50 정수, 유리수, 실수로의 지수의 확장에 따른 실수 거듭제곱근의 문제에 대해서는 뒤에서 논의하기로 한다.

근은 어떠한가? Euclid기하에서는 실수에 대한 완전히 기하학적인 접근을 하였는바, Pythagoras정리에 의한 통약불가능한 선분의 존재에 대한 발견으로 실수인 두 선분의 비, 닮음비가 같을 때를 규정하는 Eudoxus의 조건에서 '실제성'을 갖는 유리수로 실수를 정의하는 Dedekind식의 실수론의 가능성을 볼 수 있으나[51] 난해한 Euclid의 기하학적 양의 비례론은 근세 이후 기하교육 개선을 위한 시도의 중심적인 부분이 되었다. 19세기 말에 통약불가능한 선분의 비를 나타내는 비순환무한소수가 유리수 수열의 극한으로서 무리수의 정의로 택해졌으며 오늘날의 학교기하는 산술화된 기하로서 무리수를 포함한 측정수로서의 실수의 존재와 그 기본성질을 수용하며 통약불가능한 선분의 비에 대한 언급을 피한다.

학교수학에서는 실수 개념과 그 계산 가능성은 제곱근 및 그 계산과 같이 실수의 대수적 기호와 소수표현으로 부분적으로만 이루어질 수 있고 실수체계에 대한 공리적 접근을 통해 실수와 그 연산의 그 기본법칙이 증명됨으로써 비로소 대수적으로 명백히 된다. 실수 개념은 유리수로부터의 구성적 접근을 통해 심화되는데, 유리수의 집합의 Dedekind 절단이나 유리수의 기본수열이나 축소폐구간열에 의한 실수와 그 연산의 정의는 중등학교에서는 그러한 추상적인 형식적 수준으로 행해질 수 없기 때문에 실수 지도의 문제를 해결하지 못한다. 학교수학에서는 실수 개념이 어떻게 다루어지고 그 주요한 문제점은 무엇인지 알아보기 위해서는 무한소수와 무리수 개념에 대한 대수적 기하학적 분석과 함께 해석적 접근을 포함한 실수에 대한 면밀한 교수학적 분석이 요구된다.

51 이에 대해서는 뒤에서 자세히 고찰하기로 한다.

1) 소수

분수, 소수, 유리수, 실수는 어떻게 구분되는가? 유리수와 실수는 수(number)이고 분수와 소수는 수를 나타내는 숫자(numeral)임을 명확히 구분할 필요가 있다. 소수는 수를 소수점을 이용하여 확장된 위치적 십진기수법으로 나타낸 숫자이다. 0과 자연수 및 정수는 분수로 나타낼 수 있고, 분수는 유한소수나 순환무한소수로 나타내어진다. 유한소수를 0이 순환하는 무한소수로 보면 분수는 모두 순환무한소수로 나타내어지며, 무리수는 소수로 나타내면 비순환무한소수이다. 따라서 실수는 무한소수라고 할 수 있을 정도로 소수는 실수를 나타내는 일반적인 기호체계이므로 소수에 대한 이해는 실수의 이해와 직결된다.

최근 수학교육과정에서는 분수 중심으로 실수개념에 접근한다. 먼저 분할분수와 비율분수로 분수를 도입하고, 십진분수로 소수를 규정하고 그를 바탕으로 소수의 대소 비교를 하고 그 사칙계산 방법을 이끌어낸다. 그리고 분수로의 표현 가능성 여부로 유리수와 무리수를 규정한다. 이어서 분수를 소수로 나타내어 유한소수와 순환무한소수를 유리수, 순환하지 않는 무한소수를 무리수의 표기로 분류하여 소수를 실수의 일반적인 표기로 규정한다.

여기에서 핵심적으로 중요한 것이 수를 분수로 나타낸다는 것과 소수로 나타낸다는 것의 의미이다. 그러한 의미를 이해하지 못하고서는 실수의 의미를 명확히 파악하기 어려울 것이다. 실수를 규정하는 소수의 여러 측면은 더 정확한 측정값을 얻기 위한 단위의 세분에 의한 측정활동에 복합적으로 내재되어 있다. 따라서 실수의 의미를 이해하기 위해서는 소수와 관련된 위치적 십진기수법의 확장과 측정수 및 그 바탕에 있는 통약불가능한 양의 측정 문제를 이해해야 할 것이다. 변희현(2005)은 소수를 십진기수법을 완성시킨 기호체계로서의 소수, 측정수로서의 소수, 작용소로서의 소수, 실수의 정의로서의 소수로 규정하였다. 다음에는 이러한 문제를 중심으로 소수의 본질과 학교수학에서의 소수 지도에 대해 살펴보기로 한다.

(1) 위치적 십진기수법에 따른 표기체계로서의 소수

소수(小數)[52]는 영어로는 decimal fraction(십진분수)이며 우리말의 글자 뜻과는 그 어의가 다르다. 소수는 분모가 10의 거듭제곱인 분수 곧 십진분수를, 자연수를 나타내는 위치적 십진기수법의 자리값을 분모가 10의 거듭제곱인 단위분수로 확장하여, 소수점을 이용하여 이를테면, $\frac{2534}{100} = 2\times10+5\times1+3\times\frac{1}{10}+4\times\frac{1}{100}=25.34$와 같이 나타낸 숫자이다. 따라서 소수에는 분수의 의미가 근원적으로 내포되어 있다.

공통단위가 존재하는 통약가능한 양의 관계는 자연수의 비로 표현되므로, 분수로 나타낼 수 있는 수라는 유리수의 정의에는 일차적으로 단위와 통약가능한 양의 측도라는 의미가 내포되어 있다. 통약가능한 양의 측정값은 공통단위가 원시단위의 $\frac{1}{10^n}$ 꼴인 경우는 십진분수로 따라서 유한소수로 표현되고 그렇지 않은 경우에는 일반분수로 표현된다. 일반적으로 분수로 표현되는 유리수를 소수로 나타내면 유한소수이거나 순환무한소수가 된다. 분수를 소수로 나타내는 것은 분수를 그와 동치인 십진분수로 고치어 위치적 십진기수법으로 나타내는 것이다. 여기에서 이를테면, $\frac{3907}{1000}=3+\frac{9}{10}+\frac{0}{100}+\frac{7}{1000}=3.907$과 같이 분모가 10의 거듭제곱인 십진분수는 유한소수로 나타내어진다. $\frac{3}{20}$과 같이 분모가 2와 5 이외의 인수를 갖지 않는 분수는 분모가 10의 거듭제곱으로 나타내어지므로

52 여기에서 소수는 유한소수이다. 작은 수라는 의미를 갖는 우리말의 소수(小數)라는 용어는 중국어에서 유래한 것이다. 중국 원나라 시대의 수학책인 주세걸(朱世傑)의 『산학계몽(算學啓蒙)』에 소수(小數)라는 용어가 등장한다.

유한소수로 나타낼 수 있다. 일반적으로

$$\frac{a}{2^p \cdot 5^q} = \frac{a \cdot 2^{q-p}}{2^p \cdot 5^q \cdot 2^{q-p}} = \frac{a \cdot 2^{q-p}}{2^q \cdot 5^q} = \frac{a \cdot 2^{q-p}}{10^q}, (q > p)$$

$$\frac{a}{2^p \cdot 5^q} = \frac{a \cdot 5^{p-q}}{2^p \cdot 5^q \cdot 5^{p-q}} = \frac{a \cdot 5^{p-q}}{2^p \cdot 5^p} = \frac{a \cdot 5^{p-q}}{10^p}, (p > q)$$

와 같이 나타내어진다. $p = q$인 경우에는 주어진 분수의 분모는 곧바로 10의 거듭제곱으로 쓸 수 있다.(Toeplitz, pp. 28-29) 기약분수로 나타낼 때 분모에 2와 5 이외의 인수가 있는 분수는 분모가 10의 거듭제곱인 동치인 분수로 변형할 수 없으므로 유한소수로 나타낼 수 없다.

분수를 소수로 나타내는 것은 분수를 위치적 십진기수법으로 나타내는 것인데, 분수를 소수로 나타내는 일반적인 방법은 분자를 분모로 나누어 몫을 구하는 것이다. 나눗셈뿐만 아니라 사칙계산은 합, 차, 곱, 몫을 위치적 십진기수법에 따라 나타내는 과정이다. 이를테면, $3 \div 4 = 0.75 \Leftrightarrow \frac{3}{4} = 0.75 = 7 \times \frac{1}{10} + 5 \times \frac{1}{100}$. 이때 나누기를 계속하면 나머지의 가짓수가 유한하므로 결국 같은 나머지가 나오게 되고 분수는 그 자리부터 순환하는 무한소수로 나타내어진다. 이를테면 공학용 전자계산기를 이용하여 $\frac{7}{23}$을 소수로 나타내어 보면 순환무한소수이며 순환마디가 22개의 숫자로 이루어져 있다. 여기서 분모가 큰 경우에는 순환마디가 길어질 수 있으나 분자를 분모로 나눌 때 나머지가 분모를 초과할 수 없으므로 순환마디의 숫자 수는 기껏해야 그보다 1이 작다.

무한소수가 도입되면 유한소수와 무한소수를 구분하는 것은 의미를 잃게 된다. 유한소수는 0이 순환하는, 곧 순환마디가 0인 순환무한소수이다. 예를 들어 $0.75 = 0.75000 \cdots = 0.75\dot{0}$이다. 실수는 무한소수이고 순환무한소수는 유리수, 비순환무한소수는 무리수가 된다. 소수는 분수를 위치적 십진기수법으로 나타내는 것 이상으로 실수개념 구성이라는 결정적 기능을 갖고 있다. 역사적으로 소수의 도입은 무리수 개념 발생의 결정적 계기가 되었음은 특기할 점이다. Pythagoras정리에 의해 통약불가능한 선분의 존재는 이미 그리스 시대에 알려졌고 Euclid원론에서 선분의 비나 닮음비와 같은 기하학적 양의 비율에 대한 난해한 논의가 이루어졌다. 그러나 무리수의 일반적인 아이디어는 16세기 말에 소수의 도입의 결과로 처음 나타났다. 유리수를 소수로 나타내면 유한소수나 순환무한소수가 되므로, 여기에서 자연스럽게 비순환무한소수를 생각하게 되었고 자연스럽게 그것을 유리수가 아닌 수라고 생각할 것이다. 이렇게 하여 일반적인 무리수 개념이 자동적으로 확립되게 되었다. 그리고 그 본질이나 발생동기에 대하여 그다지 상관함이 없이 무리수를 조작하였으며 특히 그것이 지극히 유용함이 입증되었으므로 더욱 많이 다루게 되었다. 무리수 개념에 대한 더 정밀한 형식화의 필요성이 인식된 것은 19세기 후반에 이르러서였다.(Klein, pp. 32-33)

단위를 계속적으로 등분하여 어떤 선분을 측정할 때, 그 선분과 단위선분이 통약가능하면 세분된 단위와 나머지가 정확하게 같은 경우에 이르게 되며 그 측정값은 분수로 표현된다. 유리수는 분수로 나타낼 수 있는 수라는 정의에는 유리수가 어떤 단위와 통약가능한 양의 측정수라는 의미가 일차적으로 내포되어 있다. 그 자신을 제외한 어떤 단위선분과도 통약불가능한 선분의 측정은 단위의 세분과정을 아무리 거듭하여도 항상 나머지가 발생하여 정확한 측정이 불가능하다. 수직선 위에서 무리수에 대응되는 점은 단위선분을 거듭 10등분하여 얻은 단위로 더 정밀한 측정을 계속하더라도 계속해서 나머지가 발생하므로 측정값은 유한소수가 될 수 없고, 순환무한소수가 되면 분수로 표현되므로 적당한 크기로 세분한 단위로 측정가능하게 되어 유리수와 대응되므로 모순이 되기 때문에, 결국 순환하지 않는 무한소수가 된다. 10진법으로 순환무한소수로 표현되는 유리수는 p 진법을 사용하면 유한소수로 표현되고 그 반대인 경우도 생긴다. 이를테면 $\frac{2}{3}$는 10진법으로 나타내면 $0.666\cdots$이 되지만 3진법으로 나타내면 단위를 3등분한 점과 일치하므로 0.2_3가 된다. 그러나 수직선 위에서 무리수와 대응되는 점은 단위를 어떤 수(p)로 등분하는 과정을 계속하여도 정확히 측정할 수 없으므로, 무리수는 어떤 진법을 사용하여도 순환하지 않는 무한소수가 된다.

소수는 위치적 십진기수법을 완성시켜 유리수뿐만 아니라 무리수, 따라서 모든 실수를 위치적 십진기수법으로 나타낼 수 있게 함으로써 실수에 통일된 표기체계를 제공하였으며 측정수로서의 실수의 구조를 드러내는 수단을 제공하였다. 유리수는 순환무한소수, 무리수는 비순환무한소수로 나타내어지므로 실수를 무한소수와 동일시하는 것을 가능하게 하여 학교 수학에서 실수는 무한소수라고 규정될 수 있다. 소수는 위치적 십진기수법으로 실수를 나타내는 가장 일반적이고 실제적인 기호 체계이며, 실수의 소수화는 위치적 십진기수법에 따른 통일된 표준기호화이다.(변희현, 2005)

(2) 9가 순환하는 무한소수

9가 순환하는 무한소수는 '표준적인' 위치적 십진기수법에 따른 소수가 아니다. 학교수학에서 9가 순환하는 소수의 문제는 순환소수를 통한 유리수의 표현에서 나타나고 거기에서 합법적으로 보이는 숫자 이를테면 $0.\dot{9}$가 1과 같다는 것을 계산을 통해 보인다. 유리수 $\frac{m}{n}$의 소수표현, 곧 나눗셈 $m \div n$에서 9가 순환하는 소수는 결코 생기지 않지만, $0.\dot{9}$는 소수로서 의미 없는 구성물이 아니라고 보는 것이다. 유한소수는 0이 순환하는 무한소수와 동치라고 보면 $0.\dot{9}= 1.\dot{0}$임을 보이는 것이며 이는 $0.\dot{9}$와 $1.\dot{0}$이 같은 유리수의 다른 이름이라는 입장이다. 실수를 무한소수 기호를 통해 결정된 것으로 본다면 개념적으로 실수는 하나의 대상이다. 수와 숫자를 구분하므로 9가 순환하는 이름과 0이 순환하는 이름을 하나의 대상의 서로 다른 이름으로 보고 있다고 할 수 있다. 그러나 9가 순환하는 무한소수를 수용하는 것은 다음과 같이 위치적 십진기수법의 기본 전제를 일관되게 적용하지 않는 데에서 비롯되는 갈등현상이며, 9가 순환하는 소수 표현을 금해야 한다.(Woo & Yim, 2008)

일반적으로 유리수 $\frac{a}{b}(\geq 0)$의 소수 표현 $\frac{a}{b}=m.a_1a_2a_3\cdots$은 '임의의 정수 a, $b(>0)$에 대하여 $a=bq+r$, $0\leq r<b$인 정수 q, r이 단 한 쌍 존재한다.'라는 제법정리(除法定理, division algorithm)를 바탕으로 한 분자를 분모로 나누는 나눗셈으로 얻어진다.[53] 이는 우리가 통상적으로 사용하는 말하자면 '표준적인' 십진기수법에 따른 유일한 소수 표현이다. 이러한 제법정리를 바탕으로 하여 음이 아닌 유리수를 소수로 나타내는 절차는 해석기하에서 직선을 폐개구간(closed-open interval)으로 분할하여 음이 아닌 실수를 나타내는 수직선 $[0, \infty)$의 원리가 된다. 음이 아닌 실수 α가 정수 구간 $[m, m+1)$에 속한다고 하자.

$$\alpha\in[m, m+1),\ m\in\{0,1,2,\cdots\}$$

이때, 구간 $[m, m+1)$을 10등분하여

$$\alpha\in[m+\frac{a_1}{10}, m+\frac{a_1+1}{10})$$

53 사칙계산은 합, 차, 곱, 몫을 위치적 십진기수법에 따른 표기로 나타내는 과정이다.

라고 하면, 구간 $[m+\frac{a_1}{10}, m+\frac{a_1+1}{10})$을 다시 10등분하여

$$\alpha \in [m+\frac{a_1}{10}+\frac{a_2}{10^2}, m+\frac{a_1}{10}+\frac{a_2+1}{10^2})$$

라고 하면, 구간 $[m+\frac{a_1}{10}+\frac{a_2}{10^2}, m+\frac{a_1}{10}+\frac{a_2+1}{10^2})$을 다시 10등분하여 같은 과정이 무한히 반복된다고 하면, 음이 아닌 실수 α는 다음과 같은 무한소수로 나타내어진다.

$$\alpha = m.a_1a_2a_3\cdots \quad (a_i \in \{0,1,2,\cdots\})$$

여기에서 분모가 2나 5의 배수인 분수로 나타내어지는 유리수는 어느 지점부터 분할된 첫 번째 소구간에 계속 속하게 되어 0이 반복되는 무한소수가 되는데, 흔히 이를 무시하고 유한소수로 나타낸다. 이를테면,

$$\frac{3}{4}=0.75000\cdots=0.75$$

이러한 표준적인 기수법에 따르면 9가 반복되는 무한소수는 나타나지 않는다.

그런데, 만일 수직선 $(0, \infty)$을 개폐구간(open-closed interval)으로 계속 분할하여 양인 실수를 나타낸다고 하면 등분점에 대응되는 실수는 바로 아래 구간의 9번째 소구간에 계속 속하게 되어 9가 반복되는 순환소수로 나타내어진다. 이를테면,

$$\frac{3}{4}=0.74999\cdots$$

이는 '임의의 정수 a, $b(>0)$에 대하여 $a=bq+r$, $0\leq r<b$인 정수 q, r이 단 한 쌍 존재한다.'라는 정리를 바탕으로 한 나눗셈의 결과와 같다(Artmann, 1988). 이는 나머지가 0이 되는 것을 배제하고 이를 나머지가 제수와 같은 경우로 대체하므로 표준적인 나눗셈 알고리즘과 다르다. 이러한 기수법하에서는 이를테면, 2는 $1.999\cdots$으로, 3.7은 $3.6999\cdots$으로 나타내어지며, 모든 정수와 유한소수는 모두 9가 순환하는 무한소수로 나타내어지므로 수의 표현이 매우 혼란스럽게 된다.

음이 아닌 실수에서 폐개구간을 사용하면 그것을 원점에 대하여 대칭이동시켜 음수에서는 개폐구간을 사용하게 된다. 양수에서 개폐구간을 사용한다고 하면 음수에서는 폐개구간을 사용하게 되고 $-\frac{1}{2}=-0.4999\cdots$과 같이 나타내어진다. 이러한 기수법의 원리에 비추어 보면 9가 반복되는 순환소수는 통상적인 위치적 십진기수법에 따른 '표준적인' 소수 표현이 아니며 여러 가지 결함이 있다. 무엇보다도 $0=0.000\cdots$에 대응하는 그러한 소수가 없으므로 0은 표현이 불가능해지는바 기수법에서 중대한 결함에 부딪친다. 실수와 무한소수 사이의 1대1 대응이 성립하지 않게 되며, 더구나 그러한 기수법에서는 모든 정수나 유한소수는 9가 순환하는 무한소수로 표현되므로 2나 0.75와 같은 정수나 유한소수의 표현이 불가능하고 $2=2.0=2.00=\cdots=2.000\cdots$과 같은 정수, 유리수, 실수 사이의 매입 관계(embedding relations)에 의한 아름다운 구조가 유지될 수 없게 된다. 또한 그와 같은 소수표기를 병용하면 표준기수법으로 나타낸 소수의 자리값에 따른 대소 관계를 적용할 수 없다. 그에 따르면 이를테면 $0.4999\cdots<0.5000\cdots$이어야 한다. 그리고 더욱 심각한 것은 이를테면, $\frac{1}{2}=0.4999\cdots$과 같이 나타내어지므로 $1\div2$의 계산에서 몫이 5, 나머지가 0이 되는 통

상적인 나눗셈 알고리즘을 배제하고 몫이 4 나머지 2, 몫이 9 나머지 2, 몫이 9 나머지 2, $\cdots$과 같이 계산하는 나눗셈 알고리즘을 수용하게 되는 점이다. 나머지가 0이 되는 경우를 배제하고 이를 나머지가 제수와 같은 것으로 수용하는 이러한 계산법은 전통적인 나눗셈 알고리즘과 전연 다른 것이다. 9가 반복되는 무한소수를 수용하는 것은 결국 학교수학에서 표준적인 나눗셈 알고리즘을 일관되게 유지하는 것을 막는 것이며 이로 인해 학교수학은 건전성을 크게 상실하게 된다. 따라서 이상과 같은 기수법에 대한 고려 없이, 중학교 수학에서 9가 반복되는 순환소수를 수용하고 이를 분수로 나타내는 문제나, 고등학교 수학에서 무한등비급수의 합의 공식을 이용하여 9가 반복되는 순환소수를 분수로 나타내는 문제를 다루는 것은 재고되어야 할 것이다.

무한소수와 관련하여 흔히 제기되는 문제가 '$0.999\cdots=1$인가?' 하는 것이다. 이는 위에서 살펴본 바와 같이 위치적 십진기수법의 규약과 관련된 문제의 핵심으로, 제법정리에 바탕을 둔 폐개구간을 사용하는 표준적인 표기는 $1.000\cdots$이며 $0.999\cdots$은 그와 다른 개폐구간을 사용한 소수표기이다. 이들은 같은 실수를 나타내는 서로 다른 규약에 따른 기호이다. 그런데 중학교 수학에서는 $0.999\cdots=1$임을 다음과 같이 보인다. $x=0.999\cdots$이라고 놓고, 양변에 10을 곱하면 $10x=9.999\cdots$이다. 두 식을 변끼리 빼면, $9x=9$, 곧 $x=1$이다. 또는 $\frac{1}{3}=0.333\cdots$이며, 양변에 3을 곱하면 $1=0.999\cdots$이 된다고 설명된다. 그러나 $0.999\cdots$, $9.999\cdots$은 각각 1, 10의 서로 다른 표기 규약에 따른 기호이므로 이러한 증명은 의미가 없게 된다.

고등학교 수학에서는 무한등비급수의 합의 공식 $\sum_{n=1}^{\infty} ar^{n-1}=\frac{a}{1-r}\ (-1<r<1)$을 이용하여 $0.999\cdots=\frac{9}{10}+\frac{9}{100}+\frac{9}{1000}+\cdots=$

$\frac{\frac{9}{10}}{1-\frac{1}{10}}$=1과 같이 0.999⋯ = 1임을 보인다. 여기에서 0.999⋯을 무한급수 $\frac{9}{10}+\frac{9}{100}+\frac{9}{1000}+\cdots = 0.9+0.09+0.009+\cdots$ 의 합과 같다고 보는 것은 0.999⋯을, 무한급수의 합은 부분합의 수열의 극한이므로, 그 부분합인 유리수의 수열 {0.9, 0.99, 0.999, ⋯}의 극한으로 본다는 의미이다. 그러나 무한소수 0.999⋯ 자체는, 유한소수를 0이 순환하는 무한소수로 볼 때 0.9, 0.99, 0.999 등과 다른 표기규약에 따른 기호이다. 이러한 계산 과정은 위에서 논의한 개폐구간을 사용한 기수법에 따라 표현한 소수를 폐개구간을 사용한 표준적인 기수법에 따라 표현한 소수로 바꾸어 계산하는 논리적 모순을 내포한다.[54] 우리가 사용하는 소수는 표준적인 위치적 십진기수법에 따른 것이다. 0.9, 0.99, 0.999 등과 같은 규약에 따르면 0.999⋯는 1.000⋯로 표기되어야 하는 것이며 이러한 계산은 의미를 상실한다.

한편, 해석학에서는 '$\epsilon - N$ 방법'에 의한 수열 $\{a_n\}$의 극한의 정의에 의해 유한소수의 수열 {0.9, 0.99, 0.999, ⋯}의 극한이 1임을 증명한다.[55]

---

54 개폐구간에 따른 표기법을 일관되게 적용하면 0.9는 0.89⋯, 0,99는 0.98999⋯과 같이 나타내야 할 것이다.

55 $\{0.9, 0.99, 0.999, \cdots\}=\{a_n\}=\{1-\frac{1}{10^n}\}$, $|1-(1-\frac{1}{10^n})|=|\frac{1}{10^n}|=\frac{1}{10^n}$, $10^n=(1+9)^n \geq 1+9n$, $\frac{1}{10^n}\leq\frac{1}{1+9n}<\frac{1}{9n}$, Archimedes공리에 의해 모든 $\epsilon>0$에 대하여 $\frac{1}{N}<9\epsilon$인 자연수 N이 존재한다. 그리고 모든 $n\geq N$에 대하여 $\frac{1}{10^n}<\frac{1}{9n}\leq\frac{1}{9N}<\epsilon$이므로 $|1-(1-\frac{1}{10^n})|<\epsilon$. 그러므로, $\lim_{n\to\infty}(1-\frac{1}{10^n})=1$. Archimedes의 공리는 실수의 완비성의 공리로부터 증명되지만 일반적인 순서체에서는 증명되지 않으므로 공리라고 부른다. 다음과 같이 생각하는 것은 0.999⋯라는 표기법을 수용하는 것이므로 적절하지 않다. $1-0.999\cdots=\epsilon>0$라고 하면 $\epsilon>\frac{1}{10^N}$인 자연수 N이 존재한다. 그 자연수 N에

여기에서 숙고해야 할 것은 학교수학에서와 같이 9가 순환하는 무한소수 0.999⋯ 자체를 수용하는 것, 그것을 무한급수 $0.9+0.09+0.009+\cdots$의 합과 같다고 보고 무한등비급수의 합의 공식을 이용하거나 무한수열 {0.9, 0.99, 0.999, ⋯}의 극한이 1임을 이용하여 그것이 1이라고 보는 것이 적절한가 하는 점이다. 수학에서 무엇보다도 중요한 것은 논리적 일관성이다. 표준규약과 다른 규약에 따른 소수표기를 병용하는 것은 심각한 혼동을 야기할 것이다.

(3) 측정수로서의 소수

Dewey(1895)에 따르면 자원이 한정된 환경에 적응하기 위해 인간에게 필연적으로 요구되는 것이 양(量)을 더 정확하게 파악하기 위한 측정활동이며, 수란 측정하고자 하는 모호한 전체량을 명확하게 만드는 분석과 종합의 과정인 측정활동의 소산으로 전체량의 단위량에 대한 비(比)이다. 분수는 측정하고자 하는 양의 원시단위에 대한 비를 나타내는 것으로, 분수표기는 분석과 종합이라는 측정의 기본적인 과정을 분명하고 명확한 형태로 드러낸다.

그런데 모든 실수를 위치적 십진기수법으로 나타내고 연속량의 실제적인 측정을 가능하게 한 것은 소수 체계이다. 측정활동은 잇달은 단위의 10등분에 의해 얻어진 하위단위로 각 단계에서 생기는 나머지를 좀 더 정확하게 측정하여 측정값을 원하는 정도까지 전체량에 근사시켜 가는 것이며, 연속량의 실제적인 측정 과정에 대응하는 수는 보통분수가 아니라 십진분수, 곧 소수이다. 이러한 관점에서 보면 소수는 근원적으로 측정수이다. 연속량 a의 측정과정을 살펴보면, 단위 e의 선정과 그에 의한 측정으로

대해 $1-0.999\cdots>\frac{1}{10^N}$, $1-\frac{1}{10^N}>0.999\cdots$. 이는 모순이다. 따라서 $0.999\cdots=1$.

$m_1 e \le a < (m_1+1)e$인 자연수 m_1의 선택, 나머지 부분의 하위 단위 $\frac{1}{10}e$에 의한 측정으로 $(m_1+\frac{m_2}{10})e \le a < (m_1+\frac{m_2+1}{10})e$인 자연수 m_2의 선택 등과 같은 과정을 거쳐 $m_1.m_2 m_3 \cdots m_n$과 같은 형태의 근삿값인 유한소수를 얻는다.

측정을 관념적인 수준에서 다루는 경우, 단위의 세분 과정이 계속될 때 점점 작은 나머지가 계속해서 생기며 측정값은 무한소수로 표현된다. 측정에서 근사과정의 극한을 생각하면 측정수는 실수로 확장된다.[56] 실수는 무한소수 자체, 곧 그 유리수 근사의 극한으로 보는 극한과정에 대해 닫혀 있게 하는 해석적 확장이다. 공간을 산술화한 해석기하는 수직선 위의 점과 실수는 1대1로 대응된다는 Cantor의 공리를 바탕으로 한다. 그러나 이는 이론적인 수학임을 생각해야 한다. 인간의 공간지각에는 측정에 의해 조종할 수 있는 감각적인 경험적 공간직관과 선험적인 이상화된 공간직관이 있다. 인간은 매우 정밀한 현미경을 사용하더라도 광학적 이미지가 길이를 정확하게 재생할 수 없는 한계가 존재하는 물리적 성질에 기인하는 지각역(知覺閾, threshold), 곧 자극에 대해 반응이 시작되는 분계점 때문에 $\frac{1}{1000}mm\,(=1\,micron)$보다 정확한 길이 측도를 얻을 수 없다. 무리

56 연속량이 임의의 단위로 측정될 수 있다는 것을 수학적으로 다음과 같이 설명할 수 있다. 양 G의 임의의 원소 e에 대하여 e의 모든 양(陽)의 유리수배 전체의 집합을 Q^+e라고 할 때, G의 임의의 원소 a는 Q^+e, 따라서 양의 유리수 Q^+를 절단(切斷)한다. 이때 그 절단은 실수 R의 완비성의 공리에 따라 $\alpha = \sup\{\tau \in Q^+ : \tau e \le a\}$인 양의 실수 $\alpha \in R^+$를 결정한다. 이 실수 α가 e를 단위로 한 a의 측정값, 곧 측정수이다. 측정수로서의 실수는 Archimedes의 공리, 곧 측정의 공리는 물론 연속성, 곧 완비성을 가지므로 자 공리(the axiom of ruler)를 만족한다. 측정수가 실수로 확장되면 임의의 양은 단위 e의 실수배가 된다. 곧, $G = R^+e$가 된다.(Freudenthal, 1973, pp. 200–201) 실수 R의 완비성의 공리는 'R의 공집합이 아닌 부분집합이 위로 유계이면 그 상한이 존재한다.'라는 것이고, 자 공리는 '수직선 위의 모든 점은 실수와 1대1로 대응한다.'라는 Cantor의 공리이다.

수는 지적인 즐거움을 추구하는 순수수학자들이 즐기는 추상적인 이상적 공간지각에 대응하는 엄밀한 이론적 개념이며 실제적인 상황에서는 근사적으로 유리수로 대체된다.(Klein, p. 35)

학교수학에서 측정수로서의 소수 도입 상황으로 측정단위의 변환에 의한 도입 상황과 좀 더 정확한 측정값을 얻기 위해 단위를 거듭 10등분한 하위단위를 사용하는 측정상황을 생각할 수 있다. 흔히 측정상황에서는 좀 더 정확한 측정값을 얻기 위해 원시단위보다 작은 양의 측정을 위해 단위를 거듭 10등분한 하위단위를 사용하는 활동을 한다. 이를테면, 단위 u와 그것을 거듭 10등분한 하위단위 $\frac{1}{10}u$, $\frac{1}{100}u$로 양 a의 크기를 측정하여 측정값 $a=2\times u+3\times\frac{1}{10}u+5\times\frac{1}{100}u=2.35u$를 얻었다고 하자. 여기에서 측정수 2.35는 양 a의 단위 u에 대한 비의 값 $\frac{a}{u}$이다. 이러한 측정활동을 통해 도입된 소수는 측정수, 십진분수, 위치적 십진기수법, 비, 작용소 등 소수의 여러 측면을 명확히 드러낸다.

측정 단위의 변환으로 소수를 도입하는 상황은 이를테면 $1cm=\frac{1}{100}m=0.01m$, $25cm=25\times\frac{1}{100}m=\frac{25}{100}m=0.25m$와 같은 것이다. 이와 같은 측정단위의 변환을 통한 소수의 도입으로 그치고 측정활동을 통한 소수 지도를 소홀히 하면, 소수를 이산적으로 파악하여 이를테면, 3.24 바로 다음의 수는 3.25로 생각하고 3.24와 3.25 사이의 소수를 생각하지 못하거나, 전체량의 단위에 대한 비의 값으로서의 측정수 측면에서 0.25=0.250=0.2500과 같은 동치인 소수의 의미를 받아들이기 어렵게 된다. 교육과정에서는 십진분수의 다른 표현으로 기본적인 소수를 도입하여 측정단위의 변환에 이용하거나 최소단위 눈금을 그려 놓은 측정 기구에서 단지 측정값인 소수를 읽는 방식으로 소수를 다룬다. 측정수로서의 소수의 의미가 더 분명하게 드러나도록 단위의 세분에 의한 실제적인 측정맥락을 통해 측정수로서 소수를 다루는 방식을 취할 수 있을 것이다. 측정값을 이를테면, $2\times 1m+7\times \frac{1}{10}m+3\times \frac{1}{100}m=2m+0.7m+0.03m$ $=2.73m$와 같이 위치적 십진기수법의 전개 형태로 표현하여 단위의 세분 과정에 의한 하위단위 $\frac{1}{10^n}$을 사용하는 측정의 맥락을 좀 더 뚜렷하게 하고 관념적인 측정값으로 무한소수로 접근함으로써, 소수는 좀 더 정확한 측정활동의 소산인 측정수이며 확장된 위치적 십진기수법에 의한 표현임을 드러낼 수 있을 것이다. 측정수의 관점에서 수직선을 단계적으로 분석하여 0과 자연수, 분수, 유한소수, 정수, 순환무한소수, 비순환무한소수에 이르도록 하여 모든 실수의 무한소수로의 위치적 십진기수법화로 마무리한다면, 소수를 실수의 표준적이고 실제적인 기호 체계로 명확하게 인식하게 될 것이다.(변희현, 2005)

단위선분의 잇달은 등분에 의해 어떤 선분을 측정할 때 세분된 단위와 나머지가 정확하게 같은 경우에 이르게 된다면 그 세분된 단위는 두 선분의 공통단위가 되며 이는 두 선분이 통약가능함을 의미한다. 단위와 통약가능한 양은 공통인 하위단위가 존재하므로 그 측정값은 분수로 표현된다. 유리수가 분수로 나타낼 수 있는 수라는 것은 유리수는 단위와 통약가능한 양의 측정값이라는 기하학적 의미가 내포되어 있으며, 분수로 나타낼 수 없는 수라는 무리수 정의에는 통약불가능한 양의 측정 문제가 암묵적으로 함축되어 있다. 정사각형의 한 변의 길이와 대각선의 길이는 통약가능하지 않다는 것, 곧 공통단위가 존재하지 않음을 기하학적으로 증명할 수 있다. 따라서 정사각형의 한 변의 길이를 단위로 대각선의 길이를 측정할 때 공통인 하위단위가 존재하지 않으므로 측정값은 분수로 표현되지 않는다. Pythagoras정리에 의해 단위 정사각형의 대각선의 길이는 $\sqrt{2}$가 된다. 대수적으로 $\sqrt{2}$가 분수로 표현할 수 없음을 증명하는 것은 기하학적으로 정사각형의 한 변과 대각선 사이의 공통단위가 존재하지 않음을 증명하는 것과 같다. 그러한 증명을 이해하면 학생들은 통약불가능한 양의 존재에 대한 인식으로 측정수는 유리수만으로 부족하고, 통약불가능한 양의 측정과 관련하여 무리수의 필요성을 이해하게 될 것이다.

정사각형의 한 변의 길이를 단위로 하여 대각선의 길이를 측정하는 것은 수직선에서 정사각형의 한 변의 길이를 1로 볼 때 $\sqrt{2}$ 에 대응하는 점을 소수로 수치화하는 것에 대응한다. 이때 순환하지 않는 무한소수가 됨을 직접 구성하여 보일 수는 없으나, 제곱근의 성질 $a>0, b>0$일 때 $a<b$이면 $\sqrt{a}<\sqrt{b}$임을 이용하여 $\sqrt{2}$가 포함되는 유리수의 축소구간열을 찾아 그 특성을 보일 수는 있다.[57] 구간의 길이가 10배씩 작아지는 축소구간열의 모든 구간에 속하는 점은 하나일 수밖에 없다. 그러한 점이 두 개 존재한다면 그 차를 h라고 할 때 어느 단계 이후의 구간열의 길이는 그보다 작아지므로 모순이 생기기 때문이다. 결국 $\sqrt{2}$는 이 축소구간열의 모든 구간에 포함되는 한 점에 대응되는 수이며 제곱근의 성질을 이용하여 비순환무한소수 1.4142135623⋯으로 나타내어짐을 부분적이지만 보여줄 수 있다. 9가 반복되는 순환소수의 경우를 제외하면 서로 다른 무한소수에 대해서는 서로 다른 축소구간열이 유일하게 결정되므로, 무한소수에 대응하는 고유한 한 점의 존재를 생각할 수 있다.

무한소수를 측정수로 파악하는 것은 거듭된 단위의 10등분에 의해 각 단계에서 생기는 나머지를 좀 더 정확하게 측정하여 전체량에 무한히 근사시켜 가는 관념적인 측정을 생각하는 것이다. 그러나 학생들이 무한소수 자체를 그러한 관념적인 무한한 측정과정의 궁극적인 결과인 측정수로 인식하기는 어려울 것이다. 이는 무한소수를 실무한으로 파악하기를 요구하

---

57 $1^2=1<2<2^2=4 \quad \therefore\ 1<\sqrt{2}<2$

$(1.4)^2=1.96<2<(1.5)^2=2.25 \quad \therefore\ 1.4<\sqrt{2}<1.5$

$(1.41)^2=1.9881<2<(1.42)^2=2.0264 \quad \therefore\ 1.41<\sqrt{2}<1.42$

……………………………………………………………………

는 것이다. 무한소수는 무한 근사과정을 나타낼 뿐만 아니라 그 극한인 실무한으로서의 실수를 나타낸다. 무한소수를 하나의 대상, 즉 실무한으로 다루는 것은 중학교 수학에서 순환소수를 x라고 놓고 계산하여 분수로 나타내고, 고등학교 수학에서 순환무한소수를 수렴하는 무한급수로 파악하고 그 합을 구하는 데 함축되어 있지만, 이를 의식하도록 명시적으로 다루어지고 있지 않다. 학생들은 논리적 추론을 부정하지는 않지만, $0.333\cdots=\frac{1}{3}$임은 그에 대응하는 표상을 그려낼 수 없으므로 이를 직관적으로 이해할 수는 없는 것이다. 학생들은 흔히 $0.333\cdots$은 $\frac{1}{3}$에 무한히 다가가지만 $\frac{1}{3}$은 될 수 없다고 생각하며 혼란과 갈등을 느낀다. 학생들은 무한소수를 무한과정, 곧 잠재적 무한으로 이해하며 실무한으로 받아들이지 못하는 것이다. 무한소수 자체를 실수로 이해하는 것은 학생들에게 매우 어려운 문제이다.

두 실수의 상등성에 대한 Weierstrass의 정의, 곧 '두 수는 미리 할당된 상수보다, 그것이 아무리 작더라도, 그보다 작은 차이가 나면 같다.'라는 정의(Klein, p. 34)에 따르면 $0.333\cdots$은 $\frac{1}{3}$과 같다. 그 차는 확실히 $\frac{1}{30}$보다 작고, $\frac{1}{300}$보다 작고, ..., 곧 그 차는 아무리 작은 수보다도 더 작다. 이 정의에 따르면 그 차는 0이 아닐 수 없다. 만약 $0.333\cdots$이 $\frac{1}{3}$과 같지 않다고 하면, 그 차가 존재할 것이다. 그 차를 h라고 하면, $\frac{1}{3}$과 $0.333\cdots$과의 차이를 h보다 작게 할 수 있으므로 모순이 발생한다. 따라서 $\frac{1}{3}$과 $0.333\cdots$은 같다고 아니할 수 없다. 이러한 수학적인 설명은 반성적 사고를 야기하여 무한소수 자체를 실무한인 실수로 받아들이게 하는 데 도움이 될 것이다. 그러나 무한소수를 하나의 대상으로 받아들이는 것은 극복하기 매우 어려운 인식론적 장애이다.(변희현, 2005)

(4) 동치인 소수와 선형작용소로서의 소수

유한소수로 나타내어지는 유리수는 동치인 십진분수의 공통성질 혹은 그 동치류로 정의될 수 있다. 이를테면, $\frac{2}{10}=\frac{20}{100}=\frac{200}{1000}=\cdots$ 이므로 이들 동치인 분수로 나타내어지는 유리수는 $[\frac{2}{10}]=\left\{\frac{2}{10}, \frac{20}{100}, \frac{200}{1000}, \cdots\right\}$이다. 이를 소수로 나타내면 $0.2=0.20=0.200=\cdots$ 이므로 이들 동치인 소수로 나타내어지는 유리수는 $[0.2]=\{0.2, 0.20, 0.200, \cdots\}$이다. 소수점 아래 끝자리에 0을 붙이거나 떼는 것, 세로 덧셈·뺄셈에서 소수점을 맞추어 계산하고, 나눗셈 과정에서 피제수의 소수점 아래 끝자리에 0을 계속 붙이는 것 등이 모두 유리수 계산에서 동치인 소수를 이용하는 것이다. Brousseau(1981; 1997)가 제시한 바와 같이 종이 한 장의 두께를 재는 상황을 구성하여 동치인 소수 개념을 의미 있게 다룰 수 있다. 한 장의 종이 두께를 재기가 어려우므로 여러 장의 두께를 재면서 비(比) 동치관계인 종이의 매수와 두께의 관계를 발견하는 활동을 하도록 한다. 여기에서 동치인 분수를 확인하게 되고 이로부터 종이 한 장의 두께를 십진분수 곧 소수로 나타낼 수 있게 된다.

측정수로서의 소수는 전체량의 단위에 대한 비이며 단위의 배수인 작용소이다. 비의 본질은 비례관계의 불변성이다. 이를테면, 동치관계 $0.2=0.20=0.200=\cdots$은 $\frac{2}{10}=\frac{20}{100}=\frac{200}{1000}=\cdots$ 따라서, $2:10=20:100=200:1000=\cdots$과 같은 비례관계를 내포하며, 이는 10을 2에, 100을 20에, 1000을 200에, ⋯ 등으로 대응시키는 0.2배 작용소를 나타내는 것이다. 곧, $0.2=0.20=0.200=\cdots$은 유리수 [0.2]가 합과 곱을 보존하는 선형성을 갖는 0.2배 작용소 $f(x)=0.2x$임을 나타내는 것이다.

소수배인 0.3배는 $\frac{3}{10}$배 작용소이며 3배 확대하고 10배 축소하는 작용소의 합성이다. 소수의 나눗셈에서 나누는 수가 자연수가 되도록 소수점의 위치를 옮긴 후 계산할 수 있는 것은 작용소로서의 소수의 개념에 근거하여 해석할 수 있다. Brousseau(1997)는 그림의 확대 축소 활동을 통해 소수 개념의 비, 작용소, 선형성 측면을 다룰 수 있으며, 이를 기초로 함수의 합성이라는 관점에서 소수의 곱셈과 나눗셈에 관한 일반적인 맥락을 제공받을 수 있다고 본다. 그림을 이어서 확대하거나 축소하는 활동을 통하여 소수배를 이를테면, $(\times 3.67)=(\times \frac{367}{100})=(\times 367)(\div 100)$와 같이 자연수배 작용소와 축소 작용소의 합성으로 보고 소수의 계산방법을 이끌어낼 수 있다. 예를 들어, 소수의 나눗셈 $1.38 \div 4.15$를 작용소의 합성으로 $(\times 1.38)(\div 4.15)=(\times 138)(\div 100)(\div 415)(\times 100)=(\times 138)(\div 415)$와 같이 생각하면, $1.38 \div 4.15=\frac{138}{415}=0.322\cdots$이 되므로, 여기에서 소수점을 옮겨 셈하는 소수의 나눗셈 방법을 발견할 수 있다. 현재 학교수학에서는 이상과 같은 소수 개념의 동치류 측면, 선형성을 갖는 작용소 측면이 명시적으로 다루어지지 않는다.(변희현, 2005)

(5) 무리수 개념 발생에서의 소수의 결정적 역할

무리수 개념의 발생적 근원은 고대 그리스의 Pythagoras학파에 의한 통약불가능한(incommensurable) 선분의 발견에 있다. 통약가능한, 곧 같은 단위로 측정할 수 있는 두 선분의 길이의 비는 분수로 나타낼 수 있다. 그런데 정사각형의 한 변과 대각선의 길이 사이에는 공통 측정단위가 없으므로 통약불가능하다. 왜냐하면, 정사각형의 한 변의 길이를 a라고 하면 빗변의 길이는 Pythagoras정리에 의해 $\sqrt{2}\,a$인데, 공통단위가 존재하면 그 비의 값에 대해 $\sqrt{2}=\frac{p}{q}$, $(p,q)=1$인 자연수 p, q가 존재하게 되는데 이는 모순에 이름을 쉽게 보일 수 있기 때문이다. Pythagoras학파에서는 직각을 낀 두 변의 길이 a, b와 직각삼각형의 빗변의 길이 $\sqrt{a^2+b^2}$는 대부분의 경우에 통약불가능함을 알고 있었으며, 이를테면 $(3, 4, 5)$, $(5, 12, 13)$, $(7, 24, 25)$, $(8, 15, 17)$ 등과 같은, 측정단위를 적절히 선택하면 자연수로 나타낼 수 있으며 서로 통약가능한 세 변의 길이를 갖는 직각삼각형을 탐색하였다.[58] 통약불가능한 선분의 발견으로 그리스 수학에서는 이산량의 수와 연속량의 크기를 분리하여 각각 산술과 기하의 영역에서 다루게 되었다.

Euclid원론 이후 이산량과 연속량을 다루는 영역이 산술과 기하로 분리되어 구분되어 왔으나, 16세기에 Stevin에 의해 소수가 도입되면서 이산량은 물론이고, 크기를 표현할 수 없다고 생각한 통약불가능한 양(量)까지 포함하여, 연속량의 측정값을 수로 나타낼 수 있게 됨으로써 모든 양이 수에 통합되게 되었다. 양을 측정하는 과정에서 이론상 무한소수가 나타난다는 것을 인식하기는 어렵지 않지만 Stevin은 양의 통약가능성 여부, 곧 측정값인 무한소수의 특성은 경험적인 측정활동으로부터 알 수 있는 것이 아니라고 하였다.(Moreno-Armella & Waldegg, p. 188) Klein(pp. 32-33)에 의하면, 16세기 말 소수 도입의 결과로, 나눗셈에 의하여 분수를 소수로 나타내는 과정에서 순환무한소수를 인식하게 되었고, 이로부터 비순환소수의 존재를 인식하게 되어, 무리수에 대한 일반적인 관념이 어느 정도 자동적으로 생겨나게 되었다. 음수의 경우와 같이 계산이 새로운 개념의 도입을 강제하였고, 특히 매우 유익하다는 것이 자주 입증되었기 때문에 그 본질이나 발생동기를 그다지 고려하지 않고 더욱 더 무리수를 조작하게 되었다.

Stevin에 의한 소수 도입은 이와 같이 무리수 관념의 발생에 결정적인 역할을 하여 모든 양을 수치화할 수 있게 하였다. 그로 인해 수직선 위의 모든 점과 소수 사이에 1대1 대응관계를 생각할 수 있게 되었다. 유리수를

---

58 일반적으로 $x^2+y^2=z^2$인 세 자연수의 쌍 (x,y,z), 곧 'Pythagoras수'를 구하는 공식에는 $(2n+1, 2n^2+2n, 2n^2+2n+1)$, $(2n, n^2-1, n^2+1)$, $(2mn, m^2-n^2, m^2+n^2)\,(m>n)$ 등과 같은 여러 가지 공식이 있다.

나타내지 않는 무한소수가 무리수라는 생각은 19세기까지 연속체를 이루는 유리수와 무리수 체계에 대한 만족스러운 설명으로 받아들여졌다. 17세기 이후의 수학 특히 해석기하와 미적분학의 커다란 발전은 수 체계에 대한 이러한 관념을 기초로 하여 이룩된 것이다.(Courant & Robbins, 1996, p. 63)

무리수의 기초에 대한 더 정밀한 형식화의 필요성이 인식된 것은 19세기 후반에 이르러서였다. 그 이전에는 직관적인 기하학적 개념에 바탕을 둔 무한소 계산법이 미적분법의 발달을 지배하였으나, 그 한계가 노출되면서 미적분법의 기초에 대한 엄밀한 확립이 요구되었다. 유리수와 무리수를 나타내는 무한소수는 수직선상의 선분의 길이에 대응하는 측정수의 직관적 인식을 기초로 한 것으로 그러한 기하학적인 직관에 기초하지 않은 완비된 실수개념의 확립이 요구되었다. 19세기 후반에 Dedekind, Weierstrass, Cantor 등은 유리수를 기초로 실수체계를 완비된 순서체로서 순수하게 산술적으로 확립하였고 그에 기초하여 미적분법의 엄밀한 논리적 기초의 문제가 해결되었다.

Dedekind는 불연속인 유리수 체계가 직선을 이루는 점의 집합과 같이 연속성을 갖도록 하기 위해 유리수의 집합의 절단(切斷, cut)으로 실수를 규정하여 유리수의 틈을 메워 수가 연속성을 갖도록 하였다. 유리수 집합의 절단은 그것이 유단(有斷)인가 무단(無斷)인가에 따라서 유리수 혹은 무리수라고 정의된다. Weierstrass는 끝점이 유리수인 축소폐구간열(nested closed intervals)에 공통으로 포함되는 점에 대응되는 수를 실수로 정의하였다. 그리고 앞에서 기술한 바와 같이 Cantor는 유리수의 수열의 극한을 이용해 실수를 정의하였다. 그렇게 정의된 실수에 대하여 각각 그 연산과 대소관계를 정의하여 완비된 순서체를 이룸을 보일 수 있다.(*ibid.*, pp. 68-72)

무리수는 유리수로 설명될 수 있을 뿐이며, 무한소수에 의한 실수의 정의는 실수를 유한소수의 수열의 극한으로 파악하는 것이다. 이러한 실수개념은 직관을 초월하는 무한집합과 극한개념을 바탕으로 하고 있어 이를 수용하기 위해서는 잠재적 무한에서 실무한으로 이행하는 수학적 사고의 혁명적 전환을 필요로 한다. 이는 역사적으로 그리스 이래 19세기 후반에 이르는 오랜 기간의 발달과정을 필요로 하였다. 또한 이러한 실수개념을 완비된 순서체인 '완전 산술체계'를 이루는 형식적인 계산수로 이해하기까지는 19세기 중반 이후에 싹트기 시작하여 20세기에 열매를 맺은 추상수학의 발전을 기다려야 하였다.

(6) 소수 지도

초등학교 수학으로부터 고등학교 수학에 이르기까지 최근 교육과정에서의 소수 지도의 관점과 지도계열 및 방법을 살펴보기로 한다. 초등학교 수학에서는 분수 중심으로 소수에 접근하고 소수의 측정수 측면은 약하게 다루어지고 있다. 소수는 분수를 위치적 십진기수법으로 나타내기 위한 십진분수의 다른 표현으로 규정하고 측정값의 단위 변환과 관련짓는다. 그러나 측정수로서의 소수개념에 대한 지도를 하지는 않는다. 소수는 분수의 다른 표현으로 유리수를 나타낸다는 중요한 측면이 있지만, 소수는 좀 더 정밀한 측정을 위해 십진기수법을 소수점 이하로 확장하여 완성함으로써 실수의 일반적인 표현이 된다는 점에서 측정수로서 그리고 자연수의 기수법과 관련지어 지도할 필요성이 있다. 그러나 현 초등학교 수학교육과정에서는 소수의 본질인 측정수 측면과 위치적 십진기수법의 완성이라는 측면이 소홀히 되고 있는 것으로 생각된다. 소수의 대소 비교나 사칙 계산의 원리를 십진분수에 기초하여 설명하고, 소수의 사칙 계산법을 소수점을 고려하여 자연수의 세로셈 계산법으로 환원하는 데 초점이 맞추어져 있다. 소수의 계산을 분수의 계산에 앞서 다루는 것이 자연수의 계산법과 연계시키는 데 자연스러울 수도 있을 것이다.[59]

초등학교 3학년과 4학년에서 위치적 십진기수법으로 나타내기 위한 십진분수의 다른 표기라는 측면에서 소수가 도입된다. 3학년에서 소수 첫째 자리, 4학년에서 소수 셋째 자리까지 다룬다. 분수 $\frac{1}{10}$을 0.1, $\frac{2}{10}$를 0.2라고 쓰기로 약속한다는 식으로 십진분수의 다른 표현으로 소수 한 자릿수[60]를 도입한다. $1mm=0.1cm$, $5mm=0.5cm$, $4cm\ 3mm=4.3cm$ 등과 같이 측정단위의 변환과 복명수를 단명수로 나타내기, 0.1이 3이면 0.3, 4와 0.3은 4.3 등과 같이 0.1의 배수로서의 소수와 혼합소수를 다룬다. 그리고 0.1의 몇 배인가의 비교를 통해 소수의 크기를 비교하고 '소수 첫째 자리의 숫자가 큰 쪽이 더 크다'는 소수의 크기를 비교하는 방법을 발견하게 한다. 마찬가지로 분수 $\frac{1}{100}$을 소수 0.01, $\frac{1}{1000}$을 0.001이라고 쓰기로 약속한다는 식으로 소수 두 자리 수와 소수 세 자리 수를 도입한다. 그리고 분수 $\frac{24}{100}$는 $\frac{1}{100}$, 곧 0.01이 24개이므로 소수로 0.24와 같이 나타내고, 마찬가지로 분수 $\frac{265}{1000}$는 $\frac{1}{1000}$, 곧 0.001이 265개이므로 소수로 0.265와 같이 나타낸다고 약속한다. 그리고 수직선 위에 단위눈금의 크기 $\frac{1}{100}=0.01$, $\frac{1}{1000}=0.001$을 생각하고 눈금의 개수를 고려하여 0.24는 $\frac{24}{100}$와, 0.265은 $\frac{265}{1000}$와 대응시켜 나타내고 있다.

그리고 위치적 십진기수법에서 십의 자리, 일의 자리, 0.1의 자리, 0.01의 자리, 0.001의 자리 등 소수 셋째 자리까지 자리값을 알아보고, $62.379=60+2+0.3+0.07+0.009$와 같이 소수 세 자리 수의 구성을 다

59 소수를 더 정밀한 측정이 요구되는 상황을 통해 측정수로서 도입하고, 소수는 십진분수이므로 소수의 계산은 그에 기초하여 또는 측정 단위의 환산으로 자연수의 계산법으로 환원되므로 분수의 계산에 앞서 4학년과 5학년에서 다룰 수 있을 것이다.

60 현재 교과서에서는 소수점 아래 한 자리의 소수를 '소수 한 자리 수'라고 표현하고 있다. 마찬가지로 '소수 두 자리 수', '소수 세 자리 수' 등의 표현을 사용하고 있다.

룬다. 그리고 10배씩 증가, $\frac{1}{10}$씩 감소하는 자리값 사이의 관계를 알아보고, 이를테면 10.73의 10배는 107.3, 0.39의 $\frac{1}{10}$은 0.039, 0.004의 100배는 0.4, 82.4의 $\frac{1}{100}$은 0.824와 같이 10배, 100배, $\frac{1}{10}$, $\frac{1}{100}$인 소수를 알아본다. 또한 수직선 위에 나타내어 비교해 보게 하거나 $\frac{2}{10}=\frac{20}{100}=\frac{200}{1000}$임을 통해 0.2=0.20=0.200임을 알도록 하여, 소수의 끝자리 숫자 0은 생략할 수 있다는 것을 알게 한다. 소수를 모눈종이나 수직선 위에 나타내 보게 하거나, 각 소수에 포함된 최소단위의 개수를 고려해 보거나, 자연수의 경우처럼 자리값이 큰 자리의 수부터 비교하여 소수의 크기를 비교하도록 한다. 그리고 0.1, 0.01, 0.001씩 커지는 소수의 계열을 알아보도록 하고 있다.

소수의 덧셈과 뺄셈은 초등학교 4학년에서 다루고 있는데 오른쪽과 같은 방식으로 소수에 포함된 단위소수의 개수의 합·차를 구한 후 다시 소수로 나타내는 과정을 거쳐 계산해 보도록 한 다음, 소수점을 맞추어 자연수와 같이 계산하는 세로셈 방법을 형식화하고 있다. 여기에서 위치적 십진기수법에 따라, 이를테면 $0.25=2\times\frac{1}{10}+5\times\frac{1}{100}=2\times0.1+5\times0.01$과 같은 전개식을 이용하여 계산원리를 알아보는 논리적인 접근 대신에 아동들의 이해 수준을 고려하여 십진분수 $0.25=\frac{25}{100}=25\times0.01$이 주된 근거로 사용되고 있다. 소수 부분의 자릿수가 다른 소수의 덧셈·뺄셈은 2.724+4.35=2.724+4.350과 같이 자릿수가 같도록 0을 덧붙여 동치인 소수로 고쳐서 계산하는 것을 다룬 후 0을 덧붙이지 않고 계산할 수 있도록 한다.

$$\begin{array}{rl} 0.25 & \rightarrow 0.01\text{이 } 25 \\ +\ 0.31 & \rightarrow 0.01\text{이 } 31 \\ \hline \boxed{0.56} & \leftarrow 0.01\text{이 } 56 \end{array}$$

초등학교 5학년에서 소수의 곱셈과 (소수)÷(자연수)를 다룬다. 소수와 자연수의 곱을 등분할된 단위 그림과 수직선을 이용하여 동수누가로, 그리고 소수를 분수로 나타내어 알아본 다음 자연수의 곱과 소수점의 위치에 주목하게 하여 계산법을 형식화하여 익히게 한다. 그리고 소수에 10, 100, 1000, 0.1, 0.01, 0.001을 곱했을 때 곱의 소수점의 위치를 알아본다. 소수와 소수의 곱을 직사각형의 넓이를 구하는 그림으로, 그리고 소수를 분수로 나타내어 알아본 다음 자연수의 곱과 소수점의 위치에 주목하게 하여 '소수의 곱셈에서는 자연수의 곱셈과 같이 계산한 후, 곱하는 소수의 소수점 아래 자릿수의 합과 같게 곱에 소수점을 찍는다.'라는 계산법을 형식화하고, 이를 세 소수의 곱셈으로 확장한다.

(소수)÷(자연수)는 눈금이 표시된 용기그림과 수직선을 이용하여, 그리고 소수를 분수로 나타내어 이를테면 $2.4 \div 2 = \frac{24}{10} \div 2 = \frac{24}{10} \times \frac{1}{2} = \frac{12}{10} = 1.2$와 같이 계산한 다음, 자연수의 나눗셈 방법으로 계산하고 몫의 소수점을 찍는 세로셈 방식을 형식화하여 익히게 한다. 그리고 (소수)÷(자연수)에서 마찬가지 방법으로 소수를 분수로 나타내어 계산해 본 다음 몫의 소수 첫째 자리에 0이 있는 경우의 계산 방법과 소수점 아래 끝자리에 0을 내려 계산하는 방법을 형식화하고 익힌다. 또한 몫이 소수인 자연수끼리의 나눗셈의 계산 원리를 이를테면, $9 \div 4 = \frac{900}{100} \div 4 = \frac{900}{100} \times \frac{1}{4} = \frac{225}{100} = 2.25$와 같이 분수로 나타내어 알아보고 세로셈 방법을 형식화하고, 나누어떨어지지 않는 경우에 반올림하여 몫을 구하는 방법을 다룬다.

그리고 초등학교 6학년에서 분자를 분모로 나누거나 십진분수로 고쳐 분수를 소수로 나타내는 것, 소수를 기약분수로 나타내는 것을 다루고, 이를 이용하여 분수와 소수의 크기 비교를 다룬다. 그리고 비율 또는 비의 값으로서의 소수를 다룬다. 분수 형태로 나타나는 기준량에 대한 비교하는 양의 크기인 비율, 기준량이 1일 때의 비율인 비의 값, 그리고 기준량을 100으로 할 때의 비율인 백분율을 소수로 나타내는 것, 소수로 나타내어진 비율을 할푼리로 나타내는 것을 다룬다.

그리고 소수의 나눗셈을 다루는데, 먼저 2.5m인 끈을 0.5m씩 잘라보는 구체적 조작으로 동수누감을 통해 $2.5 \div 0.5 = 5$임을 이해시킨다. 그리고 소수의 나눗셈을 십진분수의 나눗셈으로, 다시 자연수의 나눗셈이나 소수와 자연수의 나눗셈으로 고쳐서, 이를테면

$$2.5 \div 0.5 = \frac{25}{10} \div \frac{5}{10} = 25 \div 5 = 5,$$
$$19.35 \div 4.5 = \frac{193.5}{10} \div \frac{45}{10} = 19.3 \div 45 = 4.3,$$
$$25 \div 12.5 = \frac{250}{10} \div \frac{125}{10} = 250 \div 125 = 2$$

와 같이 계산하는 원리를 이해시키고, 이를 소수점을 옮겨 계산하는 세로셈으로 형식화하도록 한다. 그리고 소수의 나눗셈에서 몫과 나머지를 구하고 검산하는 방법, 반올림하여 몫을 근삿값으로 구하는 방법을 다룬다. 이어서 분수와 소수의 나눗셈을 소수로, 분수로 고쳐서 계산하기 및 분수와 소수의 혼합 계산 방법을 다루고 있다.

중학교 1학년에서 유리수를 분자, 분모($\neq 0$)가 정수인 분수로 나타낼 수 있는 수로 정의하고, 중학교 2학년에서 임의의 유리수는 유한소수 또는 순환소수로 표현되며, 역으로 유한소수 또는 순환소수로 나타내어지는 수는 유리수임을 다룬다. 분수를 소수로 나타내는 것은 분수를 위치적 십진기수법으로 나타내는 것이며 그 방법은 분자를 분모로 나누는 나눗셈 알고리즘이다. 이를테면 $3 \div 4 = 0.75 \Leftrightarrow \frac{3}{4} = 0.75 = 7 \times \frac{1}{10} + 5 \times \frac{1}{100} = \frac{75}{100}$. 유리수를 기약분수로 나타내었을 때 분모가 2 또는 5만을 소인수로 가지면 그 유리수는 십진분수로 나타내어지므로 유한소수로 나타내어지며, 분자를 분모로 나누는 과정에서 나누어떨어지지 않는 경우는 나머지가 한정되어 있으므로 순환소수로 표현된다는 것, 그리고 순환마디가 같아지도록 순환소수에 10, 100, 1000, ⋯ 등 적당한 수를 곱한 후 두 순환소수의 차를

이용하여 순환소수를 분수로 나타내는 방법을 다룬다.

중학교 3학년에서 제곱근인 무리수를 다루면서 유리수에서 실수로 수체계를 확장한다. 무리수는 유리수가 아닌 수, 따라서 분수로 표현될 수 없는 수, 순환하지 않는 무한소수로 나타내어지는 수로 정의된다.[61] 그리고 제곱근의 성질 '$a > 0, b > 0$일 때 $a < b$이면 $\sqrt{a} < \sqrt{b}$'를 이용하여

$1.4^2 = 1.96$, $1.5^2 = 2.25$, $1.96 < 2 < 2.25$ 이므로
$1.4 < \sqrt{2} < 1.5$, 따라서 $\sqrt{2} = 1.4\cdots$
$1.41^2 = 1.9881, 1.42^2 = 2.0164, 1.9881 < 2 < 2.0164$ 이므로
$1.41 < \sqrt{2} < 1.42$ 따라서 $\sqrt{2} = 1.41\cdots$

과 같은 방식으로 무리수 $\sqrt{2}$ 를 소수로 나타내는 것을 다룬다. 그리고 수직선 위에 $\sqrt{2}$ 와 대응되는 점을 나타낼 수 있음을 보이고 있으나, 무리수의 측정수 측면이 드러나지는 않는다.

고등학교 수학 I 에서 무한수열의 극한과 무한급수의 합을 다루면서 무한등비급수의 합으로

$$0.2777\cdots = 0.2 + 0.07 + 0.007 + \cdots = 0.2 + \left(\frac{7}{100} + \frac{7}{1000} + \cdots\right)$$
$$= 0.2 + \frac{\frac{7}{100}}{1 - \frac{1}{10}} = \frac{5}{18}$$

와 같이 순환무한소수를 분수로 나타내는 것을 다룬다. 결과적으로 무한소

---

61 현재 중학교 수학에서 유리수의 정의는 분수 중심인 입장을, 실수의 정의는 기본적으로 소수 중심인 입장을 취하고 있다고 생각된다.

수를 실수로 규성하면서도 그것을 실무한으로서 명확히 드러내고 있지 않으므로 이는 중학교 수학에서와 같이 순환무한소수를 분수로 나타내는 절차적 지식으로서 다루고 있는 것으로 생각된다.

2) 무리수

무리수는 현재 중학교 수학에서 도입되고 있는데 순환하지 않는 무한소수로 나타내어지는 수, 유리수가 아닌 수, 곧 분자 분모($\neq 0$)가 정수인 분수로 나타낼 수 없는 수라고 간단히 규정하고, 제곱근의 성질과 그를 바탕으로 한 제곱근을 포함한 식의 계산 위주로 다루어지고 있다. 분수를 소수로 나타내면 유한소수나 순환무한소수가 되고 거꾸로 유한소수나 순환무한소수는 모두 분수로 나타낼 수 있음을 보여 유리수는 유한소수나 순환무한소수로 나타내어지는 수이므로, 순환하지 않는 무한소수가 존재할 것이고 제곱근 $\sqrt{2}$ 의 소수표현을 예로 들어 그러한 비순환무한소수로 나타내어지는 수, 유리수가 아닌 수를 무리수라고 규정하는 것이다.

그리고 유리수는 정수나 기약분수로 나타낼 수 있는 수이므로 제곱근 $\sqrt{2}$ 가 정수도 아니고 기약분수로도 표현되지 않는다는 것, 따라서 유리수가 아닌 수 곧 무리수임을 다음과 같은 방법으로 보인다. $1 < 2 < 4$에서 $1 < \sqrt{2} < 2$ 이므로 $\sqrt{2}$ 는 정수가 아니다. 정수가 아닌 유리수는 기약분수로 나타낼 수 있고, 기약분수를 제곱하면 역시 기약분수가 된다. 그러나 $\sqrt{2}$ 는 제곱하면 $(\sqrt{2})^2 = 2$ 이므로 정수가 되며 기약분수가 아니므로 $\sqrt{2}$ 도 기약분수가 아니다. 따라서 $\sqrt{2}$ 는 유리수가 아니다. 즉 $\sqrt{2}$ 는 무리수이다.

그리고 넓이가 2인 정사각형의 변의 길이를 이용하여 $\pm\sqrt{2}$ 를, 그리고 마찬가지 방법으로 $\sqrt{3}$, $\sqrt{5}$, $\sqrt{7}$ 등을 수직선 위에 나타내어 무리수의 존재성을 기하학적으로 확인시키고 있다. 그리고 이어서 이차방정식의 풀이에서 많은 무리수를 취급하게 된다. Pythagoras정리를 이용하면 좀 더 쉽게 $\sqrt{2}$가 단위 정사각형의 대각선의 길이와 같음을 보이고, 다음 그림과 같이 한 변의 길이가 1이고 빗변의 길이가 $\sqrt{2}, \sqrt{3}, \sqrt{4}, \sqrt{5}, \sqrt{6}$, $\sqrt{7}$, …인 직각삼각형을 나선형 모양으로 이어 붙여 'Theodorus[62]의 바퀴'를 작도해 보도록 할 수 있으나 Pythagoras정리를 다루기 이전에 제곱근을 다루므로 무리수 지도에 많은 제약이 따르고 있다.

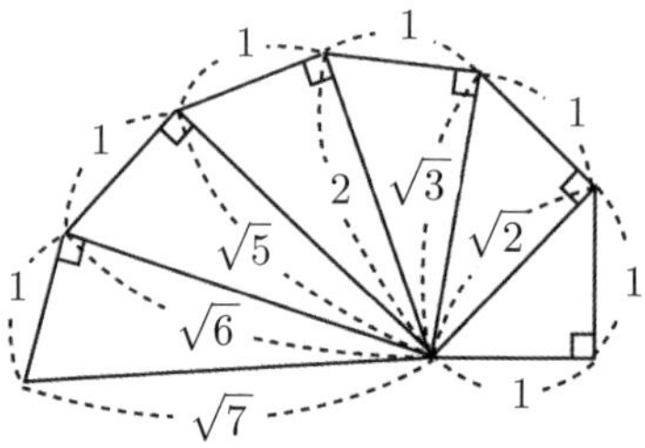

고등학교 수학에서 실수를 다룰 때 무리수 개념을 다시 논의하면 귀류법을 이용하여 $\sqrt{2}$가 유리수가 아님을 더 명확히 증명할 수 있을 것이다. $\sqrt{2}$뿐만 아니라 $\sqrt{3}$, $\sqrt{5}$, $\sqrt{7}$ 등도 무리수임을 마찬가지 방법으로 증명할 수 있다. 일반적으로 p가 소수이면 $x^2 = p$인 유리수 x가 존재하지 않는다. $(\frac{m}{n})^2 = p$인 유리수 $\frac{m}{n}$이 있다고 하면 $m^2 = n^2p$가 된다. m^2을 소인수분해하면 p가 전혀 나타나지 않거나 짝수 개 나타난다. 반면에 n^2p의 소인수분해에서 p는 홀수 개가 나타난다. 소인수분해의 유일성에 따라 이는 모순이다. 따라서 p가 소수이면 $x^2 = p$인 x, 곧 $\pm\sqrt{p}$는 유리수가 아니며, 곧 무리수이다.

이러한 대수적인 표현 논의를 중심으로 한 교과서의 전개 내용을 통해 학생들이 무리수의 본질을 '실감 있게' 이해하기란 쉽지 않을 것으로 생각

---

62 Theodorus는 기원전 5세기 그리스 시대의 Pythagoras학파의 학자로 Platon의 스승으로 알려져 있는 인물 중 한 사람이다.(Eves, p. 70, p. 90)

된다. 그러면 분수로 표현될 수 없는 수, 비순환무한소수로 표현되는 수란 어떤 수인가? 이러한 논의가 결여된 상황에서는 결과적으로 학생들은 무리수에 대한 표현과 관련된 단편적 지식만을 갖게 되고 무리수 개념에 대한 실제적인 이해가 빈약할 수밖에 없다. 무리수 관념의 발생은 정사각형의 대각선과 변, 정오각형의 대각선과 변 등과 같은 통약불가능한 선분을 발견한 고대 그리스의 Pythagoras학파에까지 거슬러 올라가는 오랜 역사를 갖고 있다. 여기에는 무리수의 의미를 이해하는 데 도움이 되는 핵심적인 관념이 내포되어 있다. 16세기 후반에 이르러 소수의 발명과 더불어 분수가 유한소수나 순환무한소수로 표현됨이 드러나면서 무리수는 순환하지 않는 무한소수로 표현되는 수라는 인식에 이르렀으며, 그 형식적인 엄밀한 정의는 19세기에 이르러서야 이루어졌다. 무리수는 유리수 사이의 빈틈을 메워 실수가 완비성, 곧 연속성을 갖도록 유리수를 이용하여 형식적으로 정의된다. 연속성과 극한개념을 바탕으로 한 그러한 형식적 정의는 학생들에게는 이해되기 어려운 것이다. 그러나 그러한 형식적인 정의의 바탕은 무리수라는 지식의 구조로 학교수학에 내재되어 있다고 보아야 할 것이며, 따라서 학생들에게 무리수 개념을 의미 있게 지도해야 할 교사는 그러한 형식적인 정의를 이해하지 않으면 안 된다.

(1) 무리수 개념의 인식론적 장애

무한을 무한히 증대·감소하는 과정이나 무한히 접근하는 과정으로 보는 잠재적 무한과 대비되는 실무한은 무한집합이나 무한수열 및 함수의 극한에 대한 관점에서 명확히 드러난다. 무한집합은 19세기 후반에 Cantor에 의해 집합론이 제시된 이래 실제적인 수학적 대상으로 인정받게 되었다. 무한집합인 자연수 전체, 유리수 전체, 무리수 전체, 실수 전체의 집합은 각각 실무한의 예로서 반직관적이며 추상적인 개념이다. 진부분집합과 대등한 집합인 이러한 무한집합은 직관이 불가능하므로 학생들에게 인식론적 장애로 작용한다.

유리수는 조밀성(density)을 갖는다. 곧, 두 유리수 사이에는 이를테면 그 평균과 같은 제삼의 유리수, 따라서 무한히 많은 유리수가 존재하고, 어떤 유리수의 바로 다음 유리수는 존재하지 않는다. 더구나 수직선에는 유리수와 대응되지 않는 무수히 많은 점이 존재한다. 그러한 점에 대응되는 수가 무리수이다. 무리수를 비순환무한소수의 형태로 표현했을 때 소수점 아래 숫자의 배열을 무한히 조작할 수 있으므로 두 무리수 사이에 무리수가 무한히 많음을 알 수 있다. 유리수와 무리수를 합하거나 빼거나 곱하거나 나누거나 무리수의 거듭제곱근을 취하면 무리수가 된다.[63] 또한 무한소수를 0부터 9까지의 수를 무한히 나열한 것으로 보면 순환무한소수는 어느 단계에서부터 순환하는 규칙성을 갖는 수열로서 전체 무한수열 가운데 특별한 경우에 해당된다. 이러한 사실로부터도 무리수가 유리수보다 비교가 안 될 정도로 더 많이 존재함을 짐작할 수 있다. 은하수를 이루고 있는 수많은 별들이 유리수라고 하면 그 바탕을 이루는 검은 부분이 무리수에 해당한다고 말할 수 있을 만큼 무리수 쪽이 훨씬 더 무한히 많다. 유리수의 집합은 가산무한집합, 곧 원소를 셀 수 있는 무한집합이나 무리수의 집합은 비가산무한집합, 곧 원소를 셀 수 없는 무한집합이다.

무리수는 정수 계수를 갖는 다항방정식의 해인 $\sqrt{2}$, $\sqrt{3}$ 등과 같은 셀 수 있는 무한집합을 이루는 대수적 수인 무리수와 π나 e와 같은 셀 수 없는 무한집합을 이루는 초월수인 무리수로 나뉜다.[64] 중학교 단계에서는

---

63 이를테면 a, b가 유리수일 때 무리수 $\sqrt{a}$, $\sqrt{b}$의 합과 차 $\sqrt{a} \pm \sqrt{b}$가 무리수임은 다음과 같이 모순법을 이용하여 쉽게 증명될 수 있다. $\sqrt{a} \pm \sqrt{b}$가 유리수라고 하면 $\sqrt{a} \pm \sqrt{b} = \frac{m}{n}$, $\sqrt{a} = \frac{m}{n} \mp \sqrt{b}$, $a = (\frac{m}{n})^2 \mp \frac{2m}{n}\sqrt{b} + b$, $\therefore$ $\sqrt{b} = \mp \frac{n}{2m}[a - b - (\frac{m}{n})^2]$. 이는 좌변은 무리수이고 우변은 유리수가 되어 모순이다. 따라서 $\sqrt{a} \pm \sqrt{b}$는 유리수가 아니다. 곧 무리수이다.

기하에서 다루어지는 원주율 π를 제외하면 대수에서는 제곱근과 같은 대수적 수인 무리수만을 다루고 있는바, 모든 무리수는 제곱근의 형태로 표

---

64 원주율 π에 대한 관심은 고대 그리스까지 거슬러 올라가는데 당시에도 그 근삿값 계산과 정확한 이론적 작도 문제가 주요한 관심사였다. Archimedes는 원의 내접, 외접 다각형에 의해 π의 근삿값 계산에 상당한 진전을 이룩하였으나, 눈금 없는 자와 컴퍼스를 이용한 π의 작도 문제는 주어진 원과 넓이가 같은 정사각형의 작도 문제와 함께 오랫동안 미해결 문제로 남아 있었다. 18세기에 이르러 π가 무리수임이 입증되고 무한급수를 이용하여 π에 대한 원하는 만큼 정확한 근삿값을 구할 수 있게 되었다. 그리고 자연대수의 밑인 $e(=\lim_{n\to\infty}(1+\frac{1}{n})^n=2.71828\cdots)$가 발견되고 주목할 만한 관계 $e^{i\pi}=-1$이 Euler에 의해 발견되었다. 길이가 $|r|$인 선분이 눈금 없는 자와 컴퍼스를 이용하여 작도가능할 때 실수 r이 작도가능하다고 한다. 실수 r, s가 작도가능할 때, $r+s$, $r-s$, rs, $\frac{r}{s}\ (s\neq 0)$, $\sqrt{r}\ \ (r\geq 0)$은 작도가능하다. 실수 π가 작도불가능하다는 것은 π가 유리수와 제곱근의 유한번의 결합으로 나타내어지지 않는다는 것과 동치인데, 그뿐만 아니라 π와 e는 계수가 유리수인 따라서 정수인 어떤 대수적 관계도 만족하지 않는다는 것, 다시 말하면 계수가 정수인 대수방정식 $a_0+a_1x+a_2x^2+\cdots+a_nx^n=0$의 근이 될 수 없다는 것, 곧 π와 e는 초월수라는 것이 19세기 말에 증명되었다.(Klein, pp. 237-238)

고대 그리스 시대에 Archimedes가 원주율 π의 근삿값 $\frac{22}{7}$를 구한 이래 π의 정확한 값을 구하는 문제는 수학자들의 주요한 관심사 가운데 하나였다. 19세기 후반에 영국 수학자 W. Shanks는 π의 근삿값을 공식 $\pi=16\arctan\frac{1}{5}-4\arctan\frac{1}{293}$, $\arctan x=x-\frac{x^3}{3}+\frac{x^5}{5}-\cdots, |x|\leq 1$을 이용하여 소수점 아래 707자리까지 구하였는데, 20세기 중반에 전자계산기가 출현하여 검산한 결과 소수점 아래 528자리부터 오류임이 드러났다. 전자계산기의 발달로 최근에는 π의 근삿값을 소수점 아래 10억 자리 이상까지 구하였다. 실용적으로는 소수점 아래 20자리까지의 근삿값으로 충분한데, 최근에는 π의 근삿값 계산이 새로 개발된 슈퍼컴퓨터와 그 소프트웨어의 신뢰도를 검사하기 위하여 사용되고 있다. 이러한 대규모 계산의 가장 의미 있는 수학적 동기는 π의 소수 전개에 나타나는 0부터 9까지의 숫자가 '통계적으로 무작위적인가'를 조사하는 것이며 현재까지 알려진 숫자는 그러하다는 것을 시사한다. 그러나 $\pi, e, \sqrt{2}$ 등의 무리수의 소수 전개에서 숫자 0~9의 분포에 관한 문제는 현재의 수학적 기법을 넘는 것이다.(Burton, pp. 604-605)

현된다는 오개념을 가질 수 있으므로 무리수에 대한 부가적인 논의가 필요할 것으로 보인다. 유리수와 무리수를 합쳐 실수라고 하는데 그렇게 되면 수의 집합이 직선과 같은 연속성을 갖게 된다.

한편, 크기가 무리수로 나타내어지는 양은 단위 양으로 측정불가능하므로, 수직선 위에서 무리수와 대응되는 점은 단위를 거듭 10등분한 단위로 세밀한 측정을 계속해 가더라도 단위의 배수와 일치되지 않는다. 따라서 측정값은 유한소수가 될 수 없고, 순환무한소수가 되면 분수로 표현되므로 단위분수 양으로 측정가능하게 되어 모순되므로 순환무한소수도 될 수 없으며, 결국 순환하지 않는 무한소수가 된다. 10진법이 아닌 p진법을 사용하면 순환무한소수로 표현되던 유리수가 유한소수, 곧 0이 순환하는 순환무한소수로 표현되고 그 반대인 경우도 생긴다. 이를테면 $\frac{2}{3}$는 10진법으로 나타내면 0.666⋯이 되지만 3진법으로 나타내면 단위를 3등분한 점과 일치하므로 $0.2_{(3)}$, 곧 $0.2000\cdots_{(3)}$이 된다. 그러나 측도가 무리수인 선분은 단위선분을 거듭 p등분한 어떤 선분과도 통약불가능하므로 p진법으로 나타내어도 순환하지 않는 무한소수가 된다.

유리수를 순환무한소수로, 무리수를 비순환무한소수로 규정하는 것, 무한소수를 실수로 규정하는 것은 무한 근사과정의 극한인 실무한으로 무한소수를 파악하는 것이다. 이를테면, 중학교 수학에서 $0.333\cdots=\frac{1}{3}$임을 보이는 것, $x^2=2$인 양수 x, 곧 $\sqrt{2}$는 비순환무한소수로 나타내어지는데 이는 단위 정사각형의 대각선의 길이와 같으므로 이를 이용하여 $\sqrt{2}$를 수직선 위에 나타내는 것, 그리고 고등학교 수학에서 순환무한소수를 무한등비급수의 합으로 보고 분수로 나타내는 것 등은 무한소수를 실무한으로 파악하는 것이다. 그러나 학생들은 대체로 잠재적 무한의 관념을 벗어나지 못하고 이러한 실무한은 인식론적 장애로 작용한다.

그런데 현대수학에서는 수열 $\{a_n\}$의 극한을 다음과 같이 산술적 관계로 정의한다.

$$\lim_{n\to\infty} a_n = \alpha \Leftrightarrow \text{임의의 } \epsilon(>0)\text{에 대해서 자연수 } N\text{이 존재하며}$$
$$n > N\text{인 모든 } n\text{에 대해서 } |\alpha - a_n| < \epsilon$$

그리고 '두 수는 미리 할당된 상수보다, 그것이 아무리 작더라도, 그보다 작은 차이가 나면 같다.'라는 두 실수의 상등성에 대한 Weierstrass의 정의(Klein, p. 34) 역시 그러하다. 그에 따르면, 순환무한소수를 분수로 나타내는 경우, 이를테면 $0.333\cdots$은 $\frac{1}{3}$과 같다. $0.333\cdots$이 $\frac{1}{3}$과 같지 않다고 하고 그 차를 $\epsilon > 0$이라고 하면 $\frac{1}{3}$과 $0.333\cdots$과의 차이를 ϵ보다 작게 할 수 있으므로 모순이 발생한다. 따라서 $\frac{1}{3}$과 $0.333\cdots$은 같다고 아니할 수 없다. 이러한 소위 '$\epsilon - N$방법'에 의한 정의에 따르면 실무한의 문제는 산술적 관계로 대체되지만, 이러한 형식적인 산술적 정의를 도입하지 않는 학교수학에서는 무한소수는 여전히 인식론적 장애로 작용하게 된다.

무리수 개념이 학생들이 동화할 수 있는 형태로 전달되도록 하여 그 개념의 표상이 형성될 수 있어야 한다. 이러한 개념 표상이 형성되어야만 비로소 그러한 개념은 실제로 사용되고 적용할 수 있는 개념이 될 수 있는 것이다. 무리수의 존재를 드러내는 방법으로 일찍이 고대 그리스에서 비롯된 두 가지 방법이 있다. 곧, 정사각형의 대각선과 한 변의 길이가 통약불가능하다는 것을 보이는 기하학적 방법과 그 비 $\sqrt{2}$가 분수로 나타내어지지 않는다는 것을 보이는 대수적 방법이 있다. 현재 학교수학에서는 정사각형의 대각선과 한 변의 길이의 통약불가능성에 대한 언급이 없이 제곱근 $\sqrt{2}$가 분수로 나타내어지지 않는다는 것을 보이고 있다. 그러나 그러한 대수적 증명만으로는 무리수 개념의 의미가 명확히 드러나지 않는다. 무리수는 통약불가능한 양과 단위량의 비인 측정수이다. 위에서 살펴본 바와 같이 역사적으로 볼 때 그리스 시대에 통약불가능한 선분의 발견으로 무리수 관념과 측정수로서의 유리수의 부족함을 인식하게 되었다. 그리고 16세기 후반에 이르러 소수가 발명되면서 분수는 유한소수나 순환무한소수로 나타내어지는데 단위량과 통약불가능한 양의 측정수는 분수로 나타내어지지 않으므로 순환하지 않는 무한소수로 나타내어진다는 것을 인식하게 되어 무리수 개념이 발생하기에 이르렀다. 그리고 위에서 언급한 바와 같은 현대수학에서의 유리수 개념을 사용한 무리수 개념과 그 연산에 대한 구성적 정의에 이르게 되었다. 이러한 무리수의 역사-발생 과정을 단축된 형태로 재현하고 현대적인 무리수론의 개괄적 특성을 논의하는 것이 무리수의 의미를 이해하고 무리수에 대한 인식론적 장애를 극복하는데 큰 도움을 줄 수 있을 것이다.

(2) 통약불가능한 양의 측정수로서의 이론적인 무리수 개념 지도의 한계

무리수는 학교수학에서 그 수학적 의미를 직관적으로 드러내어 다루기 어려운 개념이다. 따라서 먼저 그 필요성과 의미를 드러내는 다음과 같은 기하학적인 상황과 그 실제적인 적용 상황을 제시할 필요가 있다.(이지원, 2008) 순환하지 않는 무한소수로 표현되는 무리수는 수치적으로는 명확히 파악하기 어렵지만, 기하학적으로는 그 존재를 좀 더 명확히 인식할 수 있으며 여기에는 Pythagoras정리를 사용한 선분의 작도가 요구된다. 학교수학에서는 제곱근과 무리수를 학습하고 난 후에 Pythagoras정리를 다루고 있기 때문에 무리수를 수직선상에 나타내는 데 어려움이 있다. 다음 그림과 같이 단위 정사각형에서 대각선의 길이 $\sqrt{2}$를 Pythagoras정리를 적용하여 구하고 그것을 수직선 위에 나타내고, 한 변의 길이가 1이고 다른 변의 길이가 그 대각선의 길이 $\sqrt{2}$와 같은 직사각형의 대각선의 길이 $\sqrt{3}$을 구하여 수직선 위에 나타내는 방식으로 잇달아 제곱근을 구하여 수직선 위에 나타내 보도록 할 수 있다.

그리고 무리수가 활용되는 실제적인 상황의 제시로 측정수로서의 무리수의 필요성을 인식하도록 할 수 있다. 예를 들어, 개인용 컴퓨터 프린터에 많이 사용되는 A4용지의 규격은 $297mm \times 210mm$로서 가로와 세로의 비는 $\sqrt{2}:1$의 근삿값이다. 왜 이렇게 정했을까? A4용지는 가로와 세로의 길이의 비가 대략 $\sqrt{2}:1(1189mm \times 841mm)$이며 넓이가 $999{,}949mm^2$ ($\fallingdotseq 1m^2$)인 A0용지를 절반으로 자르는 과정을 반복하여 만들어진 것으로, 종이를 낭비 없이 사용하기 위하여 반으로 잘랐을 때 모두 닮은꼴이 되도록 제작한 것이다. A3용지를 다음과 같이 닮은꼴이 되도록 반으로 자르면 A4용지가 만들어진다. 따라서 A4용지에 나타낸 그림을 A3용지의 크기로 확대 복사하기 위해서는 닮음비의 값 $\sqrt{2}$의 근삿값의 백분율인 141%로 확대하면 된다.(이준열 외, 117쪽)

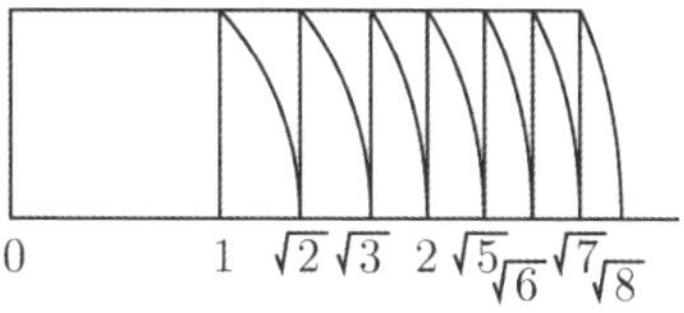

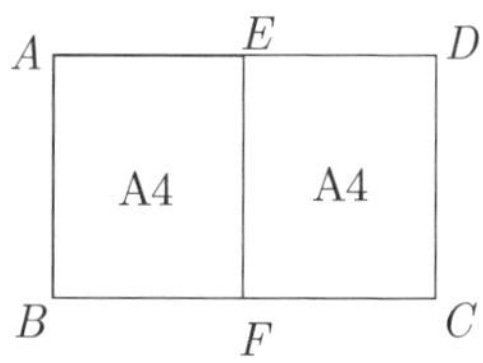

$$\overline{AE} = \overline{ED} = 1, \overline{AB} = x \text{라고 하면,}$$

$$\square ABCD \backsim \square BFEA$$

$$x : 2 = 1 : x$$

$$x^2 = 2 \qquad \therefore x = \sqrt{2}$$

그런데 여기에서 무리수 개념의 본질을 이해하기 위해서는 무엇보다도 Pythagoras학파의 위대한 발견으로 그 이후의 수학의 발전에 지대한 영향을 미친 통약불가능한 선분의 문제를 이해해야 한다. 학교수학에서는 초등학교에서 직관적인 의미를 갖는 등분할 분수와 비율분수를 통해 분수를 도입하고, 중학교에서 알고리즘적인 분수를 다룬 다음 분자, 분모($\neq 0$)가

정수인 분수로 나타낼 수 있는 수를 유리수라고 규정한다. 따라서 유리수는 그 의미가 어느 정도 직관적으로 그리고 형식적으로 파악될 수 있다. 그러나 현재 학교수학에서는 제곱근의 성질을 이용하여 $\sqrt{2}$ 가 포함되는 유리수의 축소구간열을 찾아 그 소수값이 부분적이지만 비순환무한소수로 나타내어짐을 보이고, 그러한 $\sqrt{2}$ 가 유리수가 아닌 수, 곧 분수로 나타낼 수 없는 수임을 대우나 귀류법을 통한 대수적 증명으로 제시한다. 그리고 그러한 비순환무한소수로 나타내어지는 수, 유리수가 아닌 수를 무리수라고 규정한다.

앞의 236쪽에서 논의한 바와 같이 일반적으로 유리수는 분수 곧 정수의 순서쌍의 동치류로서 좌표평면 $Z \times Z$에서 원점과 (x축 위에 있지 않은) 한 정수 격자점을 지나는 직선으로 시각화될 수 있으며, 무리수는 어느 격자점도 지나지 않는 원점을 지나는 직선으로 나타낼 수 있다. 그러한 직선과 직선 $y=1$과의 교점의 좌표를 $(x, 1)$이라고 하면, x는 실수를 나타내는 무한소수가 된다.(金應泰·朴勝安, 171쪽)

그런데 이와 같은 방법으로 순환하지 않는 무한소수, 유리수가 아닌 수로 무리수를 정의하면, 무리수는 측정수로서의 소수 및 양의 통약불가능성의 문제와 거의 연결되지 않고, 분수로 나타낼 수 있는 유리수와는 다른, 따라서 순환하지 않는 무한소수로 나타내어지는 어떤 수 정도로 인식되게 되며 그 개념적 이해는 명확하지 못할 것이다. 더구나 고등학교 학생들 가운데에는 순환하지 않는 무한소수에 대해 '불규칙적으로 수가 증가하므로 어떤 수에 다가가지 않는다.', '한없이 가까워지는 일정한 값이 존재하지 않으므로', '수렴하는 일정한 값을 알 수 없으므로', '소수 자리의 숫자들이 불규칙적인 것은 무한히 증가함을 의미한다.' 등의 이유를 제시하면서 순환하지 않는 무한소수가 수렴하지 않는다고 보는 학생들이 상당수 있음이 드러났다. 이는 현재 고등학교에서 다루고 있는 무한수열의 수렴성에 대한 정의가 피상적인 수준에서 학습되고 무리수의 무한소수에 의한 무한근사

의 특성이 명확히 파악되지 못하고 있음을 보여주는 것이다.(변희현, 2005)

등분할 분수이건 비율분수이건 직관적인 분수는 단위와 통약가능한 양의 단위량에 대한 비인 측도이다. 따라서 그 측도를 분수로 나타낼 수 없는 통약불가능한 양의 존재성을 기하학적으로 보여주는 것은 그 과정에 비록 귀류법이 내포된다고 하더라도 무리수 개념에 대한 직관적 뒷받침을 제공해 줄 것이다.

정사각형의 한 변의 길이 a와 대각선의 길이 d가 통약가능하면 그 비 $r=\frac{d}{a}$는 기약분수로 나타내어진다. 왜냐하면 두 선분 a, d가 같은 단위 e로 잴 수 있으면 서로소인 적당한 정수 p, q가 존재하여 $a=pe$, $d=qe$로 나타낼 수 있게 되어 두 선분의 길이의 비는 $\frac{p}{q}$가 되기 때문이다. 그런데 Pythagoras정리에 의해 $d^2=(ar)^2=a^2+a^2$이므로, $r^2=1+1=2$, $r=\sqrt{2}$이다. 곧, 정사각형의 한 변의 길이와 대각선의 길이를 같은 단위로 측정할 수 있으면 그 비 $\sqrt{2}$는 분수로 나타내어지므로 유리수이다. 따라서 $\sqrt{2}$가 분수로 나타내어지지 않는다는 것은 기하학적으로 $\sqrt{2}$는 정사각형의 대각선의 길이의 한 변의 길이에 대한 비이므로 정사각형의 대각선과 한 변의 길이가 '통약불가능하다' 다시 말하면, 공통인 단위로 잴 수 없다는 것, 따라서 단위 정사각형의 대각선의 길이는 측정불가능하다는 것과 같다. 이는 다음과 같이 대수적 방법과 기하학적 방법으로 증명될 수 있다.(Toeplitz, pp. 3-6)

■ 대수적인 증명

짝수의 제곱은 4의 배수이며 홀수의 제곱은 홀수이다. 왜냐하면, $(2n)^2=4n^2$, $(2n+1)^2=4n^2+4n+1=2(2n^2+2n)+1$이기 때문이다. 따라서 어떤 수의 제곱이 짝수이면 그 수는 짝수이며 그 제곱은 4로 나누어떨어진다. 정사각형의 변 a와 그 대각선 d가 통약가능하여 공통인 단위 e를 가지며 $d=pe$, $a=qe$, p와 q는 서로소, 곧 $(p,q)=1$이라고 하자. 그러면 Pythagoras정리에 의해 $d^2=a^2+a^2=2a^2$이므로 $(pe)^2=2(qe)^2$, $p^2=2q^2$이다. 따라서 p는 짝수이며, p^2은 4로 나누어떨어진다. 따라서 q^2은 2로 나누어떨어져야 하므로 짝수이다. 따라서 q도 짝수이다. 이는 $(p,q)=1$이라는 가정과 모순된다. 따라서, 정사각형의 한 변과 대각선은 공통인 단위를 가질 수 없다. 곧 통약가능하지 않다.

■ 기하학적인 증명

아래 그림과 같이 정사각형의 대각선 BC 위에 변 AB와 길이가 같게 선분 BD를 잡자. 그리고 D에서 수선을 긋고 변 AC와의 교점을 B'이라고 하고 B와 B'을 이어보자. 그러면 직각삼각형에서 빗변과 나머지 한 변의 길이가 같으므로 $\triangle ABB' \equiv \triangle DBB'$이다. 그리고, $\angle ACB=45°$이므로 $\triangle B'CD$는 이등변삼각형이다. 따라서 $AB'=B'D=DC$이다.

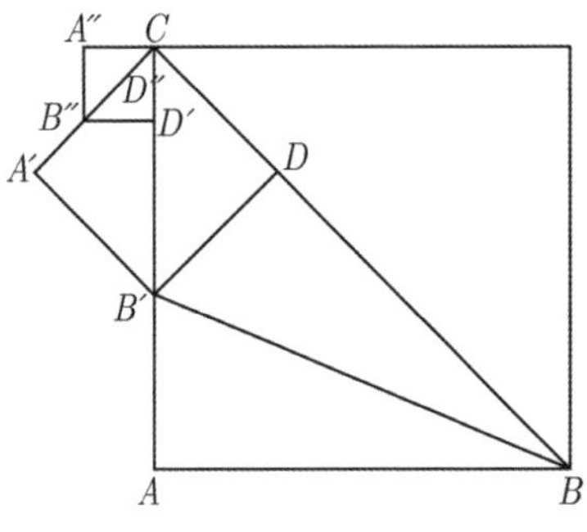

이번에는 꼭짓점 C에서 CD에 수선을 긋고 B'을 지나 CD에 평행선을 그어 그 교점을 A'이라고 하면 원래의 정사각형 $ABCD$보다 작은 정사각형 $A'B'CD$가 얻어진다. 이 정사각형에 대하여 다시 같은 절차를 반복하면 $A'B''= B''D'=D'C$이다.

이러한 절차는 무한히 계속된다.

$$CD>CD'>CD''>CD'''> \cdots$$

$$CD=CB-AB,\ CD'=CB'-A'B',\ CD''=CB''-A''B'',\ \cdots$$

정사각형의 변 AB와 대각선 BC가 같은 단위로 측정가능하다고 하고 선분 e를 공통단위라고 하자. 그러면 CD도, 따라서 $A'B'$도 e의 배수이다. 그리고 $CB'=CA-AB'=AB-CD$이므로 정사각형 $A'B'CD$의 대각선인 CB'도 e의 배수이다. 따라서 잇달은 모든 정사각형의 대각선도 e의 배수이다. 그리고 CD, CD', CD'', CD''', …도 모두 e의 배수이다. 한편 $CD>CD'>CD''>CD'''>$ …이므로 이들은 e의 배수로 0이 되지 않고 계속 감소한다. 이는 모순이다. 왜냐하면 정해진 단위구간 CD에 대해서 이러한 조건 아래에서는 어떤 n에 대하여 CD^n은 결국 e보다 작아지게 되고 e의 배수이므로 e의 0배가 되며 따라서 e의 배수로 0이 되지 않고 계속 감소하는 것은 불가능하기 때문이다.[65] 이는 정사각형 $ABCD$의 변과 대각선의 공통단위가 있다는 가정에 의해서 유도된 모순이다. 따라서 이러한 가정은 성립할 수 없다. 곧, 정사각형의 한 변과 대각선 사이에 공통인 단위는 존재하지 않는다. 곧, 통약가능하지 않다.

단위 정사각형의 한 변의 길이와 그 대각선의 길이는 통약불가능하므로 공통인 단위로 분할될 수 없다. 따라서 대각선 길이의 측정값은 분수로 표현될 수 없다. 경험적인 수준에서 단위의 등분할에 의한 측정활동으로 측정수는 일반적으로 근삿값인 유한소수로 나타내어진다. 물리적인 측정에서 관념적인 측정으로 이행하면 측정수는 유한소수에서 무한소수로 확장

---

65 이렇게 반복된 절차로 얻어지는 정사각형의 대각선을 한 변으로 자르는 과정을 계속할 때, 잘리고 남은 부분은 언제나 공통측도 e의 배수가 되는데, Archimedes의 원리에 의해 이러한 과정을 반복하게 된다면 공통측도 e보다 작아지게 되는 선분을 만들 수 있으므로 그것이 e의 배수라는 데 모순이 되어 주어진 명제가 증명된다. 이것은 무리수에 관한 이론인 Euclid원론 제10권의 다음과 같은 명제 2의 증명 방법을 $\sqrt{2}$에 적용시킨 것에 지나지 않는다. '크기가 다른 두 양에 대해 큰 것에서 작은 것을 빼고, 남은 것들 중에 큰 것에서 작은 것을 빼는 과정을 계속 되풀이하자. 만약 남는 것이 그 이전의 것과 통약불가능이면, 크기가 다른 처음의 두 양은 통약불가능이다.'

될 수 있다. 이때 순환무한소수와 비순환무한소수를 구분할 수 있으려면 양의 통약가능성 문제를 다루는 것이 필연적으로 요구된다. 단위와 통약가능한 양과 통약불가능한 양은 공통 하위단위에 의한 분할 가능 여부, 따라서 그 측정값이 분수로 나타내어질 수 있느냐의 여부, 곧 유한소수나 순환무한소수로 나타내지는가 그렇지 않은 경우인가 곧 비순환무한소수로 나타내어지는가, 곧 유리수인가 무리수인가로 구분된다. 그러나 이는 경험적으로 확인할 수 있는 것이 아니므로 수학적인 증명이 요구되는 것이며 여기에 무리수 개념 지도의 어려움이 있는 것이다. 그러나 실수 곧 유리수와 무리수가 측정수로서 다루어지지 않으면 그 직관적인 의미를 이해하기 어렵다. Freudenthal이 주장하는 바와 같이 수학적 개념의 학습-지도는 기성 개념의 획득이 아닌 심상의 구성을 수반하는 개념화의 과정이어야 한다면, 유리수와 무리수가 측정수로 다루어져야 하며 위와 같은 통약불가능한 양에 대한 기하학적 증명이 요구된다.

유리수는 양의 측정의 소산인 측정수이기도 하다. 그러나 단위 정사각형의 대각선의 길이나 원의 넓이 등과 같은 통약불가능한 양은 유리수 범위에서는 측정가능하지 않으며, 무리수는 이러한 양을 측정하는 데 발생하는 관념적으로 무한히 지속되는 무한소수와 같은 극한과정의 문제를 해결하기 위하여 이론적으로 도입된 것이다. 유리수 체계로부터 실수체계로의 확장은 극한과정에 대하여 닫혀 있도록 하기 위한 해석적 확장이다. 실수는 수렴하는 유리수의 수열의 극한인 무한소수로 정의됨으로써 실수는 모든 양을 측정할 수 있는 연속인 체계가 된다. 이를테면 $\langle a_n \rangle = \langle 1.4, 1.41, 1.414, 1.4142, \cdots \rangle$일 때 $\sqrt{2} = 1.4142\cdots = \lim_{n \to \infty} a_n$과 같이 무한소수 그 자체를 수로 받아들인 것이다.(Courant & Robbins, pp. 68-72) 이는 무한소수를 유리수 수열의 무한과정으로 보는 잠재적 무한에서 무한소수를 그 극한으로 보는 실무한으로의 이행이다. 그리하여 유리수 범위에서는 완전하게 해결할 수 없었던 도형의 길이나 넓이, 부피를 구하는 문제가 이론적으로 완전히 해결되게 된 것이다.

여기에서 Klein(pp. 35-37)이 다음과 같이 무리수가 정밀수학에 속하는 이론적인 개념임을 지적하고 학교수학에서의 무리수 개념 지도의 한계를 지적하고 있음에 주목해야 할 것이다. 지식의 원천이 되는 공간지각에는 두 가지가 있는데 하나는 감각적으로 즉각적인 경험적 공간직관으로 이는 한정된 정확도를 갖는 측정에 의하여 조종된다. 그리고 다른 하나는 주관적인 이상화된 직관, 곧 감각적 관찰의 부정확성을 뛰어넘는 본래부터 가지고 태어난 공간 관념이다. 그런데 물리적 관찰과 측정에서 정확한 측정값을 얻는 것은 불가능하다. 정확성에 한계가 있는 경험적인 공간지각의 이러한 특성과 대조적으로 추상적인 이상적 공간지각은 수직선 위의 점과 실수는 1대1로 대응된다는 Cantor의 공리의 관점에서 수 개념의 산술적 정의와 정확히 대응하는 무제한의 정확성을 요구한다. 이러한 공간지각에 대한 구분과 조화되게 수학을 근사수학(mathematics of approximation)과 정밀수학(mathematics of precision)으로 분류하는 것이 자연스럽다. 방정식 $f(x)=0$의 해(解)에 의해서 이러한 차이를 설명하고자 하면, 근사수학에서 관심을 갖는 것은 $f(x)$가 정확히 0인 해가 아니라 $|f(x)|$가 정확성의 한계 ϵ 아래에 있는, 곧 $|f(x)|<\epsilon$인 해이다. 일반적으로 방정식 $f(x)=0$이 정확히 만족되기를 주장하는 것은 정밀수학에서뿐이다. 근사수학만이 적용에서 역할을 하므로 대충 이야기하면 과학적인 연구를 위해서는 이러한 수학 분야만이 필요하다. 정밀수학은 그를 즐기는 사람들의 지적인 즐거움을 위해서 존재하며 근사수학의 개발을 위해 가치 있는 그에 없어서는 안 되는 뒷받침을 하기 위해서 존재한다. 무리수 개념은 확실히 정밀수학에만 속한다. 실제로는 무리수는 근사적으로 유리수로 대체된다. 학교수학에서 무리수에 대한 정밀한 이론은 대부분의 학생들에게 흥미를 끌기 어렵고 학생들의 이해력에 거의 적합하지 않을 것이다. 보통 학

생들에게 무리수는 예를 통해서 이해할 수 있게 만들면 충분할 것이다. 특히 재능 있는 학생들은 좀 더 완전한 설명을 요구할 것이며 대다수의 학생들의 흥미를 희생시키지 않고 그러한 학생들에게 바람직한 보충 설명을 하는 것은 교사의 교육적 기능일 것이다.

(3) 제곱근 구하는 방법

① 전통적인 계산법

제곱근을 구하는 다음과 같은 전통적인 방법은 오랜 역사를 갖고 있으며 이미 1세기경 중국 한나라 시대에 출판된 『구장산술(九章算術)』 가운데 '개방술(開方術)'로 다루어지고 있다. 그리고 4세기에 알렉산드리아의 Theon이 사용하였고 중세 아라비아와 인도의 수학자들이 이 방법을 사용하였다고 한다. 최근에 전자계산기가 일반화되기 전까지 학교수학에서 이 방법을 가르쳤다.(Arcavi, 1985)

제곱근을 구하는 규칙을 $\sqrt{56644}$를 예로 들어 찾아보자. 일반적으로 n이 짝수이면 n자리 정수의 제곱근의 정수 부분은 $\frac{n}{2}$자리 수이고, n이 홀수일 때 n자리 정수의 제곱근의 정수 부분은 $\frac{n+1}{2}$자리 수이다. 따라서 이를테면 56644의 맨 뒷자리부터 2자리씩 나누어 가면 세 단계로 나누어진다. 첫 번째 단계의 수 5로 시작한다. 5는 제곱수가 아니므로 5보다 작은 그에 가장 가까운 제곱수인 4를 그로부터 뺀다. 1이 남는다. 2는 구하는 제곱근의 첫 번째 숫자이다. 제곱근의 두 번째 숫자를 구하기 위해 두 번째 단계까지의 수 566을 고려한다. 566의 제곱근은 20과 30 사이의 수이다. $20+x$가 구하는 제곱근의 정수부분을 나타낸다고 하면 $20+x$의 제곱은 566과 같거나 그보다 작은 그에 가장 가까운 제곱수이다. 그런데 $20+x$의 제곱은 $20\times20+(40+x)x$이므로 $20\times20+(40+x)x\leq566$. 양변에서 20×20을 빼면, $(40+x)x \le 166$. 그러한 x 가운데 가장 큰 정수를 추정하면 $x=3$이다. 따라서 566의 제곱근의 처음 두 자리 정수 부분은 23이다.

	2 3 8	
2	) 5 66 44	
2	4	$\boxed{2}\times 2=4$
43	166	$(40+x)\times x \le 166$
3	129	$x=3$
468	3744	$4\boxed{3}\cdot\boxed{3}=129$
	3744	$23\times 2=46$
	0	$(460+x)\cdot x \le 3744$
		$x=8$
		$46\boxed{8}\cdot\boxed{8}=3744$

166에서 $(40+x)x$ 곧 43×3(=129)을 빼면 37을 얻는다. 구하는 제곱근의 세 번째 숫자를 구하기 위하여 세 번째 단계까지의 수 56644를 고려한다. 566.44의 제곱근은 23과 24 사이에 있으므로, 56644의 제곱근은 230과 240 사이에 있다. $230+x$를 56644의 제곱근의 정수 부분이라고 하면 $230\times230+(460+x)x \le 56644$. 양변에서 230×230을 빼면 $(460+x)x \le 3744$. 그러한 x 가운데 가장 큰 정수를 추정하면 $x=8$이다. 이때 $(460+x)x=468\times8=3744$이므로 238이 구하는 56644의 제곱근이다. 이러한 계산은 위와 같은 형식으로 하는 것이 좋다.

제곱근을 구하는 이러한 전통적인 방법은 그 원리를 이해하기가 어렵다는 문제점이 있다. 『구장산술』에 제시된 '개방술'의 열쇠는 자릿수의 추정값을 2배하여 그다음 자릿수를 추정하는 것이다.(장혜원, pp.184-186) 이러한 그 계산과정을 다음과 같은 방법으로 완전하지는 않지만 직관적으로 이해시킬 수 있을 것이다.(Arcavi, 1985) 오른쪽 그림에서 정사각형 $ABCD$는 주어진 수를 나타내고, $Abcd$는 그 수의 제곱근의 첫 번째 추정값을 n이라고 할 때 n^2을 나타낸다고 하자. 문제는 n에 더하면 구하는 제곱근이 되는 x를 구하는 것이다. 이때 $ABCD-Abcd=2nx+x^2$

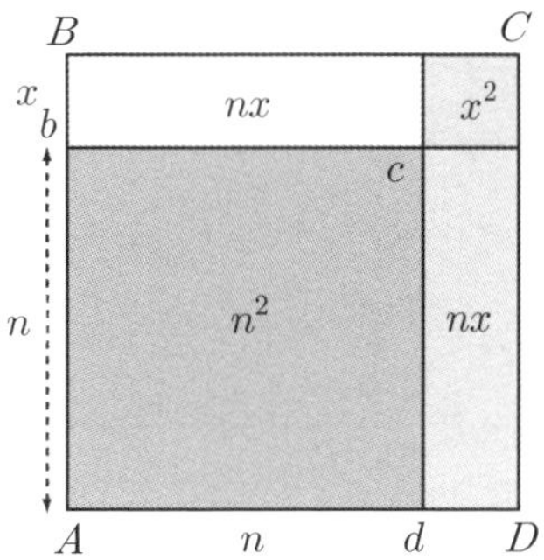

≒$2n \times x$. 따라서 x는 $(ABCD-Abcd) \div (2n)$에 의해서 암시된다. 이것이 제곱근을 구하는 산술적 방법의 열쇠이다.

② 대안적인 방법

한편, 기원전 1세기 그리스 알렉산드리아 수학자 Heron은 다음과 같은 점화식으로 $\sqrt{a}$의 근삿값을 구하였다.(*ibid.*, 1985) a_1을 첫 번째의 추정값이라고 하면 $a_2 = \frac{1}{2}(a_1 + \frac{a}{a_1})$이며, 일반적으로 $a_n = \frac{1}{2}(a_{n-1} + \frac{a}{a_{n-1}})$이다. 그런데, 이는 놀랍게도 방정식의 근을 구하는 근사해법인 Newton방법에 의한 방정식 $x^2 - a = 0$의 해법과 같은 것이다. Newton방법은 접선을 이용하여 방정식 $f(x) = 0$의 실수해의 근삿값을 구하는 방법으로 $x_{n+1} = x_n - \frac{f(x_n)}{f'(x_n)}$와 같은 점화식을 이용하여 차례로 더 정확한 근삿값을 구한다. Newton방법을 함수 $f(x) = x^2 - a$에 적용해 보면 $f'(x) = 2x$이므로 $x_2 = x_1 - \frac{x_1^2 - a}{2x_1} = \frac{1}{2}(x_1 + \frac{a}{x_1})$가 되며, 이를 컴퓨터를 이용하여 반복 계산하면 더 정확한 a의 제곱근을 구할 수 있다.

그리고 Euclid 알고리즘을 이용하여 다음과 같이 $\sqrt{2}$를 계산하는 방법을 생각해 볼 수 있다.

$a_0 = q_1a_1 + a_2 \ (0 \le a_2 < a_1)$ $\quad \sqrt{2} = 1 \cdot 1 + (\sqrt{2} - 1)$

$a_1 = q_2a_2 + a_3 \ (0 \le a_3 < a_2)$ $\quad 1 = 2 \cdot (\sqrt{2} - 1) + (\sqrt{2} - 1)^2$

$a_2 = q_3a_3 + a_4 \ (0 \le a_4 < a_3)$ $\quad \sqrt{2} - 1 = 2 \cdot (\sqrt{2} - 1)^2 + (-7 + 5\sqrt{2})$

$a_3 = q_4a_4 + a_5 \ (0 \le a_5 < a_4)$ $\quad 3 - 2\sqrt{2} = 2 \cdot (-7 + 5\sqrt{2}) + (17 - 12\sqrt{2})$

……………………………………………………………………

일반적으로, a_n에서의 나머지를 잘라버리고, 곧 0으로 놓고 거꾸로 계산하면 1, $\frac{3}{2}$, $\frac{7}{5}$, $\frac{17}{12}$, $\frac{41}{29}$, …과 같이 $\sqrt{2}$ 의 잇달은 근삿값을 얻을 수 있다.

다음에는 바빌로니아식 계산법, 이를테면 넓이가 2인 정사각형의 한 변의 길이의 좀 더 정확한 근삿값을 구해 가는 방법을 사용하여 제곱근 $\sqrt{2}$ 의 근삿값을 구할 수 있다. $\sqrt{2}$ 를 계산한다는 것은 넓이가 2인 정사각형의 한 변의 길이를 구하는 것을 뜻하며, $\sqrt{2}$ 의 근삿값을 구한다는 것은 변의 길이가 서로 크게 다르지 않은 넓이가 2인 직사각형의 한 변의 길이를 구하는 것을 뜻한다.

$$
\begin{aligned}
&a_1 = 1, && b_1 = 2 \\
&a_2 = \frac{1}{2}(a_1 + b_1) = \frac{3}{2}, && b_2 = \frac{2}{a_2} = \frac{4}{3} \\
&a_3 = \frac{1}{2}(a_2 + b_2) = \frac{17}{12}, && b_3 = \frac{2}{a_3} = \frac{24}{17}, \quad a_3 - b_3 = \frac{1}{204} \\
&a_4 = \frac{1}{2}(a_3 + b_3) = \frac{577}{408}, && b_4 = \frac{2}{a_4} = \frac{816}{577}, \quad a_4 - b_4 = \frac{1}{235416}
\end{aligned}
$$

……………………………………………………………………………………

③ 시행착오법

현재 학교수학에서는 제곱근, 이를테면 $\sqrt{2}$ 의 근삿값을 다음과 같은 방법으로 알아보고 비순환무한소수가 됨을 이해시키려고 하고 있다. 전자계산기를 이용하여 다음과 같이 $\sqrt{2}$의 값을 추정해 갈 수 있다.

$1^2 < 2 < 2^2$이므로, $1 < \sqrt{2} < 2$

$1.4^2 < 2 < 1.5^2$이므로, $1.4 < \sqrt{2} < 1.5$

$1.41^2 < 2 < 1.42^2$이므로, $1.41 < \sqrt{2} < 1.42$

$$1.414^2 < 2 < 1.415^2 \text{이므로, } 1.414 < \sqrt{2} < 1.415$$

....

이는 시행착오 방법으로 컴퓨터로 처리할 수 있는 체계적인 알고리즘으로 형식화될 수 있는 합리적인 방법이다. 현재 학교수학에서 제곱근을 구하는 알고리즘은 다루어지고 있지 않으나 이는 전통적으로 학교수학의 중요한 내용이 되어 왔다.

3) 무리수 지도

무리수 개념은 고대 그리스 시대에 통약불가능한 양의 비(比)에 대한 기하학적 이론이 Euclid원론에 포함되어 있을 정도로 오랜 역사를 갖고 있음에도 불구하고 16세기 후반에 소수의 발명과 분수의 소수표현을 통해 비순환무한소수로 나타내어지는 수라는 것을 인식하게 되었고 형식적인 엄밀한 정의는 19세기 후반에 이르러서야 형성되었을 정도로 난해한 개념이다. 따라서 학교수학에서 무리수 개념의 학습-지도에 어려움을 겪게 되는 것은 어쩌면 당연한 것일 수도 있다. 중학교 1학년에서 유리수를 분자, 분모($\neq 0$)가 정수인 분수로 나타낼 수 있는 수로 정의하고, 중학교 2학년에서 임의의 유리수는 유한소수 또는 순환무한소수로 표현되며 역으로 유한소수 또는 순환무한소수로 나타내어지는 수는 유리수임을 다룬다. 그리고 중학교 3학년에서 다음과 같이 제곱근을 통해 무리수 개념을 도입하고 있다.

한 변의 길이가 1인 정사각형의 넓이의 2배가 되는 정사각형의 한 변의 길이 구하기, 넓이가 5나 7인 정사각형의 한 변의 길이 구하기를 통하여 제곱근 $\sqrt{2}, \sqrt{5}, \sqrt{7}$ 등을 도입한다. 이는 기본적으로 연속량의 수치적 표현으로 무리수를 도입하는 것으로, 방정식의 근의 첨가 방식으로 무리수를 도입하여 유리수에서 실수로 수체계를 확장하고 기하학적으로 그 존재성을 확인해 보이는 것과는 다르다. 무리수의 정의는 순환하지 않는 무한소수의 예를 통해, 이를테면 전자계산기를 이용하여 $\sqrt{2}$ 나 $\sqrt{7}$ 을 소수로 나타내어 보거나, 제곱근의 성질 '$a>0$, $b>0$일 때, $a<b$이면, $\sqrt{a} < \sqrt{b}$'를 이용하여 다음과 같이 $\sqrt{2}$ 를 소수로 나타내어 보면 순환마디가 나타나지 않고 계속된다는 것을 보여 유리수가 아니라고 직관적으로 판단하도록 한다.

$$1^2 = 1 < 2 < 2^2 = 4 \quad \therefore\ 1 < \sqrt{2} < 2,\ \ \sqrt{2} = 1.\cdots$$

$$(1.4)^2 = 1.96 < 2 < (1.5)^2 = 2.25 \ \therefore\ 1.4 < \sqrt{2} < 1.5,\ \sqrt{2} = 1.4\cdots$$

$$(1.41)^2 = 1.9881 < 2 < (1.42)^2 = 2.0264$$

$$\therefore\ 1.41 < \sqrt{2} < 1.42,\ \ \sqrt{2} = 1.41\cdots$$

$$(1.414)^2 = 1.999396 < 2 < (1.415)^2 = 2.00225$$

$$\therefore 1.414 < \sqrt{2} < 1.415,\ \ \sqrt{2} = 1.414\cdots$$

이러한 방식을 되풀이하여 $\sqrt{2}$ 를 소수로 나타내면

$$\sqrt{2} = 1.4142135623730950488016887 24\cdots$$

과 같다.

이와 같은 $\sqrt{2}$ 의 소수 표현과 $\sqrt{2}$ 가 유리수가 아니라는 다음과 같은 증명[66]을 통해서 순환하지 않는 무한소수로 나타내어지는 수, 유리수가 아

66 $\sqrt{2}$ 가 무리수임은 전통적으로 다음과 같이 귀류법(歸謬法)으로 증명한다. $\sqrt{2}$ 가 유

닌 수의 존재를 확인하고, 순환하지 않는 무한소수로 나타내어지는 수, 곧 유리수가 아닌 수를 무리수라고 정의한다.

> $1<2<4$에서 $1<\sqrt{2}<2$이므로 $\sqrt{2}$는 정수가 아니다. $\sqrt{2}$가 유리수라면 정수가 아닌 유리수이므로 분모가 1이 아닌 기약분수로 나타낼 수 있고 그 기약분수를 제곱하면 분모가 1이 아닌 기약분수가 된다. 그러나 $\sqrt{2}$를 제곱하면 2가 되며 2는 기약분수가 아니므로 $\sqrt{2}$도 기약분수가 아니다. 따라서 $\sqrt{2}$는 유리수가 아니다.

이는 '$\sqrt{2}$가 분모가 1이 아닌 기약분수로 나타내어지면 $\sqrt{2}$의 제곱은 분모가 1이 아닌 기약분수로 나타내어진다.'의 대우(對偶)인 '$\sqrt{2}$의 제곱이 분모가 1이 아닌 기약분수로 나타내어지지 아니하면 $\sqrt{2}$는 분모가 1이 아닌 기약분수로 나타내어지지 않는다.'를 암묵적으로 사용하여 $\sqrt{2}$의 제곱인 2가 분모가 1이 아닌 기약분수가 아니므로 $\sqrt{2}$ 또한 분모가 1이 아닌 기약분수로 나타낼 수 없다는 설명을 통해 $\sqrt{2}$는 유리수가 아니라는 것을 보이고 있는 것이다. 귀류법을 이용한 고전적인 증명 방법은 중학교 3학년 수준에서는 어려울 것으로 보고 이와 같은 방법을 제시하고 있는 것으로 보이나, 이러한 방법 역시 대우 명제에 대한 이해 없이는 논리적으로 납득하기 어렵다.

중학교 학생들의 수준에 맞추어 제곱근 $\sqrt{2}$가 유리수가 아닌 수임을 보이는 다음과 같은 증명 방법을 생각해 볼 수 있다. 정수 n을 소인수분

리수라고 하면 $\sqrt{2}=\frac{a}{b}$, $(a,b)=1$와 같이 기약분수로 나타내어지는데 그러면 $2=\frac{a^2}{b^2}$, $a^2=2b^2$, 따라서 a, b가 짝수가 되어 모순이 된다. 그러므로 $\sqrt{2}$는 유리수가 아니다. 곧 무리수이다.

해하면 n^2의 소인수의 지수는 짝수가 된다. $\sqrt{2}$가 유리수라면 $\sqrt{2}=\frac{p}{q}$와 같이 분수로 나타낼 수 있다. 양변을 제곱하면 $2=\frac{p^2}{q^2}$, 즉 $p^2=2q^2$. p, q를 소인수분해하면 좌변은 소인수의 지수가 모두 짝수이나 우변은 소인수 2의 지수는 홀수이다. 이는 모순이다. 따라서 $\sqrt{2}$는 분수로 나타낼 수 없다. 즉 $\sqrt{2}$는 유리수가 아니다.

중학교 2학년에서 유리수가 순환무한소수로 나타내어진다는 것을 다루었으므로 순환하지 않는 무한소수가 존재할 수 있음을 자연스럽게 생각할 수 있다고 보고, $\sqrt{2}$의 소수표현을 시도하여 그 예를 보이고 무리수를 순환하지 않는 무한소수로 나타내어지는 수, 분수로 나타낼 수 없는 유리수가 아닌 수로 정의하고 있는 것이다. 무리수를 분수로 나타낼 수 없는 수로 정의하고 분수는 순환무한소수로 나타내어지므로 그러한 수는 순환하지 않는 무한소수로 나타내어지는 것으로 설명하고 예 $\sqrt{2}$를 통해 이를 보이는 것이 더 자연스러울 것이나, 실수를 무한소수로 정의하려는 입장에서 이러한 전개를 하는 것으로 생각된다.

이와 같이 무리수 개념을 도입한 후 넓이가 2, 5, 7인 정사각형의 한 변의 길이로 $\sqrt{2}$, $\sqrt{5}$, $\sqrt{7}$ 등과 같은 간단한 무리수를 수직선 위에 나타내 보도록 하며, 수직선 위에서의 위치와 '$a-b>0$이면 $a>b$'와 같은 성질로 무리수의 대소를 비교할 수 있게 한다. 그러나 근호를 포함한 식의 사칙계산과 근의 공식을 이용한 이차방정식의 풀이를 다루면서 많은 무리수의 계산을 다루고 있지만 유리수와 무리수를 더하거나 빼거나 곱하거나 나누면 무리수가 된다는 것을 명시적으로 보이지는 않는다. 그리고 제곱근의 풀이법은 다루지 않으며, 수직선은 유리수

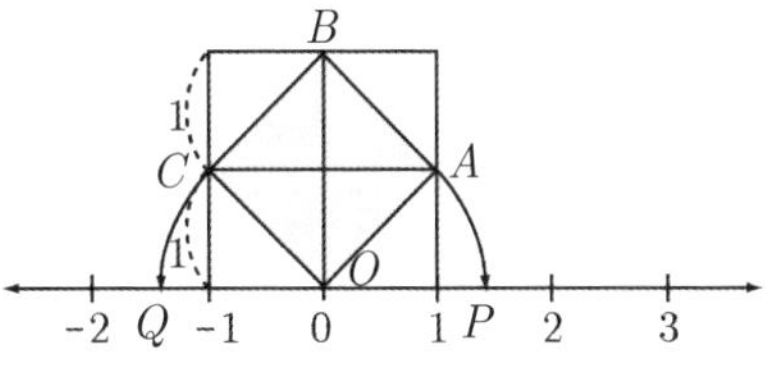

와 무리수, 즉 실수에 대응하는 점들 전체로 완전히 메워져 있음이 알려져 있다고 지도한다.

학교수학에서는 이상과 같이 무리수는 비순환무한소수로 나타내어지는 수, 유리수가 아닌 수, 분수로 나타낼 수 없는 수로서 정의되고 길이가 무리수인 선분을 이용하여 몇 가지 무리수를 수직선 위에 나타내어 보인다. 그러나 측정수로서의 유리수, 분수로 표현될 수 없다는 것의 의미, 특히 어떤 단위선분과도 통약불가능한 선분의 측정수로서의 무리수 개념을 다루지 않으면서 무리수 도입의 필요성과 무리수에 대한 개념적 이해가 명확히 이루어지기를 기대하기는 어렵다고 생각된다.

한편, 학교수학에서는 제곱근의 덧셈, 뺄셈을 다항식에서 동류항을 정리하는 것과 같은 방법으로 하며 $\sqrt{2}+\sqrt{3}$ 이나 $2\sqrt{3}+3\sqrt{5}$ 를 더 이상 간단히 할 수 없다고 지도한다. 그러나 학생들은 흔히 여기에서 아직 계산이 끝나지 않았다고 생각하기 쉬운데, 이것을 이와 다른 어떤 하나의 무리수로 나타낼 수는 없는 것인가 하는 의문이 든다. 이러한 문제는 다음과 같이 생각해 볼 수 있다. 두 자연수나 소수의 덧셈과 뺄셈에서 자리값을 맞추어 계산하는 것은 공통단위의 배수를 구하여 십진기수법으로 나타내는 것이고, 분수의 덧셈과 뺄셈에서 통분하여 계산하는 것은 각 수를 공통단위의 배수로 고쳐 합과 차를 그 공통단위의 배수로 나타내는 것이다. 제곱근의 계산법을 다항식의 계산에서 동류항을 정리하는 것에 비유하여 설명하고 있는데, 왜 근호 안의 수가 같은 제곱근인 무리수를 동류항에 비유할 수 있는지에 관해서는 설명하지 않는다. 이는 공통단위로 설명하면 쉽게 이해될 것이다. 이를테면, $3\sqrt{2}+5\sqrt{2}$ 는 두 수의 공통단위를 $\sqrt{2}$ 라고 보면 $7\sqrt{2}$ 로 간단히 할 수 있다. 또한 $1+\sqrt{2}$ 에서는 1과 $\sqrt{2}$ 사이에 공통단위가 없으므로 더 이상 간단히 할 수 없다. 또한, $\sqrt{2}+\sqrt{3}$ 이 더 이상 간단히 될 수 있는가의 문제도 결국 $\sqrt{2}$ 와 $\sqrt{3}$ 사이에 공통단위가 존재하느냐의 문제로 귀결된다고 볼 수 있다. $\sqrt{2}$ 와 $\sqrt{3}$ 사이에 공통단위 e가 있다고 하면 $\sqrt{2}=pe$, $\sqrt{3}=qe$인 유리수 p, q가 존재하므로 $\frac{\sqrt{2}}{p}=\frac{\sqrt{3}}{q}(=e)$이고, $\sqrt{\frac{2}{3}}=\frac{p}{q}$이다. 이는 $\sqrt{\frac{2}{3}}$가 유리수가 되므로 모순이다. 따라서 $\sqrt{2}$와 $\sqrt{3}$ 사이에 공통단위가 없으므로 $\sqrt{2}+\sqrt{3}$은 더 이상 간단히 할 수 없다.(변희현, 2005)

4) 실수

(1) 실수 개념

무한소수는 실수를 나타내는 대표적인 기호이다. 그러면 개념적으로 실수란 무엇인가? 현대수학에서 실수는 공리적으로 기술되고 '실제적인' 수인 유리수로부터 구성된다.(Birkhoff & MacLane, pp. 91-99; Dieudonné, 1961, p. 42) 실수는 체의 공리, 순서공리, 완비성(完備性) 공리를 만족하는 대수적 성질, 순서 성질, 위상적 성질을 갖는 추상적인 구조, 곧 완비순서체(complete ordered field)를 이룬다. 모든 완비순서체는 동형이며 결국 실수체계는 완비순서체로 규정되는 범주적 이론(categorical theory)이다. 또한 현대수학에서는 자연수로부터 정수, 정수로부터 유리수를 차례로 구성한다. 유리수 체계는 순서체(ordered field)를 이룬다. 그런데 유리수 체계는 조밀성을 갖고 있지만 수많은 틈이 있어 연속성이 결여되어 있다. 따라서 유리수 체계로부터 실수 체계로 수를 확장하는 데에는 유리수로부터 어떻게 연속성, 곧 완비성을 갖도록 실수를 구성할 것인가가 주요 문제가 된다. 현대수학에서는 유리수의 집합의 Dedekind 절단 혹은 유리수의 기본수열의 극한 혹은 끝점이 유리수인 축소폐구간열의 공통점으로 실수를 구성하여 완비순서체를 이룸을 보인다.

이러한 유리수에 의한 실수의 구성적 정의는 양의 측정에서 발생되는 무한소수나 미적분법에서 발생하는 극한과정에 대해 닫혀 있게 하기 위한 해석적 확장으로 유리수 체계를 완비성(연속성)을 만족하도록 확장한 것이며, 실수는 무한소수라는 정의에 대한 일반적인 형식화이다. 유리수로부터 실수로의 이러한 구성적 확장은 수학의 역사적 발달의 필연적인 산물이다. 고대 그리스의 Pythagoras학파에 의한 통약불가능한 선분의 발견과 그것을 고려한 Eudoxus의 비례론은 이러한 현대적인 실수개념의 발생적 기원이다. 무한소수로서의 실수개념의 발달은 인도-아라비아의 위치적 십진기수법이 서구에 전래된 후 1600년경 Stevin에 의한 소수의 발명으로 가능하게 되었다. 현대적인 실수개념은 그리스의 이론적인 비례론과 인도-아라비아의 실용적인 위치적 십진기수법에 기초한 무한소수가 종합된 결과이며, 미적분법의 기초로서의 실수의 완비성에 대한 요구가 그 형식적 개념화의 계기가 되었다.

17세기에 개발된 연속량을 다루는 소위 연속수학인 무한소계산법에서는 무한소방법이라는 직관적인 기하적인 방법을 재개념화한 극한방법을 산술적으로 엄밀하게 재구성해야 할 필요성이 제기되어 왔으며 그 바탕이 되는 실수의 연속성을 해명하기 위한 실수론의 확립이 요구되었다. 양의 연속성에 근거한 극한의 직관적인 정의에서 극한의 엄밀한 산술적 정의로 발전하는 데에 오랜 시간이 걸렸으며, 유리수로부터 실수를 구성하여 무한소 해석의 기초가 되는 실수체계의 완비성을 보증함으로써 그에 성공한 것은 19세기 말이었다. Dedekind, Cantor, Weierstrass는 각각 실수를 유리수 집합의 절단, 유리수의 기본수열의 동치류, 끝점이 유리수인 축소 폐구간열의 공통점 등으로써 산술적으로 엄밀하게 정의하였으며 그렇게 유리수로부터 구성된 실수에 대하여 각기 그 연산과 대소 관계를 정의하여 실수체계가 완비된 순서체라는 구조를 이룸을 보였다. 실수에 대한 이러한 형식적인 수학적 정의의 의미와 그러한 정의를 유발시킨 요인을 알아보기로 한다. 이는 실수개념을 다루는 학교수학의 기본 입장을 이해하고 걸어되어서는 안 될 부분이 무엇인가를 반성해 보는 적절한 기회가 될 수 있다.

① 실수체계의 공리적 정의

실수는 다음과 같은 공리를 만족하는 완비순서체 $(F, +, \cdot, <)$를 이룬다.

- 모든 $x, y, z \in F$에 대하여 $(x+y)+z=x+(y+z)$, $(xy)z=x(yz)$
$$x+y=y+x,\ xy=yx$$
$$x(y+z)=xy+xz$$
- 모든 $x \in F$에 대하여, $x+0=x$인 $0 \in F$가 존재한다.
- 모든 $x \in F$에 대하여, $x \cdot 1=x$, $1 \neq 0$인 $1 \in F$가 존재한다.
- 각 $x \in F$에 대하여, $x+(-x)=0$인 $-x \in F$가 존재한다.
- 각 $x \in F(x \neq 0)$에 대하여, $xx^{-1}=1$인 $x^{-1} \in F$가 존재한다.
- $x<y$, $y<z$이면 $x<z$
- 임의의 $x, y \in F$에 대하여 $x<y$이거나 $x=y$이거나 $x>y$이다.
- $x<y$이면 $x+z<y+z$
- $0<x$, $0<y$이면 $0<xy$
- (완비성의 공리) F의 공집합이 아닌 임의의 부분집합에 대하여 그 상계가 존재하면 그 최소상계, 곧 상한(上限)이 존재한다.

모든 완비순서체는 동형이며 따라서 실수는 그러한 구조를 이루는 추상적인 대상이라고 규정될 수 있다.

② 유리수로부터 실수의 구성적 정의

■ Dedekind의 유리수의 집합의 절단에 의한 실수의 정의

먼저 유리수를 이용하여 무리수를 구성한 Dedekind의 관점을 간단히 살

펴보자. Dedekind는 순전히 논리적 관점에서 유리수 전체를 가정하고 그 '절단(切斷, cut, Schnitt)'이라는 관념을 설정한다. 유리수 전체의 집합을 두 부분집합 A, B로 분할하되, B의 모든 원소가 A의 모든 원소보다 크도록 할 때 그러한 분할을 유리수 집합의 절단 (A,B)라고 부른다. 여기에서 각 절단에 대하여 다음 두 가지 가운데 한 가지만이 성립한다. ㉠ A에 최대의 원소가 있거나 B에 최소의 원소가 있다. ㉡ A에 최대의 원소가 없고 B에 최소의 원소도 없다. 이러한 유리수 집합의 절단 (A,B)를 실수라고 정의한다. ㉠의 경우는 임의의 유리수에 의한 끝점이 있는 '유리절단(有理切斷, proper cut)'이며, ㉡의 경우는 끝점이 없는 '무리절단(無理切斷, improper cut)'으로 그러한 절단을 무리수라고 정의한다.[67] 유리수 집합의 절단, 혹은 절단을 생성하는 대상을 실수라고 정의하면 실수는 연속성, 곧 완비성(completeness)을 갖게 된다.(Klein, pp. 31-37)

이렇게 정의된 실수에 대해 그 대소관계와 연산을 정의할 수 있다. 한 실수를 정의하는 분할의 아래 부분이 다른 수를 정의하는 분할의 아래 부분에 포함되지 않은 하나 이상의 유리수를 포함할 때 전자는 후자보다 더 크다고 한다. 두 실수에서 절단의 윗부분에 포함된 각 유리수의 모든 합으로 이루어진 유리수의 집합을 절단의 윗부분으로 하는 절단을 두 실수의 합이라고 한다. 절단의 아래 부분이 모든 음의 유리수를 포함할 때 그 실수를 양수라고 한다. 실수의 뺄셈은 $a-b=a+(-b)$로 정의되며 $a-b$가 양수일 때 $b<a$라고 한다. 두 실수 a, b가 양수일 때 합의 정의에서

67 그러한 절단의 예로 이를테면 무리수 $\sqrt{2}$에 의하여 제공되는 분할을 들 수 있는데, Dedekind는 논리적 관점에서 유리수 집합의 그러한 절단을 무리수 $\sqrt{2}$로 정의한 것이다. 모든 무한소수는 B에는 그 무한소수의 모든 근삿값보다 큰 모든 유리수를 할당하고 A에는 다른 모든 유리수를 할당하면 유리수 전체의 집합의 하나의 절단을 정의한다. 이러한 절단은 무한소수가 순환소수이면 유리절단이고 순환소수가 아니면 무리절단이다. 따라서 무한소수를 실수로 정의할 수 있다.

합을 곱으로 대체하면 곱을 정의할 수 있다.

Dedekind가 유리수의 집합의 절단으로 실수를 정의하게 된 의도를 알아보자. Dedekind가 보기에 당시에는 연속량을 다루는 수학인 미적분법을 뒷받침하는 산술에 대한 과학적 기초가 결여되어 있었다. 특히 이를테면, 내접하는 정다각형의 넓이의 극한으로 원의 넓이를 구하거나 정적분으로 곡선 아래의 넓이를 구할 때 요구되는 양의 완비성, 곧 '단조증대하며 위로 유계인 모든 양은 극한값을 갖는다'는 성질을 기하학적 직관에 의존하고 있어, 순수하게 산술적인 엄밀한 과학적 기초가 요구되었다. 이는 양의 '연속성'의 본질에 대한 진정한 정의를 확보하는 일이었다.

모든 산술은 수세기의 자연스러운 결과이다. 덧셈은 이어서 세기로 곱셈은 뛰어서 세기로 발생되었으며, 그 역연산인 뺄셈과 나눗셈의 한계가 음수와 분수를 창안하게 한 실제적인 동기가 되었다. 그 결과 얻어진 유리수 체계는 매우 완성도가 큰 도구가 되었다. 무엇보다도 0에 의한 나눗셈을 제외하고는 네 가지 기본 연산이 항상 수행 가능하고 닫혀 있는 등 사칙연산이 완성되는 특성을 갖는바 Dedekind는 이를 수체(數體, a body of numbers, Zahlkörper)의 특징으로 보았다. 유리수는 조밀성을 갖는다. 곧, 두 유리수 사이에는 제삼의 유리수가 존재하며 따라서 무한히 많은 유리수가 존재하고, 어떤 유리수의 바로 다음 유리수는 존재하지 않는다. 그러나, 수직선에는 유리수와 대응하지 않는 무한히 많은 점이 존재한다. 따라서 수 영역이 직선과 같은 연속성을 갖도록 새로운 수를 창안하는 것이 절대적으로 필요해진다. 그런데, 이를 위해 고대 그리스 시대부터 수를 도입하는 방식은 양(量) 개념에 근거하였으며 양을 측정한 결과로 실수를 설명하였다. 그러나, 그러한 설명은 복소수를 고려하면서 사라지게 되었으며, 더욱이 측정수, 곧 같은 종류의 두 양 사이의 비는 무리수가 도입된 후에만 분명하게 전개될 수 있는 것이다. 양의 비교는 수 개념을 확장하는 원인을 제공해 왔지만 양의 측정을 산술, 곧 수의 과학에 도입하는 충분한 근거는 없다고 보고, Dedekind는 그러한 방식 대신에 산술이 그 자체로부터 전개되기를 요구하였다.

Dedekind는 음수와 분수가 자연수로부터 창안되고 그 연산법칙이 자연수의 연산법칙으로 환원되듯이 무리수를 유리수만으로 완전히 정의하고자 하였다. 문제는 유리수의 불연속인 영역이 완전하게 되어 연속인 영역이 되도록 하기 위해서 타당한 연역의 근거로 사용될 수 있는 직선의 연속성에 대한 정확한 특성을 드러내는 일이었다. 직선의 그러한 특성을 가정하는 것은 직선에 그 연속성을 할당하는 공리를 설정하는 것과 같다. 그를 위한 도구가 절단이며, Dedekind는 유리수 집합의 절단으로 정의된 무리수는 미적분법의 기초가 되는 실수의 연속성을 보증함을 입증하게 된다.

Dedekind는 직선의 연속성의 본질은 직선을 두 부분으로 잘라 절단을 생성하는 유일한 점이 존재한다(연속의 공리)는 것으로 보았다. 수가 연속이 되려면 모든 수는 한 절단을 형성하고 모든 절단은 어떤 수에 의해서 형성되어야 하는데, 유리수의 경우는 후자가 성립하지 않는다. 유리수 전체의 집합에서 유리수는 한 절단을 생성하지만 유리수에 의해 생성되지 않는 무한히 많은 절단이 존재하는바 그러한 절단(을 생성하는 대상)을 무리수로 보아 불연속인 유리수의 집합이 연속이 되도록 수를 확장하고자 하였다. 유리수의 집합의 절단(을 생성하는 대상)을 실수라고 정의하면 모든 실수는 한 절단을 생성하고 모든 절단은 어떤 실수에 의해서 형성되어, 곧 연속인 실수를 얻게 되어 수를 완전한 것으로 만들게 된다.(Dedekind, 1963)

■ 끝점이 유리수인 축소폐구간열에 의한 Weierstrass의 무리수 정의

수직선에서 끝점이 유리점인 폐구간으로 뒤의 구간이 앞의 구간에 포함되면서 계속 축소되는 폐구간의 수열, 곧 축소구간열(nested intervals) $\{I_n\}$을 생각해 보자. 그러한 수열을 이루는 모든 구간에 포함된 한 점이

있다는 '끝점이 유리수인 폐구간열 $\{I_n\}$이 모든 $n \in N$에 대하여 $I_n \supset I_{n+1}$이고 $\lim_{n\to\infty}|I_n|=0$이면 $\cap I_n$은 한 원소만을 갖는다.'와 같은 기본적인 공준을 설정한다. 그러한 모든 폐구간에 공통인 점은 하나 이상 있을 수 없다. 왜냐하면 $n\to\infty$일 때 구간 I_n의 길이가 0으로 수렴하므로 서로 다른 두 점은 그 거리보다 작은 구간에 둘 다 포함될 수 없기 때문이다. '그러한 점'을 실수라고 정의한다. 그리고 그것이 유리수가 아닐 때 무리수라고 부른다. 그렇게 정의하면 수직선 위의 모든 각 점과 실수 사이에 완전한 대응이 확립된다.

이를테면, 무리수 $\sqrt{2}$에 대해 $1.4<1.41<1.414<\cdots\sqrt{2}\cdots<1.415<1.42<1.5$와 같이 되므로, 임의의 무한소수에 대해 소수점 아래의 자리의 수를 차례로 한 단계씩 늘려가며 그 무한소수를 포함하는 근삿값인 유리수의 축소구간열을 얻을 수 있으므로, Weierstrass는 끝점이 유리수인 축소폐구간열에 공통인 한 점이 존재한다는 공준을 설정하고 그러한 점을 실수라고 정의한 것이다. 이러한 유리수의 축소구간열에 의한 실수의 정의는 실수가 무한소수라는 정의에 의해 표현된 것에 대한 일반적인 형식화에 다름 아니다. 그런데 '그러한 점'은 무엇인가? '그러한 점'의 존재성은 수학의 기본적인 공준이다. 수학에서 공리와 공준은 그 직관적 개연성과 일관된 수학적 사고 체계를 건설하는 데 있어서의 그 유용성 때문에 수용된다. 순전히 형식적 관점에서 유리점으로만 구성된 직선으로 출발하여, 끝점이 유리수인 축소구간의 수열로 무리수를 정의한다. 무리점은 길이가 0으로 수렴하는 유리수 축소구간의 수열에 의해 완전하게 기술된다. 따라서 위의 기본적인 공준이 결국 실제로 실수의 정의가 된다. 무리점이 존재한다는 직관적인 감에 의해서 유리수 축소구간의 수열에 이른 후에 이러한 정의를 하는 것은 추론을 진행시킨 직관적인 버팀을 내던지고 무리점의 모든 수학적인 성질이 유리수 축소구간의 성질로서 표현될 수 있다는

것을 인식한 것이다.

이는 현대 추상수학의 철학적 입장의 전형적인 예가 된다. 현대 추상수학에서는 수학적인 대상을, 우리가 그 성질을 연구하는 '사물 그 자체'로서 간주하는, 소박한 '현실주의적인' 접근을 버리고 그 대신에 수학적 대상의 적절한 존재성은 그 수학적 성질이나 그 상호관련된 관계 가운데에 있다는 것을 수용한다. 이러한 관계와 성질은 그 대상이 수학적 활동의 영역으로 들어갈 수 있도록 그에 요구되는 가능한 측면을 모두 드러낸다. 이것이 유리수 축소구간열로서의 무리수에 대한 '본질적인' 정의의 의미이다. 이렇게 정의된 무리수에 대하여 그 덧셈과 곱셈 연산 및 대소 관계가 유리수에서 성립하는 모든 법칙이 보존되도록 정의될 수 있다. 이를테면 두 실수 α, β의 합 $\alpha+\beta$는 α와 β를 정의하는 두 유리수의 축소구간열에서 대응되는 각 구간의 시작 값과 끝 값을 각각 더하여 얻은 새로운 축소구간열로 정의할 수 있다.

물리적 관점에서 유리수 축소구간의 수열에 의한 무리수의 정의는 일련의 점점 더 정확한 측정에 의한 어떤 양의 값의 결정에 대응한다. 무리수는 물리적 현상의 적당한 기술을 위하여 불필요한 듯하지만, 무리수의 도입이 물리적 현상에 대한 수학적 기술에 가져다주는 실제적인 이점은 물리적 현상의 기술이 수의 연속체가 바탕을 이루는 극한 개념의 자유로운 사용에 의해 크게 단순화된다는 것이다.

위에서 살펴본 실수에 대한 Dedekind의 정의는 끝점이 유리수인 축소구간열에 의한 Weierstrass의 정의와 일치한다. 끝점이 유리수인 축소구간의 수열 $\{I_n\}$은 구간 I_n 가운데 적어도 한 구간의 왼쪽 끝점보다 작은 모든 유리수를 집합 A에 놓고 다른 모든 유리수를 집합 B에 놓으면 한 절단을 정의한다.(Courant & Robbins, pp. 68-72)

■ 유리수의 기본수열에 의한 Cantor의 무리수 정의

실수 연속체를 정의하는 좀 더 구체적인 방법은 유리수의 수열의 극한을 이용하여 실수를 정의하는 Cantor의 방법이다. 이는 유리수의 축소구간열 방법이나 절단 방법과 전연 다른 것처럼 보이지만 이러한 세 가지 방법으로 정의된 실수체계는 같은 성질을 갖는다는 의미에서 대등한 것이다.

Cantor의 아이디어는 실수는 무한소수로 간주될 수 있으며 무한소수는 유한소수의 극한이라는 사실에 의해 암시된다. 이를테면, 비순환무한소수인 $\sqrt{2}$의 근삿값인 유리수의 수열 $\langle 1.4,\ 1.41,\ 1.414,\ \cdots \rangle$은 $\sqrt{2}$로 수렴하는 수열이며 이러한 수열의 극한이 $\sqrt{2}$를 정의한다. Cantor에 따르면 임의의 유리수 수열 $\{a_n\}$은 수렴할 경우에 한 실수를 정의한다. 수렴한다는 것은 m, n이 무한히 커질 때 수열의 두 항의 차 $a_m - a_n$이 0으로 접근하는 것을 의미한다. 임의의 실수의 근삿값의 수열은 n번째 자리 이후의 임의의 두 자릿수의 차이가 10^{-n}을 넘지 않으므로 이러한 성질을 갖는다. 같은 실수에 접근하는 많은 유리수 수열이 있는바, 수렴하는 두 유리수의 수열 $\{a_n\}$, $\{b_n\}$은 n이 무한히 커질 때 $|a_n - b_n|$이 0으로 접근하면 같은 실수를 정의한다. 이를테면, 유리수의 수열 $\langle 0.9,\ 0.99,\ 0.999,\ \cdots \rangle$, $\langle 1.0,\ 1.00,\ 1.000,\ \cdots \rangle$, $\langle 1.1,\ 1.01,\ 1.001,\ \cdots \rangle$ 등은 수렴하며 같은 실수를 정의한다.

이를 좀 더 엄밀하게 기술해 보자. 수열 $\{a_n\}$이 수렴하기 위한 필요충분조건은 '임의의 $\epsilon > 0$에 대하여 자연수 n_0가 존재하여 임의의 자연수 $j, k \geq n_0$에 대하여, $|a_j - a_k| \leq \epsilon$'이며, 이러한 성질을 갖는 수열을 기본수열(fundamental sequence) 혹은 Cauchy수열이라고 한다. 기본수열 $\{a_n\}$, $\{b_n\}$에 대하여 $\lim_{n \to \infty} |a_n - b_n| = 0$이면 두 수열의 극한은 같다. 극한이 같은 수열을 동치인 수열이라고 한다. Cantor는 유리수의 기본수열은 수렴한다는 공리를 설정하고 그 극한으로 실수를 정의하였다. 여기에서 그러한 유리수 수열의 극한을 어떻게 표현할 것인가가 문제이다. 그 극한

을 무한소수로 표현하면 정의하고자 하는 실수, 곧 무한소수를 정의에 이용하는 논점 선취의 오류로 순환논법에 빠지게 된다. Cantor는 n이 무한히 증가할 때 $a_n - b_n$이 매우 작아지면 유리수의 기본수열 $\langle a_n \rangle$과 $\langle b_n \rangle$에 의해 정의된 두 실수는 같다고 정의하였다.(Burton, p. 587) 기본수열 전체의 집합에 대하여 이와 같이 동치관계를 정의하면 기본수열의 집합은 동치류로 분할되는데 Cantor의 정의는 실수는 이러한 유리수의 기본수열의 동치류라는 것과 같다. 이를테면 유리수의 기본수열 ⟨0.9, 0.99, 0.999, ⋯⟩, ⟨1.0, 1.00, 1.000, ⋯⟩, ⟨1.1, 1.01, 1.001, ⋯⟩은 극한이 같은, 곧 동치인 기본수열이다. Cantor는 이러한 유리수의 동치인 기본수열의 집합이 흔히 무한소수 1.000⋯으로 나타내는 실수라고 정의한 것이다. 이와 같이 유리수의 Cauchy수열의 동치류로 실수를 정의하고 그 연산과 대소관계를 정의하여 실수의 집합이 완비된 순서체를 이룸을 보일 수 있다.

이러한 유리수에 의한 실수의 정의는 양을 측정하는 데 발생되는 무한소수와 같은 극한과정의 문제를 해결하기 위하여 도입된 것이다. 유리수 체계로부터 실수체계로의 확장은 극한과정에 대하여 닫혀 있게 하기 위한 해석적 확장이다. 극한이라는 표현 대신에, 극한이 같은 곧 동치인 유리수의 기본수열이라고 표현하지만, 이를테면 $\langle a_n \rangle = \langle 1.4,\ 1.41,\ 1.414,\ 1.4142,\ \cdots \rangle$일 때 $\sqrt{2} = 1.4142\cdots = \lim_{n \to \infty} a_n$과 같이 무한소수 그 자체를 수로 받아들인 것이다. 이는 유리수의 수열의 극한이라는 초월적 객관 대신에 무한소수 자체를 실수로 정의함으로써 수가 모든 양을 측정할 수 있는 완비된 체계가 되도록 하여, 유리수 범위에서는 완전하게 해결할 수 없었던 도형의 길이나 넓이, 부피를 구하는 측정 문제를 이론적으로 완전히 해결한 것이라는 구체적인 의미를 갖는다.(Courant & Robbins, pp. 68-72) 여기에서 주목해야 할 점은 유리수의 기본수열의 극한 그 자체가 아니라 그 존재성만을, 논리적으로 정합적인 유리수의 기본수열의 동치류라는 가

실적 관계 체계로서, 공리적으로 수용하는 실수론을 전개하는 것이다.

이것으로 지금까지 해명되지 않은 채 남아있던 '실수란 무엇인가?'라는 질문이 수학적 관점에서 해명되었다. 각 정의에서 실수의 성격 기술, 연산의 정의, 계산 법칙의 증명, 순서의 정의, 유리수의 매입, 완비성의 증명 등에서 방법마다 나름으로 감수해야 할 어려움이 있다. 무한소수로서의 실수의 구성은 개념적으로 단순하며 유한소수, 순환소수로서의 유리수와의 친화성을 통해 유리수의 실수 안으로의 매입이 자연스럽게 된다.

(2) 실수의 연속성과 존재성

실수는 연속되어 있다. 정수의 집합은 절단하면 아랫부분의 최대수와 윗부분의 최소수가 존재한다. 유리수의 집합을 절단하면 절단점이 무리수인 경우에는 아랫부분의 최대수도 윗부분의 최소수도 없다. 이는 정수와 유리수가 연속되어 있지 않고 틈이 있기 때문이다. 실수의 집합을 절단하면 반드시 아랫부분의 최대수가 있으나 윗부분의 최소수는 없거나, 아랫부분의 최대수는 없으나 윗부분의 최소수가 있다. 실수의 연속성은 실수의 절단이 절단점인 하나의 실수를 확정한다는 방식으로 표현될 수 있다. 또한 실수의 절단 (A,B)의 아랫부분과 윗부분에서 각각 실수의 폐구간열 $[a_n,b_n]$을 이루는 수열 $a_1,a_2,a_3,\cdots$과 $b_1,b_2,b_3,\cdots$을 택하면 실수의 절단 (A,B)는 한 실수 $\cap_n[a_n,b_n]=\alpha$를 결정한다. 이러한 실수의 성질은 실수의 연속성을 표현하는 한 가지 방법이다. 다음은 실수의 연속성, 곧 완비성에 관한 동치인 기본적인 명제이다.

- 공집합이 아닌 실수의 부분집합이 위로(또는 아래로) 유계이면 그의 상한(上限)[또는 하한(下限)]이 존재한다.(상한 공리)
- 실수의 Dedekind절단은 아랫부분과 윗부분의 경계로서 하나의 실수를 확정한다.(Dedekind의 절단 공리)

- 실수의 폐구간열 $\{I_n\}$이 모든 $n \in N$에 대하여 $I_n \supset I_{n+1}$이고 $\lim_{n \to \infty} |I_n| = 0$이면 $\cap I_n$은 한 원소만을 갖는다.(Weierstrass의 축소구간 공리)
- 실수의 Cauchy수열(기본수열)은 수렴한다.(Cauchy의 수렴원리)

실수체계의 공리적 규정이 바탕에 놓여 있는 해석학에서는 형식화의 용이함 때문에 상한공리를 선호한다. 실수체계의 완비성은 '실수의 모든 유계인 단조수열은 수렴한다.', '실수의 모든 유계인 무한부분집합은 하나의 집적점을 포함한다.', '연속인 함수에 대해 중앙값 정리가 성립한다.', '모든 연속함수는 닫힌 구간에서 최댓값을 갖는다.' 등과 같은 해석학의 중심적인 정리의 전제가 되며 그와 대등하다. 이들 정리는 역사적으로 연속성의 엄밀화 과정을 통해 실수체계의 공리적 구성에서 완비성의 기본적인 중요성을 드러나게 하였다.

유리수 체계는 Archimedes순서체이다. 실수체계는 위와 같은 동치인 명제 가운데 어느 하나를 '완비성의 공리'로 수용한 Archimedes의 순서체로 정의된다.(김응태·김년식, p. 205) Archimedes의 공리, 곧 측정의 공리는 '모든 양(量) c, d에 대하여, 자연수 m, n이 존재하여, $d<m \cdot c, d>\frac{1}{n} \cdot c$'와 같이 기술될 수 있다. 이는 '임의의 양(量) e에 대하여 e의 모든 양(陽)의 유리수배보다 크거나 작은 양(量)은 없다.', '모든 양(量)은 임의의 양(量) e를 단위로 하여 측정 가능하다.'라는 것이다. Archimedes의 공리는 실수의 완비성의 공리 가운데 포함된다. Archimedes의 공리에 의하면 ϵ과 a가 주어진 양(陽)의 실수이면 (ϵ이 아무리 작고 a가 아무리 커도) $n\epsilon > a$인 자연수 n이 반듯이 존재한다. 만약 Archimedes의 공리가 성립하지 않는다고 하면 모든 자연수 n에 관해서 $n \le \frac{a}{\epsilon}$, 곧 모든 자연수의 집합은 유계, 따라서 완비성의 공리에 의해 상계 s가 존재한다. 따라서 $s-1<n\leq s$인 어떤 자연수 n이 있으며, 따라서 $s<n+1$. 그런데 $n+1$도 자연수이므로 이는 모순이다. 그러므로 Archimedes의 공리는 성립하지 않을 수 없다.

이렇게 확립된 실수의 산술이론을 해석기하에 적용하는데, 이는 '모든 유리수나 무리수에 대응하여 그 수를 좌표로 갖는 점이 하나 있으며, 역으로 직선 위의 각 점에 대응하여 유리수나 무리수 곧 그 좌표가 하나 있다.'는 기본원리에 따른다. 이는 논리적으로 입증될 수 없는 것으로 그다음에 오는 모든 것이 논리적으로 연역되는 기본원리로 공리라고 불리는 것이 적절할 것이다. 그러한 공리는 직관적으로 자명하며 다소 임의적인 규약으로 수용될 것이다. 실수와 직선 위의 점 사이의 1대1 대응에 대한 이러한 공리는 통상 Cantor의 공리라고 불린다. 이렇게 하여 자연수로부터 정수, 정수로부터 유리수, 유리수로부터 실수의 구성에 이르는, 양의 개념으로부터 완전히 독립된 산술적인 실수론이 확립된다. 이러한 현대적인 추상적인 실수개념은 이산성과 연속성이라는 수의 근본적으로 다른 두 가지 특성의 종합에 의해 완성된 것이다.

실수론에서는 실수의 존재성을 완비성의 공리에 의해 보증한다. 단위 정사각형의 대각선의 길이, 곧 $x^2=2$인 실수가 존재함을 어떻게 보증할 수 있는가? 그러한 실수는 1.414213…과 같은 순환하지 않는 무한소수가 되는데 그러한 무한소수를 끝까지 생각한다는 것은 아무도 할 수 없는 것이다. 수학에서는 그러한 무한소수가 존재한다는 것을 완비성이라고 불리는 '공집합이 아닌 위로 유계인 실수의 집합은 상한을 갖는다.'와 같은 기본성질을 인정하기로 약속하여 보증하고 있는 것이다. 실수의 집합 S에서 모든 $s\in S$에 대하여 $s\leq u$인 실수 u를 S의 상계(上界, upper bound)라고 하고, S는 위로 유계(有界, bounded above)라고 한다. 그리고 S가 위로 유계일 때 한 상계 u가 S의 모든 상계 v에 대하여 $u\leq v$일 때 그 상계 u를 최소상계, 곧 상한(上限, least upper bound, supremum)이라고 하고 $supS$로 나타낸다. 이러한 실수의 완비성은 $S=\{s\in R|0\leq s, s^2<2\}=\{\cdots$, 1.4, 1.41, 1.414, 1.4142, 1.41421, 1.41413, $\cdots\}$라고 할 때, $x^2=2$인 실수 x는 집합 S의 상한이 됨을 보증해 준다. 무한소수는 그 전개의 마지막까지 결코 볼 수 없으므로 무한소수인 실수가 어떤 존재인지는 알 수 없지만 수학에서는 이러한 방식으로 그 실재성을 인정하는 것이다. 더욱이 실수가 수직선의 점과 대응된다는 직관은 실수의 존재성에 실재감을 부여해 준다.

한편 $x^2=2$인 x는

$$1<\sqrt{2}<2$$
$$1.4<\sqrt{2}<1.5$$
$$1.41<\sqrt{2}<1.42$$
$$1.414<\sqrt{2}<1.415$$
$$1.4142<\sqrt{2}<1.4143$$
$$\cdots\cdots\cdots\cdots$$

와 같이 된다. 여기에서 다음과 같은 실수의 기본성질을 인정하기로 약속하고 있는 것이다. '일반적으로 실수의 폐구간열 $[a_1,b_1]\supset[a_2,b_2]\supset\cdots\supset[a_n,b_n]\supset\cdots$에서 $\lim_{n\to\infty}|b_n-a_n|=0$이면 $\cap_n[a_n,b_b]=\alpha$인 실수 α가 단 하나 존재한다.' 위에서 기술한 바와 같이 이는 실수의 완비성과 동치인 실수의 기본성질로,

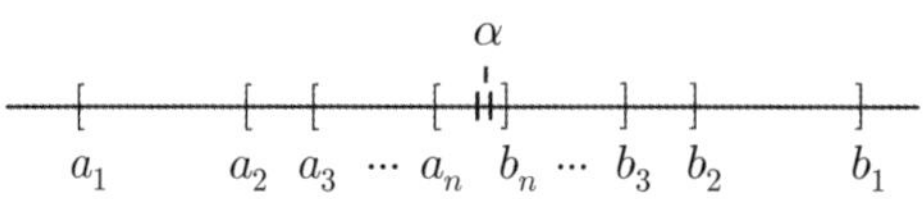

위와 같은 무한소수 $1.4142\cdots(=\sqrt{2})$의 존재성을 보증한다. 그러나, 이러한 $\sqrt{2}$의 존재성은 수학에서 인정하기로 약속한 실수의 기본성질에 입각한

것이며, 구체적으로 그것을 나타내는 무한소수를 구하여 경험적으로 확인할 수 없음은 분명하다. 한 변의 길이가 1인 정사각형을 작도하여 수직선 위에 그 대각선의 길이와 같은 점을 작도한다고 하여도 그것은 $\sqrt{2}$의 근삿값을 나타내는 점일 뿐이다.

모든 원은 닮은꼴이므로 원주의 길이와 지름의 길이의 비, 곧 원주율은 일정하다. 경험의 세계에서는 원주율은 그 근삿값만을 다룰 수 있을 뿐이며, 현재 컴퓨터를 이용하여 소수점 아래 1억 자리까지 구해져 있지만, 그것도 무한소수의 앞의 극히 일부분만을 구한 것에 불과하다. 그러면서도 우리의 직관은 그러한 무한소수의 극한인 수가 있다고 보고 그것을 π로 나타내고 있는 것이다. 그러한 불가사의한 것이 실수의 세계이다. 실수의 완비성은 원의 넓이를 내접, 외접하는 정n다각형의 넓이의 극한값으로 생각하여 구하거나, 정적분에서 곡선으로 둘러싸인 도형의 넓이를 안쪽에서 근접하는 직사각형의 넓이의 합, 곧 하합과 바깥쪽에서 근접하는 직사각형의 넓이의 합, 곧 상합의 극한값으로 생각하여 구할 때 그 넓이가 존재함을 보증해 주는 기본적인 성질이다.

길이, 넓이, 부피, 질량, 일, 전류, 기압, 화폐 가치 등 양(量)은 매우 다양하고 측정 단위도 매우 다양하지만, 수학자들은 모든 양을 한 가지로 취급하려는 경향이 있다. 모든 양은 단위량의 실수배 $R^{+} \cdot e$와 같이 나타낼 수 있으므로 양(陽)의 실수와 동형이다. 양(量) 가운데에서 가장 수학적인 것이 길이이며, 모든 길이류는 수직선 위에 동시에 나타낼 수 있어 구체화가 매우 용이하다. 수직선은 학교수학의 가장 가치 있는 중요한 도구이자 모델이다. '새 수학' 이후 초등학교 입학 시부터 강조되던 자연수의 기수 측면은 수직선 문맥이 등장하면서 그 의미를 잃게 되고 순서수 측면, 셈수 측면이 두드러지게 된다. 수직선은 초등학교 수학교육의 초기부터 사용되어야 하며 자연수, 분수, 소수, 음수, 무리수 등의 순으로 수를 채워가야 한다. 수는 이미 수직선 위에 직관적으로 존재하는 상황에서 점진적으로 탐구 영역을 점차 확대해 그 내적 질서를 의식시켜 가는 방식을 택해야 할 것이다.(Freudenthal, 1973) 수직선은 자연수, 정수, 유리수, 실수의 존재와 그 구조를 암시해 주며 직관적으로 주어진 영역 가운데에서 계산과 조작을 수행하는 느낌을 준다. 수직선은 실수 체계와 동형이므로 측정수의 확장과 더불어 실수를 수직선 위의 자료로 생각하고 자연스럽게 점진적으로 분석 영역을 확장해 나가는 방법이 무난할 것이다. 수직선은 그러나 위에서 살펴보았듯이 수의 연산 모델로서는 만족스럽지 못하다는 결함이 있다.

우리는 수직선이 점(수)의 집합이요 무한히 분할 가능하다고 생각한다. 이러한 관점에서 보면 아킬레우스는 거북이를 따라잡을 수 없다거나, 날아가는 화살은 정지해 있다는 Zeno의 역설이 성립한다. 그러나 실수의 연속성은 절단점 바로 앞이나 바로 다음의 값이 존재하지 않는다는 의미이므로, 이를 받아들이면 바로 다음 순간의 존재를 상정한 Zeno의 역설은 의미를 상실하게 된다. 연속이란 바로 다음 순간은 없고 얼마든지 가까운 지점만이 존재하는 것인지 찰나의 순간이 이어지는 것인지는 알 길이 없다. 수직선이 점(수)의 집합이요 무한히 분할 가능하다는 것도, 실수의 연속성, 완비성이라는 것도 우리가 만들어낸 수학적인 모델이며 우리는 그에 의해서 자연을 해석하려고 하는 것이다.

(3) 실수 지도

중고등학교 수학교육의 기초적이고 중심적인 내용의 하나는 수학적 사고의 바탕이 되는 실수개념을 구성하는 것이다. 중학교 수학에서 유리수는 분자 분모가 정수인 분수로 나타내어지는 수로 규정되고 소수로 나타내면 유한소수가 되거나 순환무한소수가 된다는 것을 다룬다. 그리고 2의 한 제곱근으로, 곧 방정식 $x^2 = 2$의 한 해로서 $\sqrt{2}$를 도입하고 $\sqrt{2}$의 근삿값을 구해 보도록 하여 무리수는 그와 같이 비순환무한소수로 나타내어지는 수라고 규정하고 무리수는 분수로 나타낼 수 없는 수임을 $\sqrt{2}$ 를 예로 들어 보인다. 이는 무한소수 자체를 실수로 규정하는 이유 때문인 것으로 생각되지만 순서를 바꾸어 $\sqrt{2}$ 를 예로 들어 무리수는 분수로 나타낼 수 없는 수, 곧 유리수가 아닌 수임을 보이고 소수로 나타내면 비순환무한소수가 된다고 지도하는 것이 더 자연스러울 것이다.

유리수와 무리수 전체를 실수라고 규정하고, 유리수는 순환무한소수로 무리수는 비순환무한소수로 나타내어지므로 실수는 무한소수로 나타내어지는 수라고 정의한다. 그리고 무리수 개념의 난해함이 어떤 유리수든 나타낼 수 있다고 여겨지는 수직선 위에 몇 가지 무리점의 표현을 통해, 그리고 이어서 강조되는 제곱근의 계산에 가리어지고, 흔히 학생들에게 무한소수로서의 실수 개념 및 그 특성에 대한 의문은 제기되지 않는다.

유리수를 실수로 확장하는 이유를 더욱 명확히 하는 것이 실수개념 이해에 필수적으로 요구된다. 제곱이 2가 되는 수, 곧 방정식 $x^2 = 2$의 해가 유리수 범위에서는 존재하지 않는다는 것을 증명하여 방정식의 풀이를 위해 유리수만으로는 부족함을 드러내고 유리수가 아닌 수, 곧 무리수의 도입과 실수로의 확장을 불가피하게 한다고 지도할 수 있다. 그러한 방정식의 한 해로서 $\sqrt{2}$ 를 도입하는 것은 방정식의 근을 첨가하여 수를 확장하는 대수적 방법이다. 그리고, 정사각형의 대각선과 한 변이 통약가능하면 어떤 선분 e에 대해 각각 pe, qe와 같이 나타내어지므로 두 선분의 길이의 비는 $\frac{p}{q}$가 되어 분수로 나타낼 수 있다. 따라서 $\sqrt{2}$ 가 분수로 표현 불가능함을 대수적으로 증명하는 것은 기하학적으로 $\sqrt{2}$ 는 정사각형의 대각선 길이의 한 변의 길이에 대한 비이므로 정사각형의 대각선과 한 변의 길이가 통약불가능하다는 것, 따라서 단위 정사각형의 대각선 길이는 어떤 세분된 단위로도 측정불가능하다는 것을 증명하는 것과 같다. 이러한 통약불가능한 선분의 존재는 측정수는 유리수만으로 부족하며 무리수가 요구됨을 드러내는 것이다. 현재 학교수학에서는 이러한 측정수로서의 유리수와 그 확장으로서의 실수의 필요성에 대한 지도가 명시적으로 이루어지고 있지 않다.

유리수 체계로부터 실수체계로의 확장은 단위의 거듭된 10등분에 의한 세분에 의해 측정을 지속한다고 할 때 얻어지는 무한소수가 극한과정에 대하여 닫혀 있게 하기 위한 해석적 확장이다. 이를테면, 측정값인 유리수의 수열 $\{a_n\}=\{1.4, 1.41, 1.414, 1.4142, \cdots\}$의 극한 $\lim_{n\to\infty} a_n$으로서, 곧 무한소수 1.4142⋯ 자체로서 $\sqrt{2}$를 정의함으로써 실수는 연속량을 측정할 수 있는 완비된 체계가 된다. 그리하여 실수로의 확장으로 유리수 범위에서는 완전하게 해결할 수 없었던 도형의 길이, 넓이, 부피를 구하는 측정 문제를 이론적으로 완전히 해결할 수 있게 된다. 그러나 현재 학교수학에서는 이러한 측정수로서의 유리수의 실수로의 확장의 필요성과 실수의 완비성에 대한 명시적인 지도는 하지 않고 있다.

유리수의 분수 표현은 계산 조작에 적합한 반면에 소수 표현은 계산의 편의성뿐만 아니라 유리수의 선형배열과 이와 같은 실수로의 자연스러운 확장을 가능하게 한다. 방정식의 풀이와 정확한 측정수의 필요에 의해, 유리수 개념을 확장한 좀 더 포괄적이고 완전한 실수개념 획득에 대한 동기를 유발할 수 있도록 유리수 개념의 한계가 학생들에게 명백히 되어야 한다.

그런데 실제적인 측정 상황에서 무리수, 곧 유리수가 아닌 실수는 결코 직접 나타나지 않는다. 두 선분 a, b에 대해 b가 a의 유리수배, 곧 $b=\frac{m}{n}a$이면 a, b는 각각 공통인 측도 $\frac{a}{n}$의 n배, m배가 되고 통약가능하다. a를 단위선분 $[0, 1]$로 택하면 단위선분과 통약가능한 모든 선분은 수직선 위의 유리점 $\frac{m}{n}$에 대응될 것이다. 유리점은 수직선 위에 조밀하게 분포하므로 실제적인 측정을 위해서는 원하는 만큼 정밀한 측정값을 세공하는 유리수로 충분하다. 유리점이 전체 선분을 이루지 않는다는 것은 직관적으로 받아들이기 어렵고 우리의 직관은 유리점과 다른 무리점을 보는 데 도움이 못 된다.

이러한 상황에서 정사각형의 대각선과 변과 같은 통약불가능한 선분이 존재한다는 놀라운 사실을 발견하여 수학의 발전에 심오한 영향을 미친 것이 고대 그리스의 Pythagoras학파였다. 유리수로부터 실수로의 이행은 통약불가능한 선분에 대한 고대 그리스 수학에서의 이론적인 분석을 근거로 하며, 그에 대응되는 유리수가 아닌 수, 곧 무리수가 존재한다고 생각하게 되었다. 그것이 비순환무한소수로 나타내어진다는 것이 드러난 것은 16세기에 이르러 Stevin에 의해 소수가 발명된 후이며 엄밀한 무리수론이 제시된 것은 19세기 후반 Dedekind, Cantor, Weierstrass에 의해서였다. 직관적으로 존재할 것으로 가정된 유리수가 아닌 수가 이론적으로 명확히 규정된 대상으로 존재한다는 것이 19세기 후반에 이르러서야 확실하게 된 것이다.

유리수로부터 실수로의 수 영역의 확장은 이와 같이 그리스 수학에서의 통약불가능한 선분의 발견에서 비롯된 이론적 확장이며 이로써 수체계가 연속체가 된다는 것이 완비성이다. 단위 정사각형의 대각선 길이에 대응하는 점을 수직선 위에 작도할 수 있으므로, 수직선 위에 유리수로 나타내어질 수 없는 점, 이를테면 무리수 $\sqrt{2}$ 에 대응하는 점이 분명히 존재한다. 수직선 위에 $\sqrt{2}$ 에 대응되는 점뿐만 아니라 몇 가지 무리점을 용이하게 작도할 수 있다. 학교수학에서 다루는 무리수는 거듭제곱근이나 방정식의 근, π나 e등과 같이 그 수가 많지 않은 듯하지만, 놀라운 것은 유리수가 수직선 위에 조밀히 놓여 있는데 모든 무리수 α에 대해 그 유리수배인 $\frac{p}{q} \cdot \alpha$ $(\frac{p}{q} \in Q)$형태의 무리수가 있으므로 무리점은 적어도 유리점 이상으로 그러나 실은 그와 비교가 안 될 만큼 조밀히 놓여 있다. 왜냐하면 유리점의 집합은 가부번 무한집합인 데 비해 실수의 집합은 비가부번 무한집합이므로 무리점의 집합은 비가부번 무한집합이며 유리수와 무리수를 합친 실수의 집합은 연속체가 된다.

이러한 실수의 본질은 현대수학에서 공리적 방법과 유리수로부터의 구성적 방법으로 해명된다. 실수체계는 공리적으로 대수적 성질인 체(體)의 공리, 순서 성질인 순서공리, 위상적 성질인 완비성 공리가 만족되는 구조인 완비순서체로 규정된다. 순서체에서 공집합이 아닌 임의의 부분집합에 대하여 그 상계가 있으면 그 최소상계가 있다는 완비성 공리가 만족되면 완비순서체가 된다.

실수체계의 대수적·순서적인 면의 의미에 대한 이해는 학교수학에서도 큰 어려움을 야기하지 않는 듯이 보인다. 체의 규칙은 유리수로부터 잘 알려진 계산규칙이다. 수직선과의 직관적인 관계를 통하여 실수체계의 순서 성질도 명백히 나타난다. 실수의 순서는 소수의 대소 관계를 사전 편찬법 같이 취급하고 유한에서 성립하는 이러한 성질은 무한에서도 성립한다고 가정하면 아무런 어려움도 야기하지 않는 듯하다. 그리고 유리수 체계에 대해 암묵적으로 사용된 것이 측정공리라고 불리는 '임의의 양 a, b에 대해 $b < ma$이고 $\frac{b}{n} < a$인 자연수 m, n이 존재한다.'라는 Archimedes의 공리이다. 이에 따르면 아무리 큰 양이나 아무리 작은 양도 측정 가능하다. 유리수 체계는 Archimedes 순서체를 이룬다. 이러한 기본성질과 함께 학교수학에서 암묵적으로 사용되는 것이 실수의 연속성 곧 완비성이다. 완비성을 통해 실수체계의 구조는 완비된 순서체로 충분하고 명확히 기술된다. Archimedes의 공리는 완비성의 공리를 이용하여 증명된다.

근본적으로 학교수학에서의 실수의 취급은 고등수학에서와 같은 공리적 규정과 유리수로부터의 구성적 정의 그리고 중학교 수학 단계에서 다루는 무한소수로서의 실수의 취급과 같은 가능성이 존재한다. Freudenthal (1973, p. 222)은 학교수학에서는 소수 중심의 실수 지도를 해야 한다고 보고 다음과 같이 주장한다. "실수를 수직선 위에서 그 특징적인 연산을 갖는 하나의 자료로 간주하자. 이 자료는 소수로 분석된다. 실수의 위상적 성질이 실제로 사용되면 곧바로 이러한 표현으로부터 이끌어내어진다. 그 이상을 해야 되면 실수를 재창조할 수 있지만 그때 그것은 소수로 이루어져야 한다."

실수의 엄밀한 공리적 정의와 유리수로부터의 구성적 정의에 대해 다음과 같은 이유로 부정적인 입장을 취할 수 있다. 실수의 공리적 규정은 공리체계의 형식성뿐만 아니라 특히 완비성 공리의 의미에 대한 통찰의 어려움 때문에 학교수학에서 다루기 어렵다. 유리수로부터의 구성적 정의 역시 그 배경에 대한 이해나 문제의식을 갖는 것도 불가능할 것이고 학교수학에서의 실질적인 학습단계를 뛰어넘을 것이다. 실수의 완비성이 무한소수로서의 실수개념 구성과 무한수열과 함수의 극한과 미분법과 적분법에서 주요한 역할을 한다는 고등 수학적 지식에 기인한 잘못 이해된 엄밀성의 필요성 때문에 시도되는 학교수학에서의 실수의 구성은 시간 낭비가 될 것이다.

그런데 학교수학에서는 엄밀한 공리적 방법을 구사하지는 않지만 고등학교 수학에서 실수의 기본 성질을 받아들이고 그로부터 몇 가지 연산에 관한 성질과 대소 관계에 관한 성질을 연역하는 방식을 취하고 있다. 중학교 수학에서 단위 정사각형의 대각선의 길이를 나타내는 제곱근을 소재로 비순환무한소수로 무리수를 도입하고 제곱근 계산을 다룬다. 유리수와 무리수를 통틀어 실수라고 규정하며 수직선 위에서의 위치와 '두 실수 a, b에 대하여 $a-b>0$이면 $a>b$'와 같은 성질로 실수의 대소 관계를 비교할 수 있게 한다. 고등학교 수학에서 실수의 연산에 대한 기본성질, 곧 덧셈, 곱셈에 대한 폐쇄성, 교환법칙, 결합법칙, 분배법칙, 항등원과 역원, 대소 관계에 대한 기본성질로부터 그 밖의 성질을 연역하는 내용을 다루는데, 이는 초보적으로 순서체로서의 실수의 구조를 드러내기 위한 공리적 전개를 시도하는 것으로 생각된다. 그리고 수학적 귀납법을 다루면서 수학적 귀납법의 원리를 자연수열의 기본성질로서 암묵적으로 수용한다.

Vinner(1976)는 고등학교 수준에서는 명시적으로 형식적인 공리적 전개를 시도하기보다 암묵적인 공리체계를 구사하도록 하는 것이 적절하다고 본다. 어떤 명제가 절대적으로 자명하고 널리 중요하게 사용되면 암묵적 공리가 된다. 현재 고등학교에서 실수의 대수적 구조 지도에서 구사되는 소박한 공리적 방법에서는 공리라고 선언하지 않고 실수에 대한 분명하고 잘 알려진 기본적인 명제를 열거한다. 그때까지 학생들은 그에 친근할 뿐만 아니라 증명과 계산에서 널리 사용되지만 암묵적이었고 학생들은 보통 그것을 의식하지 못하였다. 이 시점에서 실수의 기본성질, 이를테면 '모든 실수 a, b에 대해서 $a+b=b+a$'임을 인식하고, 그것이 산술에서 지극히 중요한 실수의 기본적인 성질이며 나머지 다른 성질을 연역하는 데 이용된다는 것을 의식하도록 요구하는 것이다. 위의 기본성질을 사용하여 고등학교 대수 교과서에 나오는 실수에 관한 여러 가지 성질을 증명할 수 있음을 보이고자 한다. 물론 고등학교 수학에서 정렬원리나 제2수학적 귀납법[68] 등을 다루지 않으므로 제법정리나 소인수분해 유일성의 정리까지 증명할 수 없지만 이러한 정리는 통상 고등학교 수학에는 나타나지 않는다. 그러나 이들 성질은 초등학교에서 암묵적으로 나타난다. 공리적 방법은 수학에 대한 구조적 관점, 전반적인 조직화란 관점을 도입하는 것으로 학생들의 수학에 대한 사고방식을 근본적으로 변화시키지 않을 수 없으며 이는 고등학교 학생들에게 중대한 어려움을 야기할 수 있으므로 공리적 전개 방법에 대한 더욱 심층적인 교육적 연구가 요망된다.

그리고 고등학교 수학에서 실수를 유리수의 기본수열로 도입하지는 않지만 유리수의 기본수열을 얻을 수 있는 무한소수로 보고 있다. 무한소수

---

68 '각 자연수 m에 대해서 모든 $k<m$에 대해 $P(k)$가 참이면 $P(m)$이 참이다. 그러면 모든 n에 대해 $P(n)$이 참이다.'

a를 소수점 아래 n자리에서 잇달아 멈추면 수열 $\{a_n\}$을 얻는데 이 수열은 유리수의 기본수열로 a에 수렴하므로, 그러한 특정한 기본수열의 극한으로 실수를 정의할 수 있다. 따라서 무한소수를 실수라고 보면 충분한 것이다. 따라서 현재 학교수학에서는 수학적으로 실수를 규정하는 두 방법을 절충적으로 사용하고 있다고 볼 수 있다. 그리고 학교수학에서 무리수 $\sqrt{2}$의 근삿값을 구할 때 다루어지는 방법이 축소구간 공리와 연결될 수 있어 학교수학에서 유리수로부터의 실수의 구성적 정의에 대한 실제적인 직관적 취급 가능성이 보인다.

그러나 실수를 무한소수로 정의하면 학교수학에서 암묵적으로 가정하고 있는 '무한소수 체계는 순서체'라는 것을 증명하기가 쉽지 않다. 여기에서 무한소수는 $a_0 \in Z$, 모든 $i \in N$에 대하여 $a_i \in \{0, \cdots, 9\}$일 때 $a_0.a_1a_2a_3\cdots$ 형태의 기호인데, 9가 순환하는 경우는 제외하고 그것을 0이 순환하는 무한소수로 보면, 그 순서는 소수를 자리값을 비교하여 사전 편찬법 같이 취급하면 별 어려움을 야기하지 않을 듯하지만, 그러한 순서는 실제로 무한소수인 실수가 아니라 유한소수에서 생각한 것이며 실수의 순서는 엄밀한 고찰을 필요로 하는 것이다. 무엇보다도 무한소수에 대해 덧셈, 곱셈 연산을 정의하기 어렵다는 원천적인 문제가 있다. 실수를 무한소수로 보면 그 연산은 어떻게 규정될 수 있는가? 무한소수는 유한소수와 같이 곧바로 사칙연산을 실행할 수 없다. $\sqrt{2}=1.4142135\cdots$, $\sqrt{3}=1.7320508\cdots$이다. 이러한 무한소수를 더할 수 있는가? $\sqrt{2}+\sqrt{3}$은 어떤 무한소수인가? $\sqrt{2}\times\sqrt{3}=\sqrt{6}=2.4494897\cdots$인 이유를 설명할 수 있는가? Freudenthal(1983a, p. 434)이 제시한 바와 같이 형식불역의 원리에 의해 기존의 유리수의 연산법칙을 만족한다고 가정하고

$$\sqrt{a}\sqrt{b}=\sqrt{ab} \quad (a \geq 0, b \geq 0)$$

와 같은 성질을 다음과 같이 이끌어낼 수 있다.

$$x=\sqrt{a}\,,\ y=\sqrt{b}$$

라고 하면

$$x^2=a,\ y^2=b$$

곱셈의 결합법칙과 교환법칙을 만족한다고 보았으므로

$$(xy)^2=x^2y^2=ab$$

따라서

$$xy=\pm\sqrt{ab}$$

그런데 $x\geq 0,\ y\geq 0$이므로 $xy\geq 0$. 그러므로

$$\sqrt{a}\,\sqrt{b}=\sqrt{ab}$$

일반적으로 무한소수 자체에 대한 연산의 현대수학에서의 설명과 대응되는 해석은 어떠한가? 무한소수에서 그 근삿값 수열의 극한은 그 근삿값인 유한소수를 끝점으로 하는 축소구간열의 모든 구간에 공통적으로 들어있는 점으로, 이는 무한소수 자체에 대응하는 점이다. 무한소수 자체를 실수로 보면 실수의 연산은 일반적으로 유리수의 단조법칙, 곧

$$b>c\text{이면 } a+b>a+c,$$

$$b<c,\ a>0\text{이면 } ab>ac$$

을 이용하여 정의할 수 있다. 무리수에서 덧셈과 곱셈 등의 연산을 하고자 하면, 무한히 좁아지는 유리수 구간에 무리수를 위치시키고 구간의 경계를 이루는 유리수에 원하는 연산을 수행한다. 그러면, 단조법칙의 유효성 때문에 그 결과도 무한히 좁아지는 유리수 구간에 위치할 것이다(Klein, p. 34). 예를 들어 $\sqrt{2}$와 $\sqrt{3}$ 에 대응하는 유한소수의 축소구간열에 단

조법칙을 적용하여 $\sqrt{2}+\sqrt{3}$, $\sqrt{2}\cdot\sqrt{3}$ 이 속하는 유한소수의 축소구간열을 얻을 수 있다. 이들 축소구간열은 각각 하나의 실수를 정의하므로 무리수 $\sqrt{2}$ 와 $\sqrt{3}$ 의 합과 곱이 정의된다. 이와 같이 무한소수의 연산은 유한소수의 연산으로 정의되므로 유리수의 연산법칙을 만족하게 되어 실수체계가 유리수 체계와 같이 체(field)의 구조를 이루게 된다.

현재 학교수학에서 미적분법의 바탕이 되는 실수체계의 완비성은 논의 없이 직관성으로 수용되고 있다. 고등수학인 해석학에서 비로소 해명되는 실수의 중요한 성질이 미적분법의 엄밀한 전개의 뒷받침을 위해 필수적으로 요구되는 완비성이다. 그러나 이는 학교수학에서는 도입하기가 어렵다는 문제점이 있다. 이는 단순한 교수학적 문제가 아니라 역사적으로 미적분법의 수학적 뒷받침의 핵심 문제였으며 인식론적 어려움이 수반되는 '순수직관의 문제'이다.(Blum & Törner, S. 1) 1872년경 Cantor, Dedekind, Weierstrass 등에 의해 실수의 완비성에 의한 결정적인 뒷받침으로 미적분법의 엄밀한 기초가 확립되기 전에 Leibniz와 Newton 이래 거의 200년 동안 미적분법이 연구되고 사용되어 왔듯이 고등학교 수학에서는 실수의 완비성과 드러내어 관련짓지 않고도 큰 어려움 없이 직관적으로 미적분법을 다루어 왔다.

5. 복소수 산술

1) 복소수 개념

복소수는 a,b가 실수일 때 $a+bi$ 꼴의 수, 실수의 순서쌍, 평면 위의 점이나 벡터, 작용소, 대수적으로 닫힌 완전체 등으로 간주될 수 있다. 복소수는 영어 complex number의 번역어인데 "'complex'라는 말은 '가상적인' 수('imaginary' number)나 '불가능한' 수('impossible' number)를 에워싼 신비감을 불식시키려는 선의의 기도로, 그리고 (짐작건대) 두 차원이 한 차원보다 더 복잡하므로 도입되었다. 오늘날 'complex'라는 용어는 더 이상 좋은 선택은 아닌 듯하다. 그 용어는 흔히 '복잡한'으로 해석되며 따라서 거의 그 선행자만큼 편견을 갖게 한다."(Stillwell, 2006, p. 44)

19세기에 수학의 발달로 수학과 그 응용 분야에서의 복소수의 역할에 대하여 더 깊이 통찰할 수 있게 되었다. 그리하여 복소수는 기하학, 대수학, 해석학, 수론 등 수학의 다양한 분야의 발전을 가능하게 하였고, 여러 분야의 개념들을 관련짓고 통합하는 역할을 하며 여러 가지 문제를 해결할 수 있게 하였다. 복소수 위에 세운 구조가 실수 위에 세운 구조보다 실제로 더 단순하다. 이를테면 다항식은 복소수 범위에서 항상 인수분해되지만 실수 범위에서는 그렇지 못하다. 복소수는 모든 대수방정식의 해를 보증하는 '대수학의 기본정리(fundamental theorem of algebra)'의 성립을 가능하게 하였다.

실수체계는 방정식의 근을 구하는 조작에 대하여 닫혀있지 않다. 이를테면 $x^2+1=0$과 같이 실수체계 내에서 근을 갖지 않는 방정식이 존재한다. 그런데 이 방정식을 만족하는 대상 i를 도입하여 실수체계를 복소수 체계 $\{a+bi \mid a, b \in R\}$로 확장하면 신기하게도 실수 또는 복소수 계수를 갖는 n차대수방정식 $a_0x^n + a_1x^{n-1} + \cdots + a_{n-1}x + a_n = 0 \ (a_0 \neq 0)$이 중근을 포함하여 n개의 복소수 해를 갖는다는 정리가 증명되어 수체계가 대수적으로 닫히게 된다. 곧, i의 도입으로 다항방정식의 대수적 해법이 완성되어 방정식을 푸는 대수학의 핵심 문제가 해결되므로 이를 '대수학의 기본정리'라고 부르는 것이다.

복소수 체계는 실수체에 다항방정식 $x^2+1=0$의 한 근 i를 첨가한 확장체로 다항방정식을 풀기 위해 더 이상 새로운 근을 첨가할 필요가 없는 대수적으로 닫힌 체(體)(algebraically closed field)이다. "복소수 체계는 방정식 $z^2+1=0$의 한 허근 i를 실수 체계 R에 첨가하여 얻어진다. 그러나 왜 여기에서 멈추는가? 더욱 큰 체를 얻을 수 있도록 다른 다항방정식의 '허수' 근을 첨가하려고 왜 시도하지 않는가? 답은 소위 '대수학의 기본정리'에 포함되어 있다. i가 첨가되자마자 모든 다항방정식은 실제적인 (복소수)근을 갖는다. 그래서 여러 가지 방정식을 풀기 위해 여러 가지 허수를 발명할 필요가 없다."(Birkhoff & MacLane, p. 107) 복소수를 계수로 갖는 다항식은 $a_0(z-\alpha_1)(z-\alpha_2)\cdots(z-\alpha_n)$과 같이 일차식으로 인수분해되며 복소수를 계수로 갖는 기약(旣約)다항식은 일차식뿐이다. 복소수체는 대수적으로 닫힌 체로 그 대수적 확대가 존재하지 않는 완전체이다. 실수 계수 또는 복소수 계수를 갖는 방정식은 반드시 복소수 근을 갖는다. 복소수 체계에서 대수방정식의 근의 존재를 보증하는 이러한 정리가 대수학의 기본정리이다. 복소수 체계는 정수나 유리수, 실수의 체계에 결여되어 있는 이러한 완전성과 자기 대칭성[69]을 갖고 있다. 복소수가 결여되면 대수학과 해석학은 아름다움과 균형을 크게 상실할 것이며 이론 전개와 적용 영역이 매우 제한될 것이다. 이제 복소수는 수학은 물론 과학과 공학 연구에 없어서는 안 되는 도구가 되었다.

그러나 대수학의 기본정리는 해가 존재한다는 존재성에 대한 정리로 그 해를 구할 수 있다는 것과는 다른 것이다. 일반적으로 계수가 정수인 이차방정식 $ax^2+bx+c=0$은 완전제곱꼴로 변형하는 과정을 거쳐 $x=\frac{-b\pm\sqrt{b^2-4ac}}{2a}$로 변형되므로 계수에 대하여 덧셈, 뺄셈, 곱셈, 나눗셈, 거듭제곱, 거듭제곱근을 구하는 대수적 연산에 의해서 복소수 범위에서 완전하게 풀린다. 이는 문제해결 상황에서 미지인 것을 조건으로 주어진 기지인 것으로 나타내는 방법이다. 이러한 이차방정식의 해는 중세에 인도와 아라비아에서 발견되었으며, 3차방정식의 일반해는 16세기에 이탈리아의 Tartaglia가 발견하였고, 4차방정식의 해법은 같은 시대에 Ferrari가 발견하였다. 그러나 일반적으로 5차 이상의 방정식은 그러한 대수적 연산에 의해서 완전하게 풀리지 않음이 Abel과 Galois에 의하여 증명되었다. 수의 확장으로 연속량의 측정값과 모든 다항방정식의 해의 존재성이 이론적으로 입증된 것이며 이들을 실제로 구하는 것은 별개의 문제이다.[70]

여기에서 복소수 계산의 이면(裏面)을 분석해 보기 위해 $\sqrt{-1}$을 제곱이 -1인 보통의 수처럼 생각하고 복소수 $a+b\sqrt{-1}$에 대한 계산을 해

69 복소수 $a+bi$를 그 공액복소수 $a-bi$와 대응시키는 사상은 복소수 체계 내의 자기동형 사상이다.

70 그러나 방정식의 실근의 근삿값을 그래프를 이용하여 구하는 근사해법에 의해 zooming기능이 있는 그래픽 계산기를 이용하여 그 근삿값을 원하는 만큼 정확하게 구할 수 있다.

보자. 대수적인 연산은 모두 덧셈과 곱셈에서 유도되므로 덧셈과 곱셈을 생각해 보면 충분하다.

$$(a+b\sqrt{-1})+(a'+b'\sqrt{-1})=(a+a')+(b+b')\sqrt{-1}$$
$$(a+b\sqrt{-1})\times(a'+b'\sqrt{-1})=(aa'-bb')+(ab'+ba')\sqrt{-1}$$

위의 덧셈과 곱셈은 Hamilton이 했던 것처럼 복소수 $a+b\sqrt{-1}$을 실수의 순서쌍 (a,b)로 보고 다음과 같은 그에 대한 덧셈과 곱셈 연산을 실수의 연산을 사용하여 정의한 것으로 해석할 수 있다.

$$(a,b)+(a',b')=(a+a',b+b')$$
$$(a,b)(a',b')=(aa'-bb',ab'+ba')$$

$a+0\sqrt{-1}$은 실수 a로 대치될 수 있는데, 이는 $(a,0)$은 a와 같게 된다는 의미이다. 여기에서, 실수 a와 순서쌍 $(a,0)$ 사이에는

$$(a,0)+(a',0)=(a+a',0),\quad (a,0)(a',0)=(aa',0)$$

와 같이 덧셈과 곱셈 연산을 보존하는 1대1 대응, 곧 동형대응이 존재한다. 따라서 $(a,0)$을 a와 동일시하고 $i=(0,1)$이라고 놓으면

$$(a,b)=(a,0)+(0,b)=(a,0)+(b,0)(0,1)=a+bi$$
$$i^2=(0,1)^2=(-1,0)=-1$$

보통의 모든 산술법칙은 부등식이 개재되는 경우를 제외하면 체를 이루는 다음과 같은 기본적인 규칙의 논리적인 결과이다.

$$x+(y+z)=(x+y)+z \qquad x(yz)=(xy)z$$
$$x+y=y+x \qquad xy=yx$$
$$0+x=x,\ \ x+(-x)=0 \qquad 1\cdot x=x,\ \ x\cdot\frac{1}{x}=1\ (x\neq 0)$$
$$x(y+z)=xy+xz$$

이를테면 $x\cdot x=x\cdot(0+x)=x\cdot 0+x\cdot x$이므로,

$$\begin{aligned} x\cdot 0 &= x\cdot 0+0=x\cdot 0+[x\cdot x+(-x\cdot x)] \\ &= (x\cdot 0+x\cdot x)+(-x\cdot x)=(x\cdot x)+(-x\cdot x)=0 \end{aligned}$$

또한 $x\neq 0, xy=0$이면 $(\frac{1}{x})(xy)=0$, $[(\frac{1}{x})x]y=0$, $1\cdot y=0$, 따라서 $y=0$. 곧 영인자가 없다. 따라서 곱셈에 대한 소약률도 성립한다.

순서쌍 (a,b)의 덧셈과 곱셈을 위와 같이 정의하고, 0을 $(0,0)$으로, 1을 $(1,0)$으로, $-(a,b)$를 $(-a,-b)$로, $\frac{1}{(a,b)}$을 $(\frac{a}{a^2+b^2},\ -\frac{b}{a^2+b^2})$로 대치하면 위의 기본법칙을 만족함을 쉽게 확인할 수 있다. 덧셈의 정의 $(a,b)+(a',b')=(a+a',b+b')$와 곱셈에서 $(a,0)(c,d)=(ac,ad)$인 조건이 성립하면 위의 기본조건을 만족하는 다른 어떠한 정의도 같은 계산 결과를 가져옴을 보일 수 있다.[71]

복소수의 기초는 두 가지 방법으로 놓아야 한다. 먼저 순수하게 형식적인 관점을 택하는 방법이다. 여기에서는 의미보다 연산규칙의 무모순성이 복소수 개념의 타당성을 보증하게 된다. 이러한 관점에 따르면 복소수는 위의 논의를 바탕으로 형식적인 방식으로 도입되며 모든 신비스러움의 흔적을 상당히 배제한다. 복소수란 실수의 순서쌍 (a,b)이며 위

71 실수체의 복소수체로의 확장의 유일성을 보일 수 있다.

와 같이 정의된 그러한 복소수의 연산은 실수와 그 연산에만 의존하므로 모순에 이르지 않으며 복소수는 체를 이룬다. 그리고 $(a,0) \leftrightarrow a$는 복소수의 부분집합과 실수체 사이의 동형대응이므로 복소수 $(a,0)$은 실수 a라고 놓을 수 있다.[72] 이러한 순수한 형식적인 취급과 함께 복소수와 그 연산에 대해 기하학적인 해석을 하게 되었다. 이를 통해 오랫동안 허수에 붙어 있던 신비한 모호성이 사라지고 수학자들은 허수를 진정한 수로서 받아들이게 되었다. Descartes의 해석기하 출현과 더불어 음수가 좌표화되면서 평면좌표계가 확장되고 음수의 수용을 향한 결정적 진전이 이루어졌듯이 허수도 좌표평면 위에 그 모습이 시각화될 때까지 결정적인 진보는 이루어지지 않았다. 1797년 노르웨이 측량사 C. Wessel과 1806년 스위스 J. R. Argand는 허수를 좌표평면 위에 유향선분과 $a+b\epsilon$로 나타내었다. 그러나 Gauss가 1832년 복소평면을 도입할 때까지 이들의 연구는 거의 주목받지 못하였다. 허수를 복소수(complex number)라고 부르고 $x+yi$를 좌표평면에서 점 (x,y)로 나타낸 Gauss의 기하학적 해석은 복소수의 본질에 깊이 접근하게 하고 복소수에 대한 많은 의구심을 해소하였다. 복소수 $x+yi$는 두 '단위원' 1과 i로부터 형성된, 실수변수 x, y에 의한 일차결합 $x \cdot 1 + y \cdot i$로 볼 수 있다. 복소수 체계는 $\{1,i\}$를 기저로 갖는 실수체 위의 벡터공간으로 R^2과 동형이다.

---

72 수의 확장에서 자연수 2는 정수 $+2$, 유리수 $+\frac{2}{1}$, 실수 $+2.000\cdots$, 복소수 $2+0i$와 개념적으로 다르지만 동형 매입으로서 이전 수는 확장된 새로운 수의 특별한 경우로서 자연스럽게 포함되도록 다루게 되어 구분하지 않게 됨으로써 개념적인 문제가 제기되지는 않는다. 그리고 이를테면 실수는 허수부가 0인 특별한 복소수로 간주되고 복소수의 계산은 이러한 복소수에 대해 이전의 실수에 대한 계산 결과를 제공한다. 수의 학습은 이와 같은 방식으로 학교의 전체 교육기간에 걸쳐 이루어지면서 자연수로부터 복소수까지 수 개념의 지평은 자연스럽게 확장된다.

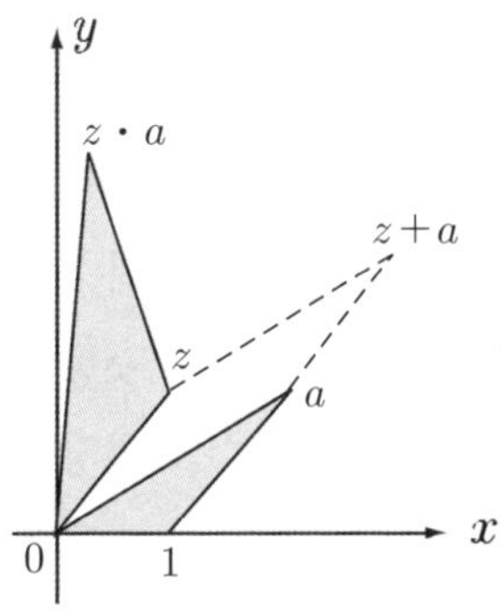

따라서 좌표평면의 점 (x,y)가 나타내는 고유벡터가 복소수 $x+yi$를 나타내는 것으로 보면, 왼쪽 그림과 같이 두 복소수 z, a의 합은 그와 대응하는 두 점과 원점 0으로 평행사변형을 작도하여 얻어지며, 곱 $z \cdot a$는 선분 $0z$ 위에 삼각형 $a01$과 닮은 삼각형을 작도하여 얻어진다. 간단히 말하면 덧셈 $z' = z + a$는 평면의 그 자신으로의 평행이동에 의해서 나타내어지고, 곱셈 $z' = z \cdot a$는 원점을 고정시키고 회전하고 확장하는 닮음변환으로 나타내어진다.

이러한 복소수의 곱셈의 기하학적 의미는 복소수의 극형식을 통해 명확히 드러난다. 복소수 $z = x + iy$를 나타내는 점의 극좌표(polar coordinate)를 r, θ라고 하면 z는

$$z = r(\cos\theta + i\sin\theta)$$

와 같이 극형식(polar form)으로 나타내어진다. 여기에서 $r = |z| = \sqrt{x^2 + y^2}$, $\theta = \arctan\frac{y}{x}$이다.

$z_1 = r_1(\cos\theta_1 + i\sin\theta_1)$, $z_2 = r_2(\cos\theta_2 + i\sin\theta_2)$라고 하면 그 곱은

$$\begin{aligned} z_1 z_2 &= r_1 r_2[\cos\theta_1\cos\theta_2 - \sin\theta_1\sin\theta_2 + i(\sin\theta_1\cos\theta_2 + \cos\theta_1\cos\theta_2)] \\ &= r_1 r_2[\cos(\theta_1 + \theta_2) + i\sin(\theta_1 + \theta_2)] \end{aligned}$$

곧, 두 복소수의 곱에서 절댓값은 각 복소수의 절댓값의 곱과 같고 편각은 각 복소수의 편각의 합과 같다. 그리고 두 복소수의 몫은

$$\frac{z_1}{z_2} = \frac{r_1}{r_2}[\cos(\theta_1 - \theta_2) + i\sin(\theta_1 - \theta_2)]$$

일반적으로

$$z_1 z_2 \cdots z_n = r_1 r_2 \cdots r_n[\cos(\theta_1 + \theta_2 + \cdots + \theta_n) + i\sin(\theta_1 + \theta_2 + \cdots + \theta_n)]$$

따라서 양의 정수 n에 대해

$$z^n = r^n(\cos n\theta + i\sin n\theta)$$

이고, $r = 1$일 때 De Moivre의 정리

$$(\cos\theta + i\sin\theta)^n = \cos n\theta + i\sin n\theta$$

를 얻는다.

대수적 기원을 갖는 복소수의 이러한 기하학적 해석은 여러 가지 수학적 개념의 관련성을 드러냄으로써 수학에 매우 강력하고 아름다운 결과를 가져다주었다. Euclid기하학은 닮음변환 아래에서의 도형의 불변성을 다루는 기하학인데, 닮음변환이란 거리의 비를 보존하고 각의 크기를 보존하는 등각등거리사상(conformal isometry)이다. 따라서 Euclid기하학에서는 도형의 크기에는 관심이 없고 닮은 도형은 같은 것으로 보고 그 성질을 다룬다. 그런데 놀랍게도 Euclid기하학의 기본이 되는 닮음변환인 평행이동과 확대회전을 나타내고 있는 것이 복소수의 덧셈과 곱셈이다. 이는 대수와 기하의 조화를 보여주는 것이다. Freudenthal에 의하면 대수지도의 목적의 하나는 연산과 그 성질의 타당성을 학습자에게 강력하게 확신시키는 것이며 그중에 가장 설득력 있는 방법은 기하에서 대수의 조작성을 보여주는 것이다.

2) 복소수의 지도

현재 고등학교 수학에서는 실수를 제곱하면 항상 양수가 되므로 실수의 집합에는 방정식 $x^2=-1$의 해가 존재하지 않으며 이와 같은 방정식이 해를 갖도록 하기 위해서 수를 확장할 필요가 있다고 보고, 방정식 $x^2=-1$의 한 해, 곧 제곱해서 -1이 되는 새로운 수 $i=\sqrt{-1}$를 도입하여 복소수 $a+bi$와 그 상등관계를 정의한다. 그리고 허수단위 i를 문자처럼 취급하여 계산한 다음 $i^2=-1$을 대입하는 방식으로 복소수의 덧셈과 곱셈을 정의하고 덧셈과 곱셈에 대한 폐쇄성, 결합법칙, 교환법칙, 분배법칙, 항등원, 역원 등의 기본성질이 성립함을 보인다. 복소수의 덧셈, 곱셈에 대한 항등원이 각각 0, 1임을 보이고, 역원의 정의와 복소수의 상등관계의 정의를 이용하여 복소수 $z=a+bi$의 덧셈, 곱셈에 대한 역원 $-z$, $\frac{1}{z}(z \neq 0)$이 각각 $-a-bi$, $\frac{a}{a^2+b^2}-\frac{b}{a^2+b^2}i$임을 보인다. 그리고 이를 이용하여 복소수의 뺄셈과 나눗셈을 각각 역원의 덧셈과 곱셈 $z_1-z_2=z_1+(-z_2)$, $z_1 \div z_2=z_1 \times \frac{1}{z_2}$ $(z_2 \neq 0)$으로 정의한다.

이러한 복소수와 그 연산에 대한 지도 방법은 그 이면을 보면 실수체계에 형식적인 근의 첨가 방식으로 이차방정식 $x^2+1=0$의 한 근 i를 첨가한 다음, 형식불역의 원리에 의해 i를 실수처럼 보고 계산하여 $i^2=-1$을 대입하는 방식이다. 문제는 여기에서 그렇게 도입한 $i^2=-1$이 기하학적으로 어떤 의미를 갖고 있고 일반적으로 복소수의 덧셈과 곱셈 연산을 그렇게 정의하는 기하학적 의미를 알기 어렵다는 데 있다.

그런데, 고등학교 수학에서는 그동안 다루어 오던 복소수의 기하학적 해석인 극형식과 복소수 연산의 기하학적 의미, De Moivre정리를 삭제하고 위와 같은 방식으로 문자식 계산과 다를 바 없는 방식으로 복소수의 사칙연산만을 형식적으로 다루고 있는 것이다. 역사적 발생 과정에서, 방정식 풀이에서 형식적인 허수의 계산 $(\sqrt{-1})^2 = -1$이 유용한 결과를 가져다주었지만, 모든 '실수'(實數, 'real' number)의 제곱은 양수라는 사실 때문에 수학자들에게도 오랫동안 극복하기 어려운 갈등을 안겨주었으며 따라서 '가상의' 수('imaginary' number)라는 이름이 붙었던 복소수는 학생들에게도 같은 심적 갈등을 일으킬 것이다.

역사적으로 형식불역의 원리에 의해 수용된 복소수 산술의 무모순성을 바탕으로 복소수를 수용하였지만 그렇게 되기 위해서는 먼저 수학의 형식성을 수용해야 하는 어려움이 따랐다. Dieudonné(1972)에 의하면 대수의 역사적 발달 과정은 점진적인 추상화 과정으로 계산대상의 구체적 특성의 불확정성과 계산규칙만이 본질적이라는 것을 인식하는 과정이었다. 그러나 복소수의 사칙계산과 그 성질만을 대수적으로 가르치면서 학생들이 복소수 연산의 정의와 복소수 산술체계를 그 형식적 타당성에 입각하여 의미 있게 수용하기를 기대하기는 어렵다. 복소수와 그 연산에 실제성을 부여하려면 역사적으로도 그러하였듯이 기하학적인 해석이 필수적으로 요구되는 것이다. 이를 다루지 않는 것은 복소수와 그 연산의 타당성을 확신시키는 방법에 대해 눈을 감고, 복소수에 생명력과 의미를 불어넣고 복소수가 대수학, 기하학, 해석학, 삼각법 등 수학의 여러 분야의 개념들 사이의 관련성을 보여주는 중요한 단서를 학생들에게 제공하지 않는다는 것을 뜻하는 것이다. 무엇보다도 학생들을 복소평면의 기하학적 해석에 습관 들게 해야 한다.

6. 수 체계의 구조와 대수적인 형식적 확장

1) 수 체계의 구조

수 체계의 이해는 그 구조의 연구를 통하여 더욱 명확히 달성된다. 고대로부터 수에 대한 계산 조작이 두드러졌으며 수의 대소 관계에도 주목하게 되었고 고대 그리스 시대부터 제기된 연속체의 구적문제로 극한값과 관련된 실수의 특성을 탐구하게 되었다. 그러나 기하학에서는 기원전 약 300년경에 이미 도형의 성질을 공리, 공준, 정의 곧 '원론'에 의해 연역적으로 체계화한 Euclid원론이 제시되었으나, 수의 공리적 체계화에 대한 관심은 근세에 이르러서야 일어났다. 18세기 말에 Euclid원론의 선례에 따라 산술을 공리적으로 뒷받침하려는 시도가 있었으나 자연수의 만족할 만한 공리적인 기초는 19세기에 Dedekind(1831~1916)와 Peano(1858~1932)에 의해 제시되었다. 20세기 초반에 구조주의적 사조에 따라 수의 구조에 대한 통찰을 세련시키게 되었는바, 오늘날 수학에서 일반적으로 수용되는 수의 구조는 자연수는 Peano의 공리체계, 정수는 정역, 유리수는 순서체, 실수는 완비된 순서체, 복소수는 대수적으로 닫힌 체를 이룬다는 것이다.

현대 구조주의 수학의 모구조(母構造)와 관련하여 수 체계는 그 연산에 대해 대수적 구조를, 대소 관계에 대해 순서구조를 이루고, 실수의 연속성과 극한의 문제는 실수의 위상적 구조와 관련됨이 명확히 되었으며, 수 체계는 여러 구조 사이의 관계가 융합된 구조를 이루고 있음이 드러났다. 이를테면 단조법칙은 실수의 순서배열과 연산 사이의 결합을 나타내며 수열의 극한값에 대한 정리는 연산과 극한 사이의 관련성을 드러낸다. 실수는 대수적 구조, 순서구조, 위상구조가 융합된 완비순서체라는 구조를 이루고 있다.

수의 학습은 학교의 전체 교육기간에 걸쳐 이루어진다. 초등학교에서 자연수, 분수, 소수와 그 사칙계산 및 그 성질이 다루어지고 이어서 중학교에서 정수, 유리수, 실수와 그 사칙계산 및 그 성질이 취급되고 고등학교에서 복소수와 그 사칙계산 및 그 성질이 다루어지면서 수 개념의 이해 지평은 단계적으로 확장된다. 여기에서 요구되는 것이 학습한 것을 반성하고 종합하는 단계이다. 처음에 자연수에 대한 직관적 이해로 그 계산의 바탕에 놓여 있는 규칙을 인식하지 못하고 계산을 행하다가 반성단계에서 계산의 바탕에 놓여 있는 연산 법칙과 연산 사이의 관련성을 인식하게 되면 자연수는 정해진 규칙을 갖는 수 영역으로 인식되게 된다. 그것은 자연수가 구조적 견지에서 고려된다는 것을 의미한다. 분수의 도입 후에 수 영역 사이의 공통성과 차이점 및 그 사이의 관계를 인식하고 이미 알고 있는 것에 대해 새로운 관점을 얻고 본질적인 것을 더 명확히 이해하게 된다. 정수, 유리수, 실수, 복소수로 수 영역이 확장되면서 전 단계에서 이해한 내용을 반성의 대상으로 만들면서 더 높은 단계의 이해에 이르게 된다.

연산의 규칙과 연산 사이의 관계가 명백히 될 때 수의 이해에 본질적인 기여를 할 수 있으므로 수 영역에서 그 대수적 구조에 대한 이해는 중요하다. 수 개념의 관계적 성질은 계산 조작을 일반적인 측면에서 숙고하도록 하고, 연산과 그 성질 및 역연산과 같은 중요한 관계를 알게 되면 추상구조인 군, 환, 체, 벡터공간에 대한 숙고를 위한 기초가 놓인다. 계산 조작으로부터 관계개념으로 그리고 관계로부터 군과 같은 관계 구조로 진전한다. 따라서 관계개념에 구조적 사고에 관한 장기적인 학습과정으로 들어가는 역할이 할당될 것이다. 그러한 장기적인 학습과정에 방향을 제공하는 개념이 주도 개념이다. 특히 관계 가운데 함수개념은 대수 학습의 넓은 주도 개념이 된다. 대수적 구조의 바탕을 이루는 연산은 함수이다. 함수개념은 그 자체로 해석의 중심개념이면서 대수와 기하의 주요한 통합개념인바, 이러한 통찰을 바탕으로 Klein의 주도로 이루어진 20세기 초의 수학교육 개혁운동의 중심적인 관심사가 함수적 사고의 육성이었다.

대수적 측면에서 수학적으로 흥미로운 것이 어떤 수 영역에서의 계산 규칙과 함께 계산과 관련된 수 영역의 확장이다. 수 체계를 이해하기 위해서 필요한 것이 뺄셈과 나눗셈 계산과 방정식의 풀이를 위한 수의 확장 과정이다. 수 개념의 확장의 결정적인 요인은 계산 조작의 한계로부터 온다. 수체계의 확장은 수학적 조작의 폐쇄성(closure)을 추구하기 위한 과정이라고 볼 수 있다. 자연수 체계가 뺄셈 조작에 대해 닫혀 있으려면 정수체계로 확장되어야 하며, 나눗셈 조작에 대해 닫혀 있으려면 유리수 체계로 확장되어야 한다. 자연수로부터 시작하여 뺄셈과 나눗셈이라는 계산의 자유를 추구해 온 여행은 유리수에 도달하면서 끝을 맺는다. 그런데 방정식을 푸는 자유를 추구하는 여행은 끝나지 않았고 그 과정에서 유리수가 아닌 수를 무수히 대하게 되는바 수의 세계를 탐구하는 여행을 계속하지 않으면 안 된다. 이를테면 $x^2 = 2$와 같이 유리수 체계 내에서 근을 갖지 않는 방정식이 존재한다. $\sqrt{2}$를 방정식 $x^2 = 2$를 만족하는 하나의 x, 곧 계산수로서 도입하는 것은 형식적 첨가 방법이며, 이는 무리수의 실제적 의미를 찾고 그러한 대상의 존재를 확인하기 위하여 $\sqrt{2}$를 단위 정사각형의 대각선의 길이나 수직선 위에 작도하고 그것이 무리수임을 밝히는 것과는 다른 것이다. 계산수는 '형식불역의 원리'에 따라 방정식의 근의 형식적인 첨가에 의해 이전의 수 영역의 성질이 그대로 유지되면서 대수적으로 확장된다. 유리수 Q로부터 출발하여 이를테면 방정식 $x^2 - 2 = 0$을 만족하는 한 x로 $\sqrt{2}$를 도입하면 흥미롭게도 체(體)를 이루는 완전한 산술체계 $Q(\sqrt{2}) = \{a + b\sqrt{2} \mid a, b \in Q\}$를 얻는다. 그러나 학교수학에서는 이를 의식적으로 다루지 않고 그러한 사고 활동을 무의식적이고 소박하게 하고 있는 것이다. 실수 체계는 가감승제와 거듭제곱근 구하기라는 대수적 연산 아래에서 닫히게 됨으로써 수의 대수적 확장이 완성되는 듯 보이지만 방정식의 근을 구하는 조작에 대하여 닫혀 있지 않다. 이러한 과정은 학교수학에서 실수로부터 방정식 $x^2 + 1 = 0$을 만족하는 한 해 i를 도입하여 복소수 체계 $C = \{a + bi \mid a, b \in R\}$로 이행하는 과정에서 의식적으로 다루어진다. 실수체계를 복소수 체계로 확장하면 모든 다항방정식이 복소수 해를 갖는다는 대수학의 기본정리가 증명되어 수체계가 대수적으로 닫히게 된다. 곧, i의 도입으로 다항방정식의 대수적 해법이 완성되어 방정식을 푸는 대수학의 핵심 문제가 해결된다. 이러한 논의는 학교대수의 구조를 현대대수학적 관점에서 밝혀 주는 좋은 예가 된다. 이러한 정수, 유리수, 실수, 복소수로의 수의 확장 방식은, 말하자면 형식적인 내삽법(內揷法)과 외삽법(外揷法)으로, 수학을 창조하는 자연스러운 원리일 뿐만 아니라 건전한 교재 구성 방법이다.

그런데 유리수 체계는 조밀성을 가지나 연속성, 곧 완비성을 갖지는 않는다. 이를테면 단위 정사각형의 대각선의 길이의 근삿값인 유리수의 수열 $\langle 1.4,\ 1.41,\ 1.414,\ 1.4142,\ \cdots \rangle$의 극한 $\sqrt{2}$는 유리수가 아니다. 따라서 유리수 체계는 연속량에 대한 측정수로서는 부족하게 된다. 유리수가 극한 과정에 닫혀 있기 위해서는 유리수의 기본수열의 극한에 의해 유리수 체계를 실수체계로 확장할 필요가 있다. 그렇게 되면 수 체계는 연속성을 갖게 되어 연속량을 측정하는 해석학적인 문제가 해결된다. 연속량의 측정값은 실수로 표현되는 경우라도 실제적으로는 근삿값인 유리수로 만족하지 않을 수 없으며, 다항방정식이 복소수 범위에서 반드시 해를 갖는다고 하더라도 대수적으로 곧 가감승제와 거듭제곱 및 거듭제곱근에 의해 풀리는 경우는 4차방정식까지인 것이며, 방정식의 해를 실제적인 문제에 사용하고자 할 때에는 컴퓨터 그래픽을 이용한 방정식의 근사해법을 통해 얻을 수 있는 유리수로 표현되는 근사해로 족한 것이다.

2) 대수적인 형식적 확장

(1) 계산수의 확장

자연수의 산술체계는 덧셈과 곱셈에 대하여 닫혀 있고 교환법칙과 결합법칙 및 덧셈에 대한 곱셈의 분배법칙을 만족하지만, 뺄셈에 대해 닫혀 있지 않다. 현대대수학의 최초의 싹은 1830년에 출판된 영국의 Peacock의 저서 *Treatise on Algebra*에서 이러한 '산술대수(arithmetic algebra)'와 '기호대수(symbolic algebra)', 곧 추상대수를 구분한 데에서 찾아 볼 수 있다. Peacock는 대수학에 Euclid원론과 견줄 만한 논리체계, 곧 공리론을 갖추려 하였고 자신의 책을 '대수학의 Euclid'라고 불렀다. 그는 자연수로 한정된 '산술대수'에서는 뺄셈 $a-b$에서 반드시 $a>b$이어야 하지만 '기호대수'에서는 그러한 제한은 제거되며, '기호대수'에서의 뺄셈은 항상 가능하다는 점에서 '산술대수'의 뺄셈과 구분된다고 보았다. 그리고, 그는 '산술대수'의 법칙의 '기호대수'로의 확장을 '형식불역의 원리(形式不易의 原理, principle of the permanence of equivalent forms)'라고 불렀다. 형식불역의 원리는 그 후 수학에서 강력한 개념으로 간주되었으며 초기의 복소수 체계의 발전과 자연수 지수로부터 좀 더 일반적인 지수로의 확장 등 수학의 발전에서 역사적으로 중요한 역할을 하였으며, 오늘날에도 여전히 정의를 확장하고 일반화하고자 할 때 기본적으로 고려되는 지침이 되고 있다.(Eves, pp. 387-388)

무엇보다도 형식불역의 원리는 계산수의 확장에서 매우 중요한 사고 양식이 되어 왔다. 기존의 산술체계가 갖고 있던 연산법칙을 그대로 유지하면서 기존의 산술체계 내에서 풀리지 않는 방정식을 만족하는 것으로 간주된 새로운 형식적인 대상을 도입하는 것이다. 이는 유리수 체계 Q에 방정식 $x^2=2$의 한 해 $\sqrt{2}$를 첨가하여 $Q(\sqrt{2})=\{a+b\sqrt{2} \mid a,b \in Q\}$로 확장하고 실수 체계에 방정식 $x^2=-1$의 한 해 i를 첨가하여 $R(i)=\{a+bi \mid a,b \in R\}=C$로 확장하듯이 근의 형식적인 첨가에 의한 내삽과 외삽이다. 이와 같이, 기존의 산술체계에서 인정된 기본적인 성질이 유지되도록 대수체계를 확장하는 형식불역의 원리를 Freudenthal(1973, pp. 224-232)은 '대수적 원리(algebraic principle)'라고까지 부르고 있다. 이는 현대대수학에서 그러하듯이 학교수학에서도 수 확장의 중요한 원리일 뿐만 아니라 방정식 풀이의 바탕이 되는 중요한 원리이다. 형식불역의 원리는 중학교 수학에서 양수에서 성립하는 등식의 성질을 음수에서도 성립하는 것으로 가정하고 일차방정식을 푸는 방법이나, 이차방정식에서 미지수 x를 구했다고 보고 기존의 유리수(실수)의 연산법칙을 만족하는 것처럼 생각하고 계산하여 확장된 수 체계에 속하는 무리수(복소수) 해를 구하는 분석법(analytic method)의 바탕이 된다. 그러나 형식불역의 원리는 수학적 원리는 아니며 발견술적 의미를 갖는 사고방식이다.

자연수로부터 정수로의 수의 확장은 뺄셈 연산에 대하여 닫혀 있게 하기 위한 대수적 확장이다. 이를테면 음수 -3은 $1-4=2-5=3-6=\cdots=-3$과 같이 정의될 수 있다. 그런데 $1-4$는 $x+4=1$의 근이며 $x+4=1$은 $x+3=0$과 동치인 방정식이므로, 이는 음수 -3을 0과 자연수로부터 방정식 $x+3=0$을 만족하는 대상으로 정의하는 것과 같다. 형식불역의 원리에 따라 이러한 음수의 정의로부터 그 계산 방법을 이끌어낼 수 있다.(Freudenthal, 1973, p. 229) 이를테면, 음수의 정의에 따라

$$(-3)+3=0,\ (-4)+4=0$$

이다. 여기에서 양변을 더하고 덧셈의 교환법칙과 결합법칙을 적용하면

$$\{(-3)+(-4)\}+(3+4)=0$$

따라서,

$$(-3)+(-4)=-(3+4)$$

그리고, 위에서 양변에 각각 4, -3을 곱하여 분배법칙을 적용하면

$$4\cdot(-3)+4\cdot 3=0,\quad (-3)\cdot(-4)+(-3)\cdot 4=0$$

따라서,

$$-\{4\cdot(-3)\}=4\cdot 3,\quad -\{(-3)\cdot 4\}=(-3)\cdot(-4)$$

곱셈의 교환법칙에 의해

$$-\{4\cdot(-3)\}=4\cdot 3,\quad -\{4\cdot(-3)\}=(-3)\cdot(-4)$$

곧,

$$(-3)\cdot(-4)=3\cdot 4$$

유리수는 정수에서 나눗셈 연산에 대하여 닫혀 있게 하기 위한 대수적 확장의 산물이다. 이를테면 $(-2)\div(+3)=\frac{-2}{+3}$와 같이 정의될 수 있으며, 이는 일차방정식 $3x=-2$의 근으로 $\frac{-2}{+3}$를 정의하는 것과 같다.

$\frac{2}{3}$와 같은 직관적인 모델을 갖는 '직관적인 분수'의 경우에는 그것이

분할분수건 비율분수건 초등학교에서 그 계산방법에 대한 비교적 의미 있는 지도가 가능하지만(그러나 분수의 나눗셈 방법은 이해하기 쉽지 않다!), $\frac{-2}{+3}$와 같은 정수의 나눗셈의 결과이거나 방정식의 해인 '알고리즘적인 분수'의 경우에는 그렇지 못하다. 따라서, 중학교에서의 유리수 지도는 결국 대수적인 의미에 따라 다루는 과정을 밟는 것이 적절할 것으로 생각된다.

최근 교과서에서 유리수는 양수·음수의 맥락에서 정수와 함께 다루고 있다. 이 경우 $-\frac{2}{3}$는 음수로 곧바로 다루며 $\frac{-2}{+3}$는 정수의 몫으로 보고 부호규칙에 따라 $-\frac{2}{3}$와 같다고 본다. 유리수의 계산은 부호규칙과 '직관적인 분수'의 계산법으로 환원된다. 이러한 접근법은 일관성의 문제가 있다.

여기에서 유리수의 계산법은 유리수 산술 부분에서 살펴본 바와 같이 알고리즘적 분수의 의미에 따르는 수학적으로 타당한 방법으로 형식불역의 원리에 따라 정당화될 수 있다.

방정식의 근의 형식적 첨가 방식으로 무리수와 복소수를 도입하여 수를 확장할 수 있다. 이를테면 $\sqrt{2}$를 정사각형의 대각선의 길이로 도입하고 그것이 무리수임을 밝히는 대신에 방정식 $x^2=2$를 만족하는 한 x로서 도입할 수 있다. 이는 2의 제곱근으로 $\sqrt{2}$를 도입하는 방식과 같은 것이나 의미를 배제한 형식적 첨가라는 점이 다르다.

실수체계는 일반적인 다항방정식의 근을 구하는 조작에 대하여 닫혀 있지 않다. 방정식 $x^2=-1$을 만족하는 한 x로서 i를 형식적으로 첨가하여 실수체계를 복소수 체계로 확장한다. 학교수학에서 형식불역의 원리에 의해 방정식의 근의 형식적인 첨가로 수를 확장하는 것이 의식적으로 다루어지는 곳은 실수로부터 복소수로의 확장 과정이다. 이와 같이 실수에 i를 첨가하여 복소수 체계 $\{a+bi \mid a, b \in R\}$로 확장하면 모든 복소수 계수 대수방정식이 복소수 해를 갖는다는 '대수학의 기본정리'가 증명되어 수체계가 대수적으로 닫히게 된다.

(2) '기하학적–대수학적 형식불역의 원리'

음수는 양의 표현과 측정 및 뺄셈 계산을 자유롭게 하기 위한 실제적 필요성 때문에, 그리고 대수에서 방정식의 풀이 방법에 일반성을 부여하기 위한 이론적 필요성 때문에 발명되었으며 음수의 연산은 자연수의 연산의 성질이 유지되면서 확장되도록 정의되었다.

그런데 Descartes에 의해 해석기하학이 탄생하면서 음수와 그 연산은 기하에서 필수불가결한 것임이 분명해졌다. 음수는 평면 전체를 좌표로 기술하고 직선이나 이차곡선 등과 같은 평면도형을 전체적으로 하나의 방정식으로 간단히 기술하는 데 반드시 필요하다.

음수가 도입되기 전에는 변수는 변량, 곧 양수이며 덧셈 $x \to x+3$, 뺄셈 $x \to x-3$, 곱셈 $x \to 2x$는 $x \geq 0$일 때에만 다루어진다. 이들 연산은 함수이며 그 그래프는 반직선이다. 좌표평면 위에서 반직선의 직선으로의 확장과 그 대수적 기술은 음수의 도입으로 가능한 것이다.

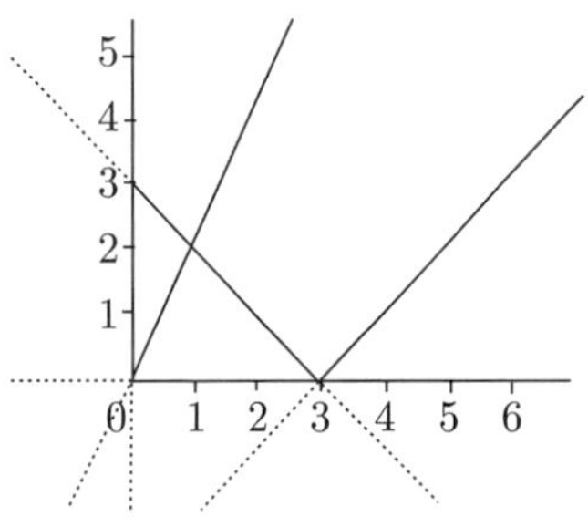

뺄셈 $x \to 3-x$는 음수가 도입되지 않으면 그 그래프는 선분에 불과하며 음수가 도입됨으로써 직선을 나타내게 된다. 또한 곱셈 $x \to 2x$의 그래프는 x의 범위가 0과 양수인 경우는 반직선이며 음수로 확장되면 직선이 된다.

이 직선은 $a(-b)=-ab$가 일반적으로 타당함을 보여준다. 그리고

$$a < b \Rightarrow a+c < b+c,$$

$$a < b \Rightarrow ac < bc(c > 0),\ ac > bc(c < 0)$$

와 같은 대수적 성질은 덧셈 $x \to x+c$, 곱셈 $x \to cx(c>0)$, $x \to cx$ $(c<0)$의 그래프가 단조증대 또는 단조감소함을 의미한다.

대수적 풀이 방법의 일반적 타당성에 대한 요구가 Descartes 이후 기하학적 관계의 기술에 대한 일반적인 타당성에 대한 요구에 의해서 강화되었다. Freudenthal(1983b)은 이와 같은 수학적 사고 발달의 이면에 내재한 원리를 '기하학적-대수학적 형식불역의 원리'라고 부르고 있다.

음수가 도입됨으로써 일차함수 $x \to ax+b$의 그래프는 직선이 되며, 일반적으로 직선의 방정식이 일차방정식이 됨은 기하와 대수(및 해석)의 조화를 보여주는 것이다. 대수 지도에서 대수적 연산과 그 성질의 타당성을 학습자에게 확신시키지 않으면 안 되는바, 가장 확신을 주는 논거는 대수의 조작성을 기하에서 보여주는 것이다.

(3) 지수의 확장 양식으로서의 형식불역의 원리

① 정수 지수로의 확장

자연수 지수는 거듭제곱의 의미를 가지며 $\begin{cases} a^1 = a \\ a^{n+1} = a^n \times a \end{cases}$ 와 같이 귀납적으로 정의된다. 자연수 지수는 정수, 유리수 나아가 실수 지수로 확장된다. 그러나 이때 거듭제곱이라는 자연수 지수의 의미가 유지될 수 없다는 것은 분명하다. 그러나, 왜 $a^0 = 1$, $a^{-n} = \dfrac{1}{a^n}$ 인가?

대수적 사고의 핵심은 조작 규칙이다. 따라서 기존의 대수체계를 확장할 때에는 그 조작 규칙, 곧 형식이 유지되도록 하는 것이 무엇보다도 중요하다. 이러한 형식불역의 원리에 따라 다음과 같이 자연수 지수를 정수 지수로 확장할 수 있다.

m, n이 자연수일 때 지수법칙

$$a^m a^n = a^{m+n},\ (a^m)^n = a^{mn}$$

을 만족한다. 지수가 정수일 때에도 이러한 지수법칙은 그대로 성립해야 한다. 지수법칙 $a^m a^n = a^{m+n}$이 $m=1$, $n=0$일 때에도 성립한다고 하면

$$a^1 a^0 = a^{1+0} = a^1 = a$$

양변을 a로 나누면

$$a^0 = 1$$

또, 위의 지수법칙이 $m=-n$인 경우에도 성립한다고 하면

$$a^{-n} a^n = a^{-n+n} = a^0 = 1$$

양변을 a^n으로 나누면

$$a^{-n} = \frac{1}{a^n}$$

따라서 형식불역의 원리에 따라 지수법칙 $a^m a^n = a^{m+n}$에 바탕을 두어 지수가 정수인 경우 $a^0 = 1$, $a^{-n} = \frac{1}{a^n}$과 같이 정의한다. 그리고 지수가 자연수이면 밑이 0이어도 되지만 지수를 정수로 확장할 때에는 밑이 0인 경우는 배제된다. 왜냐하면 밑 a가 0이면 $a^0 a^1 = a^{0+1} = a$이므로 0^0은 부정이 되며 $a^{-n} = \frac{1}{a^n}$이므로 0^{-n}은 정의될 수 없기 때문이다. 지수를 확장할 때 지수법칙이 유지되도록 하였다는 것은 매우 중요한 사실이다.

② 유리수 지수로의 확장

지수법칙 $(a^m)^n = a^{mn}(a>0)$이 지수가 유리수일 때에도 성립한다고 하면

$$(a^{\frac{1}{n}})^n = a^{\frac{1}{n}\cdot n} = a^1 = a$$

따라서,

$$a^{\frac{1}{n}} = \sqrt[n]{a}$$

마찬가지로, 지수가 유리수일 때에도 지수법칙 $(a^m)^n = a^{mn}(a>0)$이 성립한다고 하면

$$(a^{\frac{m}{n}})^n = a^{\frac{m}{n}\cdot n} = a^m$$

그런데 $a^m > 0$이므로

$$a^{\frac{m}{n}} = \sqrt[n]{a^m}$$

따라서 형식불역의 원리에 따라 지수법칙 $(a^m)^n = a^{mn}(a>0)$에 바탕을 두어 지수가 유리수인 경우 $a^{\frac{m}{n}} = \sqrt[n]{a^m}\ (a>0)$와 같이 정의한다.

그런데, 위에서 지수를 유리수로 확장할 때 밑을 양수로 한정한 이유는 무엇인가? 지수의 확장은 고등학교 1학년 수학에서 이루어지는데 정수 지수로 확장되면 $a^0 = 1, a^{-n} = \dfrac{1}{a^n}\ (a \neq 0)$와 같이 밑이 0이 아니라는 조건이 붙는다. 그 이유는 위에서 살펴보았다. 그런데, 다시 유리수 지수로 확장되면 $a^{\frac{m}{n}} = \sqrt[n]{a^m}\ (a>0)$와 같이 밑이 양수라는 조건이 붙는다. 만

일 지수가 유리수인 경우에 밑이 음수인 경우를 용인하면 어떻게 될 것인가? 여기에서 지수법칙이 유지되도록 지수를 확장하였다는 점에 유의해야 한다. 지수가 유리수이고 밑이 음수인 경우에, 지수법칙이 성립해야 하므로, 이를테면

$$-2=(-8)^{\frac{1}{3}}=(-8)^{\frac{2}{6}}=[(-8)^2]^{\frac{1}{6}}=2$$

와 같이 되어 모순이 발생한다. 음수인 밑을 허용한다면 일반적으로 모든 양의 실수는 그 덧셈에 대한 역원과 같게 된다. 곧, 지수법칙 $(a^m)^n = a^{mn}$이 성립해야 하므로

$$-a=(-a)^1=(-a)^{\frac{2}{2}}=[(-a)^2]^{\frac{1}{2}}=(a^2)^{\frac{1}{2}}=a$$

이것은 모순이다. 따라서 유리수 지수인 경우에 밑은 양수로 제한하지 않을 수 없는 것이다.

이 문제를 좀 더 자세히 검토해 보자. 지수가 정수인 경우에는 밑이 음수인 경우에도 문제가 생기지 않으나, 지수가 유리수가 되면 밑이 음수인 경우에는 상당히 곤란한 점이 생긴다. 실수 범위에서 생각하면 $a^{\frac{1}{n}}$은 함수 $y=x^n$에서 $y=a$일 때의 x의 값, 곧 a의 n제곱근이다. 함수 $y=x^n$의 그래프는 n이 짝수인 경우와 홀수인 경우에 각각 다음과 같다.

$a>0$일 때에는, n이 짝수이면 a의 n제곱근은 양, 음 두 개 ($\sqrt[n]{a}$, $-\sqrt[n]{a}$)가 존재하고, n이 홀수이면 a의 n제곱근은 $\sqrt[n]{a}\,(>0)$ 하나만 존재한다.

$a<0$일 때에는, n이 홀수인 경우에만 a의 n제곱근 $\sqrt[n]{a}\,(<0)$이 하나 존재한다.

0의 n제곱근은 0이다.

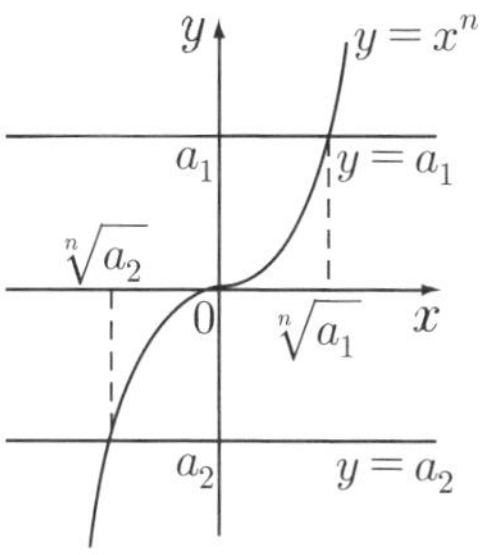

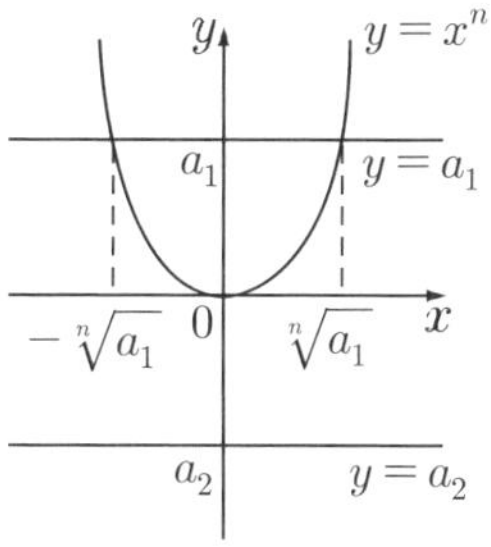

따라서, 이를테면 $(-2)^{\frac{1}{3}}$은 한 가지로 정의되지만, $(-2)^{\frac{1}{4}}$은 실수 범위에서는 해가 존재하지 않는다. 실수 범위에서 $a^{\frac{1}{n}}$이 한 가지 값을 갖도록 하기 위하여 밑 a를 음이 아닌 실수로 제한하고 $a^{\frac{1}{n}}$을 a의 음이 아닌 n제곱근 $\sqrt[n]{a}$을 나타내는 것으로 생각한다.

위에서 살펴본 바와 같이 지수가 정수로 확장되면 밑이 0이 아니어야 하며 지수가 유리수로 확장되면 밑이 음수이면 지수법칙이 성립해야 하므로 모순이 생긴다. 결국 지수가 유리수로 확장되면 밑을 양수로 제한하지 않을 수 없는 것이다. 이러한 문제의 본질을 더 명확히 하려면 학교수학의 범위를 벗어나지만 복소수 범위에서 생각해 보아야 한다. 복소수 영역에서 a의 n제곱근 $a^{\frac{1}{n}}$은 방정식 $z^n=a$의 근이며 n개의 값을 갖는다. a를 극형식으로 나타내어

$$a=r(\cos\theta+isin\theta),\ (r=|a|,\ \theta=\arg a,\ 0\le\theta<2\pi)$$

일 때

$$a^n=r^n(\cos n\theta+isin\,n\theta)$$

$$a^{\frac{1}{n}} = \sqrt[n]{r}\left(\cos\frac{\theta+2k\pi}{n} + i\sin\frac{\theta+2k\pi}{n}\right)\ (k=0, 1, 2, \cdots, n-1)$$

이다. 그리고 $(m, n)=1$일 때

$$a^{\frac{m}{n}} = \sqrt[n]{r^m}\left\{\cos\left[\frac{m}{n}(\theta+2k\pi)\right] + i\sin\left[\frac{m}{n}(\theta+2k\pi)\right]\right\}$$
$$(k=0, 1, 2, \cdots, n-1)$$

이다. $(-8)^{\frac{1}{3}}$은 -8의 세제곱근이다. -8을 복소수로 보아 극형식으로 나타내면

$$-8 = 8(\cos(\pi+2k\pi) + i\sin(\pi+2k\pi))$$

복소수의 극형식에서 편각 θ는 흔히 $0 \le \theta < 2\pi$ 범위의 각, 곧 주치 (principal value)를 택하므로

$$-8 = 8(\cos\pi + i\sin\pi)$$

이고, -8의 세제곱근은

$$\begin{aligned}(-8)^{\frac{1}{3}} &= \sqrt[3]{8}\left(\cos\frac{\pi+2k\pi}{3} + i\sin\frac{\pi+2k\pi}{3}\right)\ (k=0,1,2)] \\ &= \{-2, 1 \pm \sqrt{3}i\}\end{aligned}$$

그러므로, -8의 세제곱근, 곧 $(-8)^{\frac{1}{3}}$ 가운데 실수인 것은 -2뿐이다. 그런데

$$((-8)^{\frac{1}{6}})^2 = [\sqrt[6]{8}(\cos\frac{\pi+2k\pi}{6} + isin\frac{\pi+2k\pi}{6})]^2 \ (k=0,1,2,3,4,5)$$

$$= \sqrt[3]{8}(\cos\frac{\pi+2k\pi}{3} + isin\frac{\pi+2k\pi}{3}) \ (k=0,1,2)$$

$$= \{-2, 1 \pm \sqrt{3}i\}$$

이므로 $(-8)^{\frac{1}{3}} = ((-8)^{\frac{1}{6}})^2$이다. 그러나,

$$((-8)^2)^{\frac{1}{6}} = \sqrt[6]{8^2}(\cos\frac{2\pi+2k\pi}{6} + isin\frac{2\pi+2k\pi}{6})(k=0,1,2,3,4,5)$$

$$= \{\pm 2, 1 \pm \sqrt{3}i, -1 \pm \sqrt{3}i\}$$

이며, 이 가운데에서 실수인 것은 -2, 2이다. 따라서, $(-8)^{\frac{1}{3}} \neq ((-8)^2)^{\frac{1}{6}}$이며 $((-8)^{\frac{1}{6}})^2 \neq ((-8)^2)^{\frac{1}{6}}$이다. 다시 말하면, 복소수 영역에서는 밑이 음수인 $(-8)^{\frac{1}{3}}$이 분명하게 정의되지만 일반적으로 지수법칙은 성립하지 않으며 m, n이 서로소인 경우에 $(z^m)^{\frac{1}{n}} = (z^{\frac{1}{n}})^m$이 성립한다.(Silverman, 1975)

여기에서 주목해야 할 것은 학교수학에서 자연수 지수로부터 정수, 유리수 지수로 지수를 확장할 때 지수법칙이 그러한 확장을 가능하게 하는 기초가 되고 있으나, 복소수 영역으로 지수를 확장할 때에는 지수법칙에 의존하지 않는다는 점이다.[73] 학교수학에서는 형식불역의 원리를 바탕으로

---

73 실수체계 R로부터 $x^2+1=0$의 근 i를 첨가하는 복소수 체계 $\{a+bi \mid a,b \in R\}$로의 확장은 실수의 연산법칙이 유지되도록 하는 형식불역의 원리에 의한 확장이며, 실수 영역에서는 지수 역시 지수법칙이 유지되도록 하는 형식불역의 원리에 의한 확장이

지수법칙이 보존되도록 지수를 정수, 유리수로 확장하여 정의한다. 지수 n이 자연수일 때에는 a가 0이나 음수라도 a^n은 정의된다. 그렇지 않으면 다항식론이 빈약하게 된다. 지수 n이 정수인 경우에는 a는 0이 아니어야 하지만 a가 음수라도 상관없다. 그러나, 지수 r이 유리수인 경우에는 a가 음수인 경우에 a^r은 r의 값에 따라 실수값이 존재할 수도 있고 그렇지 않을 수도 있으며 일반적으로 지수법칙 $(a^m)^n = a^{mn}$이 성립하지 않는다. 형식불역의 원리에 따라 지수법칙을 보존하도록 지수를 확장한 학교수학에서는 지수를 유리수로 확장할 때 지수법칙이 유지되도록 밑을 양수로 제한하지 않으면 안 되며, 따라서 밑이 음수인 이를테면 $(-8)^{\frac{1}{3}}$은 부적절한 것이다. 형식불역의 원리는 Freudenthal(1973)이 강조한 바와 같이 수를 확장하는 자연스러운 원리일 뿐만 아니라 교수학적으로 건전한 원리이다.(Woo & Yim, 2008)

③ 실수지수로의 확장

밑을 양수로 한정하면 지수를 실수로 비교적 부드럽게 확장할 수 있다. $3^{\sqrt{2}}$는, $\sqrt{2}$에 무한히 접근하는 유리수 수열 1, 1.4, 1.41, 1.414, 1.4142, …의 각 항을 지수로 갖는 수열 $3^1, 3^{1.4}, 3^{1.41}, 3^{1.414}, 3^{1.4142}, \cdots$의 극한값으로 정의할 수 있다. 그렇게 되면 지수가 무리수로 확장되고 모든 실수 x에 대하여 $a^x\,(a>0)$가 한 가지로 결정되므로 지수함수가 정의된다.

실수범위에서 임의의 실수 x에 $a^x\,(a>0)$를 대응시키는 지수함수를 정의하려면 함숫값이 한 가지로 정의되어야 하므로 밑을 양수로 택하기로 약속한다. 밑이 음수이면 지수가 정수인 경우에도 함숫값이 교대로 양수와

나, 복소수 영역에서는 그와 무관하게 log함수를 이용하여 $a^x = e^{x\log a}$와 같이 정의되며 일반적으로 지수법칙이 성립하지 않는다.

음수가 되며 지수가 유리수이면 허수인 값을 갖게 되어 함수의 그래프가 연속인 곡선이 되지 못한다. 그리고 밑을 양수로 택한 경우에도 매우 임의적인 약정을 하지 않고는 잘 진행되지 않는다. 지수가 유리수 $\frac{m}{n}$, $(m,n)=1$인 경우 $a^{\frac{m}{n}}$ $(a>0)$은 n개의 복소수 값을 갖는다. 그 가운데 n이 짝수인 경우에는 두 개의 실수값을 가지며 그 가운데 양수 근인 주근(principal root)을 택하기로 약정하는 것이 보통이다.

고등학교에서는 실수 범위에서 위와 같이 지수를 확장하여 지수함수를 도입한 다음 그 역함수로 로그함수를 도입한다. 그러나 이러한 지수의 확장을 통한 지수함수의 정의는 그리 아름답지 못하다. 따라서 고등수학에서는 방향을 바꾸어 로그함수를 $\log x=\int_1^x \frac{1}{t}dt\,(x>0)$와 같이 쌍곡선 아래의 넓이 함수로 도입한다. 그리고, 그 역함수로 지수함수 $\exp(x)$를 도입한다. $\exp(1)=e$(곧, $\log e=1$)로 나타내면 $\exp(x)=e^x$와 같이 된다. 그리고 $a^x=e^{x\log a}$ 와 같이 정의한다. 그렇게 되면 지수함수의 밑은 처음부터 자연스럽게 양수로 제한되게 되는 것이다.

참고문헌

(외국어 문헌은 원서 표기에 따름)

고정화, 「학령초의 활동주의적 수 개념 구성에 관한 연구」, 서울대학교 대학원 교육학 박사학위 논문, 2005.

교육인적자원부·서울교육대학교 국정도서편찬위원회, 『초등학교 교사용지도서, 수학 1-가~6-나』, (주)천재교육, 2005.

김응태·김년식, 『수학교육교재론』, 이우출판사, 1998.

金應泰·朴勝安, 『現代代數學』, 第2版, 二友出版社, 1985.

김정환, 「ペスタロッチ教育學における數學教育の理論とその數學教育史的位置」, 히로시마대학 대학원, 교육학 박사학위 논문, 1970.

김정환, 『페스탈로찌의 교육철학』, 고려대학교 출판부, 1995.

문교부, 『산수 1-1』, 대한문교서적주식회사, 1957.

문교부, 『산수 1-1』, 국정교과서주식회사, 1973.

문교부, 『슬기로운 생활 1-1』, 국정교과서주식회사, 1983.

변희현, 「소수 개념의 교수학적 분석」, 서울대학교 대학원 교육학 박사학위 논문, 2005.

신유신, 「음수 지도 모델에 관한 연구」, 서울대학교 대학원 교육학 석사학위 논문, 1995.

우정호, 「Piaget의 자연수 개념 연구의 교육적 해석」, 『수학교육』, Vol. XVI, 1977.

우정호, 『학교수학의 역사-발생적 접근』, 서울대학교출판문화원, 2018년 1월 발행 예정.

우정호 외, 『중학교 수학 1, 2, 3』, (주)두산, 2009.

유충현, 「칸트의 선험철학과 수학교육」, 서울대학교 대학원 교육학 박사학위 논문, 2008.

유현주, 「유리수 개념의 교수현상학적 분석과 학습-지도 방향에 관한 연구」, 서울대학교 대학원 교육학 박사학위 논문, 1995.

이준열 외 4인, 『중학교 수학 9-가』, (주)도서출판 디딤돌, 2003.

이지원, 「무리수 개념의 이해에 관한 연구」, 서울대학교 대학원 교육학 석사학위 논문, 2008.

임재훈, 「초등수학 교과서의 분수 곱셈 알고리즘 구성 활동 분석: 모델과 알고리즘의 연결성을 중심으로」, 『학교수학』 제14권 제1호, 2012, 135-150쪽.

임재훈·이대현, 「수학과 교육내용 적정성 분석 및 평가」, 한국교육과정평가원 연구보고 RRC 2004-1-5.

장혜원, 『산학서로 보는 조선수학』, 경문사, 2006.

정혜진, 「칸트철학과의 관련에서 본 프뢰벨의 교과이론」, 서울대학교 대학원 교육학 박사학위 논문, 2004.

최병철, 「음수 개념의 이해에 관한 교수학적 분석」, 서울대학교 대학원 교육학 박사학위 논문, 2006.

『九章算術 周髀算經』, 차종천 역, 범양사 출판부, 2000.

大矢眞一·片野善一郎, 『數字と數學記號の歷史』, 裳華房, 1978.

日本數學會 編輯, 『岩波數學辭典』, 第2版, 岩波書店, 1978.

志賀浩二, 『數の誕生』, 岩波書店, 1992.

波多野完治, 『ピアジエの認識心理學』, 國土社, 1964.

Aebli, H., *Didactique Psychologique*, Delachaux et Niestlé, 1951.

Aleksandrov, A. D., Kolmogorov, A. N, & Lavrent'ev, M. A., *Mathematics: Its Content, Methods and Meaning*, trans. by Gould, S. H., Dover Publications, Inc., 1999.

Arcavi, A., "History of Mathematics as a Component of Mathematics Teachers Background, Part II: The learning materials - The Negative Numbers, The Irrational Numbers, Equations -," Ph.D. Thesis, Weizmann Institute of Science, 1985.

Arcavi, A., Bruckheimer, M., & Ben-Zvi, R., "History of Mathematics for teachers: The case of irrational numbers," *For the Learning of Mathmatics*, Vol. 7, No. 2, 1987, pp. 18-23.

Artmann, B., *The Concept of Number: From Quaternions to Monads and Topological Fields*, Ellis Horwood, 1988.

Avila, A., Lluis, E., & Mancera, E., "The Teaching of Fractions: A Challenge to Mathematical Education," Wirszup, I. & Streit, R. (eds.), *Developments in School Mathematics Education around the World*, Vol. 2, NCTM, 1990, pp. 299-307.

Bashmakova, I. G. & Smirnova, G. S., *The Beginnings and Evolution of Algebra*, The Mathematical Association of America, 2000.

Behr, M. J., Lesh, R., Post, T. R., & Silver, E. A., "Rational Number Concepts," Lesh, R. & Landau, M. (eds.), *Acquisition of Mathematics Concepts and Processes*, Academic Press, 1983, pp. 91-126.

Beth, E. W. & Piaget, J., *Mathematical Epistemology and Psychology*, trans by

Mays, W., D. Reidel Publishing Company, 1976.

Birkhoff, G. D. & MacLane, S., *A Survey of Modern Algebra*, The Macmillan Company, 1958.

Blum, W. & Törner, G., *Didaktik der Analysis*, Vandenhoeck & Ruprecht, 1983.

Boulet, G., "On the Essence of Multiplication," *For the Learning of Mathematics*, Vol. 18, No. 3, 1998, pp. 12-18.

Bourbaki, N., "The Architecture of Mathematics," *The American Mathematical Monthly*, Vol. 57, 1950, pp. 221-232.

Bourbaki, N., *Elements of the History of Mathematics*, trans. by Medlrum, J., Springer, 1999.

Boyd, W., *The History of Western Education*, 이홍우 외 역, 『서양교육사』, 교육과학사, 1996.

Boyer, C. B., *The History of the Calculus and Its Conceptual Development*, Dover Publications, Inc., 1959.

Boyer, C. B., & Merzbach, U. C., *A History of Mathematics*, John Wiley & Sons, Inc., 1968.

Brainerd, C. J., "The Origin of Number Concepts," *Scientific American*, Vol. 228, No. 3, 1973, pp. 101-107.

Brousseau, G., "Problémes de didactique des décimaux", *Recherches en didactique des mathématiques* 2(1), 1981, pp. 37-127.

Brousseau, G., *Theory of Didactical Situations in Mathematics: Didactique des Mathématiques, 1970-1990*, Kluwer Academic Publishers, 1997.

Brownell, W. A., "Psychological Considerations in the Learning and the Teaching of Arithmetic," *The Teaching of Arithmetic*, Tenth Yearbook of NCTM, Bureau of Publication, Teachers College, Columbia University, 1935, pp. 1-31.

Bruner, J. S. *The Process of Education*, 이홍우 역, 『教育의 過程』, 배영사, 1973.

Burton, D. M., *The History of Mathematics: An Introduction*, Wm. C. Brown Publishers, 1991.

Cajori, F., *A History of Elementary Mathematics with Hints on Methods of Teaching*, The Macmillan Company, 1957.

Cardano, G., *ARTIS MAGNÆ*, trans. by Witmer, T. R., *The Great Art or The Rules of Algebra*, MIT Press, 1968.

Clason, R. G., "Number concepts in arithmetic texts of the United States from

1880 to 1966, with related psychological and mathematical developments," Unpublished doctoral dissertation, The University of Michigan, 1968.

Courant, R. & Robbins, H., *What is Mathematics?: An Elementary Approach to Ideas and Methods*, Revised by Stewart, I., Oxford University Press, 1996.

Davis, R. B. & The Madison Project, *Explorations in Mathematics: A Text for Teachers*, Addisons Wesley Publishing Company, 1967.

Davydov, V. V., "Logical and Psychological Problems of Elementary Mathematics as an Academic Subject," Steffe, L. P. (ed.), *Soviet Studies in Psychology of Learning and Teaching Mathematics Vol.Ⅶ*, The University of Chicago, 1975a, pp. 55-107.

Davydov, V. V., "The Psychological Characteristics of the Prenumerical Period of Mathematics Institution," Steffe, L. P. (ed.), *Soviet Studies in Psychology of Learning and Teaching Mathematics Vol.Ⅶ*, The University of Chicago, 1975b, pp. 109-205.

Davydov, V. V., "The Psychological characteristics of the formation of elementary mathematical operations in children," Carpenter, T. P., Moser, J. M., & Romberg, R. A. (eds.), *Addition & Subtraction: A Cognitive Perspective*, Lawlence Erlbaum Associates, Inc., 1982, pp. 224-238

Davydov, V. V., *Types of Generalization in Institution: Logical and Psychological Problems in the Structuring of School Curricula*, Kilpatrick, J. (ed.), *Soviet Studies in Mathematics Education*, Vol. 2, The Council, 1990.

Dedekind, R., *Essays on the Theory of Numbers*, Dover Publications, Inc, 1963.

Dewey, J. & McLellan, J. A., *The Psychology of Number and Its Application to Method of Teaching Arithmetic*, D. Appleton & Company, 1895.

Dieudonné, J., "New Thinking in School Mathematics," Fehr, H. (ed.), *New Thinking in School Mathematics*, OECD, 1961, pp. 31-49.

Dieudonné, J., "Abstraction in Mathematics and the Evolution of Algebra," Lamon, W. (ed.), *Learning and the Nature of Mathematics*, Science Research Association, Inc., 1972, pp. 99-113.

Eilenberg, S. & MacLane, S., "General Theory of Natural Equivalences,"

Transaction, American Mathematical Society, 58, 1945, pp. 231-294.

Euclid, *The Thirteen Books of the Elements*, Vol. 1, 2, 3, trans. with introduction and commentary by Sir Thomas L. Heath, Dover Publications, Inc., 1956.

Euler, L., *Vollständige Anleitung zur Algebra,* trans. by Hewlett, R. J., *Elements of Algebra*, Springer Verlag, 1984.

Eves, H., *An Introduction to the History of Mathematics*, 이우영·신항균 역, 『수학사』, 경문사, 1995.

Eves, H. & Newsom, C. V., *An Introduction to the Foundations & Fundamental Concepts of Mathematics*, Holt, Rinhart & Winston, 1964.

Fink, K., *A Brief History of Mathematics*, The Open Court Publishing Company, 1900.

Fischbein, E., *Intuition in Science and Mathematics: An Educational Approach*, D. Reidel Publishing Company, 1987.

Fraenkel, A. A., *Abstract Set Theory*, North-Holland Publishing Co., 1968.

Freudenthal, H., *Mathematics as an Educational Task*, D. Reidel Publishing Company, 1973.

Freudenthal, H., "Soviet research on teaching algebra at the lower grades of elementary school," *Educational Studies in Mathematics*, 5, 1974, pp. 391-412.

Freudenthal, H., *Weeding and Sowing: Preface to a Science of Mathematical Education*, D. Reidel Publishing Company, 1978.

Freudenthal, H., *Didactical Phenomenology of Mathematical Structures*, D. Reidel Publishing Company, 1983a.

Freudenthal, H., "The Implicit Philosophy of Mathematics History and Education," *Proceedings of the International Congress of Mathematicians*, Aug. 16-24, 1983b, Warszawa, pp. 1695-1709.

Fricke, A., "Operative Lernprinzipien im Mathematikunterricht der Grundschule," Fricke, A. und Besuden, H., *Mathematik-Elemente einer Didaktik und Methodik*, Ernst Klett Verlag, 1970, S. 79-116.

Fricke, A., "Die natürliche Zahl in mathematischen Anfangsunterricht," *Mathematik Unterricht*, 5/71, 1971, S. 67-87.

Friedman, M., "Kant's Theory of Geometry," Posy, C. J. (ed.), *Kant's Philosophy of Mathematics: Modern Essays*, Kluwer Academic Publishers,

1992, pp. 177-219.

Froebel, F., *Menschenerziehung*, trans. by Hailmann, W. N., *The Education of Man*, D. Appleton and Company, 1900.

Gattegno, C., *For the Teaching of Mathematics*, Educational Explorers Limited, 1963.

Gattegno, C., *Mathematics with Numbers in Colours, Book I,* Educational Explores Limited, 1970.

Glaeser, G., "Epistémologie des nombres relatifs," *Recherches en Didactique des Mathematiques*, Vol. 2, No. 3, 1981, pp. 303-346.

Hebeker, L. H., "Negative Numbers: Obstacles in their Evolution from Intuitive to Intellectual Constructs," *For the Learning of Mathematics*, Vol. 11, No. 1, 1991, pp. 26-32.

Higgins, J. L., *Mathematics Teaching and Learning*, Charles A. Jones Publishing Company, 1973.

Hintikka, J., "Kant on the Mathematical Method," Posy, C. J. (ed.), *Kant's Philosophy of Mathematics: Modern Essays*, Kluwer Academic Publishers, 1992, pp. 21-42.

Hitchcock, G., "Teaching the Negatives, 1870-1970: A Medley of Models," *For the Learning of Mathematics*, Vol. 17, No. 1, 1997, pp. 17-25.

Kant, I. *Immanuel Kant's Critique of Pure Reason*, trans. by Smith, N. K., Macmillan & Co Ltd., 1956.

Kant, I., *Critique of Pure Reason*, 최재희 역, 『순수이성비판』, 박영사, 1999.

Kant, I., *Kritik der reinen Vernunft*, 백종현 역, 『순수이성비판 1, 2』, 아카넷, 2008.

Karpinski, L. C., *The History of Arithmetic*, Rand MçNally & Company, 1925.

Katz, V. J., *A History of Mathematics: An Introduction*, Harper-Collins College Publishers, 1992.

Klein, F., *Elementarmathematik vom höheren Standpunkte aus, erster Band*, trans. by Hedrick, E. R. & Noble, C. A., *Elementary Mathematics from an Advanced Standpoint: Arithmetic, Algebra, Analysis*, Dover Publications Inc., 2004.

Kleiner, I., "Thinking the Unthinkable: The Story of Complex Numbers (with a Moral)," *Mathematics Teacher*, Vol. 81, 1988, pp. 583-592.

Kline, M., *Why Johnny Can't Add: The Failure of the New Math*, St. Martin's

Press, 1973.

Körner, S., *Kant*, Penguin Books, 1972.

Lang, S., *Linear Algebra*, Addison Wesley, 1973.

Lietzmann, W., *Stoff und Methode des Rechenunterrichts in Deutschland*, Druck und Verlag von B. G. Teubner, 1912.

Lucas, J. R., *The Conceptual Roots of Mathematics*, Routledge, 2001.

Mazur, B., *Imagining Numbers*, Farrar, Stratus and Giroux, 2003.

MacLane, S. & Birkhoff, G., *Algebra*, Macmillan Co., 1967.

Minskaya, G. I., "Developing the Concept of Number by Means of the Relationship of Quantities," Steffe, L. P. (ed.), *Soviet Studies in Psychology of Learning and Teaching Mathematics Vol.Ⅶ*, The University of Chicago, 1975, pp. 207-261.

Moreno-Armella, E. L. & Waldegg, G., "An Epistemological History of Number and Variation," Katz, V. J. (ed.), *Using History to Teach Mathematics: An International Perspective*, The Mathematical Association of America, 2000.

NCTM, *Historical Topics for the Mathematics Classroom*, The Council, 1998.

Odenbach, K., "Zur Einführung," *Rechenunterricht und Zahlbegriff*, Westermann Taschenbuch, 1970.

Parsons, C., "Kant's Philosophy of Arithmetic," Posy, C. J. (ed.), *Kant's Philosophy of Mathematics: Modern Essays*, Kluwer Academic Publishers, 1992, pp. 43-79.

Pestalozzi, J. H., *Wie Gertrud ihre Kinder lehrt*, trans. by Holland, L. E. & Turner, F. C., *How Gertrude Teaches Her Children*, Gordon Press, 1977.

Pestalozzi, J. H., *Letters on Early Education: Addressed to J. P. Greaves by Pestalozzi*, 김정환 역, 『페스탈로찌가 어머니들에게 보내는 편지』, 양서원, 1989.

Pestalozzi, J. H., *Wie Gertrud ihre Kinder lehrt*, 김정환 역, 『페스탈로찌의 실천』, 젊은날, 1991.

Piaget, J., "La genèse du nombre chez l'enfant," *Initiation au calcul, Cahiers de Pédagogie Moderne*, Editions Bourrelie, 1953, pp. 5-20.

Piaget, J., *The Child's Conception of Number*, W. W. Norton & Company, Inc., 1965(a).

Piaget, J., "Les structures mathématiques et les structures opératoires de l'intelligence," *L'enseignement des mathématiques*, Delachaux et Niestlé, 1965(b), pp. 11-33.

Piaget, J., *Genetic Epistemology*, trans. by Duckworth, E., Columbia University Press, 1970.

Piaget, J., *Science of Education and the Psychology of the Child*, trans. by Coltman, D., Group Limited, 1971.

Richman, F., "Is 0.999...=1?," *Mathematics Magazine*, Vol. 72, No. 5, 1999, pp. 396-400.

Romberg, T. A., "An Emerging Paradigm for Research on Addition and Subtraction Skill," Carpenter, T. P. et al. (eds.), *Addition and Subtraction: A Cognitive Perspective*, Lawrence Erlbaum Associates, 1982, pp. 1-7.

School Mathematics Study Group, *Mathematics for the Elementary School, Book 1, 2, 3, Teachers Commentary*, The Board of Trustees of the Leland Stanford Junior University, 1965.

School Mathematics Study Group, *Mathematics for Junior High School*, Vol. I, II, 김치영 외 번역, 『중학교 SMSG수학』, 제1, 2권, 문교부, 1970.

Silverman, H, *Complex Variables*, Houghton Mifflin, 1975.

Skinner, B. F., "The Science of Learning and the Art of Teaching," *Harvard Educational Review*, Vol. 24, 1954, pp. 86-97.

Smith, D. E., *History of Mathematics*, Dover Publications, Inc., 1925.

Steiner, H.-G., "Magnitude and Rational Numbers: A Didactical Analysis," *Educational Studies in Mathematics*, Vol. 2, No. 2/3, 1969, pp. 371-392.

Stillwell, J., *Mathematics and Its History*, Springer, 2002.

Stillwell, J., *Yearning for the Impossible: The Surprising Truths of Mathematics*, L. K. Peters, Ltd., 2006.

Thom, R., "'Modern' Mathematics: Does It Exist?," Howson, A. G. (ed.), *Developments in Mathematical Education*, Cambridge University Press, 1973, pp. 194-209.

Thorndike, E. L., *The Psychology of Arithmetic*, The Macmillan Company, 1922.

Toeplitz, O., *Die Entwicklung der Infinitesimalrechnung*, trans. by Lange, L., *The Calculus: A Genetic Approach*, The University of Chicago Press, 1963.

Vinner, S., "Implicit Axioms, ω-Rule and Axiom of Induction in High School

Mathematics," *The American Mathematical Monthly*, Vol. 83, No. 7, 1976, pp. 561-566.

Vollrath, H.-J., *Algebra in der Sekundarstufe*, Wissenschaftsverlag, 1994.

Vygotsky, L. S., *Thought and Language*, 신현정 역, 『사고와 언어』, 성원사, 1985.

Whitehead, A. N., *An Introduction to Mathematics*, Oxford University Press, 1948.

Wilder, R. L, *Evolution of Mathematical Concepts: An Elementary Study*, John Wiley & Sons, 1968.

Wittmann, J., *Theorie und Praxis eines ganzheitlichen Unterrichts*, W. Grüwell Verlag, 1929.

Woo Jeong-Ho, "School Mathematics and Cultivation of Mind," *Proceedings of the 31st Conference of the International Group for the Psychology of Mathematics Education*, Vol. I, The Korea Society of Educational Studies in Mathematics, 2007, pp. 65-93.

Woo Jeong-Ho & Yim Jae-Hoon, "Revisiting 0.999... and $(-8)^{\frac{1}{3}}$ in School Mathematics from the Perspective of the Algebraic Permanence Principle," *For the Learning of Mathematics*, Vol. 28, No. 2, 2008, pp. 11-16.

Yim Jae-Hoon, "Children's Strategies for Division by Fractions in the Context of the Area of a Rectangle," *Educational Studies in Mathematics*, Vol. 73, No. 2, 2010, pp. 105-120.

Young, J. W. A., *The Teaching of Mathematics in the Elementary and the Secondary School*, Longmans, Green and Co., 1920.

제3장

대수 교재의 기초

1. 대수와 대수적 사고

1) 대수의 발달과 대수적 사고 교육

학교대수의 중심을 이루는 문자와 식의 산술에 기초한 방정식론의 원형은 무엇이며 그것은 역사적으로 언제 어떻게 발달하였으며 학교수학에는 그러한 내용이 어떻게 반영되어 있는가?[1] 그 기원을 추적하여 고대 바빌로니아의 함무라비(Hammurabi)왕조 시대(1800~1600 B.C.)까지 거슬러 올라가 보면 진흙판에 쐐기문자로 쓰인 일차방정식과 이차방정식의 풀이에 대한 기록이 나오고, 이집트 수학자 Ahmes(?~1650? B.C.)의 일차방정식에 대한 기록이 파피루스에 남아 있을 정도로 대수는 수학의 발생과 함께 시작되었다고 할 수 있다. 고대 바빌로니아에서 사용된 일차방정식을 푸는 방법인 '가정법'과 이차방정식의 근을 구하는 알고리즘에서 대수적 사고의 싹을 찾아볼 수 있다.(Bashmakova & Smirnova, pp. 1-10)

고대 그리스인들은 바빌로니아와 이집트의 경험적인 수학을 이론적인 기하학으로 발전시켜 대수를 기하학 가운데 포함시켰으나, 실용적인 로마

---

1 학교대수에 대한 교수학적 논의를 위해서는 대수, 특히 고전 대수의 중심을 이루었던 방정식의 역사적 발생과정에 대한 더 상세한 고찰이 요구되는바 이에 대해서는 『학교수학의 역사-발생적 접근』을 참고해 주기를 바란다.

제국이 지배하던 후기 알렉산드리아 시대에 수학연구의 방향에 근본적인 변화가 생기고 3세기 중반에 대수의 독립된 발전이 일어났다. 이 시대에 그리스의 Diophantus는 그의 저서 *Arithmetica*에서 문제가 풀렸다고 보고 생략어를 사용하여 조건에 맞는 방정식을 세우고 방정식을 변형하는 두 가지 규칙을 사용하여 필요조건을 찾아가는 분석적 사고에 기초한 형식적인 풀이방법을 다룸으로써 대수적 사고의 원형이 명확히 등장하였다. Diophantus의 뒤를 이어 등장한 그리스의 위대한 저술에 대한 주석서 가운데 가장 주목할 만한 것이 4세기 전반의 Pappus가 쓴 *Mathematical Collections*이다. 거기에서 Pappus는 Euclid원론의 학습을 마친 후 증명문제와 답을 구하는 문제를 해결하는 능력을 얻고자 하는 사람들을 위한 발견술에 대해 기술하고 있는데, 답을 구하는 문제의 경우에는 찾고자 하는 것을 이미 찾은 것처럼 가정하고 그로부터 유도될 수 있는 명제를 도출하기를 계속하여 이미 답을 알고 있는 명제에 도달하는 방법, 곧 거꾸로 사고하는 발견 과정인 분석과 그 과정을 뒤집어 마지막에 도달한 것으로부터 찾고 있는 것의 구성에 이르는 과정인 종합의 과정을 거쳐 해결된다는 점을 명확히 하였다. 이는 방정식의 해를 구하는 경우 방정식이 풀린 것으로 가정하고, 곧 등식으로 보고 등식의 성질을 적용하여 방정식을 거듭 변형하여 필요조건을 찾은 다음 그것이 충분조건인지 알아보아 해를 구하는 방법에 해당된다.(Burton, pp. 227-245; Euclid, Vol. 1, p. 138; Heath, pp. 400-401)

그 후 여러 세기가 흐른 후 로마가 멸망하고 이슬람 제국이 번성하면서 발달한 것이 인도에서 전래된 위치적 십진기수법에 바탕을 둔 사칙계산법과 그리스 Diophantus의 방정식 풀이법을 이어받은 계산수학이었다. algebra란 말의 기원은 아라비아 수학자인 al-Khwarizmi(780?~850?)[2]의 이차방

2 알고리즘(algorism, 또는 algorithm)은 인도-아라비아 기수법에 따른 사칙계산 과정

정식에 관한 저서인 *Hisab al-jabr wa al-muqabala*에서 비롯된 것으로 보인다. al-Khwarizmi는 이 책에서 그리스 Diophantus의 *Arithmetica*에 나오는 방정식 풀이법인 방정식을 동치인 방정식으로 변형하는 대수적 조작, 곧 방정식의 한 변에 음의 항이 있을 때 양변에 그 양의 항을 더하여 음의 항을 없애는 것, 곧 이항을 al-jabr라고 불렀으며 방정식의 양변으로부터 같은 항을 소거해 그러한 항이 더 많은 변에만 나타나도록 하는 것을 al-muqabala라고 불렀다. '*Hisab al-jabr wa al-muqabala*'는 '이항과 소거 과학'이라는 뜻이다. 이 책이 서구에 전래되면서 라틴어로 algebra et almuchabala로 번역되어 사용되다가 후에 뒷부분이 생략되어 algebra만이 남게 되었다고 한다. 이는 방정식을 풀렸다고 보고 등식으로 간주하여 변형을 통해 해결하는 분석적 사고 방법으로, 등식의 성질에 따라 등식의 양변에 같은 것을 더하거나 양변에서 같은 것을 빼는 조작을 뜻하므로 algebra의 본래의 뜻은 등식의 성질에 따른 이항과 소거에 의한 방정식의 풀이 절차이다.

Diophantus의 대수를 이어받아 *algebra*의 어원이 된 방정식 풀이법을 중심으로 한 계산술로서의 중세 아라비아 대수는 서구에 전래된 후 16세기에 이르러 Viète에 의해 새로운 발전을 이룩하게 되었다. 중요한 것은 이러한 방정식의 풀이절차는 분석적 사고라는 점인데 위에서 언급한 바와 같이 그 원형은 이미 3세기 그리스의 Diophantus의 *Arithmetica*에 나오는 것으로, 이 책이 다른 그리스 문헌과 함께 아라비아에 전래되어 중세에 아라비아 수학이 번성하게 된 것이며 그러한 내용이 유럽에 전래되어 Viète에 의해 그 분석적 사고 특성이 새롭게 강조되고 Descartes에 의해 수학적 사고 방법으로 정형화되었다. 근세에 이르기까지 대수는 이러한

을 기술한 al-Khwarizmi의 책의 라틴어 번역본 *Liber algorismi*(Book of al-Khwarizmi)의 저자 이름에서 유래한 용어이다.

'놀라운' 사고 절차를 구사하는 방정식론이었다.(Cajori, 1957, pp. 106-111; Bashmakova & Smirnova, pp. 49-55)

Viète에 의해 문자 변수가 도입되면서 문자식이라는 고유한 기호언어가 등장하고 대수는 문자를 이용하여 양 사이의 관계를 나타내고 문제를 해결하는 일반화된 산술, 문자 산술에 기초한 방정식 풀이를 이용하여 문제를 해결하는 분야로 간주되게 되었다. Viète는 미지인 양을 구하는 문제는 고대 그리스의 Pappus가 말한 분석과 종합의 과정을 거쳐 해결된다는 점에 주목하고, 방정식 풀이는 미지인 것이 주어졌다고 가정하고 거꾸로 사고하는 분석과정이 중심을 이룬다고 보고 대수를 '분석술'이라 불렀다.(Boyer, pp. 333-342) 그의 문자 계산법은 미지수는 물론 파라미터도 문자로 나타냄으로써 방정식을 일반적인 형식으로 나타내어 다항방정식의 일반해 문제가 수학의 핵심 주제로 대두됨으로써 현대대수학이 발전하는 계기가 마련되었다.

Viète의 문자 산술은 17세기에 Descartes에 의해 완성되어 오늘날과 같이 문자변수를 사용할 수 있게 되었으며, 미지인 것을 구했다고 보고 x라고 놓고 조건에 맞게 방정식을 세워 등식의 성질을 이용하여 해결하는 방법을 갖게 되었다. Descartes는 방정식을 '만능의' 문제해결 수단으로 간주했을 정도로 방정식에 매료되었으며 방정식을 이용하여 도형의 성질을 연구하는 해석기하학을 창시하여 기하학의 대수화가 일어났다. 그리고 이를 바탕으로 Newton, Leibniz에 의해 함수의 미적분법이 탄생되었는데, 이는 Klein에 따르면 역학적 기하학적 함수개념으로부터 계산식으로서의 함수, 계산적인 함수개념으로의 전환에 의해 미적분학의 제2기본정리를 발견하게 된 데서 가능하게 되었다.(Toeplitz, pp. 129-132)

계산은 관련된 수학 체계의 기본성질로부터 이끌어내어진 일반적인 법칙에 따른 형식적 절차이며 의식적인 추론을 통하지 않고 신속하고 정확한 기계적인 처리로 결과의 발견과 그 타당성에 대한 증명이 동시에 이루어지는 수학의 꽃이라고 할 수 있는 놀라운 수학적 사고방법이다. 산술적·대수적인 기호법의 발견적인 힘에 감명을 받아 계산기를 발명하고 미적분 기호를 조작하는 알고리즘, 곧 미적분 계산법을 개발하였으며 문제를 해결하는 일반적인 절차, 곧 발견술과 논리적 사고를 기호화하려고까지 시도한 형식적 수학의 대부 Leibniz는 문제가 야기되면 '자, 그러면 우리 계산해 봅시다.'라고 말하고 계산을 하여 기계적으로 문제를 해결하였다고 한다.(Grabiner, 1988) 19세기에 이르러 미적분법의 기초 문제가 심각하게 제기되어 Cauchy의 극한방법이 등장하였으며, 1870년대에 엄밀한 실수론이 제시되고 이에 기초하여 Weierstrass의 '$\epsilon-\delta$방법', '$\epsilon-N$방법'으로 극한방법의 산술화가 이루어졌다.

다항방정식의 가감승제와 거듭제곱근에 의한 가해성의 문제가 19세기에 이르러 Galois에 의해 해결되고 군론(群論)이 발전하면서 대수학은 새로운 개념적 도약을 하게 되었다. "19세기를 새로운 대수학의 시대라고 부르고 수학의 대수화와 대수적 사고 양식의 마무름을 말하는 것은 마찬가지로 정당화될 것이다. 실로 19세기까지 대수학은 주로 방정식의 과학이었던 반면에 19세기에 대수학에는 군, 환, 체, 이데알, 행렬, 대수 및 다른 많은 것과 같은 완전히 새로운 개념과 대상이 나타났다. 그들에 대한 연구로 새로운 방법과 구상의 발달이 일어났으며 이는 대수학의 주제에 대한 변화된 관점을 초래하였다. 특히 이제 대수학의 과제는 '수의 덧셈과 곱셈의 성질과 다소 유사한 성질을 갖는 연산이 정의되는' 임의의 성질을 갖는 체계의 연구로 보이게 되었다. 이들 연산은 합성법칙이라고 불리고 그들의 기본성질은 공리계로 주어졌다."(Bashmakova & Smirnova p. xiii)

문자 계산법을 통해 일반화, 추상화를 추구해온 대수는 19세기에 수와 그 계산 법칙 및 방정식의 풀이라는 전통적인 고유 영역을 넘어 일반화되면서 비유클리드 기하학과 집합론의 출현과 더불어 추상대수학으로 발전한 것이다. 그리고 이를 근간으로 발전한 20세기 구조주의 추상수학의 두드러진 특징은 수학의 대수화, 대수적 방법에 의한 수학의 연구, 대수적인 공리론이라고 할 수 있다. 20세기 중반에 이르러 Euclid공간이 내적이 정의된 실수체 위의 2, 3차원 벡터공간으로 규정되어 Euclid기하가 벡터공간론 곧 선형대수로 간주되는 등 수학의 대수화가 급속히 이루어져, 20세기는 대수학의 시대로 일컬어지게 되었다.[3] 여기에서 간과해서는 안 되는 것이 고도로 추상화된 이론인 현대수학은 실세계의 법칙성을 개념적으로 규명하는 데 과거의 대수보다 더 큰 힘을 갖게 되었다는 점이다. 따라서 학교수학에서 대수 교재는 이러한 대수화된 현대수학의 여러 분야의 학습을 위한 기초가 된다는 점에서 매우 중요한 위치를 점하고 있다.

MacLane과 Birkhoff(1967, p. 1)는 이러한 대수학에 대해 다음과 같이 기술하고 있다. "대수학은 수의 합, 곱, 거듭제곱을 조작하는 기술로서 출발하였다. 이들 조작의 규칙은 모든 수에 대하여 성립하므로, 그러한 조작은 수를 나타내는 문자로 실행될 수 있다. 그리고 … 그러한 규칙은 … 전혀 수가 아닌 것에 대해서조차도 적용되는 것 같다. 따라서, 대수적 체계란 … 덧셈과 곱셈과 같은 함수가 어떤 기본적인 규칙을 만족하기만 하면 작동되는 임의의 원소의 집합이다." 이를테면 결합법칙은 수, 다항식, $n \times n$행렬의 합과 곱에 대해서도 성립하며 수, 다항식, $n \times n$행렬 등은 각각 대수체계를 이루고 있다.

대수학이란 임의의 대상의 집합에서 정의된, 수의 덧셈과 곱셈의 성질과 다소 유사한 성질을 갖는, 연산의 과학인 대수체계로 보는 것이다. 그러한 대수체계의 성질, 곧 대수적 구조를 연구하는 분야가 추상대수학인바, Dieudonné(1972)는 추상대수학 발달의 역사적 배경을 기술하는 가운

---

3 그러나 여전히 기하학적 방법과 기하학적 직관이라는 기하의 혼은 수학을 지배하고 있다.(Freudenthal, 1973, pp. 38-42)

데, 세(體)를 이루는 실수에 대한 완전한 산술을 하던 상황에서 허수에 대한 맹목적인 계산이 의미를 갖게 되면서 계산의 대상으로부터의 추상화가 일어나고, 교환법칙이 성립하지 않는 변환의 계산을 다루게 되면서 계산 규칙의 본질성을 인식하여 군, 환, 벡터공간과 같은 '부분 산술체계'를 연구하게 되어 추상대수학이 발달하게 되었다고 기술하고 있다.

그런데 algebra를 대수(代數)라고 번역한 것은 중국에서 활동하던 영국 선교사 Alexander Wylie(1815~1887)로서 그가 1853년에 쓴 『수학계몽(數學啓蒙)』의 서문 가운데 이 용어가 처음 나온다. '대수학(代數學)'이라는 용어는 1859년 그가 중국인 이선란(李善蘭)과 함께 번역한 De Morgan의 저서 *Elements of Algebra*의 표제로서 처음 등장하였다. 그 책의 중국어 서문에서 Wylie는 algebra는 아라비아어로서 '보족(補足)과 상소(相消)'란 뜻임을 밝히고 있으며, 영어 서문에서 중국에서는 algebra에 해당하는 것을 차근법(借根法)이라고 불러 왔으나 좀 더 적절한 말로 '대용산술'이라고 해야 할 것이며 이를 '대수학'이라고 하는 쪽이 낫다고 서술하고 있다. 대수학이란 수를 이용하는 종래의 산술을 대신하는 새로운 산술이라는 뜻으로 algebra의 본래의 뜻과는 다른 것이다.(NCTM, 1998, pp. 233-234; 片野善一郎, pp. 71-73)

수학에 대한 표상은 중학교 대수에 의해 강력하게 형성된다. 중학교의 수학교육은 대수가 지배하는데, 이에는 여러 가지 근거가 있다(Vollrath, S. 238). 중학교에서 지도되는 대수적 지식과 기능이 기하학적 지식과 기능보다 고등학교 수학에서 훨씬 큰 의미를 가지며, 초등학교에서 접하지 못했던 문자와 식의 계산, 등식의 성질을 이용한 방정식의 풀이라는 생소한 내용을 갑작스럽게 다루게 되어 많은 중학교 학생들이 대수학습에서 현저한 어려움을 드러냄으로써 그 학습량과 시간을 증대시킨 결과 전통적으로 강조되던 기하학습 시간이 감소하게 되었다. 대수학습의 성취는 기하학습에서보다 쉽게 조종되기 때문에 전반적으로 수학교육에서 대수과제가 기하과제보다 강조된다. 더구나 기하는 현대수학의 연구에서 그 역할이 현저히 감소하였는바 이러한 기하의 평가절하가 수학교육에도 반영되게 되었다. 중학교 수학에서의 대수의 지배적 위치는 대수교육에서 방정식의 풀이를 포함한 문자식의 계산 지도가 상당히 강조된다는 것을 가리킨다. 대수교육의 전면에 이러한 문자계산 지도가 놓이게 되고 이는 학생들에게 수학에서는 정해진 규칙에 따라 실행되는 계산 알고리즘이 일차적으로 중요하다는 인상을 남기며, 그와 함께 문제해결 수단으로서의 대수의 유용성이 중시되게 된다. 이러한 상황에서 오늘날 학교수학에서 대수가 무엇인지, 그 주제와 방법, 목적에 내재된 대수적 사고가 무엇인지 명확히 드러나기가 쉽지 않게 되어 있다. 수학도 다른 지식 분야와 마찬가지로 기성 지식이 없이는 생각할 수 없으며 신뢰성이 매우 높고 표준화된 비교적 단순한 절차적 지식, 곧 형식화된 알고리즘이 두드러진 역할을 하는 분야이다. 학교대수의 중심을 이루는 알고리즘에 따른 풀이 절차는 단순하고 형식적인 일련의 언어적 변환 과정이다. 수학교육의 주요 문제는 그러한 형식화된 기성 지식에 대한 의미 있는 교육의 문제이며, 여기에서 제기되는 것이 형식화된 기성 지식에 내재된 사고양식을 드러내기 위한 교수학적 분석이다. Freudenthal(1983, pp. 487-490)은 대수적인 사고에 내재된 대수적인 전략·전술 가운데 대표적인 것을 다음과 같이 열거한다.

'대수적 원리' – '대수적 형식불역의 원리'로서, 기존의 수 체계에서 인정된 성질이 유지되도록 수와 그 연산 및 관계를 확장하는 것을 의미한다. 이는 수학을 창조하는 원리일 뿐만 아니라 교수학적인 기능도 갖고 있다. 이를테면 이 원리는 지수를 자연수 지수에서 정수 지수, 유리수 지수로 확장할 때 지수법칙이 유지되도록 한다. 수 및 그 연산과 관계의 이러한 확장은 좌표평면에서 도형의 확장과 그 관계의 대수적 기술의 단순성에 의해서 정당화되므로, 이는 '기하학적-대수적 형식불역의 원리'라고도 불릴 수 있는 것이다.

(형식적인) 대입 – 이는 다음과 같은 여러 가지 전술적인 측면을 갖는다. 곧, 변수가 수치적으로 고정되면 특수화가 되고, 수치가 변수로 대치되면 일반화가 된다. 그리고, 어떤 풀이 양식이 적용되면 특수화가 되고, 어떤 풀이 양식이 확장되면 일반화가 된다. 또한 x^4+2x^2-3에서 x^2을 y로 치환하듯이 주어진 식에서 부분적인 식을 변수로 대치하면 구조적인 단순화가 되고, 이를테면 삼차방정식 $x^3+px+q=0$에서 $3uv+p=0$이 되게 x를 $u+v$로 치환함으로써 u^3에 대한 이차방정식을 얻어 해를 구할 수 있는데, 이 경우 주어진 방정식은 변수를 식으로 대치하여 단순화되지만 구조적으로 복잡해진다. 그리고 대입으로 포함된 변수를 제거하거나, 이를테면 x^2+2x+3에서 x를 $y-1$로 대치하듯이, 어떤 대수법칙을 적용할 수 있는 패턴을 찾기 위하여 재구조화하는 경우도 있다. 곱셈을 동수누가로, 거듭제곱을 거듭된 곱셈으로 뺄셈을 역원의 덧셈으로 대치하듯이, 연산과 관계를 그 정의로 대치하는 것도 여기에 해당된다.

대수적인 번역 – 성질이나 관계 또는 문제를 방정식, 부등식 등으로 번역하고, 홀수를 $2n-1$(n은 정수)로 기술하듯이 변수를 도입하여 성질을 대수적으로 기술한다.

방정식과 부등식 풀기 – 차례로 대입해 보거나, 항을 모두 한쪽으로 이항하거나, 양변에 항을 적절히 분배하거나, 양변에 같은 연산을 적용하거나, 단순화를 위해 복잡화하거나, 소거법을 사용하거나 하여 방정식과 부등식을 해결한다.

식을 함수로 간주하기 – 주어진 함수를 어떤 함수의 합성함수로, 혹은 어떤 함수의 역함수로 간주하거나, 방정식을 두 함수식으로 간주하고 그래프를 이용하여 실근을 구한다.

관점의 전환 – 자료를 미지인 것으로 생각하거나, 미지인 것을 자료로 생각함으로써, 그리고 미지인 것을 조건을 만족하는 해로 생각하고 거꾸로 연구하거나, 부등식을 등식으로 또는 등식을 부등식으로 대치함으로써 관점을 바꾼다.

대칭성을 찾아보기 – 식, 방정식, 부등식, 함수에서 대칭성을 찾아본다. 이를테면 포함된 문자를 서로 바꾸어도 원래의 식과 같은 식이 될 때 그러한 식을 대칭식이라고 하는데, $a^3+b^3=(a+b)(a^2-ab+b^2)$와 같이 대칭식을 인수분해하면 역시 대칭식이 된다. 대칭인 방정식 $2x^3-7x^2y-7xy^2+2y^3=0$에서 (a,b)가 해이면 (b,a)도 해이다. 여기에서 알 수 있듯이, 문제를 해결하고자 할 때 자료나 조건의 대칭성에 주목하고 결과를 점검할 때에도 대칭성에 주목하는 것은 매우 유용한 사고 전략이다.

식이 양(陽)임을 보이기 – 식을 어떤 식의 제곱의 합으로 간주함으로써 양(陽)임을 보인다.

유추하기 – 직관적으로 혹은 지수함수와 로그함수에 의해 실수의 덧셈과 곱셈 사이의 관계를 유추하듯이, 비형식적으로 혹은 함수적인 관련성으로 유사성을 탐구한다.

수학은 국소적으로 조직되어 체계적으로 구성된 이론으로 제공되며, 여기에서 학생들에게 어떤 이론적 영역 자체를 국소적으로 정돈하게 할 기회는 상실된다. Freudenthal(1973a)에게 수학교육의 주요 문제는 이러한 기성수학의 제시에서 비롯되며 위와 같은 대수적인 사고 전략은 기성의 수학적 지식을 반성하여 재발명하는 수학화 학습 지도에서 매우 중요한 의미를 갖는 것으로 생각된다.

역사적으로 보면 기하는 수학적 방법에 생기를 주었고 새로운 관점을 열은 반면에 대수의 유용성은 수학의 대상과 방법의 발전에서 중요한 역할을 하였으며, 현대수학은 대수학이 지배하며 이는 학교수학도 예외는 아니다. 따라서 학교대수의 바탕을 교수학적으로 명확히 분석하고 그에 기초한 대수적 사고 교육을 구현하도록 힘써야 할 것이다.

2) 대수교육의 내용과 가치

20세기에 일어난 수학교육의 두 번에 걸친 범세계적인 개혁운동은 수학의 발달이 그 주요한 동기가 되었다. 수학교육은 수학의 발달로부터 매우 멀리 낙오되면 학생들에게 수학에 대한 시대에 뒤진 편협한 상을 전달하여 중요한 통찰을 주지 못하게 된다. 수학의 발달이 학교수학의 내용과 방법에 새로운 빛을 비추면 종래의 학교수학을 이러한 새로운 관점에서 비판적으로 숙고하는 계기가 되어야 한다. 이는 물론 고등수학의 발달이 학교의 초등수학에 본질적인 영향을 미칠 수 있을 때에만 수용될 수 있다. '새 수학'의 실패는 여기에서 주목할 만한 교훈을 남겼다.

이미 20세기 초의 Meran개혁 논의에서 직관을 강조하고 함수의 그래프의 중요성을 강조하였으며 1960년대의 개혁 논의에서는 학습자 행동의 조정과 관찰을 통한 발견 경험을 중요시하는 등 심리학적 숙고가 중요한 역할을 하였다. 예를 들어 현대수학의 바탕이 되는 변수에 대해 구체적 조작기의 초등학교 학생들이 변수개념을 이해할 수 있다고 보지 않았기 때문에 초등학교에서 변수를 다루지 않고 식의 취급에서 간단한 형태로 한정하였으며 중학교 수준까지 유보하였다. 그리고 예를 들어, 동치관계 개념이 수학의 바탕에 놓여 있다는 것은 확실하나, 그것이 일반적인 수학적 사고의 발달에 본질적인가 어떤가는 의심스러운 것으로 생각되었다. 형식적 증명은 중학교 수학에서 다루고 초등학교에서는 상황에 따라서 직관적으로 논증하였다. 교육개혁에서 새로운 내용의 도입은 그것 없이는 중요한 수학적 관점과 수학적 사고 가능성이 학생들에게 닫힌 상태가 된다는 것으로 뒷받침된다. 반대로 전통적인 내용 가운데에는 더 이상 중요하지 않으므로 생략되어야 하는 내용도 있다. 예를 들어 휴대용 계산기의 발달로 대수에서 로그자와 같은 로그의 수치적 취급을 제한하고 제곱근 계산을 포기한 것이 그 예가 된다.

'새 수학' 이래 학교에서 다루어져 왔던 수 체계, 집합의 대수, 행렬의 대수, 변환의 집합은 대수적 구조의 실로 중요한 모델을 나타내며 구조적 고찰을 위한 본보기를 제공하지만 오늘날 대수적 구조 자체는 교육에서 아무런 역할도 하지 못한다. 그러면 대수교육에서 다루어지는 이론이 속하는 수학의 영역은 무엇인가? 산술(算術)이란 흔히 초등학교에서 다루는 계산법을 이르는 용어로 사용되는데 이 용어는 고대 중국의 산학책인 『구장산술(九章算術)』에서 유래한 것으로 생각되지만 『구장산술』에서 다룬 산학의 내용은 이와는 전연 다르며 영어의 arithmetic의 원래의 의미와도 다르다. 고대 그리스에서는 Pythagoras학파에서 탐구한 수(arithmos)의 본질과 성질을 연구하는 분야를 arithmetikē라고 부르고 계산술을 logistikē라고 하여 이와 구분하였다. 그러한 전통에 따라 수의 성질을 탐구하는 분야를 오랫동안 arithmetic이라고 불러 왔으며 더욱이 수학 고전의 하나인 Gauss의 『산술적 논고(*Disquisitiones arithmeticae*)』가 출판된 이래 arithmetic은 넓은 의미의 수론으로 간주되어 왔다. 이 책에서는 고전적인 수론, 합동과 잉여류, 이차형식, 소수(素數), 산술의 기본정리 등이 다루어졌다.(Boyer, pp. 550-553) 이러한 수론은 대수의 주요한 분야로 생각된다.

F. Klein은 『높은 관점에서 본 초등수학(*Elementary Mathematics from an advanced Standpoint: Arithmetics, Algebra, Analysis*)』(2004)의 서문에서 다음과 같이 언급하고 있다. "세 가지 큰 A, 곧 arithmetic, algebra, analysis … 중등학교의 언어로 이 세 과목은 함께 arithmetic으로 분류된다는 것과 대학에서의 용어와 비교하여 학교에서 사용하는 용어에서 흔히 일탈에 주목하게 될 것임을 상기하기 바란다."(p. 3) 그리고 Klein은 *arithmetic* 부분에서 자연수의 계산(학교에서의 수의 도입, 계산의 기본법칙, 정수 연산의 논리적 기초, 정수 계산의 실제), 수 관념의 첫 번째 확장(음수, 분수, 무리수), 정수의 특별한 성질에 관하여, 복소수(통상적인 복소수, 고차의 복소수, 특히 사원수, 사원수 곱셈-회전과 확장,

학교교육에서의 복소수, 현대적인 발달과 수학의 일반적 구조)를 다룬다. 그리고 그는 *algebra* 부분에서는 실수 미지수를 갖는 실 방정식(파라미터가 하나인 방정식, 파라미터가 2개인 방정식, 세 파라미터 λ, μ, υ를 갖는 방정식), 복소 양의 분야에서의 방정식(대수학의 기본정리, 파라미터가 복소수인 방정식)을 다루었다.

수론을 포함한 정수, 유리수, 실수, 복소수 등 수체계의 구성, 다항식·유리식·무리식의 계산, 여러 가지 방정식과 부등식의 풀이 등을 다루는 학교대수는 학교수학의 절정인 미적분과 선형대수의 기초가 된다. 선형대수는 미적분과 더불어 현대수학의 기초가 되면서 자연과학과 공학 등에 널리 응용되는 분야이며 벡터, 행렬, 일차변환은 선형대수의 중심적인 내용이다. Dieudonné의 주장에서 알 수 있듯이 선형대수의 지도 문제는 '새 수학'의 주요한 논쟁점이었으며, 선형대수는 미적분과 함께 고등학교 수학의 주요한 부분이 되어 왔으나 '새 수학'의 퇴조와 함께 다시 점차 약화되어 대학수학으로 옮겨지는 상황에 있다. 이에 대해서는 좀 더 면밀한 검토가 요구되는 것으로 생각되어 여기에서는 뒤에서 선형대수에 대한 교수학적 분석을 시도하였다.

이러한 대수교육의 내용은 수학적인 개념, 문제, 방법에 대한 본보기로 볼 수 있으며 대수교육의 가치는 무엇보다도 거기에서 수학적으로 본질적인 통찰을 얻는다는 데 있다. 대수교육의 내용은 수학의 중요 영역의 이해와 숙달에 본질적이라는 의미에서 수학교육의 바탕에 놓여 있다. 예를 들어 문자식의 숙달 없이 방정식을 푸는 것을 배울 수 없으며, 문자식과 방정식 없이 함수 지도는 진척될 수 없다. 고등학교에서 미적분은 수, 문자와 식, 방정식의 이해와 숙달 없이 성취될 수 없다. 학생들은 대수를 학교수학의 학습을 위해 매우 중요한 것으로 경험할 기회를 갖게 된다. 대수의 지도 내용을 후에 가치 있는 것으로 알게 된다는 식으로 만족해서는 안 되며 그때그때의 내용과 관련되어 수학적 사고를 풍부하게 한다는 것을 명백히 해야 된다.

학교대수는 모든 학년 단계에서 다루어지는 수와 그 계산, 문자와 식의 계산, 여러 가지 방정식을 중심으로 전개된다. 교수학적 관점에서 이들 주제의 수학적 배경, 그 기초와 관계의 명확화가 중요한 문제가 되며 여기에서 역사적이고 인식론적인 숙고가 중요한 역할을 한다. 그리고 각 주제의 전개를 위한 숙고가 뒤따른다. 여기에서 적절한 학습동기의 유발이 중요하고 학습의 어려움과 그 극복을 위한 방안의 제시가 중요하다. 수 체계의 기본적인 구조를 통찰하고, 계산의 바탕에 놓여 있는 규칙을 알고 의미 있게 적용하며 기본계산을 통달해야 한다. 변수와 식과 같은 대수의 중요한 표현수단을 배워 이러한 형식적인 언어를 이해하고 바르게 적용해야 한다. 이러한 대수적 언어의 도움으로 수학은 물론 자연과학, 공학, 사회과학과 같은 중요한 적용 영역에서도 관계를 적절히 기술하고 이해할 수 있어야 한다. 특히 이러한 대수적 언어로 의사소통하고 논증할 수 있어야 한다. 여러 가지 방정식을 이용하여 양 사이의 관계를 기술하고 문제를 형식화하고 해결할 수 있어야 한다.

2. 대수적 언어

1) 산술적 언어와 대수적 언어

언어는 표현 수단에 따라서, 언어를 구사하는 주체의 특성에 따라서, 교과에 따라서 구분되는 등 매우 다양한 형태와 의미를 가지며 다양한 변형 규칙을 내포한다. 일상언어의 변형 규칙은 매우 복잡하지만 실제적인 풍부한 문맥 가운데에서 학습되므로 큰 어려움 없이 터득하게 된다. 언어 가운데 그 의미에 주목하지 않고 변형규칙에 따라 어휘나 문장을 구성할 수 있고 문장의 참 거짓을 알아볼 수 있는 언어는 순수한 형식적 언어이다.

수학은 형식적 언어로 전개되는 대표적인 분야이지만 수준에 따라 그 특성에 차이가 있다. 산술적 사고와 대수적 사고의 차이점은 무엇인가? 여기에서 산술은 arithmetic의 원래 의미인 수론이라는 의미로서가 아니라 중등학교에서 다루는 문자와 식의 계산, 방정식 풀이와 대비되는 초등학교 수학에서 다루는 수의 계산법을 이르는 용어로 사용할 것이다. 초등학교에서 산술은 실생활 맥락에서 일상언어와 함께 구사되며 구체적·직관적·비형식적으로 전개되지만 기본적으로 형식적 언어로 전개된다. 셈수는 형식적인 체계이며 위치적 십진기수법도 형식체계이다. 덧셈과 곱셈 등의 계산은 처음에는 의미에 대한 통찰로 이루어지지만 결국 정해진 규칙에 따라서 진행되는 형식적인 조작이 된다. 그런데 산술에서는 해답을 좇아 일련의 산술조작을 차례로 수행하는 계시적인 절차적 접근 양식으로 답을 얻으며 절차적 접근의 주요한 특성은 입력-출력 해석이다. 산술문제는 주어진 식을 결과로 변환시키는 문제로 해석되며 산술언어에서 등호 =는 변환절차를 불러일으키는 신호로 간주된다. 4+3=□은 '더하라'는 과제나 질문으로 인식되며 등호 다음에 적절한 '결과'를 쓰라는 명령으로 이해된다. 산술에서 등호는 과정적·비대칭적·계시적 입출력 해석을 유발하는바, 4+□=7은 이러한 틀에 맞지 않기 때문에 아동들에게 혼동을 일으키는 원인이 된다.

산술적인 관점에서 대수적인 관점으로의 전환은 실생활 맥락 중심의 직관적·귀납적·비형식적·절차적인 관점으로부터 형식적·연역적·구조적 관점으로의 이행으로 해석될 수 있다(김성준, 1995). 대수에서는 산술에서의 등호 =의 성격이 변하여 '대칭화'된다. 형식적인 관점으로는 등호는 등식의 기호이며 등호의 양쪽에 있는 것은 같은 것을 나타내는 이름이다. 일반적으로 수학에서 상등관계는 대칭적인 동치관계로 등호는 같은 동치류의 원소임을 나타내는 것이다.[4] 초등학교에서 등호는 왼쪽의 계산 결과를 오른쪽에 나타낸다는 신호로 인식되지만, 중학교에서 방정식을 다루면서 산술에서 대수로 이행하려면 등호에 대해 반사적·대칭적·추이적 성질을 고려한 대수적 해석으로의 전이가 일어나야 한다.[5] 그러나 대수와 더불어 등호가 과제를 수행하라는 신호로 해석되지 않는 것은 아니며 형식 불역의 원리에 따라 등호의 과정적 해석과 알고리즘의 중요성은 유지된다. 학교대수에서는 다항식의 전개와 인수분해에서 $(a+b)(a-b)=$, $a^2-b^2=$ 와 같은 문제가 많이 다루어지는데, 여기에서 등호는 그 뒤에

4 등식은 반사율(reflexive law, a=a), 대칭률(symmetric law, a=b ⇒b=a), 추이율(transitive law, a=b, b=c ⇒a=c)을 만족하므로 동치관계이다. 동치관계가 정의되면 집합은 동치류로 분할된다.

5 대체로 초등학교 수학은 산술중심, 중학교 수학은 대수와 기하 중심, 고등학교 수학은 함수와 그 미적분법 중심이라고 볼 수 있다.

어떤 것을 채우라는 신호로 해석된다. 언어적인 변형규칙 체계로서의 이러한 대수에서는 자동적으로 등호의 비대칭적인 해석에 이르게 된다. 여기에서 '과정-결과 딜레마'를 겪게 된다.(Ameron, 2002) 방정식을 다루면서 결정적으로 상황이 바뀌게 되는데, 이러한 사고 습관 때문에, 일차·이차 방정식의 풀이 과정은 동치변형이므로 ⇔로 나타낼 수 있는 것이지만 흔히 비대칭적인 함의관계 ⇒로 해석된다.

초등학교 학생들 가운데 문제해결에서 $356+24-83=380-83=297$과 같이 계산하는 오류를 범하는 학생들이 적지 않은데, 이는 생각하고 있는 순서대로 계산과 그 결과를 기술해가는 것으로 절차와 동치관계가 미분화된 상태인 것이다. 이행기인 중학교 1학년에서도 방정식에서 등호를 동치관계를 나타내는 기호로 명확히 파악하고 있지 못하다는 것이 오른쪽과 같은 학생들의 방정식 풀이 과정에서 드러난다. 방정식을 풀려면 등식을 관계적 관점에서 보고 등식의 성질에 따른 대수적 사고가 가능해야 하는데, 등호의 동치관계 해석이 쉽게 받아들여지지 않는 것이다. $5=4+1$, $4+5=3+6$, $7\times2-3=1+2\times5$와 같은 내용을 다루고, 덧셈과 곱셈의 교환법칙, 결합법칙, 분배법칙을 배우고 나서도 등호의 관계적 해석은 많은 학생들에게 쉽게 받아들여지지 않는 듯하다. 이는 1960년대의 미국의 대표적인 수학교육 현대화 프로젝트였던 SMSG(School Mathematics Study Group)의 '새 수학' 교과서 이후에 많은 초등학교 수학 교과서에서 채택한 '수의 이름(name)'이라는 접근법의 심리학적인 타당성에 의문을 제기하는 것이다. 이 접근법에 의하면 5와 $4+1$은 같은 수의 서로 다른 이름이므로 $5=4+1$이다. 여기에서 아동들이 등호가 대칭률을 만족하는 동치관계적 관점,[6] 곧 대수적 관점을 동화할 수 있다는 것을 가정하고

$$\begin{aligned} x+3 &= 7 \\ &= 7-3 \\ &= 4 \end{aligned}$$

6 반사율(aRa), 추이율($aRb, bRc \Rightarrow aRc$), 대칭률($aRb \Rightarrow bRa$)을 만족하는 관계 R.

있는 것이다. 그러나 아동들은 우변의 덧셈 결과가 5이므로 같다고 보는 수준에 있는 것이다.

기호 언어는 구체성이 지극히 약하여 여러 가지 문맥에 적합하게 되지만, 다항식과 그 계산과 같이 구체적인 의미가 빈약한 기호 표현을 수학적인 대상으로 간주하여 조작하도록 요구하는 대수는 학생들에게 어려움을 야기한다. 다항식의 덧셈은 합을 구하는 계산 절차로도, 결합법칙과 교환법칙을 만족하는 다항식의 덧셈 연산으로도 볼 수 있어 과정-대상이라는 이중성을 갖는다. 그런데 조작적인 '과정적' 관념에서 구조적인 '대상적' 관념으로의 이행은 많은 어려움을 겪으며 느리게 진행된다. 조작적 개념으로부터 구조적 개념으로의 발달은 조작의 내면화 단계와 응축 단계를 거쳐 친근해진 내용을 질적으로 새로운 관점에서 대상으로 보는 비약이 일어나 '과정'이 '대상'으로 파악되는 단계에서 이루어진다. 학생들이 대수적인 식을 처리 과정이 아닌 하나의 수학적인 대상으로 인식할 수 있을 때까지 대수적인 조작은 갈등의 근원이 될 수 있다. 조작적·절차적 개념으로부터 구조적 개념으로의 이행은 간단히 이루어지지 않으며 이행기가 필요하다.(Sfard & Linchevski, 1994)

2) 대수적 언어의 형식화

Dienes(1964, pp. 32-34)는 거듭된 패턴화와 형식화, 끝없는 열린 사고를 수학적 사고의 본질로 보고 이를 문법의 용어를 빌려 '술어의 주어화'의 거듭된 교대에 비유하고 있다. 이를테면, '2와 3을 더한다.' → '2와 3을 더한 것은 3과 2를 더한 것과 같다.' → '이러한 성질이 덧셈의 교환법칙이다.' → '덧셈의 교환법칙은 연산의 성질이다.' → '연산의 성질은 사상(寫像)의 성질이다.' → '사상의 성질로서 중요한 것이 선형성 $T(a+b)=T(a)+$

$T(b)$, $T(\alpha a) = \alpha T(a)$이다.'[7] →'선형성을 갖는 사상의 집합은 벡터공간이다.' →'벡터공간의 집합은 선형사상 아래에서 카테고리를 이룬다.'와 같이 패턴화·형식화가 거듭된다.

수학은 언어적 측면에서 다른 지식보다 용이하게 형식화될 수 있으며 구조적으로 단순하고 정밀하게 기술될 수 있어 흔히 수학은 그 언어적 표현과 동일시된다. 수학의 특징의 하나는 점진적으로 형식화가 이루어지면서 점점 더 간략한 형식이 된다는 점이다. 기호화·형식화가 용이하다는 것은 수학에 힘을 부여하는 현저한 장점이면서 동시에 수학을 기계적 절차로 오도하고 교육적으로 해악이 될 수 있는 특징이다. 수학을 학습하는 것은 형식적인 규칙의 바탕을 이해하고 그에 숙달하여 바르게 적용하는 것이다. 그러나 형식을 일단 학습하면 통찰의 근원이 자동화로 인해 막힐 수 있는 것이다. '계산이 시작되면 사고는 멈춘다.'는 교수학적인 문제는 먼저 통찰에 의한 원리학습을 한 다음 연습에 의한 자동화로 나아가면 된다는 교수원리에 그 근본 원인이 있다. 일반적인 원리는 이해가 어렵고 이해되더라도 곧 잊혀지고 기계적 연습이 된다. 잘못이 생기면 곧바로 통찰에 의한 학습이 이루어진 지점으로 되돌아가는 것도 한 방안이지만, 교사는 점진적인 형식화·알고리즘화를 시도하고 학생들이 형식을 적용하는 데 어려움이 일어나지 않을 경우에도 통찰의 근원으로 되돌아갈 기회를 자주 제공해야 한다.(Freudenthal, 1973a; 1991)

수학 언어에서 점진적인 형식화의 가장 중요한 근원은 어휘의 알고리즘적인 구성이며, 그 첫 번째 예가 알고리즘적인 규칙에 따라서 수를 나타내는 위치적 십진기수법이다. 수학에서는 어휘뿐만 아니라 과제나 명제 또한

---

7 $D(f+g) = f' + g' = D(f) + D(g)$, $D(\alpha f) = \alpha f' = \alpha D(f)$, $\int (f+g)dx = \int f dx + \int g dx$, $\int \alpha f dx = \alpha \int f dx$이므로 미분작용소도 적분작용소도 선형성을 갖는 선형사상이다.

알고리즘적으로 구성된 기호를 사용하여 나타낸다. 일상적인 구어에서는 흔히 문장의 형식보다 내용의 의미가 그 구조를 결정하는 경우가 많고 억양과 멈춤과 같은 구조적 장치가 사용된다. 문어에서는 그런 장치가 없으므로 구두점이 사용되듯이, 수학 언어에서는 여러 가지 괄호와 같은 명백한 규칙을 갖는 구조적 장치가 사용되며, 곱셈을 덧셈보다 먼저 한다는 것, 수와 문자나 문자 사이의 곱셈기호를 생략한다는 규칙, 괄호가 없으면 연산에는 거듭제곱, 거듭제곱근—곱셈, 나눗셈—덧셈, 뺄셈과 같은 구문론적으로 선행하는 위계가 있고, 같은 수준의 인접한 연산은 왼쪽의 연산이 선행한다는 구문론적인 표준 규약 등과 같은 암묵적인 많은 형식적인 장치가 아울러 사용된다. 수학 언어에서 사용되는 이러한 구조적 장치는 언뜻 보기와 달리 단순한 것이 아니며, 학생들이 겪는 어려움은 교과서 저자나 교사가 그 복잡성에 기인하는 오류의 근원을 간과하는 데서 비롯되는 점도 적지 않다. 수학 언어의 구조적 장치는 사용하는 가운데 학습되어야 하지만, 오용이 되는 경우 특히 잘못된 습관이 깊이 뿌리박혀 있는 경우에는 의식적인 학습이 필요하다. 수학 언어 구조의 학습에 대한 좀 더 의식적인 교수학적 연구가 요망된다. 수학의 언어는 수학을 발달시켜온 서구 여러 나라에서 사용되는 일상 언어와 크게 다르다. 문자가 서구 언어의 알파벳이므로 수학의 언어는 수학의 언어를 창안한 학자들이 사용한 자연 언어의 특성을 드러낸다고 생각하여 언어가 구조적으로 서구 언어와는 다른 나라의 수학교육이 어려움을 겪는다는 주장은 수학의 언어를 충분히 분석하지 않고 하는 이야기이다. 인도-아라비아 숫자와 위치적 십진기수법 및 그에 기초한 계산법, 방정식 풀이법의 원형은 서구와 다른 문화의 산물이다.

전통적으로 대수 학습에서는 기본적으로 연습을 통해 문자와 식에 대한 대수적 언어의 형식적인 여러 가지 규칙을 숙달하고 이를 적용하는 것을 강조해 왔으며 이는 학생들에게 많은 어려움을 야기해 왔다. 그런데 '새 수학' 이래 초등대수에서 이러한 구문론적인 규약과 별도로 원리의 이해와 의미의 구성을 위한 두 가지 접근법이 시도되어 왔다. 바탕에 있는 기본적인 원리, 곧 공리와 정의로부터 법칙의 논리적 연역을 통해 의미를 내적으로 구성하는 종합적·연역적·구조적 접근과 외적인 참조물로부터 구성된 직관적인 패턴, 법칙의 일반화와 점진적인 형식화가 그에 선행해야 한다고 보는 구성적 접근이 그것이다. 그러나 전자의 경우는 이를테면 다항식 $3x-2y+2x-5y$를 동류항을 정리하여 간단히 하는 비교적 간단한 전형적인 대수적 조작조차도, 덧셈과 곱셈은 이항연산이며 $a+b+c=(a+b)+c=a+(b+c)$, $a+b=b+a$이고, 뺄셈은 덧셈에 대한 역원의 덧셈이라는 원리에 따른 엄밀한 논리적 전개과정은 다음과 같이 지극히 복잡하다.

$$\begin{aligned}
&3x-2y+2x-5y=[(3x-2y)+2x]-5y\\
&=\{[3x+(-2y)]+2x\}-5y=\{3x+[(-2y)+2x]\}-5y\\
&=\{3x+[2x+(-2y)]\}-5y=[(3x+2x)+(-2y)]-5y\\
&=[5x+(-2y)]-5y=[5x+(-2y)]+(-5y)\\
&=5x+[(-2y)+(-5y)]=5x+(-7y)=5x-7y
\end{aligned}$$

결국 대수적 원리로부터의 연역적·구조적 접근은 '새 수학'의 시도와 같이 실패로 귀착되게 되었다.(Kirshner, pp. 91-93)

그러면 후자의 경우는 어떠한가? 수학적인 사고에 대한 개인적인 배경과 문맥의 중요성을 과소평가하고 논리적·형식적으로 표현된 수학적 지식을 곧바로 배우면 형식만을 배우게 되는 소위 '형식적 고착'이 일어나기 쉽다. 추상화는 여러 가지 다른 상황에서 공통인 성질을 이끌어내는 것이다. 그 결과 추상적인 아이디어는 여러 가지 상황에 폭넓게 적용되는 것이다. Dienes가 제시한 '지각적 다양성의 원리'에 따르면 구체적인 상황과 관련된 가능한 한 넓은 범위에의 적용을 가능하게 하기 위하여, 그리고 추상적인 개념의 본질을 파악하기 위하여, 같은 개념을 지각적으로는 다르지만 구조적으로 동치인 다양한 구체적인 자료로 표현해 보도록 해야 한다. 여러 가지 문제 상황이 같은 항등식이나 방정식으로 나타내어질 수 있다는 것을 경험해 봄으로써 항등식과 방정식의 의미를 바르게 이해할 수 있다는 것이다. 항등식과 방정식은 변수가 나타내는 것이 다를 뿐인 많은 구체적인 상황으로부터 추상한 것을 형식화한 것이므로, 특정한 항등식이나 방정식에 내재된 추상적인 아이디어를 파악할 수 있으려면 같은 개념적 구조를 갖는 다양한 구체적인 경험이 요구된다는 주장이다. 그러나 이는 Dienes(pp. 78-90)가 예로 제시한 분배법칙과 방정식에 대한 인위적으로 구조화된 교구가 보여주듯이 대수적 형식, 대수적 사고의 일반성을 왜곡하게 할 수 있는 위험성을 내포한다. Dienes는 분배법칙 $a\times(b+c)=a\times b+a\times c$를 천칭을 이용하여 (고리의 수)×(첫 번째 걸쇠 수)+(고리의 수)×(두 번째 걸쇠 수)=(고리의 수)×(첫 번째 걸쇠 수+두 번째 걸쇠 수)와 같은 관계를 생각해 보고 이를 기호화해 보거나, 이와 지각적으로 전연 색이 다른 구슬을 오른쪽과 같이 배열한 다음 그 개수를 2×(검은 구슬의 수)+2×(붉은 구슬의 수)=2×(검은 구슬의 수+붉은 구슬의 수)와 같이 두 가지 방법으로 나타내어 보고 이를 기호화해 보도록 요구한다. 또한 그는 다음의 직사각형 띠와 작은 정사각형, 큰 정삼각형과 작은 정삼각형 그림과 같이 지각적으로 다른 다양한 자료을 이용하여 분배법칙을 나타내고 이를 기호화해 볼 수 있으며, 이러한 다양한 지각적 자료를 다루는 경험을 통하여 자연스럽게 분배법칙을 추상화할 수 있게 될 것으로 보았다. 그리고 Dienes는 방정식으로 나타내어지는 다양한 '방정식 상황'을 경험하고 그 특성을 추상하게 되면 방정식이 그러한 모든 경험에 공통인 성질인 본질을 나타내는 언어로 작용할 수 있게 되며 그러한 경험은 실생활에서는 자

$$\begin{matrix} b\ b\ b\ b\ r\ r\ r \\ b\ b\ b\ b\ r\ r\ r \end{matrix}$$

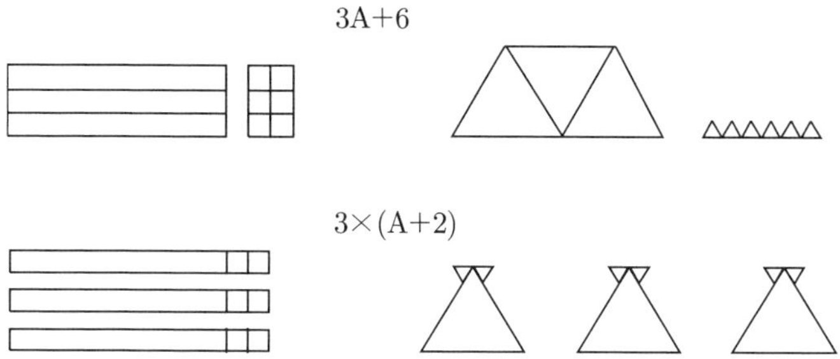

주 일어나지 않으므로 인위적으로 창안할 필요가 있다고 보았다. 이를테면 방정식 $3x+10=5x+2$에 대하여 다음과 같은 '방정식 상황'을 생각해 볼 수 있다는 것이다.

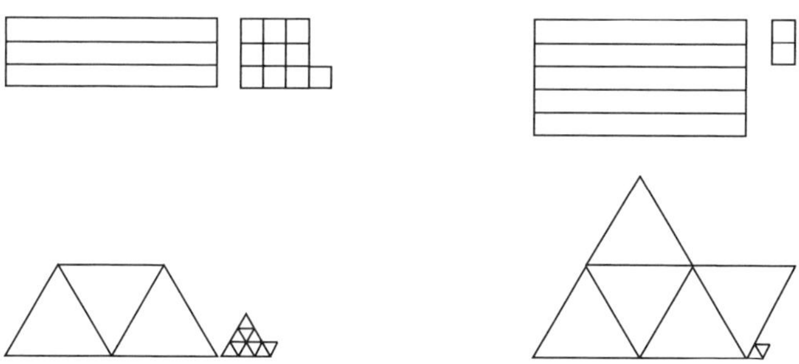

개념의 적용 가능성의 범위는 그 일반성에 비례한다. 그러나 Dienes의 이러한 인위적인 구체화는 일반화된 산술로서의 대수에 대해 지나친 문맥화를 시도한 것으로 적절한 교수학적 변환으로 보기 어렵다. 이러한 그림은 강력한 시각적 이미지를 형성하게 되므로 최근까지도 교과서에서 자주 사용되는 도형 표현과 마찬가지로 분배법칙이나 방정식, 나아가 대수적 사고의 본질을 손상시킬 위험성이 있는 것이다. Freudenthal(1973a)이 주장하는 전형적인 예로부터 곧바로 일반적인 개념과 원리를 파악하도록 하는 방법으로 전형적인 산술적인 예가 분배법칙과 같은 그러한 대수적인 개념과 원리를 구성하는 바탕이 될 것으로 생각되며 암묵적으로 알고 있는 것을 반성하여 드러내도록 하여 대수적 사고로 이행할 수 있는 경험을 하도록 해야 할 것이다.

그리고 수학적 개념의 충실한 일반화를 위한 전략으로 Dienes가 제기한 '수학적 다양성의 원리'에 따르면, 일반적인 수학적 개념을 이루는 불변인 특성이 드러나게 하기 위하여 비본질적인 모든 특성을 변화시켜야 하며, 변수를 포함하는 개념은 가능한 한 많은 경우를 다루는 경험에 의해 학습되어야 한다. 이를테면 방정식에서 미지수를 반드시 x로 나타낼 필요는 없으며, 문제 상황에 따라서 다른 문자를 적절히 사용할 수 있는 것이다.

대수적인 언어의 학습에서 주요한 어려움의 하나는 대수적인 변환이 순전히 형식적으로 일어나는 것으로 믿게 하면서도 실제로 실행할 때에는 그 의미를 이해하도록 요구되기 때문이다. 이를테면 $-b$에서 b에 $b+d$를 대입하면 $-b+d$가 아니라 $-(b+d)$가 되는데 그렇게 하려면 $b+d$를 b에 d를 더하라는 과제가 아니라 b와 d의 합으로 해석해야 한다. 학습자에게 공식을 이해하며 읽기를 요구하는 것이다. $a+b$, $a-b$, ab를 'a 플러스 b', 'a 마이너스 b', 'a 곱하기 b'라고 읽도록 하면서도 이를 각각 a와 b의 합, 차, 곱으로 이해하여야 한다. 대수적인 식은 형식적인 대입을 할 때에는 계산을 행한다는 생각을 버리고 정적으로 해석해야 한다. 대수적인 언어, 특히 형식적인 대입을 가르치기 위해서는 지적인 읽기에 호소해야 하며, 필요할 경우 이를 의식적으로 다룰 필요가 있다. 여러 가지 대수적인 전략은 패턴 가운데의 형식적인 대입 가능성 덕분에 그 기능을 발휘하므로 형식적인 대입은 매우 중요하다.

대수적인 사고와 언어는 상호의존 관계에 있으며 의미는 표현에 의해서 안내되고 재구성되며 그 역도 성립한다. 대수적 언어의 구조에 대한 교수학적 연구가 필요하다. Saussure는 기호에서 의미와 형식, 기의(記意,

signified)와 기표(記標, signifier)를 구분하였고 Peirce는 기호(sign), 대상(object), 해석체(interpretant)를 구분하였으며 Frege는 기호(Zeichen), 대상(Gegenstand), 의미(Sinn)로 이루어진 기호학적 삼각형(semiotic triangle)을 제시하였다. 이를테면, 식 $4x+2$와 $2(2x+1)$은 같은 함수를 나타내지만 다른 규칙을 의미하며, 방정식 $(x+1)^2=x$, $x^2+x+1=0$은 같은 대상을 나타내지만 다른 의미를 갖는다. 그리고 식 $n(n+1)$을 n^2+n으로 변형하는 것은 지시대상을 변화시키지 않지만 대수적인 의미, 곧 계산규칙의 의미에 영향을 준다. 이와 같이 수학에는 지시대상이 같지만 다른 의미를 갖는 기호로 가득 차 있다. 그런데 한편, 대수의 힘은 다른 대상이 같은 식에 의해서 나타내어지거나, 한 식에 구문론적 조작을 하여 얻어질 수 있는 다양한 의미에 있다. 이를테면, $y=ax+b$는 일차함수식, 직선의 방정식, 이원일차방정식으로 해석될 수 있으며, 이차방정식의 완전제곱 꼴로의 변형을 통한 근의 공식 유도에서 보듯이 식의 변형은 의미에 영향을 준다. 의미, 지시대상, 기호 사이의 적절한 조정이 일어나지 않으면 대수적 기호는 학생들에게 매우 모호하게 된다. 그런데 흔히 Frege의 기호학적 삼각형의 불균형이 관찰된다. 기호나 지시대상 변화 없이도 의미가 변할 수 있다. 이를테면 $y=x^2$는 이차함수를 의미할 수도 포물선의 방정식을 뜻할 수도 있으며, $1+2+\cdots+n=\frac{n(n+1)}{2}=\frac{n}{2}(n+1)=n\cdot\frac{n+1}{2}$은 좌변은 $n+1$의 n배의 반과 같다는 의미로 혹은 $n+1$의 $\frac{n}{2}$배와 같다는 의미, 혹은 $n+1$의 반의 n배로 해석할 수도 있다.[8] 방정식의 동치

8 생산적 사고에 대한 심리학적 연구에서 Max Wertheimer(1880~1943)는 문제해결에서 결정적인 단계는 통찰에 의한 문제의 재구조화에 있다는 것을 보이고자 했으며, 처음 n개의 자연수의 합에 대한 공식을 발견하는 문제에서 탐구자가 어떤 재구조화를 시도하는가를 기술하고 있다. 여기에서 $\frac{n}{2}(n+1)$, $n\cdot\frac{n+1}{2}$, $\frac{n(n+1)}{2}$은 수학적으로 동치이나 사고 전략에 따라 발견적으로 매우 다른 의미를 갖는다는 것이 중요

변형과 같이 대수적인 변환은 지시대상은 같지만 다른 의미를 갖는 식을 생산할 수 있으며, 근이 같은 두 연립방정식과 같이 같은 지시대상을 갖는 두 식이 대수적 변환에 의해서 항상 상호 환원될 수 있는 것은 아니다. 분수방정식의 풀이과정에서 무연근을 내포하게 되듯이 대수적 변환은 지시대상이 항상 불변은 아니다. 기호의 의미는 내포(內包)적인 측면인 반면 그 지시대상은 외연(外延)적인 측면이다. 수학이 외연성 공리, 곧 두 집합은 그들이 기술되고 생산되는 방식과 무관하게 같은 원소를 포함하는 한 같다는 원리에 근거하는 한 내포적인 측면은 도외시된다. 물론 수학자들은 수학적 언어의 내포적 측면도 고려하지만 수학적 문장은 항상 외연성을 가정한다. 이는 매우 미묘하고 흥미로운 것으로 학생들에게 오해의 원인이 된다. 의미, 지시대상, 형식적인 표현 사이의 1대1 대응이 있는 것처럼 만드는 일종의 경직성이 있어, 이들 세 가지를 동일시하여 식을 단순한 기호의 집합으로 간주하게 되고, 그 결과 학생들은 대수를 순수한 구문론적 규칙으로 인식하기 쉽다.(Arzarello & Chiappini, 2001)

하다. 그것은 1부터 n까지 자연수의 합을 구하는 문제에서 서로 다른 재구조화와 해결전략을 시사한다.

3. 문자식

1) 수학언어로서의 문자식

문자식 언어는 수학이 취미였던 탁월한 수학적 통찰력의 소유자 F. Viète (1540~1603)가 도입하였는데, 그를 현대수학의 아버지라고 부를 만큼 이 언어의 중요성은 지대하다. 1591년에 출판된 그의 『분석술 서설(*In Artem Analyticem Isagoge*)』에서 "수치 계산술은 수를 사용하는 계산술이고, 기호 계산술은 기호 즉 알파벳의 문자와 같은 사물에 대한 기호를 사용하는 계산술이다. 수치 계산술에서와 꼭 마찬가지로 기호 계산술에 네 가지 규칙이 있다."(Viète, pp. 17-18)라고 규정하면서 곧바로 문자의 사칙계산 규칙을 도입하였다. Viète는 이와 같이 문자식 언어를 도입하고 문자 언어를 사용하여 식의 계산, 직각삼각형의 구성, 방정식 풀이 등을 체계적으로 전개하였다. 문자식 언어는 반세기 후 Descartes(1596~1650)에 의해 오늘날과 거의 같은 형태로 완성되었는데, 그것은 그 후 대략 300년 동안 문자계산으로서의 대수의 표상을 결정지었다. Viète는 확실히 변수의 발견자는 아니었다. 수에 대하여 일반적 진술을 하려고 하면 변수 사용을 피할 수 없다. 예를 들어 Euclid는 다음과 같이 명제를 형식화하였다. '두 수가 어떤 수에 대해 소(素)이면 그 곱은 또한 같은 수에 대해서 소(素)이다.'(Euclid, Book VII, 명제 24) 여기에서 '두 수', '어떤 수'라는 말의 표현은 '일반적인 수'를 표현하는 변수로 볼 수 있다. 18세기에 출판된 Christian von Wolff(1679~1754)의 책에는 숫자 대신에 양의 일반적인 기호를 사용하고 그것으로 보통의 계산술을 행하는 것을 문자 계산술이라고 부르며 주어진 양을 알파벳의 첫 번째 문자 a, b, c, d 등으로, 찾고 있는 미지인 것을 마지막 x, y, z로 나타낸다고 하여 오늘날과 같은 방식으로 기술되어 있는데 여기에서 문자는 '일반적인 수'를 나타내는 변수로 그리고 주어진 양이나 찾는 양을 나타내는 자리지기로 사용되고 있다. 이와 같이 Viète 이후 문자와 그 계산은 신속하게 수학의 일반적인 생산력 있는 표현 수단임이 알려지고 수학의 모든 영역에서 효과적으로 사용되게 되었다.(Vollrath, S. 66-67)

문자식은 현대수학에서 없어서는 안 되는 매우 유용한 수학 언어이다. 현대수학 및 그 응용 분야에서의 문자식 언어의 보편적 특성 때문에 오늘날 중등학교에서 수학을 배우는 모든 학생이 이 언어를 배워야 한다. 오늘날 대수는 문자식의 조작으로 볼 수 있으며 따라서 학교대수는 문자의 도입으로 시작된다. 대수교육에서는 기본적으로 문자식 및 그 변형과 관련된 지도가 중요하게 되고 나아가 문자식 언어를 수학적 사고의 운반자로 의식시키고 이러한 언어가 효과적으로 조작되도록 하고 그러한 언어의 힘을 인식하도록 학생을 돕는 것이 매우 중요하다.

그런데 구체적인 조작인 산술로부터 형식적인 조작인 대수로의 이행, 초등학교 수학에서 중등학교 수학으로의 이행은 문자계산으로 특징지어지며 불행히도 수학 학습부진아가 급증하는 계기가 된다. 문자식 언어는 형식적 언어로 그 학습은 특히 바탕에 놓인 형식적인 규칙을 숙달해야 하는 어려움에 당면하게 된다. 형식적 언어인 문자식 언어에서, 이를테면 $y=3\sin(x+2\pi)$와 같은 식은 대상 변수, 수, 연산기호, 함수기호, 괄호 및 등호와 같은 기호가 나타나는 기호 열이다. 구문론적으로 문자식 언어에서 허용되는 기호 열과 그렇지 않은 것이 있다. 예를 들어 $2x+y$는 다항식이고 $2x+$는 아니다. $2x+1=0$은 명제함수이나 $2x+1=$는 아니다. 의미론적으로 보면 예를 들어 수를 다항식의 변수에 대입하면 하나의 수가 되고 명제함수의 변수에 대입하면 하나의 명제가 된다. 이러한 문자식 언어는 계산으로 뒷받침된다. 계산이란 주판알을 조작하듯이 정해진 규칙에 따른 기호의 기계적 조작이다. 다음과 같은 방식으로 문자식을 계산으로 순환적으로 정의할 수 있다. '모든 수 기호는 문자식이다. 모든 대상 변수는 문자식이다. t_1, t_2가 문자식이면 t_1+t_2, t_1-t_2, t_1t_2, $t_1 \div t_2$, $\sqrt{t_1}$ 등도 문자식이다.'

한편 수학에서 문자는 수와 함께 그 나름의 조작 규약에 따른 문자식을 이루는 기호로서 계산 대상이기도 하지만, 그 자체의 독특한 특성을 갖고 있어 수학 언어, 나아가 수학 자체에 일반성, 유연성, 정확성을 부여하는 매우 중요한 역할을 한다. 문자는 수학적인 명제를 간결하고 분명하며 일반성을 갖도록 진술할 수 있게 하면서 문자가 나타내는 범위를 자유롭게 정할 수 있는 한계 설정의 자유가 있고, 문자 선택의 자유가 있어 수학적 언어에 유연성을 부여한다는 특성이 있다. 문자는 원리와 법칙을 명확하게 형식적으로 표현하여 대수적인 처리를 용이하게 하며 특정한 상황을 뛰어넘어 일반화, 형식화, 추상화를 가능하게 한다. 현대수학은 이러한 특성을 갖는 문자를 이용하여 전개되는 추상수학인바, 문자와 식에 대한 바른 조작과 문자의 의미를 해석하고 이해하는 능력의 진보는 수학적 사고력의 진보를 뜻하며 현대수학을 이해하는 데 필수불가결한 기초가 된다.

문자는 π, i, e, Σ 등과 같이 특수한 수나 조작을 나타내는 기호로서도 사용되지만, $S=\frac{1}{2}ah$와 같은 삼각형의 넓이공식이나 덧셈의 결합법칙 $a+(b+c)=(a+b)+c$나 교환법칙 $a+b=b+a$ 등과 같이 여러 가지 일반적인 규칙을 나타내는 기호로서 사용된다. 그리고 그것이 수, 양, 집합, 명제, 함수, 도형, 벡터, 행렬 등 어떤 것을 나타내건 변수(變數,

variable), 미지수(未知數, unknown), 일반적인 방정식이나 함수식의 파라미터와 같이 미정인 값을 나타내는 부정소(不定所, indeterminate), 곧 소위 상수(常數, constant)로서 사용된다. 나아가 문자는 수와 함께 다항식 환(環, ring)이라는 체계를 이루는 계산 대상이기도 하다. 미지수는 이를테면 방정식 $2x-1=3$에서 x와 같이 그 값이 존재할 경우 이미 정해져 있지만 아직 알고 있지 못한 값을 나타내는 기호이다. 부정소는 이를테면 방정식 $ax^2+bx+c=0$나 함수식 $y=ax+b$에서 계수나 상수항과 같이, 논의되는 상황에서 어떤 정해진 것을 의미하지만 미정인 일반적인 값을 나타내는 기호이다. 변수는 이를테면 교환법칙 $x+y=y+x$, 일차함수 $y=2x+3$, 원의 방정식 $x^2+y^2=1$의 x,y와 같이 어떤 집합에 속하는 모든 원소를 취할 수 있다는 의미로 변하는 값을 나타내는 기호이다. 여기에서 유의해야 할 것은 상수도 미지수도 변수라는 점이다. 실제로 상수도 미정인 일반적인 값을 나타내는 기호이므로 변수이며 따라서 이를 상수라고 부르는 것은 적절하지 않다고 볼 수 있다. 방정식이나 부등식을 명제함수(命題函數, propositional function)로 보면 미지수 역시 변수로 볼 수 있다. 이를테면, 일차방정식 $3x-1=2$는 x의 값이 정해져 있지 않으므로 참인 명제도 거짓인 명제도 아닌 열린 문장(open sentence)이다. 일차방정식 $3x-1=2$는 실수를 {참인 명제, 거짓인 명제}와 대응시키는 명제함수이다. $x=1$일 때는 참인 명제, 그 밖의 x의 값은 거짓인 명제로 대응된다. 이와 같이 방정식을 명제함수로 보면 x는 모든 실수를 나타내는 변수이다.

자유변수 이를테면 방정식 $x+1=3$에서 x에는 주어진 범위에서 마음대로 수를 대입할 수 있고 참이나 거짓인 명제를 얻는 반면, 한정된(quantified) 변수 이를테면 '$x+1=3$인 x가 존재한다.'라는 명제에서 x에는 아무것도 대입할 수 없다. '…한 x가 존재한다($\exists x$)', '모든 x에 대하여($\forall x$)'라는 한정사(quantifier)는 1960년대의 '엄밀성의 물결'과 함께 고등학교 수학에 도입되었으나 간결함과 명확함, 함축성이라는 장점에도 불구하고 '새 수학'의 퇴조와 더불어 다시 삭제되었다. 한정사가 이해를 본질적으로 쉽게 하는 경우도 있다. 예를 들어 완전귀납법의 본질적인 아이디어도 한정사로 형식화되면 $p(1) \wedge \forall k(p(k) \Rightarrow p(k+1)) \Rightarrow \forall n p(n)$와 같이 명백히 된다. 그리고 드모르간의 법칙 $\sim (\forall x p(x)) \equiv \exists x \sim p(x)$에 따라 한정사는 오류를 범하기 쉬운 전칭명제의 부정에 대해 매우 필요한 것으로 생각된다. 전칭한정은 교환법칙이나 결합법칙, 분배법칙 등 계산법칙에서 꼭 필요한 부분으로, 학교수학에서 처음에 계산법칙을 다루면서 전칭한정사는 생략될 수 있으나 그 결과 학생들은 그 중요성을 바르게 인식하지 못하는 부작용이 따른다.

이러한 문자의 의미와 사용 방식을 바르게 이해하는 것은 대수식으로 나타내어진 수학적 아이디어를 올바르게 파악하고 또한 자신이 생각하는 수학적 아이디어를 적절히 표현하기 위해 반드시 요구되는 것이다. 문자의 의미를 해석하는 능력의 진보는 수학적 사고력의 진보를 의미한다. Freudenthal(1991, p. 123)은 대수적인 언어의 발달수준을 다음과 같은 4단계로 구분한다. 손가락으로 지적하거나 심적으로 지적하며 '이것', '저것'과 같은 말이 수반될 수도 있는, 이를테면 '$3^2 = 9$이므로 3은 9의 제곱근이다.'와 같은 실물지시적 언어(ostensive language) 수준, 이를테면 '어떤 수의 제곱근은 그 제곱이 주어진 수가 되는 수이다.'와 같이 대상이 다른 대상과의 관계로 기술되는 상대적 언어(relative language) 수준, '어떤 수', '주어진 수'와 같은 변수에 대한 어색한 이름을 피하고 $x^2 = a \Leftrightarrow x = \pm\sqrt{a}$와 같이 규약적 변수(conventional variables)를 사용하여 상대적인 언어기능을 좀 더 부드럽게 만드는 수준, 이를테면 '제곱근을 구하는 것은 제곱하는 것의 역이다.'와 같은 함수적 언어(functional language) 수준이 그것이다.

문자를 변하는 값을 나타내는 변수로 해석하는 변수 해석은 함수관계로의 해석이므로 함수적 언어 수준이다. 이를테면, '한 개에 5kg인 물건과 한 개에 6kg인 물건을 섞어서 자루에 넣었더니 90kg이 되었다. 물건은 각각 몇 개씩 넣었는가?'라는 문제에서 미지수 x, y를 생각하고 방정식 $5x+6y=90$을 세워 보면 이 식은 미지수가 2개인 일차방정식으로 x, y에 대한 모든 가능한 경우를 포괄하게 되어 문자에 대한 미지수 해석에서 일반화된 변수 해석으로 이동된다. 미지수 해석의 경우에 방정식 $5x+6y=90$에서 문자 x, y는 본질적으로 정적이면서 변화의 의미를 포함하고 있지 않은 것으로 간주된다. 이 방정식은 여러 가지 순서쌍 (0,15), $(6, 10)$, $(12, 5)$, $(18, 0)$에 대하여 성립한다. 변수 해석을 하는 경우에 문자는 변할 수 있다는 사고를 내포하고 있으나 그들이 어떻게 변화하는가는 명확히 드러나지 않는다. x와 y의 값 사이의 변화 관계를 조사해 봄으로써 x와 y 사이에 일차함수 관계가 드러나는데 이때 비로소 x, y는 진정한 변수로 해석되게 된다. 또한 '$2n$과 $n+2$의 크기를 비교하여라.'라는 문제에서 $2n$쪽이 곱이므로 더 크다는 단순 비교를 하는 경우가 많은데, n에 대한 $2n$과 $n+2$의 변화에 주목하고 그래프를 그려봄으로써 '$2n$의 증가율이 $n+2$의 증가율보다 크다'는 관계를 발견하게 될 때 n은 변수로 해석되게 된다. 일반적으로 변수는 그것이 일반적인 규칙을 나타내건, 미지수, 상수, 변하는 값을 나타내건 어떤 집합의 원소를 동시에 표현하는 다가명사(多價名詞)이고, 일반적으로 말해 자리지기(placeholder)로서 사용되는 기호라고 할 수 있다. 이에 대해서는 뒤에서 다시 논의하기로 한다.

양은 실제 상황의 대수적 취급에서 중요한 역할을 한다. 그러나 여기에서 유의해야 할 점이 있다. 역사적 발달에서 문자 변수는 주로 양에 대해서 사용되었다. Viète는 그의 문자 대수를 양에 대해서 전개하였는데 거기에서 일차적으로 길이, 넓이, 들이를 생각하였으며 양을 차원에 의해 분류하고 방정식에서 양변이 같은 차원이어야 한다고 보고 문자에 차원을 덧붙여 나타내었다. 고대로부터 수학은 양과 결부되어 발달하였으며 이는 추상화를 향한 수학의 발달에서 벗어나기가 매우 어려웠던 굴레였다. 모든 양을 선분으로 나타내고 선분의 곱과 몫은 선분이어야 한다고 규정하고 이를 제거한 것은 Descartes의 위대한 통찰이었다. Descartes의 선분의 계산법은 선분의 측도인 실수의 계산법과 연계됨을 생각할 때 대수의 발달에서 지대한 의미를 갖는 것이었다.(Bashmakova & Smirnova, pp. 91-108) 그런데 학교대수에서 흔히 추상적이고 이론적인 고찰을 거꾸로 직관적으로 해석하려고 애쓰지만 흔히 그것은 설명하기 어려운 어려움에 봉착한다. 학교대수에서 차원에 따른 직관적인 표상은 계산규칙의 유도에서 유리한 점이 있으나 그로 인한 큰 제한이 따르게 된다. 두 양의 곱을 직사각형의 넓이와, 세 양의 곱을 직육면체의 부피와 결부시켜 표상하면 이러한 직관적 표상은 인수가 세 개 이상인 경우 어려움에 봉착하게 된다. $(a+b)^2$의 전개식을 직사각형의 넓이로 설명하고, 정사각형의 넓이 문맥에서 제곱과 제곱근 구하기를 도입하는 경우, 그다음에 일반적인 다항식의 전개식과 거듭제곱과 거듭제곱근 구하기가 다루어지는데 여기에서 학생들의 이해에 어려움이 생긴다. 학생들은 제곱의 직관적 표상에 따라서 일반적으로 거듭제곱에 대해 적당한 표상을 구성하려고 시도하는 반면에 교사는 제곱과 거듭제곱 사이의 형식적인 유추를 요구하기 때문이다.(Vollrath, S. 71-75)

2) 문자식의 지도

문자식은 문제를 명확하고 간결하게 표현하여 대수적으로 쉽게 처리하여 해결할 수 있는 방법을 제공함으로써 수학 내적·외적인 여러 문제를 수학적으로 해결하는 방법적 기초가 된다는 점에서, 그리고 무엇보다도 차후의 수학 학습의 토대를 제공한다는 측면에서 매우 중요한 내용이다. 문자식은 수와 문자를 +, −, ×, ÷, ∪, ∩ 등과 같은 연산기호, =, <, ≡, ∽, ⊂ 등과 같은 관계기호 또는 괄호와 결합시켜 수학적인 관계를 나타내는 식이며 다항식, 분수식, 방정식, 부등식, 공식, 연산법칙, 함수식 등 여러 가지가 있다. 대수는 이러한 문자식의 조작으로 볼 수 있으며 나아가 문자식은 수학의 언어로서 수학에 필수 불가결한 기초가 됨은 물론이고 수학을 이용하는 모든 분야에서도 결여될 수 없는 매우 중요한 내용이다. 따라서 중학교 수학에서는 먼저 여러 가지 수량 사이의 관계를 문자를 사용하여 간결하게 나타내고 문자식이 갖는 일반성을 이해할 수 있도록 요구한다.

중학교 1학년 수학의 가장 주요한 기초적인 내용이며 차후의 학습의 바탕이 되는 것이 문자식의 사용 방식과 역할을 익히는 것이다. 이를 위해 문자식에 관한 여러 가지 기본적인 규약, 식의 값, 일차식의 계산을 다루게 되며, 이어서 중학교 2, 3학년에서 다항식의 계산, 지수법칙, 곱셈공식, 인수분해 공식을, 고등학교 1학년에서 항등식과 나머지 정리, 다항식의 인수분해와 약수와 배수, 유리식과 무리식의 계산 등을 익힘으로써 그 이후의 수학학습의 기초를 마련하도록 하고 있다. 문자식의 학습이 만족스럽게 이루어지지 못할 경우 차후의 수학학습에 부정적인 영향을 미치게 된다.

(1) 문자식 학습의 어려움

문자식에 관한 여러 가지 기본적인 규약과 문자식의 변형과 계산을 익힘으로써 그 이후의 수학 학습의 기초를 마련하도록 하는 것은 중학교 수학의 매우 중요한 목표이나 실제로 그러한 목표가 만족스럽게 달성되지 못하고 있다는 데 교육적 문제가 있는 것이다. 중학교에 입학한 아동이 수학 학습에서 곤란을 겪는 주요한 이유의 하나는 학습내용이 수에 관한 비교적 구체적인 내용을 다루는 산술로부터 문자를 다루는 추상적인 내용인 대수로 급속히 전환되어 그 조절이 어려운 점에 있다. 초등학교 단계에서는 문자는 주로 미지인 수로서 다루어진다. 그러므로 학생들에게 문자식은 문자에 구체적인 수를 넣지 않으면 의미를 갖기 어려운 것이며, 문자가 수와 같은 조작의 대상이 되고 있지 못하다.

초등학교에서 미지수 기호 x가 도입되지만 문자식에 대한 본격적인 학습은 중학교에 들어와 시작된다. 중학교 수학에서는 수는 문자식의 특수한 경우로서 그에 포함되며 문자식의 계산이나 변형이 직접적인 취급 대상이 되어 있다. 문자식의 일반적인 특성을 이해하고 형식적인 처리를 하도록 요구되고, 문자가 상황에 따라 미지수, 상수, 변수를 나타낸다는 것을 이해하도록 요구된다. 그리고 수의 계산 법칙이 문자식의 계산에도 적용될 수 있음을 이해하도록 하고, 수의 조작 가운데 문자식에 적용할 수 있는 것과 그렇지 않은 것을 식별할 수 있도록 요구된다. $a+b$나 ab는 덧셈과 곱셈을 나타내면서 동시에 그 결과인 합과 곱을 나타내고 있으며, 수의 경우와는 달리 문자식의 경우에는 $5a+2b$와 같이 계산 결과인 식에 계산 기호가 포함되는 경우도 있고 그렇지 않은 경우도 있다. 아동들은 초등학교를 거치는 동안 수에 대한 산술적인 절차적 조작이 몸에 배게 되어 중학교 수학에서 문자식의 도입 시에 이를 조절하기 어려운 상황이 초래됨으로써 학습-지도에 어려움이 야기되기 쉽다. 예를 들어, 문자식의 계산에서는 $2a+3$은 더 이상 간단히 할 수 없는데, 많은 아동들은 산술적인 기대, 곧 수의 계산에서 답은 반드시 수이며 답에 계산 기호가 포함되지 않는다는 데에 집착하여 계산 기호가 포함된 식을 불완전한 것으로 보고 이를테면 $2a+3$을 무리하게 간단히 하려고 함으로써 $5a$라고 고치는 오류를 범하게 된다. 그리고, 괄호로 둘러싸인 부분은 어떠한 경우라도 먼저 계산하지 않으면 안 된다고 보고 $(a+3)+(a-3)=3a+(-3a)$와 같은 오류를 범하게 된다. 또한 초등학교 수학에서 식에 포함된 □나 ○에 알맞은 수를 구하는 문제를 많이 다루어 왔기 때문에 문자 a, b에 대해서도 알맞은 수를 넣는 장소라는 이미지를 갖고 문자를 다루는 경우도 있을 수 있다. 이러한 점이 문자식의 학습에 혼란을 초래하는 요인이 된다. 아직 수 조작에 대한 구체적인 이미지를 갖고 문자식을 학습해 가는 이 단계의 아동들이 양자 사이에 혼란을 일으키지 않도록 하고 혼란이 일어날 경우에 이를 잘 해소하도록 학습-지도가 이루어져야 할 것이다.

수학에서 그리고 그 적용분야에서 문자식 언어는 매우 중요하지만 언어의 학습은 이러한 많은 어려움을 야기하는 것이다. 특히 항의 변형 규칙과 규칙 위계의 파악이 문제이다. 항을 정해진 규칙에 따라 변형한다. 그런데 예를 들어 분배법칙 $a(b+c)=ab+ac$는 일반적으로 합이 두 개 이상의 가수를 갖는 경우를 포괄한다. 그것은 결합법칙의 순차적 적용에 의해 $a(b_1+...+b_n)=ab_1+...+ab_n$과 같이 형식적으로 표현된다. 여기에서 분배법칙 $a(b+c)=ab+ac$는 변수 a, b, c가 식으로 대치되는 경우에도 성립한다. 이러한 법칙에 따라 $(x+y)(2u+3v)=(x+y)\cdot 2u+(x+y)\cdot 3v$와 같은 변형이 뒷받침된다. 또한 모든 공식은 두 측면으로부터 읽을 수 있고 그로부터 두 변형규칙을 알아챌 수 있다. 예를 들어 공식 $a(b+c)=ab+ac$는 왼쪽부터 오른쪽으로 읽으면 전개공식, 곧 곱을 합으로 어떻게 변형하는가에 대한 정보를 준다. 오른쪽으로부터 왼쪽으로 읽어 인수분해 공식, 곧 합을 어떻게 곱으로 변경시키는가 하는 지침을 얻는다. 또한 주목해야 할 것이 변형 공식의 이중기능이다. 그것은 변형된 대상이며, 다른 한편으로 그것은 변형의 규칙이다. $a(b+c)=ab+ac$를 실행된 변형 결과인 등식으로 간주할 수 있고 변형의 규칙으로도 볼 수 있다. 그러한 변형의 이중 특성을 파악하는 것은 물론 학생들에게 어렵다.

수에서 다룬 계산과 그 규칙의 위계 문제는 문자식의 변형에서 강화된다. 여기에서 수의 규칙 위계에 문자식의 규칙 위계가 부가된다. 따라서 이를테면 분수와 음수 계산에서 문제를 가지고 있는 학생은 문자식의 변형에서 곧 문제에 부닥친다. 문자식 변형을 어려워하는 학생을 도우려면 먼저 능통하지 않은 규칙을 확인한 다음 위계를 아래로부터 새로 건설해야 한다. 기본지식을 살펴보고 틈이 발견되면 이를 채워 기초를 안정화해야 한다. 이러한 통찰은 수학에의 통로를 여는 길이 된다.

문자식의 도입 단계의 학습에서 아동이 곤란을 겪는 또 한 가지 이유는 이 단계의 아동이 인지발달 면에서 이행기에 있다는 점이다. 문자식을 본격적으로 학습하기 시작하는 것은 중학교 1학년인 12-13세부터이다. 그런데 Piaget의 인지발달 이론에 의하면 이 시기는 구체적 조작단계로부터 형식적 조작단계로의 이행기에 해당한다. 이 시기 아동의 사고의 중요한 특징은 가설-연역적이고 추상적·형식적인 사고가 시작되지만 사고가 사물의 구체적 특성에 의존하는 상황을 완전히 벗어나지 못한다는 점이다. 따라서 이 시기의 아동은 문자식을 완전히 추상적이고 형식적으로 조작할 수는 없으며 수에 대한 구체적인 이미지에 의존할 필요성이 아직 남아있는 상태이다.

실제로 교사가 가르친 내용과 그에 대하여 아동이 인식한 것 사이에는 상당한 차이가 존재함을 보인 연구 결과가 제시되어 있다. 문자식을 학습한 영국의 중학교 학생들의 문자의 의미에 대한 인식을 조사한 Küchemann(1981)의 연구 결과에 의하면 학생들은 문자를 미지수, 상수, 변수로 인식할 뿐만 아니라 다음과 같이 인식하기도 한다. '$a+5=8$이면 a는 얼마일까?'와 같은 문제에서 문자식에 어떤 조작을 행하지 않고 직접 a에 값을 부여하는 학생이 있다. 이 경우 문자 a는 그 값이 주어진 식에 의해서 결정되어 있으므로 그 학생에게는 처음부터 수치가 지정되어 있는 수치화된 문자로 보인다는 것이다. 또한, '$a+b=43$이면 $a+b+2$는 얼마일까?', '$n-246=762$이면 $n-247$은 얼마일까?'와 같은 문제에서, $a+b$에 43을 대입하는 것이 아니라 등식 $a+b=43$의 양변에 직접 2를 더함으로써 $a+b+2$의 값을 구하며, 먼저 n의 값을 구한 다음 $n-247$의 값을 구하는 것이 아니라 $n-247=(n-246)-1$이므로 $762-1$에 의해서 $n-247$의 값을 구하는 학생이 있다. 이 경우 문자는 주어진 식의 값을 구하는 데 사용되지 않은 어떤 의미도 주어지지 않는 것이다. 그리고, '$2a+5a=$ ', '$2a+5b+a=$ '와 같은 계산을 하라고 할 때, 문자 a, b 자체를 구체적인 대상으로 보고 a가 2개이고 a가 5개이면 합쳐서 a가 7개가 되므로 $2a+5a$가 $7a$가 된다는 식으로 개수를 계산하는 경우, 또는 문자식을 수, 문자, 계산기호가 나열된 식으로 생각하고, $3a=3+a$로 보고, $2a+5a=2+5+a+a$, $3a-a=3$, $3a-3=a$로 계산하는 경우가 있는데, 이는 어느 경우건 그러한 학생에게 문자는 어떤 실물의 약호 또는 실물 자체처럼 사용되는 문자인 것이다. 이러한 상황은 우리나라 학생들에게서도 일어날 수 있는 현상으로 볼 수 있다.

문자식의 변형에서 학생의 의도는 대체로 제기된 과제의 해결을 지향하는 반면에 교사는 수학적·교수학적으로 근본적인 문제에 관심을 갖는 서로 구분되는 사고 틀을 기초로 한 갈등이 존재한다. 교사의 행동은 '대수적-교수학적'으로 움직이는 반면 학생들은 '알고리즘적-기계적'으로 생각한다. 따라서 문자식의 변형에 대해 그렇게 변형한 이유를 묻는 질문에 대해 학생들은 대부분 의도한 결과와 관련하여 이를테면 "$2(x+y)$에서 괄호를 풀려고."라고 대답하는 반면에 교사는 '분배법칙에 따라 $a(b+c)=ab+ac$가 성립한다.'라고 생각한다.(Vollrath, S. 76-78)

대수는 방정식의 풀이 절차나 일반화된 산술, 곧 산술 규칙을 나타내는 여러 가지 일반적인 절차적 명제로 볼 수도 있지만, 위에서 언급한 MacLane과 Birkhoff의 규정과 같이 대수는 연산의 기본 성질을 만족하는 산술체계, 곧 관계적 구조로 볼 수 있다. 역사적으로 대수적 사고는 절차적 관점에서 구조적 관점으로 발달되어 왔으며 수학의 학습과정도 이와 유사하다. 초등학교에서 오랫동안 절차적 관점에서 산술을 학습해 오다가 대수 학습을 시작하는 중학교 초기의 학생들에게는 다항식이나 분수식이 하나의 대상으로 받아들여지기가 쉽지 않을 것이며 산술의 바탕을 이루는 관계적 구조를 알고 있지 못하고 단지 계산절차에 따른 조작을 수행코자

하는 경우가 보통이다. 중학교 대수에서는 고등학교 수학에서와 달리 다항식의 구조가 형식적으로 이해되기를 기대하는 것은 아니지만 문자식의 형식적인 조작을 하는 단계이며, 문자식에 관한 여러 가지 기본적인 규약을 이해하도록 하고 문자식의 변형과 계산을 익힘으로써 그 이후의 수학학습의 기초를 마련하도록 하고 있다.

문자식의 변형에 대해 많은 연습문제를 해결하는 집약적인 연습을 통해서 확실성과 신속성을 얻을 수 있다고 보고 형식적 조작이 지나치게 강조되는데 이러한 대수교육의 기괴한 형태에 대해 Vollrath(1994, S. 81)는 Wagenschein(1970)의 다음과 같은 흥미로운 비판을 소개하고 있다. 여기에서 우선 몰이해에 길들이기가 일어난다. 많은 학생들이 재삼재사 학교수학에 대한 기괴한 형태, 몰이해된, 따라서 싫은 것에 대한 길들임, 거기에서 잊어버린 미소를 경험한다. 수학적인 사고가 정신에 대해 특히 젊은 인간의 발육중인 정신에 대해 갖는 놀랄 만한 작용은 활동적이고 충분한 통찰의 번득임이 점화될 때에만, 문제에 개재된 것의 시각에서 수학적으로 이전의 의문이 해소되어 이해가 명석하게 된 확실한 표시가 나타날 때에만 성취된다. 흔히 대수에서 형식적 규칙의 지나친 강조로 답에 대한 근거가 결여된 연습으로 진정한 수학적 사고가 경험됨이 없이 형식적 변형이 연습된다. 이러한 답에 대한 근거가 없는 연습은 유해한 결과가 된다. 제기된 질문에 대해 기초에 대한 이해 없이 누구나 모방할 수 있는 규칙 가운데 몇 가지에 따라 답을 제공하는 것이 가능하며 그것을 이해하지 않고 조작할 수 있다는 착각이 생긴다. 잘못된 결과가 새로운 해석을 붙이게 되고 그 이상의 연습과제가 제시되어 상황은 더 좋지 않게 된다. 수학에서 기계적인 연습의 이러한 문제점은 간과해서는 안 되며 그 극복을 위한 방안으로 참신한 과제를 설정하여 학습의 변화를 유도하는 면밀한 시도가 요구된다.

(2) 문자식 학습에서의 오류

많은 연습에도 불구하고 학생들은 수학학습에서 많은 오류로 괴로움을 당한다. 경험에 따르면 문자식의 변형에서 재삼재사 나타나는 오류가 존재한다. 몇 가지 전형적인 오류는 $3a-(2a+b)=3a-2a+b$와 같은 괄호풀기에서의 오류, x^2을 $2x$와 혼동하는 것과 같은 항의 혼동, $\frac{a+b}{c+b}=\frac{a}{c}$와 같은 약분의 오류, $\sqrt{a^2+b^2}=a+b$와 같은 제곱근 풀기의 오류 등이다. 수학자 자신에게도 오류는 발생되며 특히 고전적인 미해결 문제에 대한 증명 시도에서 비극적인 착오가 유명한 수학자들에게서도 확인된다. 특히 학생들의 오류에 싫증을 보이고 오류 때문에 학생을 피로하게 하는 것은 완전히 잘못된 것이다. 오류를 이성적으로 다루는 것은 수학교육에서 중요하게 요구되는 부분이다. 오류의 발생을 학습과정에서 자연스러운 것으로 간주하는 것이 학생들에게 명확히 되어야 한다. 특히 학급에 유사한 오류를 범하는 학생이 여러 명 있는 경우에는 먼저 학생의 실패를 자연스럽게 받아들여야 한다.

그리고 이를테면 $3+a=3a$와 같은 정보수용과 정보처리에서의 오류, $a-b=b-a$, $a^2+b^2=(a-b)(a+b)$처럼 규칙을 불러내거나 적용하는 데에서의 오류, 실행에서의 오류, +와 −의 뒤바뀜과 같은 경솔함의 오류 등을 피하기 위해 문자식의 구조 인식, 규칙 체계의 확실하고 가동적인 적용, 조종 심리 과정의 구성과 같은 능력의 형성에 가치를 부여해야 한다. 학습-지도를 통해 이러한 능력의 개발을 촉진하거나 방해할 수 있다. 과제의 난이도의 주의 깊은 등급화, 개념·방법·규칙의 직관적인 정착, 어떤 형태의 과제가 숙달될 때 더 어려운 과제로의 이행, 오류에서 핵심을 찌르는 도움을 주기, 창조적인 결과에 고무되고, 알맞은 과제의 선택을 통한 간단함, 명확함, 일목요연함의 기쁨으로부터 자극을 받도록 하는 것이 요구된다. 교사는 정해진 처리방식의 오류 경향을 알고 극복되도록 지도하여야 하며, 학생들에게 특별한 형태의 과제에서 자주 발생되는 오류 경고에 유의하도록 하고, 오류 분석을 통찰의 심화에 이용하도록 한다 (Vollrath, S.82-92).

먼저 생각해야 할 것은 대수 언어 자체가 오류를 유발하기 쉽다는 점이다. 예를 들어 분배법칙은 +와 ·를 교환하면 유사한 법칙이 성립하지 않는다. 동수누가로서의 곱에서 작용소는 오른쪽에 쓰고 거듭제곱은 위 오른쪽에 지수로 쓴다. 곱셈 기호는 흔히 생략할 수 있으나 덧셈 기호는 그렇지 않다. 중학교에 들어와 학생들은 산술적 사고와 다른 이러한 형식적인 문자식 언어, '대칭적인' 등식으로서의 방정식 등의 대수 학습에서 큰 어려움에 직면하지만 이는 중학교 이후의 수학적 사고의 필수적인 요건이 되므로 모든 학생들에게 이러한 대수 언어를 가르치는 것을 피할 수 없다. 이는 산술에서 대수로의 이행이 큰 어려움 없이 이루어지도록 하는 지도 방법에 대해 숙고하지 않을 수 없게 하였다.

(3) 문자식 언어의 학습 단계

문자식 언어로 일반적인 수학적 관계가 간결하고 명확히 표현된다. 이를테면 이웃한 두 자연수의 제곱의 차는 $(n+1)^2 - n^2$과 같이 표현되며, 나아가 $(n+1)^2 - n^2 = n^2 + 2n + 1 - n^2 = 2n + 1$과 같이 그 변형을 통해 이웃한 두 제곱수의 차는 홀수라는 새로운 사실을 발견할 수 있다. 문자식의 변형은 전통적으로 초기 대수교육의 성패를 결정하는데, 무엇보다도 이러한 관계의 표현은 매우 중요한 역할을 한다. 문자식 언어의 도움으로 다른 사람과 의사소통을 쉽게 하고 새로운 통찰을 통해 새로운 지식을 얻을 수 있게 한다. 수학적 사고를 문자식 언어로 표현하고 거꾸로 문자식에서 수학적 사고를 이끌어내는 것을 배워야 한다. 그리고 문자식 변형을 신속하고도 정확하게 실행할 수 있고 동시에 발견된 결과를 수학적으로 해석할 수 있어야 한다. 지금까지의 고찰에서 그것이 핵심을 드러내는 것으로 생각되었기 때문에 문자식의 언어적 측면을 매우 강조하였다. 그러나 대부분의 학생들에게 그들이 대수에서 하나의 언어를 학습하였다는 것이 의식되어 있지 않을 수도 있다. 400년 이상 그랬듯이 그들에게 그것은 문자계산이며 대입이다. Vollrath(S. 92-113)에 의하면 문자식 언어는 다음과 같은 단계로 행해지는 과정을 거쳐 의미 있게 학습될 수 있다.

첫 단계는 변수와 문자식의 직관적인 취급이 이루어지는 단계로, 학생은 먼저 문맥으로 제시된 문제 상황으로부터 변수와 문자식의 사용을 학습한다. 이 단계에서는 언어 요소에 대해 명확히 언급하지 않고 그것을 문제 상황의 기술을 위한 표현 도구로 사용하는 것이 중요하다. 초등학교에서 이미 변수를 수의 자리지기, 즉 빈자리 기호로 배워 알고 있다. 여기에서 변수는 예를 들어 $2+\ldots=5$, $2+\blacksquare=5$, $2+x=5$, $25\xrightarrow{\cdot 4}\blacksquare$, $\blacksquare\xrightarrow{\div 2}6$, $4\xrightarrow{\cdot \bullet}36$과 같이 계산과제에서 빈자리, 혹은 빈자리를 표시하기 위한 표지, 또는 찾는 수를 나타내는 문자로 나타난다. 빈자리나 그 표지는 보통 중등단계에서 문자로 대치된다. 그리고 $2\cdot 8\blacksquare 5\cdot 2$나 $5\blacksquare 12=60$과 같이 $<$, $>$, $=$와 같은 관계기호나 연산기호를 넣으라는 문맥으로 변수가 사용되기도 한다. 이 단계에서는 그 의미가 문맥으로부터 즉각 분명해지기를 기대하기 때문에 이러한 기호의 의미에 대해 말하는 것을 피한다. 그러므로 여기에서는 그러한 기호에 대해 어떤 명칭을 도입하는 것이 필요치 않다.

다음에는 실제상황 문맥에서 문자식을 계산 양식으로 구성하게 하는 문제를 제공한다. 정사각형, 직사각형, 이등변삼각형과 같은 도형의 둘레를 변의 길이로 표현하는 문제를 제시할 수 있다. 문맥에서 고려된 대상을 기억나게 하는 문자를 변수로 사용하는 것이 합당하다. 변수기호로 고려된 대상의 영어 이름의 머리글자를 사용하면 그 의미에 대한 암시를 준다. 그러나 여기에서 이를테면 문자를 대상의 수로 생각하는 대신에 대상 자체를 나타낸다고 볼 위험성이 존재한다.

다음 단계는 반성단계로서, 고려된 언어 요소와 그 사용에 대한 경험이 반성된다. 이 단계에서 변수와 항 개념이 도입되고 적당한 기호법을 도입한다. 문자식 언어의 명백한 진전은 이러한 반성단계에서 일어난다. 반성단계 초에 지금까지 문자로 다룬 전형적인 상황을 다시 한 번 다루고 일상에서 변수가 사용되는 예를 들어 생활 관련성도 제시할 수 있다. 일상어에는 '그것을 하지 않았다.', '그 사람은 너무 늦게 온다.'와 같이 변수의 특성을 갖는 일반적인 어법이 존재한다. 항 개념은 수, 변수, 합, 차, 곱, 몫, 거듭제곱 등의 상위개념으로 도입될 수 있으며, 그것으로 구문론적 측면이 강조된다. 계산 양식으로서의 항 개념에 대한 접근은 이러한 형식적인 접근보다 확실히 더 유리하다. 다음에는 $(2x+3y)^2+(5x-(y+2))^3$과 같은 문자식을 분해하고 그 구조를 개괄적으로 표현해 보도록 하는 것이 중요하다. 여기에서 너무 복잡하지 않게 구성된 식을 선정해야 한다. 문자식이 구성되는 문제에서 경우에 따라 서로 다른 식이 생길 수 있다. 예를 들어, 한 변에 n개의 점이 있는 정사각형 모양으로 배열된 점의 수를 결정하는 문제에서 한 가지 답은 $4(n-1)$이다. 같은 문제에 대해 답 $4n-4$를 발견할 수 있다. 여기에서 $4(n-1)=4n-4$와 같은 식의 변형은 그 타당성을 입증하는 방법을 제공할 수 있다. 이러한 논거는 학교수학에서 문자식 변형의 취급에 대한 강력한 변호가 된다.

그다음 단계는 탐색과 획득 단계로 문자식 언어의 여러 가지 표현 가능성이 탐색되고 변형 규칙이 발견되고 적용된다. 언어 요소의 의미에 대한 지식과 그 규칙에 대한 지식을 바탕으로 문자식 언어의 중요한 형식이 획득되고, 점차 그러한 언어를 다루는 확실성이 증대된다. 대등한 문자식으로의 주요한 변형 방식을 배워 아는 것이 중요하다. 단계적으로 문자식의 변형 활동에 들어간다. 먼저 항을 정렬하는 활동을 한다. 가능한 한 알파벳 순서로 기술하는 것이 통례이다. 이러한 변형에서 덧셈·곱셈의 결합성질을 바탕으로 괄호는 생략된다. 항의 교환은 교환성질에 의해 뒷받침된다. 수 인수는 전면에 놓는다. 합과 곱이 조합되어 있으면 대부분 먼저 곱을 그다음에 합을 정리한다. 오해가 일어나지 않으면 곱셈 기호는 생략된다. 다음에는 항을 정리한다. 합에서 같은 종류의 가수(加數)는 분배법칙에 의해 한 항으로 정리할 수 있다. 곱에서 같은 인수를 거듭제곱으로 정리할 수 있다. 계수가 분수인 다항식의 정리하기를 다룬다. 다음에는 괄호 풀기를 한다. 합이 인수인 경우 괄호를 푸는 것은 분배법칙으로 가능하다. 합의 곱에서는 분배법칙을 두 번 사용하며, 직사각형의 넓이로 직관화된다. 항의 정리에 사용되는 규칙은 다항식환의 성질로 뒷받침된다. $(a+b)^2=a^2+2ab+b^2$, $(a-b)^2=a^2-2ab+b^2$, $(a+b)(a-b)=a^2-b^2$과 같은 중요한 이항식을 다룬다. 변형의 관점에서 다항식의 전개를 역으로 생각한 인수분해가 중요하다. 완전평방을 다룬다. 이는 이차방정식에서, 그리고 이동된 포물선의 정점을 결정하는 데 필요할 것이다.

그다음 단계는 식 언어의 사용 단계이다. 수학적인 내용의 새로운 통찰을 얻기 위하여 형식적인 언어가 사용된다. 거기에서 문자식 언어에 대한 지식도 깊어진다. 문자식의 변형으로 두 계산 양식의 상등성을 보일 수 있다. 문자식으로 주어진 함수식을 다양한 방식으로 변형할 수 있다. 문자식 변형의 가장 중요한 적용 영역은 방정식이다. 여기에서 방정식의 풀이는 방정식의 동치변형으로 이루어진다. 여러 가지 정리의 유도와 증명에서도 문자식의 변형은 중요한 역할을 한다. 예를 들어 Pythagoras정리의 대수적 증명은 넓이를 나타내는 문자식의 구성과 그 변형으로부터 이끌어내어진다.

그다음 단계는 문자식 언어의 확장 단계이다. 학교수학에서 이루어지는 문자식 언어의 첫 번째 확장은 분수식이다. 분수식은 고등학교 수학에서 분수방정식, 유리함수의 취급이라는 관점에서 필요하다. 분수식에서 몇 가

지 전형적인 오류 특히 예를 들어, $\frac{x+2}{y+2}=\frac{x}{y}$, $\frac{2x+3y}{6x+6y}=\frac{x+y}{3x+2y}$와 같은 오류가 존재한다. 약분을 위해서는 분자와 분모의 항이 인수분해되는 것이 요구된다. 문자식 언어의 확장은 또한 제곱근 계산과 지수에서 행하여진다. 일반적으로 $(\sqrt{a})^2=|a|$, $\sqrt{a^2}=|a|$이며, 중요한 변형규칙은 $a, b \in R_0^+$에 대해 $\sqrt{ab}=\sqrt{a}\sqrt{b}$이고 $a \in R_0^+$, $b \in R^+$에 대해 $\sqrt{\frac{a}{b}}=\frac{\sqrt{a}}{\sqrt{b}}$이다. 여기에서 특히 오류 $\sqrt{a^2+b^2}=a+b$가 자주 발생한다.

지수에서는 두 가지 본질적인 과제가 문제된다. 곧, 자연수 지수에 대한 규칙 획득과 지수의 확장이 그것이다. $a^1=a$를 통해 극단인 경우 $n=1$을 포함시킴으로써 거듭제곱 a^n은 모든 $a \in R, n \in N$에 대해 귀납적으로 정의된다. 이때 성립하는 지수법칙은 다음과 같다.

$$a^m a^n = a^{m+n}, \quad \frac{a^m}{a^n}=\begin{cases} a^{m-n} & (m>n) \\ 1 & (m=n) \\ \dfrac{1}{a^{n-m}} & (m<n, a \neq 0) \end{cases}$$

$$(ab)^n = a^n b^n, \quad (\frac{a}{b})^n = \frac{a^n}{b^n} \ (b \neq 0), \quad (a^m)^n = a^{mn}$$

이들 법칙은 완전귀납법으로 증명된다. 지수는 형식불역의 원리에 의해 정수, 유리수, 실수로 확장되며 지수함수로 발전한다.

마지막 단계는 Boole대수 체계를 이루는 명제의 대수나 집합의 대수와 같은 새로운 문자식 언어의 획득 단계이다.

4. 변수

변수는 함수, 집합과 함께 현대수학의 발전을 가능하게 한 원동력이 된 가장 원초적이고 강력한 수학적 언어의 하나이며 현대수학의 기초가 되는 핵심적인 개념이다. 수학은 추상화와 일반화를 추구하는 학문이다. 정리건 증명이건 해석이건 일반성을 제한하는 것을 수학적 본능은 매우 싫어한다. 변수, 형식, 일반성은 수학 전체를 통합하는 일종의 삼위일체로 수학적 본성이라는 같은 뿌리에서 나오는 것이다. 이는 이를테면 문자로 나타내어진 실수의 연산법칙이나 여러 가지 공식 등을 통해 명확히 드러난다. 변수는 특히 산술적 사고와 대수적 사고를 구분 짓고, 대수적 사고를 하는 데 핵심적인 역할을 한다. 따라서 변수는 대수가 중심이 되어 있는 현대수학은 물론 학교수학의 바탕이 되는 기본적인 개념이다(김남희, 1997).

변수를 나타내는 문자의 도입 덕분에 방정식에서 미지수뿐만 아니라 계수까지도 문자로 나타내어, 일반적인 다항방정식을 $a_0x^n + a_1x^{n-1} + \cdots + a_{n-1}x + a_n = 0$과 같이 나타내고 이차, 삼차, 사차방정식의 근의 공식을 유도하여 완전한 풀이가 가능해졌다. 나아가 사칙연산과 거듭제곱근을 이용한 5차 이상의 다항방정식의 일반해를 연구하는 과정에서 군론이 발생되고 환, 체, 벡터공간 등 추상적인 대수적 구조의 연구가 이어져 현대 추상대수학의 발전을 가져왔다. 변수는 이러한 대수적 사고에서뿐만 아니라 수학의 모든 분야에서 추상화·일반화·형식화의 기본 바탕을 이루는 핵심적인 개념이며, 유연성을 갖추어 여러 가지 수학적 사고를 나타내는 복합적인 개념이다. 문자 변수는 함수개념이 발달하면서 임의의 함수를 나타내는 데에도 사용되게 되었으며 미적분법의 발전에 결정적인 역할을 하게 되었다. 변수를 나타내는 문자를 도입한 Viète를 현대수학의 아버지라고 부르는 이유가 여기에 있다.

변수개념을 명확하게 이해하지 못하고 변수를 단순한 문자 기호로 간주하여 기계적으로 처리하는 도구적 이해수준에 머물면, 여러 가지 수학적인 표현을 의미 있게 받아들이지 못하는 등 변수 개념을 통해서 얻을 수 있는 수학적 안목이 결여됨으로써 여러 가지 수학적 사고 경험을 의미 있게 하지 못하게 된다. 이를테면, 도형의 넓이나 부피 공식, 실수의 연산법칙, 이차방정식의 일반해로서의 근의 공식 등 학교수학에서 다루는 수많은 법칙과 공식의 일반성에 경외감을 갖지 못하는 학생은 변수개념에 대한 바른 안목을 갖고 있다고 보기 어려울 것이다. 결합법칙 $(a+b)+c=a+(b+c)$에서 변수 a, b, c는 일반화된 패턴을 나타내는 기호인 부정소로 간주된다. 여기에서 변수개념을 명확하게 이해하지 못하면 이 성질이 모든 실수 a, b, c에 대하여 성립하는 일반적인 법칙이기 때문에 a, b, c가 같은 수인 경우에도 성립하는 전칭명제임을 명확히 이해하지 못할 것이다.

$\triangle ABC$와 교환법칙 $a \cdot b = b \cdot a$에서 변수 A, B, C, a, b와 연산변수 $\cdot$ 의 일반성, 사다리꼴의 넓이 공식 $S=\dfrac{(a+b)h}{2}$에서 a, b, h의 가변성과 그에 따른 공식의 의미 변화, 일차식 $y=mx+k$의 미지수가 두 개인 이원일차방정식, 일차함수 관계를 나타내는 함수식, 직선의 방정식으로의 의미 해석과 직선의 방정식으로 볼 때 m, k의 값의 변동에 따른 직선의 형태 등을 생각해 보면 변수의 위력을 실감하게 된다. 좌표평면 위에서 직선은 집합 언어를 사용하면 $\{(x,y) \mid y=mx+k\}$와 같이 나타내어진다. m의 값의 변화에 따라 직선은 y-절편을 중심으로 회전하며, k 값의 변

화에 따라 직선은 y축 위를 상하로 움직인다. 그리하여 평면 위의 모든 직선이, ($x=0$ 또는 $y=0$인 경우를 포함하여) 하나의 방정식 $y=mx+k$로 나타내어질 수 있는 것이다. 여기에서 변수의 힘이 얼마나 강력한가를 알 수 있다. 어느 경우건 일차식 $y=mx+k$에서 x, y와 m, k는 '꼭두각시' 변수로 다른 문자를 사용하여, 이를테면 $s=at+b$로 나타내어도 되는데, 이러한 점이 학생들에게 잘 이해되지 않는 경향이 있는 것이다. 그리고 방정식의 미지수도 방정식을 명제함수로 보면 변수로 볼 수 있다. 변수에 대한 바른 안목을 갖는 것은 여러 가지 수학적 사고의 의미를 이해하는 데 필요불가결한 것인바, 그에 대한 명확한 이해가 요구된다. 그러나 포괄적이고 강력한 개념일수록 그 의미를 명확히 규정하기 어렵듯이, 변수의 개념도 매우 다양한 측면을 갖고 있는 복합적인 개념으로 그 본질을 규정하기가 쉽지 않으며, 따라서 그 학습에 어려움이 제기되는 것이다.

학교수학에서 변수는 다양한 내용과 결부되어 사용되지만 이를 반성적 수준에서 명확히 드러내고 있지 않다. 문자와 식에서는 그냥 문자라고 표현하다가, 방정식에서는 미지수라 부르고, 함수식을 다루면서 변수를 '함수 $y=f(x)$의 x, y와 같이 여러 가지 값을 나타내는 문자를 변수라고 한다.'라고 간단히 정의하고 있고, 더욱이 $y=kx+b$에서 k, b를 상수라고 부르고 있어, 변수의 복합적인 의미나 다양한 사용법이 곧바로 이해되기 어렵게 되어 있다.

1) 변수개념의 다면성

변수는 다양한 측면을 가진 포괄적인 개념이다. 변수개념에 대한 이해는 문자의 다양한 사용 방법을 이해하는 것과 관련된다. 수학에서 문자는 수와 함께 다항식을 이루는 기호로서 계산의 대상이기도 하지만 $2x+3=1$, $\triangle ABC$, $a+b=b+a$, $S=\frac{1}{2}ah$, $y=kx+b$, $p\to q$, $A\cup B=B\cup A$ 등과 같이 방정식에서 미지수를 나타내거나, 도형이나 일반화된 법칙이나 공식에서 점이나 실수, 도형의 넓이, 변의 길이, 높이 등을 나타내며, 또한 함수식에서 변하는 값 또는 어떤 수 집합에 속하는 임의의 원소를 나타내는 변수나 상수로 사용되고 있으며, 명제나 집합의 대수에서 임의의 명제나 집합을 나타내는 데 사용된다. 문자의 이러한 다양한 역할에 따라 특히 대수는 문자가 미지수로 사용되는 방정식 풀이 절차를 연구하는 것으로 간주될 수도 있고, 문자가 패턴을 일반화하는 데 사용되는 일반화된 산술로서 간주될 수도 있으며, 문자가 변수로 사용되는 관계의 연구로서 간주될 수도 있다. 무엇보다도 다양한 형태의 문자사용이 변수개념에 대한 명확한 이해를 어렵게 하고 있다. 현재 학교수학에서 학생들은 문자식의 계산과 대입 등과 같은 문자에 대한 형식적인 처리에 매달리고 문자에 주어지는 이러한 의미를 반성해 보는 충분한 기회를 갖지 못하고 있다.

변수는 대체적으로 보아 여러 대상을 동시에 나타내는 '다가명사(多價名詞, polyvalent name)'라는 정적인 측면과 실제적 혹은 가상적으로 '변하는 대상(variable object)'을 나타내는 동적인 측면을 갖는 문자나 기호라고 할 수 있다(Freudenthal, 1983, pp. 473-477, 491-494). 변수는 포괄적이고 강력한 수학적인 언어로 매우 유용한 수학적인 의사소통 수단이지만, 실은 일상 언어와 수학적 언어에서 불가피하게 등장하는 언어적 현상이다. 일상 언어의 명사에는 다가명사요 부정소(不定所, indeterminate)인 사람, 사자와 같은 보통명사와 이것·저것·그것과 같은 대명사가 있다. 그런데 일상적으로 이름이 필요한 매우 다양한 실제적인 대상과 정신적인 대상에 대하여 새로운 고유명사를 만들어 내는 대신에 보통명사를 상황에 맞추어 사용하는데, 이는 수학에서 변수를 사용하고 변수를 주어진 상황에 맞추어 한정하는 것과 같다. 이를테면, 보통명사인 '사자'는 불특정한 개별적인 사자와 전체 사자를 가리킬 때 같이 사용하는 명사이면서, '이 사자, 그 사자, 그 늙은 사자, 동물원에 있는 사자'와 같이 한정하여 많은 특별한 사자를 가리킬 수 있는 다가명사이다. 일상 언어에서 다가명사는 풍부하고 다양하지만 대상 집합이 제한된 것인 데 비하여, 알파벳으로 나타내어지는 수학 언어에서의 다가명사인 변수는 어떤 수학적인 대상도 의미할 수 있는 일반성이 있고 기호를 임의로 바꿀 수 있는 유연성이 있어 훨씬 강력한 힘을 발휘한다.

문자를 사용하여 도형을 나타내는 것은 고대 그리스의 기하로부터 연유한다. 문자 변수의 언어적 필요성이 그리스 기하에서 일찍 감지되어, 이를테면 삼각형을 그리고 세 꼭짓점을 A, B, C로 나타내어 구분하고 '삼각형 ABC'로 나타내었다. 여기에서 변수는 주어진 점이나 도형에 의해서 지시된 점으로 한정되지만, 기하에서 다루는 점이나 도형은 임의적인 보기이며 삼각형에 대한 명제는 삼각형을 어떻게 그리고 나타내었건 간에 모든 삼각형에 대한 것이다. 이러한 사실 때문에 점 A, B, C와 $\triangle ABC$는 다가명사가 되는 것이다. 다가명사는 일반적인 명제를 형식화하는 수단이다. 실제로 '삼각형 ABC에서 변 AB, BC, CA의 수직이등분선은 한 점을 지난다.'라는 명제에서 $\triangle ABC$를 어떻게 그리건 간에 A, B, C는 전칭한정사(全稱限定詞) '모든 …에 대하여'에 의해서 한정된 점 변수로 생각할 수 있다.

또한 사각형의 중점연결 정리 곧, '$\square ABCD$에서 각 변 AB, BC, CD, DA의 중점을 각각 E, F, G, H라고 할 때 $\square EFGH$는 평행사변형이다.'는 특수한 일반사각형을 그리고 증명하지만 그것은 사각형이 일반사각형이든 사다리꼴이든 평행사변형이든 마름모꼴이든 직사각형이든 정사각형이든 나아가 일반적인 오목사각형이든 모든 사각형에 대하여 성립하는 성질이다. 그러한 일반적인 사각형의 성질을 변수로 나타내어 증명하고 있는 것이다. 여기에서 증명에 이용된 사각형의 그림과 기호는 모두 변수로 볼 수 있는 것이며, 따라서 도형의 성질과 그 증명이 일반성을 갖게 되는 것이다.

그리스 수학에서 시작된 도형을 문자를 사용하여 나타내는 기하학적인 방식의 변수는 이차방정식의 근의 공식과 같은 알고리즘 언어의 탄생에 이르지 못하였다. 선분을 두 끝점으로, 다각형을 꼭짓점으로 나타내는 것을 제외하고는 어떤 알고리즘화된 기호 조작도 없었다. 그리스 기하에서의 변수 문자의 사용이 대수로 전이되어 대수에서의 문자 변수의 탄생을 방해한 장애 요인은 무엇인가? 대수에서의 문자 변수의 탄생은 기하에서 문자가 사용되고 나서 오랜 시일이 지난 훨씬 뒤의 일이다. 고대 바빌로니아와 그리스 수학을 이어받은 중세 아라비아에서 일차방정식과 이차방정식 및 그 풀이 방법은 보기를 들어 수치적으로 기술되었다. 그리스 수학에서 문자는 수를 나타내기도 했다는 사실이 그리스 수학자들이 문자를 사용하여 미지수를 나타내는 것을 방해하였는지도 모른다. 그러나 기하에서의 변수문자 사용이 직접 대수에 전이되는 것을 방해한 또 다른 장애 요인은 기하와 대수에서 문자를 대할 때 심리적인 차이가 있다는 점일 것이다. 모든 점은 흔히 같은 것으로 간주되며 어느 특정한 한 점이나 삼각형을 택하여 문자로 나타내어도 그것이 일반성을 갖는 것으로 간주되는 반면에, 수는 서로 구분되는 개성이 있어 한 문자가 임의의 수를 의미한다고 생각하기가 쉽지 않다는 심리적인 차이점이 있는 것이다.

대수에서의 변수 문자의 등장은, 고대 로마의 후기 알렉산드리아 시대에 Diophantus가 미지수를 'arithmos'로 나타내고, 중세에 미지수를 이탈리아어인 'cosa'로, 미지수의 거듭제곱을 'cossists'로 나타낸 데에서 찾아볼 수 있다. 그러나 일반적인 다가명사로서의 변수 기호 사용의 결정적인 진보는 17세기에 Viète에 의해서 이루어졌다. 그는 방정식에서 미지수뿐만 아니라 기지수를 문자로 나타냄으로써 일반형으로 나타내어진 방정식의 일반해를 구할 수 있게 되었는데 이것이 대수적인 언어의 발달 나아가 현대대수학의 발달의 진정한 출발점이었다. Viète가 대수 기호를 발명한 후 50년이 안 되어 해석기하가 발명되고 100년이 안 되어 미적분이 발명된 것은 일반화된 패턴을 나타내는 변수의 위력을 잘 보여주는 것이다.

운동학적 변수는 18세기에 Leibniz에 의한 종속변수로서의 함수개념과 함께 등장하였다. '자연수 n이 무한히 커질 때 수열 $(1+\frac{1}{n})^n$은 e에 수렴한다.'와 같이 서로 연관되어 변하는 두 양 사이의 관계를 연구하는 과정에서 가변성과 종속적 변화를 강조하는 변수와 함수개념이 발생하였다. 하나의 값이 변함에 따라 다른 값도 변하게 될 때 그러한 것을 변수라고 하였으며, 한 변수의 값이 변함에 따라 변하는 변수, 곧 종속변수를 독립변수의 함수라고 불렀다. 이는 동적이고 연속적인 속성을 강조한 변수개념이다. 물리적·사회적·정신적·수학적 세계에서 실제로 변하는 것, 변하는 것으로 인식되고 상상되고 가정되는 수, 양, 점, 집합 등, 변하는 수학적인 대상을 의미하는 이러한 변수개념의 동적인 측면은 변화의 세계를 설명하는 데 필수 불가결한 것이므로 경시될 수 없는 것이다. 실세계의 변화하는 현상에 대한 정리 수단으로서의 변수에 대한 풍부한 경험을 할 수 있도록 함수개념의 발생적 근원을 충분히 드러내도록 하는 것이 바람직할 것이다.

집합 언어를 구사하는 현대 추상수학이 발달하면서 변하는 수학적 대상이라는 운동학적인 직관적 관념이 배제 내지 약화되고 다가명사라는 변수의 정적인 형식적 측면이 강조되게 되었다. 변역의 임의의 원소를 나타내는 기호, 다가명사로서의 변수의 측면이 현대적인 변수 개념이다. 그러나 앞에서 언급한 바와 같이 다가명사로서의 문자 변수의 언어적 필요성은 아주 일찍부터 감지되어 고대 그리스 시대부터 기하에서 사용되었다. 여기에서 변수는 패턴을 일반화·형식화하는 수단으로서 사용되는 문자, 이를테면 '평면 위의 세 점 A, B, C에 대해서 $AC \leq AB+BC$', '임의의 유리수 a, b에 대해서 $a+b=b+a$', '유리수 a에 대하여 $a \times a \times a = a^3$'에서 A, B, C, a, b와 같은 다가명사이다. 이러한 다가명사로서의 변수의 힘은 학교수

학의 각 영역에서 다루는 수많은 패턴을 일반화하고 형식화하는 수단으로 작용할 때 뚜렷하게 드러난다. 현대 추상수학의 발달과 함께 변수의 동적인 측면이 경시되고 정적인 측면이 강조되어 왔다. 'a_n은 0으로 수렴한다.', '점 P는 평면 α 위에서 움직인다.', '원소 x는 집합 S의 값을 취한다.', '자연수 n이 무한히 커질 때 수열 $(1+\frac{1}{n})^n$은 e에 수렴한다.'라는 표현은 변수 a_n, P, x, n의 동적 측면을 보여주는 것이다. 그런데 과거 반세기 동안에 그러한 동적인 표현은 정적인 표현으로 대치되었다. 'x_n이 0에 수렴한다'는 개념은 운동학적 측면을 배제하고 산술적으로 '모든 $\epsilon>0$에 대하여 n_0이 존재하여 $n \geq n_0$일 때 $|n_n|<\epsilon$'와 같이 정의되었으며, '점 P는 평면 α 위에서 움직인다.', 'x는 집합 S의 값을 취한다.'를 간단히 $P\in\alpha$, $x\in S$와 같이 나타내게 되었다. 변수의 동적 측면을 제거하려는 노력은 변수라는 용어에 다가명사라는 관념을 부가하기 위한 것이기도 하다. 현재 학교수학에서 변수는 여러 가지 측면이 혼합된 포괄적인 의미로 사용되고 있으나 동적인 측면이 경시되고 집합의 원소를 나타내는 정적인 기호로 간주되고 있다.

2) 변수개념의 일반화와 형식화

오늘날에 변수는 모든 종류의 알파벳을 사용하여 수, 집합, 함수, 명제, 행렬, 벡터, 연산, 관계, 공간, 측도, 구조 등 모든 종류의 수학적인 대상을 나타내게 되었다. 수는 $a, b, \cdots, x, y, \cdots$으로, 점은 A, B, $\cdots$, P, Q, $\cdots$으로, 함수는 y, f, g, h, $\cdots$으로, 명제는 p, q, r, $\cdots$으로, 행렬은 A, B, $\cdots$, X, Y, $\cdots$으로, 벡터는 $\vec{a}, \vec{b}$, $\cdots$으로, 연산 $+$, $\times$ 등은 흔히 $\circ$으로, 관계 $=$, $<$, $\equiv$, $\backsim$, $\subset$ 등은 흔히 R로 나타낸다.

변수는 도형이나 일반화된 법칙을 나타내는 다가명사, 함수에서 변하는 대상이나 어떤 집합에 속하는 임의의 원소를 나타내는 기호, 방정식에서의 미지수나 부정소인 미정인 상수 등 다양한 양상으로 나타나는 포괄적인 개념이지만, 앞에서 언급한 바와 같이 집합 언어를 구사하는 현대 추상수학이 발달하면서 변수의 변하는 수학적 대상이라는 운동학적인 직관적 관념이 약화되고 정적인 형식적 측면이 강조되고 있다. 오늘날 변수는 일반적으로 변역의 원소를 대입할 기호로 간주되며 수, 점, 명제, 함수, 행렬, 벡터, 연산, 관계 등 다양한 대상을 나타내는 것으로 생각되지만, 추상수학에서는 그 의미가 부여되지 않은 추상적인 대상을 나타내는 기호로, 그 의미를 말하자면 괄호 속에 넣고 단지 어떤 성질을 만족하는 조작 기호로 간주된다. 결국 변수는 무엇인가를 대신하는 자리지기(placeholder) 개념으로 형식적으로 통합될 수 있다. 다가명사와 변화 가능한 대상이라는 실제적인 중요한 성질이 제거된 변수는, 어떤 집합의 원소를 나타내는 기호, 어떤 대상으로 채워질 빈자리를 나타내는 자리지기인 기호가 된다. 기원이 다양한 여러 가지 세세한 부분을 제거하고 하나의 명칭을 사용하여 같은 것으로 총괄하는 것은 수학적 활동의 한 특성이다. 수학은 현실적인 상황에서 시작하여 일반화·추상화·형식화의 길을 걸어왔다. 변수도 마찬가지이다. 핵심적인 수학적 사고 활동인 일반화된 법칙을 구성하고 표현하는 맥락도 변하는 현상을 기술하는 맥락도 부차적인 것이 되고, 변수가 단순한 자리지기로서 어떤 대상으로 채워질 빈자리를 나타내는 기호로 간주되는 형식적인 입장을 취하게 된 것이다.

방정식에서 변수는 미지수나 미정인 상수를 나타내는 자리지기로 간주된다. 변량 사이의 관계를 나타내는 함수식에서 변수는 변하는 것으로 간주되며 독립변수와 종속변수 및 매개변수 개념을 생각하게 되지만 이 역시 변역의 원소를 대신하는 자리지기가 된다. 변수를 나타내는 문자 선택의 임의성은 수학의 추상성, 형식성과 관련되는 것으로 이를 이해하지 못하년 변수를 자리지기로 파악하기 어려울 것이다. 추상대수에서 변수는 어떤 성질을 만족하는 구조를 이루는 임의의 대상이다. 군(群, group), 환(環, ring), 정역(整域, integral domain), 체(體, field), 벡터공간(vector space) 등과 같은 추상적인 대수적 구조는 학교대수와는 거의 관계가 없는 듯이 보이지만 정역, 유리수체, 실수체, 복소수체, 다항식환, 변환군 등의 성질은 학교대수와 매우 밀접한 관련이 있다. 다항식은 함수도 관계도 방정식도 일반화된 패턴도 아니며 그 인수분해나 전개와 같은 조작에서 변수는 대수적 구조인 환(環)의 성질을 만족하는 임의의 기호일 뿐이다.

자리지기로서의 변수는 존재론적으로 어떤 대상을 가리키는 것이 아니라 어떤 종류의 대상을 불러일으키는 장소를 가리키며, 실제적이라기보다 가상적인 변화 가능성을 나타낸다. 일상 언어에 풍부한 변화 가능한 대상이라는 관념이 이러한 수학의 형식적인 언어에서는 제거될 수 있지만 그것이 소멸되지는 않는다. 더욱이 그것을 제거하려면 일단 그것을 경험해야 하며, 이는 수학으로 실세계에서 어떤 것을 하기 위하여 일상 언어로 복귀하자마자 그들을 원상태로 복구할 수 있도록 보증하는 유일한 길이기도 하다. 세계는 변화무쌍하고 세계를 기술하는 것은 변화를 기술하는 것이며, 이를 위해 물리적·사회적·정신적·수학적인 변수라는 것이 창안되었다. 변하는 실제적인 현상 간의 관계를 변수로 나타내어 처리하는 경험을 한 후에 비로소 변수는 추상적인 자리지기로서 의미 있게 파악될 수 있는 것이다.(Freudenthal, 1983, pp. 491-494)

대수에서 문자의 의미를 분명히 하기 위해 계산 법칙, 이를테면 교환법칙 $x+y=y+x$에서의 다가명사인 '일반적인 수', 함수식에서의 변수, 방정식에서의 미지수를 구분하여 가르쳤다. 그러나 위에서 언급한 Freudenthal의 분석과 같이 논리학에서의 개념분석의 영향으로 '새 수학' 시대인 1960년대에 통일적이고 일관되게 변수나 그 동의어인 자리지기 개념을 사용하는 것이 적절하다는 것을 알았다. 그러나 수학에서는 자리지기라는 용어는 통용되고 있지 않으며, 두 용어에 서로 전연 어울리지 않는 표상이 대응된다. 변수는 변화를 상기시키며, 자리지기는 대입 가능한 수를 상기시킨다.

변수에 대해서 항등식, 방정식, 부등식, 함수에서 사용될 때의 그 의미의 차이와, 방정식족(方程式族) $ax+b=c$나 함수족(函數族) $y=x^2+c$, $y=ax^2+b$ 등에서 a, b, c와 같은 매개변수 등 그 사용을 좀 더 면밀히 음미하는 것이 필요하다. 용어의 통일은 학문적으로 매우 필요하지만 그로 인하여 개념의 이해를 위해 문맥에 따른 본질적인 차이가 말소되는 위험이 있다. 학교수학에서 변수를 어떻게 다루고 학생들에게 어떤 표상이 형성되는지를 변수가 사용되는 문맥에 따라 분석하고 기술하는 것이 요구된다. 위에서 거듭 논의한 바와 같이 수의 성질, 문자식과 그 변형, 함수, 방정식 등은 변수의 서로 다른 측면을 드러내는 중요한 문맥이다. 이러한 각 문맥에서 변수의 의미와 역할을 분명히 파악할 수 있어야 한다.(Vollrath, S. 69)

3) 파라미터(parameter, 媒介變數)

중고등학교 대수에서 문자는 미지수, 다가명사, 변수와 구분되는 파라미터로 사용되기도 한다. 일반적으로 수학에서 파라미터라는 용어는 다음과 같은 두 가지 전연 다른 의미로 사용된다.(Freudenthal, 1983, pp. 508-509) 첫 번째 $x=\cos s$, $y=\sin s$나 $x=t+1$, $y=t^2$과 같은 곡선의 파라미터 표현에서 사용되는 s, t와 같은 문자, 두 번째 $ax^2+bx+c=0$, $y=ax+b$, $(x-m)^2+(y-n)^2=r^2$에서 a, b, c, m, n, r처럼 그 값에 따라 x의 값이나 x, y 사이의 관계를 결정짓는 '잠자는' 이차적인 독립변수인 문자가 그것이다. 매개변수라는 용어는 현재 고등학교 선택과정인 〈미분과 적분〉에서 '매개변수로 나타내어진 함수'의 미분법을 다루면서 첫 번째 의미와 같은, x와 y 사이의 함수관계에서 매개 역할을 하는, 곧 중간 역할을 하는 변수라는 의미로 처음 도입된다. 그러나 중학교에서 문자가 도입되면서 비록 명확하게 드러내어 언급하고 있지는 않지만 두 번째 의미와 같은 의미의 파라미터 개념이 다루어지고 있음에 주목해야 한다.

여기에서는 두 번째 의미에 대하여 살펴보기로 한다. 파라미터나 미지수 혹은 변수로서의 문자의 역할은 문맥에 좌우되며 문제해결 과정에서 바뀔 수 있다(Vinner, 2001). 방정식 $m(x-5)=m+2x$에서 x는 미지수이고 m은 파라미터이다. 이 방정식을 풀 때 동치인 방정식 $(m-2)x=6m$을 구하게 되는데 이때 계수 $m-2$가 0과 같아질 때를 알아보기 위해 $m-2=0$을 풀게 되는데, 여기에서 m은 임시적으로 미지수로 간주된다. 또한 점 (2, 5)를 지나고 기울기가 3인 직선의 방정식을 구하는 문제에서 $y=ax+b$라고 놓고 시작하는데 여기에서 x, y는 변수이고 a, b는 파라미터이다. a에 3을 대입하면 $y=3x+b$가 되고, b의 값을 구해야 하므로 여기에서 b는 파라미터 x, y에 좌우되는 미지수가 된다. 결국, 구한 a, b의 값을 대입하여 구하는 직선의 방정식 $y=3x-1$을 얻게 되는데 여기에서 x, y는 변수가 된다.

변수와 파라미터의 상호작용은 함수의 미적분법에서도 나타난다. 이를테면 도함수의 정의 $f'(x)=\lim_{h\to 0}\frac{f(x+h)-f(x)}{h}$에서 x는 파라미터이고 h는 변수이다. 이러한 극한과정으로 x에서의 미분계수를 얻는다. x의 모든 값에 대하여 이러한 과정이 이루어지면 변수 x의 함수인 도함수 $f'(x)$를 얻는다. 문자의 역할, 곧 어느 문자가 파라미터이고 어느 문자가 미지수 혹은 변수인지는 문맥에 좌우되며, 위에서 알아본 바와 같이 직선의 방정식을 구하는 것과 같은 기본적인 과제에서도 문자의 역할은 여러 번 변한다.

파라미터를 갖는 방정식이나 함수식은 방정식족이나 함수족을 나타낸다. $ax^2+bx+c=0$, x^2-3x+a의 a, b, c와 같이 파라미터는 상수와 같으면서도 변수라는 느낌이 들어 갈등을 느끼게 된다. 파라미터를 갖는 방정식이나 함수식은 일단의 동일한 형식의 방정식이나 함수를 나타내며, 파라미터에 수를 대입함으로써 특별한 방정식이나 함수가 만들어지고 다른 문자는 계속 미지수나 변수의 역할을 한다. 파라미터가 있는 함수나 방정식은 $f_a(x)=x^2-3x+a$, $f_{a,b}(x): ax+b=0$과 같은 함수이다. 여기에서 독립변수는 파라미터이고 대응하는 함숫값은 다른 문자를 변수 또는 미지수로 갖는 특정한 함수 또는 방정식이다. 파라미터는 그러한 함수의 독립변수이고 그것이 변할 때 대응하는 함수와 방정식을 결정한다.

우리나라 교과서에서는 함수족이나 방정식족을 나타내는 x^2-3x+a, $ax+b=0$와 같은 식에서 문자 a, b를 '상수'라고 부르고 있다. 이는 주어진 함수와 방정식의 풀이에 주목하게 하기 위해 변수 x, 미지수 x와 구분하기 위한 배려로 생각되지만, 분명히 상수가 아닌 파라미터이며, 상수라는 용어는 학생들에게 인지적 갈등을 일으키는 요인으로 작용할 것이다. 우리나라 학교수학에서 함수족이나 방정식족을 나타내는 변수인 이러한 파라미터의 의미가 상수라는 용어로 가려지고 암묵적으로 처리되고 있는 점은 재고되어야 할 것이다.

현대수학의 발전을 가져온 파라미터가 포함된 대수식의 본질적인 특징, 일반화의 강력한 도구를 가능하게 한 부정소(不定所)의 정신이 좀 더 명확히 드러날 수 있도록 지도하는 방안이 고려되어야 할 것이다. 파라미터나 부정소라는 용어 대신에 '아직 결정되지 않은 수를 나타내는 문자', '특정한 함수관계(또는 방정식)를 결정하는 문자', '형태가 같은 여러 가지 함수

(또는 방정식)를 일반적으로 나타내는 문자'와 같은 설명으로 대신할 수도 있을 것이다.(김남희, 2004) 여기에는 주어진 식에 함의되어 있는 이차적 함수관계를 파악하고 함수 자체를 함숫값으로 갖는 함수라는 아이디어를 접하게 되는 좀 더 높은 수준의 사고가 요구된다.

4) '꼭두각시 변수(dummy variable)'

x가 꼭두각시 변수로 사용되는 예로서 $\{x : x > 0\}$, $\int_0^1 x^2 dx$, $\lim_{x \to 3} x^2$, $\forall x \in R, x^2 \geq 0$ 등을 들 수 있다.(Vinner, 2001) 꼭두각시 변수가 아닌 변수를 포함하는 식은 그 변수의 여러 가지 값에 대응하여 값을 갖지만, 꼭두각시 변수 x를 포함하는 식은 x와 무관한 의미를 갖는다. 곧, 꼭두각시 변수 x에 특별한 값을 할당하는 것은 적절한 조작이 아니다. 변수가 꼭두각시 변수가 아닌 식에 어떤 작용소 이를테면 집합기호, 적분, 극한, 한정사를 적용하면 꼭두각시 변수가 된다. x가 꼭두각시 변수가 아닌 식 $x > 0$에 집합기호를 적용하면 꼭두각시 변수가 된다. 집합기호 가운데의 x에 어떤 값을 대입하는 것은 부적절한 절차이다. 위의 정적분과 극한은 겉보기에는 변수를 포함하지만 상수이다. 그 상수값은 x의 값에 좌우되지 않는다. 위의 예나 $\forall a, b \in R$, $a + b = b + a$와 같이 전칭한정사와 존재한정사를 사용하는 경우에 한정된 문자는 꼭두각시 변수이다.

꼭두각시 변수를 포함하는 상수나 식의 의미는 변수를 다른 문자로 대치하여도 영향을 받지 않는다. 이를테면, $\{x : x > 0\} \cap \{x : x < 5\}$와 $(x > 0) \wedge (x < 5)$에서 x를 y로 대치하면 집합의 경우는 $\{y : y > 0\} \cap \{x : x < 5\}$로 의미가 변하지 않으나 후자는 의미가 변한다. 함수 $y = x^2$에서 x, y는 꼭두각시 변수이다. 함수 $y = x^2$과 $d = t^2$은 같은 함수이다.

함수 $y=x^2$의 공역은 y와 관련된 공역이지만 $\{x : x \geqq 0\}$와 같이 나타낼 수도 있다는 것은 이해하기 어려우며, 흔히 $\{y : y \geqq 0\}$가 더 적절한 표현으로 생각한다. 함수 $y=f(x), y=g(x)$에서 y는 꼭두각시 변수로 각 함수의 범위에서만 성립하는 잠정적인 명칭이며, 같은 문자를 사용하여도 y의 값이 같다는 것을 의미하지 않는다는 것을 이해하지 못하는 학생들이 있다. 이를테면 두 함수 $y=x^2, y=3x-5$에서 y의 의미는 서로 관련이 없다. 방정식 $x^2=9$, $5x+7=8x-3$에서 x는 꼭두각시 변수이며, 따라서 변수의 변환은 방정식을 보존한다. 곧, 방정식 $5x+7=8x-3$과 $5t+7=8t-3$은 같은 방정식이다.

5) 컴퓨터 환경과 변수개념 형성

컴퓨터 프로그램은 변수를 사용한 알고리즘이다. 컴퓨터 프로그래밍에서는 변수를 사용하여 명령과 명령의 집합체인 절차를 구성하므로 변수는 필수적인 핵심 요소로 작용한다. 컴퓨터 프로그래밍 언어에서 변수 기호는 특정한 기억 장소의 주소이며 변수의 값은 그 기억 장소의 내용이다. 이는 변수 기호의 임의성 이해, 식을 하나의 대상으로 받아들이게 하는 등 변수 사용을 친숙하게 한다. 따라서 컴퓨터 프로그래밍이 문제를 해결하는 데 변수가 의미 있는 도구로 작용할 수 있는 상황을 제공해 주므로, 프로그래밍 활동 경험은 변수개념을 이해하는 토대를 제공해 주어 변수개념 학습을 증진시켜 주며, 나아가 전통적인 대수 교육에서 발생되는 변수에 대한 오개념(誤槪念)이 프로그래밍 경험을 통해서 해소될 수 있다는 주장이 제기되어 왔다.

그러나, 컴퓨터 과학에서 다루어지는 대수는 정상적인 대수와 다른 특성이 있다. $x=x+2$는 해가 없는 방정식이지만 BASIC에서는 기억장치

속의 주소 x에 2가 더 큰 수를 대치해 넣으라는 조작이다. 이러한 컴퓨터 환경은 수학적인 변수 개념과 갈등을 유발하여 변수에 대한 오개념을 초래할 수 있다.

그러나 프로그래밍 경험은 변수 기호의 임의성에 대한 이해를 증진시키고, $x+3$과 같은 식을 자연스럽게 하나의 대상으로 받아들이게 하여 일반화하는 도구로서의 변수개념 발달에 도움을 줄 수 있는 등 컴퓨터 학습을 통해 여러 가지 관점에서의 변수의 사용에 일찍 친숙하게 될 수 있을 것이다.

6) 변수개념의 학습-지도

변수개념은 학교수학에서 어떻게 지도되고 있으며 문제점은 무엇인가? 현재 중등학교 수학교과서에서는 다음과 같은 변수의 다양한 측면이 사용되고 있음을 확인할 수 있는바, 대체로 변수의 다면성이 암묵적으로 인정되고 교과서 전반에 걸쳐서 변수가 다양하게 사용되고 있다고 볼 수 있다. 예를 들어 $\triangle ABC$, $S=\frac{1}{2}ah$, $AB+BC\geq AC$와 같은 도형이나 그와 관련된 일반화된 법칙을 나타내는 문자가 있고, 복소수 $a+bi$, 일반화된 산술법칙 $a+b=b+a$, $a(bc)=(ab)c$와 같은 패턴을 일반화·형식화하는 수단인 다가명사가 있다. 또한 방정식에서의 미지수, 부정소 곧 미정인 상수가 있고, 변하는 대상, 독립변수, 종속변수, 매개변수와 같은 함수관계에서의 변수 등이 있다. 군, 환, 정역, 체, 벡터공간 등의 추상적인 구조를 이루는 임의의 집합의 원소를 나타내는 문자 변수는 학교수학에서는 다루지 않으며, 다항식에서 문자 변수는 환의 공리를 만족하는 임의의 기호이나 학교수학에서는 수를 나타내는 변수이다. 현재 학교수학에서는 변수개념의 이러한 복합성을 반성적 수준에서 명확히 지도하고 있지 않으며, 변수개념의 특성을 이해할 수 있는 적절한 학습경험이 주어지고 있지 못하다.

함수단원에 이르러서 '함수 $y=f(x)$의 x, y와 같이 변하는 여러 가지 값을 나타내는 문자를 변수라고 한다.'와 같이 변수를 함수와 관련하여 변하는 여러 가지 값을 나타내는 기호라는 제한된 의미로 간단히 설명하고 있으며, 변수의 속성에 대한 충분한 논의가 결여된 상태에서 단순한 기호로 간주하고 간단히 처리한다. 함수를 변화하는 두 양 사이의 종속관계로 정의하는 전통적인 관점에서는 변수의 동적인 측면이 강조되지만, 함수를 두 집합 사이의 대응관계로 정의하면 집합의 여러 가지 원소를 나타내는 문자라는 변수의 정적인 측면이 두드러지게 된다.

집합, 문자와 식, 방정식을 다루면서 여러 대상을 동시에 나타내는 다가명사라는 변수의 속성을 내포한 문자를 사용하고 있으면서도 이를 드러내어 언급하지 않는다. 변수에 의한 법칙의 일반화의 의미가 소홀히 다루어지고 있으며, 변수의 동적인 측면을 다룰 수 있는 함수개념 지도에서도 집합 사이의 정적인 대응이 강조되고 있어 변수의 동적인 측면이 부각되고 있지 못하다. 또한 방정식의 풀이에서 그 해인 특정한 값을 나타내는 미지수가 강조되고 근의 공식에 의한 이차방정식의 풀이가 강조되고 있어 변수는 부정소로서보다도 특정한 값을 나타내거나 수치를 대입하기 위한 단순한 문자 기호로 간주되기 쉽다. 더욱이 문자의 집합과 그러한 집합의 연산을 다루고 있어 변수개념에 혼란을 가중시키고 있다.

변수를 함수에서 독립변수와 종속변수와 관련시켜 제한된 한 가지 측면으로 도입하거나, 어떤 집합에 속하는 여러 가지 값을 대신하는 문자, 곧 자리지기라는 일반적인 정의를 점진적인 형식화 과정을 거치지 않고 곧바로 제시하는 것은 변수에 대한 적절한 심상의 구성을 어렵게 하는 결과가 될 것이며 결과적으로 변수와 관련된 여러 가지 내용을 학습하는 데 장애를 일으킬 것이다. 또한 초기에 문자가 어떤 특정한 값을 나타내는 미지수로 사용되는 상황이 강조됨으로써 그에 대한 심상이 구성되면 이를 부정소인 소위 상수나 여러 가지 법칙이나 공식을 나타내는 다가명사나 변하는 대상을 나타내는 변수와 무관한 별개의 것으로 인식하기 쉽고, 이들을 포괄하는 자리지기로서의 형식적인 변수 개념을 이해하는 데 장애가 될 것이다.

그리고, 함수 $y=f(x)$나 방정식에서의 미지수 x와 같이 변수를 나타내는 문자 선택의 임의성·형식성을 고려하지 않고 변수 기호를 특정한 문자로 국한하여 지도하면 x가 아닌 다른 문자로 표현된 변수를 생소하게 생각하며, 변수를 나타내는 문자의 변화가 내용의 변화를 가져오는 것으로 오해하여 실수에서 정의된 함수 $y=3x$와 $d=3t$는 같은 함수가 아니라고 생각하기 쉽게 된다. 단순화 시도, 논리적으로 가장 단순한 형태로 교재를 제시하려는 노력이 인지적 장애의 요인이 됨에 유의해야 할 것이다. 또한 문자가 나타내는 대상이 수에만 국한하는 것처럼 여기면 점, 명제, 함수, 행렬, 연산, 관계 등을 나타내는 변수를 이해하기 어렵게 한다. 이를테면, 연산 $+$, $\times$의 교환법칙을 연산 변수 $\circ$를 사용하여 $a\circ b=b\circ a$와 같이 나타낼 수 있고 상등관계, 부등관계, 대소관계, 합동관계, 닮음관계, 대등관계, 포함관계($=$, $\neq$, $<$, $\equiv$, $\backsim$, $\sim$, $\subset$) 등의 추이성은 관계 변수 R을 사용하여 aRb, $bRc \Rightarrow aRc$와 같이 나타낼 수 있음을 이해하기 어려울 것이다.

특히 영어의 variable을 변수(變數)로 번역한 용어상의 문제가 변수는 '변하는 수' 또는 여러 가지 수를 대입할 수 있는 기호라는 제한된 관념을 갖게 하여 집합 변수나 함수 변수, 행렬 변수 또는 도형을 나타내는 다가명사 등을 변수로 보기 어렵게 한다. 또한 방정식 $ax^2+bx+c=0$이나 함수식 $y=ax+b$ 등에서 파라미터 a, b, c를 가리키는 상수(常數, constant)라는 용어 역시 일반적인 방정식이나 함수식에 포함된 부정소나 일반적인 법칙이나 공식을 나타내는 부정소가 변수가 아니라는 오개념을 형성하게 한다는 점 또한 배제할 수 없을 것이다. 위의 식에서 a, b, c는 아직 정해지지 않은 부정소인 변수이며 이를 상수라고 지도하는 것은 적절하지 않은 것이다.

변수는 무엇인가를 대신한다는 의미의 자리지기라는 형식적인 특성을 갖지만, 변하는 상태의 기술과 일반화의 도구라는 변수개념의 의미에 대한 주의 깊은 배려가 이루어지지 않으면 변수는 단순한 문자 기호로 간주되기 쉽다. 학교수학에서는 특히 변수의 동적인 측면을 중시해야 한다. Freudenthal(1983, p. 494)이 주장하듯이 높은 형식화 수준에서는 변화 가능한 수학적 대상은 생각하지 않아도 되지만 보다 덜 형식화된 수준에서는 변수는 물리적·사회적·정신적인 변화 가능한 대상과 발생적으로 교수학적으로 불가분의 관계를 갖는다. 변하는 실제적인 현상 간의 관계를 나타내는 변수에 대한 동적인 접근은 함수에서 강조되어야 한다. 그러나 함수가 두 집합 사이의 대응관계로 정의되면 변수의 동적인 의미가 부각되지 않는다. 세계는 변화계이며 세계를 기술하는 것은 변화를 기술하는 것이다. 수학에서 풍부한 변화 가능한 대상은 언어적 정교화로 제거될 수 있지만 그러한 언어적 수단으로 그러한 것들이 처분되는 것은 아니다. 더욱 중요한 것은 언어적 정교화로 그것을 제거하기 위해서는 일단 그것을 경험해야 한다는 것이다. 형식화된 정적인 수학은 수학을 벗어나자마자 충분한 언어가 못 되며, 실세계에서 수학으로 무엇인가를 하기 위해서 일상언어로 복귀할 때 동적인 의미로 되돌릴 수 있도록 보증하는 유일한 길은 일단 그것을 경험하는 것이다.

앞에서도 언급하였듯이 현재 중등학교 수학에서는 거의 모든 영역에서 변수가 사용되며, 변화 현상을 해석하고 기술하며 일반적인 법칙을 구성하고 문자에 특정한 원소를 대입하여 처리하는 등 변수의 개념적 특성이 충분히 논의될 수 있는 내용이 교과서 전반에 걸쳐 등장한다. 그럼에도 변수의 개념적 차원은 소홀히 하면서 변수 기호를 집합, 함수, 방정식, 부등식, 행렬 등과 같은 내용을 표현하는 약속된 기호로 도입하여 형식적으로 다루고 있다. 특히 변수에 특수한 값을 대입하여 식의 값을 구하는 특수화뿐만 아니라 특수한 경우로부터 적절한 문자를 사용하여 일반화함으로써 여러 가지 법칙이나 공식을 구성하는 경험을 통해 변수를 바르게 인식할 수 있도록 해야 할 것이다.

집합을 나타내는 조건제시법 $\{x \mid x$는 10보다 작은 홀수$\}$, 삼각형의 넓이 공식 $S=\frac{ah}{2}$, 등식의 성질 '$a=b$이면 $a\pm c=b\pm c$', 함수 $y=ax+b$ 등은 다가명사, 변화 가능성이라는 변수의 본질이 명확히 드러나는 상황인바, 여기에서 문자는 집합의 원소를 대표하면서 변화 가능한 여러 가지 값을 가질 수 있는 자리지기인 변수라는 것을 명확히 지도하는 것이 지도 내용의 의미를 더욱 명확히 이해시키기 위해서 바람직할 것이다. 변수개념을 명확히 이해하지 못하면 $a(b+c)=ab+ac$가 모든 실수에 대하여 성립하는 일반적인 법칙이기 때문에 a, b, c가 같은 수인 경우에도 성립하는 전칭명제임을 명확히 이해하지 못할 것이다. 그리고 방정식이나 부등식을 명제함수로 보면 미지수도 변수이다. 이를테면 $x^2-4x+3=0$, $3x-2>1$와 같은 방정식이나 부등식은 x의 값에 따라 참인 명제가 되기도 하고 거짓인 명제가 되기도 하는 열린 문장, 혹은 명제함수인바, 여기에서 미지수 x도 자리지기인 변수이지만 흔히 이 또한 명확히 언급하지 않는다. 방정식이나 부등식을 푼다는 것은 그 명제함수를 참이 되게 하는 변수의 값이나 그 범위를 구하는 것이다.

그리고, 집합을 다루면서 $\{a, b, c\}$와 같은 문자의 집합이나 그에 대한 Venn다이어그램을 자주 예로 드는데, 여기에서는 서로 다른 문자는 다른 대상이라는 생각이 내포되어 있어 학생들에게 갈등을 유발할 수 있다. 수학에서 문자 a, b, c는 흔히 a, b, c 그 자체가 아닌 다른 것을 나타내는 변수로 간주되므로, 이러한 문자의 집합을 자주 사용하게 되면 $x\in\{a, b, c\}$, $\{a, b, c\}\cap\{1, 2, 3\}\neq\phi$, '$a=b$이면 $a+c=b+c$' 등과 같은 것을 이해하는 데 방해 요인이 될 수 있는 것이다. 변수 기호가 그 자신과 변수로 나타내어지는 여러 가지 대상을 나타내는 데 동시에 사용되기 때문에 혼동을 일으키기 쉬운 것이다.

변수개념에 대한 이해는 문자의 의미를 이해하는 것과 관련되며, 이는 아동의 인지발달 수준과도 관련된다. Piaget에 의하면 변수개념에 대한 명확한 이해는 형식적 조작 단계에 가서야 가능해진다. 구체적 조작기에서는 문자의 의미를 구체적인 현실상황과 결부시켜 사고하게 되므로 변수에 대한 이해가 불완전할 수밖에 없으며 변수의 여러 가지 측면을 조정하여 형식적인 자리지기로서의 변수개념을 이해하게 되려면 형식적 조작 단계에 도달해야 한다. 그러나, 형식적 조작 단계에 있는 중학교 학생들의 변수개념 이해가 매우 미흡하다는 많은 연구 결과가 제시되어 있는바, 이는 일반적으로 부적절한 지도에서 비롯된 것으로 생각된다.

Freudenthal(1973a; 1991)에 의하면 수학적인 개념의 학습은 상식적인 현실적 경험 수준에서 출발하여 현상의 정리 수단인 본질로서 일차적인 수학적 사고가 경험되고 그 본질이 다시 현상이 되어 새로운 차원의 본질로 정리되면서 더욱 형식적인 수학적 사고가 경험되는 거듭된 수준의 비약으로 특징지어지는 점진적인 수학화 활동 경험이 되어야 한다. 그에 따르면 변수개념의 지도는 자리지기라는 형식적인 변수개념의 획득을 곧바로 시도하는 것은 의미가 없으며, 실세계의 변화하는 현상을 정리하는 수단으로서, 그리고 다양한 현상 가운데에서 관찰되는 패턴을 일반화하는 수단인 다가명사로서, 방정식의 미지수로서 변수의 본질이 심상으로 구성되도록 한 다음에 점진적으로 형식화해 나가는 개념화 과정을 경험시켜야 할 것이다. 다시 말하면, 변수개념의 지도는 자리지기라는 형식화된 개념을 그 발생 과정을 되돌려 위에서 살펴본 변수의 다양한 측면을 내포한 여러 가지 상황을 변수로 정리하여 문자 기호로 표현하는 활동을 통해 그 심상이 구성될 수 있도록 한 다음에 점진적으로 이를 포괄할 수 있는 자리지기로서 형식화될 수 있도록 지도되어야 할 것이다. 그렇게 함으로써 수학적 문맥에서 변수가 갖는 의미를 명확히 이해하여 변수 기호를 의미 있게 사용하고 다양한 수학 내적·외적인 현상을 변수라는 개념적 수단을 통해 볼 수 있고 조직할 수 있는 안목이 형성될 수 있을 것이다. 위에서 언급한 것처럼 현재 중등학교 수학에는 거의 모든 영역에서 변수가 사용되며 변수의 다양한 개념적 특성이 충분히 논의될 수 있는 내용이 교과서 전반에 걸쳐 등장한다. 이러한 다양한 현상을 정리하는 수단으로서 다양한 측면을 내포한 변수개념의 심상을 형성하도록 하고 이를 반성하여 점진적으로 자리지기로서 형식화될 수 있도록 지도되어야 할 것이다.

5. 방정식

1) 등식

구문론적으로 보아서 등식(equality)은 등호와 결합된 식이다. 학교수학에 등장하는 등식에는 수식, 항등식(identity), 공식, 정의 등식, 방정식(equation), 함수식 등의 형태를 구분할 수 있다. $3(a-2b)=3a-6b$, $a^2-b^2=(a+b)(a-b)$ 등과 같이 어떤 변수에 대한 등식에서 그 변수의 변역에 속하는 임의의 원소에 대하여 그 등식이 참이 될 때 그 등식을 그 변수에 대한 항등식이라고 하며, 변수의 변역의 어떤 특정한 원소에 대해서만 참이 되는 등식을 방정식이라고 한다. 변수가 없는 수에 관한 등식은 명제로, 한정된(quantified) 변수가 있는 등식인 항등식·공식·정의 등식 등은 전칭명제나 존재명제로, 방정식이나 함수식은 명제함수로 간주된다. 대입 활동에 의해서 명제함수로부터 명제가 생긴다. 여기에서 참인 명제에 이르는 대입에 특별한 관심을 두게 되고, 규칙의 적용을 통한 등식의 변형과 참인 명제가 되는 경우에 관심을 갖게 된다.

덧셈과 곱셈에 대한 결합법칙, 교환법칙, 분배법칙과 같은 계산법칙은 초등학교에서 처음에 예를 통해 말로 의식시키며 직관적인 모델을 사용하기도 한다. 중학교에 들어와 문자와 식을 다루면서 계산법칙은 항등식으로 형식화된다. 그것은 전칭명제나 존재명제로서 관련된 수 영역의 구조를 결정한다. 중학교 수학에서 먼저 음수가 도입되고 그다음에 문자식 언어가 지도된다. 유리수의 계산을 다룬 후 계산규칙을 변수를 사용하여 다음과 같이 등식으로 형식화할 수도 있을 것이다. 곧, 임의의 유리수 a, b에 대해

$$(\pm a)+(\pm b)=\pm(a+b), \quad (+a)+(-b)=\begin{cases} +(a-b), & (a>b) \\ 0 & , (a=b) \\ -(b-a), & (a<b) \end{cases}$$

$$(\pm a)(\pm b)=+ab, \qquad (\pm a)(\mp b)=-ab$$

그러나 이러한 형식화는 학생들에게 오해를 불러일으킬 위험성이 크다. 학생들은 $-a$를 음수로 보게 되어 예를 들어 '$x<0$에 대해 $|x|=-x$'가 성립함을 이해하는 데 장애가 될 수 있으므로 유리수의 계산규칙을 변수를 사용하여 형식화하는 것은 바람직하지 않다.

수의 연산 사이의 관계는 흔히 대등한 등식으로 표현된다. 이를테면 $a+b=c$는 $c-b=a$와 대등하다. 이는 덧셈과 뺄셈 사이의 관련성을 보여준다. 이러한 등식의 대등성을 간단한 방정식을 푸는 데 사용할 수 있다. $x+3=5$는 $5-3=x$와 대등하며 여기에서 해 2를 곧바로 찾을 수 있다. 덧셈과 뺄셈, 곱셈과 나눗셈 사이의 역연산 관계는 '새 수학'에서 강조되고 '되돌리기(doing and undoing)' 활동을 통해 지도되었다.(SMSG, 1965) 이는 Piaget심리학에서 구체적 조작의 특성으로 강조한 사고의 가역성에 의해 심리학적으로 뒷받침되었다. Piaget에 따르면 구체적 조작(操作)은 사고의 가역성에 의해, 곧 그 역조작과 더불어 형성된다.

일반적으로 함수 f의 대응규칙을 함수식 $y=f(x)$로 기술한다. 함수식은 그에 대한 계산 조작으로서 함수에 대한 고찰을 가능하게 한다. 여러 가지 함수의 성질 역시 등식으로 나타내어 다루게 되고 함수의 미분법과 적분법 역시 함수식의 계산조작으로 취급된다. 함수는 방정식을 풀어야 하는 많은 문제를 제공한다. 예를 들어, 함수 $y=x^2+2x-3$의 그래프의

x축과의 교점을 알아보려면 방정식 $x^2+2x-3=0$을 풀어야 한다. 함수 $y=x^2-3x+2$에서 y값 1은 어떤 x값에 대해 생기는가를 알아보려면 방정식 $x^2-3x+2=1$을 풀어야 한다. 함수 $y=x^2+px+q$에서 그 그래프가 점 $A(1,1), B(2,5)$를 지나도록 계수 p, q를 결정하려면 연립방정식 $\begin{cases}1+p+q=1\\4+2p+q=5\end{cases}$를 풀어야 한다.

그리고 학교수학에서는 여러 가지 곡선의 방정식, 곧 직선의 방정식, 포물선의 방정식, 쌍곡선의 방정식과 원추곡선, 곧 이차곡선의 방정식을 다룬다. 기하학적 대상인 곡선이 방정식과 결부되어 해석기하학적으로 다루어지고 함수식으로 나타내어진 유리함수, 무리함수, 지수함수와 로그함수, 삼각함수 등 함수의 그래프로서 고찰되는 것이다.

공식은 대수적 관점에서 흔히 양을 나타내는 여러 개의 변수를 가진 등식이다. 공식의 관련 내용으로 도형의 둘레, 넓이, 부피 등의 기하학적 관계와 간단한 물리적 혹은 경제적인 관계가 제공되고 이를 문자를 사용하여 등식으로 나타내게 된다. 여기에서 공식 세우기, 공식 해석, 공식 풀기, 대입이라는 네 가지 중요한 활동이 요구된다. 공식은 함수의 도움으로 함수적 관점에서 의미 있게 해석된다. 공식은 서로 다른 양 사이의 종속관계를 나타내는데, 함수적 고찰은 이러한 종속관계에 대한 이해를 뒷받침한다. 한 공식에서 서로 다른 함수를 발견하여 고찰함으로써 변수 사이의 관련성이 분명해진다. 여기에서 공식을 각 변수에 따라 풀 수 있어야 하며 식의 변형이 필요하게 된다. 등식의 양변은 항이며, 항변형의 근거는 항등식으로 표현된 수 영역의 기본성질이며, 형식불역의 원리는 이러한 변형의 기초를 제공한다. 공식으로부터 또 다른 공식을 이끌어낼 수 있고 그것으로 다시 새로운 문제를 풀 수 있다. 주어진 양이 대입되고 찾는 양이 계산된다.

2) 방정식 풀이의 기본원리

Freudenthal(1973a)이 지적한 바와 같이 수학교육의 주요문제는 기성수학의 전달에서 비롯된다. 수학을 배운다는 것은 흔히 '남의 지혜'를 받아들이는 것이요, 그것은 우리들에게 낯선 수학이라는 땅에서 맺은 열매를 교사가 가지고 와서 설명하면서 우리에게 주는 것이라고 생각한다. 그러한 사람들에게는 수학은 자신의 것이 아닌 '남의 지혜'로 남아있다. 그러나 실은 수학은 우리와 같은 본성을 갖고 있는 인간이 자신의 자연스러운 생각을 모태로 하여 발전시킨 것이며, 그러한 수학의 씨앗은 우리 모두의 내부에 자연스럽게 자리 잡고 있음을 알아야 한다. 따라서, 학교에서 수학을 배우기 이전에 우리의 마음속에 있는 그러한 수학의 씨앗이 무엇인가를 먼저 생각해 보아야 한다. 우리가 배우는 수학이 우리에게 상식화되어 있는 마음의 밑바탕과 자연스럽게 연결되어 친근한 느낌이 들 때, 수학은 우리의 마음 가운데에서 우리 자신의 것으로 출발하여 성장 발전해 갈 수 있는 것이다. 수학은 우리의 내부에서 생겨난 것이므로 우리는 모두 수학을 이해하고 수학을 즐길 수 있는 본성을 갖고 있는 것이다.(志賀浩二, 1992) 그러면 방정식 풀이의 원리는 우리의 어떤 상식과 연결되는 것인가?

(1) 등식의 성질

우리에게 가장 친근한 생각 가운데 하나는 같다든가 같지 않다고 하는 것이며 상등관계는 대표적인 동치관계로서 이를 등호를 사용하여 나타낸 등식은 수학적 사고의 기초를 이룬다. 수학의 출발이 되는 가장 기본적인 원리의 하나로서 수의 계산이나 다항식의 계산이나 방정식 풀이의 바탕이 되는 것이 다음과 같은 등식의 성질이다.

(ㄱ) ① $a=a$ (반사율, reflexive law)

② $a=b \Rightarrow b=a$ (대칭률, symmetric law)

③ $a=b,\ b=c \Rightarrow a=c$ (추이율, transitive law)

(ㄴ) ① $a=b \Rightarrow a+c=b+c$

② $a=b \Rightarrow a-c=b-c$

③ $a=b \Rightarrow ac=bc$

④ $a=b \Rightarrow \dfrac{a}{c}=\dfrac{b}{c}\,(c \neq 0)$

특히, 등식의 성질 (ㄴ)의 ①, ②를 이용하여 등식의 한 변에 있는 항을 그 부호를 바꾸어 다른 변으로 옮기는 것을 이항(移項)이라고 한다. 방정식을 풀 때에는 방정식이 풀렸다고 보고 시작한다. 곧 분석적 사고를 한다. 그러면 방정식은 참인 등식이 되며 등식의 성질을 이용하여 오른쪽과 같이 변형하여 풀 수 있다. 일차, 이차 방정식의 경우 이러한 변형은 동치변형이며 원래의 방정식과 변형된 방정식은 동치이다.

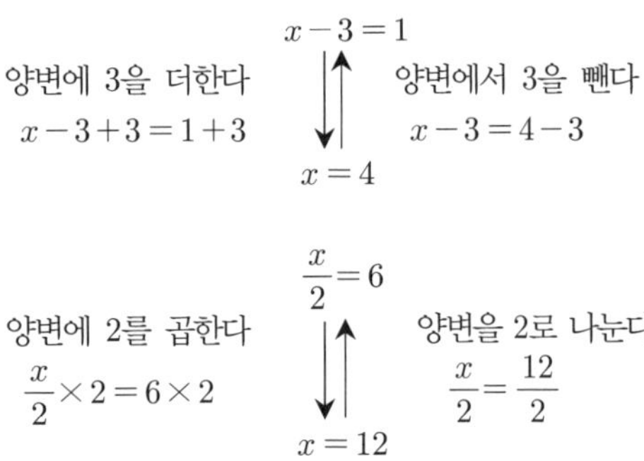

그리고 수이건, 집합이건, 다항식이건, 함수이건, 행렬이건 모든 수학적 대상은 자기 자신과 같으며(반사율), 등식의 대칭률과 추이율 역시 모든 수학적 대상의 취급에서 기본적으로 요구되는 성질이다. 이는 이를테면 다음과 같은 방정식의 풀이 과정에도 필수적으로 포함되어 있다.

$$4x = 2x + 1 \quad \cdots\cdots\cdots\cdots ①$$

$$4x - 2x = 1 \quad \cdots\cdots\cdots\cdots ②$$

$$2x = 1 \quad \cdots\cdots\cdots\cdots ③$$

$$x = \frac{1}{2} \quad \cdots\cdots\cdots\cdots ④$$

②식이 참이면 $1 = 4x - 2x$도 참이고(대칭률), $4x - 2x = 2x$이므로 $1 = 2x$(추이율), 따라서 ③식 $2x = 1$도 참이다(대칭률). 그 역도 성립하므로 ②식과 ③식은 동치이다.

(2) 대수적 조작

우리는 수를 더하고, 빼고, 곱하고, 나누는 계산을 자연스럽게 하게 된다. 그다음에 거듭제곱을 하고 거듭제곱근을 구하게 된다. 그러한 조작을 흔히 '대수적 조작'이라고 한다. 대수적 조작을 자유롭게 하기 위해 자연수로부터 정수, 유리수, 실수, 복소수 체계로 수를 확장하면서, 수 사이에 성립하는 여러 가지 관계를 이용하여 미지수를 구하는 방정식 풀이를 하게 된다. 방정식의 풀이는 덧셈에 대한 폐쇄성, 결합법칙, 항등원 0, 모든 원소 a의 역원 $-a$, 교환법칙, 그리고 곱셈에 대한 폐쇄성, 결합법칙, 단위원 1, 교환법칙, 0이 아닌 모든 원소 a의 역원 $\frac{1}{a}$, 그리고 곱셈의 덧셈에 대한 분배법칙과 같은 기본성질을 만족하는 실수체계에서의 조작이다. 일반적으로 방정식의 해는 방정식의 계수에 대한 덧셈, 뺄셈, 곱셈, 나눗셈, 거듭제곱, 거듭제곱근을 구하는 계산으로 이루어진다.

(3) 방정식 풀이법과 분석법

문제에는 답을 구하는 문제(problem)와 증명하는 문제(theorem)가 있다. 답을 구하는 문제건 증명하는 문제건 간에 문제의 해결은 그 풀이 방법을 발견하는 과정을 거치게 된다. 실제적으로 문제를 해결함에서 전형적으로 유용한 발견과 발명의 방법과 규칙, 발견과 발명의 전략과 전술, 곧 발견술(發見術, heuristics)에 대한 연구는 그리스 시대의 Pappus까지 거슬러 올라가는 오랜 역사를 가지고 있으며, 위대한 수학자이자 철학자인 Descartes와 Leibniz는 이러한 발견술을 체계화하려는 기도를 했던 것으로 유명하다. Leibniz(1969, p. 351, pp. 643-653)는 '연속성의 법칙'을 자연의 '일반적 질서의 원리'라고 보고 과학과 수학의 매우 효과적인 발견술로 간주하였다. Leibniz의 연속성의 원리는 자연은 결코 비약을 하지 않는다는 원리, 곧 모든 자연의 변화는 점차적으로 일어난다는 원리이다. 그에 따르면 자연의 모든 관련성은 인과적인 것이든 공간적·시간적인 것이든 개념적인 것이든 이 원리에 의해 지배되며 이를 따르는 것은 매우 유용한 발견원리이다.

수학적 발견술 가운데 가장 강력하면서 가장 오래전부터 사용되어 온 방법이 거꾸로 사고하는 방법, 곧 분석법이다. 답을 구하는 문제에서 풀이 과정을 발견하기 위한 분석에서는 구하고자 하는 것을 이미 구한 것처럼 가정하고 그로부터 유도될 수 있는 명제를 도출하고 다시 그로부터 유도될 수 있는 명제를 도출하기를 계속하여 이미 답을 알고 있는 명제에 도달하게 된다. 방정식을 세워서 문제를 푸는 경우 문제가 풀린 것으로 가정하고 미지인 것과 자료 사이에 조건을 만족하는 등식, 곧 방정식을 세운 다음 이를 변형하여 문제를 해결하는 경우가 이에 해당하는 것이다. 증명하는 문제에서는 증명하고자 하는 명제가 이미 성립하는 것처럼 가정하고 그 명제가 선행하는 어떤 명제로부터 유도될 수 있는가를 묻고 다시 그 선행자는 무엇인가를 묻는 방식으로 계속하여 이미 참임이 드러난 명제에 도달하는 방법을 생각할 수 있다.

분석은 그리스 기하학에서는 정리의 증명법과 도형의 작도법을 찾아내는 데 한정되어 있었다. 그런데 고대의 수학사를 살펴보면 분석법의 흔적은 고대 바빌로니아에서 구사된, 문제가 이미 풀린 것으로 가정하고 임의의 수를 해로 택하여 그 결과를 조정하는 '가정법'에서 찾아볼 수 있으며, 그리스 말기에 Diophantus의 *Arithmetica*에 방정식의 풀이법으로서의 분석법이 제시되었다. 이 책이 아라비아어로 전해지게 되어 중세 아라비아의 al-Khwarizmi의 저술 가운데 제시된 이차방정식의 풀이 과정은 변의 길이가 미지인 정사각형을 전제로 한 분석적 형태였다. 이러한 아라비아의 대수가 서구에 전래된 후 16세기에 이르러 Viète는 방정식 풀이법의 핵심은 방정식이 풀렸다고 보고 필요조건을 찾아가는 거꾸로 사고하는 분석과정이 중심을 이룬다는 점을 통찰하고 대수학을 '분석술'이라고 불렀다. 나아가 방정식을 이용한 문제해결은 문제가 풀렸다고 보고 방정식을 세워 문제를 해결하는 분석법으로 문제해결 전략으로서의 그 중요성을 간파한 사람이 Descartes이다.(Bashmakova & Smirnova, pp. 75-90; Polya, pp. 27-28).

방정식은 미지수의 값에 따라 참인 명제도 되고 거짓인 명제도 되는 명제함수이다. 그런데 방정식을 풀 때에는 그 방정식이 이미 풀린 것으로 가정하고, 곧 참인 등식으로 보고 등식의 성질을 이용하여 방정식을 변형하여 푼다. 방정식의 풀이 과정은 미지수를 이미 찾은 것처럼 가정한 등식으로부터 유도될 수 있는 것, 곧 필요조건을 찾고, 다시 필요조건의 필요조건을 계속해서 찾아감으로써 조건이 만족되는 수의 범위를 넓혀가는 분석 과정을 구사하는 것이다. 그리고 마지막에 도달한 조건이 처음 방정식의 충분조건인지, 따라서 필요충분조건인지를 확인하는 과정이 종합이다.

특히 일차방정식과 이차방정식의 경우에 등식의 성질에 의한 방정식의 변형은 가역적이므로 동치변형이며 원래의 방정식과 변형된 방정식은 서로 필요충분조건으로 동치이다. 방정식 풀이과정에 내포된 논리 형식에 대해서는 제1장 논리 부분에서 자세하게 논한 바 있다.

(4) Descartes의 방법과 방정식을 이용한 문제풀이

인식과정에서 주체의 능동적인 사고활동을 강조하는 현대철학의 창시자라고 일컬어지는 Descartes는 모든 문제를 해결할 수 있는 보편적인 방법을 찾으려는 꿈을 갖고 있었으며, 미완성으로 끝난 그의 연구 결과는 『방법서설』과 『정신지향 규칙』 가운데 정리되어 있다. 그중에서 유명한 '규칙'이 그가 모든 문제의 해결에 이용되기를 바랐던 다음과 같은 사고 패턴이다.(Polya, p. 22)

첫째, 어떤 문제이든 수학 문제로 환원하라.
둘째, 어떤 수학 문제이든 대수 문제로 환원하라.
셋째, 어떤 대수 문제이든 한 방정식의 풀이로 환원하라.

이러한 패턴을 모든 경우에 적용할 수는 없지만 한없이 다양한 경우에 적용할 수가 있다. 해석기하학은 이러한 패턴에 따른 기하학의 연구이며 유클리드적인 전통에 도전하여 대수적 방법을 우선시킴으로써 현대수학과 과학의 발전에 결정적인 역할을 하였음은 잘 알려진 사실이다. 중고등학교 수학에서 방정식을 세워 문제를 해결할 때 이러한 사고 패턴을 따르고 있는 것이다. 이러한 패턴의 핵심은 방정식을 세워 제시된 문제를 대수적인 언어로 번역하는 것인바, 이에 대한 Descartes의 다음과 같은 '규칙'(Polya, pp. 27-28)은 주목할 만하다. 방정식을 이용한 이러한 문제풀이 절차는 기본적으로 분석법임을 이해하는 것은 매우 중요하다.

① 우선 문제를 잘 이해한 다음에 문제를 어떤 미지인 양, 곧 수를 결정하는 문제로 환원하여라.

② 문제가 풀렸다고 보고 조건에 따라서 미지인 것과 자료 사이에 성립하여야 할 모든 관계를 적절한 순서로 그려보면서 문제를 아주 자연

스럽게 개관하여라.

③ 같은 양을 두 가지 방법으로 나타낼 수 있도록, 조건의 일부분을 분리하여 미지인 것 사이에 성립하는 방정식을 얻도록 하라. 결국, 조건을 여러 부분으로 쪼개어 미지인 것의 개수만큼의 방정식으로 이루어진 연립방정식을 얻게 된다.

④ 연립방정식을 한 방정식으로 환원하여라.

Descartes의 사고 방법에 대한 연구 결과, 특히 사고 과정은 순서 있고 체계적이어야 하며 사고 '방법은 어떤 진리를 발견하기 위해 사고력이 집중되어야 할 것을 순서 짓고 배열하는 것으로 오로지 이루어져 있다.'라는 Descartes의 사고 지향 '규칙' V(Descartes, p. 19)는 방정식을 이용한 문제 해결에서도 매우 유용한 지침이 되고 있는 것이다. 위와 같은 Descartes의 '규칙'에 주목하면서 예를 들어보자.

'올해에 철수 아버지의 연세는 42세, 철수의 나이는 13세이다. 몇 년 후에 아버지의 연세는 철수의 나이의 2배가 될까?'

㉠ 구하고자 하는 것, 조건에 주목하면서 문제를 잘 읽고 명확히 이해한다.

구하고자 하는 것은 무엇인가? '아버지의 연세가 철수의 나이의 2배가 되는 해이다.'

조건은 무엇인가? '올해 아버지의 연세는 42세, 철수의 나이는 13세이다.'

㉡ 문제가 풀렸다고 보고, 구하는 것을 x로 나타낸다.

x년 후에 아버지의 연세가 철수의 나이의 2배가 된다고 하자.

㉢ 주어진 조건에 따라 한 가지 양을 두 가지로 나타내어 식을 세운다.

방정식의 구조는 이를테면 한 가지 양을 두 가지로 나타낸, 따라서 등호의 양변에 같은 크기의 양을 나타낸 식이 있는 $\boxed{}$ = $\boxed{}$와 같은 형태이다. 'x년 후의 아버지의 연세는 x년 후의 철수의 나이의 2배와 같으므로', x년 후의 아버지의 연세는 $42+x$와 $2(13+x)$의 두 가지로 나타낼 수 있다. 따라서 구하는 방정식은 $42+x=2(13+x)$이다.

㉣ 방정식을 푼다.

$$42+x=2(13+x)$$
$$42+x=26+2x$$
$$x-2x=26-42$$
$$-x=-16$$
$$\therefore\ x=16$$

㉤ 풀이 과정을 되돌아보고 검산해 본다.

구한 방정식의 해가 문제의 뜻에 맞는지 알아본 후 답을 정확히 쓴다. '16년 후에 아버지의 연세는 58세, 철수의 나이는 29세이므로, 아버지의 연세가 철수의 나이의 2배가 된다.'

x가 위의 방정식을 만족한다는 것은 해인 x가 존재하기 위한 필요조건이다. 다시 말하면 오직 이 방정식의 근인 미지인 값만이 문제의 해답이 될 수 있다. 그러나 x가 위의 방정식을 만족한다는 것이 문제의 해가 되기 위한 충분조건은 아니다. 따라서 위의 방정식을 푼 후에 그 근 가운데 어떤 것이 문제의 해답이 될 수도 있고 어떤 근도 해답이 될 수 없을 수도 있다는 것, 따라서 문제는 해를 갖지 않을 수도 있다는 것을 납득해야 한다. 검산 결과 $x=16$은 문제의 해가 되기 위한 충분조건이기도 하다. 따라서 이 x의 값은 구하는 문제의 해가 된다. 이 과정은 문제풀이의 종합 과정이다.

3) 다항방정식의 대수적 풀이

고대 바빌로니아와 이집트 시대부터 근세에 이르기까지 일차방정식, 이차방정식, 삼차방정식 등과 같은 '(다항식)$=0$' 꼴의 방정식, 곧 다항방정식(polynomial equation) $a_0x^n + a_1x^{n-1} + a_2x^{n-2} + \cdots + a_{n-1}x + a_n = 0$의 사칙연산과 거듭제곱근에 의한 풀이 방법이 연구되어 왔다. 여기에서 n을 이 방정식의 차수라고 하고 $a_0, a_1, a_2, \cdots a_n$을 이 방정식의 계수라고 한다. 방정식을 푼다는 것은 계수가 주어져 있을 때 방정식을 만족시키는 미지수 x의 값을 구하는 것이다. 이때 그러한 x의 값을 방정식의 근(根, root) 또는 해(解, solution)라고 한다.

실수의 집합에 이차방정식 $x^2=-1$의 한 해 i의 첨가로 4차 이하의 모든 다항방정식의 해가 가능하게 되었는데, 1629년 A. Girard는 이를 일반화하여 '모든 복소수 계수를 갖는 다항방정식은 복소수 범위에서 그 최고차항의 지수만큼의 해를 갖는다.'라는 대수학의 기본정리(fundamental theorem of algebra)를 추측하였고, 1637년 Descartes가 인수정리를 바탕으로 이를 뒷받침하였다. $x=x_1$이 방정식 $p(x)=0$의 근이면 $x-x_1$은 $p(x)$의 인수이다. 즉 $p(x)=(x-x_1)q(x)$. 여기에서 $q(x)$의 차수는 $p(x)$의 차수보다 1이 작다. $q(x)=0$이 해 $x=x_2$를 가지면 $q(x)=(x-x_2)r(x)$, 따라서 $p(x)=(x-x_1)(x-x_2)r(x)$. 여기에서 $r(x)$의 차수는 $q(x)$의 차수보다 1이 작다. 따라서 각 방정식이 하나의 해를 가지면 차수가 n인 방정식 $p(x)=0$은 n개의 해 $x=x_1, x=x_2, \cdots, x=x_n$을 갖는다. 인수정리는 나머지 정리를 이용하여 쉽게 증명되므로 대수학의 기본정리의 난해한 점은 각 방정식 $p(x)=0$에 대해 해가 하나 존재함을 증명하는 것이다.

대수학의 기본정리는 1799년 Gauss의 박사학위 논문에서 완전한 증명이 이루어졌다. Gauss는 계수의 제곱근, 세제곱근 등에 의해서 해를 구성하려고 하는 대신에 해의 존재성만을 증명하였다. 그는 임의 차수의 방정식의 풀이는 이차방정식 풀이나 홀수 차수의 방정식 풀이로 환원될 수 있음을 보였다. $x^{2m+1}+(x$의 낮은 차의 항$)=0$ 꼴의 홀수 차수의 방정식은 좌변의 값이 큰 음수 x에 대한 큰 음수 값으로부터 큰 양수 x에 대한 큰 양수 값으로 연속적으로 변하므로 어떤 x에 대해 0이므로 항상 해를 갖는다. 이것이 아마도 이차방정식 $x^2=-1$의 한 해, 곧 i의 도입이 임의 차수의 방정식의 해의 존재성을 보증한 이유를 설명하는 최선의 방법일 것이다.(Stillwell, pp. 41-42)

그러나 해가 존재한다는 것을 이론적으로 증명하였다는 것과 실제로 해를 구하는 문제는 별개이다. 일반적으로 5차 이상인 다항방정식은 사칙연산(+, −, ×, ÷)과 거듭제곱근 구하기와 같은 대수적 연산에 의해 풀리지 않는다는 것, 곧 그 계수에 사칙연산과 거듭제곱근을 적용하여 근의 공식으로 일반해를 나타낼 수 없다는 것이 요절한 천재 수학자인 Abel (1802~1829)과 Galois(1811~1832)에 의해 증명되었으며, 이를 다룬 Galois이론은 군 구조, 나아가 현대 추상대수학이 발달하는 결정적 계기가 되었다.

수학에 문자를 도입하여 현대수학의 아버지라 불리는 Viète(1540~1603)는 이차방정식의 근과 계수 사이의 관계를 발견하였으며, 1629년 A. Girard가 임의 차수의 다항방정식으로 일반화하였다.(Bashmakova & Smirnova, p. 87) 다항방정식에서 근과 계수의 관계는 방정식으로 나타내어진 문제의 미지수와 기지수의 관계이다. 일반적으로 다항방정식 $a_0x^n+a_1x^{n-1}+a_2x^{n-2}+\cdots+a_{n-1}x+a_n=0$의 n개의 근 $\alpha_1, \alpha_2, \cdots, \alpha_n$과 계수 $a_0, a_1, \cdots, a_n$ 사이에는 다음과 같은 관계가 성립한다.

$$\alpha_1 + \alpha_2 + \cdots + \alpha_n = -\frac{a_1}{a_0}$$
$$\alpha_1\alpha_2 + \alpha_1\alpha_3 + \cdots + \alpha_{n-1}\alpha_n = \frac{a_2}{a_0}$$
$$\alpha_1\alpha_2\alpha_3 + \alpha_1\alpha_2\alpha_4 + \cdots + \alpha_{n-2}\alpha_{n-1}\alpha_n = -\frac{a_3}{a_0}$$
$$\alpha_1\alpha_2\alpha_3\cdots\alpha_n = (-1)^n\frac{a_n}{a_0}$$

이를테면, 이차방정식 $ax^2+bx+c=0$의 두 근을 α, β라고 하면

$$\alpha+\beta=-\frac{b}{a},\ \alpha\beta=\frac{c}{a}$$

인 관계가 성립하고, 삼차방정식 $ax^3+bx^2+cx+d=0$의 세 근을 α, β, γ라고 하면

$$\alpha+\beta+\gamma=-\frac{b}{a},\ \alpha\beta+\beta\gamma+\gamma\alpha=\frac{c}{a},\ \alpha\beta\gamma=-\frac{d}{a}$$

인 관계가 성립한다.[9]

일반적으로 실수 계수나 복소수 계수를 갖는 5차 미만의 다항방정식은 사칙연산과 거듭제곱근 구하기로 풀 수 있다. 다음에는 5차 미만의 다항방정식의 근을 구하는 방법을 알아보자.

9 이차방정식의 근과 계수와의 관계식은 근 α, β에 관한 대칭식이며, 이를 이용하여 값을 구하기를 요구하는 $\alpha^2+\beta^2, \frac{1}{\alpha}+\frac{1}{\beta}, (\alpha-\beta)^2$ 등과 같은 대수식 역시 대칭식임에 유의해야 할 것이다. 일반적으로 다항방정식의 근과 계수와의 관계는 근에 관한 대칭식이다.

① 일차방정식과 이차방정식

일반적으로 일차방정식

$$ax+b=0(a \neq 0)$$

는 등식의 성질에 의해 사칙연산에 의해 $x=-\dfrac{b}{a}$로 동치변형되므로 항상 해를 갖는다. 그리고 이차방정식

$$ax^2+bx+c=0(a \neq 0)$$

역시 사칙연산과 제곱근 구하기에 의해 다음과 같이 동치인 방정식 $x=\dfrac{-b \pm \sqrt{b^2-4ac}}{2a}$로 변형되어 근의 공식을 얻는다.

$$\begin{aligned}
& ax^2+bx+c=0(a \neq 0) \;\Leftrightarrow\; a^2+\frac{b}{a}x=-\frac{c}{a} \\
& \Leftrightarrow\; x^2+\frac{b}{a}x+(\frac{b}{2a})^2=-\frac{c}{a}+(\frac{b}{2a})^2 \\
& \Leftrightarrow (x+\frac{b}{2a})^2=\frac{b^2-4ac}{4a^2} \;\Leftrightarrow\; x+\frac{b}{2a}=\pm\sqrt{\frac{b^2-4ac}{4a^2}} \\
& \Leftrightarrow\; x+\frac{b}{2a}=\pm\frac{\sqrt{b^2-4ac}}{2a} \;\Leftrightarrow\; x=\frac{-b \pm \sqrt{b^2-4ac}}{2a}
\end{aligned}$$

이러한 동치변형은 일방적인 변형으로 해석되기 쉬우므로 유의해야 한다. 이차방정식의 근의 공식은 다음과 같은 의미를 갖는다. 이차방정식은 덧셈, 뺄셈, 곱셈, 나눗셈 및 거듭제곱근 구하는 연산으로 항상 풀이가 가능하다. 모든 이차방정식은 복소수의 범위에서 항상 근을 가지며 $b^2-4ac=0$인 경우에는 근이 중복된 경우로 볼 때 항상 2개의 근을 갖

는다. 이차방정식의 한 근이 복소수이면 나머지 한 근은 그 켤레복소수이다. 수학적 개념은 흔히 불명료한 문제를 엄밀하게 하여 해결로 인도하는데 기여한다. 수학 문제풀이 과정에서 자주 결정적인 진전이 적절한 문제변형에서 일어나며 거기에서 개념이 주요한 보조수단으로 작용한다. 이차방정식의 가해성(可解性)을 확정할 수 있으려면 위와 같은 동치변형을 통해 그 값이 가해성에 결정적인 역할을 하는 판별식의 개념에 이르러야 할 것이다. 그리고 흔히 문제의 해로써 새로운 개념이 생기는데, 이차방정식의 해로써 얻은 제곱근과 무리수의 개념은 그 두드러진 예이다.

② 삼차방정식과 사차방정식

삼차방정식과 사차방정식도 사칙연산과 세제곱근 구하기에 의해 동치인 방정식으로 변형하여 근의 공식을 얻을 수 있다. 먼저 삼차방정식

$$ax^3 + bx^2 + cx + d = 0\,(a \neq 0)$$

의 근의 공식을 유도하여 보자. 양변을 a로 나누고 $x = y - \frac{b}{3a}$라고 놓으면, 주어진 삼차방정식은 $y^3 + my = n$ $\left(m = \frac{c}{3a} - \frac{b^2}{9a^2},\ n = -\frac{2b^3}{27a^3} + \frac{bc}{3a^2} - \frac{d}{a}\right)$이 된다. 여기에서 t와 u를 $t - u = n,\ tu = \left(\frac{m}{3}\right)^3$을 만족하는 두 수라고 하고 $y = t^{\frac{1}{3}} - u^{\frac{1}{3}}$이라고 놓으면

$$\begin{aligned} y^3 &= (t^{\frac{1}{3}} - u^{\frac{1}{3}})^3 = t - 3t^{\frac{2}{3}}u^{\frac{1}{3}} + 3t^{\frac{1}{3}}u^{\frac{2}{3}} - u \\ &= (t-u) - (3t^{\frac{1}{3}}u^{\frac{1}{3}})(t^{\frac{1}{3}} - u^{\frac{1}{3}}) = n - my \end{aligned}$$

곧, $y = t^{\frac{1}{3}} - u^{\frac{1}{3}}$은 삼차방정식 $y^3 + my = n$의 해이다. $u = t - n$이므로

$$t(t-n) = (\frac{m}{3})^3$$

$$t^2 - nt - (\frac{m}{3})^3 = 0$$

$$\therefore\ t = \frac{n + \sqrt{n^2 + 4(\frac{m}{3})^3}}{2} = \frac{n}{2} + \sqrt{(\frac{n}{2})^2 + (\frac{m}{3})^3}$$

따라서

$$u = -\frac{n}{2} + \sqrt{(\frac{n}{2})^2 + (\frac{m}{3})^3}$$

그러므로 주어진 삼차방정식의 근은

$$x = (\frac{n}{2} + \sqrt{(\frac{n}{2})^2 + (\frac{m}{3})^3})^{\frac{1}{3}} - (-\frac{n}{2} + \sqrt{(\frac{n}{2})^2 + (\frac{m}{3})^3})^{\frac{1}{3}} - \frac{b}{3a}$$

이다. 모든 삼차방정식은 결국 이차방정식으로 환원하여 풀 수 있다.[10]

다음에는 사차방정식

---

10 $x^3 = px + q$ 형태의 삼차방정식은 $x = u + v$라고 놓으면 u^3에 대한 이차방정식을 얻게 되는데 이를 풀고 세제곱근을 택한 다음 u, v의 대칭성을 고려하여 구할 수 있다. 일반적인 삼차방정식 $ax^3 + bx^2 + cx + d = 0\,(a \neq 0)$는 $x^3 = px + q$ 형태로 쉽게 고칠 수 있으므로, 모든 삼차방정식은 결국 이차방정식으로 환원하여 풀 수 있다.(Stillwell, pp. 31-32, p. 40)

$$ax^4 + bx^3 + cx^2 + dx + e = 0 \quad (a \neq 0)$$

의 근의 공식을 유도하여 보자. 양변을 a로 나누고 $x = y - \dfrac{b}{4a}$라고 놓으면

$$y^4 + py^2 + qy + r = 0$$
$$y^4 = -py^2 - qy - r$$

양변에 $y^2 z + \dfrac{z^2}{4}$를 더하면

$$(y^2 + \frac{z}{2})^2 = (z - p)y^2 - qy + (\frac{z^2}{4} - r)$$

우변이 완전제곱식이 되도록 z의 값을 택한다. 그러기 위해서는 우변의 판별식이 0이 되도록 하는 z를 택하면 된다. 곧,

$$(-q)^2 + 4(z - p)(\frac{z^2}{4} - r) = 0$$
$$z^3 - pz^2 - 4rz + (4pr - q^2) = 0$$

이 방정식의 한 근을 z_1이라고 하면

$$(y^2 + \frac{z_1}{2})^2 = (z_1 - p)\left\{y - \frac{q}{2(z_1 - p)}\right\}^2$$

따라서,

$$y^2 + \frac{z_1}{2} = \pm\sqrt{z_1 - p}\left\{y - \frac{q}{2(z_1 - p)}\right\}$$

이 두 이차방정식의 근을 구하여 $x=y-\frac{b}{4a}$에 대입하면 원래의 사차 방정식의 근 4개를 모두 구할 수 있다. 결국 사차방정식은 삼차방정식과 이차방정식으로 환원하여 풀 수 있다.

4) 방정식의 근사해법

우리는 일상생활에서 키나 몸무게처럼 근삿값인 측정값을 주로 사용하며 실제적인 문제 해결에서 방정식의 실근을 구하여 이용하고자 할 때에도 무리수가 나오는 경우에는 근삿값을 사용하게 된다. '새 수학' 철학의 옹호론자이며 대수 중심의 추상적 구조의 교육을 강조한 Bourbaki학파의 Dieudonné[11](1959)는 학교대수의 전통적인 내용인 방정식의 풀이 방법 특히 이차방정식의 근의 공식에 대한 지도와 관련하여 다음과 같이 주장하고 있다. 방정식 $f(x)=0$를 함수 $y=f(x)$의 그래프의 도움을 받아 해결하는 일반적인 그래프 해법 및 여러 가지 수치적 근사해법, 곧 Lagrange와 Newton의 근사 접근법을 다루어야 한다. 이차방정식의 해법에서는 근사해법을 강조해야 하며 '근의 공식'을 강조해서는 안 된다. 학생들은 지극히 특수한 상황이 아니면 근의 공식에 결코 의존해서는 안 된다. 이 단계에서는 근의 공식이 언급되어서는 안 되며 그에 대하여 특별히 공부할 필요도 없다.

이러한 Dieudonné의 주장은 최근의 컴퓨터를 이용하는 수치수학의 발전과 그에 따른 학교수학의 변화와 관련하여 주목할 만한 내용이라고 생

11 Dieudonné는 1959년 OECD에서 주최한 루아요몽(Royaumont) 세미나에서 발표한 'New Thinking in School Mathematics'에서 기하의 선형대수적 접근을 주장하며 언급한 'Euclid must go!'라는 슬로건으로 유명하다.

각된다. 미국의 'Standards', 영국과 일본의 고등학교 수학교육과정에서는 고차방정식의 수치해법이 다루어지고 있다.

① 그래픽 계산기의 단계적 확대기능을 이용하는 방법

컴퓨터 공학의 발달로 다항함수의 그래프를 그리는 프로그램과 지정된 부분을 단계적으로 확대하는 줌(zooming)기능이 내장된 그래픽 계산기 (graphic calculator)를 이용하여 다항방정식의 실근을 원하는 만큼 정확하게 구할 수 있게 되었다. 다음 그림은 다항함수 $y = 5x^3 - 12x^2 - 16x + 8$의 그래프를 이용하여 삼차방정식 $5x^3 - 12x^2 - 16x + 8 = 0$의 음인 실근의 근삿값을 소수점 아래 3자리까지 구하는 과정을 나타낸 것이다.(NCTM, 1989, p. 152)

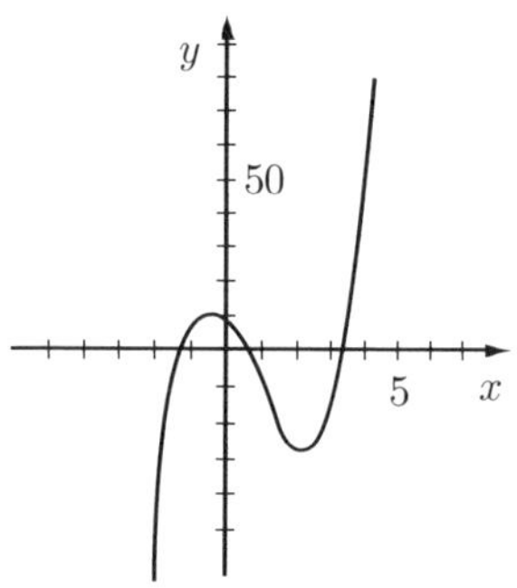

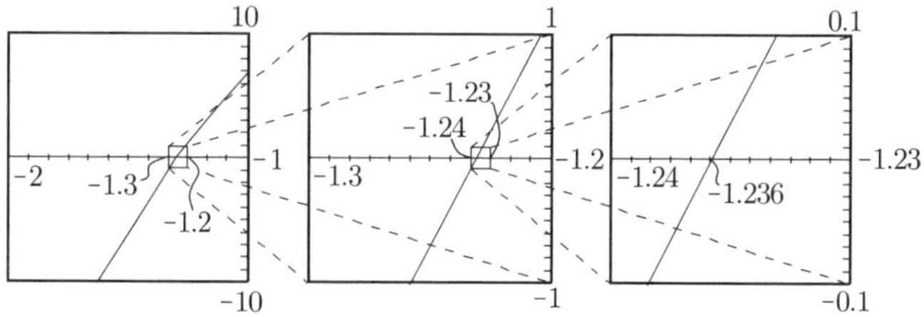

그래픽 계산기를 이용하여 방정식의 근사해를 구하는 것을 다룬 다음에는 Newton방법이나 이분법(二分法, bisection method)과 같은 다항방정식의 실근의 근삿값를 구하는 알고리즘을 이용하여 실제로 프로그램을 작성하여 컴퓨터로 고차방정식의 근사해를 구해 볼 수 있다.

② Newton방법

Newton방법은 접선을 이용하여 방정식 $f(x)=0$의 실수해의 근삿값을 구하는 방법이다. $f(x_0)=0$인 점 x_0의 근삿값 x_1이 주어졌을 때, 점 $(x_1, f(x_1))$에서의 곡선 $y=f(x)$의 접선의 방정식은

$$y=f'(x_1)(x-x_1)+f(x_1)$$

이다. 접선과 x축과의 교점의 x좌표를 x_2라고 하면

$$x_2=x_1-\frac{f(x_1)}{f'(x_1)}$$

이 된다. x_0의 가까이에서는 곡선 $y=f(x)$와 접선은 가깝다고 생각되므로, x_2는 x_1보다 정확한 x_0의 근삿값이 된다. 이러한 조작을 반복하면

$$x_{n+1}=x_n-\frac{f(x_n)}{f'(x_n)}$$

와 같은 점화식이 얻어지고 차례로 더 정확한 x_0의 근삿값이 구해진다. 이를 그래프로 나타내면 아래 그림과 같다.

예를 들어, Newton방법을 함수 $f(x)=x^2-a$에 적용해 보면 $f'(x)=2x$이므로

$$x_2=x_1-\frac{x_1^2-a}{2x_1}=\frac{1}{2}(x_1+\frac{a}{x_1})$$

이 되며, 이를 컴퓨터를 이용하여 반복 계산하면 더 정확한 a의 제곱근을

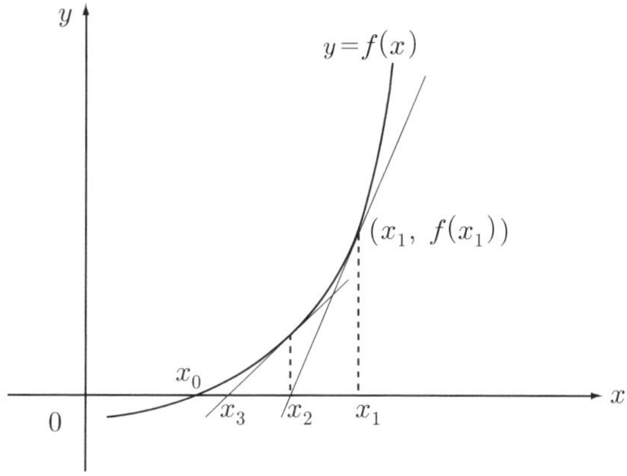

구할 수 있다.

③ 이분법

계수가 정수인 다항방정식은 일반적으로 복소수인 근이 존재하면 이차방정식에서처럼 항상 켤레로 존재한다. 따라서 방정식의 차수가 홀수이면 홀수 개의 실근을 갖는다. 다음에는 이분법에 의한 방정식의 실수인 근사해를 구하는 방법을 알아보자. 이분법은 중간값 정리[12]에 따른 다음과 같은 성질에 기초한다.

'함수 $f(x)$가 폐구간 $[a, b]$에서 연속이고 $f(a)f(b) < 0$이면 $f(x) = 0$의 해 x_0가 개구간 (a, b) 가운데 반드시 존재한다.'

이를테면 $f(a) < 0$, $f(b) > 0$라고 하고 a와 b 사이에 $f(x) = 0$의 해 x_0가 있다고 하고 이의 근삿값을 구해 보자. a와 b의 중점 $c = \dfrac{a+b}{2}$에서

12 중간값 정리(intermediate value theorem); 함수 $f(x)$는 $a \le x \le b$에서 연속인 실변수함수이고 $f(a) \ne f(b)$일 때 k를 $f(a)$와 $f(b)$ 사이의 임의의 수라고 하면 $a < c < b$, $f(c) = k$인 c가 적어도 하나 존재한다.

$f(x)$의 값 $f(c)$를 계산한다. $f(c) > 0$이면 $a < x_0 < c$이고, $f(c) < 0$이면 $c < x_0 < b$이다. $f(c) = 0$이면 $x_0 = c$이다. 이와 같은 조작을 반복하면 x_0의 위로부터의 근삿값과 아래로부터의 근삿값의 차가 얼마든지 작아지므로 필요한 정도의 정확도를 갖는 x_0의 근삿값을 구할 수 있다.

이를테면, 삼차방정식 $f(x) = x^3 + 4x^2 - 10 = 0$의 근사해를 구하여 보자. $f(1) = -5 < 0$, $f(2) = 14 > 0$이므로 $f(1)f(2) < 0$이고, 함수 $f(x)$는 폐구간 $[1, 2]$에서 연속이므로 중간값 정리에 의하여 방정식 $f(x) = 0$의 해는 개구간 $(1, 2)$ 가운데 존재한다. 그런데 개구간 $(1, 2)$에서 $f'(x) = 3x^2 + 8x > 0$이므로 방정식 $f(x) = 0$은 구간 $[1, 2]$에서 단 하나의 해를 갖는다. 1과 2의 중점 1.5에서의 함숫값을 구하면 $f(1.5) = 2.375 > 0$이므로 구하는 해는 구간 $[1, 1.5]$ 안에 있다. 다시 두 점 1과 1.5의 중점 1.25에서의 함숫값을 구해 보면 $f(1.25) = -1.79687 < 0$이므로, 구하는 근은 구간 [1.25, 1.5] 안에 있다. 이와 같은 과정을 반복하면 $f(x) = 0$의 실수해의 근삿값을 구할 수 있다.

5) 방정식의 지도

초등학교에서는 중학교에서의 문자식과 방정식의 도입을 위한 준비 학습이 이루어진다. 초등학교 2학년에서 초보적인 식 만들기와 예를 들어 $2 + \square = 5$에서 $\square$에 알맞은 수를 찾으라는 식으로 미지항 $\square$의 값 구하기를 시작으로, 3학년 이후에 미지인 항이 들어간 식을 세워 문제를 해결하는 내용이 다루어진다. 중학교에서 일차방정식과 그 활용, 이원일차연립방정식과 그 활용, 이차방정식과 그 활용을 다루고, 고등학교 수학에서 복소수 범위에서 이차방정식과 간단한 삼차, 사차 방정식을 다루고, 분수방정식과 무리방정식을 다룬다. 또한 삼각방정식, 지수방정식, 로그방정식, 그리고 현재 다루어지고 있지 않지만 $y' = y$와 같은 간단한 미분방정식까지 방정식은 학교수학 전체에 걸쳐서 지도된다. 20세기 초까지 수학교육에서 고전적인 방정식의 취급이 중심을 이루었으며 Meran개혁에서 함수방정식이 부가적으로 도입되었다.

(1) '새 수학'과 방정식 지도

전통적인 학교수학에서의 개념적 사고의 경시로 1960년대 초에 '새 수학'에서 현대수학의 특성에 맞춰 개념적 명확성과 논리적 엄밀성을 중시하는 혁신적인 변화를 시도하게 되었으며 논리, 집합, 구조를 수단으로 하여 이러한 변혁을 달성하려고 하였다. 방정식의 형식적인 취급의 문제점에 대한 인식으로 방정식을 처음부터 엄밀한 개념적 기초 위에서 교육해야 한다고 생각하였으며, 집합과 논리가 방정식론의 엄밀한 재구성을 위한 개념적 수단을 제공하였다. 그런데 방정식의 취급에서 논리와 집합의 개념적 도구는 학생들에게 그 엄밀한 개념적 기초를 이해하도록 하는 데 기여하였으나 그를 위해 치러야 할 학습의 어려움과 오류의 문제는 간과하였다.

방정식은 집합과 논리의 개념으로 더욱 투명하게 다루어질 수 있다. '새 수학'에서는 방정식의 엄밀한 개념적 기술을 위해 명제와 명제함수, 기초집합, 해와 해집합, 동치변형 등 과다한 개념을 도입하였으며 집합기호와 논리기호를 이용하여 풀이 과정과 해집합을 엄밀하게 기술하였다. 명제 개념은 해의 개념을 설명할 때 필요하였다. 해는 방정식에 대입하면 그 방정식이 참인 명제가 되는 수, 해집합은 방정식의 모든 해의 집합, 동치변형은 해집합이 변하지 않는 방정식의 변형이다. 명제함수는 변수를 가진 방정식과 부등식의 상위개념으로 사용되었으며, 그것은 수학에서 사용되지 않는 논리학의 개념이다. 등식의 성질에 따른 동치변형을 통한 방정식의 풀이에 앞서 기초집합을 제시하고 대입을 통해 해집합을 구하는 과정이 강조되었다. 그러나 엄밀한 개념적 도구를 과다하게 사용함으로써 학생들에게 방정식 학습의 어려움은 그 해의 발견보다 엄밀한 개념과 그 표현에 있게 되었다. 교사의 이론적 접근과 학생들의 도구적 접근이 상충되어 교사는 등식의 성질에 따른 동치변형이라는 풀이 과정을 이해하기를 바랐지만 학생들은 이항과 부호 교환이라는 기계적인 규칙의 적용을 선호하였다.

학교수학의 현대화 운동의 쇠퇴와 함께 도입된 새로운 개념과 기호의 학습이 실제로 필요한지 그렇지 않은지를 자문하게 되었고 도를 넘은 도구 개념과 용어가 삭제되고 많은 부분이 전통적인 방식으로 회귀하게 되었다. 사용된 개념을 이해에 실제로 필요한 정도로 최소로 한정하는 것이 적절하며, 그러한 개념을 일상용어를 사용한 설명으로 가볍게 도입할 수 있다. 이를테면

$$\begin{aligned}(x-2)(x-3)=0 \quad &\Leftrightarrow \ (x-2=0) \vee (x-3=0)\\ &\Leftrightarrow \ (x=2) \vee (x=3)\end{aligned}$$

와 같은 동치변형에서 $(x-2)(x-3)=0$은 '$x-2=0$ 또는 $x-3=0$'와 대등하다는 식으로 논리적 기호는 일상어로 대체되었으며, '해집합 $\{2,3\}$' 대신에 '해는 2 또는 3이다.', '해는 $x=2$ 또는 $x=3$이다.'와 같은 관용구가 다시 사용되게 되었다. 그리고 방정식의 풀이를 다른 중심적인 주제, 특히 수 및 함수와 관련지어 수의 확장과 함수의 영점을 구하는 문제로 해석하여 다루는 것을 더욱 강조하게 되었다.

그리고 '새 수학'에서는 변수가 없는 등식은 명제로서, 변수가 있는 등식, 곧 방정식과 부등식은 명제함수로 간주되었다. 특별한 경우로서 일반적으로 타당한, 곧 해집합이 전체집합인 방정식과 항상 타당하지 않은, 곧 해집합이 공집합인 방정식이 다루어졌다. 종래에는 방정식의 취급에서 $2x+3=2x+5$와 $2x+6=2(x+3)$과 같은 명제함수는 소홀히 되었으

며 그러한 경우는 '병적인' 특별한 경우로 생각되었다. 어떤 방정식은 해를 갖지 않는다거나 바탕에 놓여 있는 수 영역의 모든 수를 해로서 가질 수 있다는 것이 분명하게 다루어지지 않았는데, 해집합에 대해 이야기할 때 이러한 특별한 경우가 고려되었다.

어려움 없이 명제, 명제함수, 해집합, 동치변형 등의 지도를 포기할 수 있다. 문제가 되는 것은 기초집합의 개념이다. 방정식의 해는 기초집합에 좌우된다. 이는 중요하고 학생들에게 의식시켜야 한다. 방정식의 해는 바탕에 놓여 있는 수 영역에 좌우된다. 이는 방정식의 통상적인 취급에서 명확히 강조되지 않는다. 이차방정식에서 비로소 학생은 어떤 방정식에서 실근을 갖지 않는 경우가 일어날 수 있다는 것을 경험한다. 그 이전에는 방정식의 가해성은 방정식의 형태에만 좌우되지 않고 바탕에 놓여 있는 수 영역에도 좌우된다는 것은 분명하지 않은 채로 다루어졌다. 기초집합의 강조는 이러한 사태를 해명하는 데 적절한 것으로 생각된다. 방정식의 가해성의 문제와 수 영역의 확장의 문제가 학생들에게 통찰되도록 해야 한다.

전통적으로 방정식의 풀이에서 식의 형식적인 변형 기법에 중점을 두어 방정식의 풀이는 과도하게 구문론적 측면을 강조하여 다루어졌다. 새로운 방정식론은 변형을 의미론적으로 고려하는 관점을 제공하였다. 처음 방정식의 해집합을 변형된 방정식의 해집합과 비교하여 세 종류의 변형을 구분할 수 있다. 방정식의 양변을 제곱하거나 양변에 변수를 곱하는 것과 같은 변형을 통해 더 많은 해를 갖는 방정식으로 변형된다. 이를테면 방정식 $x=2$는 R에서 해집합 $\{2\}$를 갖으나 방정식 $x^2=4$는 R에서 해집합 $\{2,\ -2\}$를 갖는다. 여기에서 검산은 무연근을 가려내는 새로운 의미를 갖는다. 검산을 통하여 변형된 방정식의 해가 처음 방정식의 해가 되는지 어떤지를 결정할 수 있다. 양변의 제곱근을 취하거나 변수로 나누기와 같은 변형으로 방정식은 해가 '상실된다'. 이를테면 방정식 $x^2+3x=0$은 해집합 $\{0,\ -3\}$을 갖는다. x로 나누면 해집합 $\{-3\}$을 갖는 방정식

$x+3=0$으로 변형된다. 양변에 같은 항을 더하거나 빼기, 양변에 0과 다른 수를 곱하기거나 0과 다른 수로 나누기와 같은 동치변형에 의해 해집합은 변하지 않는다. 예를 들어 이차방정식 $x^2+px+q=0$에서 동치변형에 의해 $(x+\frac{p}{2})^2=\frac{p^2}{4}-q$로부터 '$x=-\frac{p}{2}+\sqrt{\frac{p^2}{4}-q}$ 또는 $x=-\frac{p}{2}-\sqrt{\frac{p^2}{4}-q}$ [13]를 얻는다.

(2) 방정식 지도의 문제점

위에서 살펴보았듯이 먼저 방정식의 풀이의 핵심은 분석적 사고라는 점을 명확히 이해시켜야 할 것이다. 방정식은 참도 거짓도 아닌 명제함수, 곧 열린 문장이다. 등식의 성질은 등식이 참일 때 등식의 양변에 같은 수를 더하거나 빼거나 곱하거나 0이 아닌 수로 나누어도 등식이 성립한다는 것이므로, 이를 방정식의 변형규칙으로 이용하는 방정식 풀이에서는 무엇보다도 먼저 방정식이 풀렸다고 보고 곧 참인 등식이라고 보고 등식의 성질을 적용하는 분석적 사고를 해야 한다는 점을 명확히 해야 한다. 현재 학교수학에서는 이러한 매우 중요한 점이 간과되고 있다.

다음은 현재 중학교 수학교과서에 나와 있는 방정식을 이용한 문제풀이 순서이다. 여기에서 방정식을 이용하여 문제를 해결하려면 미지인 것을 x, y로 나타내고 문제의 뜻에 맞게 방정식을 세워 해결하라는 막연한 권고를 하고 있다. 이는 Descartes가 제시한 방정식을 이용하여 문제를 해결하는 '사고 규칙', 곧 "우선 문제를 잘 이해한 다음에 문제를 어떤 미지인 양, 곧 수를 결정하는 문제로 환원하여라. 문제가 풀렸다고 보고 조건

---

13 이를 간단히 $x_{1,2}+\frac{p}{2}=\pm\sqrt{\frac{p^2}{4}-q}$와 같이 나타내는 것은 학생들이 이해하기 어려운 형식의 비약이다.

연립방정식을 사용하여 문제를 푸는 순서

1 먼저 무엇을 미지수 x, y로 나타낼 것인가를 정한다.

2 x, y를 사용하여 문제의 뜻에 맞게 연립방정식을 세운다.

3 이 연립방정식을 푼다.

4 구한 해가 문제의 뜻에 맞는가를 조사하고, 문제의 뜻에 맞는 것만을 답으로 한다.

에 따라서 미지인 것과 자료 사이에 성립하여야 할 모든 관계를 적절한 순서로 그려보면서 문제를 아주 자연스럽게 개관하여라. 같은 양을 두 가지 방법으로 나타낼 수 있도록, 조건의 일부분을 분리하여 미지인 것 사이에 성립하는 방정식을 얻도록 하라. 결국, 조건을 여러 부분으로 쪼개어 미지인 것의 개수만큼의 방정식으로 이루어진 연립방정식을 얻게 된다. 연립방정식을 한 방정식으로 환원하여라."(Polya, pp. 27-28) 가운데 특히 분석적 사고와 함께 방정식을 세우는 핵심적인 사고규칙을 간과하고 있는 것이다.

Descartes의 사고 패턴에 따라 '방정식을 세워서' 해결할 수 있는 문제는 소위 문장제뿐만 아니라 기하문제나 물리문제 등 매우 다양하다. 방정식을 세워서 문제를 해결하려면 문제와 관련된 충분한 지식을 가지고 있지 않으면 안 된다. 학교수학에서 방정식을 이용하여 해결하는 문제는 학생들의 일상생활의 자연스러운 구체적인 주변 문제와 대응해야 하며 학교수학의 많은 문제는 비, 비례식, 등속운동 등과 관련된 '비율 문제'임에 유의해야 한다. Descartes의 권고를 실천하려는 진지한 노력을 하는 사람은 무엇보다도 먼저 문제를 충분히 이해하기 전에 해결을 시도하지 않도록 해야 한다. 그리고 방정식은 문제의 조건을 나타내고 있으며, 같은 양을 두 가지 다른 방식으로 표현하고 있다는 것을 명확히 이해하도록 해야 한다. 이를테면, '굵기가 다른 세 개의 관을 통하여 물통에 물을 채우는 데 각각 15분, 20분, 30분씩 걸린다. 세 개의 관을 모두 열어 놓을 때 빈 물통을 채우는 데 걸리는 시간을 구하여라.'라는 문제와 '갑, 을, 병 세 사람이 어떤 일을 하는 데 각각 15분, 20분, 30분씩 걸린다. 세 사람이 함께 일을 하면 그 일을 마치는 데 얼마나 걸리는가?'라는 문제를 생각해 보자. 이 두 문제는 동치이며, 구하려는 시간을 구했다고 보고 t분이라고 놓으면 전체량은 각각 $\frac{t}{15}+\frac{t}{20}+\frac{t}{30}$과 1 두 가지로 나타내어진다.[14] 따라서 $\frac{t}{15}+\frac{t}{20}+\frac{t}{30}=1$과 같은 방정식을 얻는다. 또 다른 예로 '닭과 토끼의 수를 합하면 10이고, 닭의 다리와 토끼의 다리의 수를 합하면 26이다. 닭과 토끼는 각각 몇 마리인가?'라는 문제를 생각해 보자. 닭 수를 구했다고 보고 x라고 하면 토끼 수는 $10-x$이다. 닭과 토끼의 다리 수는 $2x+4(10-x)$와 26의 두 가지로 나타내어지므로, $2x+4(10-x)=26$과 같은 방정식을 얻는다.

그리고 방정식의 동치변형에서 변형 규칙인 등식의 성질에 대한 충분한 직관적인 뒷받침이 이루어지고 있지 못하다는 점이 간과되기 쉽다. 음수와 그 계산을 다루고 나서 일차방정식을 다루는데, 방정식의 변형규칙인 등식의 성질은 대부분 양팔저울 모델로 직관화된다. 이를테면 양 변에 같은 무게를 부가하면 양팔저울은 균형상태가 그대로 유지된다고 설명한다. 그런데 곱셈 특히 음수와의 곱셈의 경우에 이 모델은 충족되지 않는다. 따라서 양수 범위에서 등식의 성질을 직관적으로 이해시킨 다음에 이를 형식불역의 원리에 의해서 곧바로 음수를 포함하는 유리수로 일반화하는 것이다.

---

14 매 분당 전체량의 $\frac{1}{15}+\frac{1}{20}+\frac{1}{30}$씩 채워지고 t분 동안에 채워지므로 전체량은 $(\frac{1}{15}+\frac{1}{20}+\frac{1}{30})t$이다.

그런데 이러한 점이 분명히 언급되지 않고 다루어지고 있는 것이다.

그리고 단지 '부호를 바꾸어 다른 변으로 옮긴다.'라고 하는 이항규칙에 앞서 그 근거가 되는 '양변에 같은 수를 더하거나 뺀다.'라는 변형 규칙을 명확히 하고, 양팔저울 모델만을 다룰 것이 아니라 그 외에 선분의 길이 비교 모델과 대입 등 좀 더 다양한 방식으로 이를 고착시키도록 해야 한다. 이를테면 아래 그림과 같이 양팔저울은 양변에서 같은 무게를 덜어내거나 더하면 평형을 유지하며, 같은 길이의 두 선분에서 같은 길이의 선분을 잘라 내거나 덧붙이면 다시 같은 길이의 선분이 된다는 것과 결부시켜 일차방정식의 동치변형을 이해시킬 수 있다.(Vollrath, S. 203)

초등학교에서 미지인 수를 결정하는 $3+5=x$, $5+x=7$, $x+3=8$과 같은 문제가 다루어진다. 여기에서 형식적인 풀이를 기대할 수 없고 문제의 의미를 우리말로 번역하여 직접 해를 구하도록 한다. 예를 들어, $5+x=7$은 '7을 얻기 위해 5에 어떤 수를 더해야 하는가?', $3x=12$는 '12를 얻기 위해 3을 어떤 수와 곱해야 하는가?'와 같이 번역하여 해를 이끌어낸다. 또는 $x+5=7$을 역과제 $7-5=x$로, $3x=12$는 역과제 $12\div3=x$로 해결한다. 그리고 $3x+2=14$를 역연산을 이용해 풀거나, 실제로 수를 대입해 보아 답을 구한다.(Vollrath, S. 210)

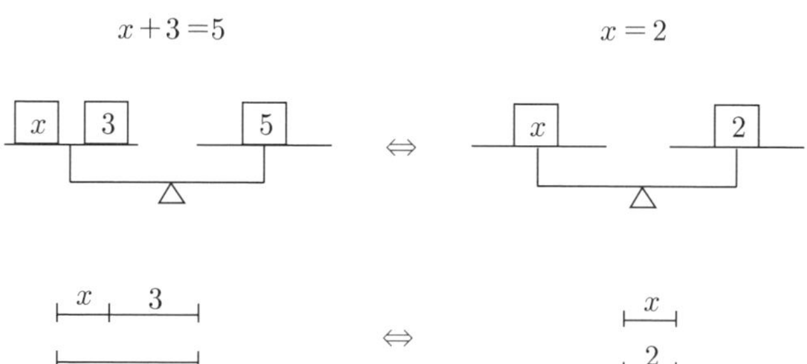

중학교에 들어와 위와 같은 계산 과제가 방정식의 풀이로 바뀌게 된다. 여기에서 제기되는 문제가 산술과 대수에서의 등식을 보는 관점의 갑작스러운 변화이다. 산술에서는 일련의 계산 조작을 차례로 수행하는 절차적 접근으로 답을 얻으며 등호 =는 계산결과를 출력하는 신호로 간주된다. 중학교에 들어와 음수가 도입되고 정수와 유리수의 산술이 다루어진다. 양수와 음수의 계산이 이해하기 난해한 여러 가지 모델을 통해 다루어져 학생들은 일차적 충격을 받게 된다. 그리고 문자가 도입되고 문자식의 계산이 다루어지는 이차적 충격을 받게 된다. 그다음에 양팔저울 모델을 통해 등식의 성질이 다루어지고 이를 이용한 일차방정식의 풀이를 배우게 되는데, 등호의 절차적 성격이 갑자기 변하여 대칭적인 상등관계라는 관점으로 등식과 등식의 성질을 다루고 이를 이용하여 방정식 풀이를 하는 것은 학생들에게는 받아들이기 어려운 또 한 번의 일종의 정신적 충격으로 작용할 것이며 극복하기 어려운 혼란을 야기할 것이다. 그러면서도 다항식의 전개와 인수분해나 여러 가지 계산에서 등호의 절차적 해석은 유지된다. 중학교 입학 후 초등학교에서의 즐거웠던 산술학습이 이러한 중학교 수학에 부딪쳐 좌초되고 수학학습 부진아가 급증하는 주요한 원인이 되는 것이다.

방정식 풀이와 같이 자주 등장하는 과제의 해결을 위한 알고리즘의 발견은 바람직한 수학적 성취이며, 기성의 알고리즘의 형식적인 전달보다 학생이 가능한 한 자력으로 적절한 상황으로부터 알고리즘을 발견하도록 힘써야 한다. 등식의 성질을 이용한 동치변형에 의한 일차·이차방정식의 풀이법은 대수의 역사에 관한 고찰에서 드러났듯이 영어 algebra의 어원이 될 정도로 매우 중요한 수학적 사고방법이다. 그런데 학교수학에서 학생들에게 등식의 성질을 도입하는 그 어떤 동기도 없이 처음부터 양팔저울 모델을 이용하여 등식의 성질을 다루고 이를 곧바로 방정식 풀이에 이용하는 방식으로 기성수학을 전달한다는 데 문제가 있다. 양팔저울 모델은 양수에만 관계하고 음수의 경우에는 일반적으로 합리적으로 다루어질 수 없다. 양팔저울은 양변에 같은 연산이 적용되는 원리가 명백히 되는 한정된 경우에 등식의 성질에 대한 자연스러운 직관적인 유추적 논거를 제공할 뿐이다.

방정식의 풀이는 미지수에 대한 일련의 조작을 그것이 알려진 양(量)인 것처럼 생각하고 수행하는 분석법이 근간인바, 3세기경의 그리스 수학자 Diophantus는 고대 바빌로니아의 '가정법'에 그 기원이 있는 분석법으로 사고하면서 방정식을 변형하여 푸는 두 가지 기본규칙으로 부호를 바꾸어 항을 이항하는 규칙과 양변의 같은 항을 정리하는 규칙을 제시하였다. 이는 Diophantus의 *Arithmetica*가 아라비아로 전해지면서 *al-jabr*와 *al-muqābala*로 번역되었고 유럽으로 전래되어 algebra의 어원이 되었다. Diophantus가 어떤 이유로 그러한 방식으로 방정식을 변형하여 푸는 방법을 생각하게 되었는지는 수학사에서 언급되고 있지 않다. 오늘날의 대수학은 전반적으로 조직화되어 공리적으로 전개되는 추상수학으로 등식의 성질은 그 기본 공리로 전제되어 있고 방정식 풀이에서는 이를 전제로 복소수 범위에서 사칙연산과 거듭제곱근에 의해서 근의 공식을 유도하게 된다. 학교수학의 방정식 풀이에 대한 지도는 이를 초등화하여 양팔저울 모델로 유추하여 등식의 성질을 다루고 이를 이용하여 사칙연산과 제곱근에 의한 방정식 풀이법을 지도하고 있다. 이러한 방식으로 등식의 성질을 다루고 이를 방정식 풀이에 적용하는 것은 전반적으로 조직화된 기성수학을 초등화하여 전달하는 것이다.

그런데 흥미롭게도 초등학교에서 다루는 역연산을 이용하는 일차방정식의 풀이 방법을 등식의 성질을 이용하는 방정식의 동치변형 방법 착상의 실마리로 삼을 수 있다. 예를 들어 $3x+2=14$를 역연산으로 풀면 아래 왼쪽

$$x \xrightarrow{\cdot 3} 3x \xrightarrow{+2} 3x+2 \qquad = \qquad 4 \xleftarrow{\div 3} 12 \xleftarrow{-2} 14$$

$$\begin{array}{rcl} & 3x+2=14 & \\ +2\ \uparrow & & \downarrow -2 \\ & 3x=12 & \\ \cdot 3\ \uparrow & & \downarrow \div 3 \\ & x=4 & \end{array}$$

와 같이 되는데 이러한 양식을 왼쪽으로 90도 회전시켜 기록하면 위의 오른쪽과 같이 된다. 이로부터 방정식을 해가 변하지 않도록 변형하여 마지막에 곧바로 해를 읽어낼 수 있도록 변형하는 가능한 실행 방법에 대한 암시가 떠오른다. 덧셈의 취소를 위한 양변에서의 뺄셈과 곱셈의 취소를 위한 양변에서의 나눗셈으로 변형의 암시를 얻는다. 여기에서 등식의 성질에 대한 양팔저울 모델이 암시될 것이다.(Vollrath, S. 218-219)

(3) 방정식 지도의 실제

방정식은 수체계의 확장과 함께 전개되며 음수와 유리수를 도입한 후 일차방정식를 다루고 이어서 연립일차방정식이 다루어진다. 연립일차방정식은 선형대수에서 상세히 다루어지며 중학교 수학에서는 기본적인 표상의 구성이 중요하다. 연립일차방정식의 풀이 방법은 동치법, 대입법, 가감법을 통해 두 이변수방정식으로부터 하나의 일변수방정식을 이끌어내는 것으로 이루어진다. 해로서 순서쌍 (x, y)를 고려한다는 것에 유의하도록 해야 한다. 그다음에 무리수로의 수의 확장과 함께 이차방정식과 분수방정식, 무리방정식을 다루고 복소수로 수가 확장되면서 복소수 범위에서 이차방정식과 고차방정식을 다룬다. 일반적으로 실수 계수나 복소수 계수를 갖는 5차 미만의 모든 다항방정식은 사칙연산과 거듭제곱근 구하기로 풀 수 있지만, 학교수학에서는 계수가 정수나 유리수인 경우만을 다룬다는 점에 유의해야 할 것이다. 그리고 지수방정식, 로그방정식, 삼각방정식 등 함수방정식이 뒤따른다. 여기에서 변형규칙의 확실한 숙달이 요구된다. 그것은 맹목적으로 조작하는 것이 아니라 바탕에 놓여 있는 규칙을 바르게 적용하는 이해력이 있는 연습을 통하여 숙달되도록 해야 한다. 분수방정식과 무리방정식의 풀이에서는 필요조건을 찾아가는 '획득변형' 과정에서 생겨난 무연근 여부, 충분조건이 아닌 것을 대입을 통해 판단해야 한다.

방정식의 학습-지도에서는 계산법과 같이 알고리즘이 중심을 이룬다. 방정식을 정해진 규칙에 따라 변형하여 풀거나 근의 공식을 이용하여 푸는 알고리즘의 학습은 중요하다. 알고리즘을 획득하면 방정식을 확실하고 신속하게 푸는 것이 가능하다. 학생들은 중요한 알고리즘을 습득하여 과제를 확실히 통달해야 한다. 알고리즘은 풀이과정에 대한 사고를 기계적 처리로 대체하는 놀라운 계산기법이면서 수학적 능력과 힘을 신장시키고 반복되는 형식적 과제를 확실하고 신속히 풀 수 있으며 숙고를 요하는 수학 문제해결에 집중하게 할 수 있다. 그러나 알고리즘에서 결정적인 관념을 알지 못하면 그것은 혼동과 오류를 일으키고 알고리즘이 상당히 빨리 잊히게 되는 결과가 된다. 알고리즘 구사 능력은 매우 중요하므로 촉진되어야 하지만, 알고리즘 조작은 결코 그 자체가 목적이어서는 안 된다. 학생들이 대체로 아무런 정신적인 작업을 요구하지 않는 해결 기법을 적용하는 지루한 과제에 당면한다는 것을 재삼재사 관찰할 수 있다. 알고리즘을 단지 완수하는 작업의 지나친 강조는 정신적인 황폐에 이르게 하며, 문제를 해결하고 관계를 이해하는 능력의 개발을 방해한다.

일차방정식의 경우 방정식을 푼다는 것은 각 변에서 괄호를 풀고 동류항을 정리하여 간단히 한 다음에 방정식이 풀렸다고 보고, 곧 참인 등식으로 보고 등식의 성질을 적용하여 $x=A$ 꼴로 동치변형을 하는 것이다. 알고리즘의 혼동에서 비롯되는 전형적인 오류는 $3x=5$로부터 $x=2$, 그리고 $2x+3=4$로부터 $x+3=2$를 추론하는 것이다. 연습이 증가하면 알고리즘은 단축되지만 단축이 강제되면 오류를 범하기 쉽게 되므로 지나치게 신속한 단축은 경계해야 한다. 알고리즘의 확실한 통달은 방정식의 풀이에 요구되는 일련의 능력 위계의 숙달을 전제로 한다. 이를테면 방정식

$2(x+\frac{1}{3})-1=0.4x-3$의 풀이에 다음과 같은 능력 위계의 숙달이 전제된다.(Vollrath, S. 200) '일차방정식에 대한 단순화 전략을 알고 적용할 수 있다.' ← '양변에 같은 항을 더하거나 빼는 것, 양변에 0과 다른 수를 곱하거나 0이 아닌 수로 나누는 것은 동치변형임을 안다.' ← '항을 대등한 것으로 대치할 수 있으며 항을 간단히 하는 전략을 알고 사용할 수 있다.' ← '유리수의 기본계산에 숙달한다.'

$15=3x$와 같은 방정식이 학생들에게 어려움을 야기한다는 것도 주목할 가치가 있다. 등식을 대칭률이 만족되는 동치관계로 인식하지 못하는 학생은 이를 다루기를 거북하게 느낄 것이다. 이러한 방정식은 다음과 같이 등식의 성질을 구사하여 자연스럽게 변형하여 다룰 수 있을 것이다. 양변에서 $3x$를 뺀다. $15-3x=0$. 양변에서 15를 뺀다. $-3x=-15$. 양변을 -3으로 나눈다. $x=5$. 방정식에서 해가 존재하지 않거나 모든 수가 해인 특별한 경우도 다루어야 한다. 예를 들어 방정식 $2x+1=2x-3$은 해가 없으며, $2(x+3)=2x+6$은 모든 수가 해인 항등식이다. 여기에서 '이 방정식이 성립하는 적절한 수 x를 찾아보아라.', '어떤 x에 대해서 이 방정식이 성립하느냐?'와 같은 질문을 통해 해를 구할 수 있도록 해야 한다. 그리고 주어진 수 영역에서 뺄셈과 나눗셈, 거듭제곱근 구하기가 항상 가능하지는 않으므로 풀 수 없는 방정식이 존재한다는 통찰이 중요하다. 이러한 문제는 수의 확장과 관련되어 거듭 제기되므로 명확히 의식시켜야 한다.

방정식을 이용한 문제해결에서 어려움은 방정식 세우기에 있다는 것은 교수 경험이 말해 준다. 방정식으로의 번역에서 먼저 문제의 내용에 대한 도식화를 통해 개관을 얻는 것이 도움이 된다. Descartes의 사고 규칙에 덧붙여 주목할 만한 것이 Polya의 발견술 가운데 포함된 '그림을 그려보아라.'라는 전략이다. 방정식을 이용하여 문제를 풀 때에도 일반적으로 문제를 해결하고자 할 때와 마찬가지로 문제에 대한 명확한 이해, 해결 계획의 구상, 계획의 실행, 반성의 과정을 거치는 습관을 들이도록 해야 할 것이다. 그리고, 되도록 그림을 그리고 기호를 붙여 생각하는 습관을 들이는 것이 좋다. 그림은 계열적으로 진행되는 추론 과정에 공간적인 직관을 보태줌으로써, 주어진 것과 미지인 것, 조건과 결론 사이의 연결을 용이하게 해주기 때문이다. 이를테면, '어떤 사람이 12km의 거리를 가는데 처음에는 4km로 걷다가 중간에 오르막길이 되어 시속 2km로 걸어 모두 5시간이 걸렸다고 한다. 오르막이 되기 전까지의 거리와 오르막길의 거리를 구하여라.'라는 문제를 풀기 위해 오르막이 되기 전까지의 거리를 구했다고 보고 $x$km라고 하고 문제를 그림으로 나타내면 오른쪽과 같다. (시간)$=\frac{\text{거리}}{\text{속력}}$이므로, 걸린 전체 시간은 $\frac{x}{4}+\frac{(12-x)}{2}$시간과 5시간, 두 가지로 나타내어지므로 방정식 $\frac{x}{4}+\frac{(12-x)}{2}=5$를 얻는다. 이 방정식을 풀면 $x=2$이다. 따라서, 오르막이 되기 전까지의 거리는 2km이고 오르막길의 거리는 10km이다.

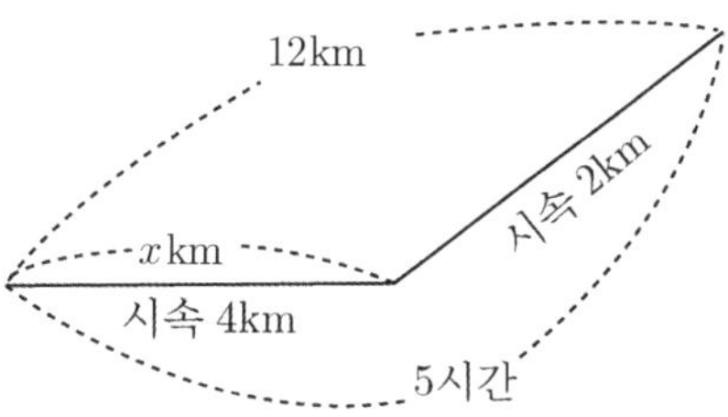

중학교 단계에 들어와서 방정식을 세워서 문제를 해결하는 전략이 두드러지게 나타나고 있다. 이는 문제가 복잡하고 일반화되어 갈수록 방정식을 이용하여 해결하는 전략이 좀 더 효과적인 문제해결 수단임을 체득하게 하는 것이 중요함을 뜻하며 방정식의 가치와 위력을 인식시킨다는 중요한 교육적 의의를 내포하고 있다.(임재훈·이대현, 266-284쪽) 방정식을 이용하여 다음 문제를 풀어 보자.

'연못에 펌프 2대가 설치되어 있다. 첫째 펌프는 물을 연못에 퍼 올리고 둘째 펌프는 같은 양의 물을 연못에서 퍼내는 데 h시간이 더 걸린다. 두 펌프가 함께 가동하면 연못은 a시간 동안에 채워진다. 첫째 펌프로 연못을 채우려면 얼마나 걸리겠는가?' 이 문제를 풀려면 첫째 펌프로 연못에 물을 가득 채우는 데 필요한 미지인 시간 수를 구했다고 보고 x라고 놓고 방정식을 세운다. 방정식을 세우려면 조건에 따라 같은 양을 두 가지로 나타내도록 해야 한다. 연못에 들어갈 수 있는 물 전체의 양을 g라고 하면, 첫째 펌프로 물이 퍼올려지는 비율은 시간당 $\frac{g}{x}$이고 a시간 동안에 퍼올리는 양은 $\frac{g}{x}a$이다. 그리고 둘째 펌프로 물을 퍼내는 비율은 시간당 $\frac{g}{x+h}$이고 a시간 동안에 퍼내는 양은 $\frac{g}{x+h}a$이다. 두 펌프가 동시에 가동하면 a시간 동안에 연못에 물이 가득 차므로 연못의 물의 양은 다음과 같이 두 가지로 나타내어진다.

$$\frac{g}{x}a - \frac{g}{x+h}a = g$$

이 방정식을 정리하면

$$\frac{a}{x} - \frac{a}{x+h} = 1$$

x가 위의 방정식을 만족한다는 것은 해인 x가 존재하기 위한 필요조건이다. 다시 말하면 오직 이 방정식의 근인 미지인 값만이 문제의 해답이 될 수 있다. 그러나 x가 위의 방정식을 만족한다는 것이 문제의 해가 되기 위한 충분조건은 아니다. 따라서 위의 방정식을 푼 후에 그 근 가운데 어떤 것이 문제의 해답이 될 수도 있고 어떤 근도 해답이 될 수 없을 수도 있다는 것, 따라서 문제는 해를 갖지 않을 수도 있다는 것을 납득해야 한다. 우리가 그 존재성을 가정한 미지인 값 x에 대해 주의 깊게 생각해 보면 x는 또 하나의 관계

$$0 < x < a$$

를 만족함을 쉽게 알 수 있으며 이는 문제의 해가 될 x가 존재하기 위한 또 하나의 필요조건이다. 그런데 $x > 0$이면 위의 방정식에서 $\frac{a}{x} = \frac{a}{x+h} + 1$이므로 $\frac{a}{x} > 1$, 곧 $a > x$이다. 따라서 문제의 해가 될 미지인 양 x의 값이 하나 존재하기 위한 필요조건은

$$\frac{a}{x} - \frac{a}{x+h} = 1, \ x > 0$$

이다. 그런데 필요조건인 위의 방정식을 풀면 그와 동치인 방정식

$$x = \frac{\sqrt{h^2 + 4ah} - h}{2}$$

를 얻는다. 이상의 과정이 위의 문제의 풀이를 발견하기 위한 분석이다. 이상의 분석과정을 음미해 보면, 이 조건, 곧 x가 $\frac{\sqrt{h^2 + 4ah} - h}{2}$인 값을 갖는 조건은 동시에 문제의 해가 되기 위한 충분조건이기도 하다. 따라서 이 x의 값은 구하는 문제의 해가 된다. 이 과정은 문제풀이의 종합 과정이다.

중학교 수학에서 방정식 지도는 이차방정식이 중심을 이룬다. 실수 범위에서 이차방정식의 풀이 전략에 두 가지 대등관계를 이용하는 접근이 존재한다.(Vollrath, S. 231-233) "$ab = 0$은 '$a = 0$ 또는 $b = 0$'과 대등하다." '$a^2 = b$는 양변의 제곱근을 취하여 $|a| = \sqrt{b}$, 곧 $a = \pm\sqrt{b}$와 대등하다.' 예를 들면

$$x^2-2x-3=0$$
$$(x+1)(x-3)=0$$
$$x+1=0 \quad \text{또는 } x-3=0$$
$$x=-1 \ \text{ 또는 } x=3$$

$$x^2-2x-3=0$$
$$x^2-2x+1=4$$
$$(x-1)^2=4$$
$$x-1=\pm 2$$
$$x=3 \ \text{ 또는 } x=-1$$

$a^2=b$는 $a^2-(\sqrt{b})^2=0$, 곧 $(a+\sqrt{b})(a-\sqrt{b})=0$과 대등하므로 후자는 전자로 환원된다. 해를 형식적으로 이끌어내기 위하여 이차방정식의 근의 공식을 구한다. 먼저 완전평방의 원리를 몇 가지 예로써 경험한 후에 근의 공식을 유도하는 데 양변의 제곱근을 취하는 접근을 택한다.

$$ax^2+bx+c=0, \qquad x^2+\frac{b}{a}x=-\frac{c}{a}$$

$$x^2+\frac{b}{a}x+(\frac{b}{2a})^2=-\frac{c}{a}+(\frac{b}{2a})^2, \qquad (x+\frac{b}{2a})^2=\frac{b^2-4ac}{4a^2}$$

$$x+\frac{b}{2a}=\pm\frac{\sqrt{b^2-4ac}}{2a}, \qquad \therefore\ x=\frac{-b\pm\sqrt{b^2-4ac}}{2a}$$

일반적으로 이차방정식의 풀이는 인수분해나 완전제곱식을 이용하여 구하는 근의 공식에 의해서 완전히 풀리는데 인수분해를 이용한 해법의 바탕이 되는 것이 실수의 성질 '$ab=0$이면 $a=0$ 또는 $b=0$'이다. 여기에서 '또는'은 '$a=0$이고 $b=0$'인 경우를 포함하므로 포괄적 선언 (inclusive or, $\veebar$)이다. 일반적으로 인수분해를 이용한 이차방정식의 풀이과정에서 등장하는 $(x-a)(x-b)=0$은 포괄적 선언 '$x-a=0$ 또는 $x-b=0$'와 동치이며, 여기에서 '$x-a=0$이고 $x-b=0$'인 경우는 중근인 경우 곧 $a=b$인 경우이다. 그러나 구체적인 방정식의 풀이 과정, 이를테면

$$(x-1)(x+2)=0 \iff x-1=0 \text{ 또는 } x+2=0$$

에서 '또는'은 '$x-1=0$이고 $x+2=0$', 곧 '$x=1=-2$'인 경우는 배제되므로 배타적 선언(exclusive or, $\vee$)임에 유의해야 한다.

함수는 학교수학의 거의 모든 분야에 스며들어 수학적 사고를 규정해 주는 강력한 통합개념의 하나이다. 그러나 대수적 성질을 함수의 성질로 번역하는 데 특별한 어려움이 있다. 방정식에서 함수적 고찰은 그래프 표현을 이용한 논증에 이를 수 있다. 여기에서 대수적 문제의 정해진 표현을 매우 낯설게 처리하게 되지만 함수적 고찰은 대수적 처리보다 명백히 더 직관적이다. 이차방정식은 이차함수의 영점에 대한 문제, 곧 이차함수의 그래프인 포물선의 x축과의 교점의 문제에서 생긴다. 이차함수의 그래프인 포물선에 대한 고찰에서 이차방정식 $ax^2+bx+c=0$의 해집합에 대해 다음과 같은 가능성이 존재한다는 것이 명백하다. 곧, 포물선이 x축과 '만나는 점이 없거나 1점에서 만나거나 2점에서 만나는' 가능성이 존재하므로 이차방정식은 실수의 범위에서 근이 없거나 중근을 갖거나 2개의 서로 다른 근을 갖는다.

분수방정식이나 무리방정식, 삼각방정식, 지수방정식과 로그방정식 등도 결국 다항방정식의 풀이에 귀착된다. 방정식의 풀이 과정에서 행해지는 방정식의 변형으로 오류를 범하기 쉽다. 여기에서 주의해야 할 점이 분수방정식과 무리방정식의 풀이 과정에서 나오는 무연근(無緣根, extraneous root)이다. 먼저 다음과 같은 분수방정식의 풀이를 살펴보자.

$$\frac{2}{x^2-1}-\frac{1}{x-1}-1=0, \qquad \frac{2}{x^2-1}-\frac{x+1}{x^2-1}-\frac{x^2-1}{x^2-1}=0$$

$$\frac{2-(x+1)-(x^2-1)}{x^2-1}=0, \qquad \frac{-x^2-x+2}{x^2-1}=0$$

분수는 분자가 0이고 분모가 0이 아닐 때 그때에 한하여 0이다. 따라서

$$x^2+x-2=0,\quad x^2-1\neq 0$$
$$(x+2)(x-1)=0,\quad x^2-1\neq 0$$
$$x=-2 \text{ 또는 } x=1,\ x\neq \pm 1$$

따라서 $x=1$은 해가 아니며, $x=-2$만이 주어진 분수방정식의 해이다.

그런데 흔히 분수방정식은 분모의 최소공배수를 양변에 곱하여 정방정식으로 변형하여 푼다. 위의 분수방정식에서 양변의 분모의 최소공배수 x^2-1을 양변에 곱하여 정리하면 정방정식 $x^2+x-2=0$을 얻는다. 이 정방정식을 풀면 $x=-2$ 또는 $x=1$이다. 그런데 $x=1$은 주어진 분수방정식의 분모를 0이 되게 하므로, 곧 무연근이므로 해가 될 수 없고 따라서 구하는 해는 $x=-2$이다. 이렇게 분수방정식을 다항방정식으로 고쳐서 풀 때 무연근이 생기는 이유는 그러한 변형이 동치변형이 아니고 무연근이 첨가되는 '획득 변형'이기 때문이다.

일반적으로 분수방정식

$$A(x)=B(x) \quad \cdots\cdots\cdots\cdots ①$$

의 양변에 분모의 최소공배수 $L(x)$를 곱하면

$$L(x)A(x)=L(x)B(x) \quad \cdots\cdots\cdots\cdots ②$$

인 다항방정식을 얻는다. 이 방정식을 정리하여 인수분해하면

$$L(x)\{A(x)-B(x)\}=0 \iff L(x)=0 \text{ 또는 } A(x)=B(x)$$

이므로 원래의 방정식 ①의 근은 모두 방정식 ②의 근이지만, ②의 근 중에는 ①의 근이 아닌 $L(x)=0$의 근이 포함될 수 있다. 그러한 $L(x)$의 근은 ①에 포함된 분수식의 분모를 0이 되게 하므로 원래의 분수방정식 ①의 무연근이다.

분수방정식의 풀이에서 무연근이 생기는 이유를 다른 측면에서 살펴보자. 방정식의 근은 주어진 방정식이 참이 되기 위한 필요충분조건이다. 분수방정식을 푸는 경우 우선 방정식 ①을 풀린 것으로 가정하고 등식으로 본다. 그리고 등식의 성질을 적용하여 방정식을 변형하여 필요조건인 방정식 ②를 얻는다. 다항방정식인 방정식 ②의 근은 원래의 분수방정식 ①의 필요조건이나 반드시 충분조건은 아니다. 따라서 원래의 방정식에 대입하여 충분조건이기도 한 근만을 택하여야 한다. 무연근이란 필요조건을 찾아가는 이러한 방정식의 변형과정에서 생겨난 것이며, 원래의 분수방정식이 만족되기 위한 필요조건 가운데 충분조건이 아닌 것이다.

무리방정식도 적당히 이항하고 양변을 제곱하여 정방정식으로 고쳐서 푸는데 이 역시 동치변형이 아니고 '획득 변형'이므로 무연근이 생기는데 이는 다음 예에서 명백할 것이다.

$$\sqrt{x+7}=x+1$$

양변을 제곱하면

$$x+7=(x+1)^2$$

$$x^2+x-6=0$$

$$(x-2)(x+3)=0$$

$$x=2 \text{ 또는 } x=-3$$

이 x의 값을 처음 방정식에 대입해 보면 좌변과 우변의 값은 각각 다음과 같다.

$$\sqrt{2+7} = \sqrt{9} = 3, \quad 2+1=3$$

$$\sqrt{-3+7} = \sqrt{4} = 2, \quad -3+1 = -2$$

따라서 $x=-3$은 무연근이고 $x=2$만이 주어진 무리방정식의 근이다.

방정식의 양변을 제곱하는 것은 동치변형이 아니라는 것을 방정식 $x=2$에서 쉽게 알 수 있다. $x=2$는 해집합이 $\{2\}$이나, $x^2=4$는 해집합이 $\{2,-2\}$이다. 무리방정식을 다항방정식으로 고쳐서 풀 때, 무연근이 생기는 이유를 알아보자. 무리방정식

$$A(x) = B(x) \quad \cdots\cdots\cdots\cdots ①$$

의 양변을 제곱하면

$$\{A(x)\}^2 = \{B(x)\}^2 \quad \cdots\cdots\cdots\cdots ②$$

인 다항방정식을 얻는다. 좌변을 우변으로 이항하여 인수분해하면

$$\{A(x)+B(x)\}\{A(x)-B(x)\}=0$$

$$\Leftrightarrow A(x)=B(x) \text{ 또는 } A(x)=-B(x)$$

이므로 원래의 무리방정식 ①의 근은 모두 다항방정식 ②의 근이지만 ②의 근 가운데에는 ①의 근이 아닌 $A(x)=-B(x)$의 근이 포함될 수 있다. 이 근이 무리방정식 ①의 무연근이다.

이를 함수적으로 생각하여 볼 수도 있다. 이를테면 무리방정식 $\sqrt{x-1}+3=x$의 근은 두 함수 $y=\sqrt{x-1}$, $y=x-3$의 교점의 x좌표 5이다. 그런데 주어진 무리방정식을 다항방정식 $x-1=(x-3)^2$으로 변형하여 푸는 가운데 $-\sqrt{x-1}=x-3$의 근 $x=2$가 포함되게 된다. 다음 그림에서 점선으로 나타낸 곡선 $y=-\sqrt{x-1}$과 직선 $y=x-3$의 교점의 x좌표 2가 주어진 무리방정식의 무연근이다.

방정식의 근은 주어진 방정식의 필요충분조건이다. 분수방정식의 경우와 마찬가지로 무리방정식의 무연근도 필요조건을 찾아가는 방정식의 변형과정에서 생겨난 것이며, 원래의 무리방정식이 만족되기 위한 필요조건 가운데 충분조건이 아닌 것이다.

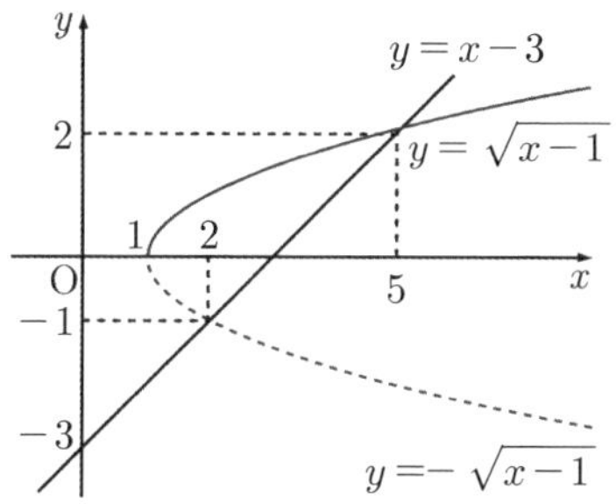

5차 이상의 고차방정식은 일반적으로 사칙연산과 거듭제곱근에 의해 풀리지 않는다는 것이 Abel과 Galois에 의해 증명되었으므로 고차 방정식의 풀이는 특별한 경우에 한정하게 된다. 학교수학에서는 흔히 이차방정식의 일반적인 풀이, 곧 근의 공식을 다루고 고차 방정식은 특별한 경우만 다루거나 근사해법을 다룬다. 쉽게 다룰 수 있는 컴퓨터 프로그램에 의해 거의 모든 방정식을 원하는 방식으로 풀 수 있게 되었으므로 방정식의 풀이는 오늘날 실제적으로 더 이상 아무런 문제도 되지 않는다. 하지만, 방정식 풀이의 기본적인 개념적 이해와 기본 기능의 숙달을 목적으로 하는 방정식의 지도는 방정식이 문제를 해결하는 강력한 방법이면서 다른 영역과 불가분의 관련성을 가지므로 여전히 그 중요성을 인정해야 한다.

6. 부등식

중등학교 수학에서 부등식은 등식에 비해 부차적인 위치에 있다. Lietzmann(Band II, S. 76)에 따르면 20세기 초의 독일 수학교육에서는 특히 일차부등식의 취급이 없었으며 이는 독일 학교교육에서 발견되는 하나의 결함이라고 볼 수 있는 것이다. 수학의 모든 분야에서 부등식은 중요하며 등식보다 더 중요할 때도 있다. 수학의 많은 기본적인 연구 결과는 흔히 등식이 아닌 부등식이다.(Beckenbach & Bellman, p. 3) 이는 이를테면 미분이론에서 매우 중요한 기본적인 정리라고 할 수 있는 평균값의 정리에서 잘 드러난다. 흔히 평균값의 정리는 '함수 $f(x)$가 $[a,b]$에서 연속이고 (a,b)에서 미분가능할 때 $\frac{f(b)-f(a)}{b-a}=f'(c)$ $(a<c<b)$인 c가 적어도 하나 존재한다.'와 같은 등식 형태로 제시되며 Weierstrass의 최대·최소 정리를 바탕으로 한 Rolle의 정리로부터 유도된다. 그런데 현대 해석학의 기초는 극한 개념을 바탕으로 엄밀하게 전개된 Cauchy의 미분이론이며 거기에서 미분의 산술적 정의에 가까운 가장 핵심적 정리가 평균값 부등식 $\min_{[a,b]}f'(x) \le \frac{f(b)-f(a)}{b-a} \le \max_{[a,b]}f'(x)$이다. 등식 형태의 평균값 정리는 평균값 부등식에서 $f'(x)$의 연속성을 가정하여 중간값 정리를 적용한 결과이며, Cauchy의 미분이론의 핵심은 오늘날 프랑스 수학교과서에서 '유한증가정리'라고 부르는 이러한 평균값 부등식이다.

현대 해석학의 기초를 다루면서 Dieudonné(1960, p. 142)는 평균값의 정리는 해석학의 가장 유용한 정리라고 하면서 등식 형태의 "평균값의 정리는 c가 a와 b 사이에 있다는 것 이외에는 수 c에 대해 아무것도 알려진 것이 없다는 사실을 완전히 숨기고 있으며, 대부분의 목적을 위해 알 필요가 있는 것은 $f'(c)$가 (실제로 f'의 한 값이라는 사실이 아니라) 구간 $[a, b]$에서 f'의 $g.l.b.$와 $l.u.b.$ 사이에 있는 한 수라는 것이다. 다시 말하면, 평균값 정리의 진정한 본질은 그것을 등식이 아니라 부등식으로 씀으로써 드러난다."라고 기술하고 있다.

Leibniz(1969, p. 351)는 '연속성의 법칙'을 자연의 '일반적 질서의 원리'라고 보고 과학과 수학의 매우 효과적인 발견술로 간주하면서 다음과 같이 기술하고 있다. "점진적으로 감소하는 운동은 정지하면 마침내 사라지며, 점진적으로 축소되는 부등관계는 정확한 상등관계로 옮겨간다. 그 때문에 정지는 무한히 작은 운동으로 즉 무한한 느림으로 간주될 수 있고 상등관계는 무한히 작은 부등관계로 간주될 수 있다. 이러한 해석이 옳다면 일반적으로 운동에 대해서 혹은 일반적으로 부등관계에 대해서 논증된 것은 무엇이든지 이러한 이유로 또한 정지나 상등관계에 대해서도 입증될 수 있음에 틀림없다. 그러므로 정지나 상등관계에 대한 규칙은 어떤 의미에서 운동이나 부등관계에 대한 규칙의 특별한 경우로 간주될 수 있다. 만약 이것이 이루어질 수 없다면 제안된 규칙은 모순되거나 잘못 생각된 것이 확실하다."(*ibid.*, p. 398)

부등식은 부등호를 사용하여 나타낸 수 또는 식의 대소 관계에 관한 식으로 부등식을 풀고 절대부등식을 증명하는 바탕은 실수의 대소 관계와 그 성질이다. 다음에는 실수의 대소 관계의 정의와 그 성질을 간단히 정리해 보고 학교수학에서 다루어질 수 있는 중요한 절대부등식에 대하여 살펴보기로 한다.

1) 실수의 대소 관계

실수의 대소 관계는 다음과 같은 기하학적 규칙에 의해 규정된다. '두 실수 a, b에 대하여 오른쪽으로 향한 수평인 수직선 위에서 a를 나타내는 점이 b를 나타내는 점의 오른쪽에 놓여 있을 때 그때에 한하여 $a > b$이다.' 이러한 기하학적 규칙은 양수(陽數)라는 기본적인 관념을 사용한 다음과 같은 대수적 규칙과 대등하다. '두 실수 a, b에 대하여 $a-b$가 양수일 때 그때에 한하여 $a > b$이다.' 결국 실수의 대소 관계에 대한 모든 성질은 양수와 그 성질로부터 이끌어내어질 수 있다. 실수의 대소 관계를 규정하는 양수 관념은 다음과 같은 두 가지 기본 공리에 의해 규정된다. 부등식을 다룰 때 사용되는 기본적인 가정은 이러한 두 가지 공리와 실수체계의 법칙이며, 이로부터 유도된 정리를 도구로 사용한다.

공리 I. '임의의 실수 a는 0이거나 양수이거나 $-a$가 양수이다.'[15]
공리 II. 'a, b가 양수이면 $a+b$, ab도 양수이다.'

공리 I은 다음과 동치이다.

• '임의의 두 실수 a, b에 대하여 $a=b$이거나 $a>b$이거나 $b>a$이다.'

왜냐하면 임의의 두 실수 a, b에 대하여 $a-b=a+(-b)$는 실수이므로 공리 I에 의해 $a-b=0$ 곧 $a=b$이거나, $a-b$가 양수 곧 $a>b$이거나, $-(a-b)=b-a$가 양수 곧 $b>a$이며, 여기에서 $b=0$이면 다음이 성립하기 때문이다. '임의의 실수 a에 대해서 $a=0$이거나 $a>0$이거나

---

15 삼분법(law of trichotomy).

$a < 0$이다.'

그리고 양수와 음수의 곱에 대해 다음과 같은 성질이 성립한다.

• '양수 a와 음수 b의 곱 ab는 음수이다.'

왜냐하면 a와 $-b$는 양수이므로 $a(-b)$는 양수이며 따라서 $-[a(-b)] = -[-(ab)] = ab$는 음수이기 때문이다.

• '두 음수 a, b의 곱 ab는 양수이다.'

왜냐하면 $-a, -b$는 양수이므로 $(-a)(-b) = ab$는 양수이기 때문이다.

공리 II와 위의 성질로부터 다음 성질이 성립한다.

• '임의의 실수 a에 대해서 $a^2 \geq 0$. 여기에서 등식은 $a = 0$일 때 그때에 한해서 성립한다.'

$1 = 1^2 \geq 0, 1 \neq 0$이므로 1은 양수이다. $2 = 1 + 1$이며 양수와 양수의 합은 양수이므로 2는 양수이다. 1이 양수이고 임의의 자연수 k에 대하여 k가 양수이면 $k+1$도 양수이므로 수학적 귀납법에 의해 모든 자연수 n은 양수이다. $2 \cdot \frac{1}{2} = 1$이므로 $\frac{1}{2}$이 음수라면 $2 \cdot \frac{1}{2}$이 음수가 되어 모순이 되므로 $\frac{1}{2}$은 양수이다. 마찬가지로 생각하면 n이 자연수이면 $\frac{1}{n}$은 양수이다. $m \cdot \frac{1}{n} = \frac{m}{n}$이므로 m, n이 자연수이면 $\frac{m}{n}$은 양수이다.

2) 실수의 대소 관계의 성질

• $a<b, b<c$이면 $a<c$이다.[16]

왜냐하면 $b-a, c-b$는 양수이므로 $(b-a)+(c-b)=c-a$는 양수이며 따라서 $a<c$이기 때문이다.

• $a<b$이면 임의의 실수 c에 대해서 $a+c<b+c$이다.

왜냐하면 $b-a$는 양수이므로 $(b+c)-(a+c)=b-a$는 양수이며 따라서 $a+c<b+c$이기 때문이다.

• $a<b, c<d$이면 $a+c<b+d$이다.

왜냐하면 $b-a, d-c$는 양수이므로 $(b-a)+(d-c)=(b+d)-(a+c)$는 양수이며 따라서 $a+c<b+d$이기 때문이다.

• $a<b, c>0$이면 $ac<bc$이다. 그리고 $a<b, c<0$이면 $ac>bc$이다.

왜냐하면 $a<b, c>0$이면 $b-a, c$가 양수이므로 $c(b-a)=bc-ac$는 양수이며 따라서 $ac<bc$이고, $a<b, c<0$이면 $c(b-a)$는 음수이며 따라서 $-[c(b-a)]=ca-cb$는 양수이므로 $ac>bc$이기 때문이다.

• $a>0$이면 $\frac{1}{a}>0$이고 $a<0$이면 $\frac{1}{a}<0$이다.

왜냐하면 $a>0$라고 하면 $a\neq 0$이고 $\frac{1}{a}\neq 0$이며, $\frac{1}{a}<0$라고 하면 $1=a\times\frac{1}{a}<0$이므로 모순이며, 따라서 $\frac{1}{a}>0$이고, 마찬가지 방법으로

16 추이성(transitive law).

$a<0$이면 $\frac{1}{a}<0$가 되어야 하기 때문이다.

• $a<b, c<d$이면 $c-b<d-a$이다. 그리고 $a<b$이면 임의의 실수 c에 대하여 $a-c<b-c$이다.

왜냐하면 $a<b$이면 $-b<-a$이므로 $c+(-b)<d+(-a)$, 곧 $c-b<d-a$이고, $a<b$이면 $(b-c)-(a-c)=b-c-a+c=b-a$이며 $b-a$는 양수이므로 $a-c<b-c$이기 때문이다.

• $0<b<a, 0<d<c$이면 $bd<ac$이고 $\frac{b}{c}<\frac{a}{d}$이다. 그리고 $0<d<c$이면 $\frac{1}{c}<\frac{1}{d}$이다.

왜냐하면 부등식과 양수의 곱에 대한 규칙에서 $bd<ad$, $ad<ac$이므로 $bd<ac$이고, $\frac{a}{d}-\frac{b}{c}=\frac{ac-bd}{cd}$이며 cd는 양수이고 $ac>bd$이므로 $ac-bd$는 양수이며 $cd(\frac{ac-bd}{cd})=ac-bd$이므로 $\frac{ac-bd}{cd}=\frac{a}{d}-\frac{b}{c}$는 양수이기 때문에 $\frac{b}{c}<\frac{a}{d}$이기 때문이다. 그리고 cd, $c-d$는 양수이고 $cd(\frac{c-d}{cd})=c-d$이므로 $\frac{c-d}{cd}=\frac{1}{d}-\frac{1}{c}$은 양수이기 때문에 $\frac{1}{c}<\frac{1}{d}$이다.

3) 절대부등식

• 임의의 실수 a, b에 대해서 $|a|+|b| \geq |a+b|$.

여기에서 등식은 $ab \geq 0$일 때 그때에 한해서 성립한다.

주어진 부등식은 다음 각 부등식과 동치이다.

$$\sqrt{a^2}+\sqrt{b^2} \geq \sqrt{(a+b)^2}, \qquad (\sqrt{a^2}+\sqrt{b^2})^2 \geq (a+b)^2$$

$$a^2+2\sqrt{a^2b^2}+b^2 \geq a^2+2ab+b^2, \qquad \sqrt{a^2b^2} \geq ab$$

여기에서 $\sqrt{a^2b^2}=\sqrt{(ab)^2}=|ab|$이므로 $|ab| \geq ab$이다. 그런데 모든 실수는 그 절댓값보다 작거나 같으므로 이는 타당하며, 등식은 $ab \geq 0$일 때 그때에 한해서 성립한다.

- $\dfrac{a+b}{2} \geq \sqrt{ab} \geq \dfrac{2ab}{a+b}$ (산술평균, 기하평균, 조화평균의 관계)

  여기서 등식은 $a=b$일 때 그때에 한해서 성립한다.

임의의 음이 아닌 실수 a, b에 대해서 $\dfrac{a+b}{2} \geq \sqrt{ab}$이며, 이는 기하학적으로 다음과 같이 증명된다.

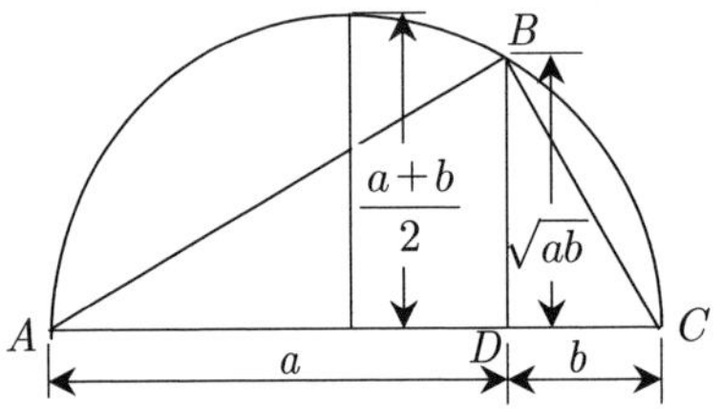

왼쪽의 그림과 같이 $AD=a$, $DC=b$일 때 지름이 $AC=a+b$인 반원을 그리고 점 D에서 $\overline{AC}$에 수선을 그어 반원과의 교점을 B라고 할 때, $\triangle ABD \sim \triangle BCD$이므로 $a : BD = BD : b$, 따라서 $BD=\sqrt{ab}$이며 이는 반지름의 길이 $\dfrac{a+b}{2}$보다 클 수 없다. 따라서 주어진 부등식이 성립한다. 이는 대수적으로 다음과 같이 증명된다.

$$(a-b)^2 \geq 0, \quad a^2+b^2 \geq 2ab, \quad a^2+2ab+b^2 \geq 4ab,$$

$$(a+b)^2 \geq 4ab \qquad \therefore \frac{a+b}{2} \geq \sqrt{ab}$$

여기에서 등식은 $a=b$일 때 그때에 한해서 성립한다.

일반적으로 음이 아닌 실수 $a_1, a_2, \cdots, a_n$에 대하여

$$\frac{a_1+a_2+\ \cdots\ +a_n}{n} \geq \sqrt[n]{a_1 a_2 \cdots\ a_n}$$

이 정리는 부등식 이론의 기본적인 정리로 여러 가지 정리의 근거가 되며 수학적 귀납법을 사용하여 증명할 수 있다.

양수 a, b의 조화평균 c는 $\frac{2}{c}=\frac{1}{a}+\frac{1}{b}$에 의해 정해지며, 따라서 $c=\frac{2}{\frac{1}{a}+\frac{1}{b}}=\frac{2ab}{a+b}$이다. 두 양수 a, b에 대해서 $\sqrt{ab} \geq \frac{2ab}{a+b}$이다.

이는 다음과 같이 증명된다. 주어진 부등식은 다음 각 부등식과 동치이다.

$$ab \geq \frac{4a^2b^2}{a^2+2ab+b^2}, \frac{ab(a^2+2ab+b^2)-4a^2b^2}{a^2+2ab+b^2} \geq 0, ab(a-b)^2 \geq 0$$

이는 두 양수 a, b에 대해서 항상 참이다. 따라서 주어진 부등식은 참이다. 여기에서 등식은 $a=b$일 때 그때에 한해서 성립한다.

- Cauchy-Schwarz부등식

임의의 실수 a, b, c, d에 대하여, $(a^2+b^2)(c^2+d^2) \geq (ac+bd)^2$

여기서 등식은 $bc-ad=0$일 때 그때에 한해서 성립한다.

임의의 실수 a, b, c, d에 대하여

$$(a^2+b^2)(c^2+d^2)=(ac+bd)^2+(bc-ad)^2$$
$$(=a^2c^2+b^2d^2+a^2d^2+b^2c^2)$$

이며 $(bc-ad)^2$은 음수가 아니므로 주어진 부등식은 참이다. 여기서 등식은 $bc-ad=0$일 때 그때에 한해서 성립한다. 이 조건은 $c \neq 0, d \neq 0$이면 (a,b)와 (c,d)가 비례하는 경우, 곧 $\frac{a}{c}=\frac{b}{d}$인 경우이다.

Cauchy-Schwarz부등식의 기하학적 의미를 알아보자. 다음 그림의 삼각형 OPQ에서 $OP=(a^2+b^2)^{\frac{1}{2}}$, $OQ=(c^2+d^2)^{\frac{1}{2}}$, $PQ=[(a-c)^2+(b-d)^2]^{\frac{1}{2}}$이며 코사인 법칙에 따라서

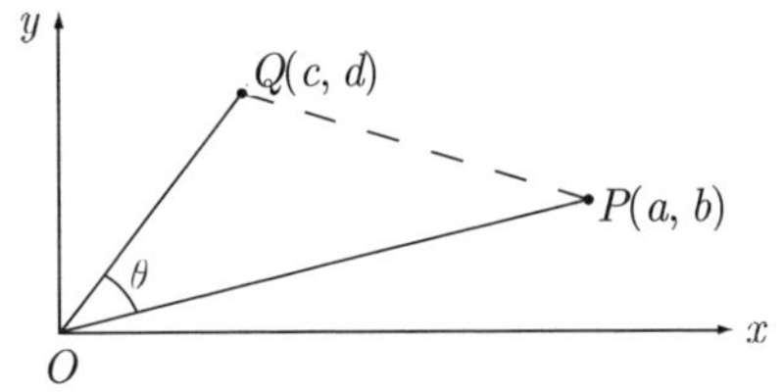

$$(PQ)^2=(OP)^2+(OQ)^2-2(OP)(OQ)\cos\theta$$

따라서

$$\cos\theta=\frac{ac+bd}{(a^2+b^2)^{\frac{1}{2}}(c^2+d^2)^{\frac{1}{2}}}$$

이다. 여기서 $0 \leq \cos^2\theta \leq 1$이므로

$$(a^2+b^2)(c^2+d^2) \geq (ac+bd)^2$$

이다. 여기서 등식은 $\cos^2\theta=1$, 곧 점 O, P, Q가 같은 직선 위에 있을 때, 따라서 기울기가 같을 때, 다시 말하면 $c=d=0$가 아니면 $\frac{a}{c}=\frac{b}{d}$일 때 그때에 한해서 성립한다.

일반적으로 임의의 실수 $a_i, b_i\ (i=1,2,\cdots,n)$에 대해서 다음과 같은 부등식이 성립한다.

$$(a_1^2+a_2^2+\cdots+a_n^2)(b_1^2+b_2^2+\cdots+b_n^2) \ge (a_1b_1+a_2b_2+\cdots+a_nb_n)^2$$

• 삼각형 부등식

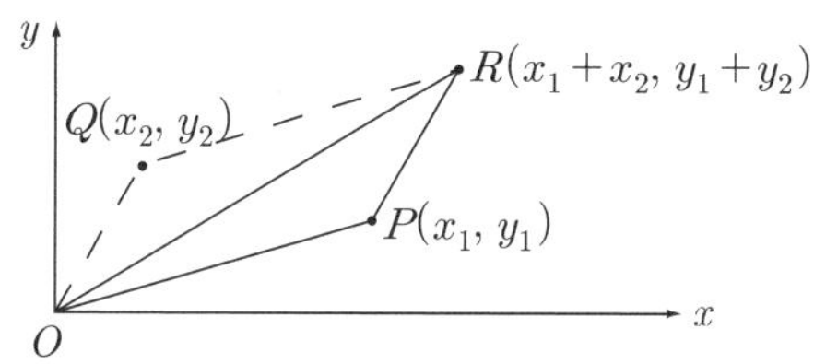

삼각형의 두 변의 길이의 합은 나머지 한 변의 길이보다 크거나 같다. 오른쪽 그림에서 $OP+PR \ge OR$이며 이는 다음과 같은 대수적인 삼각형 부등식과 동치이다.

$$\sqrt{x_1^2+y_1^2}+\sqrt{x_2^2+y_2^2} \ge \sqrt{(x_1+x_2)^2+(y_1+y_2)^2}$$

위의 부등식은 다음 각 부등식과 동치이다.

$$x_1^2+y_1^2+x_2^2+y_2^2+2\sqrt{x_1^2+y_1^2}\sqrt{x_2^2+y_2^2} \ge (x_1+x_2)^2+(y_1+y_2)^2$$

$$\sqrt{x_1^2+y_1^2}\sqrt{x_2^2+y_2^2} \ge x_1x_2+y_1y_2$$

그런데 이는 Cauchy부등식 $(x_1^2+y_1^2)(x_2^2+y_2^2) \ge (x_1x_2+y_1y_2)^2$의 간단한 결과이므로 삼각형 부등식은 성립한다. 여기서 등식은 음이 아닌 비례상수 k에 대해서 $x_1 = kx_2, y_1 = ky_2$일 때, 세 점 O, P, Q가 동일 직선 위에 있고 P, Q가 O의 같은 쪽에 있을 때 그때에 한하여 성립한다.

일반적으로 임의의 실수 $x_i,\, y_i(i=1,2,\cdots,n)$에 대해서 삼각형 부등식이 성립한다. 곧

$$\sqrt{x_1^2+x_2^2+\cdots+x_n^2}+\sqrt{y_1^2+y_2^2+\cdots+y_n^2} \ge$$

$$\sqrt{(x_1+y_1)^2+(x_2+y_2)^2+\cdots+(x_n+y_n)^2}$$

여기에서 등식은 x_i, y_i가 비례하고 비례상수가 양수일 때 그때에 한해서 성립한다.

학교수학에서는 이차함수, 부등식의 영역, 도함수 등을 활용한 최대·최소 문제를 다루고 있다. 위와 같은 절대부등식 가운데에는 흥미로운 최대·최소 문제가 내포되어 있다. 이를테면, 기하평균은 산술평균을 넘지 않는다는 성질 가운데에는 합이 일정한 두 수의 곱의 최댓값을 구하는 문제와 직각을 낀 두 변의 합이 일정할 때 넓이가 최대인 직각삼각형을 구하는 문제가 내포되어 있다. 절대부등식을 이용하여 여러 가지 중요한 최대·최소 문제를 해결할 수 있다.

산술평균과 기하평균에 관한 절대부등식을 이용하여, 둘레의 길이가 일정한 직사각형 가운데 넓이가 최대인 것은 정사각형임을 다음과 같이 증명할 수 있다. 직사각형의 가로와 세로의 길이를 각각 a, b라고 하면 둘레의 길이는 $l=2a+2b$이며 넓이는 $S=ab$이다. 이때 $\frac{l}{2}\ge a\ge 0$, $\frac{l}{2}\ge b\ge 0$이다. 따라서 $\frac{l^2}{4}\ge ab=S$. 그런데 음이 아닌 두 양 a, b에 대해서 $\frac{a+b}{2}\ge\sqrt{ab}$이며, $a+b=\frac{l}{2}$이므로 $\frac{l}{4}\ge\sqrt{ab}$. 따라서 $\frac{l^2}{16}\ge ab=S$. 여기서 등식은 $a=b$일 때 그때에 한해서 성립한다. 곧, 둘레의 길이 l인 직사각형은 한 변의 길이가 $\frac{l}{4}$인 정사각형일 때 넓이가 최대 $\frac{l^2}{16}$이 된다.

그리고 위의 문제와 쌍대인 문제, 곧 넓이가 일정한 직사각형 가운데 둘레의 길이가 최소인 것을 구하는 문제를 생각해 보자. 넓이 $S=ab$를 고정시켰을 때 둘레의 길이 $l=2a+2b$를 최소로 만드는 가로와 세로의 길이 a, b를 알아보자. $\frac{(a+b)^2}{4}\ge ab=S$이므로 $a+b\ge 2\sqrt{S}$. 따라서

$l = 2a + 2b \geq 4\sqrt{S}$. 결국 둘레의 길이의 최솟값은 $a = b = \sqrt{S}$일 때, 곧 정사각형일 때 얻어진다.[17]

그리고 둘레의 길이가 일정한 삼각형 가운데 넓이가 최대인 것은 정삼각형임을 다음과 같이 증명할 수 있다. Heron의 공식에 따르면 세 변의 길이가 a, b, c인 삼각형의 넓이는 $s = \dfrac{a+b+c}{2}$라고 할 때 $\sqrt{s(s-a)(s-b)(s-c)}$이다. 위의 절대부등식에 의하면 음이 아닌 세 실수 $s-a, s-b, s-c$에 대해

$$[(s-a)(s-b)(s-c)]^{\frac{1}{3}} \leq \frac{(s-a)+(s-b)+(s-c)}{3}$$
$$= \frac{3s-(a+b+c)}{3} = \frac{3s-2s}{3} = \frac{s}{3}$$
$$(s-a)(s-b)(s-c) \leq (\frac{s}{3})^3$$

이므로

$$\sqrt{s(s-a)(s-b)(s-c)} = [s(s-a)(s-b)(s-c)]^{\frac{1}{2}}$$
$$\leq [s(\frac{s}{3})^3]^{\frac{1}{2}} = \frac{s^2}{3\sqrt{3}}$$

여기서 등식은 $s-a = s-b = s-c$, 곧 $a = b = c$일 때 그때에 한해서 성립한다. 따라서 둘레의 길이가 일정한 삼각형 가운데 넓이가 가장 큰 것은 정삼각형이다.

17 어떤 문제의 해가 자동적으로 그 쌍대문제(dual problem)의 해를 낳는 것을 쌍대원리(duality principle)라고 한다.

또한 겉넓이가 같은 직육면체 가운데 부피가 가장 큰 것은 정육면체임을 다음과 같이 증명할 수 있다. a, b, c를 각각 직육면체의 가로, 세로, 높이라고 하면 그 부피와 겉넓이는 각각

$$V = abc, \qquad S = 2(ab + bc + ca)$$

이다. S가 고정된다는 것은 ab, bc, ca의 합이 고정됨을 의미한다. 위의 절대부등식을 이용하면

$$(ab \cdot bc \cdot ca)^{\frac{1}{3}} \le \frac{ab + bc + ca}{3}, \quad (V^2)^{\frac{1}{3}} \le \frac{S}{6}$$

따라서

$$V \le \left(\frac{S}{6}\right)^{\frac{3}{2}}$$

여기서 등호는 $ab = bc = ca$일 때 성립하므로, 부피는 $a = b = c$일 때 곧 정육면체일 때 최대가 된다.

광학, 역학, 열역학에서 밝혀진 바에 의하면 자연은 최적으로 운항한다. 빛이나 전파의 궤적, 추나 유성의 운동, 액체와 기체의 유동 등과 같은 자연의 움직임이 모두 최대·최소 원리를 따른다는 사실과 인간은 최선의 것을 추구하는 존재라는 사실은 수학에서 최대·최소 문제를 연구하지 않을 수 없는 주요한 이유가 된다. 앞에서 기술한 절대부등식을 이용하여 중요하고 매력적인 여러 가지 최대·최소 문제를 해결할 수 있다는 것은 시사하는 바가 크다고 생각된다.

최대·최소 문제를 다룬 역사는 매우 오래되었으며 다음과 같은 초등기

하의 문제가 1세기경의 그리스 수학자인 Heron의 저서 가운데에 등장한다고 한다.

'평면 위에서 직선 l의 같은 쪽에 두 점 P, Q가 주어져 있을 때 P, Q로부터의 거리의 합이 최소가 되도록 직선 l 위에 한 점 R을 잡아라.'

이 문제는 선대칭 점의 성질과 삼각부등식을 이용하여 쉽게 해결된다. Heron은 자연은 최단 거리, 최단 시간을 추구한다고 가정한 듯하며 이러한 논리적 근거를 이용하여 빛의 반사 법칙을 설명하려고 하였다고 한다. 구하는 점 R은 입사각과 반사각이 같은 성질을 갖는 점이다. 다음 그림과 같이 빛이 평면 위에서 반사되어 점 P로부터 점 Q에 이르는 경로를 알아보자. 빛은 반사면과 수직이고 P, Q를 지나는 평면 위에서 움직인다. 매체가 균질이며 빛이 일정한 속도로 움직인다고 가정하고 빛은 최단시간이 요구되는 경로를 택한다는 Fermat의 원리에 따르면, PR, RQ는 직선이고 R은 $PR+RQ$가 최소인 점이다. R'를 R과 다른 점이라고 하고 x축에 대한 점 Q의 대칭점을 Q'라고 하면 삼각형 부등식에 의해

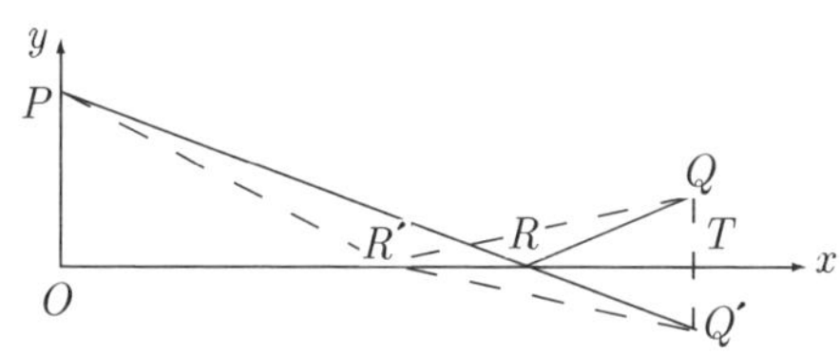

$$PR+RQ=PR+RQ'=PQ'<PR'+R'Q'=PR'+R'Q.$$

따라서 R은 거리 $PR+RQ$를 최소로 한다.

여기서 $P(0,p), Q(t,q)$라 하고 $OR=r$이라고 하면 $PR+RQ=\sqrt{p^2+r^2}+\sqrt{q^2+(t-r)^2}$이 최소인 r을 결정하는 것이 문제이다. 삼각형 부등식을 적용하면

$$\sqrt{p^2+r^2}+\sqrt{q^2+(t-r)^2} \geq \sqrt{(p+q)^2+(r+t-r)^2}$$
$$= \sqrt{(p+q)^2+t^2}$$

따라서 빛이 움직인 거리는 p, q와 $r, t-r$이 비례하고 비례상수가 양수일 때, 곧 $\frac{p}{r}=\frac{q}{t-r}>0$일 때 최솟값 $\sqrt{(p+q)^2+t^2}$을 갖는다. 이는 기하학적으로 직각삼각형 ORP와 TRQ는 닮았고 $q, t-r$이 양수가 되어 R이 O, T 사이에 있다는 것을 의미한다. 여기서 $\angle ORP = \angle TRQ$이므로 입사각과 반사각이 같음을 알 수 있다.

둘레의 길이가 주어진 평면 도형 가운데 넓이가 최대인 도형을 구하는 등주문제는 2,500년 전 고대 그리스에서 연구된 가장 오랜 역사를 가진 최대·최소 문제이다. 전설적인 카르타고의 공주 'Dido의 문제'라고 일컬어지는 등주문제와 겉넓이가 같은 입체 가운데 부피가 가장 큰 입체를 구하는 문제를 해결한 사람은 Archimedes일 것으로 여겨지고 있으며, 최초의 엄밀한 증명은 20세기에 들어와 Schwartz에 의해서 이루어졌다. 둘레의 길이가 같은 모든 삼각형 가운데 넓이가 가장 큰 것은 정삼각형이며, 둘레의 길이가 같은 직사각형 가운데 넓이가 가장 큰 것은 정사각형이다. 둘레의 길이가 같은 정다각형 가운데에서는 변의 수가 많은 정다각형일수록 그 넓이가 더 넓으며, 둘레의 길이가 같은 평면 도형 가운데 넓이가 가장 큰 것은 원이다. 이러한 최대·최소 문제가 일찍 제기되고 수학사를 통해 계속 흥미를 끌게 된 것은 이들 문제가 우아하고 매력적이고 아름다운 요소를 포함하고 있기 때문이며, 그 이면에 완전한 것을 추구하고 본질을 이해하려는 인간의 자연스러운 욕구가 있기 때문이다. 그리하여, 수학사 전반을 통하여 기하, 대수, 물리학 등에서 여러 가지 아름답고, 중요하고, 흥미 있는 최대·최소 문제가 제기되어 왔으며 Euclid, Archimedes, Bernoullis, Fermat, Newton, Lagrange, Euler

등과 같은 위대한 수학자들이 그 해결에 몰두하여 수학의 발전에 중요한 역할을 하였다.(Tikhomirov, 1990)

오늘날에도 일상생활에서는 물론이고 경제 분야와 공학 분야 등에서 수많은 최대·최소 문제가 제기되고 있으며, 이러한 현실적인 최적화 문제의 해결을 위한 노력은 볼록집합과 일차함수가 중심된 역할을 하는 선형계획법이나 최적조종이론 등 여러 가지 수학 이론의 발전을 가져왔다.

4) 부등식의 지도

중학교에서 문자의 사용과 식의 계산, 일차방정식과 그 활용, 이원일차연립방정식과 그 활용을 다루고, 일차부등식 및 연립일차부등식과 그 활용을 다룬다. 그리고 다항식의 곱셈과 인수분해, 이차방정식과 그 활용을 다룬다. 이러한 내용은 특히 중학교 수학이 대수 중심의 교육과정임을 말해 주는 것이다. 그러나 전통적으로 부등식은 대수교육에서 등한시되어 왔다. 부등식은 바탕에 놓여 있는 수 영역의 순서구조에 대응되며 이는 수 개념을 더욱 깊이 이해할 수 있게 한다.

부등식은 학교수학에서 초등적인 문제에서 다루어질 수 있다. 이를테면 5보다 크고 10보다 작거나 같은 자연수는 부등식 $5 < x \leq 10$으로 나타낼 수 있다. 유리수의 집합은 조밀하다. 즉 임의의 두 유리수 사이에 한 유리수가 놓여 있다. 산술평균을 사용하여 이를 '임의의 유리수 $r < s$에 대해 $r < \frac{r+s}{2} < s$'와 같이 부등식을 사용하여 나타낼 수 있다.

연립부등식은 학교수학에서 최적화 문제의 취급을 가능하게 하며, 그와 같은 중요한 문제에의 적용을 위한 근본적인 보조 수단이 된다. 선형최적화 문제는 1960년대 '새 수학' 이후 학교수학에 포함되었다. 여기서 볼록다각형 위에서 정의된 일차함수 $z = Ax + By + C$는 항상 모서리나 변위의 모든 점에서 극값을 취한다는 정리가 직관적으로 수용된다.

중학교 1학년에서 정수와 유리수에 대해, 그다음에 3학년에서 실수에 대해 양수와 음수를 도입하고 수직선 위에서 오른쪽에 있는 점에 대응하는 수가 왼쪽에 있는 점에 대응하는 수보다 크다고 그 대소 관계를 정의한다. 그리고 양수는 0보다 크고 음수는 0보다 작으며, 양수는 음수보다 크고, 양수는 절댓값이 큰 수가 크고 음수는 절댓값이 큰 수가 작다는 대소 관계의 성질을 다룬다. 그리고 2학년에서 다음과 같은 부등식의 성질을 예를 통해 귀납한다. 곱셈과 나눗셈에서 $c>0, c<0$인 경우의 구분이 필요하다.

① $a<b$일 때 $a+c<b+c,\ a-c<b-c$

② $a<b, c>0$일 때 $ac<bc,\ \dfrac{a}{c}<\dfrac{b}{c}$

③ $a<b,\ c<0$일 때 $ac>bc,\ \dfrac{a}{c}>\dfrac{b}{c}$

그리고 이를 이용한 일차부등식과 연립일차부등식의 풀이와 그 해를 수직선 위에 나타내는 것을 다루고 이를 활용하여 여러 가지 문제를 해결해 보도록 한다. 그다음에 3학년에서 정사각형의 변의 길이를 이용하여 제곱근의 대소 관계를 다루고 수직선 위에 나타내어 보게 한다. 그리고 부등식의 양변에 같은 수를 더하여도 부등호의 방향은 바뀌지 않는다는 부등식의 성질을 이용하여 두 실수 a, b에 대해 $a-b>0$이면 $a>b$, $a-b=0$이면 $a=b$, $a-b<0$이면 $a<b$와 같은 실수의 대소 관계의 성질을 다룬다.

고등학교 수학에서는 먼저 실수의 기본성질

① 실수 a에 대해 $a>0, a=0, a<0$ 가운데 하나만 성립한다.

② $a > 0, b > 0$이면 $a+b > 0, ab > 0$

③ $a > 0$이면 $-a < 0$, $a < 0$이면 $-a > 0$

을 수용한다. 그리고 ①로부터 두 실수 a, b에 대해 $a-b > 0, a-b = 0$, $a-b < 0$ 가운데 하나만 성립하게 되는데 이에 따라 두 실수 a, b의 대소 관계 $a > b, a = b, a < b$를 정의한다. 이는 공리에 의해 규정된 양수(陽數)라는 기본적인 관념으로부터 출발하여 실수의 대소 관계를 양수와 그 성질로부터 이끌어내는 대수학의 전개 양식과 기본적으로 같다. 이러한 실수의 기본성질과 대소 관계에 대한 정의로부터 다음과 같은 실수의 대소 관계에 대한 성질을 증명한다.

- $a > b, b > c$이면 $a > c$
- $a > b$이면 $a+c > b+c$, $a-c > b-c$
- $a > b, c > 0$이면 $ac > bc$, $\frac{a}{c} > \frac{b}{c}$
- $a > b, c < 0$이면 $ac < bc$, $\frac{a}{c} < \frac{b}{c}$
- $a > 0$이면 $\frac{1}{a} > 0$, $a < 0$이면 $\frac{1}{a} < 0$
- $a > b, c > d$이면 $a+c > b+d$
- $a > b > 0, c > d > 0$이면 $ac > bd$, $\frac{a}{d} > \frac{b}{c}$

그리고 절댓값을 포함한 일차부등식을 다룬다. $a > 0$일 때

$$|x| < a \Leftrightarrow -a < x < a$$

$$|x| > a \Leftrightarrow x < -a \text{ 또는 } x > a$$

인 성질을 이용하거나 x의 값의 범위에 따라 나누어 부등식을 푼다. 그다음에 이차부등식과 연립이차부등식을 다룬다. 이차부등식은 이차항의 계수가 양수가 되도록 변형하고 이차방정식 $ax^2+bx+c=0\,(a>0)$의 판별식 $D=b^2-4ac$에 의해 이차방정식이 두 실근, 중근, 두 허근을 가지는 경우로 나누어 해를 알아본다. 실근을 가지는 경우에는 ax^2+bx+c를 인수분해하고 x의 값의 범위에 따른 각 인수의 부호를 표를 이용하여 조사하여 이차부등식의 해를 알아본다. 그리고 이차함수 $y=ax^2+bx+c$의 그래프를 이용하여 이차부등식의 해를 알아본다. 주어진 이차부등식을 이루는 이차함수와 일차함수의 그래프를 이용하여 해집합을 알아볼 수도 있다.[18]

그리고 간단한 절대부등식의 증명을 다룬다. 부등식에서 변수의 모든 실수값에 대하여 항상 성립하는 부등식을 절대부등식이라고 하고 다음과 같은 절대부등식을 증명한다.

- $a^2+b^2 \ge ab$
- $a^2+b^2+c^2 \ge ab+bc+ca$
- $(a^2+b^2)(c^2+d^2) \ge (ac+bd)^2$
- $\dfrac{a+b}{2} \ge \sqrt{ab} \ge \dfrac{2ab}{a+b}$
- $a>0, b>0$일 때 $\sqrt{a}+\sqrt{b}>\sqrt{a+b}$, $\sqrt{a}-\sqrt{b}<\sqrt{a-b}$
- $|a+b| \le |a|+|b|$
- $|a|-|b| \le |a-b|$

---

18 이를테면 이차부등식 $x^2>6-x$의 풀이에서 이차방정식 $x^2+x-6=0$의 실근과 함수 $y=x^2+x-6$의 그래프, 또는 함수 $y=x^2$과 $y=6-x$의 그래프를 이용할 수 있다.

그리고 고등학교 수학에서는 부등식의 영역을 다루는데, 일차·이차부등식과 연립부등식의 해집합을 좌표평면 위에 나타내어 보도록 하고 부등식 영역의 활용으로 최대·최소 문제를 다룬다. 현대 산업경제 사회에서는 한정된 재료와 생산도구를 가지고 최대 이익이나 최소의 비용을 추구하는 최적화 방법이 요구되는데, 여기서 제약 조건으로 주어지는 연립일차부등식의 해집합인 실현가능영역에서 목적함수인 일차함수의 최적해를 구하는 선형계획법이라는 수학적 방법이 이용된다. 부등식의 영역에서는 선형계획법이라는 용어는 사용하지 않지만 연립이원일차부등식의 해집합인 평면 영역에서 이원일차함수의 최댓값·최솟값을 구하는 문제를 다룬다. 목적함수가 이원일차함수 $ax+by$인 경우 실현가능영역인 연립일차부등식의 영역은 k의 값이 연속적으로 변함에 따라 직선 $ax+by=k$로 덮어진다. 이 직선 위의 점에서의 목적함수 $ax+by$의 값은 k로 일정하므로 연립부등식 영역 내의 직선 위의 한 점의 좌표를 대입하여 k의 값을 구할 수 있다. 직선 $ax+by=k$의 y절편의 범위는 연립부등식 영역인 다각형 영역의 꼭짓점에 의해서 결정되며 y절편이 최대·최소인 꼭짓점을 찾아 목적함수의 최적해를 구할 수 있게 된다. 이러한 문제는 유통센터, 도로, 송유관이나 가스관의 건설 등 경제적 활동과 관련된 최적화 문제의 간단한 모델로 생각될 수 있다.

그리고, 실수 범위에서 인수분해가 가능한 삼차·사차부등식, 연립고차부등식, 분수부등식을 다룬다. 삼차 이상의 고차부등식은 최고차항의 계수가 양수가 되도록 변형하고 인수정리와 조립제법을 이용하여 인수분해한 다음 x의 값의 범위에 따른 그 부호를 표나 수직선을 이용하여 조사하여 해를 구한다. 분수부등식은 모든 항을 좌변으로 이항하고 통분하여 다항식 $p(x), q(x)$에 대하여 $\frac{p(x)}{q(x)}$ 꼴로 만든 다음 양변에 $q^2(x)$를 곱하여 얻은 부등식을 풀고 $q(x)=0$인 x를 제외하여 해를 구한다.

분수부등식은 동치변형을 통해 풀 수도 있다. 이를테면 부등식

$$\frac{2x+1}{x}+\frac{x-1}{2x}>\frac{x-5}{3x}$$

에서 통분하여 동치변형으로 얻어진 결과는

$$\frac{13x+13}{6x}>0$$

와 같다. 이는 다음과 동치이다.

$$13x+13>0,\ 6x>0 \text{ 또는 } 13x+13<0,\ 6x<0$$

따라서

$$x>-1,\ x>0 \quad \text{또는 } x<-1,\ x<0$$

첫 번째 조건은 $x>0$로, 두 번째 조건은 $x<-1$로 요약할 수 있다. 따라서

$$x>0 \text{ 또는 } x<-1$$

이러한 부등식의 해를 수직선에 나타낼 수 있다.

7. 다항식

x를 아무것도 가정하지 않은 임의의 기호, 곧 형식적인 자리지기인 부정원(不定元, indeterminate)이라고 할 때 수의 연산법칙에 따라 수와 x의 합, 곱, 차를 구성하면 x에 관한 다항식(多項式, polynomials)을 얻게 되며, 이는 다변수 다항식으로 일반화된다. 다항식을 실수 변수 혹은 복소수 변수 x의 함수라고 볼 수도 있다.

수의 연산법칙에 따라 다항식의 덧셈, 뺄셈, 곱셈을 하면 다시 다항식이 되어 다항식의 집합은 하나의 산술체계를 이루게 된다. 다항식과 그 성질은 현대수학의 바탕이 되는 문자식의 기초로 대수의 출발점을 이루며 방정식과 부등식, 해석기하, 함수와 미적분 등 학교수학의 전반과 관련되는 필수 불가결한 내용이며 그 자체로 흥미 있는 성질을 갖는 대수체계인 환(環)을 이루므로 전통적으로 학교수학의 주요한 내용이 되어 왔다. 다음에는 다항식의 성질과 학교수학에서의 다항식의 지도에 대해 간단히 정리해 보기로 한다.

1) 다항식의 성질

수의 집합 K가 다음 조건을 만족할 때 K를 수체(數體, number field)라고 한다.

(i) $a, b \in K$이면 $a \pm b$, $ab \in K$

(ii) K에는 0이 아닌 원소가 포함되며, $a, b \in K$, $b \neq 0$이면 $\frac{a}{b} \in K$.

수체 K는 0이 아닌 원소 a를 포함하므로, $a - a \in K$, 곧 $0 \in K$, $\frac{a}{a} \in K$, 곧 $1 \in K$.

유리수 전체의 집합, 실수 전체의 집합, 복소수 전체의 집합은 모두 위의 조건을 만족하므로 수체이다. 그리고 유리수는 덧셈, 뺄셈, 곱셈, 나눗셈(0으로 나누는 것은 제외) 아래에서 닫혀 있으므로 모든 수체는 유리수체를 포함한다. 부정원이 x이고 계수가 수체 K의 원소인 다항식 $a_0 + a_1 x + a_2 x^2 + \cdots + a_n x^n$ 전체의 집합을 $K[x]$라고 하자. 다항식 $f(x) = a_0 + a_1 x + a_2 x^2 + \cdots + a_n x^n$에서 $a_n \neq 0$일 때 n을 $f(x)$의 차수라고 하고 $\deg f(x)$로 나타낸다. 일반적으로 $K[x]$에 관하여 다음 성질이 성립한다.

- $K[x]$는 덧셈, 뺄셈, 곱셈에 대하여 닫혀 있다.
- $K[x]$에서 덧셈, 곱셈에 대한 결합법칙과 교환법칙이 성립하고, 덧셈에 대한 곱셈의 분배법칙이 성립한다.
- $K[x]$의 모든 원소 $f(x)$에 대하여 $f(x) \cdot 1 = f(x)$이다.
- $K[x]$의 0이 아닌 두 원소의 곱은 0이 아니다. 곧, 두 원소의 곱이 0이면 적어도 한쪽은 0이다. 곧, $K[x]$에는 영인자가 없다.

$f(x) \cdot g(x) = f(x) \cdot h(x)$, $f(x) \neq 0$이면 $g(x) = h(x)$이다. 곧, 곱셈에 대한 소약법칙이 성립한다.

- $f(x)$, $g(x)$가 0이 아닌 다항식이면 $\deg[f(x) \cdot g(x)] = \deg f(x) + \deg g(x)$

다항식 $f(x)(\neq 0)$, $g(x)$에 대하여 $g(x) = f(x) \cdot h(x)$인 다항식

$h(x)$가 존재할 때, $g(x)$는 $f(x)$로 나누어떨어진다고 하고 $f(x) \mid g(x)$로 나타낸다.

• 다항식 $f(x)(\neq 0)$, $g(x)$에 대하여

$$g(x)=f(x)q(x)+r(x)$$

인 다항식 $q(x)$, $r(x)$가 유일하게 존재한다. 여기서 $r(x)=0$이거나 $r(x)\neq 0$이면 $\deg r(x) < \deg g(x)$이다. 여기서 $g(x)$를 $f(x)$로 나누었을 때의 몫을 $q(x)$, 나머지를 $r(x)$라고 한다. $r(x)=0$일 때 $g(x)$는 $f(x)$로 나누어떨어진다. $f(x) \mid g(x)$일 때 $f(x)$는 $g(x)$의 약수, $g(x)$는 $f(x)$의 배수라고 한다. 몇 개의 다항식의 공통인 약수를 그 공약수라고 하고 공약수 중에서 차수가 최대인 것을 그 최대공약수라고 한다. 그리고 몇 개의 다항식의 공통인 배수를 공배수라고 하고 공배수 가운데 차수가 최소인 것을 최소공배수라고 한다.

a가 임의의 유리수일 때 $a \cdot f(x)$는 $f(x)$의 배수이고 약수이다. 역으로 $g(x)$가 $f(x)$의 배수이면서 약수이면 $g(x)=a \cdot f(x)$인 유리수 a가 존재한다. 이와 같이 $g(x) \mid f(x)$인 동시에 $f(x) \mid g(x)$일 때, $g(x)$와 $f(x)$는 서로 다른 것의 동반원(associate element)이라고 한다.

• $f(x) \mid g(x)$, $g(x) \mid h(x)$이면, $f(x) \mid h(x)$

$f(x) \mid g_1(x)$, $f(x) \mid g_2(x)$이면, 임의의 다항식 $h_1(x)$, $h_2(x)$에 대하여 $f(x) \mid g_1(x)h_1(x)+g_2(x)h_2(x)$

• 유클리드의 호제법(Euclidean algorithm)

0이 아닌 다항식 f_0, f_1에 대하여 다음과 같이 f_0를 f_1으로 나눈 몫 q_1과 나머지 f_2를 구하고, 다시 f_1을 f_2로 나눈 몫 q_2와 나머지 f_3를 구하는 방식으로 나눗셈을 계속하면 $\deg f_1 > \deg f_2 > \deg f_3 > \cdots$이 되므로 유한 번 시행 후 반드시 나누어떨어져 나머지가 0이 된다.

$$f_0 = f_1 q_1 + f_2$$
$$f_1 = f_2 q_2 + f_3$$
$$\cdots\cdots\cdots\cdots\cdots\cdots\cdots$$
$$f_{n-2} = f_{n-1} q_{n-1} + f_n$$
$$f_{n-1} = f_n q_n$$

이때, f_n은 f_0와 f_1의 최대공약수가 된다. 왜냐하면, 위의 등식을 아래에서부터 차례로 확인해 가면 f_n은 $f_{n-1}, f_{n-2}, \cdots f_2, f_1, f_0$의 약수임을 알 수 있다. 역으로 다항식 g가 f_0, f_1의 공약수라고 하면 위의 등식을 위에서부터 차례로 확인해 가면 g는 $f_2, f_3, \cdots, f_{n-1}, f_n$의 약수임을 알 수 있다. g는 f_n의 약수이므로 $\deg g \leq \deg f_n$이다. 따라서 f_n은 f_0, f_1의 공약수 가운데에서 차수가 최대인 것이다. 곧, f_n은 f_0, f_1의 최대공약수이다.

위의 식을 차례로 정리하면 최대공약수 f_n은 다음과 같이 f_0, f_1의 결합으로 나타내어진다.

$$\begin{aligned} f_n &= f_{n-2} - f_{n-1} q_{n-1} \\ &\cdots\cdots\cdots\cdots\cdots\cdots\cdots \\ &= f_0 h_0 + f_1 h_1 \end{aligned}$$

따라서 g가 f_0, f_1의 최대공약수이면 f_0, f_1의 공약수는 모두 g의 약수이고 f_0, f_1이 서로소이면 $f_0 p_0 + f_1 p_1 = 1$을 만족하는 다항식 p_0, p_1이 존재한다.

• 다항식 $f(x)$와 $g(x)$가 서로소이고 $f(x) \mid g(x)h(x)$이면 $f(x) \mid h(x)$이다.

왜냐하면, $f(x)p(x)+g(x)q(x)=1$인 다항식 $p(x)$, $q(x)$가 존재하므로, 양변에 $h(x)$를 곱하면 $h(x)f(x)p(x)+h(x)g(x)q(x)=h(x)$. 따라서 $f(x) \mid g(x)h(x)$이면 $f(x) \mid h(x)$이다.

• 다항식 $f(x)$와 $g(x)$가 서로소이고 $f(x) \mid h(x)$, $g(x) \mid h(x)$이면 $f(x)g(x) \mid h(x)$이다.

왜냐하면, $g(x) \mid h(x)$이면 $h(x)=g(x)p(x)$인 다항식 $p(x)$가 존재하므로, $f(x) \mid h(x)$이면 $f(x) \mid g(x)p(x)$, 따라서 $f(x) \mid p(x)$이다. 곧, $p(x)=f(x)q(x)$인 다항식 $q(x)$가 존재한다. 그러므로 $h(x)=g(x)f(x)q(x)$. 따라서 $f(x)g(x) \mid h(x)$

• 다항식 f_0, f_1의 최대공약수를 g라고 하고 $f_0=gh_0, f_1=gh_1$이라고 놓으면 h_0과 h_1은 서로소이다.

왜냐하면 h_0와 h_1이 x를 포함하는 공약수 p를 갖는다면 f_0와 f_1은 g보다 높은 차수의 다항식 gp를 약수로 가지므로 g가 최대공약수라는 가정에 어긋나기 때문이다. 따라서 f_0, f_1의 공배수는 모두 gh_0h_1의 배수이고, gh_0h_1은 f_0, f_1의 최소공배수이다. 그리고 f_0, f_1의 최소공배수는 모두 gh_0h_1의 동반원이다.

수체 $K[x]$ 위의 상수가 아닌 다항식 $f(x)$가 상수와 $f(x)$의 동반원 이외에 $K[x]$ 위에서 약수를 갖지 않을 때, $f(x)$를 $K[x]$ 위에서 기약(旣約)인 다항식이라 하고 기약이 아닌 다항식을 가약(可約)인 다항식이라고 한다. 예를 들면, x^2-2는 유리수 계수인 다항식의 범위에서는 인수분해되지 않으므로 유리수체 위에서 기약인 다항식이지만 실수 계수인 다항식의 범위에서는 $(x-\sqrt{2})(x-\sqrt{2})$와 같이 인수분해되므로 실수체 위에서는 가약인 다항식이다. 또한 x^2+1은 실수체 위에서는 기약인 다항식이지만 복소수체 위에서는 $(x+i)(x-i)$와 같이 인수분해되므로 가약인 다항식이다.

• 소인수분해 유일성의 정리: $K[x]$ 위의 상수가 아닌 다항식 f는 $f = ap_1^{n_1}p_2^{n_2}\cdots p_m^{n_m}(a \in K)$와 같이 인수분해된다. 여기서 인수 $p_1, p_2, \cdots, p_m$은 기약다항식이고 그 순서 및 동반원을 무시하면 한 가지로 결정된다.

• 정수 계수인 다항식 $f(x) = a_nx^n + a_{n-1}x^{n-1} + \cdots + a_1x + a_0$은 a_n이 어떤 소수 p로 나누어떨어지지 않으면 유리수 범위에서 기약이다.

이를테면, 다항식 $x^4 + 6x^2 - 4x + 1$은 1이 소수 3으로 나누어떨어지지 않으므로 기약이다.

2) 다항식의 지도

중학교 수학에서 수나 문자의 곱으로 이루어진 식을 항이라고 하고 하나 이상의 항의 합으로 이루어진 식을 다항식이라고 정의한다. 그리고 동류항을 정리하여 다항식의 덧셈과 뺄셈을 한다. 그리고 거듭제곱으로 자연수 지수를 도입하여 지수법칙

$$a^m \times a^n = a^{m+n},\ a^m \div a^n = \begin{cases} a^{m-n} & (m > n) \\ 1 & (m = n)(a \neq 0) \\ \dfrac{1}{a^{n-m}} & (m < n) \end{cases}$$

$$(a^m)^n = a^{mn},\ (ab)^m = a^mb^m,\ (\frac{a}{b})^m = \frac{a^m}{b^m}\ (b \neq 0)$$

을 다루고 이를 이용하여 단항식의 곱셈과 나눗셈을 한다. 다항식의 곱을 분배법칙을 이용하여 전개하고 다항식을 단항식으로 나누는 나눗셈을 곱셈으로 고치거나 분수꼴로 나타내어 계산한다. 그리고 $(a \pm b)^2 =$

$a^2 \pm 2ab + b^2$, $(a+b)(a-b) = a^2 - b^2$, $(ax+b)(cx+d) = acx^2 + (ad+bc)x + bd$와 같은 곱셈공식을 이용한 식의 전개를 다룬다. 그리고 다항식의 인수분해의 뜻을 이해하도록 하고 공통인 인수를 묶어내어 다항식을 인수분해하고, 곱셈공식으로부터 인수분해 공식을 이끌어내고 이를 이용하여 다항식을 인수분해한다.

다항식에서 포함된 문자를 서로 바꾸어도 원래의 식과 같은 식이 되는 다항식을 대칭다항식(symmetric polynomial)이라고 한다. 대칭다항식을 인수분해하면 역시 대칭다항식식이 된다. 이를테면

$$x^3 + 3x^2y + 3xy^2 + y^3 = (x+y)^3$$

$$x^2 + y^2 + z^2 + 2xy + 2yz + 2zx = (x+y+z)^2$$

$$x^3 + y^3 = (x+y)(x^2 - xy + y^2)$$

이차방정식 $ax^2 + bx + c = 0$의 근 α, β와 계수와의 관계

$$\alpha + \beta = -\frac{b}{a}, \ \alpha\beta = \frac{c}{a}$$

와 삼차방정식 $ax^3 + bx^2 + cx + d = 0$의 근 α, β, γ와 계수와의 관계

$$\alpha + \beta + \gamma = -\frac{b}{a}, \ \alpha\beta + \beta\gamma + \gamma\alpha = \frac{c}{a}, \ \alpha\beta\gamma = -\frac{d}{a}$$

는 α, β, γ에 관한 대칭다항식이며, 이를 이용하여 값을 구하기를 요구하는, 이를테면 $\alpha^2 + \beta^2$, $\frac{1}{\alpha} + \frac{1}{\beta}$, $(\alpha - \beta)^2$ 등과 같은 대수식 역시 대칭다항식임에 유의해야 할 것이다.

일반적으로 n개의 부정원(indeterminates) x_i에 관한 다항식 $g(x_1,$

$\cdots, x_n)$은 그 첨자에 관한 모든 치환의 군, 곧 대칭군 아래에서 불변일 때 대칭다항식이라고 한다. 이를테면 전개식 $(t-x_1)(t-x_2)(t-x_3)=t^3-\sigma_1 t^2+\sigma_2 t-\sigma_3$의 계수 $\sigma_1=x_1+x_2+x_3$, $\sigma_2=x_1x_2+x_1x_3+x_2x_3$, $\sigma_3=x_1x_2x_3$와 같은 대칭다항식을 기본대칭다항식이라고 한다. 일반적으로 $\sigma_1=\sum_i x_i$, $\sigma_2=\sum_{i<j} x_ix_j$, $\sigma_3=\sum_{i<j<k} x_ix_jx_k$, $\cdots$, $\sigma_n=x_1\cdots x_n$이다. 모든 대칭다항식은 기본대칭다항식에 관한 다항식으로 나타낼 수 있다(대칭다항식의 기본정리). 예를 들어,

$$x^2+y^2=(x+y)^2-2xy=\sigma_1^2-2\sigma_2$$

$$x^3+y^3=(x+y)^3-3xy(x+y)=\sigma_1(\sigma_1^2-3\sigma_2)$$

$$\begin{aligned} x^3+y^3+z^3-3xyz &= (x+y+z)^3-3(xy+yz+zx)(x+y+z) \\ &= \sigma_1^3-3\sigma_2\sigma_1 \end{aligned}$$

고등학교 수학에서 중학교에서 배운 지수법칙을 이용하여 다항식의 사칙연산과 덧셈과 곱셈에 대한 연산법칙, 곱셈공식, 항등식, 나머지정리, 인수분해 공식, 약수와 배수를 다룬다. 다항식의 덧셈, 뺄셈 계산을 동류항 정리와 세로셈 방법으로 한다. 다항식의 덧셈과 곱셈에 대한 성질을 정리하고 곱셈의 성질과 곱셈공식을 이용한 식의 전개를 다룬다. 그리고 다항식의 나눗셈을 하여 몫과 나머지를 구한다. 항등식의 성질을 이용한 미정계수법, 나머지정리, 인수정리, 조립제법, 식의 변형과 인수정리를 이용한 다항식의 인수분해를 다루고, 다항식의 약수와 배수 및 최대공약수와 최소공배수 구하기, 다항식의 최대공약수와 최소공배수의 관계를 다룬다.

8. 선형대수

벡터, 행렬, 일차변환[19]은 현대수학의 기초가 되는 선형대수(線型代數, linear algebra)[20]의 중심적인 내용으로 미적분법과 함께 고등학교 수학의 주요한 부분이 되어 있다. 벡터는 속도나 힘과 같은 물리적 개념을 나타내는 유향선분이면서 좌표평면이나 좌표공간에서 고유벡터의 끝점이나 그 좌표로 나타내어지며 평면과 공간을 벡터의 집합, 곧 벡터공간으로 형식화한다. 벡터 및 행렬로 나타내어진 일차변환은 기하학적·대수학적·해석학적 개념과 방법을 통합하는 매우 강력한 수학이론을 이룬다.

행렬과 벡터는 특히 현대 기술공학에서 제기되는 여러 가지 문제를 해결하는 컴퓨터 계산법과 밀접하게 관련된다. 19세기 중엽에 Sylvester에

---

19 일차변환(linear transformation)은 함수식이 일차동차인 함수(linear homogeneous function)라는 대수적 측면을 강조한 번역이고, 기하학적 이미지를 강조하여 선형변환이라고 해석되기도 하며 선형사상(linear mapping)이라고도 한다.

20 선형대수는 미적분학과 더불어 현대수학의 기초가 되면서 자연과학과 공학 및 사회과학 등에 광범하게 응용되는 대수학의 한 분야이다. 선형대수는 합과 실수(scalar)배가 정의되는 벡터의 집합, 곧 벡터공간(vector space, 선형공간(linear space)이라고도 한다)에 관한 이론과 행렬을 바탕으로 전개되는 이론으로 구성되며, 행렬과 그 연산 및 역행렬, 행렬식, 연립일차방정식과 행렬의 계수 및 Gauss-Jordan소거법, 벡터공간, 일차독립과 일차종속, 기저, 계수 및 차원, 내적공간, 선형변환, 고유치와 고유벡터, 행렬의 대각화와 이차곡선의 표준화 등이 다루어진다.

의해서 행렬이 도입된 이후 행렬이론과 컴퓨터를 이용하는 계산학은 밀접한 관계를 갖고 발전해 왔다. 미적분법을 바탕으로 하는 수학적 방법이 주로 물리학과 공학 연구에 이용되었던 반면에 선형대수는 수학과 계산학은 물론 현대 과학기술과 거의 모든 학문 분야에 광범하게 이용되고 있다.

행렬과 벡터는 그것을 이해하는 데 필요한 선수학습 요소가 많지 않아 어렵지 않게 접근할 수 있으면서, 다양한 문제를 통합적으로 보고 조직하는 강력한 수학적 도구로서 여러 분야에 발전적으로 이용되고 있어 고등학교 수학에서 중요한 위치를 차지하게 되었다. 벡터와 행렬은 중고등학교에서 학습한 해석기하와 연립일차방정식에 대한 형식적인 취급과 해법을 제공한다. 벡터는 이미 배운 해석기하에 대한 지식을 바탕으로 직관적으로 자연스럽게 다룰 수 있는 대수체계를 이루며, 일차변환과 연립일차방정식의 행렬표현과 같이 행렬은 대수적인 기호언어의 강력한 힘과 중요성을 보여준다.

Aleksandrov et al.(1999, pp. 37-48)은 선형대수의 영역과 그 도구에 대해 다음과 같이 기술하고 있다. 함수 가운데 가장 단순한 것이 일차함수(linear function)[21]이며 그 그래프는 가장 단순한 곡선인 직선이다. 일차함수는 가장 중요한 함수인데 이는 모든 '부드러운' 곡선은 아주 작은 구간에서 직선과 같다는 사실에 기인하며 이는 함수 언어로 모든 연속이고 미분가능한 함수는 독립변수의 작은 변화에 대해서 일차함수에 의해 근사된다는 것을 의미한다. 일차함수는 그 증분이 독립변수의 증분에 비례한다는 사실에 의해서 특징지어질 수 있다.[22] 미분법으로부터 알 수 있듯이 미

---

21 대수적으로 일차식으로 나타내어지므로 일차함수라고 번역되고 있으며 기하학적으로는 직선으로 나타내어지므로 선형함수라는 의미를 갖는다.

22 일차함수 $f(x)=ax+b$에서 $\Delta y=f(x_0+\Delta x)-f(x_0)=a(x_0+\Delta x)+b-(ax_0+b)=a\Delta x$, 곧 일차함수는 그 증분이 독립변수의 증분에 비례한다. 역으로 증분이 독립변수의 증분에 비례하는 함수는 일차함수이다. 곧 $\Delta y=a\Delta x$이면 $f(x)-f(x_0)=a(x-x_0)$

분가능한 함수는 독립변수의 무한히 작은 변화에 대해서 고차의 무한소 내에서 일차함수에 가깝다. 함수 f가 a에서 미분가능할 때 $f(a+h)-f(a)=f'(a)h+o(h)$[23]인 관계가 성립하는데 여기서 $x=a+h$라고 놓으면 충분히 작은 h에 대하여 $f(x)-f(a) \fallingdotseq f'(a)(x-a)$. 따라서 함수 f는 a에서 미분가능할 때 a의 극히 가까이에서는 일차함수 $g(x)=f(a)+f'(a)(x-a)$에 의해서 근사된다. 이 일차함수 g는 $(a, f(a))$를 원점으로 옮기면 선형사상 $L(x)=f'(a)x$가 된다. 따라서 함수는 일차함수가 아니더라도 미분가능할 때 국소적으로는 일차함수라고 보아도 좋다.

상황은 다변수 함수에 대해서도 유사하다. 다변수 선형함수는 $a_1x_1+a_2x_2+\cdots+a_nx_n+b$ 꼴의 함수이며, $b=0$일 때 동차 선형함수라고 한다. 다변수 선형함수는 다음과 같은 성질에 의해서 특징지어진다. 독립변수 가운데 하나만이 증가되고 나머지 변수들의 값은 변하지 않으면 선형함수의 증분은 이 독립변수의 증분에 비례한다. 모든 독립변수가 증가되면 선형함수의 증분은 각 변수를 독립적으로 변화시켜 얻은 증분의 대수적 합과 같다. 그리고 모든 '부드러운' 다변수 함수, 곧 모든 변수에 관해서 연속인 편도함수를 갖는 함수는 독립변수의 작은 변화에 대해서 어떤 선형함수와 가깝다.[24]

다변수 함수의 탐구를 요하는 문제가 한 변수의 여러 요인에의 종속성에 관한 연구와 관련하여 일어날 때 그러한 종속성이 선형임이 드러나면

이므로 $f(x)=ax+f(x_0)-ax_0=ax+b$ $(b=f(x_0)-ax_0)$이다.(Aleksandrov et al., Vol. 3, p. 37)

23 여기서 $o(h)$는 h에 대하여 고차의 무한소로 $\lim_{h\to 0}\frac{o(h)}{h}=0$이다.

24 모든 변수에 관해서 연속인 편도함수를 갖는 다변수함수 $f(x_1, x_2, \cdots, x_n)$의 증분은 독립변수의 증분 $dx_1, \cdots, dx_n$의 선형동차 함수인 전미분 $(\partial f/\partial x_1)dx_1+\cdots+(\partial f/\partial x_n)dx_n$과 고차의 무한소 내에서 같다.

선형문제라고 한다. 앞에서 지적한 선형함수의 성질에 의해 선형문제는 분리된 각 요인이 움직인 결과는 그 값에 비례한다는 비례성(the property of proportionality)과 어떤 움직임의 결과는 분리된 각 요인의 움직임의 결과의 합이라는 독립성에 의해 특징지을 수 있다. 모든 '부드러운' 함수는 변수의 작은 변화에 대해서 일차 근사로 선형함수로 대체될 수 있다는 사실은 일반적인 원리, 즉 여러 요인의 움직임 아래에서 어떤 양의 변화에 관한 모든 문제는 작은 움직임에 대해서 일차 근사로서 선형문제로, 즉 독립성과 비례성을 갖는 것으로 간주될 수 있다는 원리의 반영이다. 이는 탄성이론이나 진동이론 등에서 흔히 실제적인 목적에 적합한 결과를 제공한다는 것이 밝혀진다.

물리적 양에 관한 연구에서 몇 가지 다변수 함수, 그리고 그 일차근사로서 몇 가지 선형함수를 동시에 고려할 필요성이 생긴다. 일변수 선형함수는 그 성질이 아주 단순하여 어떤 특별한 연구를 요하지 않는다. 많은 변수의 존재가 특별한 양상을 가져오는 다변수 선형함수의 경우는 사정이 다르다. 몇 개의 다변수 함수의 체계로 나아가면 상황은 훨씬 더 복잡해지며 일차근사로서 선형함수 체계가 나타난다.

선형함수와 그 체계에 대한 연구는 선형대수라고 불리는 대수분야의 첫 번째 연구 대상이 된다. 역사적으로 선형대수의 첫 번째 과제는 연립일차방정식을 푸는 것이다. 이 문제의 가장 간단한 경우는 학교수학의 초등대수에서 취급된다. n이 큰 경우 연립일차방정식의 가장 간단하고 가장 손쉬운 수치 해를 구하는 방법을 찾는 문제는 그러한 방정식의 수치 해가 많은 연구의 중요한 부분을 이루기 때문에 아직도 수학자들의 관심을 끌고 있다.

동차 선형함수는 선형형식이라고 하는데,

$$
\begin{aligned}
y_1 &= a_{11}x_1 + \ \cdots \ + a_{1n}x_n \\
&\cdots\cdots\cdots\cdots\cdots\cdots \\
y_m &= a_{m1}x_1 + \ \cdots \ + a_{mn}x_n
\end{aligned}
$$

과 같은 선형형식 체계는 그 계수체계에 의해서 완전히 기술된다. 이러한 선형형식 체계의 계수체계는 행렬 $\begin{pmatrix} a_{11} & \cdots & a_{1n} \\ \cdots & \cdots & \cdots \\ a_{m1} & \cdots & a_{mn} \end{pmatrix}$으로 자연스럽게 주어질 수 있다. 따라서 행렬을 고려해야 할 필요성은 선형대수의 영역 자체로부터 필연적으로 일어난다. 그리고 선형형식 체계에 관한 간단한 연산과 관련하여 행렬의 연산을 정의하는 것이 자연스럽다. 행렬을 알파벳 대문자로 나타내면 행렬의 원소를 연결짓는 복잡한 관계가 간단히 공식화되어 행렬론이 단순해지고 명쾌해진다. 이를테면 연립일차방정식이 계수행렬과 미지수의 열행렬로 $AX = B$와 같이 나타내어진다. 행렬의 기본연산, 곧 덧셈과 곱셈은 항상 정의되지는 않지만 특히 정방행렬의 경우 행렬의 연산은 곱셈의 교환법칙이 성립하지 않으며 영인자가 존재하는 등 몇 가지를 제외하고 수의 연산에 관한 성질과 유사한 기본성질을 만족한다. 행렬에 관한 이론은 선형대수의 문제를 기술하고 해결하는 도구의 역할을 하기 때문에 선형대수의 필수불가결한 부분을 이룬다.

선형대수의 출현에 대한 이러한 원인과 별도로 선형대수의 발달에 이르고 중요한 아이디어와 유추로 그것을 풍요하게 한 것이 해석기하이다. 해석기하에서는 직선과 평면의 이론에 관한 한 선형대수의 도구를 간단한 형태로 이용한다. 평면에서 직선은 직선 위의 임의의 점의 좌표를 연결 짓는 두 변수에 관한 일차방정식으로 주어지며, 공간에서 평면은 그 위의 임의의 점의 좌표인 세 변수에 관한 일차방정식으로 주어진다. 벡터개념의 사용으로 해석기하, 결과적으로 선형대수 특히 연립일차방정식에 대한 일반적인 이론이 간단명료해진다. 그런데 벡터와 그 덧셈 및 실수와의 곱셈은 열(행)행렬 및 그 연산에 대응되며 열(행)행렬의 대수는 형식적으로 벡터의 대수와 다르지 않다. 이러한 상황은 선형대수에 기하학적 용어를 도입하는 것을 자연스럽게 만든다. n개의 수로 이루어진 열(행)행렬은 n차원 산술적 벡터공간의 원소인 벡터로 간주된다. 그리고 n개의 실수의 열과 그 기하학적 이미지, 곧 점을 관련지어 n차원 산술적 벡터공간과 함께 그와 1대1로 대응되는 n차원 점공간 개념을 도입한다. 기하학적 용어의 도입은 선형대수에서 3차원 공간기하의 연구에서 비롯된 기하학적 직관에 기초한 유추를 사용할 수 있게 한다.

열(행)행렬의 집합, 구조가 같은 행렬의 집합, 힘·속도·가속도 등의 물리적 벡터의 집합, 주어진 구간 $[a,b]$에서 연속인 모든 함수의 집합, 선형 동차미분방정식의 모든 해의 집합 등은 n차원 벡터공간과 같은 구조를 갖는다. 여기서 일반적인 벡터공간, 곧 선형공간을 도입할 수 있게 된다. 그러한 일반화된 공간의 원소는 덧셈과 실수 곱셈 연산이 정의된 임의의 대상일 수 있다. 그러한 매우 일반적인 추상적인 선형공간은 그 구조와 성질이 산술적인 선형공간과 다르지 않지만, 적용 분야는 이러한 일반화로 상당히 확장되며 선형대수의 방법을 이론과학의 매우 넓은 범위의 문제에 적용할 수 있게 된다.

1) 행렬

(1) 행렬식

현재 고등학교 수학에서는 다루지 않지만, 행렬(行列, matrix)에 관한 이해를 돕기 위해 행렬식(行列式, determinant)에 대해 간단히 살펴보기로 한다. 현대수학에서는 행렬을 이용하여 행렬식을 정의하지만, 역사적으로는 연립일차방정식의 해를 구하기 위한 계수의 배열에 관한 연구로부터 행렬식이 행렬보다 앞서 18세기에 G. Cramer(1704~1752)에 의해 수학에 도입되었다(Dorier, p. 8). 다음은 각각 2차 행렬식과 3차 행렬식이다.

$$\begin{vmatrix} a_{11} & a_{12} \\ a_{21} & a_{22} \end{vmatrix} = a_{11}a_{22} - a_{12}a_{21}$$

$$\begin{vmatrix} a_{11} & a_{12} & a_{13} \\ a_{21} & a_{22} & a_{23} \\ a_{31} & a_{32} & a_{33} \end{vmatrix} = a_{11}a_{22}a_{33} + a_{12}a_{23}a_{31} + a_{13}a_{21}a_{32}$$

$$- a_{11}a_{23}a_{32} - a_{12}a_{21}a_{33} - a_{13}a_{22}a_{31}$$

다음 그림은 위의 행렬식의 값을 계산하는 방법을 나타낸 것이다.(김응태·박승안, 48쪽) 그러나 4차 이상의 행렬식의 값은 이와 같은 그림을 사용하는 방식으로 구할 수 없다.

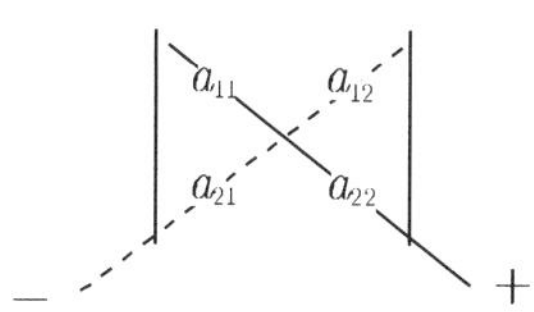

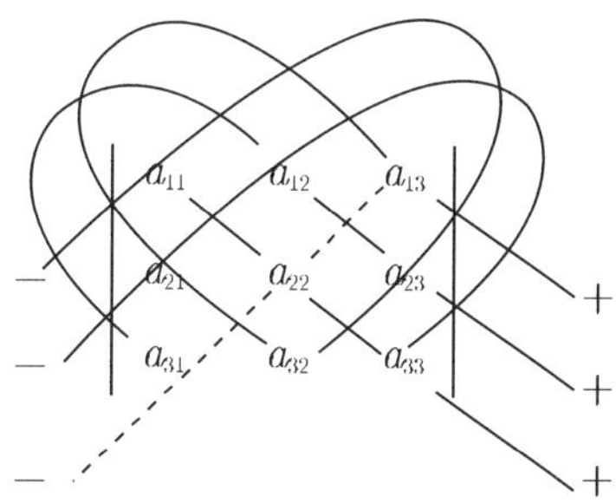

Cramer는 행렬식을 이용한 연립일차방정식의 해를 구하는 매우 편리한 'Cramer의 공식'을 제시하였다. Cramer의 공식이 어떻게 얻어지는지 다음과 같은 이원일차연립방정식의 해를 구해 보자.

$$a_{11}x_1 + a_{12}x_2 = b_1 \cdots\cdots\cdots\cdots ①$$

$$a_{21}x_1 + a_{22}x_2 = b_2 \cdots\cdots\cdots\cdots ②$$

① $\times (-a_{21}) +$ ② $\times a_{11}$ 에서

$$(a_{11}a_{22} - a_{21}a_{12})x_2 = a_{11}b_2 - a_{21}b_1$$

따라서

$$x_2 = \frac{a_{11}b_2 - a_{21}b_1}{a_{11}a_{22} - a_{21}a_{12}} \ (a_{11}a_{22} - a_{21}a_{12} \neq 0)$$

마찬가지 방법으로

$$x_1 = \frac{a_{22}b_1 - a_{12}b_2}{a_{11}a_{22} - a_{21}a_{12}} \ (a_{11}a_{22} - a_{21}a_{22} \neq 0)$$

따라서

$$x_1 = \frac{\begin{vmatrix} b_1 & a_{12} \\ b_2 & a_{22} \end{vmatrix}}{\begin{vmatrix} a_{11} & a_{12} \\ a_{21} & a_{22} \end{vmatrix}}, \quad x_2 = \frac{\begin{vmatrix} a_{11} & b_1 \\ a_{21} & b_2 \end{vmatrix}}{\begin{vmatrix} a_{11} & a_{12} \\ a_{21} & a_{22} \end{vmatrix}} \quad (a_{11}a_{22} - a_{21}a_{12} \neq 0)$$

곧, 분모는 연립방정식의 계수 행렬의 행렬식이고 분자는 계수의 행렬식에서 구하는 미지수에 대응하는 열을 상수를 나타내는 열로 대치하여 얻어지는 행렬식이다. 이를테면 미지수가 2개인 연립일차방정식

$$\begin{cases} 2x + 3y = 11 \\ 3x - 2y = 10 \end{cases}$$

의 해는 Cramer의 공식을 이용하면 다음과 같다.

$$x=\frac{\begin{vmatrix} 11 & 3 \\ 10 & -2 \end{vmatrix}}{\begin{vmatrix} 2 & 3 \\ 3 & -2 \end{vmatrix}}=\frac{-52}{-13}=4, \qquad y=\frac{\begin{vmatrix} 2 & 11 \\ 3 & 10 \end{vmatrix}}{\begin{vmatrix} 2 & 3 \\ 3 & -2 \end{vmatrix}}=\frac{-13}{-13}=1$$

그리고, 미지수가 3개인 연립일차방정식

$$\begin{cases} 3x+2y+4z=1 \\ 2x-y+z=0 \\ x+2y+3z=1 \end{cases}$$

의 해는 미지수가 2개인 경우와 마찬가지로 Cramer의 공식을 이용하면 다음과 같다.

$$x=\frac{\begin{vmatrix} 1 & 2 & 4 \\ 0 & -1 & 1 \\ 1 & 2 & 3 \end{vmatrix}}{\begin{vmatrix} 3 & 2 & 4 \\ 2 & -1 & 1 \\ 1 & 2 & 3 \end{vmatrix}}=-\frac{1}{5}, \quad y=\frac{\begin{vmatrix} 3 & 1 & 4 \\ 2 & 0 & 1 \\ 1 & 1 & 3 \end{vmatrix}}{\begin{vmatrix} 3 & 2 & 1 \\ 2 & -1 & 1 \\ 1 & 2 & 3 \end{vmatrix}}=0, \quad z=\frac{\begin{vmatrix} 3 & 2 & 1 \\ 2 & -1 & 0 \\ 1 & 2 & 1 \end{vmatrix}}{\begin{vmatrix} 3 & 2 & 4 \\ 2 & -1 & 1 \\ 1 & 2 & 3 \end{vmatrix}}=\frac{2}{5}$$

(2) Gauss소거법

Gauss소거법에 대하여 간단히 알아보기로 하자. Gauss소거법은 방정식끼리 더하거나 실수를 곱하여 더하는 과정을 반복하여 결과적으로 가장 아래의 방정식은 1개의 문자를, 아래에서 두 번째 방정식은 2개의 문자를, 세 번째 방정식은 3개의 문자만을 가지도록 문자를 소거해 가는 것이다. 그 결과 연립일차방정식의 모양은 삼각형 꼴이 되어 역대입법을 사용하여 마지막 방정식에서부터 차례로 미지수를 구할 수 있게 된다. 일반적으로 연립일차방정식은 다음과 같은 변형을 하여도 원래의 연립방정식과 같은 해를 갖는다.

(1) 두 방정식을 바꾸어 놓는다.
(2) 한 방정식을 $a(\neq 0)$배 한다.
(3) 한 방정식에 다른 방정식의 $a(\neq 0)$배를 더한다.

연립일차방정식은 이러한 변형을 유한 번 시행하여 미지수를 소거함으로써 하나의 방정식으로 고쳐서 풀 수 있다. 그런데 연립일차방정식에 위와 같은 변형을 시행한다는 것은 그 계수 행렬에 다음과 같은 변형을 시행하는 것과 같다.

(1) 한 행과 다른 행을 바꾸어 놓는다.
(2) 한 행을 $a(\neq 0)$배 한다.
(3) 한 행에 다른 행의 $a(\neq 0)$배를 더한다.

이를테면, 연립일차방정식의 해를 다음과 같은 방법으로 구할 수 있다.

〈연립일차방정식〉	〈계수 행렬〉
$2x+y=4$ ········① $x+3y=7$ ········②	$\begin{bmatrix}2&1&4\\1&3&7\end{bmatrix}$
①식과 ②식을 서로 바꾼다.	제1행과 제2행을 서로 바꾼다.
$x+3y=7$ ········③ $2x+y=4$ ········④	$\begin{bmatrix}1&3&7\\2&1&4\end{bmatrix}$
④+③×(-2)	제2행에 제1행의 (-2)배를 더한다.
$x+3y=7$ ········⑤ $-5y=-10$ ·····⑥	$\begin{bmatrix}1&3&7\\0&-5&-10\end{bmatrix}$
⑥×$(-\frac{1}{5})$	제2행을 $(-\frac{1}{5})$배 한다.

$x+3y=7$ ……⑦　　　　$\begin{bmatrix}1&3&7\\0&1&2\end{bmatrix}$

$y=2$ ……⑧

⑦+⑧×(-3)　　　　제1행에 제2행의 (-3)배를 더한다.

$x=1$　　　　$\begin{bmatrix}1&0&1\\0&1&2\end{bmatrix}$

$y=2$

즉, $\begin{bmatrix}x\\y\end{bmatrix}=\begin{bmatrix}1\\2\end{bmatrix}$

(3) 행렬의 정의

행렬을 실수의 배열로서 정의하는 것은 행렬을 나타내는 방법은 규정하지만 행렬 자체가 무엇인지는 설명하지 않는다. 행렬을 표기법으로 정의하는 것은 함수를 기호 f라고 정의하는 것과 같다. 특히 행렬의 곱의 정의는 그렇게 정의하는 이유가 분명하지 않다. 그러한 정의는 개념적으로 행렬이 어디서 유래하는지에 대한 아무런 암시도 주지 않는다.

최근 고등학교 수학에서처럼 실제적 상황에서 이를테면, 동일 상품의 상표별·치수별 재고 수를 나타내는 방법으로 행렬을 도입하고 행렬의 곱셈을, 판매된 각 상품의 개수를 나타내는 행렬과 상표에 따른 이익을 나타내는 행렬의 곱으로 총판매 이익을 나타내는 방식으로 자연스럽게 도입할 수도 있다. 또한 그것을 다음과 같이 연립일차방정식을 다루면서 도입할 수 있다. 연립일차방정식

$$\begin{array}{ccccc} a_{11}x_1+ & \cdots & +a_{1n}x_n & = & b_1 \\ \vdots & & \vdots & & \vdots \\ a_{m1}x_1+ & \cdots & +a_{mn}x_n & = & b_m \end{array}$$

은 열벡터를 이용하여

$$\begin{bmatrix} a_{11}x_1 + & \cdots & + a_{1n}x_n \\ & \cdots & \\ a_{m1}x_1 + & \cdots & + a_{m1}x_n \end{bmatrix} = \begin{bmatrix} b_1 \\ \cdots \\ b_m \end{bmatrix}$$

와 같이 나타내어지며, 여기서 행렬

$$\begin{bmatrix} a_{11} \cdots a_{1n} \\ \cdots \\ a_{m1} \cdots a_{mn} \end{bmatrix}$$

은 다음 등식을 만족하는 것으로 정의된다.

$$\begin{bmatrix} a_{11} \cdots a_{1n} \\ \cdots \\ a_{m1} \cdots a_{mn} \end{bmatrix} \begin{bmatrix} x_1 \\ \cdots \\ x_n \end{bmatrix} = \begin{bmatrix} a_{11}x_1 + & \cdots & + a_{1n}x_n \\ & \cdots & \\ a_{m1}x_1 + & \cdots & + a_{mn}x_n \end{bmatrix}$$

이러한 접근 방법은 행렬의 성분의 의미를 설명해 주며 행렬이 친근한 내용으로부터 나온다는 것을 보여준다는 이점이 있지만, Maher(1995)는 행렬을 벡터공간의 선형사상으로 다루는 것이 수학적으로나 역사-발생적으로나 더 적절한 것으로 본다.

행렬과 행렬의 곱셈은 역사적으로 일차변환과 그 합성을 다루는 과정에서 발생하였다는 사실은 일차변환과 결부시켜 행렬을 도입하는 것이 자연스럽고 의미있는 방법임을 말해 준다. R^2에서 일차변환 $\begin{cases} ax + by = x' \\ cx + dy = y' \end{cases}$는 $A = \begin{bmatrix} a & b \\ c & d \end{bmatrix}$, $X = \begin{bmatrix} x \\ y \end{bmatrix}$, $X' = \begin{bmatrix} x' \\ y' \end{bmatrix}$라고 하면 $AX = X'$와 같이 나타내어지며, 여기서 행렬 A는 일차변환, 곧 벡터공간의 사상, 곧 함수로 간주될 수 있으며 선형성 $A(X_1 + X_2) = AX_1 + AX_2$, $A(kX) = k(AX)$를 만족한다.

좌표평면 R^2의 점을 $\begin{bmatrix} x \\ y \end{bmatrix}$와 같이 나타내고 점의 덧셈과 점과 실수 a와의 곱을

$$\begin{bmatrix} x_1 \\ y_1 \end{bmatrix} + \begin{bmatrix} x_2 \\ y_2 \end{bmatrix} = \begin{bmatrix} x_1 + x_2 \\ y_1 + y_2 \end{bmatrix}, \quad a\begin{bmatrix} x \\ y \end{bmatrix} = \begin{bmatrix} ax \\ ay \end{bmatrix}$$

와 같이 정의할 때, 행렬 $\begin{bmatrix} a\ b \\ c\ d \end{bmatrix}$는 다음과 같이 정의되는 함수 $f{:}R^2 \to R^2$로 볼 수 있다.

$$\begin{bmatrix} a\ b \\ c\ d \end{bmatrix}\begin{bmatrix} x \\ y \end{bmatrix} = \begin{bmatrix} ax + by \\ cx + dy \end{bmatrix}$$

이 함수는 선형성, 곧 $f(u+v) = f(u) + f(v)$, $f(av) = af(v)$인 성질을 갖는다는 것을 쉽게 알 수 있으며, 역으로 함수 $f{:}R^2 \to R^2$가 선형성을 갖는 함수이면

$$\begin{bmatrix} a \\ c \end{bmatrix} = f(\begin{bmatrix} 1 \\ 0 \end{bmatrix}), \ \begin{bmatrix} b \\ d \end{bmatrix} = f(\begin{bmatrix} 0 \\ 1 \end{bmatrix})$$

라고 할 때

$$f = \begin{bmatrix} a\ b \\ c\ d \end{bmatrix}$$

이다. 왜냐하면

$$f(\begin{bmatrix} x \\ y \end{bmatrix}) = f(\begin{bmatrix} x \\ 0 \end{bmatrix} + \begin{bmatrix} 0 \\ y \end{bmatrix}) = f(x\begin{bmatrix} 1 \\ 0 \end{bmatrix}) + f(y\begin{bmatrix} 0 \\ 1 \end{bmatrix}) = xf(\begin{bmatrix} 1 \\ 0 \end{bmatrix}) + yf(\begin{bmatrix} 0 \\ 1 \end{bmatrix})$$

$$= x\begin{bmatrix} a \\ c \end{bmatrix} + y\begin{bmatrix} b \\ d \end{bmatrix} = \begin{bmatrix} ax \\ cx \end{bmatrix} + \begin{bmatrix} by \\ dy \end{bmatrix} = \begin{bmatrix} ax+by \\ cx+dy \end{bmatrix} = \begin{bmatrix} a\ b \\ c\ d \end{bmatrix}\begin{bmatrix} x \\ y \end{bmatrix}$$

이므로 $f = \begin{bmatrix} a\ b \\ c\ d \end{bmatrix}$이기 때문이다. 이와 같이 행렬을 함수로 보면 행렬의 곱은 함수의 합성으로 볼 수 있으며

$$\begin{bmatrix} a\ b \\ c\ d \end{bmatrix}\begin{bmatrix} a'\ b' \\ c'\ d' \end{bmatrix}\begin{bmatrix} x \\ y \end{bmatrix} = \begin{bmatrix} a\ b \\ c\ d \end{bmatrix}\begin{bmatrix} a'x+b'y \\ c'x+d'y \end{bmatrix} = \begin{bmatrix} (aa'+bc')x+(ab'+bd')y \\ (ca'+dc')x+(cb'+dd')y \end{bmatrix}$$

$$= \begin{bmatrix} aa'+bc' & ab'+bd' \\ ca'+dc' & cb'+dd' \end{bmatrix}\begin{bmatrix} x \\ y \end{bmatrix}$$

로부터 행렬의 곱의 정의를 얻을 수 있다. 행렬의 곱셈에서는 실수의 곱셈과 달리 일반적으로 교환법칙이 성립하지 않고, 영인자(零因子, divisors of zero)가 존재하며 따라서 곱셈의 소약법칙(消約法則, cancellation law)이 성립하지 않는다.

2) 벡터

선형대수는 기하학적 양식, 대수적 양식, 추상적 양식으로 서술된다.(Hillel, 2000) 기하학적 양식에는 종합기하학적 양식과 해석기하학적 양식이 있다. 벡터 역시 그러하다. 평면과 공간에서 유향선분(directed line segment) 곧 화살표나 점에 의한 벡터의 표현은 기하학적인 표현 양식인데, 여기에는 좌표가 없는 양식과, 기하학적 특성과 산술적인 특성을 함께 가진 해석기하학적인 양식이 있다. 영벡터(zero vector)가 아닌 벡터는 기하학적 양식으로 원점으로부터 나오는 크기와 방향을 갖는 유향선분으로 기술된다. 영벡터는 크기가 0이고 방향이 없는 점 O로 인위적으로

정의된다. 그리고 벡터의 덧셈과 스칼라 곱셈은 각각 '평행사변형 법칙'과, 같은 방향이나 반대 방향으로의 확대·축소로서 기하학적으로 정의된다. 자유벡터(free vector)로 시작하여 '같은 방향과 크기를 갖는' 벡터의 동치류와 그에 대한 연산을 정의할 수도 있다. 이 경우에 고정벡터(fixed vector)는 동치류의 대표자가 된다.

좌표평면이나 좌표공간에서 화살표로서의 벡터 표현은 물리학에서의 벡터의 사용과 일치하며 벡터는 수와 다른 실체라는 생각을 강화하고 벡터의 덧셈, 스칼라 배, 벡터의 내적에 직관적인 의미를 부여해 준다. 그런데 실제로는 벡터의 화살표 표현과 점 표현 사이를 암묵적이고 무의식적으로 왕래한다. 이때 하나의 벡터는 화살표로 나타내어지지만 벡터의 집합인 평면 R^2이나 공간 R^3의 부분집합, 이를테면 원점을 지나는 직선은 그 위의 모든 자유벡터의 집합으로서보다도 고유벡터의 끝점의 집합으로 간주된다. 그러한 표현의 무의식적인 이동은 하찮은 것으로 보이지만 주의를 요한다. 예를 들어, $x+y=1$인 벡터 $P=(x,y)$를 나타내라고 하면 직선을 그리지만 '실제적인' 벡터를 나타내라고 하면 오른쪽 그림과 같이 그 직선 위에 끝점이 있는 '고정벡터'가 아니라 그 직선 위에 놓여 있는 '자유벡터'를 그리는 오류를 범하기 쉽다.(Hillel, pp. 196-197)

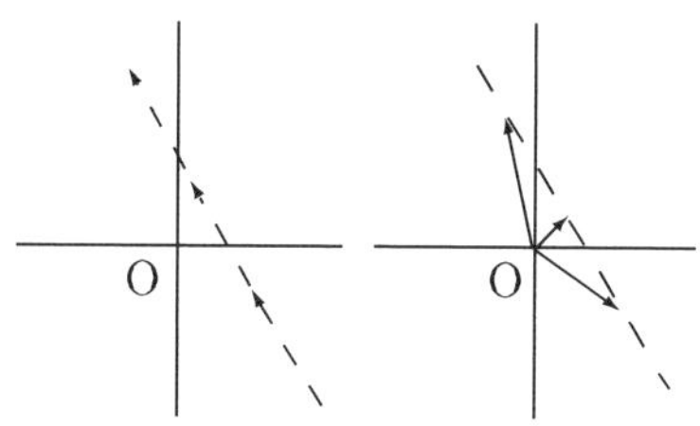

흔히 벡터는 좌표계가 부여된 2, 3차원 공간의 화살표로 기술되는데, 여기서 벡터의 덧셈과 스칼라 곱셈은 좌표가 없는 경우와 같이 기하학적으로 기술될 수 있으나, 화살표의 끝점의 좌표로 대수적으로 정의하고 두 벡터 $\vec{a}=(a_1,a_2)$, $\vec{b}=(b_1,b_2)$의 합이 평행사변형의 대각선임을 다음 그림과 같이 기하학적으로 보일 수 있다.

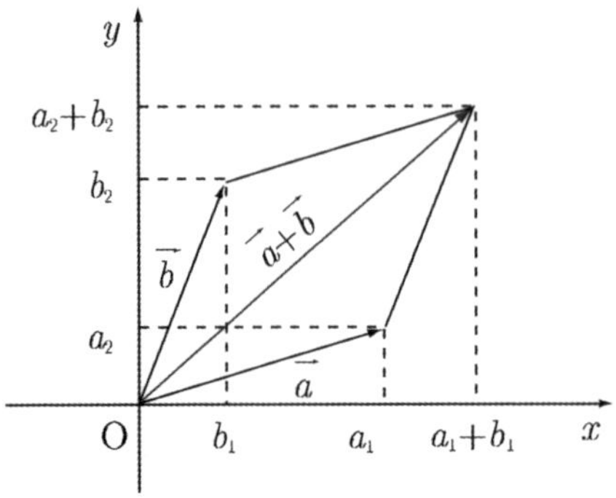

벡터는 화살표를 떼어내면 특정한 점이나 좌표계가 부여된 2, 3차원 공간의 점이 된다. 그러면 벡터는 대수적 양식으로 표현되게 되며 일반적으로 n개의 실수의 쌍$(x_1, x_2, \cdots, x_n)$의 집합 R^n의 원소이며 $X, Y, Z, \cdots$ 등으로 나타내어진다. 이때 벡터의 덧셈과 스칼라 곱셈은 성분별로 정의된 대수적 연산이 되며, 그 성질은 본질적으로 성분별로 분배된 실수의 성질이 된다.

그런데 해석기하학적 표현은 친근하기 때문에 생기는 문제점이 있다. 벡터를 좌표평면에서 $\vec{a}=(a_1, a_2)=a_1\overrightarrow{e_1}+a_2\overrightarrow{e_2}$와 같이 나타내어 생각할 때, 기본벡터 $\overrightarrow{e_1}$, $\overrightarrow{e_2}$에 의해서가 아니라 고정된 좌표축에 의해서 결정되는 것으로 보는 경향이 있다. 다시 말하면, 표준적인 좌표계가 너무 강하여 다른 기본벡터를 선택할 필요성을 수용하기 어렵지만, 좌표축 자체도 기본 단위벡터도 임의적인 것이며 좌표축도 벡터의 집합이라는 것을 생각해야 한다. 벡터의 표현은 일반적으로 유일하지 않으며 좌표계의 선정에 좌우되므로, 기본벡터에의 의존성을 이해하는 것은 중요한 것이다.

좌표기하는 그 본성상 기하학적 표현 양식과 대수적 표현 양식을 연결한다. 화살표 $\overrightarrow{OP}$는 점 $P(a_1, a_2)$와 동일시된다. 이러한 기술 양식의 이행은 벡터 연산의 양립을 필연화한다. 예를 들어, 벡터의 합의 '평행사변형 법칙'은 벡터의 성분별 덧셈에 대응하며, 평면에서의 기하학적 변환은 벡터에 작용하는 2×2행렬로 표현될 수 있다. 이를테면 θ만큼의 회전은 행렬로 $\begin{bmatrix} x' \\ y' \end{bmatrix} = \begin{bmatrix} \cos\theta & -\sin\theta \\ \sin\theta & \cos\theta \end{bmatrix} \begin{bmatrix} x \\ y \end{bmatrix}$와 같이 나타낼 수 있다.

고등학교에서는 평면 R^2과 공간 R^3에서 벡터와 그 연산 및 변환을 다루지만, 너 나아가 일반적으로 실수 n순서쌍(ordered n-tuples)으로 이루어진 n차원 공간 R^n을 실수의 성분별 덧셈과 실수(스칼라) 배가 정의된 벡터공간으로 볼 수 있게 되면 좀 더 추상적인 관점에서 벡터와 그 연산 및 변환을 다룰 수 있게 된다. 평면벡터에서도 공간벡터에서도 합과 실수와의 곱셈 곧 스칼라 배가 정의되며 그와 관련된 몇 가지 기본성질을 만족한다. 이를 공리적으로 생각하여 일반적으로 다음과 같은 '합과 실수배의 법칙'을 만족하는 것을 벡터라고 정의할 수 있다.

모든 벡터 x, y, z와 실수 r, s에 대하여

$(x+y)+z=x+(y+z)$

$x+0=0+x=x$인 영벡터 0이 존재한다.

$x+(-x)=(-x)+x=0$인 $-x$가 존재한다.

$x+y=y+x$

$(x+y)\cdot r=x\cdot r+y\cdot r$

$x\cdot(r+s)=x\cdot r+x\cdot s$

$x\cdot(r\cdot s)=(x\cdot r)\cdot s$

$x\cdot 1=x$

일반적으로 이러한 성질을 만족하는 대상을 벡터라고 정의하면, 벡터란 매우 포괄적인 추상적 개념이 된다. 유향선분으로 나타내어지는 평면벡터와 공간벡터, 좌표로 나타내어지는 2차원 3차원 나아가 n차원 공간의 점은 물론이고, 일반적인 함수도 $(f+g)(x)=f(x)+g(x)$, $(f\cdot r)(x)=f(x)r$과 같이 합과 r배를 정의할 수 있으며 위와 같은 성질을 만족하므로 벡터이다. 행렬, 다항식, 수렴하는 수열 그리고 실수, 복소수도 벡터이다. 함수는 벡터의 전형이며 거의 모든 수학적인 대상이 함수로 간주될 수 있으므로 합과 실수배의 법칙, 곧 선형성(線形性)을 갖는 벡터는 수학의 강력한

통합개념이 되는 것이다.

$x \cdot 1 = x$인 기본성질로부터, $x \cdot 2 = x \cdot (1+1) = x \cdot 1 + x \cdot 1 = x + x$가 되며, 수학적 귀납법에 의해 일반적으로 $x \cdot n = x + x + \cdots + x$가 된다. 이와 같이 '1배(倍)'라고 하는 것이 합과 n배를 이어주는 고리가 되고 있음을 알 수 있다. n배를 먼저 생각하고 '원래 그대로는 1배'라고 생각하는 쪽이 자연스럽지만, 수학에서는 (단위량)=(1배)라는 것은 그리스 이래의 '수의 기초'이며, 배 개념을 1배로부터 도입하는 기본성질로부터 출발하고 있는 것이다. 0배나 (-1)배도 형식적으로 이로부터 유도된다.[25]

이와 같이 일반화된 벡터는 추상적인 양식으로 다루어지게 된다. 벡터는 위와 같은 기본성질을 만족하는 대상이며 그 덧셈과 실수(스칼라)배는 그러한 성질을 만족하는 연산이다. 그리고 일차변환은 덧셈과 실수배를 보존하는 벡터의 집합 사이의 함수로 정의된다. 그러나 고등학교 수학에서는 그와 같은 기본성질에 주목하는 수준이 아닌 구체적인 기하학적 의미를 갖는 수준에서 벡터를 다루며, 평면으로부터 평면으로의 간단한 일차변환을 행렬로 나타내어 다룬다.

3) 일차변환과 이차곡선의 표준화 문제

선형대수는 수학 내에서는 물론 자연과학과 공학, 그리고 경제학이나 경영

25 $xx + x \cdot 0 = x(x+0) = xx = xx + 0$이므로 $x \cdot 0 = 0$. 또한 $0 \cdot r = (0+0) \cdot r = 0 \cdot r + 0 \cdot r$이므로 $0 \cdot r = 0$. 그리고, $x \cdot 1 + x \cdot (-1) = x \cdot (1 + (-1)) = x \cdot 0 = 0$이므로, $x \cdot (-1) = -(x \cdot 1) = -x$. 곧, x의 덧셈에 대한 역원 $-x$가 x의 (-1)배와 같으며, 이것이 음수 배의 기초가 된다.

학과 같은 사회과학 분야에서도 널리 활용되는데, 응용문제의 대부분은 행렬 이론, 특히 일차변환(linear transformation)과 관련된 고유치(eigenvalue), 고유벡터(eigenvector) 등의 개념을 다루고 있다. 이러한 응용문제는 제기된 여러 가지 개념이 선형대수 이론으로 통합되어 가는 역사적인 배경을 제공했던 실제적인 상황과 밀접하게 관련되어 있기 때문에 개념 사이의 본질적인 연결성을 고려하는 필요성이나 동기를 부여할 수 있다.

추상적인 벡터공간론 곧 선형대수에서 일차변환은 그 핵심적인 개념의 하나로 두 벡터 공간 사이에서 합과 실수배의 규칙, 곧 선형성을 보존하는 함수로 정의된다. V, W를 벡터공간이라고 할 때 변환 $T: V \to W$는 모든 $u, v \in V, r \in R$에 대하여 $T(u+v) = T(u) + T(v)$, $T(ru) = rT(u)$일 때 일차변환 또는 선형사상(linear mapping)이라고 한다. 가장 초보적인 일차변환인 정비례 함수는 수학의 바탕이 되는 기본적인 함수이며 그 본질은 선형성의 보존이다. 등속운동이나 균질인 막대의 무게를 나타내는 것과 같은 정비례 함수 $y = f(x) = ax$의 기본적인 특성은 가법성(加法性)의 보존 $f(x_1 + x_2) = f(x_1) + f(x_2)$이다. 그런데 이는 $f(x \cdot r) = f(x) \cdot r$, $r \in R$ 및 $f(x) = ax$와 동치이며, 이러한 성질을 가진 함수를 정비례 함수라고 정의해도 된다. 'x를 r배하면 y도 r배가 되는' 관계인 정비례함수는 'y는 x에 비례한다'로 표현되지만, 'x와 y는 비례한다'고 표현하면 비례관계가 되고 역함수가 존재해야 한다. 따라서 정비례라고 할 때 $a = 0$인 경우를 제외한다. 정비례 관계의 기본적인 특성인 선형성이 보존되는 관계는 그래프로 나타내면 직선 모양이라는 뜻으로, 수학 전체와 구조적으로 관련된 기본적이고 기초적인 개념이다. 합과 실수배의 규칙, 곧 선형성의 의미와 본질이 점차 명확히 되면서 그러한 성질을 갖는 대상의 집합 곧 벡터공간(선형공간)에 관한 이론인 선형대수에서 그 형식화가 이루어지고 그러한 성질을 보존하는 벡터공간 사이의 함수관계인 일차변환, 곧 선형사상의 중요성이 드러나게 되었다.

$y=ax$ 형태의 정비례 함수는 현상에 내재된 매우 기본적인 관계로 학교수학의 바탕이 되어 있다. 특히 고등학교 수학에서는 일반적인 함수 $y=f(x)$를 해석하는 수단으로 국소적으로 '무한소 정비례함수' $f'(x)=\lim_{\Delta x \to 0}\frac{\Delta y}{\Delta x}=\frac{dy}{dx}$[26]를 상정한 미적분법을 생각하게 된다. 그리고 변수가 여러 개인 함수가 되면 일차변환의 행렬표현 $Y=AX$(여기서 X, Y는 벡터이고, A는 행렬이다)가 되고, 나아가 벡터 해석을 생각하게 된다. 정비례 관계 $y=ax$에 비추어 볼 때 선형대수의 중심적인 문제가 $AX=\lambda X$인 λ와 X 곧, 고유치와 고유벡터의 문제임은 주목할 점이다. $n\times n$행렬 A에 대해, AX가 X의 실수배가 되게 하는 즉 $AX=\lambda X$가 되게 하는 $n\times 1$행렬 $X(\neq O)$를 고유벡터라 하고, 그때의 실수 λ를 고유치라 하는바, 이때 벡터 X와 AX의 대응하는 성분은 비례하며 비례상수는 고유치 λ이다.(森毅, 1981)

일차변환 $T: V\to W, T(a+kb)=T(a)+kT(b)$는 정의역 V의 기저 벡터에 대한 상(像)만 알면 V의 모든 벡터 v에 대해 일차변환의 성질을 이용하여 $T(v)$를 결정할 수 있게 해준다. 고등학교 수학에서 일차변환은 좌표평면에서 대칭변환, 회전변환, 닮음변환 등과 같은, 변환의 식이 상수항이 없는 x, y의 일차식으로 나타내어지는 변환으로 정의된다. 그리고 일차변환을 행렬로 나타내고 행렬의 연산을 이용하여 합과 실수배를 보존하는 일차변환의 성질을 다룬다.

다음에는 고등학교 수학에서는 다루지 않지만 선형대수의 주요한 응용문제로서 이차곡선의 표준화 문제를 살펴보기로 한다.[27] 일반적으로 다음

---

26 고등수학에서는 $dy=f'(x)dx$와 같이 나타내기도 한다.

27 좌표평면에서 이차방정식 $ax^2+bxy+cy^2+dx+ey+f=0$을 만족하는 점 전체의 집합을 이차곡선(二次曲線, quadratic curve) 또는 원뿔곡선(conic)이라고 하며, 좌표

과 같은 주축정리(Principal Axes Theorem)가 성립한다.

'원추곡선 $ax^2+bxy+cy^2+dx+ey+f=0$에 대해서 이 이차방정식과 관련된 이차형식[28]의 행렬 $A=\begin{bmatrix} a & \frac{b}{2} \\ \frac{b}{2} & c \end{bmatrix}$를 대각화하는 $|P|=1$인 직교행렬, 곧 $P^{-1}=P^T$인 가역적인 정방행렬, P가 존재하여 $X=PX'$로 주어진 회전변환은 xy항을 제거한다. 여기서 λ_1, λ_2가 A의 고유치일 때 $P^TAP=\begin{bmatrix} \lambda_1 & 0 \\ 0 & \lambda_2 \end{bmatrix}$이며, 회전된 원추곡선의 방정식은 $\lambda_1 x'^2+\lambda_2 y'^2+[d\ \ e]PX'+f=0$이다.'

이를테면 원추곡선 $13x^2-10xy+13y^2-72=0$이 어떤 형태인지 쉽게 판별할 수 없다. 이 이차곡선을 행렬로 나타내면 $[x\ \ y]\begin{bmatrix} 13 & -5 \\ -5 & 13 \end{bmatrix}\begin{bmatrix} x \\ y \end{bmatrix}-72=0$이고 이 방정식과 관련된 이차형식의 행렬은 대칭행렬 $A=\begin{bmatrix} 13 & -5 \\ -5 & 13 \end{bmatrix}$이다. 이 이차곡선에서 A를 대각화하여 xy항을 제거하는 회전변환을 생각해 보자. A의 특성방정식 $\det(\lambda I-A)=\begin{vmatrix} \lambda-13 & 5 \\ 5 & \lambda-13 \end{vmatrix}=(\lambda-13)^2-25=(\lambda-8)(\lambda-18)=0$으로부터 A의 고유치 $\lambda_1=8$, $\lambda_2=18$을 얻고 xy항이 제거된 회전된 타원의 방정식, 곧 표준형 $8x'^2+18y'^2-72=0$을 얻게 된다. 여기서 각 고유치에 대한 고유벡터 $\begin{bmatrix} 1 \\ 1 \end{bmatrix}$, $\begin{bmatrix} -1 \\ 1 \end{bmatrix}$를 구하고[29] 이를 정규화(normalize)하여[30] A를 대각화하는 직교행렬 $P=$

변환에 의하여 xy항이 삭제된 이차방정식을 그 이차곡선의 표준형이라고 한다.

28 $ax^2+bxy+cy^2$ 꼴의 식을 이차방정식 $ax^2+bxy+cy^2+dx+ey+f=0$와 관련된 이차형식이라고 한다.

29 고유치 λ에 대한 고유벡터 X는 $AX=\lambda X$, 곧 $(\lambda I-A)X=O$를 만족하는 벡터 X의 0이 아닌 실수배이다.

30 벡터를 정규화한다는 것은 그 벡터 방향의 단위벡터를 구하는 것을 의미한다.

$$\begin{bmatrix} \frac{1}{\sqrt{2}} & -\frac{1}{\sqrt{2}} \\ \frac{1}{\sqrt{2}} & \frac{1}{\sqrt{2}} \end{bmatrix} = \begin{bmatrix} \cos\theta & -\sin\theta \\ \sin\theta & \cos\theta \end{bmatrix}$$ 을 얻을 수 있고 회전변환 $X' = PX$ 는 회전각이 $\theta = 45^\circ$ 임을 알 수 있다.[31] 따라서 축을 45° 만큼 회전시키는 일차변환 $\begin{bmatrix} x' \\ y' \end{bmatrix} = \begin{bmatrix} \frac{1}{\sqrt{2}} & -\frac{1}{\sqrt{2}} \\ \frac{1}{\sqrt{2}} & \frac{1}{\sqrt{2}} \end{bmatrix} \begin{bmatrix} x \\ y \end{bmatrix}$ 에 의해 주어진 원추곡선의 방정식 $13x^2 - 10xy + 13y^2 - 72 = 0$은 xy항이 소거되고 표준형 $8x'^2 + 18y'^2 - 72 = 0$, $4x'^2 + 9y'^2 - 36 = 0$, 곧 $\frac{x'^2}{3^2} + \frac{y'^2}{2^2} = 1$이 되어 그 타원 형태를 곧바로 알 수 있게 된다.(Larson & Edwards, pp. 420-422)

4) 학교수학과 선형대수 관련 내용

현재 고등학교 수학에서 다루는 선형대수 관련 내용으로서 먼저 행렬과 그 연산(덧셈, 뺄셈, 곱셈, 실수배) 및 연산법칙, 역행렬, 역행렬을 이용한 연립일차방정식의 해법 등을 들 수 있다. 행렬과 그 덧셈, 뺄셈은 구체적인 상황을 통해 도입하고 역행렬은 이차정사각행렬에 대해서만 다룬다. 행렬의 곱셈을 활용하는 예로서 이산수학에서의 그래프의 행렬 표현이 다루어지고, 행렬의 곱셈을 이용하여 연립일차방정식을 행렬로 표현하고 역행렬을 이용한 풀이와 해를 갖기 위한 조건을 다룬다.

---

31 여기서 직교행렬 P는 유일하지 않으며 그 성분은 고유치의 순서와 고유벡터의 선택에 따라 달라지며 축의 회전각도 달라지나 회전된 타원의 그래프는 같다.(Larson & Edwards, pp. 422-423)

그리고 일차변환과 그 행렬표현, 일차변환의 합성과 역변환을 다룬다. 일차변환의 뜻과 대표적인 일차변환으로 대칭변환, 닮음변환, 회전변환의 행렬 표현을 다루고, 일차변환의 합성과 역변환을 행렬로 나타내어 활용하도록 하고, 일차변환의 성질을 이해하고 활용하도록 하고 있다. 일차변환은 변환의 식이 상수항이 없는 x, y의 일차식으로 나타내어지는 변환이며 일차변환은 행렬의 곱을 이용하여 표현할 수 있으며 행렬에 의해 결정됨을 강조하고 있다. 합과 실수배를 보존하는 일차변환의 성질을 행렬의 연산을 이용하여

$$f(X_1 + X_2) = A(X_1 + X_2) = AX_1 + AX_2 = f(X_1) + f(X_2)$$
$$f(kX) = A(kX) = k(AX)$$

와 같이 유도하고 있다. 그리고 일차변환의 행렬을 결정하기 위해서 좌표평면의 기저에 해당하는 벡터 $(1,0)$, $(0,1)$의 일차변환에 대한 상(像)을 이용한다는 점을 다루고 있다.

그리고 일차변환 f의 행렬을 A라고 할 때 A^{-1}이 존재하면 일차변환 f에 의해 평면 전체는 평면 전체로 옮겨지고, 서로 다른 점은 서로 다른 점으로 옮겨지며, A^{-1}이 존재하지 않을 때, $A = O$이면, 일차변환 f에 의해 평면 전체는 원점으로 옮겨지고, $A \neq O$이면, 일차변환 f에 의해 평면 전체는 원점을 지나는 한 직선으로 옮겨진다는 일차변환의 활용 부분이 다루어진다.[32]

---

32 이에 대한 선형대수의 동형정리는 다음과 같다. 선형사상의 영공간(null space), 곧 0의 모든 원상의 집합을 선형사상의 핵(kernel)이라고 부른다. 평면에서 일차변환 f에 대해, $\dim(Im(f)) = \dim(R^2) - \dim(Ker(f)) = 2 - \dim(Ker(f))$가 성립한다. 따라서 A^{-1}이 존재하면, $Ker(f) = \{0\}, \dim(Ker(f)) = 0$이 되므로, $\dim(Im(f)) = 2$, $Im(f) = R^2$이

고등학교 수학에서 벡터는 좌표평면과 좌표공간에서 기하학적으로 취급되고 있으며 도형의 성질을 연구하는 한 가지 도구로 간주되고 있고, 그 대수적 구조는 비교적 간단히 다루어지고 있다. 벡터를 평면과 공간에서의 크기와 방향을 가진 양인 유향선분으로 도입하고, 벡터의 합을 평행사변형 법칙과 삼각형 법칙을 사용하여 도입하고 벡터의 실수배 및 연산의 성질을 다룬다. 다음에 좌표평면에서 유향선분의 시점을 원점으로 고정시킨 위치벡터를 도입하여 벡터의 성분 표현과 방향코사인, 내적을 다루고, 벡터의 합과 실수배를 각 성분에 대한 대수적인 연산으로 다룬다. 그다음에 직선과 평면을 벡터 방정식으로 표현하고 수직과 평행 조건, 점과 평면 사이의 거리 등을 다루며, 여러 가지 도형의 성질을 위치벡터를 사용하여 증명하도록 하고 있다.

이차곡선은 벡터보다 먼저 지도한다. 이차곡선의 방정식 및 이차곡선의 직선과의 위치관계와 접선의 방정식 등 해석기하가 다루어진다. 포물선, 타원, 쌍곡선의 정의와 그 방정식을 다루고 있는데, 좌표변환 없이 기존 x, y축에 한정하여 지도하고 있으며 포물선, 타원, 쌍곡선의 방정식의 표준형을 강조하여 지도한다. 이후에 이차곡선과 직선(접선)과의 위치관계를 방정식에 대한 판별식을 활용하여 파악하도록 한다.

행렬은 선형대수에서 기본적인 개념적 도구로서 연립일차방정식, 벡터, 일차변환 그리고 이차곡선의 표준화 문제와 연결되는 개념이다. 현재 고등학교 수학에서는 행렬 대수를 강조하고 연립일차방정식의 행렬 표현과 역

다. 따라서 f는 전단사함수가 되어 서로 다른 점은 서로 다른 점으로 옮겨진다. 그리고 A^{-1}이 존재하지 않으면, $\dim(Ker(f))$는 1 또는 2가 되어야 한다. $A=O$이면, $AX=O$이므로, $Ker(f)=R^2$, $\dim(Ker(f))=2$가 되어 $\dim(Im(f))=0$, $Im(f)=\{0\}$이 된다. 즉 평면은 원점으로 옮겨진다. 또 $A\neq O$이면, 위의 두 가지가 모두 아니므로, $\dim(Ker(f))=1$이고 $\dim(Im(f))=1$이 되어, 결국 평면은 원점을 지나는 직선으로 옮겨진다.

행렬을 이용한 그 풀이, 일차변환의 행렬 표현을 다루고 있다. 연립일차방정식은 역사적으로 선형대수 이론의 출발점이 되었는데, 이에 대한 고려가 없이 행렬을 연립일차방정식의 풀이에 적용하고 있다. 선형대수에서 행렬과 벡터와 이차곡선을 연결짓는 핵심 고리의 역할을 하는 일차변환이 다루어지지만 그 이차곡선에의 활용은 다루지 않는다. 그리고 좌표평면과 좌표공간에서 벡터기하를 다루지만 벡터공간론을 다루지는 않는다.

이러한 선형대수 관련 교육과정을 좀 더 잘 이해하기 위하여 중등학교 수학에서 선형대수 지도를 주장한 1960년대의 '새 수학'을 간단히 살펴보기로 한다. 1930년대 초에 수학계에서 벡터공간의 공리적 접근이 우세하게 되었으며 이는 곧바로 대학수준에서의 수학교육에 큰 영향을 주었다. 프랑스에서는 구조주의 수학을 표방하며 1934년에 설립된 Bourbaki학파가 벡터공간론을 증진시켰으며 양자역학의 수학적 기초에 관한 학술회의가 현상의 바탕을 이해하는 중요한 관념으로 벡터공간 관념을 부각시켜, 공리론적인 구조적 접근이 1930년부터 1950년 사이에 선형문제에 대한 표준적인 접근법이 되었다. 그리고 1954년에 프랑스 대학 수학교육에서 공리론적인 구조적 접근으로 근본적인 변화가 일어났으며, 1956년 대학예과(classes préparatoires)의 국가교육과정에 현대수학이 공식적으로 도입되었고 벡터공간론이 기하교육을 개선할 새로운 대수분야로 중심적인 역할을 하였다. 중등학교 수학교육의 개혁은 수행하기가 더 어려웠는데, 1969년 국가 교육과정에서 Lycée의 첫 학년(15세)부터 유한차원 벡터공간에 관한 공리론을 가르치도록 하여 기하교육의 근본적인 변화를 가져왔다. 이러한 개혁은 대학에서 현대수학을 배우는 데 기본이 되는 관념에 가능한 한 일찍 익숙해지기를 바라며 학교수학에서 'Euclid는 물러가야 한다.'라는 슬로건으로 유명한 Bourbaki학파의 Dieudonné의 견해에 기초한 것이었다. 이러한 '새 수학'은 1980년대 초까지 지속되다가 그 실패로 인한 반개혁으로 선형대수의 공리적 접근은 중등학교로부터 점진적으로 물러나 대학에서 다루게 되었다. 그러나 대학에서도 선형대수의 공리적 접근은 학생들에게 난해한 과정으로 여겨져 최근에는 연립일차방정식 풀이와 행렬 계산을 통해 선형대수를 도입하는 경향이 늘어나고 있다.(Dorier, pp. 56-59)

여기서 고등학교에서 벡터공간론을 지도하자는 Dieudonné(1959)의 주장을 살펴보기로 한다. Dieudonné는 1958년 OECD주최의 '새 수학' 세미나에서 Euclid기하는 학교수학에서 추방되어야 하며 그 대신에 공간구조의 본질을 잘 드러내면서 현대수학과 과학 연구의 기초가 되는 벡터공간을 다룰 것을 요구하였다. 그의 주장은 다음과 같이 요약될 수 있다. 대학에 지워진 짐 가운데 학생들의 지적인 능력에 적합한 정도의 내용은 중등학교에서 맡도록 중등학교 교육과정을 재조직할 필요가 있다. Euclid기하는 지금까지 인류가 실현한 가장 뛰어난 지적인 성과이며, 우리가 현대과학의 구조를 확립할 수 있었던 것도 그 덕분이다. 그러나 19세기 중반 이후에 Euclid공리계는 재조직되었고 현대수학의 관점에서 그 중요성이 재평가되었다. Euclid기하의 전체 과정은 두세 시간 가르치는 것으로 충분하다. 기하교육의 주요 목적은 2, 3차원 공간의 구조를 직관적으로 이해시키고 그것을 논리적인 틀 안에 놓는 것인바, 그러한 Euclid공간은 현대수학적으로, 곧 내적이 정의된 실수체상의 2, 3차원 벡터공간으로서 '이상적인' 방법으로 지도될 수 있다. 벡터 개념은 현대과학의 모든 영역에서 매우 중요한 역할을 하는 반면 Euclid기하의 중심이 되는 삼각형 개념은 천문학이나 측지학과 같은 고도로 전문화된 분야 외에는 실제로 전혀 응용이 안 되는 것이다.

14세 이전까지 대칭, 평행이동, 변환의 합성 등과 같은 기본 개념을 강조하면서 평면기하를 '경험적인' 방법으로 지도한다. 물리학의 일부분으로서 기하를 지도하는 방식도 권고할 만하다. 15세에 평면기하를 다음과 같은 공리계에 따라 다룬다.

(A) $x+y=y+x$ (B) $x\cdot(y+z)=x\cdot y+x\cdot z$

$x+(y+z)=(x+y)+z$ $\quad x\cdot y=y\cdot x$

$1x=x$ $\quad (\lambda x)\cdot y=\lambda(x+y)$

$(\lambda+\mu)x=\lambda x+\mu x$ $\quad x\cdot x>0$ (단, $x\neq 0$)

$\lambda(x+y)=\lambda x+\lambda y$

$\lambda(\mu x)=(\lambda\mu)x$

일차독립인 벡터의 최대 수는 2

합과 실수배에 대한 공리계 (A)에서 2차원 선형대수(일차종속, 기저, 직선, 평행이동군과 닮음사상군, 평행성, 선형사상, 일차형식과 직선의 방정식)가 유도되며 평면 아핀기하를 이루게 된다. 그리고, 내적에 대한 공리계 (B)로부터 직교성, 원, 회전, 대칭성, 각, 등장사상군 등이 유도된다. 이러한 공리의 결과들은 대수적인 관점과 기하학적인 관점으로부터 전개된다. 여러 가지 일차변환, 일차변환군 등이 강조되고, 2차행렬 및 행렬식이 자연스럽게 도입된다. 16세에 평면기하군을 더 깊이 다루고, 각과 삼각함수를 이용하여 공리의 결과를 더 깊이 전개한다. 각의 측정을 실수군에서 회전군 위로의 준동형 사상으로 정확히 정의하고 각의 존재는 존재증명 없이 받아들인다. 이차곡선을 자세히 다루고 매개변수로 주어진 곡선을 그리는 방법을 학습한다. 17세에 3차원 기하의 공리와 그 결과를 다루고, 3차행렬과 행렬식을 다룬다. 극좌표 방정식으로 주어진 곡선을 그리는 방법을 학습한다. 그러나 직관적인 '해석'이 배제된 추상적인 내용은 중등학교 수학에서는 다루어서는 안 된다. 이상과 같은 내용은 대학 1학년에서 다루는 일반적인 선형대수, 곧 임의차원 벡터공간, 행렬, 행렬식에 대한 일반이론 및 이차형식과 유한차원 Euclid공간에 대한 이론 및 다변수함수의 미적분, 미분방정식, 미분기하, 함수해석학과 연결된다.

Dieudonné(1972)는 엄밀한 추상적 사고의 교육적 가치를 신봉하는 입상에 서 있었으며 수학의 추상적 본질과 공리적 방법의 지도에 대하여 다음과 같이 주장하였다. 수학의 본질은 추상적인 개념을 창안하여 그것으로 추론하는 힘에 있으며 그렇게 하는 것이 수학적 방법의 본질이다. 수학의 힘과 유용성은 그 추상화의 정도에 비례하는바, 개념을 추상화하고 추상적으로 추론하는 능력의 개발이 수학교육의 주요 목적이 되지 않을 수 없으며 지도 내용은 그러한 것을 잘 예시하는 것이어야 한다. 그러한 수학적 방법에 따라서 사고를 정돈하는 것이 수학교육의 목적이 되면 학생들은 깨끗한 정신과 엄밀한 판단력을 개발해 가게 될 것이다. 어린 학생들에게 동화할 수 없는 너무 추상적인 개념을 곧바로 제시해서는 안 되지만 점진적으로 수학이 그 진정한 모습인 추상적인 본성을 드러내도록 해야 한다. 따라서 학생들이 추상적인 사고에 접근하기 어렵다는 이유로 수학의 추상적인 본성을 가리고 약화시키려는 것은 중대한 잘못이다.

최근 고등학교 수학에서는 행렬, 연립일차방정식, 일차변환, 이차곡선, 벡터와 같은 선형대수와 관련된 내용을 다루고 있으나, 앞에서 살펴본 바와 같이 이들 내용은 그 연결 관계를 이해할 수 없을 정도로 서로 독립적으로 제시되고 있다. 고등학교 수학에서 이러한 내용을 행렬 중심의 응용 과정이나 벡터공간 중심의 이론적 과정을 주축으로 구성할 수는 없다. 그러나 이들 개념은 형식화 단계 이전에 선형대수라는 하나의 주제로 통합되어 온 본질적으로 연결될 수밖에 없는 관계를 갖고 있다. 이에 대한 역사-발생적 분석은 선형대수의 관점에서 관련된 여러 개념에 대한 연결성을 고려하는 지도를 위한 기초를 제공할 수 있다.

일차변환과 연립일차방정식은 선형대수의 역사적 기원이 되며 벡터공간 이론이 발달하는 기초적이고 핵심적인 문제를 제공하였다. 행렬, 행렬의 곱, 일차종속, 일차독립, 행렬의 계수(階數) 등과 같은 선형대수 개념은 역사적으로 일차변환의 합성을 다루고 연립일차방정식의 해를 구하려는 시도를 하는 과정에서 발생되었다. 역사-발생적으로 행렬은 일차변환과 연립일차방정식을 다루는 수단으로 도입되어 그와 개념적인 연결고리를 갖는데, 고등학교 수학에서는 행렬과 그 곱셈을 그 역사-발생과 무관하게 일상생활 문제와 결부시켜 도입하고 있으며 행렬을 먼저 도입하고 그 대수를 지도한 다음에 역행렬을 응용하는 문제로 연립일차방정식을 다루고 일차변환을 나타내는 수단으로 행렬을 이용하고 있다. 이러한 지도 방식은 행렬의 도입 이유와 행렬의 곱셈의 정의 방식을 자연스럽게 설명하기가 어렵다. 역사적 발달 과정을 따라 방정식의 개수가 많은 연립일차방정식의 표기와 Gauss-Jordan소거법 및 일차변환의 합성을 다루는 과정에서 자연스럽게 행렬과 그 곱셈을 도입할 수 있을 것이다. Gauss-Jordan소거법은 복잡한 연립일차방정식의 해법을 계수로 이루어진 행렬을 조작하는 문제로 단순화해 주는 역할을 하므로, 학생들에게 행렬 도입의 필요성을 인식시키고, 행렬이 연립일차방정식의 계수와 같은 다차원의 양을 한꺼번에 표현하여 처리해 주는 편리한 도구임을 이해시킬 수 있다.

일차변환은 역사-발생적으로 행렬 및 이차곡선 문제와 연결되어 있으며 선형대수의 핵심적인 개념으로 그 행렬표현은 성분벡터와 함께 다루어져야 하므로 선형대수의 여러 주제를 연결해줄 수 있는 풍부한 연결고리를 가지고 있다. 일차변환을 행렬과 연계하여 이해하고, 일차변환의 합성은 역사적으로 행렬의 곱셈을 정의하는 배경을 제공하였는바 그 합성변환과 역변환을 행렬의 곱셈과 역행렬과 연결하여 이해하도록 하면 행렬의 도입과 적용을 의미 있게 해줄 수 있다. 일차변환은 벡터, 행렬, 행렬의 곱셈 및 군(群) 구조를 통합적으로 경험하는 기회를 제공하며, 선형대수의 역사적인 발생 과정에서 이차곡선의 표준화 문제는 일차변환의 의미 있는 응용문제로서 일차변환, 행렬, 벡터의 개념을 자연스럽게 연결시켜 주는 소재임을 확인할 수 있다. 최근 고등학교 수학에서는 이차곡선의 방정식과 그 접선과 같은 내용을 다루는 해석기하에 한정되어 있고 선형대수적 관점은 찾아볼 수 없으나, 이차곡선의 회전변환(축의 변환)을 통한 표준화 문제는 일차변환, 행렬, 벡터를 연결시켜 줄 수 있는 더욱 차원 높은 흥미로운 응용문제가 될 수 있을 것으로 생각되는바 이에 대한 교수학적 연구가 요망된다.

최근 고등학교 수학에서 벡터의 개념은 기하학적인 유향선분으로 도입하여 좌표성분으로 대수화된다. 그러나, 역사적인 발달 과정에서 벡터가 유향선분에서 순서쌍으로 대수화되는 과정은 자연스러운 것이 아니었다. 그 발달 과정에는 방향과 크기를 갖는 유향선분을 어떻게 수학적으로 나타낼 것인가 하는 문제를 내포하고 있으며, 방향을 갖는 크기를 표현하기 위해 기준점과 단위의 필요성을 인식하는 과정이 포함되어 있다. 유향선분은 결국 단위의 실수배와 합을 이용한 일차결합으로 표현되었다. 그런 다음에 평면상에서 단위의 일차결합을 실수의 순서쌍과 연계하여 표현할 수 있었던 것이다. 학생들이 이러한 사고의 전환을 원활히 할 수 있다고 보기 어려우며 따라서 기하학적인 벡터에서 좌표성분으로의 이행을 당연하게 취급하여 이를 곧바로 도입해서는 안 될 것이다.

선형대수는 현대수학에서 미적분학 못지않은 중요성을 지니고 있으며 모든 과학과 공학 분야에서 그 중요성이 매우 강조되고 있다. 특히 선형대수는 그 학문적 발달 과정을 통해 여러 가지 문제해결 과정에서 등장한 수학적 개념들이 통합되고 추상화되면서 체계화되었기 때문에 관련 개념이 본질적으로 연결성을 가지고 있다. 선형대수라는 전체적인 틀 내에서 개념 사이의 관련성을 이해하고 그 구조를 파악하는 것은, 각각의 개념을 따로따로 이해하는 것보다 훨씬 풍부한 수학적 경험과 이해를 가능하게 한다. 그러나 현재 고등학교 수학에서는 선형대수의 주제로 통합될 수 있는 연립일차방정식, 행렬, 일차변환, 이차곡선, 벡터 등이 지도되고 있지만 각 개념 간의 본질적인 연결성을 적절히 고려하지 못하고 있다. 고등학교 수학에서 다루어지는 선형대수적인 개념의 연결 관계가 잘 드러나도록 지도하려면, 그 역사-발생적 분석과 함께 선형대수의 형식적인 측면을 고등학교 수학의 목표에 맞게 적절히 걸러내고 초등화하는 과정도 필요하며 그러한 과정을 통해서 개념 간의 본질적인 연결성이 더욱 명확히 드러나도록 해야 할 것이다.(허은숙, 2005)

참고문헌

(외국어 문헌은 원서 표기에 따름)

김남희, 「변수 개념의 교수학적 분석 및 학습-지도 방향 탐색」, 서울대학교 대학원 교육학 박사학위 논문, 1997.

김남희, 「대수적 언어 학습으로서의 문자식의 지도: 중학교 1학년 문자와 식 단원의 지도 계획안 구성 및 수업 사례」, 『대한수학교육학회지』 제8권 제2호, 1998, 305-325쪽.

김남희, 「제7차 교육과정[7-가] 단계의 변수 개념 지도에 관한 교수학적 논의」, 『수학교육학연구』, 제11권 제1호, 2001, 67-87쪽.

김남희, 「매개변수 개념의 교수-학습에 관한 연구」, 『수학교육학연구』 제14권 제3호, 2004, 305-325쪽.

김성준, 「산수에서 대수로의 전이에 관한 고찰」, 서울대학교 대학원 교육학 석사학위 논문, 1995.

김응태·박승안, 『선형대수학』, 청문각, 1991.

우정호, 『학교수학의 역사-발생적 접근』, 서울대학교출판문화원, 2018년 1월 발행 예정.

유미경, 「평균값 정리에 대한 교수학적 분석」, 서울대학교 대학원 교육학 박사학위 논문, 2007.

임재훈·이대현, 「수학과 교육내용 적정성 분석 및 평가」, 한국교육과정평가원 연구보고 RRC 2004-1-5.

허은숙, 「고등학교에서의 선형대수 개념 지도에 관한 연구: 수학적 연결을 중심으로」, 서울대학교 대학원 교육학 석사학위 논문, 2005.

大矢眞一, 片野善一朗, 『數字と數學記號の歷史』, 裳華房, 1978.

杜威, 『學校數學における文字式の學習に關する硏究: 數の世界から文字の世界へ』, 東洋館出版社, 1990.

森毅, 『現代科學と 數學敎育』, 裳華房, 1981.

藪內淸, 『中國の數學』, 岩波書店, 1974.

志賀浩二, 『數學が生まれる物語, 第6週 圖形』, 岩波書店, 1992.

片野善一朗, 『授業を樂しくする數學用語の由來』, 明治圖書, 1991.

Aleksandrov, A. D., Kolmogorov, A. N., & Lavrent'ev, M. A., *Mathematics: Its*

Content, Methods and Meaning, trans. by Gould, S. H., Dover Publications, Inc., 1999.

Ameron, B. A. van, *Reinvention of early algebra: Developmental research on the transition from arithmetic to algebra*, Utrecht: CD-β Press, Center for Science and Mathematics Education, 2002.

Ameron, B. A. van, "Arithmetic and Algebra: can history help to close the cognitive gap?," CD-ROM, Freudenthal Institute, 2000.

Arcavi, A., "History of Mathematics as a Component of Mathematics Teachers Background, Part II: The learning materials - The Negative Numbers, The Irrational Numbers, Equations -," Ph.D. Thesis, Weizmann Institute of Science, 1985.

Arzarello, F., Bazzini, L., & Chiappini, G., "A Model for Analysing Algebraic Processes of Thinking," Sutherland, R. et al. (eds.), *Perspectives on School Algebra*, Kluwer Academic Publishers, 2001, pp. 61-81.

Bashmakova, I. G. & Smirnova, G. S., *The Beginnings and Evolution of Algebra*, The Mathematical Association of America, 2000.

Beckenbach, E., & Bellman, R., *An Introduction to Inequalities*, The Mathematical Association of America, 1961.

Bell, E. T., *The Development of Mathematics*, McGraw-Hill Book Company, 1945.

Birkhoff, G. D. & MacLane, S., *A Survey of Modern Algebra*, The Macmillan Company, 1958.

Boyer, C. B., *A History of Mathematics*, John Wiley & Sons, Inc., 1968.

Burton, D. M., *The History of Mathematics: An Introduction*, Wm. C. Brown Publishers, 1991.

Cajori, F., "Origin of the name 'Mathematical Induction'," *The American Mathematical Monthly*, Vol. XXV, No. 5, 1918, pp. 197-201.

Cajori, F., *A History of Elementary Mathematics with Hints on Methods of Teaching*, The Macmillan Company, 1957.

Courant, R. & Robbins, H., *What is Mathematics?: An Elementary Approach to Ideas and Methods*, Revised by Stewart, I., Oxford University Press, 1996.

Crowe, M. J., *A History of Vector Analysis*, Dover Publications, Inc., 1994.

Descartes, R., *Rules for the Direction of the Mind*, trans. by Lafleur, L. J., The

Library of Liberal Arts, 1961.

Desmond, F. S., "Hermann Grassmann and the Creation of Linear Algebra," *The American Mathematical Monthly*, Vol. 86, No. 10, 1979, pp. 809–817.

Dienes, Z. P., *Building Up Mathematics*, Hutchinson Educational, 1964.

Dieudonné, J., "New Thinking in School Mathematics," Fehr, H. (ed.), *New Thinking in School Mathematics*, OECD, 1959, pp. 31–49.

Dieudonné, J., *Foundations of Modern Analysis*, Academic Press, 1960.

Dieudonné, J., "Abstraction in Mathematics and the Evolution of Algebra," Lamon, W. (ed.), *Learning and the Nature of Mathematics*, Science Research Associates, Inc., 1972, pp. 99–113.

Dorier, J.-L., "Epistemological Analysis of the Genesis of the Theory of Vector Spaces," Dorier, J.-L. (ed.), *On the Teaching of Linear Algebra*, Kluwer Academic Publishers, 2000, pp. 3–81.

Ernest, P., "Mathematical induction: A pedagogical discussion," *Educational Studies in Mathematics*, Vol. 15, No. 2, 1984, pp. 173–189.

Euclid, *The Thirteen Books of the Elements*, Vol. 1, 2, 3, trans. with introduction and commentary by Sir Thomas L. Heath, Dover Publications, Inc., 1956.

Euler, L., *Vollständige Anleitung zur Algebra*, trans. by Hewlett, R. J., *Elements of Algebra*, Springer Verlag, 1984.

Fink, K., *Geschichte der Elementar-Mathematik*, trans. by Berman, W. W. & Smith, D. E., *A Brief History of Mathematics*, The Open Court Publishing Company, 1900.

Freudenthal, H., "Logical Analysis and Critical Survey," Freudenthal, H. (ed.), *Report on the Relations between Arithmetic and Algebra in Mathematical Education up to the Age of 15 Years*, J. B. Wolters / Groningen, 1962, pp. 20–41.

Freudenthal, H., *Mathematics as an Educational Task*, D. Reidel Publishing Co., 1973(a).

Freudenthal, H., "What Group Mean in Mathematics and What They Should Mean in Mathematical Education," Howson, A. G. (ed.), *Developments in Mathematical Education*, Cambridge University Press, 1973(b), pp. 101–114.

Freudenthal, H., *Didactical Phenomenology of Mathematical Structures*, D.

Reidel Publishing Company, 1983.

Freudenthal, H., *Revisiting Mathematics Education: China Lectures*, Kluwer Academic Publishers, 1991.

Furinghetti, F. & Somaglia, A., "The method of analysis as a common thread in the history of algebra: Reflections for teaching," Chick, H., Stacey, K., & Vincent, J. (eds.), *The Future of the Teaching and Learning of Algebra* (Proceedings of the 12th ICMI Study Conference), The University of Melbourne, 2001, pp. 265–272.

Grabiner, J. V., "Centrality of Mathematics in the History of Western Thought," *Mathematics Magazine*, Vol. 61, No. 4, 1988, pp. 220–230.

Harper, E., "Ghosts of Diophantus," *Educational Studies in Mathematics*, Vol. 18, No. 1, 1987, pp. 75–90.

Hart, K. M. et al., *Children's Understanding of Mathematics: 11-15*, John Murray, 1981.

Heath, T. L., *A History of Greek Mathematics*, Dover Publications, 1981.

Hillel, J., "Modes of Description and the Problem of Representation in Linear Algebra," Doier, J.-L. (ed.), *On the Teaching of Linear Algebra*, Kluwer Academic Publishers, 2000, pp. 191–207.

Jahnke, H. N., "The Historical Dimension of Mathematics Teaching: Objectifying the Subjective," *Proceedings of the Eighteenth International Conference for the Psychology of Mathematics Education*, Vol. I, University of Lisbon, 1994, pp. 139–156.

Katz, V. J., *A History of Mathematics: An Introduction*, Harper-Collins College Publishers, 1992.

Katz, V. J., "Historical Ideas in Teaching Linear Algebra," Swetz, F. et al. (eds.), *Learn from the Masters*, The Mathematical Association of America, 1995, pp. 189–206

Kieran C., "Concepts associated with the equality symbol," *Educational Studies in Mathematics*, Vol. 12, No. 3, 1981, pp. 317–326.

Kieran C., "A Functional Approach to the Introduction of Algebra: Some Pros and Cons," *Proceedings of the Eighteenth International Conference for the Psychology of Mathematics Education*, Vol. I, University of Lisbon, 1994, pp. 157–175.

Kirshner, D., "The Structural Algebra Option Revisited," R. Sutherland, et al.

(eds.), *Perspectives on School Algebra*, Kluwer Academic Publishers, 2001, pp. 83–98.

Klein, F., *Elementary Mathematics from an Advanced Standpoint: Arithmetic, Algebra, Analysis*, Dover Publications, 2004.

Kline, M., *Why Johnny Can't Add: The Failure of the New Math*, St. Martin's Press, 1973.

Kreyszig, E., *Advanced Engineering Mathematics*, Vol. 1, John Wiley & Sons, Inc., 1983.

Küchemann, D. E., "Algebra," Hart, K. M. et al. (eds.), *Children's Understanding of Mathematics: 11–16*, John Murray, 1981, pp. 102–119.

Larson, R., & Edwards, B. H., *Elementary Linear Algebra*, Houghton Mifflin Company, 2000.

Lee Dong Hwan, "The Role of Principle of Continuity in the Development of Mathematical Knowledge," *Journal for History of Mathematics*, Vol. 27, No. 1, 2014, pp. 67–79.

Leibniz, G. W., *Philosophical Papers and Letters*, trans. & ed. by Loemker, L. E., D. Reidel Publishing Company, 1969.

Lietzmann, W., *Methodik des Mathematischen Unterrichts*, Band I, II, Quelle & Meyer, 1953.

MacLane, S. & Birkhoff, G., *Algebra*, Macmillan Co, 1967.

Maher, P. J., "What a matrix isn't," *Int. J. Math. Educ. Sci. Technol.*, Vol. 26, No. 5, 1995, pp. 703–708.

Memorandum, "On the mathematics curriculum of the high school," *The Mathematics Teacher*, March, 1962, pp. 191–194.

NCTM, *Insights into Modern Mathematics*, Twenty-Third Yearbook, The Council, 1957.

NCTM, *Curriculum and Evaluation Standards for School Mathematics*, The Council, 1989.

NCTM, *Historical Topics for the Mathematics Classroom*, The Council, 1998.

Polya, G., *Mathematical Discovery*, Vol. I, John Wiley & Sons, Inc., 1962.

Radford, L. G., "The Historical Origins of Algebraic Thinking," Sutherland, R. et al. (eds.), *Perspectives on School Algebra*, Kluwer Academic Publishers, 2001, pp. 13–36.

Ronan, C. A., *The Shorter Science & Civilisation in China*, 이면우 역, 『중국의

과학과 문명』, 까치글방, 2002.
School Mathematics Study Group, *Mathematics for the Elementary School, Book 1, 2, 3, Teachers Commentary*, The Board of Trustees of the Leland Stanford Junior University, 1965.
Sfard, A. & Linchevski, L., "The Gains and Pitfalls of Reification: The Case of Algebra," *Educational Studies in Mathematics*, Vol. 26, No. 2–3, 1994, pp. 191–228.
Steiner, H.-G., "Zur Didaktik der elementaren Gruppentheorie I," *Mathematik Unterricht* 11, H. 1, 1965, S. 20–39.
Stillwell, J., *Yearning for the Impossible: The Surprising Truths of Mathematics*, L. K. Peters, Ltd., 2006.
Swetz, F., Bekken, O., Fauvel, J., Johansson, B., & Katz, V. (eds.), *Learn from the Masters*, The Mathematical Association of America, 1994.
Tikhomirov, V. M., *Stories about Maxima and Minima*, The American Mathematical Society, 1990.
Toeplitz, O., *Die Entwicklung der Infinitesimalrechnung*, trans. by Lange, L., *The Calculus: A Genetic Approach*, The University of Chicago Press, 1963.
Toumasis, C., "Teaching Logarithms via their History," *School Science and Mathematics*, Vol. 93, No. 8, 1993, pp. 428–434.
Truesdell, C., "Leonard Euler, Supreme Geometer," L. Euler, *Elements of Algebra*, trans. of *Vollständige Anleitung zur Algebra*, by Hewlett, R. J., Springer Verlag, 1984, pp. vii–xxxix.
Tucker, A., "The Growing Importance of Linear Algebra in Undergraduate Mathematics," Carlson, D. et al. (eds.), *Resources for Teaching Linear Algebra*, The Mathematical Association of America, 1997, pp. 5–11.
Usiskin, Z., "Conceptions of School Algebra and Uses of Variables", *The Ideas of Algebra, k-12*, The Council, 1988, pp. 8-19.
Viète, F. *The Analytic Art*, trans. by Witmer, T. R., The Kent State University Press, 1983.
Vinner, H. B., "Beyond Unknowns and Variables: Parameters and Dummy Variables in High School Algebra," Sutherland, R. et al. (eds.), *Perspectives on School Algebra*, Kluwer Academic Publishers, 2001, pp. 177–189.
Vollrath, H.-J., *Algebra in der Sekundarstufe*, Wissenschaftsverlag, 1994.

Wagenschein, M., *Ursprüngliches Verstehen und exaktes Denken*, Bd.1, Ernst Klett Verlag, 1970.

Wittenberg, A. I., *Bildung und Mathematik*, Ernst Klett Verlag, 1963.

Wussing, H., *Die Genesis des abstrakten Gruppenbegriffs*, trans. by Shenitzer, A., *The Genesis of the Abstract Group Concept*, MIT Press, 1984.

ㄱ

ㄴ

ㄷ

ㄹ

ㅁ

ㅂ

ㅊ

ㅋ

ㅌ

ㅍ

ㅎ

❖

지은이 소개

우정호(禹正晧)

서울대학교 사범대학 수학교육과를 졸업하고, 일본 히로시마대학 대학원(수학교육학 전공)에서 교육학 박사학위를 받았다. 현재 서울대학교 명예교수이다.
저서로 『수학교육학개론』(공저), 『수학 학습-지도 원리와 방법』, 『중학교 수학 1, 2, 3』(공저), 『고등학교 공통수학』, 『수학 I, II』, 역서로 『어떻게 문제를 풀 것인가』, 『수학적 발견의 논리』 등이 있다.